Karl Breyer

Chaos Afrika

Karl Breyer

Chaos Afrika

Geht ein Kontinent verloren?

Mit 26 Karten
und 45 Fotos

Bechtle

Vorsatz vorne: Dorf in Moçambique
Vorsatz hinten: Das Slumviertel Crossroad in der Nähe von Kapstadt

Bildnachweis:
Fotos Resi und Karl Breyer, Archiv Karl Breyer (3), Mert Chesi (1), epi Verlag (1) und Douglas Pithey (1)

Umschlaggestaltung: Christel Aumann, München
Satz: Filmsatz Schröter GmbH, München
Gesetzt aus: 9.5/11.5 Excelsior auf Linotron 202
Druck: Jos. C. Huber, Dießen
Binden: Thomas Buchbinderei, Augsburg
Printed in Germany
ISBN: 3-7628-0447-8

»Nichts ist verblüffender als
die einfache Wahrheit,
nichts ist exotischer als
unsere Umwelt,
nichts ist phantastischer
als die Sachlichkeit.«

Egon Erwin Kisch

Dankbar bin ich an erster Stelle Herrn Otto Wolfgang Bechtle, der mir die notwendigen Impulse gab, sich bereit erklärte, dieses Buch herauszugeben, und mit mir die Hoffnung hat, daß sich Befürchtungen verflüchtigen, die negativen Entwicklungen nicht weiter eskalieren und nicht endgültig das Chaos ausbricht.
Ich danke aber auch meinen leider zu früh verstorbenen Kollegen und Freunden Dr. Hans Germani, Peter Leukefeld und Carl-Heinz Mühmel, die nicht immer mit mir einer Meinung waren, mich aber trotzdem auf diesem Weg durch das Chaos Afrikas – manchmal persönlich, oft in Gedanken – ein ganzes Stück begleitet haben.
Wertvolle Anregungen und Hinweise erhielt ich von guten Freunden wie Dr. Hans-Werner Gille in München, Günter Krabbe in Nairobi, Professor Dr. Dirk Kunert in Johannesburg, Erich Wiedemann in Hamburg (ex Africa semper aliquid novi) und Dr. Roland Zimmermann in Johannesburg, die mir sehr geholfen haben und denen ich dafür äußerst dankbar bin.
Ganz besonders aber danke ich meinen Kindern Robert und Ruth für ihr Verständnis in schwierigen Situationen und meiner Frau, ohne deren Rat und Hilfe dieses Buch so nicht zustande gekommen wäre.

Johannesburg, im März 1986

Inhalt

Anstelle eines Vorworts

Dieses Buch soll mit einer Problematik konfrontieren, die als eine der kompliziertesten innerhalb des journalistischen Spektrums gilt: dem Thema Afrika und, darin eingebettet, dem besonders heißen Eisen Südafrika. Seit mehr als 25 Jahren taumelt dieser Erdteil von einem Staatstreich in den nächsten Coup d'État, von einer Hungersnot in die nächste Dürrekatastrophe, von einer Korruption in die folgende und von einer Agonie in die andere. Afrika ist heute der Krisenkontinent Nummer Eins. Die kurze Phase relativer Ruhe in den siebziger Jahren ist nun von neuen Staatsstreichen, Putschversuchen, Morden, Aufständen und Katastrophen abgelöst worden.

Der arg gebeutelte Erdteil kommt nicht zur Ruhe. Die Energien, die dringend für den Aufbau der jungen und manchmal kaum lebensfähigen Staaten benötigt werden, werden in Machtkämpfen zwischen den einzelnen Cliquen, Stämmen und den korrupten Vertretern unterschiedlicher politischer Ansichten vergeudet. Die Hoffnung, daß nach den Geburtswehen der Unabhängigkeitsperiode eine neue Generation politischer und militärischer Führer heranwachsen würde, hat sich nicht erfüllt. Es gab keine Zeit des Friedens und der Entwicklung. Rund 25 Jahre nach der Entkolonialisierung und »Befreiung« geben praktisch überall selbsternannte Retter des Vaterlandes den Ton an. Das gilt für Zaire genau so wie für den Sudan und Uganda, ja selbst für stabile und in sich gefestigte Staaten wie Kenia und Südafrika. In zahlreichen Ländern mußte die gequälte Bevölkerung die Launen der Despoten mit dem Leben bezahlen. Allein die Regimes Idi Amin und Milton Obote forderten mehr als eine halbe Million Opfer. Und das Leiden hat immer noch kein Ende genommen.

Heute zählt man in Afrika 32 Einparteien-Staaten und 12 Militärregierungen. Nur noch vier Länder haben eine parlamentarische Opposition. Selbst im Senegal werden die politischen Verhältnisse immer schlechter. Es gibt bereits die ersten Flüchtlinge in Deutschland, die aus der Republik des Dichters Leopold Senghor stammen.

In Zimbabwe ließ Robert Mugabe grausame Rachefeldzüge seiner Fünften Brigade gegen die Ndebele seines Rivalen Joshua Nkomo durchführen. Die europäische Demokratie hat anscheinend in Afrika keine Chance. In Nigeria ging die nur vierjährige Zivilregierung des Präsidenten Shehu Shagari 1983 zu Ende. 1984 wurden dort mindestens fünftausend Menschen hingerichtet. Aber das ist noch eine verhältnismäßig kleine Zahl. Die meisten afrikanischen Machthaber haben da weniger Skrupel. Folter und Terror gehören praktisch mit zum afrikanischen Alltag. Nicht zuletzt auch im Norden Afrikas, wie das Beispiel Libyen zeigt. Die Gefängnisse sind überfüllt, die Felder stehen leer. Nur eins ist sicher: die Zahl der Flüchtlinge, der Heimatlosen, der Entwurzelten wächst weiter. Die fünf Millionen Flüchtlinge Afrikas (die von den Vereinigten Nationen bisher registriert wurden und deren Zahl immer noch zunimmt) dokumentieren deutlich den politischen Niedergang.

Staatsstreiche in Afrika sind heute eigentlich ganz normale Vorgänge. Über sechzig Mal wurde in den letzten zweieinhalb Jahrzehnten geputscht. Dabei wurde in mindestens dreizehn Fällen die Hinrichtung der wichtigsten Beteiligten sofort vollzogen. Die Zahl der fehlgeschlagenen Staatsstreiche und Revolten dürfte zwei- bis dreimal so hoch sein. Ein Ende dieser verhängnisvollen Situation ist nicht abzusehen. Armut und Elend im Gefolge der Machtkämpfe und der Unterdrückung werden eher zu- als abnehmen.

Die Entwicklung der letzten Monate zeigt, daß dabei auch die von Weißen regierte Republik Südafrika ihrem Schicksal nicht entkommt. »Eine Welt in einem Land«, sagt der Werbespruch der südafrikanischen Reiseagentur. Nun, er hat sich auf bittere und blutige Art bewahrheitet. Durch Dürre, Hunger, Krawalle, Aufstände, Plünderungen, Korruption und wirtschaftlichen Niedergang wurde den Südafrikanern deutlich, daß sie ein Teil dieses Kontinents, ein Teil Afrikas, ein Land der Dritten Welt sind. Sogar die »Volksgefängnisse« und »Volksgerichtshöfe« und die grausame Hinrichtung von sogenannten schwarzen Kollaborateuren in den townships sind ein Spiegelbild der Entwicklung in diesem Kontinent. Afrika ist ohne die weiße Burenrepublik genau so undenkbar wie ohne die hellhäutigen Kabylen-, Berber- und Araberstämme im Norden Afrikas.

In diesem Zusammenhang läßt es sich nicht vermeiden, auch auf den weltrevolutionären Prozeß hinzuweisen, der von der Sowjetunion in Afrika entfesselt wurde. Afro-Sozialismus und die

Bastardvision des Afro-Kommunismus haben sich mit Faschismus und Nationalsozialismus verbündet und – wie der bekannte Politologe, Professor Dirk Kunert, es einmal ausdrückte – zu einem afrikanischen Marxo-Faschismus zusammengetan, der heute wohl als die extremste Manifestation der anti-westlichen Haltung afrikanischer Eliten zu betrachten ist. Es ist die Antriebsideologie eines politischen Messianismus, der in Moskau aus der Doktrin des Marxismus-Leninismus konzipiert wurde und heute die politisch-ideologische Führungselite der UdSSR zu ihrer weltrevolutionären Expansionspolitik treibt. Im Kreml denkt man mit Sicherheit nicht an die Beseitigung von Apartheidsschildern oder -gesetzen und an die Befreiung der Schwarzen. Das Endziel ist die Erwürgung Europas und der USA ohne Krieg und damit die Verwirklichung eines marxistischen Weltreiches.

Kenner der afrikanischen Problematik werden mit mir übereinstimmen, daß es aber auch ohnehin schon schwierig genug ist, einen Kontinent zu erklären und zu begreifen, der 2000 Stämme mit mehr als 900 Sprachen zählt und in dem hunderttausende Menschen getötet wurden, nur weil sie zum falschen Stamm gehörten. Wie kann man von den Sorgen eines Erdteiles reden und sie verstehen, in dem Staatsoberhäupter, Präsidenten und Minister jubelnd und klatschend den ehemaligen Feldmarschall Ugandas, Idi Amin, begrüßen, der wenige Tage vorher noch Tausende seiner Landsleute, darunter auch eine seiner Ehefrauen und den anglikanischen Erzbischof von Kampala, massakrieren ließ? Was soll man über den jetzt zurückgetretenen Präsidenten Tansanias, Julius Nyerere, sagen, der in seiner Freizeit Shakespeare in Kisuaheli übersetzte, sein Land jedoch durch einen falsch verstandenen Sozialismus zugrunde richtete und in seinen Gefängnissen zeitweise mehr politische Gefangene eingesperrt hatte als Südafrika? Oder wie soll man verstehen, daß erst vor einiger Zeit in Transvaal mehrere Hexen verbrannt wurden, weil sie angeblich Menschen durch den Blitz töten ließen? Soll man lachen oder akzeptieren, daß eine farbige Frau in Kapstadt sagt, sie werde von einem Geist (Tokolosh genannt) verfolgt, der aussehe wie ein Pavian und sie zwinge, sich zu übergeben, um dann Nägel, Glasscherben und sogar Frösche auszuspucken?

Dennoch: auf jeden Idi Amin, auf jeden Milton Obote oder Kaiser Bokassa gibt es in Afrika einen großen Politiker wie Félix Houphouet-Boigny, der an der Elfenbeinküste ein Wirtschaftswunder vollbrachte, oder einen Leopold Sedhar Senghor, der nicht nur ein großer Staatsmann war, sondern immer noch ein bedeutender Dichter unserer Zeit ist. Auf jeden korrupten afrikanischen Präsidenten, der Millionenbeträge auf Schweizer Geheimkonten in Sicherheit brachte, gibt es einen afrikanischen Lehrer im Busch, der für einen lächerlichen Lohn seine Schulkinder unterrichtet.

Dieses Buch ist zweierlei. Es ist die subjektive Schilderung der Begegnung mit Menschen und Ereignissen des dunklen Kontinents. Sie erstreckt sich über mehr als fünfundzwanzig Jahre, fast genau so lange, wie Afrikas Weg in die Freiheit und Unabhängigkeit schon dauert. Es ist aber auch, auf der Basis subjektiver Erlebnisse, eine Analyse der Gesamtsituation des Kontinents und seiner Teile anhand von ausgewählten Beispielen. Ich beginne mit einer Gesamtdarstellung der eigenen Probleme des Kontinents, seiner Verflechtungen mit der übrigen Welt durch Entwicklungshilfe und Waffenlieferungen und seiner strategischen und wirtschaftlichen Bedeutung für die Weltmächte. Dann schildere ich einzelne Staaten, ausgehend von dem islamisch-arabischen Block im Norden über Schwarzafrika vom Atlantischen bis zum Indischen Ozean und den ehemaligen portugiesischen Kolonien im Süden, schließlich Südafrika. Ich kann die Verhältnisse freilich nur mosaikartig an typischen Fällen darstellen, aber am Ende des Buches findet sich ein Anhang mit den wichtigsten Angaben zu allen afrikanischen, auch den nicht ausführlich behandelten Ländern, die somit ohne weiteres zu den Perspektiven des Buches in Beziehung gesetzt werden können. Das Buch gibt wieder, was die Menschheit (was wir alle, aber vor allem die Menschen in Afrika) in irgendeiner Form kollektiv erlebte. Als Reporter war ich vielfach dort, wo die vulkanischen Erschütterungen unserer Zeit am heftigsten waren: Algerien, Kongo, Angola, Moçambique, Rhodesien, Biafra, Südafrika. Die verschiedenen Kapitel sind also eigentlich nur ein Spiegel dessen, was wir alle mitmachten. Im Gegensatz zu unseren Eltern, die die Erdstöße nur aus der Zeitung erfuhren, deren Leben sich von der Wiege bis zur Bahre im gleichen Rhythmus abspielte, sind wir alle unmittelbare Zeugen. Wir sahen die Aufstände im Sudan, im Tschad, wir erlebten den Mord an Ägyptens Präsident Anwar el Sadat, wir sahen die Hinrichtung von Ministern in Liberia. Wir sind dabei, wenn in Südafrika Menschen verbrannt und erschossen werden, wir sehen die Hungerkatastrophen in Äthiopien und im Sudan. Wir erleben die Übermittlung des Wortes von

Kontinent zu Kontinent. Jedes Ereignis springt uns heute leibhaftig im Bild an. Als Berichterstatter habe ich nur hautnaher dabei gestanden. Berichterstatter sind keineswegs tapferer als andere Sterbliche. Sie haben nur einen Beruf gewählt, von dem man sagt, daß er eines Tages zu einer Besessenheit wird.
Das in diesem Buch gezeichnete Bild dieses Kontinents in den letzen 25 Jahren erweckt weder hoffnungsvolle noch glückliche Gefühle. Trotzdem glaube ich, daß dieser Erdteil nicht im Zwielicht einer fatalen Geschichte untergehen wird. Afrikas Träume von Freiheit und Unabhängigkeit haben sich bisher nicht erfüllt oder sind in Blut und Tränen erstickt worden. Aber es gibt Wege und Möglichkeiten, die aus der Misere herausführen können. Afrika gilt noch immer als der Erdteil der Überraschungen. In diesem Kontinent haben sich die Dinge nie so entwickelt, wie man ursprünglich angenommen hatte, nichts hat sich wirklich so abgespielt, wie wir Außenstehende es erwartet und vielleicht sogar vorausgesagt hatten. Dies allein schon müßte Anlaß genug sein, um immer wieder zu hoffen.

Afrikas Stunde Null

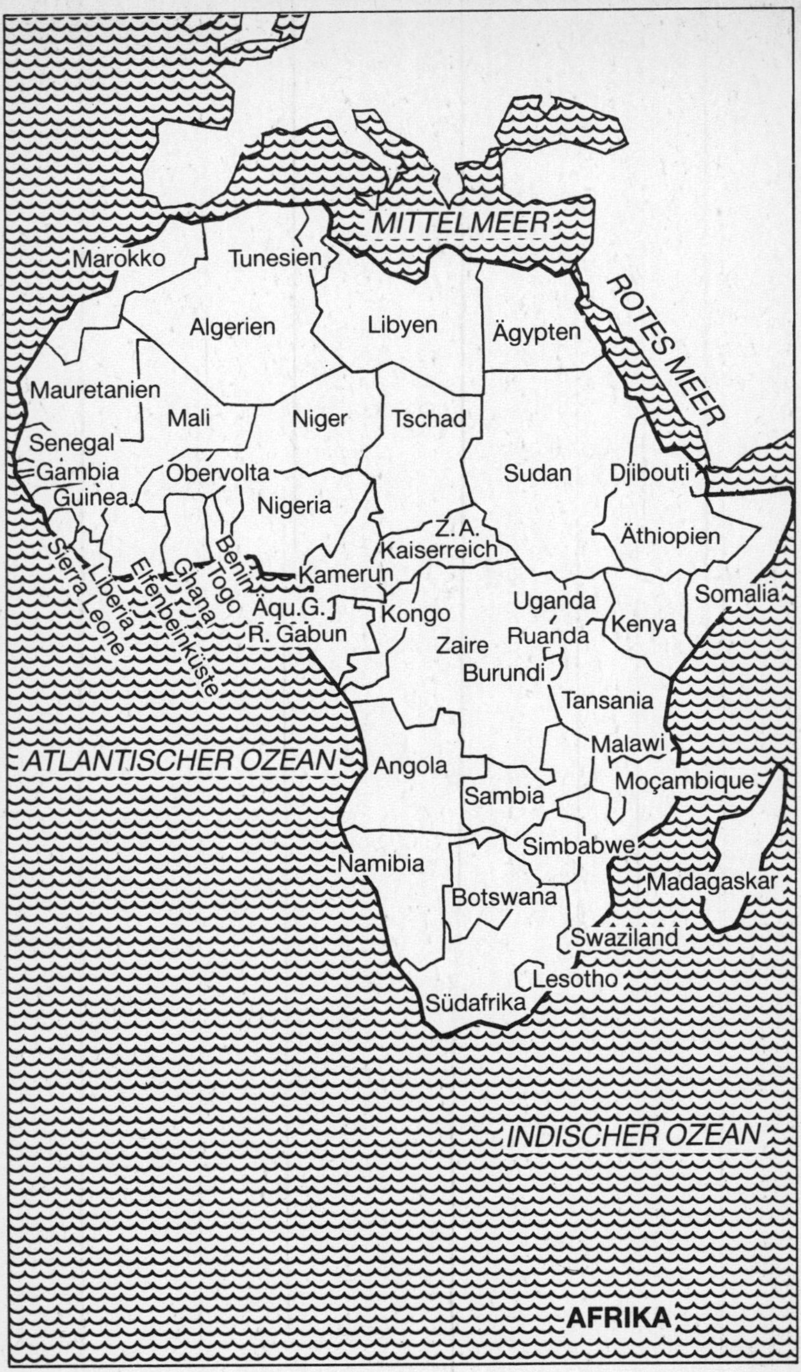
MITTELMEER
ROTES MEER
Marokko
Tunesien
Algerien
Libyen
Ägypten
Mauretanien
Mali
Niger
Tschad
Senegal
Gambia
Guinea
Obervolta
Nigeria
Sudan
Djibouti
Äthiopien
Z. A. Kaiserreich
Sierra Leone
Liberia
Elfenbeinküste
Ghana
Togo
Benin
Kamerun
Äqu.G.
R. Gabun
Kongo
Uganda
Ruanda
Kenya
Somalia
Zaire
Burundi
Tansania
ATLANTISCHER OZEAN
Angola
Malawi
Moçambique
Sambia
Simbabwe
Namibia
Madagaskar
Botswana
Swaziland
Lesotho
Südafrika
INDISCHER OZEAN
AFRIKA

Das Ende der Kolonialzeit

Auf meinem Schreibtisch steht ein »Nick-Neger«. Es ist die buntbemalte Gipsfigur eines Negerknaben mit krausem Haar und einer Opferschale in der Hand. Wenn man in den darin befindlichen Schlitz eine Münze wirft, nickt der kleine Kopf. Auf dem Schildchen vor der Brust des Knaben im himmelblauen Gewand steht in Holländisch und Französisch »Dankeschön!« Der Opferstock erinnert mich an meine Jugendzeit, in der verschiedene Ereignisse missionarischer Tätigkeit mein Afrika-Bild prägten. Dazu gehört die Tatsache, daß in unserem Haus Missionszeitschriften zur allgemeinen Lektüre gehörten und daß der Sohn einer befreundeten Familie eines Tages in den Orden der von Charles Lavigerie gegründeten Weißen Väter eintrat und als Missionar zum Kongo ging.
Es war die heitere unbeschwerte Zeit der Jahre vor dem Zweiten Weltkrieg, in der ich (ich lebte in dem durch rheinische Heiterkeit, belgische Nonchalance und französisches Laissez-faire beeinflußten Drei-Länder-Eck zwischen Aachen, Maastricht und Lüttich) Silberpapier und Briefmarken für die Mission sammelte. Ich lernte die Verse des flämischen Dichters Guido Gezelle über den »Missionar und den heidnischen wilden Mann, der sich nach Roms Mutterschoß sehnt«, auswendig und sah die tapferen Patres als Kreuzritter, deren Bilder in Missionskalendern bewundert werden konnten und deren Geschichten in Missionszeitschriften zu lesen waren. Ihre Losungen »Uganda für Christus« und »Afrika für Gott« spornten mich an, mich noch mehr um Geld, Silberpapier und Briefmarken zu kümmern. Vor allem die Weißen Väter mit ihrem burnusähnlichen Gewand und dem roten Fez, die den Ehrenplatz bei Missonsveranstaltungen in unserer Pfarrei einnahmen und die Missionsausstellung im Pfadfinderheim eröffneten, beeindruckten mich sehr. Mein Interesse wuchs, und eines Tages fing ich sogar an, mich nach alten Missionszeitschriften und Zeitungen umzusehen und sie zu verwahren.
In einem Missionsblatt für die Sonntagsschulen der Berliner Missionsgesellschaft, das im März 1910 erschien und mir erhalten

blieb, konnte man lesen: »Von der Missionsarbeit unter den Heiden Afrikas hat Euch der kleine Missionsfreund schon oft erzählt. Ihr wißt, daß sich auf dem großen Gebiet in Südafrika, welches von europäischen Kolonisten eingenommen und besetzt ist, viele Missionsstationen befinden, und daß dort auch unsere Berliner Missionare schon seit einem Menschenalter in großem Segen arbeiten. Es ist Euch auch bekannt, daß ebenso in Deutsch-Ostafrika unsere Missionare Eingang gefunden haben, und dort dem Vordringen des Glaubens an den falschen Propheten Mohammed ein Ziel zu setzen suchen. Heute wollen wir etwas von der Mission auf der Westküste des dunklen Erdteils hören. Gerade an den schwarzen Stämmen, die dort seßhaft sind, haben sich weiße Leute aus Amerika und Europa in früheren Zeiten schwer versündigt, denn hier fanden sich noch vor 100 Jahren an allen Küsten große Sklavenmärkte, wo schwarze Leute, Männer, Weiber und Kinder, zu Hundert und Tausenden feilgehalten und endlich nach Amerika und anderen Ländern verschleppt wurden. Die afrikanischen Völker wüteten gegeneinander in Krieg auf Krieg, denn sie wollten Gefangene machen, um solche nachher verkaufen zu können. Jetzt endlich ist durch Gottes Walten auch der Friede eingekehrt. Die europäischen Mächte sind der Stimme des Gewissens gefolgt und haben den Sklavenhandel abgeschafft. Auf der Westküste Afrikas herrschen Engländer, Deutsche und Franzosen, sodaß sich dort unter dem Schutz christlicher Obrigkeiten das Evangelium ausbreitet. Missionare können ruhig und sicher wohnen, haben die Sprachen der eingeborenen Stämme erlernt, und überall bilden sich christliche Gemeinden von Leuten, die durch die Predigt des Evangeliums zum Glauben und endlich zur Taufe gekommen sind. Freilich ist das Klima für Europäer hier sehr gefährlich, da solche dort leicht dem Fieber erliegen. Aber auch in den heißesten Gebieten finden wir Friedensboten unseres Heilands, durch deren Arbeit Land und Volk gesegnet wird.«

Die im »kleinen Missionsfreund« in Berlin geschilderte Idylle stimmte auch nach der Abschaffung des Sklavenhandels kaum mit der Wirklichkeit überein. Zwar hatten sich vor allem die englischen Methodistenkirchen große Verdienste bei der Bekämpfung dieses unwürdigen Menschenhandels erworben. Aber es gelang trotzdem nicht, den Transport menschlicher Fracht ganz zu unterbinden. Bis 1860 haben die portugiesischen und brasilianischen Händler, die ihre Beute weit aus dem Innern Zentralafrikas und des Kongo holen ließen, in den Ländern Nigeria und Dahomé noch großen Einfluß und enorme Bedeutung. Zwischen Angola und Brasilien bestand sogar der Handel bis 1880 und wurde auch danach noch einige Jahre im geheimen weitergetrieben.

In der heutigen linksliberalen Geschichtsschreibung Afrikas, die sich vor allem durch eine anarcho-humanitäre Sicht der westlichen Leistungen und durch eine äußerst negative Kritik am Kolonialismus auszeichnet, werden die Missionare wiederholt als die »Speerspitze« der europäischen Eroberung und als Wegbereiter der Ausbeutung geschildert. Vor allem in der politischen Auseinandersetzung in Südafrika heißt es regelmäßig: »Erst kamen die Missionare, dann die Händler und schließlich die Soldaten, die uns das Land wegnahmen.« In einer äußerst gehässigen und einseitigen Dokumentation der niederländischen Zeitschrift »Vrij Nederland« wurde behauptet, daß der belgische König Leopold II. bereits am 15. Dezember 1876 in dem Wallfahrtsort »Unserer Lieben Frau der Gnade« bei Brüssel einen Vertrag mit der Missionskongregation der Scheutisten zur Ausbeutung des Kongo abschloß, »dessen Vorteile die Patres nach reiflicher Überlegung einsahen«.

In der gleichen Schrift wurde behauptet, daß deutsche Kapuzinerpatres während des Maji-Maji-Aufstandes 1906 in Tanganyika Seite an Seite mit deutschen Soldaten kämpften, »wobei Zehntausende Afrikaner abgeschlachtet wurden« und die Bevölkerung nach dem verlorenen Kampf massenweise zum Katholizismus übertrat. Die aus Paris stammenden Missionare vom Heiligen Geist zogen nach Afrika mit der Losung »Pour Dieu! Pour la France!« In einem Unterrichtsprojekt für schwarze Menschen in Südafrika, das mehr als 2,1 Millionen Mark kostete und zu 75% von der katholischen Organisation Misereor finanziert wurde, hieß es, daß der englische Politiker William Wilberforce, der 1792 die Gründung der London Missionary Society mit beeinflußte, ein Geschäftsmann gewesen sei, der den Sklavenhandel als unrentabel erkannt hätte. Wörtlich konnte man dann lesen: »Aber er ermutigte eine andere Form der Sklaverei in seinem Land dadurch, daß man niedrige Löhne zahlte und die Arbeiter ausbeutete. Die Motive von Wilberforce, die Missionsarbeit zu fördern, waren nicht christlicher Art, sondern sollten der Kolonialverwaltung helfen, das britische System des Kapitalismus zu verbreiten...« In Wirklichkeit führte Wilberforce einen heftigen, selbstlosen Feldzug gegen die Sklaverei. Als Abgeordneter brachte er 1807 nach zwanzigjährigem Kampf ein Gesetz durch, das den britischen Untertanen die Betätigung im Sklavenhandel verbot. Die mit katholischen Spenden durch Misereor finanzierte Unterrichtsaktion war nichts anderes als pseudo-progressive Bewußtseinsbildung im Sinne marxistischer Auffassungen.

1803 schickte die London Missionary Society zum ersten Mal Missionare zu den Hottentotten nach Südafrika. 1820 ließ die Gesellschaft sich auf der Insel Madagaskar nieder. Auch in Deutschland, der Schweiz und Frankreich wurden zahlreiche protestantische Missionsgesellschaften aktiv, die dann einen entscheidenden Beitrag zur Schaffung einer neuen christlich-afrikanischen Gesellschaft leisten sollten. Verschiedene Missionare gewannen einen großen Einfluß auf die Entwicklung und Entdeckungen des Kontinents, wie etwa der französische Pastor Casalis, der den Basutohäuptling Moshesh erfolgreich beriet, oder David Livingstone, der der Londoner Missionsgesellschaft angehörte und einer der berühmtesten Forscher des südlichen Afrika wurde. Protestantische Missionen in Sierra Leone trugen enorm zum Aufbau der Stadt Freetown bei. Eine ihrer großen Leistungen war die Gründung des Furrah Bay College, das Juristen, Ärzte, Kaufleute und Pfarrer ausbildete und damit die zivilisatorische und kulturelle Entwicklung Westafrikas entscheidend beeinflußte. Der Charakter der heutigen Gesellschaft der Länder am Golf von Guinea wurde sicher durch die Arbeit der englischen Protestanten geprägt.

Die ersten katholischen Missionare begleiteten die portugiesischen Seefahrer im 14. und 15. Jahrhundert und waren zeitweise in Guinea, im Kongo und in Angola tätig. Lissabon war nicht in der Lage, die Missionare finanziell zu unterstützen, so daß die Niederlassungen schon bald wieder verwaisten. Um 1700 gab es an der ganzen Westküste Afrikas keine Zeichen christlicher Aktivität mehr. Lediglich die Ruinen der Kirchen erinnerten an die Zeit der Entdekker aus Portugal. Erst zu Beginn des 19. Jahrhunderts widmeten sich die katholischen Missionen wieder ernsthaft der Bekehrungsarbeit in Afrika. 1848 kam es zur Fusion der Gesellschaft vom Heiligen Geist mit der Kongregation vom Heiligen Herzen Mariä. Der neue Orden begann mit seiner Missionstätigkeit im Senegal, in Gabun und im Kongo. Später folgte die Gesellschaft von Notre Dame d'Afrique, die besser durch das der Kabylentracht ähnliche weiße Gewand als Kongregation der »Weißen Väter« bekannt wurde. Sie waren zunächst nur in Algerien vertreten und ab 1877 auch in

Uganda, wo es zu ernsthaften Auseinandersetzungen mit den protestantischen Missionaren kam. Dennoch verzeichneten die »Weißen Väter« in dem damaligen Königreich des Kabaka von Buganda bedeutende historische Erfolge. Der Sohn des Königs, König Mutesa, wußte dabei geschickt die katholischen Missionare, die Franza, die englischen Prediger, die Ingleza, und die Araber gegeneinander auszuspielen.

Bei den ausländischen Missionsgesellschaften waren schon bald Geistliche und Ordensbrüder deutscher Herkunft tätig. Großen Einfluß hatte auch die Arbeit der – hauptsächlich deutschen und österreichischen – Herz-Jesu-Missionare am Kongo, die zahlreiche Missionsstationen und Dörfer am Tshuapafluß errichteten. In Südafrika wiederum war es der Vorarlberger Trappistenmönch Franz Wendelin Pfanner, der seine Missionsstation Mariannhill (bei Durban) zu einer blühenden Gemeinschaft innerhalb des Zulustammes entwickelte. Das Kloster wurde 1909 vom Trappistenorden getrennt und Zentrale einer selbständigen Missionsgesellschaft.

Entdecker, Missionare und Siedler arbeiteten zunächst vollkommen unabhängig voneinander. Bis 1880 hatten die europäischen Nationen kaum ein Zehntel des Kontinents erobert, besetzt oder in irgendeiner anderen Form die Verwaltung übernommen. Gewiß hatte der Nachbarkontinent Europas seit mehr als zweitausend Jahren eine magische Anziehungskraft ausgeübt. Bereits Caesar wollte die Quellen des Nil finden und dafür den Bürgerkrieg beenden. Einige Jahrhunderte vor ihm hatte schon Herodot durch seine Reisen und Geschichtsschreibungen Interesse an Afrika geweckt, und der römische Literat Plinius betonte ausdrücklich, daß es in Afrika immer etwas Neues gebe... (ex africa semper aliquid novi...) Dennoch kannte man in Europa bis zum Ende des 18. Jahrhunderts nur die Küstenstriche, also die Umrisse des Kontinents. Im Innern Afrikas gab es noch zahlreiche »weiße« Flächen.

Im 19. Jahrhundert begann dann mit dem Schotten Mungo Parks, dessen Forschungsreisen durch die englische Regierung finanziert wurden, die Epoche der Entdecker. Aufsehen erregte der Franzose René Caillé, der 1828 als erster Europäer die sagenumwobene und geheimnisvolle Stadt Timbuktu betrat. Dr. David Livingstone erforschte als Missionar und Entdecker zehn Jahre lang das obere Becken des Sambesi, bereiste Nyassaland und durchquerte Zentralafrika. Er erreichte eine große Volkstümlichkeit in seiner Heimat und legte wohl gleichzeitig die Fundamente für ein von Großbritannien verwaltetes Südafrika. Namen wie Heinrich Barth, der den Sudan bereiste, Gustav Nachtigal, der Südwestafrika erwarb, Henry Stanley, der im Kongo tätig war und Carl Peters, der innerhalb von drei Wochen zwölf Verträge in Sansibar abschließen konnte, waren in aller Munde. Der Franzose Savorgnan de Brazza erforschte das Innere der heutigen Staaten Gabun und Kongo-Brazzaville und brachte das rechte Kongo-Ufer unter französische Oberhoheit. Seine Reise war das letzte uneigennützige Unternehmen der Europäer in Afrika. Von diesem Augenblick an begann der Kampf um den Besitz der Kolonien.

Am 15. November 1884 trat die Berliner Konferenz zusammen, die bis Ende Februar 1885 dauern sollte. Während dieser Zeit teilten praktisch vierzehn Nationen (von denen nur die USA und die Türkei nicht zu Europa gehörten) den schwarzen Kontinent unter sich auf. Militärexpeditionen und finanzierte Entdeckungsreisen wechselten als alltägliche Ereignisse miteinander ab. Zur Ausbeutung des Erdteils wurden allenthalben Gesellschaften gegründet, die sich als »Compagnie Française de l'Afrique occidental«, »Royal Niger Company«, »British South African Company«, »United African Company« und »Deutsche Ostafrika-Gesellschaft« nannten. Bis zum Jahre 1900 hatten die europäischen Staaten den Kuchen Afrika – mit Ausnahme Äthiopiens, Liberias und Marokkos – unter sich aufgeteilt. Südafrika nahm in dieser Hinsicht eine besondere Stellung ein, und Marokko wurde erst 1912 von Frankreich als Protektorat besetzt.

»Afrika hatte das Ansehen eines Harlekingewandes bekommen«, schrieb der afrikanische Historiker Joseph Ki-Zerbo aus Burkina Faso (Obervolta). In den Schulbüchern meiner Jugendzeit wurde die politische Karte Afrikas von zwei Farben beherrscht, vor allem nachdem der Erste Weltkrieg das Bild noch einmal gründlich verändert hatte. Angehörige meiner Generation werden sich noch daran erinnern, daß die englischen Kolonien in Rosa, die französischen Gebiete in Violett gedruckt waren. Damit war der größte Teil des Kontinents abgedeckt. Die zweit- und drittrangigen Kolonialmächte – Spanien, Portugal, Italien sowie die deutschen Mandatsgebiete und die unabhängigen Staaten – galten als unbedeutend und nebensächlich. Genauso willkürlich wie die damaligen Schulbuchzeichner die Farben verteilten, so hatten die Kolonialherren vor etwa hundert Jahren die Grenzen gezogen. Der Caprivizipfel und die Insel Helgoland wurden gegen Deutsch-Wituland (im heutigen Kenia gelegen) und die Gewürzinsel Sansibar getauscht. Cecil Rhodes, der sein in den südafrikanischen Diamantenminen erworbenes Riesenvermögen zur Verwirklichung seines imperialistischen Traumes verwenden wollte, zog einfach einen Strich auf der Karte, auf der lediglich Livingstones Reiseroute zum Tanganyika-See eingezeichnet war. Bis zu dieser Linie sollte das englische Südafrika reichen, das als Ausgangsbasis für die Achse Kapstadt-Kairo dienen mußte. Von dem Traum ist ein Netz von Eisenbahnlinien übriggeblieben – wie von einer Spinne angelegt –, das heute von Südafrika bis nach Sambia und Zaire reicht und bisher den Zusammenbruch der Wirtschaft in den Staaten des südlichen Afrika verhindern konnte. Auch Stanley zog die Grenzen des Kongo durch Gebiete, die bis dahin kein Weißer betreten hatte. Stammesgebiete wurden rein willkürlich getrennt.

So wurden beispielsweise die Stämme und Sippen der Völkergemeinschaft der Ovambos in Südwestafrika zum Teil den Portugiesen in Angola zugesprochen, zum Teil der deutschen Kolonie einverleibt.

Die Kolonialzeit riß Afrika aus einer tausendjährigen Isolation heraus und zerstörte gleichzeitig das ökologische Gleichgewicht des Kontinents. Diese Zerstörung begann mit dem gewaltsamen Eindringen fremder Kulturen, mit den ersten Handelsbeziehungen und setzte sich über Missionierung und die Kolonialpolitik bis zur Entwicklungshilfe fort. Es ist jedoch eine Illusion, anzunehmen, daß der Kontinent vor der Ankunft der Weißen ein Garten der Unschuld, der Harmonie und der Natürlichkeit gewesen wäre. Im vorkolonialen Afrika hat es niemals eine sozial gerechte oder sozialistische Gesellschaft gegeben. Auch von Demokratie war keine Rede. Tansanias Staatspräsident Julius Nyerere meinte einmal, daß früher die Afrikaner Politik durch freie Diskussion betrieben hätten. Leopold Sedhar Senghor (damals noch Präsident des Senegal und einer der großen durch Frankreich geformten Demokraten des Kontinents) verdeutlichte mir in einem Gespräch in seinem Palast in Dakar, daß man in Afrika eine Palaverdemokratie habe. Man sitzt unter dem Affenbrotbaum und redet so lange über das Thema, bis man einer Meinung ist. Der Berliner Afrika-Spezialist und Politikwissenschaftler Franz Arnsprenger nennt dieses sogenannte Demokratieverständnis eine der vielen Legenden Afrikas. »Shaka, der Kriegsherr und Gründer der Zulu-Nation, oder auch Usman Dan Fodio, der strenge Erneuerer des Islams im heutigen Nord-Nigeria, beide Zeitgenossen um 1800, nur daß sie nichts voneinander wußten, hätten vermutlich fröhlich gelacht, wenn man ihnen gesagt hätte, sie trieben Politik mittels freier Diskussion.«

Zweifellos hatte die Kolonialepoche ihre negativen Aspekte. Der Begriff Kolonialismus existierte zu Beginn der Kolonialzeit noch gar nicht und wurde erst später durch Lenins These von der Ausbeutung des Menschen durch Kapitalismus, Imperialismus und Kolonialismus zu einem Argument für die Befreiung der unterdrückten Völker. Dennoch vollbrachten die Kolonialmächte – zum Teil unter großen Opfern – viele positive Leistungen, während die Kolonien selbst wirtschaftlich äußerst passiv waren. In den Auseinandersetzungen des Reichstags um die Jahrhundertwende fiel wiederholt das Wort von »des Reiches Streusandbüchse«. Praktisch kostete Südwestafrika nur Geld. 1908 importierte das Gouvernement beispielsweise 11 Bullen, 1217 Zuchtkühe und -färsen, 234 Kälber, 11 Wollschafböcke, 1218 Wollschafmuttertiere und 216 afrikanische Ziegen.

Der Viehbestand betrug bis dahin 53000 Rinder, 3100 Pferde, 111000 Ziegen, 98000 Fleischschafe und 1200 Schweine. Die Kolonie verfügte über ein Reichstelegraphennetz von 2636 km Linie und 3616 km Leitung mit 34 Poststellen mit Telegraphendienst. Die Verwaltung des Schutzgebietes kaufte die Otavi-Eisenbahn einschließlich der dazugehörigen Wasserleitungsanlagen für den Preis von 24880875,24 Mark. Das Bahnnetz umfaßte 1912 insgesamt 2104 km. Ein Jahr vorher hatte der Gouverneur eine Million Mark für Dammbauten zur Wasserversorgung bewilligt.

Viele Kolonien anderer Länder waren ebenfalls in den roten Zahlen und forderten enorme Investitionen und Einfuhren zu niedrigen Preisen. Belgien legte während der Kolonialzeit 260 Millionen Goldfranken im Kongo an, hatte jedoch nur 25 Millionen Goldfranken an Einnahmen. Das Mutterland exportierte 3% in die Kolonie und führte nur etwas mehr als 5% aus dem Kongo ein, so daß kaum von Ausbeutung und enormen Gewinnen gesprochen werden kann. Auch sollte man bedenken, daß der belgische Staat erst 1908 den Kongo als Verwaltungsgebiet übernahm und daß ein Teil der Bevölkerung dieser Kolonie noch in der Steinzeit lebte und dem Kannibalismus frönte. Dennoch konnten bereits 1961 die ersten promovierten Ärzte die neue Universität in Leopoldville verlassen. Schließlich sollte man in Portugal nicht immer nur jammern über

die Analphabeten in Angola und Moçambique, ohne daß gleichzeitig erwähnt wird, daß ein großer Teil der eigenen Bevölkerung im Mutterland nicht lesen und schreiben kann.
Jedenfalls brachte die europäische Kolonialzeit – die ja weitaus kürzer war als die negativen Kritiker immer wahrhaben möchten – auch unbestreitbare Vorteile für die Bevölkerung: In vielen Teilen Afrikas gab es einen bis dahin unbekannten Frieden. Der Sklavenhandel großen Stils, durch den schätzungsweise mehr als zehn Millionen Menschen verschachert worden waren, konnte unterbunden werden. Die Massenwanderungen wurden gebremst. Der Kontinent wurde wirtschaftlich und geographisch erschlossen. Lebenserwartung, Lebensstandard und Bevölkerungsdichte stiegen enorm an. Selbst die gegen die »weißen Unterdrücker« gerichteten Aufstände, wie die Erhebung der Hereros in Südwestafrika, der von Fetischpriestern angezettelte Maji-Maji-Aufstand in Deutsch-Ostafrika und der Kampf der Rifkabylen unter Abdel Krim, forderten weitaus weniger Opfer als die blutigen Auseinandersetzungen im Sudan, in Burundi und in Biafra während der Unabhängigkeitsperiode ab 1960. Bis 1914 herrschte in praktisch allen Kolonien Frieden, wodurch eine ganze Reihe medizinischer, erzieherischer und sozialer Probleme gelöst werden konnte.
Das selbstanklägerische Bild, das heute linksliberale Kritiker von der europäischen Kolonialzeit in Afrika zeichnen, gibt die Bedeutung dieser Phase nur unvollständig und einseitig wieder. Die eigentliche Problematik der europäischen Kolonialherrschaft liegt weniger in ihren negativen, als vielmehr in ihren unvollkommenen Leistungen. Man braucht nur einmal nüchtern zu überlegen, ob die zahlreichen unabhängigen Staaten Afrikas heute überhaupt existieren könnten, wenn sie nicht über funktionierende Häfen (von Casablanca über Abidjan und Lagos bis Maputo (Lourenco Marques), Mombasa, Dar-es-Salaam und Dschibuti), Eisenbahnlinien, Straßen, Flugplätze, Schulen, Krankenhäuser und Universitäten verfügen würden, die nur durch den europäischen Kolonialismus entstanden sind.
Die Kolonialmächte boten Schutz und Lebenshilfe, förderten aber gleichzeitig die Vernichtung der althergebrachten Lebensformen. »Mit den neuen Liturgien starben die alten Rituale«, schrieb der Afrikakenner Gert Chesi einmal. Mit ihnen starben auch die Bindungen der Menschen aneinander. Das Leitbild der Familien oder der Clans begann zu zerbröckeln. Die bestehenden sozialen Institu-

tionen wurden weitgehend zerstört, und an ihre Stelle traten europäische Gesellschaftsformen, die sich bis zum heutigen Tag nicht auf die Besonderheiten des afrikanischen Menschen einzustellen vermochten. Außerdem wurde das Gleichgewicht zwischen Freiheit und Ordnung zerstört. Die Kolonialmächte boten keinen Ersatz für die durch die willkürlich gezogenen Grenzen auseinandergerissenen Sippen an, die das Rückgrat der afrikanischen Zivilisation gebildet hatten. Auch waren die weißen Verwaltungsapparate nicht daran interessiert, eine baldige politische und wirtschaftliche Selbständigkeit vorzubereiten. Disziplin und Selbstverantwortung, Begriffe, die die jungen Afrikaner gerade erst wirklich kennenlernten, wurden durch die ersten Anzeichen einer überstürzten Entkolonialisierung bereits wieder in Frage gestellt. Der von den Missionaren verbreitete Glaube stand nur auf tönernen Füßen und machte schließlich einer Befreiungstheologie Platz, die sich zu einem Christentum ohne Gott entwickelte und heute wohl ihre deutliche Bestätigung in der Schwarzen Apartheid der Politpriester Südafrikas findet.
Mit dem Ende der Kolonialzeit überließ man einfach die schwarzafrikanischen Völker sich selbst. Die Kolonialmächte waren vielfach der negativen Kritik nicht mehr gewachsen und der Verantwortung müde geworden. Der ideologische Druck sozialistischer und linksliberaler Kreise nahm immer mehr zu und lähmte das Interesse der einstigen Kolonialherren. Als nach dem Ende des Zweiten Weltkrieges die Forderung nach dem Selbstbestimmungsrecht der Völker immer lauter wurde, gaben die meisten ohne Widerstand auf. Für die große Masse der Afrikaner waren Staat, Nation und die dazugehörigen demokratischen Institutionen fremde Begriffe geblieben, die nicht zu ihrer Erfahrungswelt gehörten. Die jungen Staaten in Afrika, die zum Teil bis heute keine lebensfähigen Einheiten geworden sind, übernahmen später die willkürlichen Grenzen und die Verwaltungssprachen der Kolonialmächte, ohne den alten Stammesgrenzen oder den einheimischen Idiomen Rechnung zu tragen. Heute haben diese »Nationen« einen entscheidenden Einfluß in internationalen Gremien wie etwa in der UNO oder der OAU. Hinter dieser Kulisse pseudodemokratischer Auffassungen haben sie es bisher geschickt verstanden, die ehemaligen Kolonialmächte aufgrund ihres überstürzten Rückzugs und der damit entstandenen Skrupel und Gewissensbisse unter Druck zu setzen oder gar zu erpressen.

Verstädterung und westliche Zivilisation konfrontieren den Afrikaner mit neuen Problemen. In Abidjan und Lagos, in Dar-es-Salaam und Nairobi sind Slums entstanden, mit denen verglichen das südafrikanische Soweto fast ein Paradies ist. Anstelle eines ländlichen Lebens in Freiheit ist ein proletarisches Dahinvegetieren getreten. Die schwarzen Eliten, die die Aufgabe der Weißen übernommen haben, distanzieren sich zwar offiziell vom kolonialen System, führen sich aber objektiv als seine Erben und Statthalter auf. Die neuen Herren bemühen sich zwar, durch Massenkundgebungen, Programme, Reden, Jugendorganisationen und Armeen ein neues Nationalgefühl zu schaffen, zu erwecken, aber der eigentliche Erfolg blieb ihnen bis heute versagt. Nach wie vor sind die Haussas und Ibos keine Nigerianer, Makonde und Makua keine Bürger der Volksrepublik Moçambique. Der eigene Stamm bleibt immer noch die Basis politischer Macht in Afrika. Die Führungsschichten praktisch aller jungen Staaten fühlen sich nur ihrem Stamm und nicht der ganzen Bevölkerung verpflichtet. Es gibt genügend Beispiele, von Idi Amin (Stamm der Kakwa) über Félix Houphouet-Boigny (Baule-Stamm) bis Yomo Kenyatta (Kikuyu). Der Tribalismus ist die wesentliche, ja bewegende Kraft aller Politik in Afrika.

In dieses Vakuum stoßen heute drei große nicht-afrikanische Weltanschauungen vor: der Islam, das Christentum und der Marxismus. Der Kontakt des Islam zu Schwarzafrika wurde seit dem Eindringen der Araber im 7. Jahrhundert nie mehr unterbrochen. Die Religion Mohammeds befruchtete die afrikanischen Hochkulturen und zerstörte gleichzeitig ihre Fundamente. Unter der französischen Kolonialverwaltung gelang dem Islam der entscheidende Durchbruch in weite Gebiete West- und Zentralafrikas. Das Christentum steht heute am Ende des dritten Evangelisationsversuches in diesem Kontinent. Der erste, in apostolischer Zeit, wurde durch die arabische Eroberung wieder zunichte gemacht. Der zweite, der im 15. und 16. Jahrhundert durch die Portugiesen unternommen wurde, scheiterte nach wenigen Ansätzen. Die dritte Missionswelle begann um die Mitte des 19. Jahrhunderts, vor dem Beginn der Kolonialzeit. Über 100 Millionen Afrikaner bezeichnen sich heute als Christen. Dennoch sind die Kirchen einem schweren Druck ausgesetzt. Man wirft ihnen – nicht ganz zu Unrecht – vor, daß sie im Grunde genommen nur Sektierer, Prediger und Missionare ins Land schickten, um den Afrikanern ihre eigene Religion zu nehmen und entwurzelte Menschen zurückzulassen. Manche extreme Nationalisten und Sozialisten fordern, daß das Christentum als »die Religion der Weißen« verschwinden müsse, wenn die Unabhängigkeit vollendet werden soll. Der Marxismus behauptet, Religion sei in Afrika, wie überall, Opium für das Volk. Die modernen Propheten des Animismus predigen die Rückkehr zu den traditionellen Werten des Kontinents. Gleichzeitig gelangen die schwarzafrikanischen Staaten immer mehr in die Auseinandersetzungen der Weltmächte um die strategisch wichtigen Rohstoffquellen. Sie bleiben dabei um so hilfloser, je weniger ihren Völkern die Anpassung an die Technik des 20. Jahrhunderts und die Überwindung der wirtschaftlichen und sozialen Probleme gelingt.

Der Westen spielt in seiner Haltung zu den Entwicklungsländern in Afrika eine zwiespältige Rolle. Solange die Regierungen und deren Meinungsmacher nicht begreifen, daß sie selbst mit dem Marsch in die mißverstandene Freiheit und Gleichheit innerhalb ihrer eigenen Gesellschaft auf dem Weg zur Selbstzerstörung sind, werden sie auch nicht fähig sein, sich von falschen Vorstellungen für eine Welt- und Entwicklungspolitik zu befreien. Die von den Kolonialmächten vernachlässigte Lebenshilfe, nicht die angebliche oder tatsächliche Ausbeutung, muß Maßstab für ein neu durchdachtes Entwicklungsprogramm werden. Jedoch eine solche Hilfe, die die Schwierigkeiten der Anpassung und des Mentalitätswandels berücksichtigen müßte, ist illusorisch, solange eine elitäre Weltideologie, auf die die kapitalistisch-liberale, die marxistische und die Dritte Welt gleichsam eingeschworen sind, alle Beteiligten für diese Probleme blind macht. Wer nicht in der Lage ist, an sich selbst zu glauben und Führung und Verantwortung zu übernehmen, ist auch nicht fähig, durch Opfer Hilfe zu leisten und gleichzeitig seine eigenen Interessen wahrzunehmen.

Die Tendenz der neuen schwarzafrikanischen Machthaber, abendländische Entwicklung, Zivilisation und Kultur kritiklos zu kopieren und zu übernehmen, muß immer wieder innerafrikanische Gegensätze aufreißen. Nur widerwillig wollen sie eingestehen, daß ihre Lebensart nichts zu tun hat mit abendländischer Zivilisation und Begriffen wie wirtschaftlichem Wachstum, und daß die besonderen kulturellen Begabungen der Schwarzafrikaner in einer ganz anderen Richtung zu suchen sind. Auch sollte

man nicht übersehen, daß die traditionellen Bindungen an das Stammesleben wichtige Ordnungs- und Orientierungsfaktoren darstellen. Es ist eine anarchistische Utopie links-liberaler Individualisten und roter Kollektivisten, wonach eine radikale Auflösung der Stämme den Fortschritt fördern würde. Eine totale Entwurzelung aller Afrikaner wäre die Folge, ohne daß damit der für eine neue Gesellschaft erforderliche Anpassungsprozeß vollzogen wäre. In jedem Fall aber gilt auch für die fortschrittssüchtigen Afrikaner und Europäer mehr denn je das Wort Goethes, der sagte: »Was du ererbt von deinen Vätern, erwirb es, um es zu besitzen.« Die Vernichtung der Stammeswirtschaft und die kritiklose Übernahme westlicher Zivilisation führen nicht logischerweise zu neuen Existenzmöglichkeiten für die schwarze Bevölkerung und zu neuen demokratischen Ordnungen. Diese Problematik wird beispielsweise erschreckend deutlich an den menschenunwürdigen Slums in vielen afrikanischen Städten von Lagos bis Nairobi. Afrika ist dabei, auch politisch zu zerfallen. Die wenigen Versuche, eine westliche Demokratie einzuführen, wurden nur unvollkommen und vielfach sehr halbherzig vorgenommen. Stattdessen sind Elend, Hunger, Korruption und Unfähigkeit gewachsen. Ein einheimisches Massenproletariat ist für jede demagogische Losung sehr empfänglich und aufgeschlossen. Eine Reihe grausamer und unfähiger Regimes beherrscht den Kontinent.
Am 6. März 1957 wurde der Union Jack auf dem Parliament Square in Accra eingeholt und stattdessen die neue grün-gelb-rote Fahne mit dem schwarzen Stern gehißt. Die Goldküste, später in Ghana umbenannt, erhielt als erster afrikanischer Staat die Unabhängigkeit. Die jubelnde Menge trug den ersten schwarzen Präsidenten, Kwame Nkrumah, der von sich glaubte, der Erlöser Afrikas zu sein, im Triumph durch die Straßen. Glückwünsche kamen aus dem Kreml, dem Weißen Haus, von Chinas Tschou en-Lai und von der englischen Königin. In seiner Rede sagte Nkrumah: »Unser Ziel ist es, dieses Land zu einem bedeutungsvollen Ort für alle Bürger zu machen; ein Land, das ein strahlendes Licht auf dem ganzen afrikanischen Kontinent sein wird und weit über die Grenzen hinweg inspirieren soll.« Das Land hatte keine Schulden. Das Straßen- und Eisenbahnnetz, das Schul- und Gesundheitswesen waren die besten in Afrika. Durch eine kluge Planung der englischen Kolonialverwaltung konnten die neuen Herren einen gut funktionierenden Staat übernehmen, in dem es kein Elend und

keinen Hunger gab. Ghana galt als ein Modellfall. Accra wurde für viele junge Nationalisten und Revolutionäre in Afrika das Mekka der Revolution. Von Patrice Lumumba bis Robert Mugabe (der hier seine Frau Sally heiratete) hofften die Träumer, daß der schwarze Kontinent nun als gemeinsam handelnde Einheit seinen Platz neben den mächtigen Industrienationen der Welt einnehmen würde.

Kwame Nkrumah selbst hatte wenig Ahnung von Wirtschaftsfragen und entwickelte sich immer mehr zu einem einfältigen, aber machthungrigen Politiker, der sein Land in den wirtschaftlichen Ruin steuerte. Sein unheilvoll abgewandeltes Zitat aus dem Neuen Testament: »Suchet vor allem das politische Königreich, und dies alles wird euch dazugegeben werden«, wurde zum Leitmotiv seines Handelns. Wie verworren und absurd die Vorstellungen dieses Volkstribuns schließlich wurden, illustriert ein Vorfall, von dem mein Freund Günter Krabbe, Korrespondent der Frankfurter Allgemeinen Zeitung in Nairobi und lange Zeit in Westafrika tätig, mir erzählte: »Kwame Nkrumah wollte zur Demonstration seiner Macht ein Schlachtschiff kaufen. Der deutsche Gouverneur der Bank of Ghana, Hubert Kessels, der von der Deutschen Bundesbank zur Verfügung gestellt worden war, lehnte diese absurde Idee ab, weil das Land nicht genug Devisen dafür habe und weil der militärische Wert des Schiffes unbedeutend sei. Kwame Nkrumah ließ sich aber erst überzeugen, nachdem Kessels ihm erklärte, Ghana habe nicht soviel Matrosen, die schwimmen können, um damit ein Schlachtschiff zu bemannen.«

Neun Jahre später war das Volk verarmt, Hunderte politischer Gegner saßen in den Gefängnissen, die Kassen und Bankkonten waren leer. Die Militärs machten dem Spuk ein Ende. Der »Messias« Kwame Nkrumah, der einen ganzen Kontinent gewissermaßen auf die Bühne der Weltpolitik katapultiert hatte, starb 1972 einsam und vergessen und unter ungeklärten Umständen in Bulgarien. Seitdem haben Wirren, Unruhen, Wirtschaftsprobleme und Staatsstreiche in Ghana kein Ende genommen. Nach den Generälen Joseph Ankra und Akwasi Afrifa avancierte Professor Kofia Busia 1969 zum Staatschef. Er wurde 1972 durch General Ignatius Acheampong gestürzt, der wiederum nach einer Palastrevolte gehen mußte. 1980 putschte der Fliegerleutnant Jerry Rawlings, der gnadenlos die früheren Staatschefs – alles Generäle – hinrichten ließ. Die Korruption hielt an. Auch unter dem gewählten

Zivilisten Dr. Hilla Limann änderte sich nichts, so daß der Mischling Jerry Rawlings meinte, am Silvesterabend 1981 noch einmal putschen zu müssen.
Ist Ghana ein Ausnahmefall in Afrika? Nun, die Liste schwarzafrikanischer Staatsmänner, die glaubten, die frühere Kolonialmacht einfach ersetzen zu können, ist sehr lang. Sie müßte bei Acheampong beginnen und über Ahmed Abdallah, Aguiyi-Ironsi, Keita, Lumumba, Macias, Nguema, Nkrumah, Obote, Olympio, Ould Daddah, Raantsoa, Tombalbaye, Tshombé, Tsiranana und Youlou fortgesetzt werden. Fast immer sind diese Politiker durch einen Staatsstreich entmachtet und zum Teil auch ums Leben gebracht worden. Dabei ist diese Liste nur ein Fragment und erhebt keinen Anspruch, vollständig zu sein.
Das erträumte Ziel eines vereinten Afrika wurde nie erreicht. Daran konnte auch die im Mai 1963 bei einer Konferenz aller Staats- und Regierungschefs der bis dahin unabhängig gewordenen 31 afrikanischen Staaten in Addis Abeba verabschiedete »Charta der Organisation für Afrikanische Einheit«, die Gründungsakte der OAU, nichts ändern. Die territoriale Integrität aller Unterzeichnerstaaten durfte aufgrund der im vorigen Jahrhundert in Berlin festgelegten Grenzen nicht angetastet werden. Tanganyika und die Insel Sansibar hatten sich bereits vor der Gründung der OAU zu dem neuen Staat »Tansania« zusammengeschlossen. Die Stabilität der Mitgliedstaaten – inzwischen ist ihre Zahl auf 49 angewachsen – hat seitdem sicher nicht zugenommen. In mehr als 30 Ländern gab es seit 1960 immer wieder politische Umwälzungen, darunter 38 erfolgreiche Staatsstreiche. In sechs afrikanischen Ländern sind Truppen und Militärberater aus Kuba und dem Ostblock stationiert und in mindestens acht Staaten kam es zu blutigen Bürgerkriegen.
Weder die Unabhängigkeit, noch die Vereinten Nationen, noch die Organisation für Afrikanische Einheit, noch die regionalen Zusammenschlüsse in West- und Ostafrika konnten bewaffnete Auseinandersetzungen zwischen den verfeindeten Nachbarn oder Stämmen verhindern. So gab es Kämpfe um Grenzprobleme zwischen Algerien und Marokko, Streitigkeiten um die ehemalige Spanische Sahara, Krieg zwischen Somalia und Äthiopien, wobei auch kubanische Soldaten und russische Generäle zum Einsatz kamen. Noch am Weihnachtstag 1985 begannen blutige Gefechte zwischen Mali und Burkina Faso. 1977 sprach der »stern« davon, daß jeder vierte

Staat in Afrika Krieg führt und daß neue Konflikte vorprogrammiert sind. »Schuld haben die Europäer... den Nutzen die Sowjets«, stellte das Hamburger Bilderblatt fest. 1978 verwies die Zeitung »The Citizen« auf 16 Kriege in drei Jahrzehnten. Die »Los Angeles Times« berichtete 1979, daß Afrika von acht Kriegen heimgesucht würde, und »Die Welt« schrieb am 3. Mai 1983 von bewaffneten Kämpfen in neun Ländern. Der leider zu früh verstorbene Afrikakenner und -freund, Dr. Hans Germani, stellte dabei fest: »In Afrika sind nach der großen Entkolonialisierungswelle die seinerzeit als ›Kinderkrankheiten des schwarzen Kontinents‹ bezeichneten Bürger- und Guerillakriege zu einer weitverbreiteten Praxis dieses Erdteils geworden. Dabei sparen sie den Ost-West-Konflikt nicht aus.«

Die Sowjetunion stellte für einige dieser Kriege das Waffenmaterial im Werte von mehr als 12,5 Milliarden $ zur Verfügung, dazu noch Militärberater aus der UdSSR, der DDR, Bulgarien, der Tschechoslowakei, Nordkorea und Kuba. In den letzten acht Jahren (bis Ende 1985) wurde die Zahl der russischen Panzer vom Typ T 34 bis zum Typ T 54/55 in Angola auf 490, in Moçambique auf 474, in Tansania auf 505 und in Zimbabwe auf 120 erhöht. Die bewaffneten Streitkräfte der schwarzen Nachbarstaaten Südafrikas verdoppelten sich auf 350 000 Mann, während Pretoria nur rund 106 000 Mann unter den Waffen hat. Außerdem verfügen die wichtigsten Frontstaaten über fast dreihundert Düsenjäger modernster russischer Bauart und mehr als hundert Hubschrauber, darunter die gefürchteten »Gun-Ships« vom Typ Mi 24, die zum ersten Mal gegen Rebellen in Afghanistan eingesetzt wurden. Zur Zeit gibt es in Afrika – nach Angaben der Hilfsorganisation der Vereinten Nationen – mehr als 5 Millionen Flüchtlinge. Jeder zweite Flüchtling in der Welt ist ein Afrikaner.

Für ideologisch linkslastige Theoretiker, die die Nöte der Dritten Welt einfach mit der »Kolonialschuldlüge« abtun, muß diese Analyse irritierend und wie eine kalte Dusche wirken. Sie ziehen es vor, die eigentlichen Ursachen der Probleme in Afrika zu ignorieren und die Tabus auszusparen. Aber inzwischen hat eine neue Generation afrikanischer Politiker und Wissenschaftler erkannt, daß der Kontinent vor einer Impasse steht und eine andere Richtung einschlagen muß, um eine bessere Zukunft herbeizuführen. Der Historiker Elikia M'Bokolo aus Zaire, der jetzt in Paris an der »École des Hautes Études en Science Sociales« afrikanische Geschichte lehrt und das Zentrum Afrikanischer Studien leitet, kommt zu der Schlußfolgerung, daß die Staaten Afrikas nicht mehr durch monolithische Blöcke und nationalistisches Denken ihrer Führer regiert werden können. Der Kontinent muß neue Wege beschreiten, um aus der Krise herauszukommen. Professor M'Bokolo ist sogar der Auffassung, daß Regionen mit gemeinsamen sprachlichen und kulturellen Bindungen eine gewisse Autonomie erhalten sollten, um sich selbst entwickeln zu können. Bei solchen Gedanken wird man unwillkürlich an Südafrikas »Homeland-Politik« erinnert.

Aber weitaus pessimistischer ist die Feststellung des ehemaligen Generalsekretärs der OAU, Edem Kodjo, der zuvor Außenminister der westafrikanischen Republik Togo war: »Afrika stirbt«, sagte er vor Delegierten der Organisation und fuhr dann fort: »Die Politik, die die afrikanischen Regierungen seit mehr als zwanzig Jahren verfolgt haben, hat direkt in die moderne Sklaverei geführt, die den afrikanischen Menschen erniedrigt und seine Handlungsfreiheit drosselt. Unser uralter Kontinent ist am Rande des Abgrunds, gefangen hinter den Gittern des Aufruhrs, bedroht von Aufwallungen brudermörderischer Konflikte.«

Spätestens Mitte der sechziger Jahre hatte Afrika aufgehört, ein privilegiertes Einflußgebiet Europas zu sein. Seitdem befindet sich der Kontinent in der Frontlinie der Auseinandersetzung zwischen den Großmächten, zwischen den beiden Ideologien Marxismus und Kapitalismus, zwischen den Kräften der Freiheit und denen des Kommunismus. Die Anwesenheit von mehr als 60 000 Soldaten des Ostblocks in Afrika, einschließlich der Kubaner, und die Tatsache, daß im Februar 1986 die USA beschlossen, den UNITA-Kräften in Angola Luftabwehr- und Anti-Panzerraketen im Wert von mehr als dreißig Mio $ zur Bekämpfung der marxistischen Streitkräfte zur Verfügung zu stellen, sind deutliche Beweise dafür. Aber auch andere Tatsachen müßten zu denken geben: Tausende Afrikaner studieren in Moskau auf sowjetische Kosten und werden für eine marxistisch-leninistische Indoktrination empfänglich gemacht. Auch in Afrika selbst versucht die Sowjetunion sich des Bildungssystems zu bemächtigen oder es zumindestens – wie in Südafrika – zu zertrümmern. In 23 afrikanischen Staaten sind mehr als 50 000 Techniker und Ingenieure aus dem Ostblock tätig. Der Unruhestifter Libyen ist zu einem sowjetischen Brückenkopf und Waffenarsenal von enormer Bedeutung ausgebaut worden. Sowjetische Offiziere und Generäle leiten (oder leiteten) militärische Operationen in Angola, Eritrea und im Tschad. Im Sudan, der schon wiederholt Zielscheibe sowjetischer und libyscher Verschwörungen gewesen ist, sprach man im Hinblick auf den Krieg in Eritrea von einer »russischen Invasion«.

Manche Kenner und Beobachter der Entwicklungen in Afrika nennen die Europäer in ihren Auffassungen naiv, weil sie sehr schnell geneigt sind, die Absichten der Sowjets zu unterschätzen und die Dinge, die zweifelhaft sind oder einfach nicht wahr sein sollen, in die Welt der Phantasie, des Nicht-Existierenden zu verweisen. Die Sowjets wie auch die Amerikaner haben dagegen genau erkannt, daß die Auseinandersetzung zwischen den Großmächten unter dem Deckmantel der Ko-Existenz in Afrika vollauf im Gange ist und daß es der UdSSR darauf ankommt, diesen Kontinent und vor allem dessen Rohstoffquellen endgültig in den Griff zu bekommen. Während die Sowjetunion über die meisten bedeutenden strategischen Metalle selbst verfügt, ist der Westen ohne die Rohstoffquelle Afrika – und hauptsächlich Südafrika – einfach verloren. Man kann auf diesen Nachbarn Europas nicht verzichten. Es ist daher eine Frage des direkten Lebensinteresses der Westeuropäer, wenn sie sich intensiver um den Nachbarkontinent kümmern. Bereits Ende der siebziger Jahre ließ die Parlamentarische Versammlung der Westeuropäischen Union eine Studie über die Bedeutung Afrikas in einer europäischen Sicherheitspolitik erstellen. Der Bericht zeigte deutlich, daß die sowjetischen Pläne darauf ausgerichtet sind, Westeuropa militärisch vom Süden her zu umgehen und wirtschaftlich von seinen Lebensadern, den strategischen Metallen und dem Rohöl, abzuschneiden.

Die Konvention von Lomé, die zwischen der Europäischen Gemeinschaft und den 58 Staaten in Afrika, der Karibik und dem Pazifik (AKP-Staaten) abgeschlossen wurde, wird als ein wichtiger Schritt zur Sicherung europäischer Interessen und zur Entkolonialisierung in der Praxis gewertet. Rund 14 Milliarden Mark stellte die EG bis 1985 für die Verwirklichung dieser Ziele zur Verfügung. Praktisch alle Zölle für Einfuhren aus den AKP-Staaten wurden bisher gestrichen. Zur Sicherung gegen die Schwankungen der Weltmarktpreise bei landwirtschaftlichen Rohstoffpreisen stellte die EG Geldmittel von mehr als 1,4 Milliarden Mark bereit. Außerdem wurde ein Garantiesystem akzeptiert, den Rohstofferzeugern von Kupfer, Bauxit, Phosphaten, Aluminium oder Eisenerz beim Zusammenbruch der Weltmarktpreise Darlehen zur Normalisierung zu erteilen. Zusätzlich gibt die Gemeinschaft Darlehen und Subventionen für die Ausbeutung von Rohstoffvorkommen. Wichtigstes Argument der Verträge ist die Tatsache, daß vor allem den afrikanischen Ländern geholfen werden soll, funktionierende Volkswirtschaften aufzubauen, Wohlstand zu schaffen und damit den Kontinent zu stabilisieren.

Die Sicherung der strategischen Metalle, die die Basis für die Metallindustrien der ganzen Welt und unabdingbar bei der Produktion hochtechnologischer Güter sind, steht dabei an erster Stelle. Ein Teil dieser Metalle ist bei der Herstellung von Rüstungsgütern unersetzlich. Viele sind reichlich vorhanden, andere dagegen nur in einigen tausend Tonnen. Darüber hinaus liegen die meisten Vorkommen in politisch unbeständigen und wenig zuverlässigen Ländern der Dritten Welt, in Südafrika und in der Sowjetunion. Häufig sind die Metalle im Westen gar nicht zu finden. Einige Industrieländer haben sich inzwischen darauf konzentriert, nationale Lager für den Fall einer Angebotsverknappung anzulegen. Verschiedene Probleme haben die Verwirklichung dieses Ziels bisher verzögert. Dennoch ist eine steigende Tendenz zum Aufbau und zur Vergrößerung der Lager strategischer Metalle in den USA, der Bundesrepublik, Frankreich und anderen EG-Staaten zu erkennen. Unterdessen hat auch die Sowjetunion die Probleme der Rohstoffgewinnung deutlich erkannt. In den letzten Jahren bietet Moskau immer sporadischer und zurückhaltender Metalle an und verkauft sie nur, um Käufe im Ausland finanzieren zu können. Technische Probleme und der Mangel an Arbeitskräften führten zur Reduzierung der Förderung. Auch sind einige wichtige Minen in der Sowjetunion bereits erschöpft. Die Erschließung neuer Vorkommen in Sibirien wäre sowohl kostspielig wie auch ungeheuer schwierig. Daher ist der Kreml in besonderem Maße daran interessiert, in der rohstoffreichen Dritten Welt Fuß zu fassen, um sich von dort aus versorgen und die Belieferung des Westens steuern oder drosseln zu können.

Wie wichtig diese strategischen Metalle Afrikas sind, dürfte ein kurzer Überblick zeigen. Antimon wird als feuerfester Zusatz bei Kunststoffen, Gummi und Textilien verwendet. Die Erzvorkommen in Bolivien und Mexiko sind erschöpft. Die wichtigsten Produzenten sind Südafrika und die UdSSR. Die USA allein verbrauchen rund 42 000 short tons. Das entspricht 53% der Weltproduktion, die bei 79 000 short tons liegt. 99% der Chromvorkommen der Welt befinden sich in Südafrika und Zimbabwe. Chrom ist ein wichtiges

»Kriegsmaterial« zur Herstellung von rostfreiem Stahl. Die Vereinigten Staaten allein brauchen etwa 58% der Weltproduktion, die 10500000 short tons beträgt. Iridium ist ein Metall der Platingruppe und wird für Platinlegierungen von Hochtemperaturschmelztiegeln verwendet. 96% der Weltproduktion stammen aus Südafrika und der UdSSR. Die Gesamtgewinnung an Metallen dieser Gruppe beläuft sich auf mehr als 6,7 Millionen Feinunzen. Südafrikas Anteil liegt bei 55%, der Anteil der UdSSR bei 31%. Kobalt ist bei der Luftfahrtindustrie unersetzlich als Superlegierung für Düsenmotoren und elektrische Teile. Die wichtigsten Produzenten der Welt sind Zaire mit 50% und Sambia und die Sowjetunion mit je 12%. Auch Mangan gilt als ein »Kriegsrohstoff« zur Stahlproduktion. 80 Prozent der erfaßten Vorkommen befinden sich in der Sowjetunion und in Südafrika. Dennoch ist die Versorgungslage fast vollständig von Südafrika abhängig. Ein vor einiger Zeit veröffentlichter Wirtschaftsbericht zeigt, daß die UdSSR und der Ostblock in zunehmendem Maße Mangan importieren. Man muß daraus schließen, daß die sowjetischen Vorräte aufgebraucht oder für Notfälle reserviert werden. Quecksilber wird zur Herstellung von elektrischen und industriellen Geräten und Meßinstrumenten verwendet. Die Sowjetunion produziert 45% des Weltverbrauchs, die USA, Spanien und Algerien die übrigen 55%. Südafrika und die Sowjetunion repräsentieren 96% der Weltproduktion an Rhodium, das eine große Widerstandsfähigkeit gegen Korrosion besitzt und, mit Platin legiert, für elektrische Ausrüstungen verarbeitet wird. Abgesehen von Gold, Silber, Diamanten werden in Südafrika noch jährlich rund 10 Mio Tonnen Eisenerz, 7 Mio Tonnen Kupfer und 82 Mio Tonnen Kohle gefördert. Die Bundesrepublik Deutschland importierte 1982 46 verschiedene Rohstoffe aus Südafrika, darunter 73% ihres Manganbedarfs, 54% Ferromangan und 66% Kohle. Wichtige Rohstofflieferanten der Bundesrepublik und der westlichen Welt insgesamt sind außerdem Angola (Öl, Diamanten), Zaire (Diamanten, Kobalt, Kupfer), Liberia und Mauretanien (Eisenerze), Zimbabwe (Chrom, Gold, Diamanten, Zinn, Wolfram). Zusätzlich gibt es große Ölvorkommen in Algerien, Libyen, Nigeria, Angola und vor der Küste verschiedener westafrikanischer Staaten.

Wie sehr Moskau diesen Rohstoffbunker Afrika in die wirtschaftlichen und strategischen Berechnungen einbezieht, geht aus zwei Ereignissen hervor. 1978 flüchtete Dr. Igor S. Glagolew in den

Westen. Er war der ehemalige Berater des Zentralkomitees und des Politbüros der KPdSU und Mitglied des Instituts für Geschichte an der Akademie für Wissenschaften der UdSSR. Vor dem amerikanischen Kongreß enthüllte er einen Plan von Anatolij Gromyko, dem Sohn des ehemaligen Außenministers und Direktor des Moskauer Afrika-Instituts, zur direkten aggressiven Aktion im südlichen Afrika. Er sagte wörtlich: »Der Beschluß, eine Offensive zur Eroberung des südlichen Afrikas zu starten, wurde bereits Ende der sechziger Jahre vom Politbüro gefaßt. Die Beseitigung des westlichen Einflusses im südlichen Afrika verdient das Hauptaugenmerk aller Bemühungen, um die westlichen Industrieländer von ihren Rohstoffquellen abzuschneiden ...«

Der zweite Hinweis auf die afrikanischen Safaris der Sowjets kommt ebenfalls aus Moskau. Der Leiter der Internationalen Abteilung des Zentralkomitees der KPdSU (B), Boris Ponomarew, Mitglied des Politbüros und einstiger stalinistischer Kominternagent, schrieb das Drehbuch, das zur Zeit im südlichen Teil des Kontinents abzulaufen scheint. Der aus Kiel stammende deutsche Professor Dirk Kunert in Johannesburg, der als Kenner der sowjetischen Strategie einen Namen hat, erläuterte kürzlich das Szenarium Ponomarews: »Das Acht-Punkte-Programm, das 1981 von einem neugegründeten ›Koordinationskomitee für das südliche Afrika‹ in Moskau akzeptiert wurde, zielt darauf ab, Südafrika durch subversiven Einsatz des ANC und seiner Satellitenverbände zu destabilisieren, den Einsatz der südafrikanischen Sicherheitsstreitkräfte im Innern zu provozieren, um die Handelspartner zu Sanktionen anzuspornen und die marxistisch-leninistischen Nachbarstaaten, vorrangig Angola und Moçambique, militärisch aufzurüsten, um im Zuge des Terroreinsatzes Südafrika wirtschaftlich und politisch zu zerrütten und zu zermürben und für einen konventionellen militärischen Angriff abschußbereit zu machen.«

Das Netz um Afrika zieht sich zusammen. Im Norden besteht eine enge militärische Zusammenarbeit zwischen der UdSSR einerseits und Algerien und Libyen andererseits. Außerdem bestehen zwischen Algier, Tripolis und Moskau enge Abkommen über die Benutzung von Marine- und Luftwaffen-Stützpunkten. Benin, Guinea-Bissau, Kongo-Brazzaville, Angola, Zimbabwe, Moçambique, Tansania und Madagaskar erhalten sowjetische Militärhilfe, haben Berater aus der UdSSR, der DDR und Kuba im Lande und entsprechende Verträge mit dem Kreml. Angola und Moçambique sind klassische Marinebasen, die die Zufuhr an Öl für die USA und Europa jederzeit unterbinden können. Die Unterzeichnung des einem Nichtangriffpakt gleichkommenden Vertrags zwischen Pretoria und Maputo hat keineswegs dazu beigetragen, daß der ANC seinen Guerilla- und Terrorkrieg im Innern Südafrikas beendete und daß der bisher rhetorisch militanteste Gegner, nämlich Marschall Samora Machel, nicht mehr verlangt, daß die weiße Regierung beseitigt werden muß. Im Gegenteil. Im Nachbarstaat werden die Beschuldigungen gegen das Apartheidsregime immer lauter. Die Kontrolle Afghanistans ermöglicht es den Russen, innerhalb kürzester Zeit bis zum Persischen Golf vorzustoßen. Weiter südlich liegen der moskautreue Südjemen und das marxistische Äthiopien. Auch wenn manche westlichen Politiker die Entwicklung in Afrika und die Expansion Moskaus bagatellisieren und belächeln, die Tatsachen sind nicht zu leugnen. Der Griff der Sowjets nach Afrika wird – mögen auch die roten Strategen Fehlschläge zu verzeichnen haben – nicht von Zufälligkeiten geprägt.

Zwischen Schein und Wirklichkeit

Entwicklungshilfe für Afrika

Afrika ist in Not. »Jetzt fangen die Roomse idiote (Römische Idioten/Schimpfwort der Buren für die Katholiken) auch noch an. Und das in einer Zeit, in der ganz Schwarz-Afrika krepiert«, schrieb mir seinerzeit mit Empörung der Journalist Randolph Braumann, der sich mit Hilfsaktionen in Afrika befaßte. Zu diesem Zeitpunkt hatte gerade »Misereor« in Aachen mit einer Aktion für Südafrika begonnen, die unter dem Motto stand »Ich will ein Mensch sein«. Sie wurde wegen ihrer negativen und einseitigen Darstellung der bestehenden Verhältnisse scharf kritisiert. Zu den ablehnenden Kritikern gehörte nicht nur der Illustriertenjournalist Braumann, sondern auch maßgebende Kenner wie der Volkswirtschaftler Prof. Dr. Heinz-Dietrich Ortlieb, der evangelische Theologe Prof. D. Dr. Ernst Dammann, der Geschäftsführer der Förderungsgesellschaft Afrika, Claus Peter Clausen, und Bayerns Ministerpräsident Franz Josef Strauß.

Inzwischen liegen heute bei jeder deutschen Bank oder Sparkasse die vorgedruckten Zahlkarten der Caritas, Freiburg, der Sudanhilfe, Hannover, des Missionswerks Missio, München, der Aktion Misereor, Aachen, der Bischöflichen Aktion Adveniat, Essen, und des Diakonischen Werks der EKD Brot für die Welt, Stuttgart. In Zeitungen und Zeitschriften der Bundesrepublik findet man außerdem die Prospekte (mit Zahlkarte) des Missionswerks Frohe Botschaft e. V., Grossalmerode, der Deutschen Namibia-Stiftung, Amorbach, der Gesellschaft für bedrohte Völker, Göttingen, der Christoffel-Blindenmission, Bensheim, der Care Deutschland e. V., Bonn, der Förderungsgesellschaft Afrika e. V., Lippstadt, des Kinderhilfswerks für die Dritte Welt e. V., Hamburg, des Deutschen Aussätzigen-Hilfswerks e. V., Würzburg, der Missionsprokur der Jesuiten in Simbabwe, Darmstadt, des Internationalen Hilfsfonds, Schwalheim, der Deutschen Missionsgemeinschaft, Sinsheim, der Benediktiner-Missionare, Münsterschwarzach, und vieler anderer Organisationen.

Sie alle appellieren an das Mitleid der Deutschen mit ergreifenden

Losungen und grausamen und erschütternden Bildern von sterbenden Kindern in Uganda (Grauenhaft. Ein Land des Todes), Mali (Die Regenzeit wird auch den Rest zerstören), Niger (Wasser und Brot/Weihnachtsdank 1985), Niger (Mitleid allein macht nicht satt), Tschad (Wer, wenn nicht wir?), Tansania (Wo man hinschaut – Not und Armut!), Äthiopien (Völkermord – 40 Jahre nach Auschwitz), Sahelzone, (Jeden Morgen, wenn Sie aufwachen, sind wieder 40 000 Kinder gestorben). Das alles sind Originalzitate aus den Werbe- oder besser gesagt Bettelbroschüren und Flugblättern, die Hilfsorganisationen für die Dritte Welt tagtäglich verbreiten. Ähnliche Aktionen werden in den Niederlanden, in Belgien, in Skandinavien und anderen Ländern der Welt, ja sogar in Südafrika (Operation Hunger, World Vision, International Christian Aid u. a. m.), durchgeführt. »Entwicklungshilfe kostet Geld«, stellte der Rechenschaftsbericht von »Misereor« für 1982 fest. Für die Projektbearbeitung und Kontrolle wurden 13,5 Millionen Mark, für Informationsarbeit und Spendenwerbung 2,5 Millionen Mark ausgegeben. Die Kritiker meinten, daß diese Form der Hilfe für die Dritte Welt deutlich das Schuldgefühl des Westens, die Selbstzweifel, die wir mit einem Almosen abtun, und die geistige Krise illustrieren, in der wir uns befinden. Lakonisch schrieb Dr. Bruno Bandulet in seinem Buch »Schnee für Afrika«: »Nie war international verordnete Nächstenliebe so teuer.«

Nun ist Entwicklungshilfe – staatlich oder privat – seit Jahren ein heißes Eisen. Nur wenige Kenner der Verhältnisse trauten sich bisher, es anzufassen. Erst nach der neuesten Hunger- und Dürrekatastrophe in Äthiopien und im Sudan und den damit zusammenhängenden Fehlleistungen in der Bundesrepublik und an Ort und Stelle gab es kritische Stimmen, die Sinn und Wirkung der enormen Hilfsaktionen anzweifelten. Heute stellen Organisationen und staatliche Instanzen fest, daß sich ein gewisser Entwicklungshilfe-Pessimismus ausbreitet. Angesichts der gewaltigen Summen, die für Hilfe in der Dritten Welt aufgebracht wurden, ist das sicher nicht erstaunlich. So hat die Aktion »Brot für die Welt« in dem Vierteljahrhundert ihrer Tätigkeit 1,1 Milliarden Mark an Spenden verbuchen können. Die Evangelische Zentralstelle für Entwicklungshilfe wandte 1984 über einhundert Millionen DM aus staatlichem Geld für Entwicklung auf. Daneben erhielt der Ausschuß »Kirchliche Mittel für den Entwicklungsdienst« etwa den gleichen Betrag von den Landeskirchen. Das Evangelische Missionswerk verwandte 13 Millionen Mark für Aufgaben in Übersee. Die Katholische Organisation verfügte 1979 über genau 103,4 Millionen Mark. Außerdem erhielt die Deutsche Welthungerhilfe damals 31,0 Millionen Mark. Das Missionswerk »Frohe Botschaft e. V.«, das so weit wie möglich kostensparend arbeitet und weniger als 5% der Spenden für Verwaltungskosten und Werbung ausgibt, schickte von 1980 bis Juni 1985 genau 10 887 559,28 DM an Hilfe und Hilfsgütern nach Uganda und auch für weitere 10 Millionen Mark an Hilfe nach Kenia, Tansania, Zaire, Ägypten, Äthiopien und dem Sudan. Das Bischöfliche Hilfswerk »Misereor« stellte allein 1982 die enorme Summe von 205,2 Millionen Mark für Entwicklungsprojekte zur Verfügung.

Auch von staatlicher Seite kam es zu beachtlichen Leistungen. So konnte das Bundesministerium für wirtschaftliche Zusammenarbeit im Jahre 1982 insgesamt 77,13 Millionen Mark beisteuern. Von 1962 bis 1982 brachten die Bundesländer rund 930 Millionen Mark für die Entwicklungszusammenarbeit auf. Zusätzlich tritt die Europäische Gemeinschaft, die die größte Handelsmacht der Welt ist, im Rahmen der Europäischen Politischen Zusammenarbeit immer häufiger bei der Vergabe von öffentlichen Entwicklungshilfeleistungen in Erscheinung. Der fünfte Europäische Entwicklungsfonds von 1980 bis 1985 wurde auf 14 Milliarden $ festgesetzt. Der neue sechste Entwicklungsfonds bis 1990 ist mit 19,5 Milliarden $ dotiert. Die Leistungen aus diesen Fonds der Gemeinschaft erreichen jedoch nur knapp 14 Prozent der gesamten öffentlichen Entwicklungshilfe der EG-Länder. Sie lag nach einer Übersicht der EG-Kommission 1983 bei insgesamt 11,5 Milliarden $. Dabei ist zu berücksichtigen, daß von den ehemaligen Kolonialmächten Frankreich mit 83 Prozent einen besonders hohen Anteil als bilaterale Entwicklungshilfe (3,1 Mrd. $) leistet, Großbritannien mit 860 Millionen $ dagegen nur 54 Prozent. Die Bundesrepublik liegt mit einem Anteil von 67 Prozent (2,1 Mrd. $) beim Durchschnitt von 68,5 Prozent in der Gemeinschaft.

Die erdrückende Fülle der Zahlen und die überwältigende Größe der Summen sind für den normalen Bürger kaum noch zu erfassen. Abgeschreckt durch die Mißwirtschaft in der Dritten Welt und deren Waffenkäufe sowie durch die ununterbrochenen und unkontrollierbaren Hiobsbotschaften aus Äthiopien, dem Sudan, aus Somalia und anderen Wetterzonen afrikanischer Politik fragt sich die Bevölkerung, welchen Sinn diese Spendenaktionen noch haben. Seit der großen Dürrekatastrophe Anfang der siebziger Jahre wurden in den unmittelbar zur Sahelzone gehörenden Ländern acht Milliarden $ zur Bekämpfung der Dürre ausgegeben, hauptsächlich jedoch für den Bau von Straßen und Dämmen sowie für Büros und die Verwaltungsstruktur. Nur sage und schreibe fünf Prozent der Summe wurden zweckentsprechend für die wirkliche Bekämpfung des Problems, gegen die Versteppung des Landes und gegen die Bodenerosion, angelegt.

Somalia – ein anderes »Sorgenkind« in Afrika – wird heute als »Friedhof westlicher Entwicklungshilfe« bezeichnet. 30 Prozent des Bruttosozialprodukts und 60 Prozent des Entwicklungsbudgets der Demokratischen Republik am Horn von Afrika stammen aus ausländischen Zuschüssen. Als Staatschef Siad Barre Ende der siebziger Jahre vom sowjetischen ins westliche Lager überwechselte, konnte er sich vor Entwicklungshilfe kaum noch retten. Pro Kopf der Bevölkerung erhielt Somalia 103 $ (Äthiopien dagegen nur 4,6 $) an Unterstützung für alle möglichen Projekte. Die Bundesrepublik Deutschland zeigte sich in besonderem Maße erkenntlich, da auf dem Flugplatz von Mogadischu zum ersten Mal die Grenzschutztruppe GSG 9 eingesetzt werden konnte. Sie befreite unter dem Kommando des Oberstleutnant Ulrich Wegener am 19. September 1977 kurz nach Mitternacht 82 Urlauber, die mit einer Lufthansa-Maschine aus Mallorca entführt worden waren. Seitdem ist die Aufnahmefähigkeit Somalias an Entwicklungshilfe erschöpft. Es wird geradezu von geschenkten Nahrungsmitteln überschwemmt, so daß die Bauern heute schon weniger als die Hälfte des eigenen Bedarfs produzieren. Andererseits ist das Land korrupter denn je (selbst eine Paß- und Zollkontrolle findet ohne Schmiergelder einfach nicht statt) und hat zusätzlich ein Flüchtlingsproblem, von dem kein Mensch weiß, wie realistisch es wirklich ist. Der Nationalen Flüchtlingskomission zufolge gibt es 35 Flüchtlingslager mit etwa 700 000 bis 1,5 Millionen Menschen. Inzwischen hat man sich in den offiziellen Angaben auf eine Zahl von 500 000 geeinigt. Dabei muß man jedoch bedenken, daß es sich hier zu einem großen Teil um Nomaden und um Frauen und Kinder handelt, die sich nicht um bestehende Grenzen kümmern. Die Vermutung liegt nahe, daß die Familie also im Flüchtlingslager ernährt wird (wo die Verpflegung dank westlicher Hilfe größtenteils umsonst ist), während die Männer weiter mit ihren Herden umherziehen. In Mogadischu fragen sich die westlichen Diplomaten, was geschieht, wenn eines Tages die Geld- und Sachspenden aus Europa ausbleiben. Wird dann Präsident Siad Barre wieder in das sowjetische Lager zurückwandern? Je weniger Mittel er vergeben kann, desto schwächer wird seine Position. »Wir fühlen den Atem der Sowjetunion im Nacken«, erklärte er kürzlich dem deutschen Journalisten Achim Remde.

Erschütternd ist ein anderes Beispiel fehlgeleiteter und verfehlter Entwicklungspolitik. Gambia, das kleinste Land Afrikas, erhielt über Jahre hinweg fast 40 Prozent des Bruttosozialprodukts als Entwicklungshilfe. Übereilt und kurzsichtig wollte die westliche Welt die Entwicklung vorantreiben. Man drängte dem Land immer neue Infrastrukturprojekte auf, ohne sich um die Erhaltung der bereits bestehenden zu kümmern und außerdem zu erkennen, daß das Land finanziell völlig überstrapaziert wurde. Heute beträgt die Auslandsverschuldung 320 Millionen $. Der Mangel an Devisen ist chronisch geworden, nachdem die ehemalige Kolonialmacht England wenig Interesse zeigt, die Zahlungsbilanz auszugleichen. 1985 gab es kaum noch Benzin an den Tankstellen. Den Kraftwerken fehlte das Dieselöl, so daß die Stromversorgung nur noch stundenweise erfolgte. Die Lebenserwartung der rund 650 000 Einwohner liegt bei 36 Jahren. 90% der Bevölkerung sind noch Analphabeten. Nach mehr als zwanzig Jahren Unabhängigkeit steht die ehemalige englische Kolonie vor dem Staatsbankrott, wenn es nicht in allernächster Zeit zu einer internationalen Hilfsaktion kommt.

Anders und fataler ist die Lage in Äthiopien. Bereits vor zehn Jahren begann die Agonie dieses Landes, seitdem also das marxistische Regime des Oberstleutnants Mengistu Haile Mariam an der Macht ist. Schon 1982 warnte die Welternährungs- und Landwirtschaftsorganisation FAO, daß Äthiopien im darauffolgenden Jahr 400 000 Tonnen Lebensmittel zusätzlich brauchen würde. Dabei war die Regierung in Addis Abeba auch noch von falschen Zahlen ausgegangen. Wie sich bei der Volkszählung von 1984 herausstellte, hat Äthiopien 42 Millionen und nicht 33 Millionen Einwohner. Das bedeutete, daß das ehemalige Kaiserreich plötzlich fast eine Million Tonnen an Nahrungshilfe benötigte. Dennoch verrotteten Anfang des Jahres 60% von den gelieferten 332 000 Tonnen Lebensmitteln in den Häfen am Roten Meer. 1975 hungerten mehr als 72 000 Menschen in den Hilfscamps in der Wüste. 100 000 starben. Heute spricht man davon, daß sechs Millionen nicht überleben würden. Wie viele bereits wirklich verhungert sind, weiß niemand. Für die Feiern zum 10. Jahrestag der Revolution, die im September 1984 stattfanden, stand der Äthiopischen Arbeiterpartei ein Betrag von fast 100 Millionen $ zur Verfügung. Einige Millionen wurden allein für den Kauf und Transport von Whisky in England bereitgestellt. Im Hafen von Assab, der täglich etwa 2400 Tonnen verkraften kann, verrotteten die Nahrungsmittel. Der Hafen von Massawa ist von Rebellen bedroht und kann daher nur beschränkt ausgenutzt werden. Der Krieg gegen die Befreiungsorganisationen in Eritrea erschwert die Hungerhilfe. Die Regierungsstreitkräfte verhindern, daß Nahrungsmittel in die von Rebellen kontrollierten Gebiete gelangen. Trotz der Dürrekatastrophe lehnten die moskauhörigen Offiziere in Addis Abeba bisher einen Waffenstillstand ab. Stattdessen flogen sowjetische MIG-Düsenjäger mit Napalm und Bomben weitere Angriffe auf Dörfer und Landwirtschaftsgebiete. Im Schutz der Nacht flohen die Menschen über die Grenze in den benachbarten Sudan, wo die Flüchtlingslager völlig überfüllt sind. Außerdem wurden etwa 1,5 Millionen aus den von der Dürre betroffenen Gegenden in den Süden umgesiedelt. Dadurch verfolgt man an erster Stelle das Ziel, die Aktionsgebiete der Aufständischen zu entvölkern und damit den Widerstand zu brechen. In den letzten vier Monaten des Jahres 1985 wurden die Umsiedlungen der Dürreopfer in den Süden auf Anordnung der »Arbeiterpartei« massiv und unter größerem Zwang durchgeführt. Die vom äthiopischen Regime Anfang Dezember 1985 ausgewiesene französische Hilfsorganisation »Médecins sans frontières« (MSF) befürchtet, daß wegen der unmenschlichen Bedingungen, unter welchen diese Umsiedlungen durchgeführt werden, bereits 50000 bis 100000 Menschen umgekommen sind. Die deutsche Organisation »Menschen für Menschen«, die in den Umsiedlungsgebieten tätig ist, meldete, daß 80 bis 90 Prozent der Umgesiedelten krank sind und daß die Sterblichkeitsrate extrem hoch ist. Die französische Organisation schätzt, daß 15 bis 20 Prozent der Umsiedler auf dem Transport, im Transit oder aber in den ersten drei Monaten im Siedlungsgebiet sterben. Das ergibt auf mehr als 600000 Umgesiedelte mehr als 100000 Tote, Menschen, die in den Nordprovinzen nach Ansicht der MSF hätten gerettet werden können. Proteste gegen diese brutale Massendeportation, im Gegensatz zu der massiven Kritik an den südafrikanischen Zwangsumsiedlungen, die inzwischen vollkommen stoppgesetzt wurden, gab es bisher nur in geringem Maße.

Der Kampf gegen die Rebellen kostet Milliarden. Weit mehr als ein Drittel des Staatsbudgets wird für militärische Zwecke ausgegeben. Man vermutet, daß Staatschef Mengistu der Sowjetunion drei Milliarden $ allein für Waffenhilfe und Unterstützung schuldet. Moskau schickte sowjetische Generäle, kubanische und ostdeutsche Söldner. Ein Ende des Krieges ist bis heute nicht in Sicht. Seit 23 Jahren kämpfen die Partisanen im ehemaligen italienischen Eritrea. In den Nordprovinzen Tigre und Wollo dauern die militärischen Auseinandersetzungen schon mehr als zehn Jahre. Es sind die längsten Kriege Afrikas. Hinter den Guerillaorganisationen stehen ausländische Interessen. Als der Aufstand unter Kaiser Haile Selassie begann, witterte Moskau eine Chance und unterstützte die Aufständischen als »revolutionäre Freiheitskämpfer«. Nach der Machtübernahme der marxistischen Militärs im Jahre 1974 in Addis Abeba wurden die Guerillas über Nacht zu »antirevolutionären Terroristen«. Die Partisanen haben ihre politische Gesinnung nicht geändert, aber die Geldgeber sitzen heute in Saudi-Arabien, den konservativen Ölstaaten und im Sudan, der weniger denn je ein freundschaftliches Verhältnis mit dem Nachbarn unterhält.

1984 schlug der Direktor der UNO-Organisation für Ernährung und Landwirtschaft, Eduardo Saouma, Alarm. Die Zentrale der FAO befindet sich in Rom. »In 24 Ländern Nordafrikas hungern 150 Millionen Menschen.« Die »Sunday Nation« in Nairobi meinte im Mai desselben Jahres, daß in Äthiopien 2 Millionen Menschen vom Hungertod bedroht sind. Eigentlich müßte diese Zeitung wissen, was sich im Nachbarland ereignet. Aber in Wirklichkeit fehlen sowohl den Organisationen wie auch den Journalisten die zutreffenden Informationen. Außerdem scheinen die FAO, deren Generaldirektor Edouardo Saouma und verschiedene afrikanische Regierungen vollkommen zu versagen. Der Dilettantismus dieser Organisation und der zuständigen Politiker in Afrika wird allgemein als eine Schande bezeichnet. Sie haben zu folgenschweren Fehlentwicklungen und Fehlinformationen geführt. Wiederholt gab die FAO widersprüchliche Nachrichten heraus. Während noch vor wenigen Monaten von einer verheerenden Hungerkatastrophe gesprochen wurde, berichtet man jetzt von Rekordernten. Außerdem waren zu diesem Zeitpunkt noch beträchtliche Lebensmittellieferungen aus den Industriestaaten unterwegs. Einigen Hilfsorganisationen zufolge sind etwa 12 Millionen Menschen von den etwa 350 Millionen Einwohnern des Kontinents dabei, zu verhungern. Die meisten davon leben im Sudan, in Mali, Somalia, Angola und Moçambique. Andere Hilfswerke mit Sitz in Genf sprechen von 35 Millionen Hungernden in 18 afrikanischen Staaten. Noch tragischer ist, so meint ein Bericht der »United Nations Disaster Relief Organisation« (UNDRO), daß zwischen 20 und 30 Prozent der Kinder unter fünf Jahren von der Katastrophe bedroht werden. Der Direktor von »World Vision« – einer Hilfsorganisation im südlichen Afrika – erklärte, daß allein 50 000 Kinder pro Jahr in Südafrika an den Folgen der Unterernährung sterben. Inzwischen wird die Zahl der Hungernden in diesem Teil der Welt schon auf mehr als drei Millionen geschätzt. Wirtschaftsrezession und die ersten Auswirkungen der Boykottmaßnahmen gegen das Apartheidsregime fordern ihre Opfer.

Die Fülle des Zahlenmaterials gibt Anlaß zu echten Zweifeln an der Zuverlässigkeit der Informationen. Mit berechtigter Skepsis fragte dann auch kürzlich die Londoner Zeitschrift »The Economist«, welche Zahlen stimmen. Hat Äthiopien 42 Millionen oder mehr Einwohner? Brauchen sechs Millionen Menschen im Sudan dringend Hilfe oder sind es weniger? Zuverlässige Statistiken gibt es in Afrika nicht. Ein Nebel der subjektiven Eindrücke hängt über diesem Kontinent, und die Zeitschrift kommt zu der Schlußfolgerung, daß die erschütternden Schlagzeilen in den Zeitungen das Ergebnis einer Zusammenarbeit sind zwischen Regierungen, die unter Druck stehen, Organisationen, die unbedingt helfen wollen, und Reportern, die manchmal unter fragwürdigen Umständen eine ergreifende story nach Hause bringen wollen. Der Korrespondent der »Frankfurter Allgemeinen Zeitung« in Nairobi, Günter Krabbe, der seit mehr als 25 Jahren in Afrika tätig ist und als einer der wenigen wirklichen Kenner gilt, war der erste, der 1984 berechtigte Zweifel äußerte. Krabbe beschuldigte vornehmlich die Fernsehberichterstattung, eine »Jahrhundertkatastrophe« erfunden zu haben, die in Wirklichkeit nicht existiert. Am 24. Mai 1984 stellte er fest, daß das Fernsehen mit ein paar Filmen schaffe, was weder dem Generalsekretär der Vereinten Nationen, Pérez de Cuellar, mit seiner Blitzreise durch sieben Länder des Sahel, noch der britischen Königstochter Anne und erst recht nicht den amerikanischen Senatoren und Dutzenden von Abgeordneten anderer Parlamente gelang. Der Journalist schrieb wörtlich: »Den Filmen sieht man nicht an, wie alt sie sind und ob sie die Wirklichkeit zeigen oder nur jene Ausschnitte, die eine bestimmte These unterstützen. Wer sieht dem verhungernden Negerkind mit dem aufgeblähten Bauch denn an, ob es seinerzeit in Biafra, vor zehn Jahren in Senegal, vor drei Jahren in Uganda oder neulich erst in Simbabwe gefilmt wurde? Letztlich ist das auch gleichgültig, denn hungernde Kinder gibt es immer in Afrika, hat es immer gegeben und wird es leider noch lange geben. Nur die ›Jahrhundertkatastrophe‹ gibt es nicht. Die vom Fernsehen aufgegriffene, von der Landwirtschaftsorganisation aufgestellte Behauptung, 150 Millionen Menschen in 24 afrikanischen Ländern stünden dem Hunger und gar dem Hungertod gegenüber, wird durch solche Filme nicht bewiesen. Sie kann auch nicht bewiesen werden, denn sie ist falsch...«

Der Auffassung Krabbes schloß sich der Münsteraner Professor Dr. Rüdiger Schott an, der selbst Gebiete der Sahelzone wiederholt zu Forschungszwecken besuchte und der die Panikmache des Fernsehens unverantwortlich nannte. Professor Schott wies darauf hin, daß jeder, der es wagt, die wahren Gründe für die mangelhafte Versorgungslage in weiten Teilen Afrikas aufzuzählen, sich bei afrikanischen Politikern und unseren Entwicklungshelfern unbeliebt macht. Er erinnerte daran, daß ein ehemaliger deutscher Botschafter in Obervolta (jetzt Burkina Faso), der auf die Zusammenhänge und Fehler in einem vertraulichen, gleichwohl von einem deutschen Nachrichtenmagazin veröffentlichten Bericht hingewiesen hatte, diffamiert wurde und seinen Posten quittieren mußte.

Massive Kritik an der jetzigen Form der Entwicklungshilfe äußerte auch Frau Brigitte Erler, die einstige Referentin im Bundesministerium für wirtschaftliche Zusammenarbeit. Sie war eine Zeitlang Bundestagsabgeordnete der SPD und betätigte sich außerdem als Redenschreiberin der Minister Eppler und Bahr. 1983 hatte sie ihre Stellung im Ministerium (BMZ) fristlos gekündigt und anschließend ihre Erfahrungen als Referentin in der Entwicklungspolitik veröffentlicht (unter dem SPD-Minister Rainer Offergeld gesammelt). Der Bericht wurde hinterher von böswilligen Kritikern als Broschüre und Pamphlet abgetan. Obwohl Frau Erler sich mit Problemen in Bangladesh befaßte, sind ihre Erfahrungen auch für Afrika symptomatisch. »...Auf meiner letzten Dienstreise wurde mir die einzige noch verbliebene Illusion geraubt, daß wenigstens meine Projekte zur Beseitigung von Elend und Hunger beitrügen.« So schrieb Frau Erler in ihrem Buch »Tödliche Hilfe«: »Ich erfuhr im Gegenteil, wie jede einzelne Komponente der unter meiner Verantwortung durchgeführten Projekte die Reichen reicher und die Armen ärmer machte. In Bangladesh bedeutet das in vielen Fällen den Unterschied zwischen Leben und Tod. Ich konnte die Einsicht nicht mehr verdrängen: Entwicklungshilfe schadet allen, denen sie angeblich nützen soll, ganzen Ländern wie einzelnen Betroffenen. Sie muß deshalb sofort beendet werden. Ohne Entwicklungshilfe ginge es den Menschen in der Dritten Welt besser.«

Als Ende der fünfziger und Anfang der sechziger Jahre der Unabhängigkeitstaumel einsetzte, kannte niemand den Begriff Entwicklungshilfe. Viele afrikanische Regionen waren blühende Länder. Aber von Nation zu Nation verschlechterte sich die Lebensmittelproduktion. Sie reduzierte sich von 1980 bis 1984 um zwei Prozent jährlich. Die Lebensmittelimporte stiegen dagegen von 1,116 Milliarden $ auf 5,319 Milliarden $. Der Durchschnittsafrikaner ist heute ärmer als 1970. Chaotische Zustände entwickelten sich im Erziehungswesen, bei den Gesundheitsorganisationen, im Transportwesen. Bis zum Ende des Jahres 1985 war Afrika mit mehr als *350 Milliarden DM* im Ausland verschuldet. Viele Staaten kann man praktisch als bankrott bezeichnen. In der Zeit von 1950 bis 1980 vermehrte sich die Bevölkerung Afrikas von 172,4 Millionen auf 363 Millionen. Bis zum Jahre 2000 wird sich die Zahl auf 678 Millionen erhöht haben und im Jahre 2025 auf mehr als 1200 Millionen. In etwa elf bis zwölf Jahren dürften die Staaten Malawi, Togo, Sambia, Niger, Benin und Liberia bereits doppelt so viele Einwohner wie heute zählen. Die Wachstumsrate Afrikas liegt bei 2,9 Prozent und ist die höchste der Welt.

Vom Flugplatz Ndjili in Zaire führte eine gutgeteerte Straße in die Stadt Leopoldville (später Kinshasa). Kurz nach der Unabhängigkeit höhlten schwere Regenfälle diese Zufahrtsstraße mit einer Reihe von tiefen und fast gefährlichen Schlaglöchern aus. Korrespondenten, die heute den ehemaligen Kongo besuchen, wissen zu erzählen, daß die Schlaglöcher immer noch da sind. Zaire hatte zum Zeitpunkt der Unabhängigkeit 1960 ein gutausgebautes Straßennetz von etwa 60 000 km. Heute sind es etwa 8000 km, die noch befahrbar sind, insgesamt 2500 km davon sind noch geteert. Ähnliche Erfahrungen machen Besucher in Dar-es-Salaam. Die einstmals so sehenswerte Stadt mit dem Hafen des Friedens ist verwahrlost und verkommen. Selbst Julius Nyerere, der inzwischen zurückgetretene Präsident, nannte sie »eine verrottete, stinkende

Stadt«. Gebäude wurden bisher nicht repariert und nur wenige neu gestrichen. Die Müllabfuhr funktioniert nicht. In der Regenzeit versinkt man in den Slums hinter dem Hotel Kilimandscharo bis zu den Knöcheln im Morast.

Besessen von der Idee, ihre unabhängigen Staaten ins 20. Jahrhundert hineinkatapultieren zu können und sich selbst ein Denkmal zu setzen, meinten viele Staatsmänner Afrikas, Prestigeobjekte bauen zu müssen. Etwa 800 km von der Küste entfernt, im 1300 Meter hoch gelegenen Dodomo, ließ Nyerere seine Idee von einer neuen Metropole entwickeln, die möglicherweise ein ähnliches Schicksal wie Brasilia erleiden wird. 1975 transferierte Malawi den Verwaltungsapparat von Blantyre und den Sitz des Präsidenten von Zomba in die neue Hauptstadt Lilongwe, die zum größten Teil mit südafrikanischen, englischen und deutschen Mitteln gebaut wurde. Der Präsident der Elfenbeinküste, Félix Houphouet-Boigny, ließ in seinem Geburtsort, im Stammesgebiet der Baule, eine neue Hauptstadt errichten, die heute schon als ein weißer Elefant betrachtet wird. In Kamerun wurde ebenfalls die Hauptstadt von der Küstenstadt Douala nach Yaoundé verlegt, angeblich um die Verwaltung der 130 verschiedenen Stämme besser koordinieren zu können. Präsident Bernard Bongo, der aus Sympathie zu Ghaddafi Moslem wurde, und sich seitdem El Hajd Omar Bongo nennt, präsentierte der OAU-Gipfelkonferenz 1977 – bei der übrigens Feldmarschall Idi Amin mit überwältigendem Applaus von den Staatsoberhäuptern empfangen wurde – ein Empfangszentrum, das 30 Millionen $ gekostet hatte. Die Fassade besteht aus importiertem italienischen Marmor. Selbst auf dem Höhepunkt der Hungerkatastrophe in Äthiopien genehmigte das Haushaltskomitee der Vereinten Nationen für ein neues Konferenzgebäude in Addis Abeba einen Betrag in Höhe von 146 Millionen Mark. 83 Mitgliedsstaaten (meistens Entwicklungsländer) einschließlich der Bundesrepublik (!) stimmten dafür. England, die USA und die Niederlande protestierten. Viele Länder Afrikas besitzen heute modernste Flughäfen aus Glas und Beton, so auch in den unabhängigen südafrikanischen Homelands. Jedoch gibt es praktisch keinen Flugverkehr. Schlachthöfe wurden in Gegenden erbaut, in denen es kein Vieh gibt. In den Hochhäusern funktionieren die Aufzüge fast nie und Anschlüsse für Wasser und Elektrizität fehlen. FAO-Direktor Eduardo Saouma berichtete vom Bau einer Kunstdüngerfabrik in einem afrikanischen Land, dessen Name er nicht nennen wollte. Als die

Produktion beginnen sollte, stellte sich heraus, daß man den Kunstdünger besser aus Europa importierte. In Dar-es-Salaam bauten die Kanadier für mehr als zwei Millionen $ die modernste Bäckerei in Afrika. Sie ist fast nie in Betrieb, einfach weil meistens das Mehl zum Backen fehlt. Kein einziges der Prestigeobjekte hatte zum Ziel, die Landwirtschaft anzukurbeln und damit die Ernährung zu verbessern. Vielmehr wirtschafteten die meisten afrikanischen Politiker soviel wie möglich in die eigene Tasche. Als ein Staatsstreich Kwame Nkrumahs Herrschaft beendete, hatte Ghana ein Defizit von 700 Millionen $, der Staatschef selbst dagegen ein persönliches Vermögen von etwa 7 Millionen $. Von Zaires Mobuto wird behauptet, daß er heute über Schweizer Konten und Besitztümer in Europa in Höhe von mehr als vier Milliarden $ verfügt.

Sicher muß aus humanitären Gründen immer wieder auf das Massenelend von Millionen Menschen in Schwarzafrika hingewiesen werden. Aber man sollte nicht glauben, daß die Probleme Afrikas nur aus kolonialen Fehlentwicklungen resultieren. Sie sind zu einem großen Teil auch auf das Verhalten afrikanischer Politiker und Völker, hauptsächlich aber der marxistisch-revolutionären Weltverbesserer, zurückzuführen, die nichts anderes wollten, als ihren eigenen Machthunger zu befriedigen, und dabei manchmal sicher auch mit dem Gedanken spielten, rebellische Minderheiten einfach verhungern zu lassen, um sich dadurch von lästigen Sezessionsbestrebungen zu befreien. Hinzu kommt, daß die schwarzen Regierungen auch dort versagten, wo bereits die großen Seuchen und Krankheiten des Kontinents ausgerottet worden waren. Malaria, Cholera, Tuberkulose und Schlafkrankheit breiten sich heute erneut in Uganda, Zaire, Angola und Moçambique aus. Nach dem Ende des Guerillakrieges 1980 in Zimbabwe wurde das Land von einer Malariaepidemie heimgesucht, weil nichts mehr zur Bekämpfung der Moskitos getan wurde. Mehr als 250000 Menschen erkrankten. Auch an Südafrikas Ostgrenze traten Cholera und Malaria auf, nachdem die Seuchen aus Moçambique durch Terroristen und Flüchtlinge eingeschleppt worden waren. Über 200 Millionen Menschen der Dritten Welt, hauptsächlich in Afrika, leiden an der Bilharziose, einer Infektionskrankheit, die von Parasiten übertragen wird. Von afrikanischer Seite wurde bisher nichts unternommen, diese Geißel der Menschheit zu bekämpfen. Erst jetzt haben die Firmen Bayer in Leverkusen und

E. Merck in Darmstadt ein Medikament entwickelt, das bereits nach einer Tagesbehandlung den Patienten zu heilen vermag.
In Europa redet man kaum von der »anderen Energiekrise« – einem weiteren Problem, das in Afrika immer mehr zur harten Realität wird, ohne daß sich Politiker und Hilfsorganisationen anscheinend ernsthaft damit beschäftigen. In den Industrieländern spielt der Benzin-Preis eine wichtige Rolle. Für die Hälfte der Menschheit aber, vor allem für diejenigen in den ländlichen Gebieten Afrikas, ist »Energie« das Holzfeuer, mit dem man Maisbrei oder Cassava oder Maniok kochen kann oder an dem man sich in der Nacht wärmt. Neun Zehntel der Bevölkerung Afrikas verwenden Holz als die wichtigste Energiequelle. Experten haben errechnet, daß bis zum Jahre 2000 die Hälfte der Menschheit zu wenig Holz haben wird, um ihr Essen kochen zu können.
An der Elfenbeinküste werden die dichten tropischen Regenwälder einem schnellen und fragwürdigen Profit zuliebe abgeholzt. Innerhalb der letzten 25 Jahre wurde der Bestand von 12 Millionen Hektar Wald auf 4 Millionen Hektar reduziert. Das Holz wurde zum größten Teil exportiert. Die Ausfuhr war bisher ein Teil des sogenannten Wirtschaftswunders des Landes. 15 bis 20 Prozent der Deviseneinnahmen stammen aus diesem Handel. Trotz Warnungen des Staatspräsidenten Houphouet-Boigny geht der Raubbau weiter und ist das Gleichgewicht in der Umwelt bereits ernsthaft bedroht. Die Wüste frißt sich immer näher an die Städte und übriggebliebenen Wälder heran. Zur Zeit werden jährlich 500 000 Hektar abgeholzt. Es wird also nicht mehr lange dauern, bis die letzten Wälder verschwunden sind. Ein Verbot würde etwa 30 000 Menschen arbeitslos machen.
Eine ähnliche Situation herrscht in Gabun, das ebenfalls reich ist an wertvollen Hölzern. In Kenia verringerte sich die Waldoberfläche von 1,7 Millionen auf 1,3 Millionen Hektar. Bis etwa 1995 wird es in diesem ostafrikanischen Land keine Wälder mehr geben. Die Folge ist u. a., daß jetzt bereits der Nzoira-Fluß im Westen des Landes vier Mal soviel Erde wegspült wie vor zehn Jahren. Jährlich bringen die Wassermassen 5,6 Millionen Tonnen Lehm in den Kamburu-Stausee, so daß er in etwa dreißig Jahren vollkommen zugespült sein wird. In Niamey, der Hauptstadt des Staates Niger, findet man in einem Umkreis von 50 km keinen einzigen Baum mehr. Nicht viel besser sieht es in der legendären Stadt Timbuktu aus. Heute jagen dort die Sandstürme durch die Straßen, und das

Flußbett des Niger, der einmal durch diese alte Oase floß, hat sich um acht Kilometer verschoben.

Die Länder Afrikas nutzen etwa 80 Prozent ihres Baumbestandes und ihrer existierenden Holzvorräte für Heizungs- und Kochzwecke. Der Weltbank zufolge braucht man in Tansania schon 250 bis 300 Arbeitstage, um einen Haushalt von fünf Personen mit Brennholz zu versorgen. In Botswana, einem der ärmsten Länder Afrikas, verfeuert eine Familie von acht Personen jährlich 12 Kubikmeter Holz. In Namibia benötigen die Himbas, ein Hirten- und Nomadenvolk, allein für den Bau einer Hütte vierzig bis fünfzig junge Baumstämme. Sobald die Weiden abgegrast sind, zieht der Stamm weiter. An der nächsten Weidestelle müssen neue Krals aufgestellt werden. Wohnen, Heizen und Kochen blieben gleich, aber die Bevölkerung verdoppelte sich vielfach in den letzten 25 Jahren, und Afrika verheizte insgesamt die Hälfte seiner Wälder. Junge Bäume werden kaum angepflanzt. Pläne für die Erschließung anderer Energiequellen sind aus Unkenntnis sowie Mangel an Kapital nicht zu verwirklichen. Jetzt haben sich zum ersten Mal europäische Umweltschützer mit dem Problem beschäftigt. Umweltorganisationen drängen die Europäische Gemeinschaft, den Entwicklungsländern zu helfen und die Wälder zu erhalten. An erster Stelle soll das Geschäft mit tropischen Hölzern, das mehr als acht Milliarden Dollar pro Jahr einbringt, bekämpft werden. Allein die kleinen Niederlande importieren jährlich 800 000 Kubikmeter Tropenholz, das hauptsächlich zur Herstellung von Luxusmöbeln verwendet wird. Auch die paritätische Versammlung der AKP-Staaten und der Europäischen Gemeinschaft befaßten sich verschiedentlich mit den Tragödien der Entwaldung, ohne jedoch Lösungen finden zu können. »Afrika braucht eine grüne Revolution«, heißt die neueste Losung der Politiker. Abgesehen von der Bewirtschaftung der Wälder, der Wiederaufforstung und der Entwicklung alternativer Energiequellen ist das endgültige Ziel die Förderung einer eigenständigen und sich selbst tragenden Wirtschaftsentwicklung.

Möglicherweise verderben viele Köche den Brei, aber immerhin bemühen sich neuerdings Experten aus den USA, Kanada und Japan zusammen mit der Kommission der EG für eine erfolgreiche »Grüne Revolution«. Auch eine amerikanische Initiative in Los Angeles, die sich »The Hunger Project« nennt, glaubt, aus Afrika eine Kornkammer des Westens machen zu können. »Zaire, Sambia und Zimbabwe allein könnten bereits Afrika ernähren«, so meinen die Experten dieser Organisation. Die europäischen Sachverständigen sind der Ansicht, daß zunächst einmal die internationale Hilfe im Bereich der langfristigen Agrarforschung verbessert werden muß, um die Forschung besser auf die Bedürfnisse des kleinen Bauern abzustimmen. Auch sollten Maßnahmen zur Verhinderung einer weiteren Verschlechterung der Umweltbedingungen ergriffen werden, nicht zuletzt durch umfangreiche Aufforstungen. Ernsthafte und energische Anstrengungen müßten unternommen werden, um das Bevölkerungswachstum in den betroffenen Ländern zu verlangsamen.

Interessant ist, daß nunmehr auch erneut die Pläne für den Bau von verschiedenen »Trans-African-Highways« aus der Schublade geholt werden. Dabei spielt die Tatsache eine Rolle, daß die Trans-Sahara-Verbindung zwischen Algier und Lagos bereits seit Jahren funktioniert und vor allem an algerischer Seite weiter ausgebaut wird. Sie soll durch den Einsatz algerischer Soldaten bis südlich von Tamanrasset fertiggestellt sein. Schwere Lastwagen brauchen jetzt mit ihrer Fracht etwa elf Tage für die Fahrt von der algerischen Hauptstadt bis nach Lagos. Experten sprechen von einem Durchbruch im Transportwesen in Afrika, der mit dem der Transsibirischen Eisenbahn zu vergleichen ist. Zur Zeit befinden sich bereits fünf verschiedene transkontinentale Autobahnen im Bau, während vier weitere geplant sind. Zu den interessantesten »Highways« gehören sicher die Verbindungen zwischen Kairo und Gaborone in Botswana, zwischen Mombasa und Lagos und die vorgesehene Autobahn zwischen Windhoek und Tripolis. Die erste Phase wurde 1984 beendet. Man schätzte die Gesamtkosten auf mehr als 9 Milliarden $.

Nach den riesigen Hilfsaktionen der westlichen Welt wird jetzt die Lieferung von Lebensmitteln in die von Dürrekatastrophen betroffene Sahelzone von Wissenschaftlern entschieden abgelehnt. »Mit unseren Lebensmitteln funktionieren wir die Eßgewohnheiten um. Wir helfen die Sahel-Länder zu Tode«, erklärte während eines Symposiums in Berlin der Hamburger Geograph Professor Horst Mensching. Die EG-Überschüsse an Weizen, Milcheiweiß und Gemüse seien für die dortigen Verhältnisse unbrauchbar. Die seit der Sahel-Konferenz der Vereinten Nationen in Nairobi 1974 zu beobachtenden Ergebnisse würden nicht dazu beitragen, weitere Hungerkatastrophen zu verhindern, meinte Professor Mensching.

Die Situation habe sich eher verschärft. Das ökologische Gleichgewicht der Region mit dem »Regulativ einer hohen Sterberate« sei seit der Kolonialzeit gestört, ohne daß bessere Bedingungen geschaffen worden wären. Die sich vergrößernde Zahl von Menschen und Vieh verwüste buchstäblich die Savanne. Mit einer ungewohnten Offenheit wurde auch die Wirksamkeit der Entwicklungshilfe für die Landwirtschaft in Afrika vom Welternährungsrat der UNO in Frage gestellt. Empfänger und Geber seien, so sagt der Bericht, mit der Hilfe nicht zufrieden. Die Empfängerländer beklagten sich über Quantität und Qualität. Kritische Außenseiter werteten die Hilfe sogar als »schädlich für den Entwicklungsprozeß und vor allem für die Armen«. In ihrer Sicht habe die Hilfe sogar dazu beigetragen, falsche Politik aufrechtzuerhalten und den Trend zur »landwirtschaftlichen Stagnation« zu verschärfen. Schonungslos ist der Bericht bezüglich der Nahrungsmittelhilfe. Gleichgültig ob sie für Entwicklungszwecke oder als Notstandshilfe gewährt wird, könne sie die lokale Nahrungsproduktion negativ beeinflussen. Als ein unglücklicher Aspekt der gegenwärtigen Krise wird die Tatsache bezeichnet, daß eine Anzahl von Ländern sich von äußerer Hilfe mehr abhängig macht, als wünschenswert wäre.

Die massive Kritik des Berichts richtet sich direkt und indirekt gegen die große multilaterale FAO, deren Präsident Saouma es auch jetzt ablehnt, Fehler einzugestehen und aus der Erfahrung Lehren zu ziehen.

Dabei ist die Kritik keineswegs neu. Der Vater aller progressiven Programme für Hilfe an die Dritte Welt, der schwedische Nobelpreisträger Gunnar Myrdal, war einer der ersten, der den Kurswechsel formulierte. Jahrzehntelang hatte er für eine regelmäßige Steigerung der Entwicklungshilfe plädiert. Dann aber kam er zu der für seine Kreise aufsehenerregenden Schlußfolgerung, daß die oberen Bevölkerungsschichten die Nutznießer der Hilfe waren, während die niedrigen Schichten nicht an der Verbesserung des Lebensniveaus teilnehmen konnten. Gunnar Myrdal warnte: »Die oberen Schichten befinden sich in einem ernsten ideologischen Dilemma, und ihre moralische Position ist schwach. Sie waren die Übermittler der Modernisierungsideale des Westens und der kommunistischen Länder. Unter diesen Idealen nahmen die des Egalitarismus einen hohen Rang ein. Vielfach bewahren sie sie noch in ihren Herzen. Aber mangels eines entschlossenen und organisierten Drucks von unten ließen sie es zu, daß ihre eigenen – oft kurzsichtigen – Interessen egalitäre Reformen verhinderten.«

Vernichtend ist das Urteil des Kritikers hinsichtlich der Korruption in der Dritten Welt. In einem seiner Bücher schrieb er dazu: »Das allgemeine Ausmaß der Korruption ist fraglos viel höher als in den entwickelten westlichen und kommunistischen Ländern... Korruption ist heute verbreiteter als in kolonialen Zeiten. Sie hat in den höheren Rängen der Beamten und Politiker zugenommen... Wir haben nicht den Mut, den Entwicklungsländern zu sagen, daß die neue Ordnung in ihren Ländern beginnen muß. Eine Militärdiktatur nach der andern taucht auf... die Korruption wächst und wächst... Unsere Hilfsgelder fließen direkt in die Taschen von Eliten, welche wir noch dazu selbst auf unseren Universitäten ausgebildet haben. Warum schweigen wir darüber? Wahrscheinlich, weil es gerade jene intellektuelle Elite ist, mit der wir sowohl über unsere Hilfe als auch über unseren Export verhandeln.«

Der Positionswechsel Myrdals kam manchen Befürwortern der Entwicklungshilfe sehr ungelegen. Das zeigte sich schon darin, daß die Verfasser des Brandt-Berichts die von Myrdal aufgeworfenen Probleme einfach ignorierten. Sie trugen mit dazu bei, daß schließlich die Initiative der Brandt-Kommission scheiterte, scheitern mußte. Der große Forderungskatalog der neuen Weltwirtschaftsordnung, die Willy Brandt so leidenschaftlich propagierte und unterstützte, hat ihre Realisierungschancen fast vollkommen verloren. Auch hat man inzwischen eingesehen, daß man mit Erpressung und Drohung nicht mehr viel erreichen kann. Es ist nicht Aufgabe dieses Kapitels, eine detaillierte Analyse des Brandt-Berichts, der darin enthaltenen Vorschläge und deren Folgen aufzustellen. Das ist Sache der Spezialisten. Fest steht nur, daß der Bericht keine wirklichen Lösungen bietet. Die wirtschaftlichen und machtpolitischen Interessen des Südens und des Nordens ergänzen sich nicht, sie stehen in vieler Hinsicht gegeneinander. Die Vorschläge bieten keinen Ausweg aus der Sackgasse, sondern höchstens Denkanregungen.

Denkanregung und Provokation in einem findet man schließlich auch in den Auffassungen des Professors der Psychiatrie und Neurologie Hoimar von Ditfurth, der vom »Selbstbetrug bei den Brot-Spenden für die Dritte Welt« redet und in einem »Spiegel«-Beitrag

von der mörderischen Konsequenz des Mitleids redet. Inspiriert durch die Schlagzeile »Jeden Morgen, wenn Sie aufwachen, sind wieder 40 000 Kinder gestorben« (Kinderhilfswerk für die Dritte Welt e. V.) fragte der Wirtschaftspublizist provozierend: »Furchtbar? Viel schlimmer: Wenn diese Kinder nicht stürben, wenn sie nicht in den Armen ihrer Mütter verhungerten ... wenn sie etwa überlebten und gar erwachsen würden, um selbst Kinder zu haben, dann wäre die Katastrophe noch weitaus größer. Es mag zynisch klingen, daß ihr vieltausendfacher Tod die Erde vor einer Situation bewahrt, die alles heutige Sterben bei weitem überträfe ... Deshalb ist es an der Zeit, eine Bürgerinitiative ins Leben zu rufen mit dem Ziel, den verhängnisvollen Unfug anzuprangern, der mit jenen kleinen Zeitungsanzeigen getrieben wird, aus deren Bildern einem ein dunkelhäutiges Kind mit großen Hungeraugen entgegenblickt. Eine Initiative verantwortungsbewußter Mitbürger, die nicht länger hinzunehmen bereit sind, daß mit den Methoden moderner Werbestrategien zielbewußt ein Mitleid kultiviert wird, dessen Konsequenzen tödlich sind ... Selbstverständlich geht es hier nicht darum, einer Einstellung der Hilfeleistungen für die 40 Millionen Menschen das Wort zu reden, die nach Auskunft der UNO jährlich an Hunger oder den direkten Folgen chronischer Unterernährung sterben. Es geht einzig darum, die Heuchelei bloßzulegen ... Anlaß zur Empörung ist die Tatsache, daß die üblichen Aktivitäten der kirchlichen, weltlichen und kommerziellen Hilfsorganisationen gedankenlos und damit schuldhaft jener moralischen Drückebergerei Vorschub leisten, in der befangen wir uns nur allzu bereitwillig einreden lassen, daß eine kleine Spende dann und wann uns von der Schuld befreien könnte, die wir angesichts des Massensterbens außerhalb unserer Wohlstandsgrenzen zu tragen haben.«
Professor von Ditfurth erklärte später noch einmal ausdrücklich, daß er die moralische Verpflichtung, den Hungertod durch Spenden zu bekämpfen, nicht in Frage stellt, aber den von ihm »als Heuchelei gekennzeichneten Zusammenhang zwischen der Verhinderung von Geburtenkontrolle (Empfängnisverhütung) und Spendenaufrufen durch kirchliche Institutionen in Anbetracht einer unaufhaltsamen Bevölkerungsexplosion aufzeigen und die Tatsache darstellen will, daß die Menschheit unvorstellbare Summen für Rüstungsmaßnahmen aufwendet, aber nicht in der Lage ist, jährlich 40 000 000 Hungertode zu verhindern«.

Waffen haben kein Gewissen

Waffenhandel in Afrika

Nach dem Ende des Zweiten Weltkriegs war die Menschheit voller Optimismus und lebte in dem Glauben, daß nunmehr das Goldene Zeitalter des Friedens anbrechen würde. Damals hielt einer der Sieger über das »Großdeutsche Reich«, der spätere Präsident der USA, General Dwight D. Eisenhower, eine bemerkenswerte Rede: »Jede Kanone, die hergestellt, jedes Kriegsschiff, das zu Wasser gelassen, jede Rakete, die abgefeuert wird, bedeutet letzten Endes Diebstahl an den Menschen, die hungern und nicht gesättigt werden, an denjenigen, die frieren und nichts haben, um es anzuziehen. Diese Welt in Waffen gibt nicht nur Geld aus. Sie vergeudet den Schweiß der Arbeiter, den Genius der Wissenschaftler, die Hoffnung ihrer Kinder. Die Kosten eines modernen Bombers sind so hoch wie der Bau von modernen Schulen in dreißig Städten. Man kann mit dem Geld zwei Kraftwerke bezahlen, die je eine Stadt von 60000 Menschen mit Energie versorgen würden. Mit dem Geld kann man zwei perfekt ausgerüstete Krankenhäuser finanzieren oder 50 Meilen einer geteerten Autobahn bauen. Wir zahlen für einen Düsenjäger soviel wie für eine halbe Million Scheffel Weizen. Wir zahlen für einen einzigen Zerstörer soviel wie für neue Wohnungen für 8000 Menschen. Im wahrsten Sinne des Wortes hat dies alles nichts zu tun mit Leben. Unter den dunklen Wolken eines drohenden Krieges hängt die Menschlichkeit an einem eisernen Kreuz...«

Wohl nirgendwo in der Welt ist der groteske Widerspruch zwischen General Eisenhowers Worten und der Wirklichkeit so deutlich zutage getreten wie in Afrika. Seit 1945 erlebte dieser Kontinent vom Aufstand in Madagaskar von 1947 bis 1949 über die Mau-Mau-Massaker in Kenia (1952–1961) bis zu den heute noch andauernden Revolten und Bürgerkriegen in Eritrea, Angola, Moçambique und der Sahara allein schon mehr als zwanzig bewaffnete Auseinandersetzungen, Revolten, Bürger-, Guerilla- und konventionelle Kriege. In dem Augenblick, in dem dieses Buch geschrieben wird, gibt es mindestens fünf ungelöste Konflikte, bei denen Terror und Waffengewalt eingesetzt werden. Dazu gehören der Buschkrieg in Namibia und die Terroraktionen des »African National Congress« in Südafrika. Zählt man 1986 alle Konflikte der Welt seit 1945 zusammen, so kommt man auf mindestens zweiundsechzig von einer größeren Dauer und Intensität, an die sich selbst ältere Menschen heute kaum noch erinnern. Wer weiß noch, daß bis zum Oktober 1949 Griechenland von einem Bürgerkrieg heimgesucht wurde, der mindestens 50 000 Tote forderte? Wer erinnert sich noch an den Aufstand in Ungarn, vom 23. Oktober bis 4. November 1956, bei dem 25 000 ungarische Zivilisten und 7000 Sowjetsoldaten den Tod fanden? Wer spricht noch über den erbarmungslosen Krieg im Sudan oder in Rhodesien? Selbst die im Dezember 1979 begonnene Besetzung Afghanistans, die bis heute mit Napalm, chemischen Kampfmitteln und konventionellen Waffen aufrechterhalten wird und mehr als 100 000 Menschenleben forderte, wird kaum noch registriert.

Wir sahen in unserer Zeit, wie sich zahlreiche Länder der Ersten und Dritten Welt bis an die Zähne bewaffneten, wie die feindlichen Blöcke des Warschauer Pakts und der NATO mit den modernsten Vernichtungssystemen ausgerüstet werden und der Bewaffnungswettlauf trotz gegenteiliger Beteuerungen kein Ende nimmt. Bezüglich der sowjetischen Militärmaschinerie gibt es nichts Hypothetisches. Ihre Ausweitung, ihre Modernisierung und ihr Beitrag zur Darstellung von Macht über die sowjetischen Grenzen hinaus sind beispiellos. Die wachsende Flottenstreitmacht ist dazu bestimmt, anhaltende Operationen in fernliegenden Gebieten zu unterstützen, um die sowjetische Macht in der ganzen Welt zu demonstrieren. Besonderen Wert legen die Sowjets seit einigen Jahren auf den Bau von amphibischen Angriffsschiffen und die Ausbildung von Marineinfanterie-Einheiten. Neben der 13 000 Tonnen großen »Ivan Rogow« sollen weitere Transportschiffe dieser Klasse im Indischen Ozean stationiert werden, um gegebenenfalls starke Landungskräfte überall in der Welt einsetzen zu können. Der Inspekteur der Deutschen Marine, Admiral Dieter Wellershof, äußerte erst kürzlich tiefe Besorgnis über die zunehmend offensiven Operationen der sowjetischen Kriegsmarine.

Das Anwachsen der russischen Streitkräfte wird durch die militärische Produktionsbasis ermöglicht, die auf Kosten aller anderen Sektoren der sowjetischen Wirtschaft ständig weiter wächst. Es gibt in der Sowjetunion 135 große militärische Produktionsstätten.

Sie produzierten 1980 mehr als 150 verschiedene Typen von Waffensystemen für die rote Wehrmacht sowie für den Export in Stellvertreterstaaten und Entwicklungsländer. Neben der Sowjetunion, die sich im Laufe der Zeit zu einem der größten Waffenexporteure der Welt entwickelte, weiteten auch die Tschechoslowakei, Nordkorea und die Volksrepublik China ihre Anlagen kräftig aus. Heute exportiert allein Rot-China für mehr als eine Milliarde Dollar Waffen. Die Sowjetunion und Frankreich sind zur Zeit die größten Waffenexporteure in die Dritte Welt. 1980 wurde Kriegsmaterial von insgesamt 44,2 Milliarden $ in die Entwicklungsländer geliefert. Die Sowjetunion, die auf dem Gebiet der Entwicklungshilfe so gut wie nichts leistet, steht bei den Kriegsmateriallieferungen 1980 mit 14,8 Milliarden $ ganz obenan. Frankreich folgt mit 8,3 Milliarden $. Abgesehen von den Waffenverkäufen gewinnt die UdSSR in wachsendem Maße Zugang zu militärischen Einrichtungen und unterstützt Stellvertreterkonflikte in Afrika, Südwest-Asien, Südost-Asien und auch in der westlichen Hemisphäre.

Fassungslos werden sich viele Experten fragen müssen, welchen Sinn ihre entwicklungspolitischen Anstrengungen haben angesichts des ungeheuren Aufwands, der hauptsächlich in der Dritten Welt in Sachen Rüstung getrieben wird. Heute fliegen moderne Mirage-Düsenjäger sowohl für den Fanatiker Ghaddafi in Libyen wie auch für den Apartheidsstaat am Kap der Guten Hoffnung. Russische Jagdbomber sind seit Idi Amins Zeiten in Uganda stationiert. Angola und Moçambique verfügen über je 22 MIG-23 und 62 MIG-21-Düsenjäger. Sambia kaufte 1980 für mehr als 75 Millionen $ MIG-21 und SAM-3-Raketen in der UdSSR, wodurch das vollkommen verarmte Land eines der militärisch schlagkräftigsten in Afrika wurde. Noch während die modernen Waffen in Lusaka ausgeladen wurden, verhandelte Staatspräsident Dr. Kenneth Kaunda mit dem Internationalen Währungsfonds über ein Darlehen in Höhe von 500 Millionen $. Das sozialistische Tansania besitzt 505 russische Panzer der Typen T-34, T-54 und T-64 sowie 14 MIG-17, 20 MIG-19 und 35 MIG-21. Das vollkommen verarmte Botswana kaufte russische Panzerfahrzeuge, SAM-7-Raketen, tausende AK-47-Gewehre und einige Millionen Schuß Munition. Anläßlich einer Parade wurden die Waffen im Beisein des russischen Botschafters in Gaborone, Nikolai Petrow, vorgeführt. Moçambique, wo immer noch einige Millionen Menschen vom

Hungertod bedroht sind, hat 474 Panzer, 68 Düsenjäger und 40 Hubschrauber, darunter 25 der gefürchteten »Battleships« MT-24, die mit verheerendem Erfolg in Afghanistan eingesetzt worden sind. Von den 1,7 Milliarden Mark, die die Regierung in der Volksrepublik 1986 ausgeben will, sollen 42% für die Armee und die Verteidigung des Landes verwendet werden. Etwa 462 Millionen Mark des gesamten Staatshaushaltes will Maputo durch Anleihen im Ausland finanzieren. Außenminister Joacim Chissano verhandelte bereits im November vorigen Jahres in Moskau über weitere Waffenlieferungen. Auch Simbabwe zeigt neuerdings Interesse an der sowjetischen Waffenproduktion. Während Robert Mugabes erstem Besuch in Moskau 1985 kam es zu Gesprächen zwischen dem Verteidigungsminister Simbabwes, Ernest Kadungure, und dem sowjetischen Generalstabschef Marschall Sergei Akhromeyew.

Die schwarzafrikanischen Führer haben sich seit Kwame Nkrumah in besonderem Maße für den Aufbau einer Armee, für moderne Waffensysteme und für militärische Zusammenarbeit interessiert. Panzer, Kanonen und Kriegsschiffe wurden für die Entwicklungsländer zum Symbol der Unabhängigkeit. Obwohl ein großer Teil der Bevölkerung in vielen Ländern Afrikas immer noch hungert, ließen sich die Mitgliedsstaaten der Organisation für Afrikanische Einheit ihre Verteidigung im vorigen Jahr 5,4 Milliarden Mark kosten. Vor 1960 beispielsweise besaß noch kein Entwicklungsland weitreichende Boden-Luft-Raketen, 1968 rüsteten bereits 20 Entwicklungsländer ihre Streitkräfte mit ihnen aus. Heute verfügen Äthiopien, Algerien, Marokko, Nigeria und alle sogenannten Frontstaaten des südlichen Afrikas über diese gefürchteten Vernichtungswaffen russischer Bauart. Allein Sambia hat 26 Abschußrampen für Rapier- und Tigercat-Raketen. In Angola wurden 14 Basen für SAM-Raketen errichtet. Jede kostet 2,3 Millionen $.

Aber auch schon vor der Unabhängigkeit legten die meisten Guerillaführer und Generäle, mit denen ich sprach – wie etwa General Ojukwo (Biafra), Robert Mugabe (Zimbabwe), Holden Roberto (Angola), Sam Nujoma (Namibia), Samora Machel (Moçambique) und Dr. Jonas Savimbi (Angola) – Wert auf die Feststellung, daß ihre Probleme nur mit Waffengewalt zu lösen seien. Auch der in Südafrika verbotene »African National Congress«, dessen militärischer Flügel »Speer der Nation« (Umkhonto we sizwe) unter Füh-

rung des litauischen Rechtsanwalts jüdischer Herkunft und Oberst des KGB, Joe Slovo, steht, lehnte Gespräche mit der Regierung in Pretoria ab. Anfang Januar 1986 wurde im Hauptquartier der Guerillas in Lusaka erklärt, daß man nun den Krieg auch in die weißen Wohngebiete tragen und zivile Ziele angreifen werde. Waffenhändler, denen ich begegnete – wie etwa der 1959 in Frankfurt ermordete Georg Puchert, der ehemalige Vertreter der belgischen Rüstungsindustrie, Hans-Joachim Seidenschnur und Samuel Cummings (INTERARMCO) – waren über die Jahre hinweg nur allzugerne bereit, entsprechende Waffen zu liefern. Kaltschnäuzig erklärte mir Ende der 50er Jahre Abdel Hafid Boussouf, damals Minister für Nachschub in der algerischen Exilregierung: »Waffenhändler sind für den Freiheitskampf eines Volks unentbehrlich. Sie dienen auf ihre Weise dem Fortschritt der Menschheit. Was wäre beispielsweise aus der Unabhängigkeitserklärung der Vereinigten Staaten geworden, wenn General Washington nicht die Anschriften einiger tüchtiger Waffenhändler gewußt hätte?«
Aber wie dem auch sei, der Waffenhandel muß in den Nachkriegsjahren nicht nur ein faszinierendes, sondern auch ein sehr einträgliches Geschäft gewesen sein. An allen Krisenherden Afrikas, die ich seitdem besuchte, fand ich deutsche Flakgeschütze und Maschinengewehre, italienische Beretta und deutsche Waltherpistolen, russische Goryunow – M 1943 – Maschinengewehre, Simonow-Karabiner SKS und Kalaschnikow-A K-47 Maschinenpistolen. Es gibt heute mehr als 900 Millionen militärisch verwendbare Gewehre und Pistolen auf der ganzen Welt. Viele der an diesem schmutzigen Geschäft beteiligten kleinen Waffenschieber kamen aus der Bundesrepublik. Einige von ihnen waren unscheinbare Drahtzieher, wie etwa Günther Leinhäuser aus der Pfarrgasse des saarländischen Kreisstädtchens St. Ingbert, der mit seinem Küstenschiff »Claudia« Waffen bei Ghaddafi abholte und sie an irische Terroristen lieferte. Er schmuggelte auch Waffen aus der Tschechoslowakei in den Nahen Osten, nach Nordafrika, nach Biafra und ins wilde Kurdistan, wo damals Mullah Mustapha Barzani gegen Bagdad kämpfte. Er kaufte Pistolen in Prag für 18 $ und verschacherte sie an Barzani für 100 $ plus Transportkosten. Leinhäuser wurde später wegen Waffenschmuggels von verschiedenen Gerichten verurteilt. Weniger Glück hatten die deutschen Waffenhändler Georg Schlüter und Georg Puchert alias Captain Morris. Schlüters Mutter mußte die dunklen Geschäfte ihres Sohns

mit dem Leben bezahlen, als eine Haftladung unter dem vor der Wohnung in Hamburg-Eppendorf abgestellten Mercedes explodierte. Schlüter hatte den Aufständischen in Marokko und Algerien über Jahre hinaus Waffen geliefert und war wiederholt vom französischen Geheimdienst gewarnt worden. Auch der in Tanger lebende Baltendeutsche Georg Puchert erhielt verschiedene Warnungen. Der algerische Kriegsminister Krim Belcacem hatte ihm den Auftrag gegeben, den Waffennachschub für die Aufständischen zu organisieren. Nachdem er mehrere Waffentransporte erfolgreich abgewickelt hatte, machten französische Geheimdienstler seiner Tätigkeit ein Ende. Die Algerier meinen noch heute, daß Puchert von seinem Rivalen Hans-Joachim Seidenschnur, ebenfalls Waffenhändler, verraten worden war. Die Mörder befestigten am 2. März 1958 – genau so wie im Falle Schlüter – eine Haftladung unter dem Führersitz seines Mercedes in Frankfurt. Als Puchert am 3. März morgens die Tür öffnete und startete, explodierte die 280 Gramm schwere TNT-Ladung mit den darin eingebetteten 350 Stahlkugeln. Eine gewaltige Explosion riß den Wagen auseinander. Im Umkreis von 70 Metern zersprangen die Fensterscheiben. Später traf ich den Münchner Waffenhändler Hans-Joachim Seidenschnur, der mit Puchert zusammengearbeitet hatte, in Algier. Die Algerier, die inzwischen unabhängig geworden waren, verdächtigten Seidenschnur des doppelten Spiels. Im damals bekannten Hotel Aletti unterhielt ich mich mit ihm über sein »Geschäft«. »Absatzgebiete wird es immer geben«, meinte der Mann, von dem die Algerier annahmen, daß er Puchert kaltblütig in den Tod gehen ließ. »Denken Sie nur an Rhodesien, an Angola, an Moçambique, an Südafrika.« »Wollen Sie etwa die dortigen weißen Siedler beliefern?« fragte ich ironisch. »Bei Gott nein«, sagte Herr Seidenschnur. »Natürlich nur die Schwarzen. Wir liefern auf Kredit, und nach der Unabhängigkeit präsentieren wir die Rechnung. Aber wir liefern nur an die Freiheitsbewegungen, deren Politik von Washington unterstützt wird ...« Seidenschnur war damals Vertreter der Waffenfirma INTERARMCO, wanderte aber wenig später wegen Betrugs hinter schwedische Gardinen. Er hatte kurz vorher noch im »Bayerischen Hof« in München dem Journalisten Erwin Stocker gegenüber erklärt, daß der bekannte Arzt Dr. Otto Praun und seine Haushälterin Elfriede Kloo nicht von Vera Brühne und Johann Ferbach, sondern vermutlich von Geheimdienstlern umgebracht worden seien. Der Fall ging in den sechziger Jahren als sensationel-

les Ereignis der Münchner Society durch die Illustrierten- und Boulevardpresse.
In vielen Ländern der Erde werden heute mehr denn je neben den konventionellen Waffen Hunderte von Milliarden Schuß Munition und Explosivstoffe, Dutzende von Millionen Panzerabwehrwaffen, Granatwerfer und Maschinengewehre gehortet. Allein in Angola, Moçambique, Zimbabwe, Namibia und Südafrika stößt die Polizei immer wieder auf irrtümlich oder absichtlich vergessene Waffenverstecke, die während der Guerillakriege und Terroraktionen angelegt wurden. Seit dem Ende des Guerillakrieges in Rhodesien und seit dem Sturz des Despoten Idi Amin in Uganda, der ja reichlich von den Sowjets mit Kriegsmaterial versehen worden war, sind Zehntausende Kalaschnikows, halbautomatische Simonowgewehre und russische Maschinenpistolen vom Typ Psh-41 und PPS-43 und etliche Millionen Schuß Munition auf den schwarzen Märkten in Afrika käuflich zu erwerben. Eine Kalaschnikow-AK 47, die neuerdings von Wilderern beim Abschuß von Elefanten und den kostbaren Breitmaul-Nashörnern verwendet wird, kostet zwischen 50 und 100 $. Im Gegensatz zu westlichen Staaten, die nur mit größter Zurückhaltung Waffen in Krisengebiete liefern, haben die Sowjets bisher keine Skrupel gezeigt und sich am allerwenigsten darum gekümmert, was mit den Waffen geschieht, wenn die Guerillas sie nicht mehr brauchen. Bankräuber, Viehdiebe und Wilderer machen ausgiebig von der AK-47 Gebrauch. Tausende Büffel, Elefanten und Nashörner wurden in den letzten Jahren in Kenia, Uganda, Zimbabwe, Moçambique und Angola durch Serienfeuer abgeschlachtet. Die Wilddiebe versorgten ihre Kunden in Europa und Asien über Umschlagplätze in Burundi und Kenia mit Tausenden Stoßzähnen und Hörnern.
Seit einiger Zeit verfügen die verschiedenen Guerillaorganisationen auch über modernste Waffensysteme, die entweder aus der Sowjetunion oder aus China kommen. Vor allem nach dem Ende des Vietnamkrieges wurde ein großer Teil der Restbestände nach Afrika verfrachtet. So wurde bereits in den siebziger Jahren bei den Kämpfen in Portugiesisch-Guinea das Flugzeug des portugiesischen Befehlshabers der Luftwaffe, General José Brito, mit einer russischen SAM-Rakete abgeschossen. Auch der Abschuß einer rhodesischen Viscount-Verkehrsmaschine am 3. September 1978 bei Kariba erfolgte mit einer SAM-7. Von den 56 Passagieren wurden 38 getötet. Während acht Überlebende in den Busch fliehen

konnten, wurden die zum Teil verwundeten übrigen Insassen von den Guerillas massakriert. ZAPU-Führer Joshua Nkomo übernahm später die Verantwortung für diese Greueltat. Von diesem Augenblick an stand der Ndebele-Führer auf der »Abschußliste« des rhodesischen Geheimdienstes CIO (Central Intelligence Organisation). Ein ehemaliger englischer Geheimdienstmann mit dem Pseudonym »Taffy« organisierte den Angriff von 30 Mann der rhodesischen Sondereinheit SAS (Special Air Services) auf das Hauptquartier Nkomos in Lusaka. Die besonders geschulten Spezialisten sprengten und schossen sich den Weg in das Hauptquartier des ZANU-Führers an der Ecke Nyerere Road und Presidents Lane in der Hauptstadt Sambias frei. Zwanzig Mann der Leibwache wurden getötet. Joshua Nkomo entkam dem Attentat, er hatte wenige Stunden vorher das Haus verlassen.

Kurz vor Ende des Guerillakrieges in Rhodesien tauchten dort immer häufiger »Bambus-Raketen« auf, die vorher mit großem Erfolg gegen die Amerikaner in Vietnam eingesetzt worden waren. Diese 122 mm-Raketen sind zwei Meter hoch und können von einer improvisierten Holz- oder Bambusrampe (daher der Name) abgeschossen werden. Ihre Wirkung ist verheerend, ihre Reichweite etwa 10 Kilometer. Dennoch war der Erfolg in Rhodesien und Moçambique kaum nennenswert, da die afrikanischen Guerillas wenig Erfahrung, eine zu geringe Ausbildung besaßen und anscheinend mit der komplizierten Waffe nicht umgehen konnten.

Als die furchtbarste Waffe in dem mörderischen Krieg, der jetzt im südlichen Afrika tobt, hat sich inzwischen wohl die Landmine erwiesen. Es gibt billige Konstruktionen aus Holz und Kunststoff, die trotzdem einen entsetzlichen Effekt haben. Außerdem sind sie schwer zu entdecken, da sie wenig Metall enthalten. Eine der russischen Landminen wurde in Rhodesien »Bouncing Betty« genannt. Bei der geringsten Berührung springt diese Mine hoch und explodiert in Schulterhöhe. Sie tötet in jedem Fall den am nächsten stehenden Menschen. Eine der gefährlichsten Minen stammt aus tschechischen Beständen. Sie gilt als Anti-Tank-Mine und hat die Bezeichnung PT-Mi-Ba-111. Sie wiegt 9,9 kg und enthält etwa 7,2 kg TNT-Sprengstoff. Kurz vor Weihnachten 1985 wurden solche Minen auf verschiedenen Sandstraßen im nördlichen Transvaal an der Grenze von Zimbabwe und Botswana sowie in einem Vorort bei Durban von ANC-Guerillas gelegt. Bei den ersten Explosionen kamen dreizehn Menschen, meistens Frauen und Kinder, ums

Leben. Die Aktion der Guerillas wurde in Südafrika als die Eröffnung einer neuen Front durch den ANC gegen Pretoria betrachtet. Die Spur der Minenleger führte einwandfrei über den Limpopofluß nach Simbabwe und veranlaßte die südafrikanischen Außen- und Verteidigungsminister zu einer scharfen Warnung an die Adresse der Regierung in Harare. Bisher hatte sich Südafrika das Recht vorbehalten, ANC-Guerillas in den Nachbarstaaten anzugreifen. In den letzten Jahren waren die Hauptstädte Maputo, Maseru und Gaborone Ziele südafrikanischer Vergeltungsschläge.

Mit dem Ende des Vietnamkrieges schien die Zeit der illegalen und privaten Waffenhändler endgültig vorbei zu sein. Die abenteuerlichen Erlebnisse des Georg Puchert, des deutschen Biedermannes Günther Leinhäuser, des Betrügers Hans-Joachim Seidenschnur gehörten der Vergangenheit an. Geheime Kommando-Unternehmen, mit denen clevere Geschäftsleute mit Chartermaschinen vom holländischen Flugplatz Beek in der Nähe von Maastricht oder mit Fischkuttern aus Triest und Rijeka Waffen und Munition nach Nordafrika, in den Sudan oder nach Biafra brachten, wurden zu riskant. Außerdem haben inzwischen die Großmächte, die immer schon an dem Geschäft interessiert waren und auch daran verdient haben, den Handel nun endgültig übernommen. »Wir sind alle Kanonenhändler«, stellte einmal Frankreichs Verteidigungsminister Michel Debré fest, und in einer Studie des Instituts für strategische Studien hieß es: »Die Kaufleute des Todes sind beamtete Bürokraten geworden.« Heute kaufen die Staaten der Dritten Welt und die Terrorbewegungen in verschiedenen Ländern lieber direkt bei den betreffenden Regierungen. Ihre Ware ist billiger, und auch mit Krediten ist man großzügiger geworden.

Die Sowjetunion schaltete sich 1955 zum ersten Mal in größerem Maße in den internationalen Waffenhandel ein. Sie lieferte damals 150 MIG-15 und MIG-17 sowie 68 Iljuschin-Bomber, mehrere hundert Panzer, schwere Artillerie, zwei Zerstörer und drei U-Boote an die Ägypter. Seitdem exportierte Moskau zwischen 1978 und 1983 an die afrikanischen Staaten südlich der Sahara 1080 Panzer und Panzerhaubitzen, 2625 Geschütze, 250 Überschallflugzeuge, 155 Hubschrauber, 80 andere Kampfflugzeuge und 910 Luftabwehr-Raketen. Der Ankauf von Waffensystemen in der UdSSR hat zusätzlich den Vorteil, daß die Sowjets – auf Wunsch – bereit sind, das entsprechende Menschenmaterial mitzuliefern: Kubanische Söldner, Generäle, Sicherheitsberater und

Nachrichtenspezialisten der ostdeutschen Volksarmee, Piloten aus Bulgarien und der Tschechoslowakei, Ausbilder aus Nordkorea. Selbstverständlich sind diese Dienstleistungen nicht umsonst. So muß – nach Aussagen westlicher Diplomaten – Angola für jeden kubanischen Soldaten im Lande zwölfhundert Dollar im Monat bezahlen. Einige schätzen die Zahl der Kubaner auf 25 000. Die UNITA-Guerillas behaupten sogar, daß sich 30 000 Soldaten von der Zuckerinsel in Angola aufhalten. Aber selbst wenn es nur 20 000 wären, von denen jeder 1200 $ kostete, dann beliefe sich das auf 240 Millionen $ im Jahr, das entspricht etwa 60% des Staatshaushaltes. Nach dem neuesten Bericht des amerikanischen Verteidigungsministeriums befinden sich in den Staaten südlich der Sahara zwischen 3600 und 4000 Militärberater der Sowjets und 35 000 bis 40 000 Mann kubanisches Militärpersonal. Den größten Anteil an den in Afrika stationierten Militärexperten des Ostblocks haben die UdSSR, Kuba und die DDR. Einer von Werner Grünthal zusammengestellten Studie des Studienkreises Sicherheitspolitik in Bonn zufolge sind diese Militärs nicht nur mit der Ausbildung von Terroristen beauftragt, sondern werden in gleicher Weise auch an Waffensystemen wie Panzern, Kampfflugzeugen und Luftverteidigungssystemen eingesetzt. Besonders die Experten der DDR sind bei den Sicherheitsorganen der einzelnen Staaten integriert und mit der Schulung von Kadern nach dem Vorbild des Staatssicherheitsdienstes der DDR betreut.

Aber nicht nur die Sowjets, auch der Westen ist an dem Rüstungswettlauf in Afrika keineswegs unschuldig. Von den westlichen Fabrikanten ist heute Frankreich – gefolgt von den USA und Großbritannien – der größte Waffenexperte in die unterentwickelten Länder. Nach der Unabhängigkeit schenkte Frankreich den Staaten der französischen Communauté die Erstausrüstung im Werte von 80 Milliarden Dollar. Ab 1966 bot Paris dann Kredite für Waffenkäufe an mit einer Laufzeit von zehn Jahren. Paradestücke der französischen Waffenexporte war der damals als Wunderflugzeug bezeichnete Düsenjäger Mirage des Flugzeugkonstrukteurs Dassault. Mehr als zwei Drittel aller gebauten Maschinen des Jagdbombers Mirage III wurden in fünfzehn verschiedene Länder ausgeführt. Die Flugzeuge kosteten damals zwischen sieben und acht Millionen Franc pro Stück. Sie wurden in Libyen wie auch in Zaire verwendet. So kaufte General Mobuto Anfang der siebziger Jahre in Paris 45 Mirage-Düsenjäger und 30 Langstreckenhubschrauber vom Typ »Puma«, »um das Gleichgewicht gegenüber Pretoria« im südlichen Afrika wiederherzustellen. Anfang der achtziger Jahre bestellte Frau Indira Ghandi zwischen 50 und 150 Kampfflugzeuge dieses Typs im Wert von vier bis sieben Milliarden Mark. Die 1984 ermordete Ministerpräsidentin klagte wenige Tage vor dem Kauf auf der Welternährungskonferenz in Paris über mangelnde Entwicklungshilfe. Dabei hatte Indien 1981 rund 3,5 Milliarden DM Hilfe aus aller Welt bekommen. Die Bundesrepublik war mit einem »fast geschenkten« Kredit von 400 Millionen Mark beteiligt.

Auch die Deutschen interessierten sich mehr und mehr für das lukrative Geschäft. Sie leisteten zunächst Ausrüstungs- und Ausbildungshilfe in 21 Entwicklungsländern. Deutsche Luftwaffen-Piloten flogen für Tansania, Nigeria und Guinea. In der nigerianischen Stadt Kaduna richtete das süddeutsche Flugzeugunternehmen Dornier ein Polytechnikum für die Luftwaffe ein. Etwa 30 deutsche Instrukteure unterrichten dort rund 500 Soldaten und Offiziere. Verschiedene afrikanische Staaten erwarben zudem auch deutsche Flugzeuge, Panzerabwehrraketen, Handfeuerwaffen und Flugabwehrkanonen. Auch die Portugiesen erhielten für ihren Kolonialkrieg in Afrika 40 Kampfflugzeuge vom Typ Fiat G 91, während darüber hinaus mehr als 50 des von deutschen Ingenieuren entwickelten kurzstartenden Leichtflugzeuges vom Typ D-27 für die Guerillabekämpfung eingesetzt wurden. Obwohl heute nur 30 000 bis 40 000 Menschen in der Bundesrepublik mit der Fertigung von Rüstungsgütern beschäftigt sind, belief sich der Export 1983 bereits auf 431 Millionen Mark. Der Großteil der Waffen war für die Dritte Welt bestimmt.

Die USA haben sich erst während und nach dem Angolakrieg 1976 – obwohl sie keine verläßlichen Zahlen zur Verfügung stellen – zu einem der bedeutendsten Waffenlieferanten der Dritten Welt entwickelt. Aus einem Bericht des Vorsitzenden des außenpolitischen Ausschusses des Senats, Percy, geht hervor, daß die USA 1980 Waffen im Wert von 6,6 Milliarden $ an unterentwickelte Länder geliefert haben. Weiter hieß es, daß man andere Militärhilfen für diese Länder in Höhe von 5,1 Milliarden $ geleistet habe. Bis 1979 waren die USA der größte Waffenlieferant der Welt. Erst zu diesem Zeitpunkt wurden sie von der Sowjetunion abgelöst. 1982 produzierte Amerika schwere Waffengeräte im Wert von 126 Milliarden DM. Der Exportanteil belief sich auf 10,3 Milliarden Mark. In

Afrika waren Zaire, Kamerun, Äthiopien (vor der Revolution), Senegal, Madagaskar, Tunesien und Marokko die wichtigsten Empfänger. Es scheint fast grotesk, daß manche afrikanischen Länder sowohl Waffen von der Sowjetunion als auch von den Vereinigten Staaten akzeptierten. Man darf dabei jedoch nicht vergessen, daß einige von ihnen drei Viertel der Waffenlieferungen bezahlten, ein Viertel jedoch als militärische Entwicklungshilfe unentgeltlich erhielten. Bis zum Ende der siebziger Jahre gab es nur vier Staaten, die keine eigene Armee besaßen, nämlich Gambia, Swaziland, Botswana und Lesotho. Inzwischen haben die beiden letzteren Länder zumindens eine para-militärische Streitmacht, die mit russischen Waffen versorgt wurde. Manche Kritiker behaupten, daß der Bewaffnungswettlauf in Afrika mit dem Besuch des damaligen amerikanischen Verteidigungsministers in der Regierung Jimmy Carter, Donald Rumsfield, begann. Er verkaufte in Nairobi 12 Northrop-F-5 Düsenjäger im Wert von 71 Millionen $. Das war die größte Waffentransaktion zwischen den USA und einem afrikanischen Staat. Kenia fühlte sich damals in zunehmendem Maße von MIG-Düsenjägern aus Uganda und Somalia bedroht. In Kinshasa – der nächsten Station Rumsfields – erhielt Präsident Mobuto ein großzügiges Hilfsangebot der USA, das u. a. aus der Lieferung von Panzern und Artillerie bestand. Tschad und der Sudan bestellten in erster Linie Anti-Panzerraketen, während Ägyptens Präsident Anwar el Sadat seine Friedensgespräche in Camp David mit der Forderung einer Lieferung von 120 F-5E-Tiger-Bombern verband, dem damals schon veralteten Kampfflugzeug der USA, die trotzdem mehr als eine halbe Milliarde $ kosten sollten. Während und nach dem Vietnamkrieg verhielt sich Washington äußerst zurückhaltend mit Waffenlieferungen an den afrikanischen Kontinent. Die Guerillabewegung FNLA des Holden Roberto in Angola bekam über Jahre hinweg finanzielle Unterstützung aus den Geheimfonds des CIA, deren genaue Höhe nie bekanntgemacht wurde. Bis zum Ausbruch des Bürgerkrieges in Angola flossen etwa 40 Mio $ zur Waffenbeschaffung nach Zaire. Sie wurden für die Ausrüstung der Guerillas Robertos verwendet. Nach dem Wahlsieg Jimmy Carters und dem Rücktritt Henry Kissingers wurde die Hilfe an alle pro-westlichen Guerillabewegungen am 21. Dezember 1976 durch den Kongreß vollkommen eingestellt. Erst im Januar 1986 reiste der Führer der UNITA-Guerillas, Dr. Jonas Savimbi, wieder nach Washington, wo

ihm vom amerikanischen Präsidenten Ronald Reagan Unterstützung aus geheimen Mitteln zugesagt wurde. Savimbi bat vor allem um Anti-Panzer- und Flugabwehrraketen. In Kongreßkreisen vermutet man, daß ihm Waffenhilfe in Höhe von 30 bis 50 Mio $ versprochen wurde.
Enorme Summen haben die USA auch in den Bau eines Flotten- und Flugstützpunktes auf dem Atoll Diego Garcia im Indischen Ozean investiert. In diesem Raum unterhalten die USA ein bis zwei sogenannte »Carrier Task Forces« mit etwa 12 Überwasser-Kriegsschiffen und 7 gecharterten Materialschiffen. Im Persischen Golf befindet sich außerdem noch die »Middle-East-Force« mit einem Führungsschiff und vier Überwasser-Kriegsschiffen, die notfalls auch in afrikanischen Gewässern eingreifen können. Besondere Bedeutung mißt man in den USA – genauso wie in der Sowjetunion – der Entwicklung neuer Waffen sowie neuer Luftverteidigungssysteme zur Abwehr ballistischer Raketen und Flugkörper bei. Mehr als 125 000 Wissenschaftler sind in Amerika im Auftrag des Pentagon im wissenschaftlichen Forschungsbereich tätig. Weltweit, also einschließlich der UdSSR, sind 400 000 Spezialisten auf der Suche nach neuen Waffen und Waffensystemen. Inzwischen steht fest, daß die USA und die UdSSR bereits mehr als 50 000 nukleare Sprengköpfe in mehr als 28 Ländern, darunter auch in Staaten der Dritten Welt, gelagert haben. Die Eskalation hat keineswegs vor den Grenzen der unterentwickelten Staaten haltgemacht. »Sich auf den nächsten Krieg vorbereiten«, so heißt es in der amerikanischen Studie »Nuclear Battlefields – Global Links in the Arms Race«, »bedeutet, sich darauf vorzubereiten, zu jeder Sekunde und wo auch immer kämpfen zu müssen.«
Der Wunsch nach Waffenbesitz und damit die Befriedigung eines gewissen Prestigebedürfnisses nimmt in der Dritten Welt inzwischen immer krankhaftere Formen an. Mehr als 90 der unterentwickelten Länder (dazu gehören auch alle Staaten, deren Pro-Kopf-Einkommen weniger als 200 $ pro Jahr beträgt) kaufen Waffen, die sie sich finanziell gesehen gar nicht leisten können und die sie sich aus moralischen Gründen auch nicht leisten sollten. Viele geben zwei Mal soviel für ihre Kriegsmaschinerie aus wie sie an ausländischer Entwicklungshilfe erhalten. Das unterentwickelte Uganda beispielsweise, das 1962 unabhängig wurde, hatte damals ein Pro-Kopf-Einkommen von rund 100 $. 60% der Einwohner waren noch Analphabeten. 1964 verfügte dieses Land bereits über

Düsenjäger, Leichtflugzeuge und sechs israelische Düsentrainer vom Typ Fouga Magister. 1968 landeten zwölf von russischen Piloten geflogene MIG-21 auf dem Militärflughafen von Entebbe. Sie wurden zu Idi Amins Zeit von russischem Bodenpersonal gewartet, jedoch 1975 bei dem Kommando-Raid der Israelis teilweise vernichtet. Angesichts dieser Planungen ist es verständlich, daß die Frage nach dem Sinn westlicher Entwicklungshilfe immer deutlicher diskutiert wird. So sagte im Januar 1985 der Vorsitzende des Bundesfachausschuß für Entwicklungspolitik in der CDU, Karl Lamers: »Die Militarisierung der Dritten Welt schreitet rasch voran, obwohl dort nahezu eine Milliarde Menschen in absoluter Armut leben. Die Rüstungsausgaben dienen noch häufig der Sicherung der eigenen Herrschaft. Wenn man feststellt, daß mehr als ein Dutzend Staaten der Dritten Welt weit über ein Viertel des Budgets ihrer Zentralregierung für militärische Zwecke aufwenden, zeigt sich, daß durchaus finanzieller Spielraum besteht, Mittel der Rüstung im sozialen Bereich einzusetzen. Außerdem muß die Dritte Welt erkennen, daß die Probleme der inneren Sicherheit nicht durch Rüstung und Repression, sondern nur durch wirtschaftliche und soziale Reformen und politische Mitwirkungsrechte der Bevölkerung zu lösen sind ...«

Viele hohe Militärs in Afrika sehen ihre Armeen als Wächter nationaler Einheit und Würde. In Nigeria weisen die Generäle darauf hin, daß in den 25 Jahren der Unabhängigkeit 14 Jahre lang die Offiziere die Zügel in den Händen hatten. Nur durch die Diktatur der Militärs konnte die Einheit Nigerias erhalten bleiben. Aber auch hier verbinden die Generäle mit dem Hinweis auf die Leistung die Forderung nach neuen Verteidigungsausgaben. Kasernen sollen gebaut und neue moderne Düsenjäger angeschafft werden. Anfang 1983 kaufte die Luftwaffe im Hinblick auf die veralteten sowjetischen MIG-21, die während des Biafrakrieges erworben wurden, 18 britische Jaguar-Kampfflugzeuge und zwölf französisch-deutsche Alpha-Jets. Zu diesem Zeitpunkt waren bereits 12 dieser Maschinen im Einsatz.

Inzwischen kann man beobachten, daß die Staaten der Dritten Welt versuchen, sich durch Lizenz- und Eigenfertigung sowie Exportförderung selbsthergestellter Waffen von der bisherigen Abhängigkeit der Industriestaaten zu lösen. Diese Eigeninitativen haben natürlich eine weitere Zunahme der Bedeutung des militärischen Breichs zur Folge. Südafrika ist, obwohl es nur teilweise zur Dritten Welt gehört, ein typisches Beispiel dafür. Bereits Ende der fünfziger Jahre sah dieses Land sich durch seine weltweit angefeindete Apartheids-Politik zum Aufbau einer eigenen wehrtechnischen Basis veranlaßt. So bemühte sich Pretoria mit Erfolg um die Lizenzen für den Bau der französischen Mirage und in Algerien und Indo-China erprobter Hubschrauber und anderer Waffensysteme. Ein von der UNO Anfang der sechziger Jahre ausgesprochener Waffenboykott und die Beendigung des Simonstown-Flottenabkommens zwischen London und Pretoria überzeugten die südafrikanische Regierung von der Notwendigkeit, eine umfassende Waffenindustrie aufzubauen. Ein weiterer UNO-Beschluß im Oktober 1977 verbot jedweden Waffenexport nach Südafrika und gab damit den letzten Anstoß zur Herstellung, Verbesserung und Neuentwicklung eigener Waffen. Das Land hatte indes schon während des Zweiten Weltkrieges Erfahrungen gesammelt. Als Verbündeter der westlichen Alliierten stellte es am Kap der Guten Hoffnung Munition, Sprengstoffe und Panzerfahrzeuge her. Heute sind die staatlich kontrollierten Rüstungswerke »ARMSCOR« mit 100 000 Beschäftigten das größte Industrieunternehmen des Landes. Die Produktion umfaßt mittlerweile gepanzerte Infanteriefahrzeuge, ein 127 mm-Artillerie-Raketensystem, Panzer sowie mit sechs Raketen ausgestattete Marinefahrzeuge. Heute exportiert man bereits Waffen, deren Verkaufszahlen sich zwischen 250 bis 300 Millionen Mark bewegen. Eine der erstaunlichsten Leistungen der südafrikanischen Konstrukteure war wohl der Bau der modernsten Feldhaubitze der Welt. Durch eine komplizierte Zielelektronik übertrifft das 155-mm-Geschütz die Genauigkeit der NATO-Geschütze um den Faktor 2,1. Die Waffe kann auch Atomsprengköpfe abschießen und hat eine Reichweite von 45 Kilometern. Maschinen- und Waffeningenieure aus der Bundesrepublik waren insgeheim an der Entwicklung der Waffenindustrie Pretorias mitbeteiligt. Auch ist erwiesen, daß sich die Südafrikaner der Hilfe zahlreicher Schieber, Agenten und Mitglieder der Unterwelt in Europa bedienten, um in den Besitz bestimmter Systeme oder Pläne zu kommen. Einer von ihnen war Charles Canfield, dem es gelang, italienische Raketensprengköpfe von Italien über Argentinien nach Kapstadt zu verfrachten. Andere Transporte gingen auf dem Landweg über Maastricht (Holland) nach Barcelona und dann per Schiff nach Südafrika. Waffenladungen im Werte zwischen 8 und 20 Millionen $ waren für Dr. Savimbis UNITA-

Guerillas in Angola bestimmt. Das Kriegsmaterial wurde mit gefälschter Endverbraucher-Zertifikaten theoretisch nach Nigeria, in Wirklichkeit aber nach Namibia verschifft.
Es wird Zeit, die Entwicklung in vielen Teilen Afrikas mit anderen Augen zu sehen. Man kann nicht immer wieder das Verhalten der Europäer, die koloniale Erbschaft als die Erbsünde der Weißen ins Feld führen. Stammesgegensätze, Machtgier, Korruption, fachliche Inkompetenz und die Vergeudung enormer Geldmittel für Waffen, Rüstung, Prestige und militärische Auseinandersetzungen haben dem Kontinent weitaus mehr Schaden zugefügt als Dürre, Hunger und die sogenannte Ausbeutung durch die Weißen. Man kann nur den Kopf schütteln, wenn man sieht, wie zwei der ärmsten Länder Afrikas, Mali und Burkina Faso, einen Krieg vom Zaun brechen und ihre wertvollen Devisen für ein paar heruntergekommene Dörfer verpulvern. Man braucht nur daran zu erinnern, daß bis zum Anfang des Jahres 1986 Äthiopien nicht mit den Rebellen in Eritrea und in Tigre fertig werden konnte und der Sudan nicht mit den Aufständischen im Süden des Landes, die sich gegen die Zwangsislamisierung wehren. In Südafrika bringen sich schwarze politische Gegner gegenseitig um und gehen hungrige Pondos mit Speeren und Keulen auf arbeitslose Zulus los. Im Tschad und in der ehemaligen spanischen Sahara dauern die blutigen Auseinandersetzungen an. Es ist in der Tat so, wie ein bekannter Staatsmann der Dritten Welt einmal feststellte: »Waffen haben keine Seele und kein Gewissen.« Es ist eine traurige Bilanz. Aber dabei wird deutlich, daß sich nur wenige Staaten in diesem Kontinent mit der Elle des moralischen Anspruchs messen lassen, die ausgerechnet die Afrikaner in internationalen Organisationen mit Vorliebe dem weißen Mann im Westen gegenüber anwenden.

Unter dem Halbmond Mohammeds

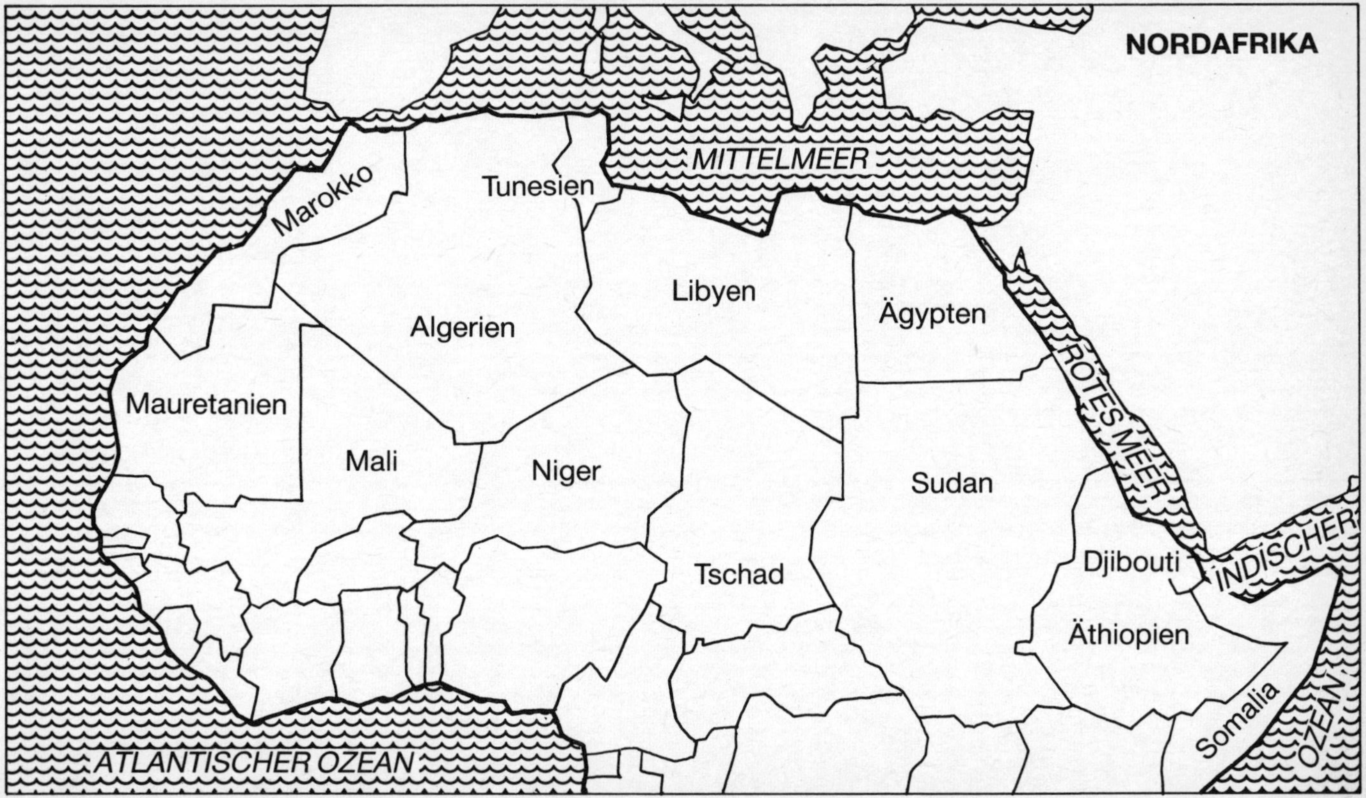
NORDAFRIKA
MITTELMEER
Marokko
Tunesien
Libyen
Ägypten
Algerien
Mauretanien
Mali
Niger
Sudan
Tschad
Djibouti
Äthiopien
Somalia
ROTES MEER
INDISCHER OZEAN
ATLANTISCHER OZEAN

Die nordafrikanischen Länder von Marokko im Westen über Algerien, Tunesien und Libyen bis Ägypten bilden eine gewisse Einheit. Alle haben sie arabische bzw. arabisierte Bevölkerung, gemeinsame Religion, den Islam, und können auf Jahrhunderte gemeinsamer Geschichte in den Reichen der Kalifen und Osmanen zurückblicken.

Entscheidend aber ist, daß der arabische Norden Afrikas durch seine Kontakte mit dem südlichen Europa und dem Nahen Osten stets weitaus mehr auf den Mittelmeerraum ausgerichtet blieb als auf die Länder und Völker südlich der Sahara. Durch die Jahrtausende sind die Länder des Maghreb – was eigentlich nichts anders bedeutet als »Westen« oder »westlich von Arabien« – sowie Libyen und Ägypten mit der historischen, kulturellen und politischen Entwicklung des Mittelmeerraums verknüpft. Die Organisation für Afrikanische Einheit, die im Jahre 1963 gegründet wurde, kann die Unterschiede zwischen den arabischen Staaten des Nordens und denen Schwarzafrikas nicht übersehen. Es wird deutlich, daß die schwarzafrikanischen Länder vielfach andere Interessen haben als der »helle« Norden. So forderten die arabischen Staaten seinerzeit von allen afrikanischen Staaten den Abbruch der Beziehungen zu Israel, eine Forderung, die nur sehr widerwillig erfüllt wurde. Heute weicht die Front auf. Schwarzafrika sucht neue Kontakte zu Israel.

Aufgrund relativ homogener Bevölkerung, tief eingewurzelter Religion und alter Kultur hatten es die nordafrikanischen Länder leichter als die schwarz-afrikanischen, mit der Unabhängigkeit fertig zu werden und lebensfähige, relativ moderne Staatswesen aufzubauen. Trotzdem gab es auch hier genug Konfliktstoffe, so daß die Länder großenteils bis heute nicht zur Ruhe gekommen sind. In allen nordafrikanischen Staaten gibt es rivalisierende politische Gruppen und Cliquen, die bei der Durchsetzung ihrer Ziele oft auch vor Mord und Gewalt nicht zurückschrecken. Die Gegensätze entzünden sich an drei Hauptfragen:

1. Welche politische bzw. wirtschaftliche Struktur ist die günstigste, um die wirtschaftlichen und sozialen sowie die Modernisierungsprobleme eines Landes zu lösen?
2. Welches Verhältnis soll man zum Panarabismus einnehmen? (Damit ist auch die Stellung zu Israel und zu den fundamentalistischen Strömungen im Islam verbunden.)
3. Welchem der großen Machtblöcke der Welt soll man sich zuwenden?

Es liegt auf der Hand, daß alle drei Fragen eng miteinander verknüpft sind und daß die Großmächte ihrerseits versuchen, aus den innenpolitischen Gegensätzen der einzelnen Staaten und ihren Reibungen mit Nachbarländern Kapital für ihre wirtschaftlichen und strategischen Interessen zu schlagen.

Der Sturz der Propheten

Algerien

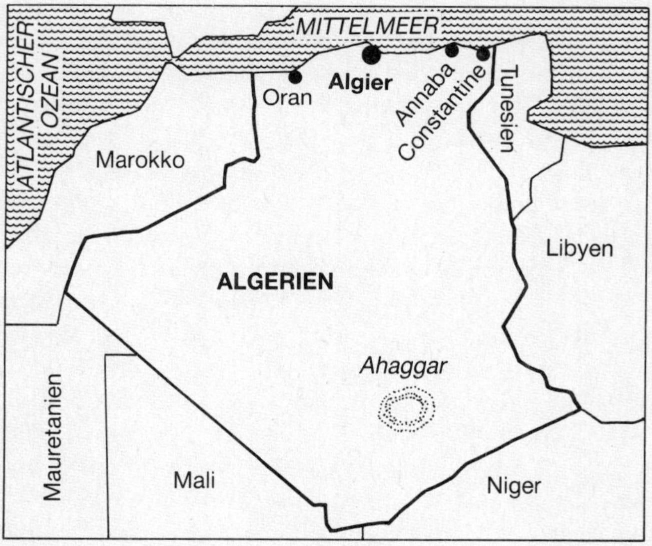

Am späten Nachmittag – die Sonne hing noch wie ein glühendroter Feuerball am Himmel – fiel plötzlich ein Schuß.
Dann folgte eine ganze Salve. Weit hinten in der Ferne rasselten die Ketten von französischen Panzern. Hauptmann Mustapha stieß mich plötzlich an: »At te ne garo?« Er bat mich um eine Zigarette, zündete sie an und starrte dann weiter mit zusammengekniffenen Augen und verbissenem Mund zu den Hügeln, die undeutlich im Zwielicht der heraufziehenden Dämmerung zu sehen waren. Eine Gruppe algerischer Aufständischer stand um uns herum.
»Siehst du, Almani?« sagten sie dann. Und ich erkannte jetzt, wie die Hütten des Dorfes anfingen zu brennen.
»Sale Rasse! « zischte Ahmed, der den Rang eines Leutnants hatte und zugleich der Schreiber dieses Bataillons der algerischen Rebel-

lenarmee war, und er meinte damit die französischen Fallschirmjäger, die dort hinten unter Deckung ihrer Panzer in das Dorf eingedrungen waren und es angezündet hatten. In diesem Augenblick fielen mir die Worte des französischen Journalisten Jean-Jacques Servan-Schreiber ein, der als Leutnant in Algerien war und einmal berichtete, daß ein französisches Infanterieregiment drei algerische Moslemdörfer eingeschlossen und vernichtet hatte.

»Die wenigen Dorfbewohner, die das Massaker überlebten, zogen mit den Resten ihrer Habe jammernd durch die rauchenden Dorfstraßen. Das Ergebnis des Unternehmens war erbärmlich. Weder Waffen noch Rebellen wurden gefunden. Aber mit vollen Händen hatten die Franzosen die Drachensaat des Hasses ausgestreut... Es ist die häßliche Gestalt einer plumpen, schwerfälligen Übermacht, die blind durch ein Land tappt und mit jedem Schlag ganze Dörfer, ganze Lebensgemeinschaften und große Hoffnungen zerstört, während der noch grausamere, noch rücksichtslosere aber auch schnellere Feind allzuoft nicht getroffen wird, und schon an anderer Seite einen neuen Überfall oder Hinterhalt vorbereitet, der dann wieder einen blinden Vernichtungsschlag der französischen Armee gegen die Bevölkerung auslöst...«

Die Gedanken wirbelten durch meinen Kopf. Es kam mir alles so unwirklich vor. Und dabei war dies erst der Anfang einer Tragödie zwischen zwei Völkern, die ich dann Schritt für Schritt im Laufe der Jahre von der Rebellion im Aurésgebirge bis zum Waffenstillstand im März 1962 in Algier verfolgen sollte und aus nächster Nähe erleben würde. Dazwischen lagen die elenden Jahre eines schmutzigen Krieges im Norden Afrikas. Der algerische Aufstand begann in der Nacht zu Allerheiligen 1954. Bis dahin gärte und brodelte es immer wieder unter den Berbern, Kabylen und Arabern. Trotz der Tatsache, daß sogar Ferhat Abbas einmal sagte: »Ich habe die Friedhöfe befragt! Es gibt keine algerische Nation!«, gab es in diesem Algerien immer wieder Aufstände gegen die französische Kolonialmacht, und einer der prominentesten Rebellen war wohl Emir Abdel Kader, der im vorigen Jahrhundert 17 Jahre lang gegen die Franzosen kämpfte. Heute wird er in der Demokratischen Volksrepublik Algerien als Nationalheld verehrt.

Aber auch vor der französischen Zeit war Algerien ein Faktor, mit dem man in Europa und vor allem im Mittelmeer rechnen mußte. Die Zeiten sind noch gar nicht so fern, in denen algerische Korsarenschiffe in der Nordsee auf der Höhe von Helgoland kreuzten, in denen die Hansestadt Bremen, das Königreich Hannover, Schweden, Dänemark, Portugal, Sardien, die Toskana und das Königreich beider Sizilien dem Dei von Algier Tribute oder Gratifikationen zahlten, um ihre Kauffahrteischiffe vor Belästigungen durch die Kaperkreuzer des Herrn von Algier zu schützen. Das etwas sonderbare Reich dieses Dei war im frühen 18. Jahrhundert entstanden und eigentlich dem großen Machtbereich der türkischen Sultane am Großen Horn entwachsen. In Algier stationierte türkische Janitscharen hatten sich unabhängig erklärt und ihren selbstgewählten Oberbefehlshaber, der den Titel »Dei« führte, zum Pascha gewählt, nachdem er erst eine Zeitlang neben dem Pascha des Sultans regiert hatte. In Algier entstand ein Soldatenstaat mit einer starken Kriegsflotte, der vom Seeraub und Sklavenhandel lebte.

Beim Beiram-Fest im Jahre 1827 kam es zum Konflikt mit Frankreich. Der Dei Hussein fragte den Konsul des französischen Königs Karl X., Deval, warum er keine Antwort auf sein Schreiben erhalten habe. Deval antwortete darauf voller Arroganz, sein König könne nicht mit einem Dei korrespondieren. Dei Hussein schlug ihm mit einem Fliegenwedel ins Gesicht. Der Zwischenfall war jedoch nur der äußere Anlaß für eine bewaffnete Aktion. Frankreich hatte eine Reihe weiterer Gründe. Außerdem brauchte man in Paris einige militärische Erfolge, um das Volk, das mit dem absolutistischen Regiment der Bourbonenkönige unzufrieden war, zu beschwichtigen.

Am 25. Mai 1830 lief eine Kriegs- und Transportflotte von 475 Schiffen und mit 37 500 Mann an Bord nach Algier aus. Das Kommando führte der Kriegsminister Marschall Louis de Ghaines, Graf von Bourmont. Am 15. Juni 1830 landeten die französischen Truppen in der Bucht Sidi el Ferruch westlich von Algier. Am 5. Juli kapitulierte der letzte Dei.

Seitdem ist das Land nie mehr zur Ruhe gekommen. Immer wieder schwankte die Waage zwischen Bürgerkrieg, Reform oder Unabhängigkeit. 17 Jahre lang leisteten Araber und Berber unter Führung des Emir Abdel Kader Widerstand, und in den Schlachten am Tafna-Fluß und bei Makta wurden die französischen Truppen von den Freischärlern vernichtend geschlagen. Nur der Küstenstreifen war fest in französischer Hand. Im Inneren Algeriens aber war Abdel Kader unumschränkter Herrscher. Erst als der damalige Kaiser von Marokko dem Rebellenführer in den Rücken fiel und

ihm seine Hilfe versagte, wurde er gefangengenommen und ins Exil gebracht. Selbst in Europa hatte dieser arabische Emir in der damaligen Zeit viele Bewunderer.
Im Laufe der rund 130 Jahre französischer Herrschaft gab es noch zahlreiche Aufstände. Sie kosteten Ströme von Blut und führten fast kaum zu wirklichen Erfolgen. Im Gegenteil. Die französischen Gegenmaßnahmen bestanden vielfach aus harten Strafgerichten, die wiederum Racheakte der unterdrückten Bevölkerung herausforderten. Die damals neun Millionen Berber, Kabylen und Araber wurden von den 1,2 Millionen Europäern zum großen Teil wie Arbeitsvieh behandelt. Trotzdem lag auch eine gewisse Tragik in der französischen Kolonisierungspolitik, die ja vielfach in Afrika – also auch in Algerien – eine hervorragende Zivilisationsarbeit leistete, von der viele Staaten in diesem Kontinent auch heute noch profitieren. In Algerien wurde die Hygiene wesentlich verbessert, das Land kultiviert und viele Bodenschätze – wie etwa das Öl in der Sahara – erschlossen. Bis zum endgültigen Abzug der Franzosen gab es in Algerien auf 1000 Einwohner 1400 Meter Straßen, 400 Meter Eisenbahn. Das Land hatte zehn Häfen für Frachtschiffe, 20 Flugplätze, ein Elektrizitätsnetz von 16 000 km Länge mit einer jährlichen Produktion von rund 600 000 Kilowatt, eine Metallindustrie, die 30 000 Arbeiter beschäftigte, Eisenerze, Phosphate, Kupfer, Zinn und Blei. In der Nähe von Bone bauten die Franzosen ein Stahlwerk, das 1962 seine Produktion aufnehmen sollte und 4000 Arbeitern einen Arbeitsplatz bot. Es sollte mit 500 000 Tonnen Jahresproduktion das größte im Mittelmeerraum werden.
Aber den Franzosen gelang es nicht, eine verantwortungsbewußte Intelligenzschicht heranzubilden und die große Masse der Arbeiter und landlosen Bauern an die Heimat und an den Boden zu fesseln. Die arabische Sprache wurde als Fremdsprache betrachtet, die Algerier selbst zu Franzosen gemacht, ohne daß man ihnen die gleichen Rechte wie den europäischen Franzosen gab. Die an französischen Schulen und Universitäten herangebildete Intelligenzschicht war von der Führung des Landes ausgeschlossen. Obwohl der arabische Algerier seit 1946 das Stimmrecht besaß, zählten doch nur neun algerische Stimmen so viel wie eine französische.
In diesen brodelnden Schmelztiegel, in dem damals rund 800 000 Erwerbslose, darunter zahlreiche ehemalige Soldaten der französischen Armee, ihr Leben fristeten, schlug Ende 1954 die Nachricht von der Nasser-Revolution in Ägypten wie ein Blitz ein. Inspiriert

und fasziniert durch die Offiziersrevolte in Kairo und die Hoffnung auf die Erfüllung eines uralten Traumes von einem großarabischen Reich von Bagdad bis Rabat, gab die Intelligenz Algeriens das Signal zum Aufstand. Mohammed Ben Bella, Mustapha Ben Boulaid, Belcacem Krim und Ferhat Abbas waren die geistigen und militärischen Führer dieser Revolution. Sie sind heute längst zur Legende geworden, in ihre Heimatdörfer zurückgekehrt (wie der Apotheker und erste Ministerpräsident der Exilregierung Ferhat Abbas), verhaftet, gefallen, geflüchtet oder heimtückisch ermordet worden (wie Mohammed Khider, der die Kriegskasse mit Millionenbeträgen verschwinden ließ und in Madrid ermordet wurde, oder Belcacem Krim, den man in einem Frankfurter Hotel mit einem Kissen erstickte). Sie schrieben Geschichte, ohne vielleicht selbst darüber nachzudenken. Der von ihnen angezettelte Aufstand der algerischen Fellaghas dauerte von Allerheiligen 1954 bis zum März 1962. Fast eine Million französischer Soldaten waren nicht in der Lage, der »Rebellion« Herr zu werden. Aus einer Handvoll Banditen, von denen Paris in den ersten Monaten des Aufstandes sprach, wurde eine wohlorganisierte Revolutionsarmee. Durch erzwungene Entführung eines Flugzeug der Maroc-Air durch den französischen Geheimdienst konnte der ehemalige französische Feldwebel Ben Bella schon bald in ein Gefängnis in Frankreich eingeliefert werden. Ben Boulaid wurde hingerichtet, und Ferhat Abbas floh zunächst nach Kairo und dann in die Schweiz. 1958 gründete er mit andern Mitgliedern des sogenannten Revolutionsrates die erste algerische Exilregierung, die kurz danach von Moskau anerkannt wurde.

Die Revolutionäre der ersten Stunde schufen einen Hexenkessel, der mehr als 200000 Menschenleben forderte. Während der Kämpfe in Algerien fielen allein über 10000 deutsche Fremdenlegionäre. In den wildzerklüfteten Bergen des Aurés und in den Kasbahs der großen Städte saßen damals Scharen aufsässiger und verbitterter Menschen, deren Haß gegen die französische Kolonialherrschaft mit jedem Tag wuchs. Viele der jungen Rebellenführer, die ich später im Aurés- und Atlasgebirge, in der Sahara und in den Ebenen bei Oran kennenlernte, waren in jenen Tagen dabei. Sie erzählten mit einem wilden Fanatismus von der Allerheiligennacht 1954 und von den ersten Überfällen auf französische Posten, Waffenlager und Siedlungen.

Die ersten Partisanengruppen waren nur schlecht und teilweise gar nicht bewaffnet. Sie versuchten zunächst, sich die Waffen aus französischen Depots zu beschaffen. Meistens griffen sie mit alten Jagdgewehren an, deren Munition sie selbst herstellten. Nägel, Eisenstücke wurden in Hülsen zusammengepreßt und mit Pulverladungen versehen, die wesentlich stärker waren als normale Jagdpatronen. In den Herzen dieser Rebellen brodelten Widerstands- und ungebändigter Freiheitswille. Wahrscheinlich hatten auch Blutdurst und primitive Urtriebe ihren Einfluß. Augenzeugen der ersten blutigen Überfälle beschrieben diese als »bestialisch« und »archaisch«.

Der mörderische Aufstand ging schon bald in die Geschichte als der schmutzige Krieg Algeriens ein. Beide Parteien operierten mit Terror und Gegenterror bis nach Frankreich hinein. Politische Gegner wurden einfach beseitigt. Man scheute weder Geld noch Mühen, um vor allem Waffenhändler und Spione zu erledigen, die für eine der beiden Seiten arbeiteten. Morde, Attentate und Drohungen wurden benutzt, und die Opfer der FLN-Geheimorganisationen (FLN = Front Liberation Nationale) und der französischen »Roten Hand« oder späteren OAS sind nie wirklich gezählt worden. Die Namen von Hunderten von Franzosen, Algeriern, Marokkanern und Tunesiern, die vor der algerischen Unabhängigkeit ermordet wurden, werden nie mehr bekannt werden. Sie wurden liquidiert, weil sie fanatische Gegner der französischen Politik in Nordafrika waren oder weil sie keine Steuern für den Aufstand der FLN bezahlen wollten.

Die Tätigkeit der »Roten Hand« wurde eigentlich zum ersten Mal in der Öffentlichkeit debattiert, als der bekannte Industrielle, Verleger und Publizist Jacques Lemaigre-Dubrieul vor seiner Wohnung in Casablanca 1955 zusammengeschossen wurde. Lemaigre-Dubrieul war bekannt wegen einer liberalen Haltung, die damals keineswegs verständlich schien. Er hatte kurz vorher die Zeitung Maroc-Presse gekauft, in der er sich für eine Einigung zwischen Frankreich, Tunesien, Marokko und Algerien einsetzte. Aber bereits vorher war die »Rote Hand« aktiv. 1952 wurde Ferhad Hached ermordet, der Führer der tunesischen Gewerkschaftsbewegung und neben Habib Bourgouiba der einflußreichste Politiker in Tunis. Dann folgte der tunesische Politiker Heddi Chakker. Für 1955 standen Ben Bella, der militärische Kopf der Aufständischen, und der französische Generalresident für Marokko, Grandval, auf der Abschußliste. Beide Attentate gelangen nicht. Auch der

bekannte französische Jagdflieger des Zweiten Weltkriegs und Abgeordnete Pierre Closterman sollte durch eine Bombe getötet werden.
Dieser Kampf bis aufs Messer wurde auch auf dem Hoheitsgebiet anderer Staaten, vor allem aber der Bundesrepublik, fortgesetzt. Vor der tunesischen Botschaft in Bonn schoß man den algerischen Vertreter der FLN, Ait Ahcene, mit einer Maschinenpistole zusammen. Er starb kurz danach an seinen Verletzungen in Tunis. Die Täter, zu denen vermutlich auch der Oberst der französischen Algerien-Abwehr, Mercier, gehörte, konnten unerkannt entkommen. Am 28. September 1956 explodierte in Hamburg eine Bombe, der erste Versuch, den Waffenhändler Otto Schlüter zu töten. Im Februar 1957 erhielt der Waffenhändler ein Päckchen. Es befand sich darin ein kleiner Sarg, in dem die Miniaturnachbildung eines menschlichen Skeletts lag. Die beigefügte Nachricht lautete: »Otto Schlüter, Achtung! Zweite und letzte Warnung. Laß sofort Deinen stinkenden Handel!« Am 3. Juni 1957 ging dann eine Haftladung unter dem Personenwagen des Waffenhändlers hoch, die seine im Wagen sitzende Mutter tötete.
Am 16. Januar 1957 schossen fünf Franzosen mit einer Bazooka (Panzerabwehrwaffe) durch das Fenster des Büros des französischen Oberkommandos in Algier. Das Geschoß sollte den General Salan töten, traf jedoch den Adjutanten, Major Hodier. Die Täter wurden verhaftet und in Paris vor Gericht gestellt. Während einer Unterbrechung des Prozesses konnte der Hauptangeklagte fliehen. In Charleroi wurde der Delegierte der FLN ermordet, in Straßburg die Frau des Präfekten und in Madrid die spanische Sekretärin eines algerischen Vertreters. In Meknes sollte Si Mustapha, ein Deutscher, der in Wirklichkeit Müller hieß und einen Rückführungsdienst für desertierte deutsche Fremdenlegionäre aufbaute, getötet werden. Das durch die Post abgelieferte Paket explodierte und zerriß eine Frau und zwei Kinder.
Die Reihe der Gewaltverbrechen nahm kein Ende. In der Schweiz entging Ferhat Abbas mit knapper Not einem Attentat. In Rabat flog der Wagen des französischen Rechtsanwaltes Thuveny in die Luft. Er hatte in Algerien wiederholt Rebellen verteidigt. Thuveny wurde getötet. Es war eine Haftladung von der gleichen Art, wie sie am 3. März 1959 in der Guiolettstraße in Frankfurt explodierte. Genau um 09.15 Uhr zerfetzte sie den Mercedes des 43jährigen Waffenhändlers Georg Puchert aus Tanger und ihn selbst. Er hatte

wiederholt Warnungen der »Roten Hand« bekommen, sie aber nicht beachtet. Eine Reihe von Indizien deutete später daraufhin, daß Puchert auch die Algerier betrügen wollte, so daß zunächst nicht geklärt wurde, wer für seinen Tod wirklich verantwortlich war. Oberstaatsanwalt Wolf lüftete später das Geheimnis und nannte die Namen der drei Männer, die vermutlich den Mord an Puchert geplant und ausgeführt hatten. Die Täter, Jean Viary, ein ehemaliger Inspektor der französischen Geheimpolizei, Christian Durieux und Jean Baptiste van Cottem, ein Belgier, der für das Deuxieme Bureau arbeitete, wurden nie gefaßt.

Auch der zwielichtige Waffenhändler Joachim Seidenschnur spielte vermutlich ein doppeltes Spiel mit Algeriern und Franzosen. In Bernt Engelmanns Buch »Meine Freunde, die Waffenhändler« wurde er als breitschultriger, äußerst gepflegter Endvierziger von einer bis in die letzte Einzelheit betriebenen Eleganz beschrieben. Er nannte sich Syndikus und wollte – nachdem der schmutzige Krieg in Algerien zu Ende war – verschiedenen Illustrierten phantastische Geschichten über seine Tätigkeit und die Rolle des durch den Vera-Brühne-Prozeß bekanntgewordenen ermordeten Dr. Praun verkaufen. Bei den Algeriern war er nicht sonderlich beliebt, und nach dem Waffenstillstand drohten sie ihm sogar mit seiner Verhaftung, als er in Algier auftauchte.

Der Krieg in Algerien forderte mehr als 200 000 Tote. Die Verluste der Rebellen wurden von französischer Seite auf mehr als 160 000 Menschen geschätzt. Die französische Armee verlor 20 000 bis 25 000 Mann. Außerdem wurden 13 000 Muselmanen und 1900 Europäer Opfer von Anschlägen der Rebellen. In Frankreich wurden 2900 Algerier von den beiden miteinander rivalisierenden Rebellengruppen FLN und MNA ermordet. Hinzu kommen noch die als Terroristen von französischer Seite hingerichteten Nordafrikaner. Gefängnisse, Konzentrations- und Internierungslager und gewaltsame Umsiedlungen taten ein übriges, um diesen Krieg in Algerien zu einer Kette von Verbrechen gegen die Menschheit auf beiden Seiten zu machen.

Schon 1958 waren unabhängige Militärexperten der Meinung, daß Frankreich diesen Krieg vor der Haustür Europas nicht mehr gewinnen konnte, es sei denn, es würde ihn auf die Nachbarländer Tunesien und Marokko ausdehnen. Von hier aus kam der Nachschub der Aufständischen, von hier aus sickerten sie immer wieder in algerisches Gebiet ein, und hierhin zogen sie sich zurück, wenn der französische Gegner versuchte, sie zu fassen. Militärisch hatte sich die Lage so entwickelt, daß die Algerier von Oujda an der marokkanischen Grenze und Sakiet Sidi Youssef an der tunesischen Grenze immer wieder Vorstöße ins Landesinnere machen konnten und große Teile kontrollierten. Nicht überall hatten sie feste Einheiten stationiert. Meistens unterhielten sie bewegliche Gruppen, die im Schutz der Nacht zuschlugen und am nächsten Morgen (wenn die französischen Gegenaktionen einsetzten) längst über alle Berge waren.

Es waren nicht nur Intellektuelle, sondern auch Arbeiter- und Bauernsöhne, die sich der Revolution der Fellaghas anschlossen. So war Hauptmann Mustapha – mit dessen Bataillon ich einige Zeit unterwegs war – ein Handwerker gewesen, ehe er den Weg zu den »Gesetzlosen« im Aurésgebirge fand. Die Tausende Kilometer, die er marschierte, die Gefängniszeit in Constantine, die erbitterten Kämpfe und die harte Zeit in den Granitgrotten des Aurés hatten sein Gesicht gezeichnet. Wie eine Katze führte er sein Bataillon durch Felsenschluchten und Wasserläufe bis zum nächsten Einsatz. Überall und nirgendwo war er zu finden. Mustapha war sein »Nom de Guerre«. Nach dem Waffenstillstand wurde er unter seinem wirklichen Namen Tahar Zbiri Chef des algerischen Generalstabs. 1967 versuchte er die Regierung Houari Boumedienne durch einen Staatsstreich zu stürzen. Der Coup mißlang und Zbiri verschwand.

Manche dieser Rebellen lernten ihr Französisch durch die rauhen Kommandos der französischen Unteroffiziere. Viele kämpften mit den freien französischen Streitkräften General de Gaulles im Zweiten Weltkrieg bei den Invasionen in Italien und Südfrankreich, bei Monte Cassino, Neptuno und schließlich in Indochina, wie zum Beispiel Mohammed (oder Ahmed) Ben Bella, der sich in der französischen Armee bis zum Stabsfeldwebel empordiente. Andere dagegen waren während des Krieges in Deutschland und sogar unter deutschen Fahnen in der mohammedanischen Legion der Waffen-SS eingesetzt worden. Obwohl die meisten kaum eine richtige Schule besucht hatten, machten sie durchweg einen intelligenten Eindruck. Über die politischen Ereignisse in der Welt waren sie ziemlich genau informiert. Eine Art politischer Kommissar sorgte für politischen Unterricht und Schulung. Von Rebellen im herkömmlichen Sinne konnte man nur am Anfang des Aufstandes reden. Schon bald war aus den mordenden und plündernden Haufen der Fellaghas eine kleine, aber schlagkräftige Armee geworden, die den Franzosen schwer zu schaffen machte. Abgedankte amerikanische Armeebestände wurden gekauft, um die Soldaten einzukleiden. Bereits zu Beginn der Rebellion wurde ein ziviler und militärischer Verwaltungsapparat aufgebaut und Algerien in sechs Militärdistrikte (Wilayas) aufgeteilt. Jedes Wilaya war wiederum in Zonen, jede Zone in Regionen und jede Region in Sektoren unterteilt. An der Spitze eines Wilaya stand immer ein Oberst, der sowohl für den militärischen wie auch den zivilen und politischen Apparat verantwortlich war. Trotz dieser Struktur gab es im Grunde genommen keinen deutlich erkennbaren Feind. Der entfesselte Terrorkrieg zwang die Franzosen zum Kampf gegen einen heimtückischen Gegner, der überall und nirgendwo zu finden war und immer wieder unerwartet zuschlug.

Am 7. Oktober 1956 sagte der französische General Lavaud, damals Militärbefehlshaber in Constantine, die Zahl der regulären Rebellen betrage etwa 5000 bis 7000. Die algerischen Aufständischen nannten immer wieder die Zahl 100 000, wahrscheinlich auch aus propagandistischen Gründen. Dennoch war die zahlenmäßige Überlegenheit der Franzosen immer schon enorm. Man braucht nur daran zu erinnern, daß Frankreich zeitweise fast eine Million Soldaten in Algerien – darunter fünf vollständig ausgerüstete NATO-Divisionen – stehen hatte. Trotzdem war der algerische Gegner schwer zu packen. Seine genaueste Kenntnis jeder Wasserquelle, jedes Flußlaufes und jeder Felsspalte, die Zusammenarbeit mit einem engmaschigen Netz von Spähern, eingeborenen Spionen und eine raffinierte Verschleierungstaktik machten den Franzosen schwer zu schaffen. Die Algerier überfielen einsame Stützpunkte oder Farmen und zogen sich dann blitzschnell in die Berge zurück. Nur gegen Panzer und Flugzeuge waren sie machtlos, während die Franzosen immer mehr dazu übergingen, genau diese Waffen einzusetzen. Eine Zeitlang besaßen die Aufständischen Spezialtrupps, die sich Todesscharen Allahs nannten. Es waren in gewisser Hinsicht Selbstmordeinheiten, die nicht davor zurückschreckten, mit selbstgemachten Minen, Panzerfäusten und Hotchkiss-Maschinengewehren auch Sherman-Panzer und Düsenjäger anzugreifen. Obwohl sie durchweg mit erbeuteten Waffen der Fremdenlegion gut ausgerüstet waren und auch deren Tarnkombinationen trugen, waren sie nicht sehr erfolgreich und mußten schwere Verluste hinnehmen.

Ausgangspunkt vieler militärischer Unternehmen war zeitweise die Kasbah von Algier, die dann auch immer wieder von französischen Fallschirmjägern durchkämmt wurde. Auch von der Basis Oujda an der marokkanischen Grenze, dem Wilaya V in der Sahara und der Basis Ost, die in Le Kef in Tunesien stationiert war, wurden zahlreiche Operationen gestartet. In Le Kef war der spätere Präsident Boumedienne einige Zeit Befehlshaber. Hier begannen auch der schon erwähnte Tahar Zbiri, Laribi Abdelkader und Ahmed Draia ihre Laufbahn. Abdelkader wurde nach der Unabhängigkeit Chef der Polizei, während Draia den algerischen Geheimdienst aufbaute und Mitglied des Revolutionsrates war. Sie alle machten es mir im Juli 1967 möglich, den ehemaligen kongolesischen Ministerpräsidenten Moise Tshombé in einem Militärgefängnis in Algier zu sehen, nachdem er von Spanien aus entführt worden war. Die Basis an der tunesischen Grenze galt lange Zeit als der stärkste Stützpunkt und das Paradestück der Algerier. Bei einer meiner Reisen lernte ich den Kommandanten, Oberst Laskri Amara, kennen, der in der Gegend von Bone geboren wurde und diesen Landstrich wie kein Zweiter kannte. Man fand diesen Haudegen selten in Tunis, wo sich der Generalstab der Aufständischen befand. Sein Hauptquartier lag damals irgendwo in den Bergen zwischen Pinien- und Korkeichenwäldern, die hier das Bild der Landschaft prägen. Diese Gegend wurde wohl niemals von der französischen Kolonialherrschaft ganz erfaßt. Von Duvivier bis Souk Ahras lebt der Stamm der Beni Salah, der sich niemandem unterwerfen wollte. Sie gehören mit zu den gastfreundlichsten Arabern des ganzen Maghreb, und vor dem algerischen Aufstand suchte mancher Flüchtling und mancher desertierte Fremdenlegionär hier Zuflucht. Im Nordosten lebt der Stamm der Nahd, der ebenfalls bekannt ist durch seinen leidenschaftlichen Freiheitssinn. Sie betrachteten die Franzosen immer schon als fremde Eindringlinge und Besatzer. In diesem Landstrich bauten die Algerier ihre stärkste Basis auf. Sie wählten diese Gegend, weil hier die gefürchtete Linie Morice, die durch Stacheldrahtverhaue, verstärkte Posten, Minenfelder, tote Zonen und unter Hochspannung stehende Drahtzäune das algerische Hinterland von Tunesien trennen sollte, am weitesten von der tunesischen Grenze entfernt lag. An einigen Stellen – so etwa in der Nähe von Souk Ahras – befanden sich die Posten der Algerier sogar an der andern Seite der Linie Morice. Das von den Franzosen erbaute Hindernis war – zum Teil bedingt durch geographische Verhältnisse – viel weiter von der tunesischen Grenze entfernt errichtet worden, als man allgemein annahm. Die Behauptung, daß Tunesien das Aufmarsch- und Operationsgebiet der Rebellen sei, stimmte daher in diesem Fall nur zum Teil. Die Basis befand sich wirklich fast ausschließlich auf algerischem Gebiet, und zwar in dem Raum Random-Yusuf-Ghardimaou-Souk Ahras.

Die Basis hatte zunächst einmal die Aufgabe, die Versorgung der Aufständischen im Hinterland zu organisieren. Das Material – Waffen, Munition, Lebensmittel und Medikamente – kam zum größten Teil aus Tunesien und Libyen. Die dort stationierten Kommandoeinheiten der Algerier operierten nur nach militärischen Gesichtspunkten und genau ausgeklügelten Befehlen. Sie verfügten über eine bemerkenswerte Feuerkraft und über sämtliche Funk- und Fernsprechverbindungen, die zu einer modernen Guerillaarmee gehören. Dank dieser Verbindungsmittel waren die Fellagha in der Lage, auch auf klassische Art anzugreifen, obwohl sie natürlich die Guerillataktik vorzogen. Die Angriffe fanden fast immer nachts statt, um den französischen Düsenjägern und Jagdbombern keine Chance zu geben. Zu Ende des Krieges besaßen die Aufständischen jedoch Luftabwehrwaffen, die aus der Tschechoslowakei und der Sowjetunion stammten. Wie wichtig das Gebiet war, bewiesen die wiederholten Luftangriffe der Franzosen auf Wald- und Felsgebiete, bei denen ganze Landstriche durch das Feuer von Raketen und durch Napalmbomben verwüstet wurden.

Am 19. März 1962 – vor 24 Jahren – schwiegen in Algerien die Waffen. Ich war einige Tage vorher mit einer der letzten Maschinen aus Paris nach Algier geflogen, um über den Waffenstillstand zu berichten. Kurz danach war es der OAS gelungen, den gesamten zivilen Flugverkehr von und nach Algerien lahmzulegen. Obwohl ich mindestens neun Mal mit den Aufständischen in Algerien gewesen war und über den schmutzigen Krieg berichtet hatte, war es mein erster Besuch in Algier selbst. Als ich ankam, herrschte in dieser Stadt die Pest. Eine Pest, die die Straßen leerfegte, die Geschäfte geschlossen hielt und die Menschen voller Angst von einem Hauseingang zum anderen schleichen ließ. Nur widerwillig hatte mich der »directeur de l'Information« im schwerbewachten Gebäude der Délégation Générale Philippe Mestre akkreditiert, und im Hauptquartier der Armee gab mir der Presseoffizier, Leutnant Ridard, meinen Ausweis mit den Worten: »Denken Sie daran. Die Französische Armee weiß alles und vergißt nichts!« Das war eine Anspielung auf meine Berichterstattung über die Aufständischen. In der Nacht konnte ich nicht schlafen, weil das Granatwerferfeuer aus dem Viertel El Biar herüberklang und die dumpfen Explosionen vom Ortsteil Bab el Oued zu hören waren, während an meinem Fenster im Hotel Aletti die feurigen Pfeile der Leuchtspurmunition vorbeizischten. Im Speisesaal des Hotels saßen dann die ausländischen Journalisten bis lange nach Mitternacht zusammen, diskutierten mit Beauftragten der OAS, Polizisten, Arabern und Kollegen über die Pläne dieses verrücktgewordenen Generals Raoul Salan, über das Ende des Krieges in Algier. Es wurde ein blutiger Waffenstillstand. Am nächsten Tag war ich mit einem Kollegen in der Hochburg des Widerstandes, wo Franzosen auf Franzosen schossen, weil sie mit diesem Waffenstillstand nicht einverstanden waren, weil eine verlorene europäische Minderheit den letzten Akt des Dramas Algerien für sich entscheiden wollte. Aus jedem Haus wurde geschossen. Wir krochen an den Häuserwänden entlang und konnten in letzter Minute unter der halb heruntergelassenen Wellblechrollade in ein Bistro hineinschlüpfen, ehe ein Kugelregen das Blech durchlöcherte. In der Kneipe plärrte die Musikbox laut und irritierend Edith Piafs neuesten Schlager: »Je ne regret rien (Ich bedaure nichts)« – das Lieblingslied der französischen Fallschirmjäger. Man hörte Schreie, Stöhnen, Jammern. Der Karneval der Verzweiflung forderte seine Opfer: Straßenhändler, Limonadenverkäufer, Soldaten, Offiziere, Weiße, Schwarze, Araber, Berber, Frauen, Kinder, Unschuldige. OAS-Kommandos und aus Frankreich herbeigeflogene Gendarmerie schossen wie die Teufel aufeinander. Bis heute weiß niemand ganz genau, wieviel Opfer der fragwürdige Frieden, der Waffenstillstand von Evian, in Algier forderte. Einige Male konnte ich beobachten, wie Hunderte von Leichen weggeschafft wurden. Nur in der Kasbah, dort wo der Aufstand über Jahre hinweg am schlimmsten getobt hatte, war es damals ruhig. Die FLN hatte Barrikaden errichtet, während die Armee einen stählernen Gürtel von Panzern und Spanischen Reitern um das Viertel gelegt hatte, um Massaker und ein Blutbad zu verhindern. Aber auch dort zeigte niemand Freude über den Waffenstillstand, der nun endlich den Frieden bringen sollte. Überall herrschte die Todesangst. Düster und feindlich erschien mir die Stadt, die einstmals schwärmerisch »La Blanche« genannt wurde. Es war wie der Abschied von einem Traum. Ich habe nach einer Reise selten so aufgeatmet wie an dem Morgen, als die Caravelle der Air-Algerie die Rollbahn von Maison Carré bei Algier verließ und Kurs setzte auf Marseille.

Seitdem ist Algerien auf der Suche nach den verlorenen Träumen der Revolution und den vergangenen Illusionen von einer neuen politischen Zukunft. Wenige Wochen nach dem Blutbad der OAS-Kommandos etablierte sich die neue Macht in den alten Gebäuden der französischen Kolonialverwaltung. Vier neue »Kraftfelder« – die Armee, die traditionellen Anhänger des Islam, die westlich organisierte Bourgeoisie und die nach Osteuropa schielenden Massenorganisationen und jungen Revolutionäre kristallisierten sich heraus. Als Ahmed Ben Bella, der aus französischen Gefängnissen heimgekehrte erste Ministerpräsident, triumphierend in Algier einzog, wucherte die Saat der Gewalt bereits weiter. Hocine Ait Ahmed, der mit Ben Bella gekidnappt worden und fast sieben Jahre eingekerkert war, überwarf sich bereits in der ersten Stunde mit den neuen Machthabern. Er gründete die »Front der sozialistischen Kräfte« (FFS), flüchtete in die Berge und wollte den Guerillakampf von dort aus fortsetzen. Während Ben Bella mit einer Gruppe fanatischer Marxisten den Ein-Parteien-Staat proklamierte, wanderte sein Leidensgenosse ins Gefängnis. Aber schon im Juni 1965 widerfuhr dem Leninpreisträger Ben Bella ein ähnliches Schicksal. In einem unblutigen Coup d'État wurde er von seinem Verteidigungsminister Houari Boumedienne gestürzt. Er verschwand bis 1980 hinter Gefängnismauern und wurde erst zwei Jahre nach dem Tode Boumediennes von dessen Nachfolger Benjedid Chadli freigelassen. Der aus der Kabylei stammende Berber Hocine Ait Ahmed konnte bereits kurz nach dem Putsch aus dem Gefängnis nach Paris fliehen, wo er im November 1984 – dem dreißigsten Jahrestag des Aufstandes gegen Frankreich – seine »Memoiren eines Kämpfers« (Memoirs d'un Combattant) veröffentlichte.

Der gestürzte Staatschef Ben Bella verkörperte den linksintellektuellen Typ der Revolutionsgesellschaft. Der bei den Militärs keineswegs beliebte Houari Boumedienne tendierte mehr zu einem schrittweise aufbauenden Realismus. Die sozialwirtschaftliche Entwicklung, das Arabisierungsprogramm, das die etappenweise Einführung der arabischen Sprache als Nationalsprache vorsieht, die Verteilung ehemaligen französischen Landbesitzes, die Entwicklung der Industrie und der Landwirtschaft zu gleichen Teilen, das waren die Kernpunkte seines politischen Programms. Arbeitslosigkeit, Analphabetentum sowie eine inflationäre Preisentwicklung drängten jede ideologische Frage in den Hintergrund. Aber Houari Boumedienne, der manchmal verbittert erscheinende, in sich gekehrte Staatschef, wirkte nicht überzeugend. Nach seinem Tod hinterließ er ein Land, das von Korruption, Verschwendung, Parasitentum, Bürokratie und Schlamperei gezeichnet war. Dabei sollte das »neue Algerien« Musterbeispiel eines eigenständigen arabischen Sozialismus werden, der auf die Tradition des Islams und den Fortschritt mit Hilfe der reichen Ölvorkommen aufgebaut war. Das Experiment scheiterte, und der Sozialismus führte sich erneut ad absurdum. Die Agrarrevolution mit der Enteignungswelle und dem anschließenden staatlichen Preisdiktat hatte eine neue wirtschaftliche Misere zur Folge. Sechzig Prozent aller Nahrungsmittel mußten importiert werden. Die angestrebte Selbstversorgung wurde nie erreicht. Dabei hatte man den algerischen Maghreb einmal als die Kornkammer Roms bezeichnet. Während der Kolonialzeit hatte sich Algerien zum wichtigsten Getreidelieferanten für Frankreich entwickelt. Jetzt war der Außenhandel defizitär und und die Verschuldung hoch. Die forcierte Industrialisierung stimulierte zum Bau von Betrieben und Fabriken, die schlecht und recht funktionieren, sie eskalierte zu weiterer Abhängigkeit vom Ausland und zu noch größerer Arbeitslosigkeit. Der Kulturkampf, der zur endgültigen Arabisierung der Berberstämme führen sollte, spitzte sich zu, obwohl er erst einige Jahre nach dem Tode des Präsidenten wirklich zu blutigen Auseinandersetzungen ausartete.

Trotz der ideologischen Unsinnigkeiten war der Fellachensohn Boumedienne der unumstrittene Herrscher der zwanzig Millionen Algerier. Der Versuch eines Militärputsches des Analphabeten Tahar Zbiri, der als Generalstabschef 1967 seine Panzer gegen Algier rollen ließ, glich eher einer Farce. Boumediennes Stellung war niemals ernsthaft bedroht, weil er zwar das Land totalitär regierte, aber nicht ausbeutete. Seine spartanische und asketische Lebensführung galt vielen Menschen als Vorbild an Einfachheit und Bescheidenheit. Houari Boumedienne zählt in meinen Augen sicher zu den hervorragenden arabischen Politikern des 20. Jahrhunderts. Obwohl er sich zum marxistischen Sozialismus bekannte, hatte Algeriens Staatschef auch gegenüber Moskau genügend Rückgrat, um sich nicht unter Druck setzen zu lassen. Zwei Mal versuchte der Kreml, das sozialistische Algerien zur Überlassung von Flottenstützpunkten zu bewegen, vergeblich. Den letzten Vorstoß unternahm die UdSSR 1978 bei Boumediennes Besuch in Moskau. Bei einer OAU-Konferenz beantwortete mir Außenminister Bouteflika meine Frage nach Mitbenutzung algerischer Werft- und Hafenanlagen als Preis für die aus der UdSSR gelieferten Schnellboote der algerischen Marine mit den Worten: »Wir haben nicht die Absicht, dafür auch noch unsere Selbständigkeit zu opfern.« Erst Chadli war zu Konzessionen bereit.

Der Präsidentenwechsel vollzog sich fast unauffällig und schmerzlos. Nur ein anonymer Sprecher der nicht zugelassenen Kommunistischen Partei, der »Parti Avantgarde des Socialistes« nannte Benjedid Chadli einen »Vertreter der alten Bourgeoisie«. Behauptet wird, er habe sich in Oran durch korrupte und nepotische Methoden bereichert und besitze Hotels und größere Farmen. Chadli wurde 1919 als Sohn eines Derwischheiligen in Annaba – das damals noch Bone hieß – an der tunesischen Grenze geboren. Er wurde französischer Kriegsfreiwilliger und marschierte mit den Truppen des freien Frankreich unter Charles de Gaulle bis zum Bodensee. Er kehrte als Offizier zurück und schloß sich bereits Ende 1954 den Aufständischen an. Nach der Unabhängigkeit blieb er einstweilen im Hintergrund. Als Militärkommandant der zweitwichtigsten Stadt Oran überlebte er die Staatsstreiche, Säuberungsaktionen und Machtkämpfe in Algier. Er wurde zum Präsidenten vorgeschlagen, weil der westlich orientierte Bouteflika und der Chefideologe der FLN-Partei, Jahiaoui, ihn für harmlos hielten. Beide Politiker wurden als erste von Chadli in die Wüste geschickt.

Die Armee, die tragende Säule der Staatsmacht, erzwang die Wahl Chadlis, auch weil sie nur ungern sah, daß sich die Partei als zweites Machtzentrum entwickelte. Der Griff der Militärs wurde wieder stärker, die von Boumedienne hinterlassenen Probleme jedoch nicht geringer. Algerien hat ein Defizit von mehr als 1,5 Mio Wohnungen. Die Bevölkerung wird im Jahr 2000 auf 35 bis 40 Millionen angewachsen sein. 60% der Einwohner sind dann jünger als 25 Jahre. Die Ölvorräte bei Hassi Messaoud gehen zu Ende. Etwa zwanzig Prozent der Einnahmen durch Öl und Gasexporte werden zur Rückzahlung von Anleihen verwendet. Die Agrarrevolution führte zur verstärkten Landflucht. Algier zählte 1960 noch

800 000 Einwohner und 1985 fast 3 Millionen. Die Arbeitslosigkeit, die eine Zeitlang in allen Ministerien als nicht existent bezeichnet wurde, gehörte plötzlich zum algerischen Alltag. Die Zahl der Arbeitssuchenden stieg von 670 000 im Jahre 1980 auf mehr als 1,5 Millionen für 1985. Präsident Benjedid Chadli wurde im Laufe seiner Amtsperiode nicht nur mit diesen Tatsachen konfrontiert. Sein Vorgänger hatte versucht, den Islam als Religion des Sozialismus populär zu machen. Indirekt führte dies dazu, daß sowohl religiöse Fanatiker wie auch »Linksabweichler« ihre Chancen witterten. Es kam zu Unruhen, Studentendemonstrationen, Zusammenstößen mit den Ordnungskräften und Verhaftungen. Verschiedentlich gab es auch Tote. Die Aktionen der »islamischen Fundamentalisten« und letzten Endes die sozialen und wirtschaftlichen Probleme des Landes brachten Chadli zu der Einsicht, daß sich mit dem Glauben zwar Revolution machen, aber kein Wohlstand herbeiführen läßt. Der Islam füllt nicht die Fleischtöpfe, auch wenn er durch Ayatollah Khomeini inspiriert wurde.

In Paris fanden sich inzwischen die alten Gegner wieder. Nach seiner Begnadigung ging Ahmed Ben Bella als Hadj nach Mekka und kehrte nicht mehr nach Algier zurück. In Frankreich kam der gestürzte Präsident zu der Erkenntnis, daß das Einparteienregime die Ursache allen Elends sei, obwohl er selbst dieses System in Algerien eingeführt hatte. Er wurde zum Mittelpunkt aller unzufriedenen algerischen Emigranten und Flüchtlinge und gründete eine Bewegung »Mouvement pour la Democratie«, die den Sturz der Regierung in Algier forderte. Schließlich gab er eine Zeitschrift in Französisch und Arabisch heraus, die sich »Al Badil« (Die Alternative) nennt und nicht nur bei den zahlreichen algerischen Gastarbeitern in Frankreich gelesen, sondern auch nach Algerien geschmuggelt wird. Chadlis Diplomaten wurden im Élysee-Palast vorstellig, und schließlich mußte Ben Bella Frankreich verlassen, da er sich weigerte, seine politischen Aktivitäten einzustellen. Er ging in die Schweiz und traf sich dort mit seinem ehemaligen Widersacher, Hocine Ait Ahmed, der nach wie vor der Führer der »Front des Forces Socialistes« ist. Sie beschlossen, aus rein pragmatischen Gründen ihre Kräfte zu bündeln. Im Londoner Hilton Hotel gaben sie am 16. Dezember 1985 eine gemeinsame Pressekonferenz, in der sie sich für ein Ende der Diktatur Chadlis und die Einführung der Demokratie in Algerien einsetzten.

»Aber man muß sich keine Illusionen machen«, schrieb mir ein

Beobachter nach einem Gespräch mit Hocine Ait Ahmed und Ahmed Ben Bella. »In Algerien wird sich kaum etwas ändern, falls die beiden (oder einer von ihnen) an die Macht kommen. Sie werden sich einen Dreck um eine pluralistische Demokratie kümmern.« Trotzdem ist Algier besorgt. Es scheint so, als ob man jetzt dem ehemaligen Präsidenten und »Freiheitshelden der Nation« nachweisen will, daß er während seiner Amtszeit korrupt war und Staatsgelder unterschlagen hat.

Der Tod des Generals Oufkir und des Ben Barka

Marokko-Tunesien

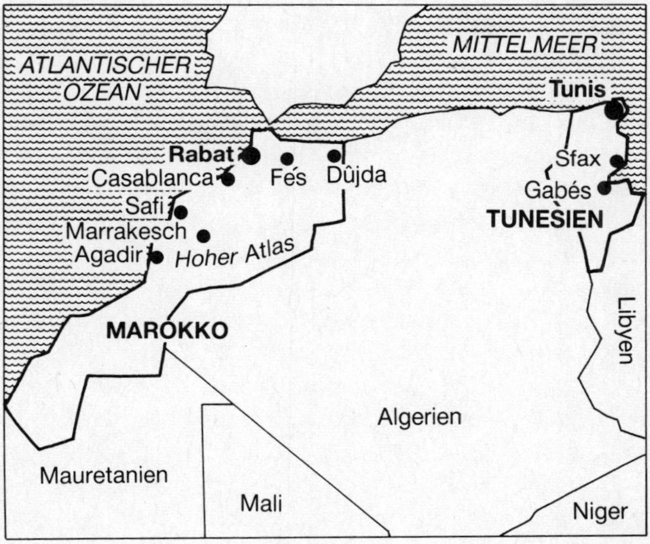

Die Sache war schon »spectacle« – wie französische Zeitungen hinterher feststellten. Viereinhalb Stunden lang hörte sich der Präsident des Gerichtshofes, Maitre Abdeni Bouachrine, in der marokkanischen Stadt Kenitra die Beschuldigungen des öffentlichen Anklägers an. Dann wurde bekannt gemacht, was bereits vorher feststand: Von den 220 Offizieren, die vor dem Militärgerichtshof angeklagt waren, wurden 14 zum Tode, drei zu lebenslänglicher Haft, vier zu zwanzig Jahren schweren Kerkers und fünf zu einem Jahr schweren Kerkers verurteilt. Unter den zum Tode Verurteilten befanden sich der Kommandant der Lufwaffenbasis Kenitra, Major Kouera El Wafi, und Oberstleutnant Mohammed Amokrane. Letzterer war mit einem Hubschrauber nach Gibraltar geflüchtet und von dem damaligen Gouverneur, Flottenadmiral Sir Baryl Begg, durch eine Entscheidung in London zusammen mit einem anderen Offizier an Marokko ausgeliefert worden.

Die angeklagten Offiziere hatten dem Gericht zufolge die Absicht gehabt, Marokkos König Hassan II. auf heimtückische Weise zu töten. Sie starteten am 16. August 1972 um genau 15.40 Uhr von Kenitra aus unter dem Kommando des Majors Kouera mit drei F-5-Phantom-Düsenjägern und erreichten kurz nach 16.00 Uhr Tanger. Dort formierten sie sich zum Geleitschutz für die aus Frankreich mit dem König heimkehrende Boeing 727. Um 16.10 Uhr eröffneten die drei Maschinen, die von dem Major Kouera und den beiden Leutnants Ziad und Boukhalef geflogen wurden, über Tetuan das Feuer auf die Boeing. Als sie nicht abstürzte, versuchte Major Kouera, das Flugzeug mit einem seiner Reservetanks zu treffen. Das Manöver schlug fehl. Dann machte er Anstalten, sie mit seinem eigenen Düsenjäger zu rammen. Über Kanal 10 der Bordfunkanlage teilte der Major seinen beiden Untergebenen mit: »Adieu, je meurs pour le peuple marocain« (Adieu, ich sterbe für das marokkanische Volk), aber Leutnant Ziad brüllte ihm entgegen, zu warten, bis er seine letzte Munition verschossen habe. Auch diese Aktion scheiterte, und bei einem letzten Ansatz, die Boeing zum Absturz zu bringen, brach ein Flügel seines Phantom-Düsenjägers ab. Kouera mußte mit dem Schleudersitz aussteigen. Seine beiden anderen Kameraden jagten das königliche Flugzeug noch etwa zehn Kilometer. Dann gaben sie ebenfalls auf.

Über die genaue Planung, den Ablauf der Ereignisse und das Scheitern des Mordversuches legte sich der Schleier arabischer Erzählkunst. König Hassan II. schöpfte erst nach der überaus glücklichen Landung seiner Boeing Verdacht. Noch waren nicht alle Einzelheiten der Aktion bekannt, da unterbrach Radio Tripolis seine Sendung und rief im marokkanischen Dialekt die Bevölkerung Marokkos auf, »sich gegen Tyrannei, Ignoranz, Verrat und Sklaverei zu erheben«. Der libysche Rundfunksprecher erklärte ferner, daß König Hassan II. zwar zum zweiten Mal innerhalb von dreizehn Monaten einem Attentat entkommen sei, erinnerte aber gleichzeitig daran, daß der Wille des Volkes nicht tot sei. An die Adresse des Königs gerichtet, hieß es: »Das Volk wird nie geschlagen werden, und die Revolution wird weitergehen, bis die Stunde kommt, daß der Thron umgestürzt und deine Träume zerschmettert sind.« Das Unternehmen hatte den Kodenamen »Bourak Rouge«. Es war nach dem Namen des Pferdes benannt, das den Propheten Mohammed durch die Lüfte getragen haben sollte.

Die Angeklagten beteuerten bis zuletzt, daß das Haupt der Verschwörung der Paladin und engste Vertraute des Königs, Marokkos

Verteidigungsminister General Mohammed Oufkir, gewesen sei. Oberstleutnant Amokrane nannte den General einen Teufel, der mit Brillanz und Intelligenz den Coup vorbereitet habe. Andere Offiziere meinten, sie seien von Oufkir »hypnotisiert« worden. Er soll u. a. argumentiert haben: »Die politische Lage in Marokko ist seriös. Der König und sein Bruder sind korrupt und fördern die Korruption. Dem muß ein Ende gesetzt werden.« Als der amateurhaft geplante Putsch mißlang, verübte General Oufkir wahrscheinlich Selbstmord. In der offiziellen Regierungserklärung hieß es zunächst, daß er sich erschossen habe, weil er bei seinem Auftrag, den König zu schützen, versagt habe. Später aber behauptete die Regierung in Rabat, der »ehemals treue Vasall seines Königs« habe mit den Verschwörern unter einer Decke gesteckt. Einige Augenzeugen sagten aus, Oufkirs Leiche sei von zahlreichen Kugeln zerfetzt gewesen, der General sei liquidiert worden. Ein Geschoß habe das linke Auge getroffen, ein anderes sei in der Herzgegend eingedrungen. Dem Innenminister Marokkos, Benhima, zufolge hat sich Oufkir selbst das Leben genommen, als er erkannte, daß der Putsch mißlungen war. Aber was immer auch geschehen ist: fest steht, daß Oufkir keine Verbindungen zu Oberst Ghaddafi hatte und daß der Coup nicht von Tripolis aus inspiriert worden war. Im Gegenteil. Der Rundfunksender in Libyens Hauptstadt schimpfte hinterher: »Damit ist das letzte Kapitel in den grausamen Annalen dieses Henkers der arabischen Sache abgeschlossen.« Wenige Tage nach dem fragwürdigen Selbstmord wurde der zweitmächtigste Mann Marokkos in aller Stille in dem kleinen Berberdorf Aïn Cheikh im Hohen Atlas, wo er 1924 geboren wurde, verscharrt. Der Islam verbietet jedes feierliche Begräbnis für einen Selbstmörder, so wie dies vor dem römischen Konzil auch in der katholischen Kirche üblich war.

Der Tod Oufkirs, die Version der Regierung und das Leben des Generals, der von sich selbst sagte: »Ich werde nicht im Bett sterben«, werfen bis heute viele Fragen auf. Bereits dreizehn Monate vorher – am 10. Juli 1971 – war dieser pockennarbige Berber, der in der französischen Armee gedient und hohe Auszeichnungen in Indochina erhalten hatte, in den Verdacht geraten, ein Massaker im Sommerpalast Shkirat geplant und einen Schurkenstreich inszeniert zu haben. König Hassan II. feierte gerade seinen 42. Geburtstag mit arabischer Farbenpracht und rauschenden Darbietungen vor Hunderten geladener Gästen. Es wurde in der

Tat ein unvergeßliches Fest, als etwa 1000 fanatische Kadetten mit Maschinenpistolen und Handgranaten hereinstürmten und ungefähr 90 Menschen niedermetzelten. Zu den Opfern gehörte auch der belgische Gesandte. 130 Gäste waren zum Teil schwer verletzt. General Mohammed Oufkir, der vorher Chef der Sicherheitspolizei und dann Innenminister gewesen war, schlug den Aufstand der Kadetten brutal nieder. Bereits drei Tage später wurden Generäle und hohe Offiziere von einem Militärtribunal zum Tode verurteilt und vor filmenden Fernsehkameras erschossen. Während Oufkir als Retter der Monarchie gefeiert wurde, zeigten sich französische militärische Kreise von Anfang an skeptisch und vermuteten, daß der General selbst zu den Verschwörern gehört hatte. Eine Reihe von Indizien wurde aufgezählt. Oufkir habe demnach genaue Einzelheiten des Aufstandes gekannt und sei dadurch in der Lage gewesen, die königstreuen Truppen an den Brennpunkten einzusetzen. Die beiden maßgebenden Führer der Revolte wurden während der Aktion erschossen, angeblich durch Fehlschüsse von den Aufständischen selbst. Oufkir und der König kamen mit dem Leben davon, weil sie sich gerade auf der Toilette aufhielten. Heute gibt es unbestätigte Vermutungen, wonach der schlaue Berber dort den König erpreßte und Hassan II. sich dreizehn Monate später in einer anderen Show des Erpressers entledigte. Eine solche Entwicklung paßt in die Intrigenatmosphäre des Königspalasts in Rabat, aber die Vermutung ist bis heute eine unbewiesene Theorie, die sicher nie bestätigt werden wird.

Bereits am 6. August wurde General Oufkir Marokkos neuer Verteidigungsminister. Er erhielt unbegrenzte zivile und militärische Vollmachten und war dadurch in der Lage, die gesamte Opposition gegen den König zu zerschlagen und gleichzeitig seine eigenen Feinde zu beseitigen. Damals hieß es, dem König sei bekannt, daß die Informationen Oufkirs zu 50 Prozent zuverlässiger seien als Informationen aus anderen Quellen. Am 17. September 1971 fällte ein Tribunal in Marrakesch die ersten Todesurteile, am 1. November wurden sechs frühere Minister wegen Korruption verhaftet. Am 1. März 1972 verurteilte das Militärgericht in Kenitra 84 Offiziere und Unteroffiziere zu langjährigen Haftstrafen. Im Juli 1972 standen 93 Gewerkschaftler in Marrakesch vor Gericht. »Über Marokko«, so schrieb damals der Vertraute des Präsidenten Sadat und Chefredakteur des Regierungsblattes »Al

Ahram«, Mohammed Heikal, »senkt sich eine Nacht, deren Schwärze sich nur mit dem Rot des Blutes mischt.«
Der König hatte Mohammed Oufkir nach dessen rätselhaftem Tod in zahlreichen Ansprachen als Verräter und Mörder verdammt. Dennoch schien es kurze Zeit, als ob Hassan II. jetzt hilflos der wachsenden Opposition und den außenpolitischen Problemen gegenüberstand. Man konnte sich des Eindrucks nicht erwehren, daß der gefürchtete starke Mann, der unerbittliche Henker der Gegner der Monarchie, doch sehr fehlte. Oufkir hatte seinem König jahrelang treu gedient. Er stammte aus einer Berberfamilie, die sich immer als Stütze des Throns der Alawiten gesehen hatte. Ihre Welt war der Hohe Atlas, die schwer zugängliche, verschlossene Bergregion mit mittelalterlichen Trutzburgen in den Tälern. Oufkir blieb immer der kantige Feudalherr, der sich nur mühsam der Moderne anpaßte. Als Offizier in Italien und später während seines Einsatzes in Indochina wußte er mit den unmöglichsten Situationen fertig zu werden. Umzingelt von einer Vietminh-Kompanie, befahl er seinen Soldaten, die Waffen zu verstecken und sich scheinbar zu ergeben. Unmittelbar vor der Gefangennahme schossen sich dann seine Marokkaner den Weg frei. Der spätere General kannte keine Skrupel und ging im wahrsten Sinne des Wortes über Leichen. Nach der Indochina-Kampagne wurde er Adjutant verschiedener französischer Kommandeure in Marokko. Zuletzt diente er unter General Raymond Duval, der die blutige Unterdrückung der ersten nationalistischen Unruhen anordnete und mit eiserner Faust zuschlug. Mit Ausdauer und Raffinesse baute Oufkir gleichzeitig seine Verbindungen zum Sultan und dessen Umgebung aus. Nach der Rückkehr Mohammeds V. aus der Verbannung wurde er bereits Offizier im Palast. An der Seite des Kronprinzen Moulay Hassan leitete er 1958 eine Strafexpedition gegen aufständische Rifkabylen. Die Revolte war von dem im Exil lebenden Rebellenführer Abdel Krim und dessen Beratern in Kairo angezettelt worden. Abdel Krim haßte nicht nur die Franzosen, sondern auch die Alawiten wie die Pest. Er hatte zwischen 1921 und 1926 den Rif-Krieg gegen Spanien und Frankreich geführt, die spanischen Truppen geschlagen und eine Rif-Republik proklamiert. Als er sich schließlich mit den Franzosen anlegte, übernahm Marschall Henri Pétain den Oberbefehl und schlug den Stammesführer, der seitdem auf Rache sann. Auch der neue Aufstand der Rifkabylen im Jahre 1958, diesmal gegen den Sultan gerichtet, forderte blutige Opfer.

Augenzeugen behaupteten später, daß Oufkir Gefangenen eigenhändig die Kehle durchgeschnitten habe. Als er bereits Chef der marokkanischen Sicherheitspolizei war, schoß er selbst bei Unruhen im Frühjahr 1965 in Casablanca in die demonstrierende Menge. Oufkirs Geheimpolizei verhaftete willkürlich, und manche Festgenommenen verschwanden spurlos. Oufkir schlug sämtliche Erhebungen nieder, ob es sich um linksradikale Revolten oder um den Aufstand der Rifkabylen handelte. General Mohammed Oufkir entwickelte sich immer mehr zum Hüter der Monarchie.

Das Haus der Alawiten stammt von den Scherifen von Tafilalet ab und zeichnet sich sowohl durch Reformen wie durch Puritanismus aus. Nachdem die ersten Herrscher diplomatische Beziehungen und Handelsverträge mit europäischen Staaten abgeschlossen hatten, waren die Nachkommen der Scherifen im 19. Jahrhundert nicht mehr in der Lage, das Land zu verwalten. Marokko zerfiel und wurde im Arabischen »Bled-es-Siba« (Land der Anarchie) genannt. Aufständische und Plünderer kontrollierten ganze Landstriche, was schließlich zum Protektoratsvertrag von 1912 mit Frankreich führte. Marschall Louis Lyautey, der erste Generalresident, pazifizierte Marokko, das durch den Vertrag von Fès und die Französisch-Spanische Konvention des gleichen Jahres in ein französisches und ein spanisches Protektorat geteilt wurde. 1923 beschlossen die Kolonialmächte außerdem, die Hafenstadt Tanger zu internationalisieren.

Der 1927 von den Ulemas mit Einwilligung Frankreichs zum Sultan gewählte Mohammed V. war zunächst ein williges Instrument in den Händen der französischen Gouverneure. Er war erst 17 Jahre alt, galt als weltfremd und mißtrauisch und hatte keine Ahnung von den politischen Intrigen der Ulemas (Theologen und Kirchenrechtler des Islam) und der französischen Kolonialmacht. Erst nach dem Ende des Zweiten Weltkriegs entwickelte sich Mohammed V. zu einem Monarchen, der es verstand, sich für die wirklichen Belange seines Volkes einzusetzen. In einer aufsehenerregenden Rede im April 1947 in Tanger stellte er sich auf die Seite der Nationalisten und verlangte die Unabhängigkeit. Es kam zu zahlreichen Streiks und Unruhen, bei denen viele Marokkaner den Tod fanden. Die Generäle Augustine Guillaume und Alphonse Juin waren nicht mehr in der Lage, die Welle des Nationalismus zu brechen. Sultan Mohammed wurde daraufhin kurzerhand von den Franzosen verbannt. Seine zwei offiziellen und sieben Nebenfrauen durften ihn nach Madagaskar begleiten. In Marokko selbst kam es nun zum offenen Terror zwischen den Nationalisten einerseits und den französischen Siedlern andererseits. Schließlich unternahm eine marokkanische Befreiungsarmee ihre ersten Aktionen. Die französische Regierung unter Edgar Faure mußte nachgeben. Anfang 1956 wurde der Konflikt zwischen Paris und dem Sultan beigelegt und das französische Protektorat beendet. Im April des gleichen Jahres verzichtete auch Spanien auf seine marokkanischen Ansprüche, und der internationale Status von Tanger wurde abgeschafft.

Im August 1957 wurde Marokko ein Königreich, und Mohammed V. nahm den Titel eines Königs von Marokko an. Die Sultane wurden als autokratische Herrscher angesehen, aber Mohammed V. versprach, die absolute Monarchie in eine konstitutionelle umzuwandeln. Dabei ließ er sich jedoch Zeit, und es scheint, daß Mohammed V. sich doch wie ein orientalisch-despotischer Tyrann aufführte, wenn es um seine Haremsdamen ging. Verschiedene seiner Frauen unterhielten Beziehungen zu seinen Dienern. Wenn die Affären ans Tageslicht kamen, wurden Frauen und Männer ausgepeitscht. Eine Frau klagte vor dem Pascha von Meknes, daß König Mohammed V. ihren Mann Belkhir habe totpeitschen lassen. Der schwarze Wächter hatte ein Verhältnis mit einer Nebenfrau gehabt, die schließlich schwanger wurde. Belkhir erhielt täglich hundert Peitschenhiebe, bis er am dritten Tag starb. Seine Frau verlangte das übliche Blutgeld.

Bekannt waren auch die Auseinandersetzungen Mohammeds V. mit dem Pascha von Marrakesch, Hadj Thami el Glaoui, der als der letzte Grandseigneur aus dem Hohen Atlas bezeichnet wurde. Der Pascha war ein großer Befürworter einer Zusammenarbeit mit Frankreich. Er und sein Bruder unterstützten die Befriedungsaktionen des Marschall Lyautey und kämpften lange Zeit mit den französischen Truppen im Osten und Süden Marokkos. Der als »Glaoui« bekannte Aristokrat lehnte die Unabhängigkeitsbestrebungen ab. Auch weigerte er sich, einen Aufstand gegen die Kolonialmacht zu unterstützen. Es gab tiefe Freundschaften zwischen dem Pascha und Persönlichkeiten wie Winston Churchill und Präsident Roosevelt. Als Sultan Mohammed V. 1955 aus dem Exil zurückkehrte und zunächst nach Frankreich gebracht wurde, war es der Pascha von Marrakesch, der ihn als erster begrüßte. Der »Glaoui« hatte sich inzwischen zum Gegner Frankreichs entwikkelt und bat den Sultan um Verzeihung. Dieser ging, jedoch nur zum Schein, auf diese Unterwerfung ein. Nach dem Tode des Paschas wurde sein Besitz auf Anordnung des Sultans beschlagnahmt. Die fünf Söhne wurden aus dem Palast geschleppt. Andere Familienmitglieder mußten ins Ausland fliehen. Im Dezember 1958 hieß es, daß drei Söhne des »Glaoui« aus dem Gefängnis entlassen worden seien. Niemand hat sie je wieder gesehen.

Ende der fünziger Jahre lernte ich in einer Buchhandlung in der Avenue Mohammed V. im Zentrum Rabats den Mann kennen, dem ein ähnliches Schicksal wie General Oufkir widerfahren und der über Jahre hinweg die Phantasie der Reporter und der Filmemacher anregen und die Politiker zu vielen skurrilen Erklärungen veranlassen sollte: El Mehdi Ben Barka. Wir trafen uns, nachdem Freunde das Gespräch arrangiert hatten, erst nach Einbruch der Dunkelheit. Ben Barka fürchtete damals bereits das Eingreifen seines schärfsten Widersachers, des General Oufkir. Er beabsichtigte, Marokko zu verlassen oder zumindest seine Familie in Sicherheit zu bringen, was dann auch einige Jahre später geschah. Frau und Kinder siedelten um nach Kairo, wo sie auf Kosten der ägyptischen Regierung lebten. Zum Zeitpunkt unseres ersten Treffens war Ben Barka ohne Zweifel die treibende Kraft nach links in einer Monarchie, in der französisches kapitalistisches Wunschdenken mit der harten Realität linksradikaler Nationalisten und sowjetischen Machtstrebens zusammenstießen. Ben Barka gehörte zum linken Flügel der Istiqlalpartei, war ein brillanter Mathematiklehrer und hatte seit langem schon den Beinamen »Die graue Eminenz von Nordafrika«. Am Anfang seiner politischen Aktivität war er Promotor der Rebellion gegen Frankreich, wobei die Verbannung des Sultans der auslösende Faktor wurde. Er erhitzte geschickt und bewußt ein anti-französisches Fieber, bis die Unabhängigkeit erreicht war. Dann wurde er Chef der Partei, Präsident der cherifischen Konsultativversammlung und Stimmungsmacher für den Aufstand in Algerien. Nicht ohne Grund sprach man davon, daß er vielleicht eines Tages an der Spitze einer Föderation stehen könnte, die Marokko, Algerien und Tunesien umfassen würde. Auch in seinem eigenen Herzen lebte der Traum von einem Vereinigten Nordafrika, des Maghreb el arab.
Mehdi Ben Barka war ein eiskalter Rechner und eine ungewöhnliche Persönlichkeit. Er hatte zum Berberproletariat der Elendsvier-

tel von Rabat gehört und wuchs mit sechs anderen Geschwistern unter erbärmlichen Umständen auf. Durch französische Unterstützung und mit Hilfe eines Onkels konnte er Mathematik und Physik studieren. 1942 beendete er an der Universität von Algier sein Studium. Die Franzosen gaben ihm also das Rüstzeug, mit dem er später als Nationalist zurückschlagen konnte. Während seines Studiums war er innerhalb einer nationalistischen Studentenorganisation intensiv politisch tätig. Er wurde wiederholt von der französischen Polizei verhaftet, jedoch nach kurzer Zeit durch die Intervention einflußreicher Freunde wieder freigelassen. Als er 1944 nach Rabat zurückkehrte, unterzeichnete er als Jüngster das Manifest der neugegründeten Istiqlalpartei (Istiqlal = Unabhängigkeit). Sie entstand eigentlich als illegale Organisation gegen die französische Kolonialherrschaft und erinnerte in ihrem Aufbau genau an die kommunistische Partei. Mehdi Ben Barka war die treibende Kraft in der Partei. Er wurde dann auch prompt von den Franzosen verhaftet und von 1951 bis 1953 in die Sahara verbannt. Der französische General-Resident für Marokko, Marschall Alphonse Juin, bezeichnete ihn als den »gefährlichsten Feind Frankreichs.«
In der Einsamkeit der Wüste benutzte Ben Barka jede Minute zum Studium. Hier entwickelte er sich zum raffinierten Agitator und Organisator der Massen, der eines Tages Marokko in ein sozial fortschrittliches Land umkrempeln wollte. Er las jedes Buch, das er bekommen konnte, und als man ihn schließlich nach Rabat zurückbrachte, benötigte man einen Anhänger, um seine Bücher zu transportieren. Ein französischer Journalist, der sich mit ihm in Rabat unterhielt, sagte nur: »Dieser Mann ist schlimmer als Talleyrand!«
El Mehdi – das heißt »Der Glückliche« – hatte in seiner eigenen Partei einen hartnäckigen Gegner: Allal El Fassi, den feierlichen, von religiöser Mystik umgebenen Führer des rechten Flügels der Istiqlalpartei. El Fassi stammte aus einer angesehenen Ulema-Familie aus Fès. Bereits in den dreißiger Jahren hatte er eine nationalistische Partei gegründet und Reformvorschläge vorgelegt. 1937 reagierten die Franzosen mit dem Verbot der Partei. El Fassi selbst verbannten sie nach Gabun. Nach seiner Rückkehr machte er den Eindruck eines wortgewaltigen Propheten, der es verstand, die Massen durch seine mitreißenden Reden in Kreuzzugstimmung zu bringen. Aber im Kampf um die wirkliche Macht und um die Gunst der jungen Menschen Marokkos blieb Ben Barka zunächst Sieger. Im September 1959 gründete er die »Union Nationale des Forces

Populaires« (UNFP). Dieser abgespaltene Flügel der Istiqlal, der hauptsächlich aus Mitgliedern der jungen Generation bestand, machte kein Hehl daraus, daß man auf die Abschaffung der Monarchie hinsteuerte. Auch die mächtige Gewerkschaftsorganisation unter Führung von Saddiq Mahjoub, die die Istiqlal zusammen mit den Jugendverbänden und der marokkanischen Befreiungsarmee unterstützte, verfolgte das gleiche Ziel. Daß dem König von Marokko trotzdem das Schicksal des Beys von Tunis erspart blieb, verdankte er zum Teil seiner religiösen Stellung und seiner Popularität. Ein großer Teil der Marokkaner sah in ihm immer noch den Freiheitskämpfer gegen die Franzosen. Aber in Wirklichkeit war die neue Partei bereits eine Gefahr für den Sultan geworden. Unter dem Vorwand, man habe ein Mordkomplott gegen den Kronprinzen Hassan geplant, wurden verschiedene führende Mitglieder der UNFP verhaftet. Ben Barka floh ins Ausland. Ein Jahr später (1961) starb König Mohammed V. vollkommen überraschend. Sein Sohn, der in Frankreich erzogene Hassan II., übernahm das Amt.

Ben Barka hatte zahlreiche Feinde. Manche waren einfach durch seine überragende Intelligenz irritiert. Einer seiner Gegner, der mit ihm studiert hatte, sagte einmal: »Solange ich lebe, verfolgt mich der Name dieses Mannes. Er war der erste in Mathematik, er war der erste in Französisch. Er ist der erste in der Politik. Ich kann den Namen Ben Barka einfach nicht mehr hören.« Ähnliche Gedanken bewegten sicher auch den Chef der Geheimpolizei Mohammed Oufkir, der den Werdegang des hervorragenden Mathematikers genau verfolgte. Seine wichtigsten Ziele waren, die Partei und den Mann um jeden Preis auszuschalten. Er sorgte dann auch dafür, daß 130 Mitglieder der UNFP 1963 verhaftet wurden. Den Volkszorn gegen die Verhaftungen lenkte der König im Oktober durch eine sinnlose Militäraktion gegen Algerien ab. Die Auseinandersetzung ging um die unbedeutende Oase Hassi-Beida, 400 km südwestlich von Colombo-Béchar, die aus nichts anderem als einem schmutzigen Wasserloch und einigen Palmen bestand. Die Algerier waren militärisch unterlegen und mußten die Oase räumen. Als sie von marokkanischen Truppen unter Befehl des Generals Driss Ben Aomar besetzt wurde, stellte der General lakonisch fest: »Evidemment, ce n'est pas de l'eau d'Evian.« Der Name des Thermalbads Evian am Genfer See war damals durch die Friedensverhandlungen mit Algerien, die dort stattfanden, in aller Munde. Der General

übernahm neun Jahre später als Nachfolger von Oufkir das Verteidigungsministerium und den Oberbefehl über Marokkos Armee.
Der Sieg über die Algerier und die patriotische Hochstimmung in Marokko gaben Anlaß zu einem neuen Hochverratsprozeß mit daraus resultierenden harten Strafen für Mitglieder der Partei Ben Barkas. Elf Todesurteile wurden ausgesprochen. Acht Angeklagte waren nicht anwesend. Mehdi Ben Barka wurde gleich zwei Mal zum Tode verurteilt. Der gesuchte Flüchtling war inzwischen Mitglied der Afro-Asiatischen Solidaritätskommission geworden, die von den Kommunisten gesteuert wurde. Er reiste nach Havanna, Peking und Kairo und studierte revolutionäre Techniken. Schließlich kam es zu Gesprächen über eine Rückkehr nach Marokko, und wie es hieß, war Hassan II. bereit, die Todesurteile aufzuheben. Ben Barka verlangte jedoch weitere Sicherheiten, die er aber anscheinend nicht erhielt. Er wußte nur zu genau, daß man nach wie vor nach seinem Leben trachtete. Wiederholt sprach er Freunden gegenüber die Befürchtung aus, daß man ihn entführen oder ermorden würde.
Im Laufe des Jahres 1965 machte Mehdi Ben Barka den entscheidenden Fehler. Der französische Journalist Philippe Bernier, der als Nordafrika-Spezialist galt, kontaktierte ihn mit dem Argument, einen Film über Probleme der ehemaligen Kolonien drehen zu wollen. Er war an einer beratenden Mitarbeit des marokkanischen Politikers interessiert, der umgekehrt jedoch keine Ahnung hatte, daß Bernier auch mit Larbi Miloud, einem Offizier der marokkanischen Geheimpolizei, befreundet war. Es scheint jedenfalls, daß Ben Barka auch in der Annahme lebte, mit einem Vertrauensmann des Königs die Einzelheiten einer offiziellen Rückkehr aushandeln zu können. Mit von der Partie war ein gewisser Georges Figon, eine zweifelhafte Figur der Pariser Halbwelt. Er galt als Finanzier des Filmprojekts. Zusammen mit einigen undurchsichtigen Typen und Gangstern der Pariser Unterwelt und mit Hilfe französischer Polizeispitzel hatte er sich zwei Jahre vorher an der Entführung des Obersten Antoine Argoud aus einem Münchner Hotel beteiligt. Als Chef der OAS in Algerien stand Argoud in dem Ruf, ein erbitterter Gegner General de Gaulles zu sein.
Am 29. Okober 1965 landete Ben Barka, aus Genf kommend, auf dem Pariser Flugplatz Orly. Dort traf er sich mit einem jungen Marokkaner, Thami Azemmouri, der Geschichte studierte. Er

sollte ein Urteil über das geplante Filmprojekt abgeben. Gegen die Mittagszeit fuhren die beiden mit einem Taxi zum Boulevard Saint-Germain-des-Près, wo Ben Barka sich in der Brasserie Lipp, dem Treffpunkt zahlreicher Literaten und Politiker, mit seinen Gesprächspartnern unterhalten wollte. Ehe er jedoch das Café betrat, wurde er vor dem Eingang von zwei Männern angesprochen, die Polizeiausweise vorwiesen und ihn aufforderten, in einen wartenden Peugeot 403 mit polizeilichem Kennzeichen einzusteigen. Der angehende Historiker beobachtete, wie noch zwei Männer hinzukamen und wie das Auto, gefolgt von einem zweiten Wagen, sehr schnell davonfuhr. Der entsetzte Marokkaner schwieg zunächst über den Vorfall. Erst Stunden später sprach er mit Freunden darüber. Als man schließlich die Polizei alarmierte, war Ben Barka vermutlich schon tot. Dennoch gab der junge marokkanische Student den ersten Anstoß zu Spekulationen über das Verschwinden Ben Barkas. General Oufkir soll hinterher gesagt haben, daß es ein Fehler war, den Zeugen nicht ebenfalls zu entführen und zu beseitigen. Jedenfalls entkam Azemmouri. Aber er hatte aus nächster Nähe miterlebt, wie man in Frankreich afrikanische Geschichte schreibt.

Der marokkanische Politiker wurde zunächst in die Villa des Gangsters Boucheseiche in den Vorort Fontenay-le-Comte gebracht, wo er einigen sogenannten »Barbouzes« ausgehändigt wurde. Diese mit dem Spitznamen »Falsche Bärte« bezeichneten Mitglieder einer gaullistischen Anti-Terrororganisation wußten genau, wie man mit einem verhaßten Gefangenen umzugehen hatte. Sie verständigten telefonisch General Mohammed Oufkir und dessen Freund, den Geheimdienstchef Marokkos, Major Ahmed Dlimi. In späteren gerichtlichen Untersuchungen, die von Präsident Charles de Gaulle angeordnet wurden, konnten genaue Einzelheiten in Erfahrung gebracht werden. Jedenfalls traf Oufkir mit Sicherheit schon einen Tag später in der Vorortvilla ein. Seitdem gilt Mehdi Ben Barka – »Der Glückliche« als verschwunden.

Georges Figon, der sich in dem Milieu der Geheimagenten und Polizeispitzel, die zur Bekämpfung der Terroristen aus Nordafrika und später der Geheimorganisation OAS (Organisation Armee Sécrete) eingesetzt wurden, besonders gut auskannte, war der erste, der über die Ereignisse im Zusammenhang mit Ben Barka redete. Er legte ein Geständnis ab, das später auszugsweise im Nachrichtenmagazin »L'Express« veröffentlicht wurde. Im nachhinein schien es wie eine Flucht in die Öffentlichkeit. Aber Figon unterschätzte die »Barbouzes«. Am 17. Januar 1966 drang die Polizei in der Rue des Renaudes Nr. 14 in seine Wohnung ein. Man fand Figon, sterbend mit einer Kugel im Kopf, im Badezimmer. Es konnte nie geklärt werden, ob es sich um Mord oder Selbstmord handelte. General de Gaulle ergriff drakonische Maßnahmen. Ein geplanter Staatsbesuch des Königs Hassan II. wurde kurzfristig abgesagt. Der Chef des französischen Geheimdienstes S. D. E. C. (Service de Documentation Extérieur et de Contre-Espionage), General Paul Jacquer, wurde abgesetzt, die Organisation dem Verteidigungsministerium unterstellt. Außerdem wurden Haftbefehle gegen General Mohammed Oufkir, Major Ahmed Dlimi und Larbi Miloud, auch Chtouki genannt, erlassen. Als Marokkos König Hassan II. die Unschuld seiner Geheimdienstler beteuerte und die Verhaftung ablehnte, wurde der französische Botschafter in Rabat abberufen. Am 5. Juni 1967 standen dreizehn Personen wegen Entführung Ben Barkas vor einem französischen Geschworenengericht. Sieben Angeklagte waren anwesend. Fünf wurden freigesprochen. Sechs Angeklagte wurden in Abwesenheit zu lebenslänglicher Haft verurteilt. Unter ihnen befand sich General Mohammed Oufkir.

Sieben Jahre später wurde die Affäre Ben Barka Gegenstand eines Films, der in sechs Pariser Filmtheatern gleichzeitig gezeigt wurde. Er hieß »Das Attentat«, aber er enthüllte keineswegs die ganze Wahrheit. 1975 erschien dann ein Buch, das sich ebenfalls mit dem rätselhaften Verschwinden und Tod des marokkanischen Oppositionellen befaßte. Der Autor schrieb unter dem Pseudonym Patrice Chairoff »Dossiers B...comme Barbouze«. Darin wird behauptet, daß die Leiche Ben Barkas, in einem Zementblock eingeschlossen, in der Nähe von Villiers-sur-Marne versenkt wurde.

Die Beziehungen zwischen Frankreich und Marokko normalisierten sich erst wieder im Mai 1975, als Giscard d'Estaing zu einem Staatsbesuch nach Rabat flog. Der fünfundreißigste Abkömmling des Propheten Mohammed, König Hassan II., der nach dem Tode seines Vaters Mohammed V. 1961 Marokkos Thron bestiegen hatte, war dann im November 1985 zum ersten Mal Gast des französischen Staatspräsidenten Mitterrand in Paris. Auch der sozialistische Präsident Frankreichs schien zunächst das progressive Algerien dem konservativen Marokko eindeutig vorzuziehen, doch blieb Paris im Westsaharakonflikt neutral und fand sich auch mit dem Vertrag ab, den Hassan II. mit dem in den Tschad eingefallenen Obersten Ghaddafi schloß. Die Gespräche beschränkten sich jedoch nicht nur auf Probleme in Nordafrika. Marokko, mit etwa 9 Milliarden Francs an Frankreich verschuldet, wünschte, 24 Kampfflugzeuge vom Typ Mirage 2000 zu kaufen, die zum Kampf gegen die Polisario-Guerillas in der Sahara eingesetzt werden sollten.

Für Marokko ist das Problem der in der ehemaligen Spanischen Sahara entstandenen Sahara-Republik immer noch nicht gelöst. Anfang 1985 hatten sechzig Staaten den neuen Staat anerkannt. In der Organisation für Afrikanische Einheit wurde der Aufnahmeantrag zur Mitgliedschaft mit 26 zu 24 Stimmen angenommen, die Mitgliedschaft jedoch von 16 OAU-Staaten boykottiert. Ursprünglich wollte die Kolonialmacht Spanien einen unabhängigen Sahara-Staat bilden, aber Marokko war mit dieser Lösung nicht einverstanden und einigte sich zunächst mit Mauretanien in der Aufteilung des Gebietes. Spanien besiegelte die Neuordnung vertraglich mit den beiden Anrainerstaaten. Unzufrieden aber blieb eine nicht genau auszumachende Zahl der Saharouis, die dort als Nomaden lebten. Algerien und Ghaddafi, der libysche Derwisch des arabischen Nationalismus, gewährten ihnen sofort materielle Unterstützung und diplomatische Aufwertung. Die Saharouis erreichten, daß eine »Demokratisch-arabische Republik Sahara« proklamiert wurde. Marokko setzte sofort seine Streitkräfte ein und zwang alle widerstrebenden Sahara-Bewohner, nach Algerien auszuweichen. Algerien verschärfte die Situation, indem es 40000 Marokkaner des Landes verwies. Es kam zum Abbruch der diplomatischen Beziehungen zwischen Rabat und Algier. Dann begann die Guerilla-Organisation Polisario mit dem bewaffneten Konflikt, der Marokko schließlich eine Million $ pro Tag kostete. Die Guerillas erhielten sowjetische Waffen aus Libyen, und Fidel Castro schickte – wie er selbst in einer Rede bestätigte – kubanische Militärberater. Entscheidend wurde dann für Marokko, daß Mauretanien aus dem Teilungsabkommen ausstieg und in einem Vertrag mit der Polisario-Regierung auf sein Gebiet verzichtete. Marokko antwortete mit einer Besetzung der gesamten ehemaligen spanischen Kolonie. Durch eine Volksabstimmung wurde der Anschluß sanktioniert. Die zwischen Algier und Tripolis schwelenden Rivalitäten führten schließlich zu einer Annäherung zwischen König Hassan und dem Obersten Ghaddafi. Die Leidtragenden der orientalischen Ränkespiele zwischen den Maghrebstaaten und Libyen wurden die Guerillabewegung und die im algerischen Exil lebenden Regierungsmitglieder der Saharouis. Für alle Fälle errichteten die Marokkaner zusätzlich einen hohen Schutzwall, der das Gebiet in eine nützliche und eine nutzlose Wüste trennt. Panzer, Minenfelder und Radaranlagen sollen Angriffe der Guerillas auf die wenigen Städte und Dörfer, die Weideplätze der Nomaden und die bedeutenden Phosphatvorkommen verhindern. Den Marokkanern zufolge sind die Guerillas der Polisario nichts anders als Söldner-Banden, die von libyschen Petrodollars finanziert und von Moskau unterstützt werden. Dahinter steht Ghaddafis Traum von einem großarabischen Reich, das bis zum Atlantik und bis nach Mali und Niger reichen soll. Bisher kämpfte Marokko vergebens gegen diese Fata Morgana libyscher Wünsche. Aber wie so oft in der afrikanischen Geschichte veränderte sich die Situation von einem Tag auf den andern. Der praktisch nur auf dem Papier existierende Staat erhielt plötzlich von unerwarteter Seite Schützenhilfe. Die Organisation für Afrikanische Einheit erkannte auf ihrer 20. Sitzung im November 1984 die Sahara-Republik an. Senegals ehemaliger Präsident Léopold Sédar Senghor, dem man wahrhaftig keinen Rassismus vorwerfen kann, hatte noch vorher darauf hingewiesen, daß die hellhäutigen nordafrikanischen Guerillas keine schwarzen Gefangenen machten. Soldaten dunkler Hautfarbe aus Marokko und Mauretanien wurden ohne Gnade erschossen. Nur die Berber und Araber wurden geschont. Marokko verließ unter Protest die Organisation. Zaire suspendierte die Mitgliedschaft.

Als Zeichen der »Solidarität im antiimperialistischen Kampf« richteten die SPD-Bundestagsfraktion und die Friedrich-Ebert-Stiftung der auf Gewalt und Terror eingeschworenen Guerilla-Organisation ein großzügig eingerichtetes Verbindungsbüro in der Bundeshauptstadt ein.

Ein Blick auf die Karte zeigt, daß das Königreich Marokko eine geopolitische und geostrategische Schlüsselstellung in der arabi-

schen Kette einnimmt. Es versteht sich heute als prowestliches Land, das mit seiner gemäßigten, um Ausgleich bedachten Politik in der arabischen Welt und im afrikanischen Kräftespiel von großer Bedeutung für den Westen ist. Umgekehrt muß dieser ein Interesse an einem stabilen Königreich haben sowie an einer friedlichen und schnellen Lösung des Sahara- und Polisario-Problems. Der Abnutzungskrieg der von Algerien unterstützten Guerillas in der ehemaligen spanischen Sahara hat zu einer Isolierung Rabats in der arabischen Welt geführt. Es ist damit zu rechnen, daß die wirtschaftlichen und militärischen Belastungen eine Verarmung und größere soziale Unrast zur Folge haben werden.
Obwohl es nun anscheinend ruhig geworden ist zwischen den gegensätzlichen Nachbarn Marokko und Algerien, sind die Probleme im Verhältnis der beiden Länder keineswegs gelöst. Zwischen dem Einparteien-Sozialismus der Revolutionäre in Algier und dem islamischen Königreich, das ein Mehrparteiensystem und ein gewähltes Parlament zuläßt, ist ein himmelweiter Unterschied. Trotz Einschränkungen ist Marokko eine Demokratie, die aber ohne den König auseinanderfallen würde. Der Krieg um die West-Sahara ist mehr als eine Auseinandersetzung um einen Streifen Sand. Hinter der Polisario steht das drängende Algerien, das einen Hafen am Atlantik besitzen möchte. Auch Algiers Bundesgenosse im sozialistischen Lager, die UdSSR, sucht neue Positionen an diesem strategischen Dreiländereck Marokko-Spanien-Portugal.

Tunesien

Weitaus bescheidener sind die Probleme im Maghreb-Staat Tunesien. Staatspräsident Habib Bourgouiba, einer der dienstältesten Staatschefs der arabischen Welt, steht mit fast 83 Jahren am Ende seines Lebenswerks. Einstmals nannte man ihn den »Vater der Revolution«, heute ist er einfach ein anderer Begriff für Tunesien. Aber noch hat der Präsident sein »Haus nicht bestellt«. Da scheint bisher kein geeigneter Nachfolger in Sicht zu sein. Die beiden hochgerüsteten Nachbarn Algerien und Libyen haben das eingeklemmte Tunesien militärisch in der Zange. Oberst Ghaddafi ist ein besonders launischer Nachbar und außerdem äußerst annexionssüchtig und unberechenbar. Tausende tunesische Arbeiter wurden aus Libyen verjagt, weil der Oberst in Tripolis Bourgouibas prowestliche Gesinnung »bestrafen« wollte. Soziale Unruhen in Tunesien sind in den letzten Jahren mit Gewalt unterdrückt worden. Ein großer Teil der Bevölkerung lebt in bitterer Armut. Die Löhne sind minimal, die Arbeitslosigkeit nach wie vor hoch, die Inflationsraten steigen. Nur der Tourismus hat gleichbleibend große Bedeutung. Das Land braucht jährlich mindestens 60000 neue Arbeitsplätze. 25% der Arbeiter sind permanent oder zeitweise arbeitslos. Trotz arabischer Gastfreundschaft und Solidarität betrachtet man inzwischen den PLO-Führer Yassir Arafat und seine »Fedayin« als unwillkommene Gäste. Der Angriff der Israelischen Luftwaffe auf das PLO-Hauptquartier der Palästinenser bei Hamam Schatt südöstlich von Tunis erschütterte Tunesiens Position. Dem auf eine Entfernung von 2300 km mit dem aus den USA stammenden Jagdbombern F-16 meisterhaft geflogenen Raid fiel Arafat selbst zwar nicht zum Opfer, da er kurzfristig den Besuch im Hauptquartier aufgeschoben hatte, dafür aber wurden Angehörige seiner Leibgarde F 17, die für zahlreiche Terrormorde verantwortlich waren, getötet. Arafats Aufenthalt schien den Tunesiern nicht mehr so opportun. Jedenfalls versuchte man dem Palästinenser deutlich zu machen, daß die Gastfreundschaft gewisse Grenzen habe. Der alte Herr Bourgouiba, der von einigen Jahren den Titel »Oberster Kämpfer« erhielt, dessen Gesundheitszustand aber zu wünschen übrigläßt, lebt sehr zurückgezogen in seinem Palast an der azurblauen Bucht des Kap Bon. In Regierungskreisen hat man Sorgen. Niemand zweifelt in Tunis an den schlechten Absichten Ghaddafis, und niemand in der weißen Stadt am Meer vermag zu sagen, was nach Bourgouiba kommen wird.

Der Prediger, der aus der Wüste kam

Libyen – Der Tschad

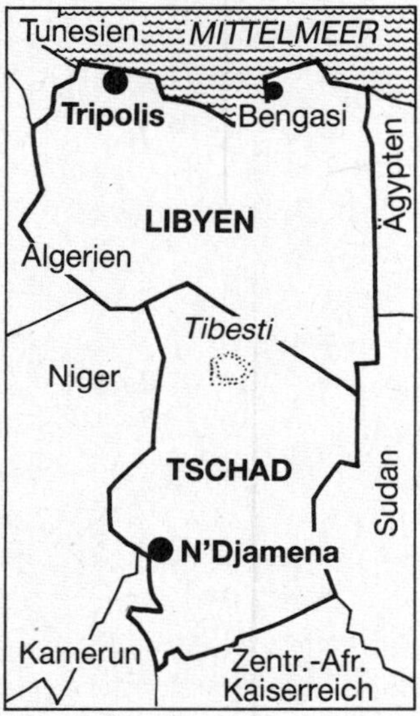

Flugkapitän Heinz Rössen traute seinen Augen nicht. Aber die beiden Tommyguns, die vor dem Eingang des Hotels Libya Palace in Tripolis auf ihn gerichtet waren, ließen wohl kaum eine andere Deutung zu. Er und seine Besatzung der Lufthansa-Boeing 727 durften das Hotel nicht verlassen. Unmißverständlich gaben ihnen die schwitzenden Soldaten den Befehl, in die Zimmer zurückzukehren. Noch am Abend vorher hatte Flugkapitän Rössen mit sicherer Hand und nichtsahnend die Maschine der deutschen Fluggesellschaft, von Tunis kommend (Flug 553), auf die Rollbahn des Flughafens Tripolis in Libyen aufgesetzt. Das war am Sonntag, dem 31. August 1969. Am Montagmorgen sollte via Tunis der Rückflug nach Frankfurt stattfinden. Doch die Tommyguns machten deutlich, daß der Zeitpunkt der Rückkehr vorläufig in Allahs Sternen geschrieben stand.

In der Nacht vom Sonntag zum Montag hatten junge libysche Offiziere eines zwölfköpfigen »Revolutionären Kommandorates« mit wenigen Einheiten der Armee die wichtigsten Gebäude – darunter sämtliche Polizeistationen, den Palast des Königs und die Rundfunkstation – in der Hauptstadt besetzt, die Polizei entwaffnet, maßgebliche königstreue Politiker verhaftet und die Macht übernommen. Am Montagmorgen sendete Radio Tripolis fast ununterbrochen algerische und ägyptische Marschmusik und gab bekannt, daß aus dem Königreich Libyen über Nacht eine volksdemokratische »arabische« Republik geworden sei. Der 79jährige König Idris I., der eigentlich Mohammed Idris-el Mahdi el Senussi hieß, Emir der Cyrenaika und Führer der Senussi-Sekte war, erfuhr erst in den späten Nachmittagsstunden des 1. September in den weltberühmten Thermalquellen der türkischen Provinzhauptstadt Bursa am Marmarameer von dem Staatsstreich, den junge Offiziere gegen ihn ausgeführt hatten.

Das Königreich Libyen war erst 1951 entstanden. Die Sekte der Senussi, eine Bruderschaft, die als Derwischorden beschrieben wird und sich selbst als islamische Erneuerungsbewegung betrachtete, hatte den faschistischen Eroberern Italiens über Jahre hinweg erbitterten Widerstand geleistet und verlangte nun 1949 die Unabhängigkeit des Senussi-Siedlungsgebietes. Die Bruderschaft war erst 1837 in der heiligen algerischen Stadt Tlemcen durch Sidi Mohammed ibn Ali es-Senussi gegründet worden. Sie hatte es sich zur Aufgabe gemacht, die Verbreitung des Islam zu betreiben und den europäischen Einfluß in Nordafrika zu bekämpfen. Schon um etwa 1896 zählte die Sekte mehr als 9 Millionen Anhänger in der ganzen arabischen Welt. Ihr Hauptsitz war zunächst die einsame Oase Dscharabub bei Siwa, dann die Oase Kufra und später die Oase Ain Galakka in Tibesti. Die Senussi machten vor allem den deutschen Forschungsreisenden Gustav Nachtigal und Gerhard Rohlfs schwer zu schaffen. Die veröffentlichten Schilderungen der Erlebnisse der beiden Forscher gehören zu den spannendsten Afrikabüchern der Jahrhundertwende.

England, die USA und Frankreich, die ursprünglich nach dem Ende des Zweiten Weltkriegs die italienische Kolonie unter sich aufteilen wollten, entschieden sich schließlich für eine Verlegenheitslösung. Sie beschlossen, die Gebiete Tripolitanien, den von Frankreich verwalteten Fezzan im Süden und die Cyrenaika zu einem Bundesstaat zusammenzufügen. Am 21. November 1949 stimmte die Vollversammlung der Vereinten Nationen diesem Plan zu. Aber es sollte noch bis zum 24. Dezember 1951 dauern, bis Libyen ein föderatives Königreich unter Emir Idris als König wurde.

Libyen war und blieb zunächst ein armes Land, in dem immer noch Tausende von Benito Mussolini angesiedelte Italiener versuchten, eine kümmerliche Existenz aufzubauen. Der neue Monarch steuerte einen pro-westlichen Kurs und wurde wiederholt durch Putschversuche und Mordanschläge arabischer nationalistischer Fanatiker bedroht. Nur wenige Libyer profitierten von den Vereinbarungen des Landes mit den USA und Großbritannien, die nach wie vor die Militär- und Luftbasen Wheelus und El Adem unterhielten und dafür eine hohe Pacht zahlten. Vor allem das vor den Toren von Tripolis gelegene Wheelus Airfield hatten die Amerikaner zu einem bedeutenden Stützpunkt ausgebaut. Zeitweise waren auf dem tausend Hektar großen Gelände fünftausend Militärs mit ihren Familien stationiert. Die Basis lag direkt am Meer und galt mit ihren amerikanischen Villen, PX-Läden, Clubs, Schulen und Vergnügungs- und Sportstätten als regelrechtes Ferienziel der amerikanischen Luftwaffe in Europa und im Mittelmeergebiet. Großbritannien zahlte jährlich 3,75 Millionen Pfund für zwei RAF-Flugbasen in der Cyrenaika und die Stationierung einer Panzerdivision. Damals glaubten die westlichen Alliierten noch daran, daß die Sicherung der Mittelmeerflanke Europas und des Seeweges nach Indien (und damit vor allem zu den Ölfeldern des Nahen Ostens) lebensnotwendig sei.

Die Masse der libyschen Bevölkerung lebte in bitterer Armut, bis 1959 die Esso-Ölgesellschaft in dem Flecken Zelten (der inzwischen in Nasser umgetauft wurde) in der Großen Syrte Öl entdeckte. Das erste Faß Öl wurde 1961 exportiert, und acht Jahre später – als der Putsch der Offiziere begann – befand sich Libyen auf dem Weg zum Wohlstand. Es war zu diesem Zeitpunkt bereits der viertgrößte Ölexporteur der Welt mit einer täglichen Produktion von mehr als drei Millionen Faß Öl.

Die industrielle Revolution und der Ölboom rissen Libyen aus seinem Schlaf und zerrten es mit aller Gewalt in das 20. Jahrhundert. Der Lebensnerv arabischer Tradition und Zivilisation wurde unterbrochen, die Agrargesellschaft des Landes vollständig zerstört. Der neue Reichtum untergrub die alte Ordnung. Korruption und Bestechung nahmen zu, und das Prestige des greisen Königs, der zu Beginn seiner Regierung durch seine Festigkeit Ansehen und Autorität erworben hatte, geriet ins Wanken. Die Entscheidung des Königs, sich 1967 nicht am Sechstagekrieg gegen Israel zu beteiligen, erhöhte die Unzufriedenheit der jungen Offiziere, die dem ständigen Propagandawirbel der ägyptischen Offiziersrevolte und den durch Radio Kairo verbreiteten Träumen von einem großarabischen Reich unter Gamal Abdel Nasser nicht länger widerstehen konnten und sich bereits in einer Gruppe der »Freien Offiziere« zusammengeschlossen hatten. Die jungen Hitzköpfe hatten kein Verständnis mehr für den greisen König mit dem weißen Prophetenbart. Idris I. dagegen sonderte sich ab und wurde immer weltfremder. Er vertraute auf die aus königstreuen Saharastämmen zusammengestellte Elitetruppe, die »Cyrenaica Defense Force«, und widmete sich in seinem Palast in Tobruk dem Studium des Koran. Mit seiner jungen Königin Fatima, mit zahlreichen Begleitern und fünf Luxuslimousinen verließ er schließlich im August 1969 Libyen, um in den türkischen Schwefelbädern am Marmarameer seine Gicht auszukurieren. Dort überraschte ihn die Nachricht des Handstreichs der jungen Offiziere in Tripolis. Der König ging hierauf für einige Zeit nach Athen und später nach Kairo ins Exil.

Die jungen revolutionären Offiziere, an deren Spitze sich schon nach wenigen Stunden ein fanatischer Sozialist mit dem damals noch unbekannten Namen Muammar Ghaddafi stellte, stießen nur in Bengasi auf geringen Widerstand, der aber schon bald niedergeschlagen werden konnte. Die in der Hauptstadt stationierten beiden britischen Bataillone standen zwar Gewehr bei Fuß, wurden jedoch nicht eingesetzt. Auch das Personal der amerikanischen Luftwaffenbasis Wheelus-Airfield unternahm nichts. Es war ein unblutiger und exakt ablaufender Putsch, wie er in einem Lehrbuch für Staatsstreiche hätte stehen können. Ghaddafi selbst führte ein Tagebuch über die Vorbereitungen, die angesichts der riesigen Entfernungen äußerst schwierig waren. Es mußte gleichzeitig in Tripolis, Bengasi, Sebha und Beida losgeschlagen werden. Die Verschwörer hatten dem Unternehmen den Kodenamen »El Kutz« (Jerusalem) gegeben. Es gab praktisch keinen Widerstand, und der Ministerpräsident Libyens, Wainis Ghataffi, ließ sich ohne Gegenwehr verhaften. Trotzdem ordneten die Putschisten an, die Grenzen des Landes hermetisch abzuriegeln und den Flug- und Schiffsverkehr vollständig einzustellen. Erstes Opfer dieser Maßnahme wurde die Crew der Lufthansa im Libya Palace in Tripolis.

Am 1. September flog ich als Berichterstatter über Rom nach Tunis mit dem Auftrag, möglichst Tripolis zu erreichen und über den Staatsstreich zu berichten. Wie immer in solchen Situationen in Afrika stieß ich im Hilton-Hotel auf eine Meute wartender Journalisten, Geschäftsreisender, amerikanischer Ölsucher und Berater der libyschen Armee, die hier gestrandet waren. Ich suchte zunächst Kontakt mit den Botschaftern Algeriens und Jordaniens, die ich persönlich kannte, und mit dem Presseattaché der deutschen Botschaft. Das Ergebnis waren viele wohlgemeinte Ratschläge, vage Informationen, zwei Empfehlungsschreiben und ein libysches Visum, das sich jedoch als vollkommen wertlos erwies, wie sich später herausstellte. Es trug noch den Stempel mit dem Vermerk »Königlich«, was bei sozialistisch-arabischen Revolutionären keinen besonders guten Eindruck machte. Die Bilder des Königs und des Kronprinzen Hassan er-Riad, der bei den Libyern nie sehr beliebt war, hatte man schon wohlweislich aus dem Botschaftsgebäude entfernt. Hassan selbst, ein Neffe des Königs, hatte sich inzwischen bereits in Tripolis auf die Seite der Verschwörer geschlagen, vermutlich um seinen Kopf zu retten. Aber das konnte man zu diesem Zeitpunkt in Tunis noch nicht wissen.

Langsam kroch die Zeit dahin. Der Versuch, mit Kollegen zusammen eine Chartermaschine zu mieten, schlug fehl. Es gab keine Starterlaubnis. Telefongespräche und Fernschreiben nach Tripolis wurden nicht akzeptiert. Nur spärliche Berichte – durch Radio Kairo und Radio Tripolis verbreitet – drangen an die Öffentlichkeit. Es gab lediglich noch eine Lösung: einen Leihwagen mieten und zur Grenze fahren. Nun ist die Fahrt nach Ras Adjir (dem tunesisch-libyschen Grenzposten) schon unter normalen Umständen kein Vergnügen. Hitze, Sand, Durst, bettelnde und schreiende Kinder, Kamele und Esel machen die 800 km lange Reisestrecke zu einer nervlichen Belastung. Schlimm wird die Sache jedoch erst, wenn man einem fragwürdigen Ereignis wie einem Staatsstreich entgegenfährt und außerdem den Teufel »Zeitnot« im Nacken hat. Zu allem Überdruß blieb ich dann auch noch auf der Piste zwischen Médenine und Ben Gardane in einer Sanddüne stecken und mußte den Wagen mit den Händen freischaufeln. Wie aus dem Nichts tauchten plötzlich drei, vier Araberjungen auf, krochen unter den Wagen und wühlten ihn im wahrsten Sinne des Wortes frei.

An der Grenze blieb ich nicht allein. Im Laufe des Tages trafen englische und amerikanische Kollegen ein. Studenten, Gammler, Diplomaten und sogar die Gattin eines italienischen Konsuls hockten am Schlagbaum herum. An libyscher Seite herrschte Totenstille. Verhandlungen mit dem Grenzkommandanten, der nur italienisch verstand, führten zu keinem Ergebnis. Plötzlich rollten jedoch einige leichte Panzerspähwagen heran. Verwegen aussehende Soldaten, mit Maschinenpistolen und Tommyguns bewaffnet, sprangen aus einem LKW und trieben Gefangene vor sich her. Mit einigen Kollegen rannte ich auf die Gruppe zu und begann zu fotografieren. Aber ehe ich mich versah, hatte man mich mit Kolbenhieben und Fußtritten in die Wachstube getrieben. Kein Argument, keine Diskussion, kein Presseausweis und kein Empfehlungsschreiben halfen. Der »königliche« Visumstempel in meinem Paß erregte noch mehr Verdacht. Widerwillig, aber in der Hoffnung, einer sinnlosen Prügelei zu entgehen, öffnete ich schließlich meine Leica und gab den Film heraus. Aber damit war die Geschichte noch keineswegs zu Ende. Der Protest meiner englischen Kollegen an der andern Seite des Schlagbaums half zunächst nicht. Von böswilligen Fliegen und Kakerlaken gemartert, durstig, verbrachte ich einen Tag und eine Nacht auf einer schmutzigen Matratze in einer stinkenden Zelle, in der man mich trotz meines Protests eingeschlossen hatte. Eine lauwarme Flasche Fanta und eine Dose Ölsardinen mit einem Stück Brot waren die einzige Verpflegung. Die Fliegen waren so penetrant, daß sie sich praktisch mit den Ölsardinen in den Mund schieben ließen. Am nächsten Vormittag öffnete dann einer dieser martialisch aussehenden Soldaten mit vorgehaltener Maschinenpistole die Tür. »Go«, sagte er auf englisch. Und dann noch einmal: »Avanti, Almani, you can go!« Keine Erklärung, keine Entschuldigung. Nichts. Vorsichtig ging ich in Richtung Tunesien. Am Schlagbaum standen die Kollegen. Ein tunesischer Freund begrüßte mich. »Hamdullillah!« sagte er. »Jetzt ist alles vorbei! Gottseidank!«

In seinem Zimmer im Hotel Libya Palace bemühte sich Flugkapitän Rössen vier Tage lang verzweifelt, aber ohne Erfolg um eine Ausreisegenehmigung. Fast eine Woche später gab das Revolutionskomitee Besatzung und Maschine endlich frei. Nur der Steward – der Holländer Gerrit Beek – mußte in Tripolis zurückgelassen werden, weil er keinen deutschen Paß besaß. In der libyschen Hauptstadt begann jetzt erst recht die Revolution. Einer der bedeutendsten Stützpunkte für die Verteidigung des Westens im Mittelmeerraum war nun innerhalb weniger Stunden und ohne Blutvergießen in das radikale arabische Lager übergegangen. Nicht zu Unrecht fürchtete Europa die Bedrohung der wichtigsten Erdölverbindung mit dem Kontinent.

Aus der anonymen Gruppe der Offiziere, die den Putsch geplant und ausgeführt hatten, trat nun immer deutlicher der rätselhafte Hauptmann el Ghaddafi hervor, der bis dahin bei einer Pioniereinheit gedient hatte. Schon nach kürzester Zeit beförderte sich der Mann, der sich selbst als einen Prediger aus der Wüste bezeichnet, zum Obersten und zum neuen Oberfehlshaber der Streitkräfte. Niemand kennt genau den Werdegang dieses Mannes. Selbst über die Schreibweise seines Namens gibt es zahlreiche unterschiedliche Auffassungen: el-Khadafi, Khatafi, Gaddafi, Kaddafi, Chaddafi, Khadhafi. Die Eltern des Revolutionärs sind Angehörige des »Kathathfa«-Stammes, der in der Nähe der Stadt Syrte lebt und nach dem heiligen Mekkapilger Kathaf Addam benannt ist. Hierdurch ist auch die Tatsache zu erklären, daß der Name in verschiedenen Versionen geschrieben wird. Geboren in einem Nomadenzelt aus Ziegenhäuten, hörte Muammar el Ghaddafi in seinen jungen Jahren die Stimme Gamal Abdel Nassers, der den Traum von der arabischen Einheit in ihm weckte. Dann studierte er an der Militärakademie in Bengasi, um mit 24 Jahren Offizier der libyschen Armee zu werden. Mit einer Gruppe anderer Offiziere nahm er an einem Kursus in Beaconsfield in England teil, wo seine schlechten Englischkenntnisse dazu beitrugen, daß sich seine Abneigung gegen die Engländer und den Westen nur vergrößerte. Von dieser Zeit an plante er die Revolution. Er organisierte geheime Zellen und forderte eine harte Disziplin, hohe moralische Auffassungen und ein Alkoholverbot. So schilderte später Abdel Salaam Jalloud, sein engster Freund und Berater und heute der zweite Mann im Staate, den Beginn der Revolutionsvorbereitungen. Ghaddafi gehörte zu einer neuen Generation arabischer Führer, die die Niederlage des Sechstagekriegs in Israel nicht verkraften konnten und die nun eine neue arabische Welt aus dem Boden stampfen wollten. In seinem »Grünen Buch«, das dem kleinen roten Buch Mao Tse-tungs nachempfunden ist, schrieb er u. a., daß das Zeitalter des Massenstaates (Dschamahirjiah) gekommen sei. Er prophezeite dann: »Regierungen werden verschwinden, die Polizei wird verschwinden. Reguläre Armeen, Kapitalismus, Gehälter, Löhne,

Handel, Geschäft, Profit und Zinsen, all diese Dinge werden verschwinden, und die Menschen werden endlich frei sein.«
Der neue Herr Libyens setzte Prioritäten. Zunächst schwor er, daß er niemals Russen in seinem Lande zulassen würde. Dann wandte er sich gegen die USA und England. Oberst Ghaddafi kündigte die Militärverträge und erzwang die Räumung der US-Basis und der historischen Garnison der Engländer in Tobruk. Als nächstes nahm er sich der Italiener an. Dabei wurde der Libyer von einer Art Haßliebe gegen die ehemalige italienische Besatzungsmacht getrieben. Der Oberst erinnerte sich, daß die Italiener den Widerstand der libyschen Stammesfürsten seit 1922 mit blutigen Strafexpedition zu brechen versucht hatten. 1931 war der Führer des libyschen Widerstandes, Omar el-Mukhtar, in Bengasi hingerichtet worden. Mussolinis Großmannssucht und imperialistische Kolonialpolitik hatten tausende Italiener veranlaßt, sich in Libyen niederzulassen. Diese mehr als 25 000 Siedler mit ihren Familien, meistens kleine Gewerbetreibende, die das Rückgrat der Wirtschaft bildeten, mußten jetzt die Zeche bezahlen. Ghaddafi ordnete die totale Vertreibung und die Enteignung ihres Besitzes an. Rom befürchtete Angriffe und Gewalttaten auf seine Bürger und mobilisierte Fallschirmjägereinheiten. Aber es floß kein Blut. Drei Monate später verließen die letzten Italiener das Land. Oberst Ghaddafi nannte das Ergebnis seiner Aktion: 370 Geschäfte, 294 Werkstätten, 60 Restaurants, 22 Friseurläden, 10 Kliniken, 5 Wäschereien, 3 Kinos, 2 Tankstellen und 1207 Autos wurden »Volkseigentum«. Im November 1976 erklärte sich der Scharfmacher in Tripolis bereit, ausgerechnet in den ausgezehrten Fiat-Konzern in Mailand eine Milliarde Mark zu pumpen. Man sprach von einer späten Rache des Libyers an Italien. Die Aktien des dahinsiechenden Auto-Unternehmens schossen steil in die Höhe. 1985 startete der »verrückte Oberst aus der Wüste« – wie er inzwischen genannt wird – noch einmal ein ähnliche Diebesaktion im Stil arabischer Karawanenräuber, wie er sie Jahre vorher gegen die italienischen Kolonisten hatte durchführen lassen. Zehntausende ägyptischer und tunesischer Gastarbeiter, die entscheidend zum Aufbau der Wirtschaft Libyens beigetragen hatten, wurden ausgewiesen, aber vorher noch ihrer Ersparnisse und ihres Besitzes beraubt, ehe man sie über die Grenze jagte. Er wollte damit Kairo und Tunis für ihre prowestliche Haltung bestrafen und vergrößerte damit die wirtschaftlichen Schwierigkeiten der beiden Staaten erheblich.

Ghaddafis nächster Schritt war, die Schaffung eines großarabischen Reiches vorzubereiten. Er sah sich bereits als Führer aller Araber und beglückwünschte marokkanische Putschisten, weil sie geplant hatten, seinen Feind, König Hassan, zu ermorden. Dann kidnappte er sudanesische Putschisten, die seinen Freund, Präsident Numeiri töten wollten, und schließlich forderte er Offiziere der jordanischen Armee auf, seinen Feind König Hussein umzubringen. Er verbiß sich in den Plan einer Union mit Ägypten unter dem Banner der reinen islamischen Lehre. Im Juni 1973 schickte er 40 000 Demonstranten über die Grenze ins Nachbarland, um die Union zu erzwingen. Gleichzeitig sollten sie sämtliche Nachtklubs auf der Pyramidenstraße in Kairo niederbrennen. Aber an der Grenze warteten keine jubelnden Ägypter, sondern Barrikaden und verminte Straßen. Von diesem Zeitpunkt an war der später ermordete Anwar el Sadat für ihn ein Verräter und Schlächter der arabischen Nation und »Marionette Amerikas«. Ägyptens Staatspräsident und der »von Dämonen besessene Oberst« planten beide den gegenseitigen Umsturz. In Kairo kam es zu Zwischenfällen, die von Rebellen und Fanatikern verursacht wurden und Menschenleben forderten.

Schließlich konzentrierte Ägypten im Sommer 1977 Truppen an der libyschen Grenze. Nach den ersten Scharmützeln folgten ein regelrechter Schlagabtausch und Luftangriffe tief im libyschen Hinterland. Zwei Welten prallten im Wüstensand aufeinander: ein Ägypten, das den panarabischen Hegemonialträumen Gamal Abdel Nassers endgültig abgesagt hatte und sich von der Last dieser bombastischen Großmachtpolitik zu befreien versuchte, und die nachfeudalistische Gesellschaft eines größenwahnsinnigen Obersten, der als Scharfmacher und Finanzier des Terrorismus, als Protektor von Anarchisten mit Blut, Geld und Gewalt und mit Hilfe des Koran die Republik eines mohammedanischen Gottes auf Erden verwirklichen wollte. Der Beginn des Konflikts, der jedoch schon nach einer Woche mit einer Waffenruhe endete, fiel zufälligerweise mit dem 25. Jahrestag der ägyptischen Revolution zusammen. Der kurzfristige Wüstenkrieg, der schließlich doch im Sand verlief, war Ablenkungsmanöver für die innenpolitischen Feinde Sadats und Denkzettel für den Störenfried aus Tripolis zugleich.

Ghaddafis innenpolitische Stellung schien angeschlagen. Seit 1975 gab es Berichte über militärische Revolten und Mordanschläge gegen ihn. Innerhalb der erniedrigten libyschen Armee kam es zu einem Aufruhr, den der Oberst blutig niederschlagen ließ. Dann wurde der Geheimdienstchef Mohammed Idris Sharif wegen Mordversuch verhaftet. Als ein Hubschrauber, in dem Ghaddafi hätte sitzen sollen, abstürzte, landete der Oberbefehlshaber der Luftwaffe ebenfalls im Gefängnis. 1977 wurden Dutzende von Offizieren hingerichtet. Im Frühjahr 1980 – der dämonische Moslemgläubige, der als Prediger aus der Wüste kam, hatte sich bereits dem Kreml zugewandt – entsandte er Mordkommandos nach Europa. In Rom, London, Bonn, Paris und Athen wurden oppositionelle Exil-Libyer ermordet. In Libyen selbst startete er mit Hilfe von DDR- und KGB-Experten Säuberungsaktionen in Armee und Verwaltung. Die Zeitung »Al Ahram« zog am 15. Januar 1981 die Bilanz der Ghaddafi-Killer: 91 Offiziere und 6000 Zivilisten sowie 16 Emigranten waren tot. Hinter den Morden an Exil-Libyern im Ausland stand das »Volkskomitee zur Liquidierung der Feinde der Revolution«, eine Neugründung Ghaddafis. Dieses Volkskomitee wurde geleitet von Kaddaf Addam Ahmed as-Sayed, einem Vetter und Vertrauten des Obersten. Der zweite Mann dahinter war der Geheimdienstmajor Mustafa Tarhuni.

Zunächst unauffällig, schließlich jedoch immer offener vollzog Ghaddafi eine politische Kehrtwendung von außergewöhnlicher Bedeutung. Nachdem er sich selbst zum Ersten Sekretär der Sozialisten Libyschen Volks-Dschamahirjiah ernannt hatte und in der ersten von ihm autorisierten Biografie als Gesandter der Wüste und Schöpfer der Dritten Theorie des Islams beschrieben wurde, entwickelte er sich plötzlich zum roten Genossen Moskaus.

Noch 1972 jubelte der Oberst in Tripolis über die Entscheidung Sadats, kurzerhand 18000 sowjetische Berater aus Ägypten hinauszuwerfen. Er selbst gebärdete sich als fanatischer Antikommunist und drohte, sein Land »von allen Kranken zu säubern, die vom Kommunismus sprechen«. Ghaddafis Liaison mit dem Kreml begann 1975. Die britische Regierung hatte sich damals geweigert, 39 Jaguar-Kampfflugzeuge, U-Boote und Chieftain-Panzer an die Libyer zu liefern. Nur allzugern sprangen die Sowjets in die Bresche. Noch im gleichen Jahr wurden die ersten sowjetischen Waffenlieferungen in den Häfen Libyens gelöscht. Darunter befanden sich 29-MIG-Düsenjäger, SAM-6-Raketen und Kampfpanzer. Fachleute schätzten dieses erste Geschäft mit dem Kreml auf 500 Millionen $. Als Gegenleistung verlangte Moskau Militär- und Marinebasen am Rand des Mittelmeers.

Ghaddafis Option wurde sowohl im Westen wie auch in Kairo als besorgniserregend und bedrohlich bezeichnet. Von 1974 bis 1981 lieferten die Sowjets für mehr als 12 Milliarden $ Waffen und Kriegsmaterial an Libyen. Das Land wurde zu einem riesigen Lagerplatz für sowjetische Waffen und praktisch zum russischen Stützpunkt an der Südflanke der NATO ausgebaut. Als im Juni 1979 der bekannte Journalist Arnaud de Borchgrave Oberst Ghaddafi für das Nachrichtenmagazin »Newsweek« interviewte, erklärte dieser: »Libyen kauft mehr sowjetische Waffen per Capita als der Schah von Persien je von den USA kaufte. Aber das ist noch nicht genug.« De Borchgrave zufolge sollte das ganze Land in ein sowjetisches Waffenarsenal verwandelt werden. Bis Ende 1980 erwarb Libyen 400 russische Kampfflugzeuge, 10 000 Panzerfahrzeuge, darunter 3000 Panzer. Die Anzahl der sowjetischen Militärberater erhöhte sich von 2000 auf 5500 Mann. Eine tschechische Werkstatt-Einheit, die die sowjetischen Panzer vom neuesten Typ T-62 und T-72 regelmäßig überprüfen muß, wurde in der Nähe von Tobruk stationiert, während der Staatssicherheitsdienst der DDR die Ausbildung und Beratung des libyschen Geheimdienstes Mukhabarat übernahm und sich um die Nachrichtenübermittlung kümmert. Kubanische Spezialisten werden für subversive Operationen eingesetzt, während Nordkoreaner verantwortlich für die Ausbildung von Piloten sind.

Von Libyen aus bedrohen heute sowjetische Raketen, die mit Atomsprengköpfen bestückt werden können, und sowjetische Fernbomber große Teile Afrikas und Südeuropas, einschließlich der gesamten Türkei. Zusammen mit Angola, Moçambique und Äthiopien ist die Sowjetunion in der Lage, den ganzen afrikanischen Kontinent zu kontrollieren, die Sowjetisierung der Südflanke Europas weiter voranzutreiben und letzten Endes das Mittelmeer in ein »mare Sovieticum« zu verwandeln. »Die sowjetischen Aktivitäten im Mittelmeer und in Afrika wären ohne diese logistische Basis, die Libyen bildet, nicht möglich«, stellte der israelische Luftwaffenexperte Yossef Bodansky in einem Beitrag in der amerikanischen Zeitschrift »Armed Forces Journal« fest. Und der deutsche Professor für politische Wissenschaft in Johannesburg, Dirk Kunert, einer der hervorragendsten Kenner sowjetischer Machtpolitik in Afrika, warnte: »Lenins Vision der Weltrevolution, ausgelöst im Osten, die aus einer historisch bedingten Sicht die gesamte koloniale Welt, den afrikanischen Kontinent eingeschlossen, umfaßt, rückt jetzt aus ›irrlichtiger Ferne‹ in eine realitätswitternde Nähe.«

Der Nahost-Korrespondent des »Christian Science Monitor«, John K. Cooley, veröffentlichte 1982 ein Buch, in dem er zahlreiche bisher unbekannte Einzelheiten der libyschen Zusammenarbeit mit Moskau nannte. Das Buch trägt den Titel »The Libyan Sandstorm«. Cooley berichtete, daß die Russen im Herbst 1980 einen Marine- und Luftwaffenstützpunkt sowie Abschußrampen für Boden/Boden-Raketen vom Typ »Scale-Board« mit einer Reichweite von 800 Kilometern an der ägyptischen Grenze errichtet hatten. Es war das erste Mal, daß diese Raketen außerhalb des Ostblocks installiert wurden. Im Jahre 1981 bauten Tausende von Bulgaren libysche Grenzbefestigungen und Stützpunkte für Sowjets und Kubaner an der Sudan-Grenze. Im Sommer 1981 flog ein sowjetischer Bomber vom Typ Tupolow T-26 versuchsweise vom Schwarzen Meer über Bulgarien und Jugoslawien zu einem neuen Stützpunkt in der Oase Kufra im Süden der Cyrenaika, eine Flugstrecke von mehr als 3000 Kilometern. Die Tupolow T-26, die bei der NATO »Backfire B« heißt, ist mit einer Reichweite von fünftausend Kilometern der schnellste und gefährlichste sowjetische Langstreckenbomber.

Seit dem Beginn der sowjetisch-libyschen Zusammenarbeit ist die Parallele zwischen den Terroraktionen Ghaddafis und den globalen Interessen Moskaus unverkennbar. In verschiedenen Lagern Libyens bildete man bisher jährlich fünftausend Terroristen aus, die aus einer Vielzahl von Ländern kamen. Libysche, kubanische, mitteldeutsche und palästinensische Guerilla-Experten sowie sowjetische Spezialisten bemühten sich – und bemühen sich noch – um ein »fachgerechtes« Training von Iren, Afrikanern, Südamerikanern und Asiaten, um, wo auch immer, »die Stützpunkte des amerikanischen Faschismus zu zerstören«.

In einem dieser Lager wurden auch die Terroristen ausgebildet, die 1972 für das Massaker im Olympischen Dorf in München verantwortlich waren. Die dabei benutzten Waffen hatten libysche Diplomaten in ihrem Gepäck nach Deutschland gebracht. Libysche Kuriere mit Diplomatenpässen lieferten die Waffen bisher wunschgemäß an jeden Einsatzpunkt. Der berühmt-berüchtigte, aus Venezuela stammende Terrorist Carlos erhielt für seine Arbeit im Auftrag Ghaddafis zehn Millionen US-Dollar.

Der Terrorexperte Robert Moss behauptete, daß Tripolis und Moskau für den Mord an Ägyptens Staatspräsident Anwar el Sadat verantwortlich seien. In dem französischen Magazin »Valeurs Actuelles« schrieb er, daß der libysche Geheimdienst »angeleitet vom Ostberliner Ministerium für Staatssicherheitsdienst (MfS) und dem KGB« schon vorher Anschläge gegen Sadat vorbereitet hatte. In einem der letzten Interviews vor seinem Tod nannte Sadat Ghaddafi den »personifizierten internationalen Terrorismus«. »In seinen Lagern«, so sagte Sadat dem »Figaro-Magazine«, »plant der Libyer mit seinen ausländischen Spezialisten die Operationen des terroristischen Krieges ... Sie benutzen moderne Techniken. Das ganze Material wird vor Ort in Libyen hergestellt. Ich weiß zum Beispiel genau, wo Carlos in Tripolis wohnt.« Kurz danach war Sadat seinen Mördern zum Opfer gefallen.

In den westlichen Hauptstädten – vor allem in Paris und Washington – hat man inzwischen längst erkannt, daß Ghaddafi das geeignete Instrument Moskaus zur Loslösung Europas vom afrikanischen Kontinent ist. Libyen soll auf die Dauer der Sperriegel zwischen den rohstoffreichen Staaten des schwarzen Erdteils und Europa werden. Abgesehen von der durch Moskau geleisteten ideologischen Schützenhilfe und der zur Verfügung gestellten modernen Offensiv-Waffen sollen an erster Stelle die islamische Religion und Ghaddafis fanatisches Sendungsbewußtsein ausschlaggebende Rollen spielen. Mehr denn je träumt der Prediger aus der Wüste von einem Moslem-Imperium unter roter Flagge, das nicht nur die Staaten der Sahel-Zone umfassen, sondern bis nach Zaire reichen soll. Dieser Staatenverbund unter Führung des islamischen Eiferers würde eine breite Bresche in den Schwarzen Kontinent schlagen und das bestehende Gleichgewicht drastisch verändern. Um dieses Ziel zu erreichen, schürte Ghaddafi die Unruhe unter den islamischen Minderheiten in deren Ländern südlich der Sahara. Wo auch immer sich ein Chance bot, griff der Oberst zu, um mit Geld, Verschwörern, Terroristen, Waffen und Intrigen die Geschicke zu seinen Gunsten zu beeinflussen. Die Präsidenten der Staaten Niger, Mali und Sudan behaupten, Ghaddafi habe Umsturzpläne gegen sie vorbereitet. Libyen unterstützte die Polisario-Rebellen gegen Marokko. Mindestens zwölf afrikanische Staaten brachen die diplomatischen Beziehungen mit Libyen ab, weil sie entweder libysche Putschpläne aufgedeckt hatten, Ziel libyscher Wühlarbeit geworden waren oder weil Tripolis seine Botschaft in ein »Volksbüro« umgewandelt hatte, dessen Aktivitäten die entsprechende Regierungen mit Mißtrauen begegnet waren.

Der Tschad

Wie aufgescheuchte Hühner versammelten sich die Staatsmänner von 15 afrikanischen Staaten Anfang des Jahres 1981 in Togos Hauptstadt Lomé, nachdem Söldner der »Islamischen Legion« den Krieg im Tschad zugunsten des Stammesführers Goukouni Oueddei entschieden hatten und in Tripolis die Vereinigung der beiden Staaten beschlossen worden war. Ghaddafis Vorstoß richtete sich an erster Stelle gegen die immer noch mit Paris eng verbundenen ehemaligen Kolonien Frankreichs. Die Untätigkeit der einst so mächtigen Kolonialmacht führte zu einem großen Vertrauensverlust, den Paris wohl kaum wiedergutmachen kann. Hinzu kommt, daß die ethnische, religiöse und kulturelle Grenze zwischen den islamischen Staaten und dem schwarzen Afrika genau durch den Tschad verläuft. Hier stoßen jahrhundertealte Gegensätze aufeinander. Der Kampf um Einflußsphären und die uralte Angst vor den arabischen Sklavenjägern alarmierte nicht nur die schwarzen Politiker. Auch Giscard d'Estaing, der 1981 kurz vor neuen Wahlen in Frankreich stand, sah sich gezwungen, die französischen Garnisonen im Senegal, in Gabun, an der Elfenbeinküste und in der Zentralafrikanischen Republik zu verstärken. Bereits vorher waren französische Marineeinheiten nach Bangui geflogen worden, wo man erst ein Jahr vorher Kaiser Jean Bedel Bokassa mit französischer Hilfe gestürzt hatte. Auch in Libreville, der Hauptstadt Gabuns, wurden 400 erfahrene Fremdenlegionäre, vier Jagdbomber und drei Transall-Maschinen stationiert.

Doch Ghaddafis gefährliche Spiele und das Tauziehen um den Tschad nahmen kein Ende. Goukouni Oueddeis Gegner, der ehrgeizige und brutale Hissein Habré, der in Frankreich als Möchte-Gern-Mao-Tse-tung Afrikas herausgestellt wurde, konnte zwar im Juni 1983 nach seinem militärischen Sieg Staatspräsident des Zentralafrikanischen Landes werden, aber den von Tripolis angezettelten »Bruderkrieg« nicht verhindern. Erneut griff Ghaddafis »Islamische Legion« ein, die von dem libyschen Oberst zur »Befreiung der Dritten Welt« gegründet wurde. Unter dem Feuerschutz der libyschen Luftwaffe und dem Einsatz regulärer libyscher Verbände mit modernen sowjetischen Panzern eroberten islamische Krieger aus dem Norden zunächst große Teile des nördlichen und östlichen Tschads. Die bezahlten 2000 Söldner und die 1000 Mann der libyschen Armee nahmen die wichtigsten Oasen Gouro und Ounianga Kebir ein, die beiden Vorposten auf dem Weg zu der

bedeutenden Oase Largeau-Faya, am südlichen Hang des berühmten Tibesti-Gebirge gelegen, die am 24. Juni fiel. Die Hauptstadt Ndjamena war bedroht. Erst jetzt entschloß sich die sozialistische Regierung François Mitterrand in Paris zur Hilfeleistung an Hissein Habre. Bis dahin hatte sich der französische Staatspräsident geweigert, erneut »Oberpolizist in Afrika« zu spielen und sich auf die gleichen »neo-kolonialistischen Abenteuer« wie sein Vorgänger einzulassen. »Es war die Stunde der Diebe«, stellte „Der Spiegel" ironisch fest, »als die 30 Soldaten der ehemaligen afrikanischen Großmacht Frankreich den Scharifluß überquerten.«
Gegen seinen Willen und gegen die Auffassungen seines Außenministers Claude Cheysson – der die Auseinandersetzung im Tschad als einen »Krieg der Häuptlinge« bezeichnete – schickte Mitterrand zunächst das 3. und 8. Fallschirmjägerregiment der französischen Marine-Infanterie (etwa 500 Mann) und dann weitere 2500 Mann. Es war die größte militärische Überseeintervention Frankreichs seit den Kämpfen in Indochina und dem Ende des Algerienkrieges 1962. Man kann das Zögern in Paris gegenüber der zweideutigen Figur eines Hissein Habre verstehen, der als unzuverlässiger Verbündeter gilt und zeitweise als der Staatsfeind Nr. 1 betrachtet wurde. Er wechselte mehrfach die Seiten und ist auch den Sozialisten immer noch suspekt. Mit der Entführung des deutschen Arztes Staewen, eines Neffen des ehemaligen Bundespräsidenten Heinemann, erpreßte er die Bundesregierung um zwei Millionen Mark. Für die französische Wissenschaftlerin Françoise Claustre kassierte er sogar zehn Millionen Franc. Er hatte sie drei Jahre lang gefangengehalten und ließ sie erst achtzehn Monate nach der Auszahlung des Lösegelds frei. Der französische Unterhändler, Major Galopin, wurde von seinen Leuten auf scheußliche Weise ermordet. Daß Paris sich dennoch in letzter Minute entschloß, das »Unternehmen Manta« durchzuführen, ist zum Teil dem Drängen Washingtons und der Staatschefs des frankophilen Afrika, Abdou Diouf und Félix Houphouet-Boigny, zu verdanken.
Es kam zu einem Kuhhandel sondergleichen. Die »korrupten und perfiden Handlanger des westlichen Neo-Kolonialismus« (wie sie Oberst Ghaddafi und auch Moskau normalerweise bezeichnen würde), nämlich die Staatschefs Mobuto Sese Seko aus Zaire, Hissein Habre aus dem Tschad , Albert-Bernard alias Omar Bongo aus Gabun und Félix Houphouet-Boigny von der Elfenbeinküste trafen sich im Élysée-Palast und akzeptierten im Oktober 1984

praktisch die Teilung des Tschad. Seitdem läuft die Front quer durch geographisch-kulturelle, religiöse, ethnische und politische Lager. Der zentralafrikanische Staat, mit etwa fünf Millionen Einwohnern und fünfmal so groß wie die Bundesrepublik fast menschenleer, wurde de facto geteilt. Im Norden stehen immer noch einige tausend Libyer, 3000 von Ghaddafi bezahlte Söldner und 2000 Mann der Banden Goukouni Oueddeis. Im Süden sind etwa 600 Angehörige der Armee Habrés und einige französische Einheiten stationiert. Aber niemand stört sich an den 1884 in Berlin oder 1984 in Paris gezogenen künstlichen Grenzen. Der Stamm der Tubus, der praktisch den Norden besiedelt hat, bewegt sich wie eh und je frei zwischen Libyen, dem Tschad und Niger. Und ganz im tiefen Süden, dort wo Kamerun und die Zentralafrikanische Republik anfangen, morden, brandschatzen und rauben Wegelagerer oder Rebellen die seßhaften christlich-animistischen Schwarzen aus. Irgend jemand schickte diesen marodierenden Räuberbanden bereits das Angebot der Waffenhilfe. Ob der Oberst aus Tripolis hier eine neue Chance wittert?

Aber wie auch immer: die USA lassen den »gefährlichsten Mann der Welt« – wie ihn »Newsweek« einmal nannte, nicht mehr aus den Augen. Bereits im August 1981 schossen zwei US-Marineflieger zwei sowjetische SU-22 der libyschen Luftwaffe über der Großen Syrte ab und signalisierten damit die Bereitschaft und Entschlossenheit der Regierung Reagan, Ghaddafi in die Schranken zu weisen, und dies notfalls mit drastischer Deutlichkeit. Seitdem wollen auch die Gerüchte nicht verstummen, wonach der amerikanische Präsident einen Plan der »Central Intelligence Agency« (CIA) genehmigte, das Regime Ghaddafi zu stürzen. Die CIA soll festgestellt haben, daß der Mann in Tripolis immer noch mindestens 30 Terrororganisationen in der westlichen Welt finanziert, unterstützt und ausbildet. Die Entführung der ägyptischen Verkehrsmaschine, nach deren Erstürmung in Malta im November 1985 59 Menschen starben (die bisher blutigste Katastrophe in der Geschichte der Flugzeugentführungen), die Terroranschläge palästinensischer Gruppen am 27. Dezember 1985 auf die Flughäfen von Rom und Wien, bei denen die Mörder kaltblütig Frauen und Kinder zusammenschossen, sind wohl traurige Beispiele. Tripolis ist und bleibt die Drehscheibe des internationalen Terrorismus. Seit mehr als fünfzehn Jahren weisen alle Indizien und Anhaltspunkte nach Libyen. Aber unbeirrt und unberührt von den Reak-

tionen der westlichen Welt geht der Staatschef dieses Landes seinen wahnsinnigen Weg weiter. Ghaddafi läßt nichts unversucht, seinen Erzfeind Amerika zu treffen. Jeder weiß, daß er lügt, wenn er sagt, er habe mit dem Terrorismus nichts zu tun. Die Anführer von sechs Terrorbanden veranstalteten in der libyschen Hauptstadt Pressekonferenzen und bewiesen damit, daß die Mordkommandos dort ihre Schlupfwinkel haben.
Ghaddafi lieferte aber den Vogel-Strauß-Politikern der westlichen Welt das Argument, womit sie die Augen vor dem Treiben des Libyers schließen und einen von Präsident Reagan geforderten Boykott ignorieren können: Öl wiegt anscheinend schwerer als Blut. Die Bundesrepublik kauft 15% der libyschen Ausfuhr, die USA 10%. Italien wird überschwemmt mit Öldollars des Herrn Ghaddafi, und bei Fiat hält er sogar eine Kapitalbeteiligung von 13,4 Prozent. Abgesehen davon ist Italien nach der UdSSR der größte Waffenlieferant Libyens. 15 000 Italiener sind wieder nach Libyen als spezialisierte Gastarbeiter zurückgekehrt. In NATO-Kreisen ist man über den Einfluß des arabischen Scharfmachers auf die italienische Politik äußert besorgt. Der Verzicht der USA, die Krebsgeschwulst an der Küste des Mittelmeers mit einem militärischen Schlag zu beseitigen, macht das Dilemma deutlich.
Aber wie die US-Flottenmanöver im März 1986 in der Großen Syrte gezeigt haben – amerikanische Flugzeuge wurden von libyscher Seite beschossen, amerikanische Schiffe beschossen im Gegenzug libysche Küstenbatterien und versenkten ein libysches Schnellboot –, sind Zwischenfälle in dieser hochexplosiven Region immer möglich, mit enormen Gefahren für den Weltfrieden.

Ägypten

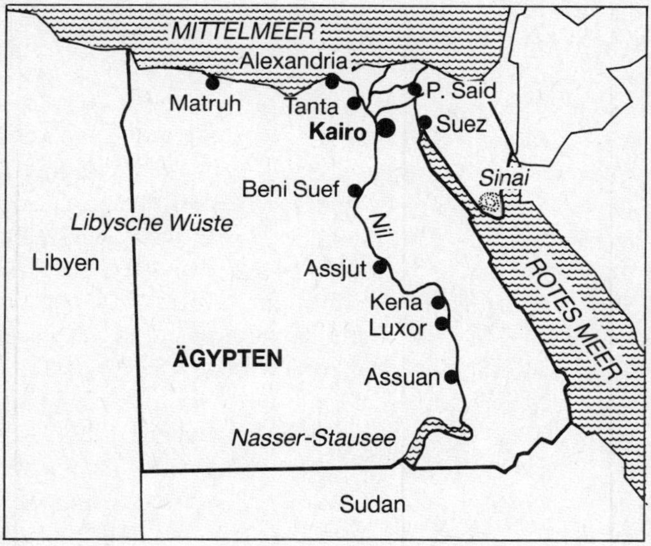

Seit der Gründung des Staates Israel sind viele Probleme der arabischen Welt in den Vordergrund des Weltgeschehens gerückt. An dieser Entwickung hat Gamal Abdel Nasser einen entscheidenden Anteil gehabt. Der Aufbruch des arabischen Nationalismus, die Verdrängung des Westens aus Vorderasien und Nordafrika waren sein Werk. Er hatte deutlich erkannt, wie die arabische Welt von der Teilung der Welt in zwei feindliche Lage profitieren konnte. Bei allen politischen Schachzügen hat er sich dementsprechend verhalten. Den entscheidenden Todesstoß erhielt das Prestige des Westens während des englisch-französischen Suezunternehmens im November 1956. Man hätte damals den Sturz Nassers bewirken können. Stattdessen wurde er von den Amerikanern gerettet, die damit den Arabern demonstrierten, daß der Westen nicht nur rücksichtslos aggressiv sein konnte, sondern auch impotent geworden war. Ohne dem Ostblock ideologisch nahezustehen, spielte Nasser durch ständige Drohungen, sich den Marxisten anzuschließen, beide Lager immer wieder gegeneinander aus und eröffnete schließlich den Sowjets den Weg ins Mittelmeer. Der Kreml erkannte seine Chance und unterstützte Ägypten bei der Finanzierung und dem Bau des Assuan-Staudamms. Nach dem Sturz der moskaufreundlichen Führer der Dritten Welt, Kwame Nkrumah, Ben Bella und Ahmed Sukarno, wurde Nasser für Moskau zur bedeutendsten Trumpfkarte.

Vier Hauptprobleme spielten in der Politik des gewiegten und manchmal auch skrupellosen Taktikers in Kairo eine große Rolle. An erster Stelle stand die Bereinigung der Israelfrage. Neben der Forderung nach der arabischen Einheit war die Beseitigung des jüdischen Staates sein wichtigstes außenpolitisches Ziel. Dann folgte die Beseitigung des Kolonialismus in Algerien (das übrige Afrika hatte für den modernen Pharao keine Bedeutung), und schließlich das Lavieren zwischen West und Ost. Nasser hatte erkannt, daß Europa durch seine Kolonialpolitik kompromittiert war, obwohl auch die Araber diesem Europa den Anschluß an das 20. Jahrhundert verdankten. Die Sowjets nutzten geschickt die paradoxe Situation. Sie hatten in ihrem eigenen Vielvölkerstaat den Nationalismus ausgerottet, den sie jetzt in der arabischen Welt förderten und für ihre eigenen Ziele mißbrauchten. Die politischen Erfolge und Triumphe Nassers wären ohne die Kommunisten in Nordafrika und im Mittleren Osten und ohne die Rückendeckung der Sowjets nicht möglich gewesen. Der Kreml verstand es geschickt, marxistisch-leninistische Auffassungen mit den spiritualistischen des Islam und der Araber zu vereinigen.

Gamal Abdel Nasser hat an seine Aufgabe und Führungsrolle geglaubt. Gerade die Araber verfügen manchmal über die faszinierende Fähigkeit, die Schöpfungen der eigenen Wunsch- und Gedankenwelt für wahr zu halten. Eine Anekdote aus der Kalifenstadt Bagdad illustriert das besonders deutlich. Ein Mann hält seinen Mittagsschlaf, wird aber immer wieder durch das Geschrei spielender Kinder gestört. Nach verschiedenen Beschimpfungen und Drohungen kommt ihm schließlich der rettende Gedanke: er erzählt den Kindern, daß der Limonadenverkäufer Mahmoud heute drunten am Euphrat jedem Kind ein Glas des kühlen Saftes und eine Handvoll Datteln schenken wird. Die Kinder eilen jubelnd davon. Der Mann kann beruhigt einschlafen. Plötzlich aber schnellt er hoch, rast aus dem Haus hinaus und ruft seiner verstörten Frau zu: »Was bin ich für ein Dummkopf! Da verschlaf ich meine kostbare Zeit, während Mahmoud draußen am Euphrat Datteln und Limonade verschenkt!«

Gamal Abdel Nasser war selbst zum Gefangenen seiner eigenen Politik geworden. Als er sich davon lösen wollte und einen Briefwechsel mit dem US-Präsidenten John F. Kennedy begann, war es bereits zu spät. Nach der Suezkrise und vor allem nach dem verlorenen Sechs-Tage-Krieg 1967 geriet Kairo so stark in die wirtschaftliche, politische und militärische Abhängigkeit Moskaus, daß Nasser den Verstrickungen nicht mehr entkommen konnte. Mohammed Heikal, Chefredakteur der Zeitung »Al Ahram« und engster Vertrauter des Diktators am Nil, bezeichnete ihn schließlich als einen »Löwen in Ketten«.

Eine der wichtigsten Begebenheiten in Gamal Abdel Nassers Leben ist bisher fast immer wieder verschwiegen worden. Dabei schrieb er selbst in seiner »Philosophie der Revolution«: »Zu jener Zeit erschien meinem erregten Gemüt der politische Mord als die einzige positive Aktion, der wir gar nicht aus dem Weg gehen konnten, wenn wir die Zukunft unseres Landes retten wollten. Ich dachte an die Ermordung von vielen ... Ich dachte an Attentate ... Ich stand dabei nicht allein ... Es war damals leicht – und es ist noch immer leicht –, das Blut von zehn, zwanzig oder dreißig Menschen zu vergießen, um damit den vielen, die zögern, Furcht und Schrecken einzujagen ...« Dann schilderte das große Vorbild der Massen in der arabischen Welt ausführlich, wie er einmal zusammen mit seinen Mitverschworenen einen Mordanschlag gegen einen mißliebigen Politiker ausführte. Nasser war damals Mitglied der Moslem-Bruderschaft, einer fanatischen Organisation, die den individuellen Terror als Mittel zur Erreichung ihrer Ziele verkündete und die er später als ehemaliges Mitglied fast buchstäblich ausrotten sollte. »Wir warteten auf unseren Mann«, so hieß es in dem aufschlußreichen Bericht des großen Rais, »und sobald er in Sicht kam, feuerten wir. Dann ließ ich meinen Motor an und raste von dem Schauplatz unserer aufs sorgfältigste geplante ›positiven Aktion‹ davon. Plötzlich drangen die verzweifelten Schreie einer Frau, das erschreckte Wimmern eines Kindes und die Hilferufe des Getroffenen an mein Ohr. Obwohl ich den Schauplatz schon weit hinter mir gelassen hatte, schienen mich die Geräusche zu hetzen und zu verfolgen. Zu Hause warf ich mich auf mein Bett, aber die ganze Nacht konnte ich nicht schlafen. Vergeblich rauchte ich Zigarette um Zigarette, aber es gelang mir nicht, die Szene zu vergessen, der ich soeben beigewohnt hatte. Und mich überfiel so etwas wie Gewissensbisse. Hatte ich recht gehandelt? Hing die Zukunft meines Vaterlandes wirklich davon ab, daß dieses oder jenes Individuum beseitigt wurde. Wir träumten von nationaler Größe, aber mußten wir wirklich diejenigen töten, die zu verschwinden hatten, oder galt es nicht viel mehr, denen den Weg zu bereiten, die kommen sollten?«

Das Idol aller arabischen und afrikanischen Revolutionäre wünschte sich in jenem Augenblick, das Opfer seines Anschlags möge am Leben bleiben. »Fiebernd stürzte ich mich auf die Morgenzeitung, und wie groß war meine Freude, als ich erfuhr, daß der Mann seinen Verletzungen nicht erlegen war.« Nasser behauptete später, daß er nach diesem Erlebnis den Beschluß faßte, die Kampfmethoden zu ändern und den individuellen Terror zu verdammen.

Gamal Abdel Nasser hat das traumatische Ereignis nie wieder vergessen. Während er – vor allem in späteren Jahren – oft wie jemand wirkte, der zwei Gesichter hatte (eines, das Vertrauen erweckte, und eins, das Mißtrauen hervorrief), blieb er eigentlich immer ein »milder« Revolutionär. In vielen anderen Ländern, in denen ein Staatsstreich stattfand, wurde erschossen, hingerichtet und wurden Anhänger des alten Regimes ins Gefängnis geworfen oder außer Landes gejagt. König Faruk aber durfte nach seiner Absetzung Ägypten verlassen und wurde sogar nach seinem Tod in Kairo beigesetzt. Die Angehörigen der Monarchen erhielten eine Leibrente. Nur im Fall der Moslem-Bruderschaft kannte Nasser keine Gnade.

Eine Gruppe von Offizieren unter Führung des Generals Mohammed Naguib forderte und erreichte ohne Kampf Ende Juli 1952 die Abdankung und Verbannung des korrupten Regimes des Königs Faruk, der seine Beliebtheit wegen seiner Lasterhaftigkeit, Verschwendungssucht und Skrupellosigkeit längst verloren hatte. Das Regiment dieses letzten fremden Herrschers in Ägypten, dessen Geschlecht ja durch das kaltblütige Auftreten des albanischen Statthalters Mohammed Ali (oder Mehmet Ali) 1805 an die Macht gekommen war, hatte zu großer Arbeitslosigkeit und innenpolitischen Unruhen geführt und ein unzufriedenes Landproletariat herangezüchtet. Während der Gründer der Dynastie trotz eines

rücksichtslosen Massakers unter den türkischen und tscherkessischen Mamelucken-Beys, das ihn zum unumschränkten Herrscher machte, in späteren Jahren wegen seiner Reformpolitik noch als ein bedeutender Mann des Islams galt, hatte Faruk die Monarchie vollkommen in Mißkredit gebracht.
Nach dem Eingreifen der Offiziere am 23. Juli 1952 wurde für den unmündigen Sohn Faruks, Fuad II., ein Regentschaftsrat eingesetzt. Am 18. Juni 1953 erklärten jedoch die Offiziere die Dynastie Mehmet Ali für beendet und proklamierten Ägypten zur Republik. Unter dem ersten Präsidenten Naguib lag die tatsächliche Regierungsgewalt – wie sich bald zeigte – in den Händen einer Junta junger Offiziere, zu denen Anwar el Sadat und Gamal Abd Din Abd An Nasir gehörten. Es war vor allem dieser Oberst Nasser, der schon bald die Führung übernahm und versuchte, Schritt für Schritt die Ziele der Revolution zu erreichen. Er verkündete feierlich den Beginn großer sittlicher und sozialer Reformen. Dazu gehörten das Verbot aller Parteien, die Einführung einer neuen Verfassung, die Begrenzung des Grundbesitzes, die Abschaffung von Titeln, eine gleichmäßige Verteilung des Reichtums und der Produktionsmittel, vor allem aber die Verwirklichung der nationalistischen Ziele in der Außenpolitik. Gut informierten Beobachtern schien es so, als ob Nasser zuviel auf einmal wollte. Er propagierte die Einheit aller Araber und die Verständigung mit den Juden. Er suchte die Freundschaft mit Moskau und Washington gleichzeitig. Er wollte in Ägypten sowohl Evolution wie Revolution verwirklichen. Am Ende seines Lebens mußte er enttäuscht feststellen, daß er die meisten seiner Träume nicht realisieren konnte.
Bereits wenige Monate nach dem Beginn der Revolution kam es zum Konflikt zwischen dem gemäßigten Naguib und den radikal denkenden Offfizieren. Er zog sich bis 1954 hin und endete schließlich mit dem Sieg Nassers. Naguib wurde Schritt für Schritt entmachtet, zum Verräter der Revolution erklärt und schließlich seines Präsidentenpostens enthoben. Nur die Intervention des sudanesischen Präsidenten, Oberst Abbud, verhinderte, daß ihm der Prozeß wegen seiner angeblichen Zusammenarbeit mit den Feinden der Revolution gemacht wurde. Am 27. Oktober 1954 wurden auf Nasser bei einer Kundgebung in Alexandria sechs Schüsse abgefeuert, die ihn jedoch nicht verletzten. Es wurde gemunkelt, daß dieses Attentat arrangiert worden sei, um Naguibs Macht und Einfluß endgültig zu brechen. Nasser habe nicht einmal mit der Wim-

per gezuckt, als der angebliche Mörder auf ihn feuerte, so erzählten später die Umstehenden. Unmittelbar nach dem vermeintlichen Attentat zeigte er sich der aufgebrachten Menge und rief: »Ich bin nicht tot. Ich lebe. Und selbst, wenn ich sterben würde, wäre Gamal Abdel Nasser bei euch allen.«

Nasser, der den politischen Mord letzten Endes ablehnte, benutzte die Gelegenheit, um mit seinen politischen Gegnern abzurechnen. Als neuernannter Staatspräsident bediente er sich aller legalen Mittel, um die Wafd-Partei und die Moslem-Bruderschaft auszuschalten. Als Attentäter wurde ein gewisser Mahmoud Abd el Latif verhaftet. Dieser gab zu, im Auftrag der Bruderschaft gehandelt zu haben, der gleichen Bruderschaft also, der Nasser selbst einmal angehört hatte. Nasser ließ sämtliche Führer und mehrere tausend Mitglieder der Organisation verhaften. Bereits am 29. November 1954 verurteilte ein Volksgerichtshof den Führer der Bruderschaft, Hassan Al Hodeibi, den Attentäter Mahmoud el Latif, den Führer der Terrororganisation Youssouf Gallad sowie verschiedene andere Führer zum Tode durch den Strang. Mit Ausnahme von Hodeibi wurden alle Verurteilten aufgehängt. Die Bruderschaft erklärte später, daß weitere dreihundert Mitglieder lebenslängliche oder langjährige Gefängnisstrafen erhalten hatten. 11 000 Mitglieder wanderten für kürzere Zeit in Verbannungslager. Die Organisation, die in der modernen Geschichte Ägyptens eine ungeheuer wichtige Rolle gespielt hatte und der Nasser letzten Endes seine politische Laufbahn verdankte, wurde gründlich zerschlagen. Nachdem die Moslembrüder auch 1965 Anschläge gegen ihn und seine Regierung verübt hatten, ließ er erneut Hunderte von ihnen brutal zu Tode foltern und Tausende in die Gefängnisse werfen.

Oberst Nassers Feinde wurden hellhörig. Jedenfalls von diesem Augenblick an stand er endgültig in der Schußlinie arabischer Mörder und Attentäter. Indirekt führte ein mit Hilfe des syrischen Geheimdienstchefs Abdul Hamid Saradj geplantes Attentat, das jedoch nicht durchgeführt wurde, zum Fall des Königs Saud von Saudi-Arabien. Am 1. Februar 1958 hatte Nasser die beiden Länder durch den Zusammenschluß Ägyptens mit Syrien zur Vereinigten Arabischen Republik proklamiert und sich selbst zum Präsidenten wählen lassen. Innenminister in Syrien wurde Oberst Abdul Hamid Saradj, der als treuer Diener Nassers galt und das syrische Deuxieme Bureau leitete.

Der Geheimdienstler, der von Terrormaßnahmen nicht zurückschreckte, enthüllte einen unglaublichen Plan. Einer der Schwiegerväter König Sauds, der Syrer Hassan Ibrahim, sei an ihn herangetreten mit dem Vorschlag, Nasser zu ermorden und damit den Zusammenschluß Ägyptens und Syriens zu verhindern. König Saud habe seinem Vater, dem legendären Ibn Saud, auf dem Sterbebett schwören müssen, niemals die Annexion Syriens zuzulassen. Oberst Saradj behauptete dann weiter, er sei auf das Angebot zum Schein eingegangen und habe um den Lohn für einen geplanten Mord an Nasser gefeilscht. Man habe ihm zuerst 10, dann 22 Millionen £ Sterling geboten (das waren damals etwa sechzig Millionen $). Zehn Prozent erhielt er als Anzahlung, den Rest sollte er nach Erfüllung des Auftrags bekommen. Als Beweis legte der Oberst vier Schecks vor, die von der arabischen Bank in Er Riad ausgestellt worden waren und das Datum des 20. Februar 1958 trugen. Die Schecks trugen die Unterschrift des Direktors der Bank und lauteten auf Summen von 1 Million, 700 000, 200 000 und 100 000 £ Sterling.

Der Mordplan, der unter dem arabischen Kodenamen »Binajah« durchgeführt werden sollte, war so ausgedacht, daß die Maschine mit Oberst Gamal Abdel Nasser an Bord auf dem Flug von Kairo nach Damaskus durch ein syrisches Jagdflugzeug abgeschossen werden sollte. Alle arabischen Regierungen würden sofort der israelischen Luftwaffe die Schuld in die Schuhe schieben. Gleichzeitig sollten alle wichtigen Politiker in Damaskus – darunter auch der damalige Staatspräsident Schukru el Kuwatli – verhaftet werden.

Oberst Saradj hatte noch weitere Beweise in der Hand. Er legte Tonbandaufnahmen von seinen Gesprächen vor sowie eine persönliche Botschaft König Sauds, in der dieser den Segen Allahs erflehte und den Geheimdienstchef bat, unter keinen Umständen das Geheimnis des Mordplanes zu enthüllen. Saradj löste zunächst die vier Schecks über 2 Millionen £ ein und flog dann nach Kairo. In einer großen Rede in Damaskus enthüllte Gamal Abdel Nasser Einzelheiten der Verschwörung. Die Menge, die immer schon seine Niederlagen wie Siege gefeiert hatte, johlte und brüllte. Die ganze arabische Welt war empört. König Saud übertrug seinem Bruder Faisal die Regierung des Königreiches. Es ist nie genau geklärt worden, ob es sich hier um eine Erfindung oder um ein wirkliches Komplott gehandelt hat, obwohl Oberst Saradj Fotokopien der Schecks vorlegen konnte.

Gamal Abel Nasser war ein äußerst phantasiereicher, zäher,

schlauer und kaltblütiger Politiker, der in einer gegebenen Situation genau so reagierte, wie es die Lage erfordete. Dennoch erkannte er erst reichlich spät die Grenzen der politischen Möglichkeiten. Er führte scharfe Diskussionen mit Anthony Eden, dem britischen Außenminister, über die Gegensätze zwischen dem afrikanischen Nationalismus und der englischen Vorherrschaft in Ägypten. Es kam zum Konflikt mit John Foster Dulles, als die USA versuchten, das Vakuum zu füllen, das durch den machtpolitischen Niedergang Großbritanniens entstanden war. Nassers entscheidende Stunde schlug, als die Sowjets sich bereit erklärten, den Assuan-Staudamm zu finanzieren und zu bauen, womit sie ihren Einfluß im Nahen Osten entscheidend ausdehnen wollten. Nasser war inzwischen zum Idol der Dritten Welt geworden. Nicht nur in den Beduinenzelten der arabischen Wüsten und Bergwelten, sondern auch in den Dörfern Schwarzafrikas wurde die Stimme Nassers im Kampf um die Beseitigung des Kolonialismus gehört. Der Abzug der letzten britischen Truppen aus Ägypten, die Nationalisierung des Suezkanals mit der hierauf folgenden anglo-französischen Intervention wurden Nassers größter Triumph.
Nach der Suez-Krise schwand Nassers Einfluß dahin. Es wurde deutlich, daß er die meisten seiner arabischen sozialistischen Träume nicht verwirklichen konnte. Die Reihe seiner Niederlagen wurde größer. Der Versuch, eine Vereinigte Arabische Republik mit Syrien zu bilden, war nach drei Jahren gescheitert. Sein Traum vom arabischen Sozialismus blieb eine abstrakte Formel. Der Krisenherd Irak, wo sich die arabischen Kommunisten, von Moskau unterstützt, hinter General Abdel Kerim Kassem zur Machtübernahme rüsteten, bedeutete für ihn eine Bedrohung auf Leben und Tod. Seinen eigenen Staat hatte er bis an den Rand des Ruins gebracht. 1961 belief sich das Wirtschaftsdefizit auf etwa 172 Millionen $. Fünf Jahre später betrug es fast 450 Millionen $. Der Krieg im Yemen wurde für seine Armee zur Niederlage, der Sechs-Tage-Krieg im Juni 1967 seine größte Katastrophe. Die Israelis standen am Suezkanal.
Nassers Stern wurde dunkler. Selbst fanatische Anhänger wie dieser junge libysche Putschist, Oberst Muammar Ghaddafi, der ihm ungestüm und drängend seine Gefolgschaft angeboten hatte, verstanden ihn nicht mehr. Kurz nach seiner Machtergreifung in Tripolis reiste er nach Kairo. Dort schlug er dem entsetzten Nasser vor, eine Atombombe zu kaufen und Israel damit zu vernichten. Als

der »Rais« (Chef) diesen Gedanken ablehnte, schickte Ghaddafi seinen Vertrauten, Oberst Abdel Salaam Jalloud, nach Peking, um dort mit Tschou En-lai über den Ankauf einer Bombe zu verhandeln. Höflich aber unmißverständlich wies China das Ersuchen ab. Der Erste Ägypter war nüchterner geworden und hatte die Grenzen der Macht erkannt. Wenige Tage vor seinem Tod machte er noch einmal seinen Einfluß geltend, um den jordanischen König Hussein und den Al Fatah-Führer Yassir Arafat an den Verhandlungstisch zu bringen. Der Haschemitenthron war ins Wanken geraten, als syrische Panzer und palästinensische Fedayin in Richtung Amman vordrangen. Die Amerikaner hatten bereits die Sechste Flotte in Bewegung gesetzt. Fallschirmjäger in den USA und Infanterie in der Bundesrepublik wurden für einen eventuellen Einsatz im Nahen Osten alarmiert. Erst in letzter Minute konnte die Krise abgewendet werden. Im Hilton-Hotel in Kairo wurde das Waffenstillstandspapier im Beisein Gamal Abdel Nassers unterschrieben. Am nächsten Tag sagte der »Löwe von Ägypten«: »Gott sei Dank fühle ich mich jetzt besser.« Als er kraftlos zusammensank, versuchten herbeigerufene Ärzte, durch Herzmassagen sein Leben zu erhalten. Aber es war zu spät. Der Mann, der den Westen aus Vorderasien und Nordafrika verdrängt hatte, der die sowjetische Präsenz im Mittelmeer bewirkt und den arabischen Nationalismus erweckt hatte, war tot. Es war der 28. September 1970.

Nassers Nachfolger, der Fellache (oder Bauer, wie er sich gerne nannte) Anwar el Sadat, mußte die Fehler seines Kampfgefährten mit dem Leben bezahlen. Er war am 15. Oktober 1970 zum neuen Präsidenten Ägyptens gewählt worden, weil man ihn für einen Schwächling hielt, der leicht zu manipulieren sei. Sadat aber ließ die meisten seiner alten Freunde bereits 1971 unter der Beschuldigung verhaften, sie hätten in Zusammenarbeit mit der Sowjetunion seinen Sturz vorbereitet. Schon kurz nach Beginn seiner Amtsperiode ließ er die noch gefangenen Moslembrüder frei und zahlte ihnen zum Teil sogar Haftentschädigungen. Die Anhänger dieser Geheimorganisation sammelten sich erneut, und es scheint, daß die Moslembruderschaft damals fast eine Million Mitglieder zählte. Etwa hunderttausend galten als fanatische Extremisten, die auch vor Mord nicht zurückschreckten. Sadat betrachtete sich selbst als aufgeklärten Autokraten und meinte, ab 1979 wieder Oppositionsparteien zulassen zu können. Es waren hauptsächlich linksliberale Parteien. Interessanterweise wurden ihm die ägyptischen Linken jedoch nie wirklich gefährlich.

Erst wenige Wochen vor seinem Tod erkannte Sadat die neue Bedrohung der durch Ayatollah Khomeini und die iranische Revolution inspirierten Fanatiker. Er ließ 1500 von ihnen erneut verhaften, darunter auch den Bruder eines seiner Mörder.

Henry Kissinger, ein durchaus gutinformierter Mann in Sachen Nah-Ost, meinte nach dem Amtsantritt Sadats vor arabischen Diplomaten: »... Es ist möglich, daß Anwar el Sadat bis Ende des Jahres nicht mehr da ist...« Kissinger irrte sich. Es dauerte immerhin noch zehn Jahre, ehe der Präsident unter dem Kugelhagel seiner Mörder starb. Die Vereinigten Staaten, mit denen Sadat mehr und mehr eine Verständigung suchte, nachdem er 1972 18000 sowjetische Berater aus Ägypten ausgewiesen hatte, fürchteten ein Attentat oder sogar einen Putsch. Über die Jahre hinweg zahlten die USA rund 25 Millionen $ für Sadats Sicherheit. Amerikanische Geheimdienstler trainierten die Leibwache des Präsidenten. Präsident Nixon schenkte ihm einen gepanzerten Sikorsky-Hubschrauber im Wert von 2 Millionen $, während Präsident Jimmy Carter ein AWACS-Aufklärungsflugzeug zur Verfügung stellte, das Bewegungen libyscher Düsenjäger beobachten und kontrollieren sollte. Der amerikanische CIA schickte außerdem noch modernste Nachrichtengeräte und Kommunikationsausrüstungen, um die Nachrichtenübermittlung zwischen dem Präsidenten und seiner Wache abhörfrei zu machen. Dennoch warnte auch der israelische Kritiker Sadats und Berater Menachem Begins, Reuben Hecht: »Eines Tages wird Sadat nicht mehr da sein.«

Anwar el Sadat wurde 1918 geboren. Er wuchs in sehr ärmlichen Verhältnissen auf und schaffte es mit großer Energie, Offizier der ägyptischen Armee zu werden. In den einsamen Militärbaracken von Mankabad in Oberägypten begegnete er seinem Schicksal in den Gestalten von Gamal Abdel Nasser und Sakria Mohieddin. Die Freundschaft dieser drei Männer führte schließlich zur arabischen Revolution. Sadat brachte Nasser und andere junge Offiziere mit dem Gründer der Moslem-Bruderschaft, Scheich Hassan el Banna, und später mit dem abgesetzten General Azziz el Masri zusammen. Damit begann für Sadat das erste aufregende Abenteuer seines Lebens.

Während des Zweiten Weltkrieges planten die Offiziere und Moslembrüder Masri, Sadat, Banna und Nasser die bewaffnete Revolution gegen die Briten in Ägypten und suchten Kontakt mit Erwin Rommels Hauptquartier in Libyen. Dabei beabsichtigten sie nicht nur, den deutschen Feldmarschall über die englischen Truppenkonzentrationen zu informieren, sondern im richtigen Augenblick im Rücken der Besatzer loszuschlagen. Die Versuche, Masri zu Rommels Hauptquartier zu bringen, scheiterten, und der von den Engländern abgesetzte ägyptische Generalstabschef wurde verhaftet. Als der junge König Faruk Anfang 1942 ebenfalls Pläne schmiedete, sich den Achsenmächten anzuschließen, setzte der britische Botschafter Sir Miles Lampson Panzer in Bewegung. Südafrikanische Offiziere stürmten mit vorgehaltener Pistole den Königspalast. Faruk wurde gezwungen, den englandfreundlichen Nahas Pascha als Ministerpräsident einzusetzen. Im gleichen Jahr wollte Sadat noch einmal Verbindung mit Rommels Truppen in der Cyrenaika aufnehmen. Zwei jungen deutschen Offizieren war es gelungen, in englischen Uniformen und mit Jeeps durch die Linien nach Ägypten zu kommen. Sie waren im Besitz von 40 000 $ in gefälschten Banknoten und einem starken Funkgerät. Einer von ihnen war der Sohn eines ägyptischen Vaters und einer deutschen Mutter und nannte sich Hussein Gaafer alias Appler. In einem Hausboot auf dem Nil schmiedeten sie mit Sadat Pläne, Nahas Pascha zu stürzen, eine nationale Revolutionsregierung einzusetzen und die Briten zusammen mit Rommels geplanter Offensive anzugreifen. Sadat verlangte als Gegenleistung von den Deutschen die Unabhängigkeit Ägyptens. Die beiden Deutschen machten einen entscheidenden Fehler: sie besuchten des öfteren einen Nachtclub mit dem Namen Kit-Kat und verliebten sich ausgerechnet in zwei jüdische Mädchen, die dem britischen Intelligence-Service über ihre Tätigkeit berichteten. Die beiden deutschen Offiziere wurden in Kairo verhaftet und sogar von Winston Churchill persönlich verhört. Sadat landete in einem ägyptischen Gefängnis und konnte erst zwei Jahre später fliehen.

Anwar el Sadat wurde erneut aktiv in der Gruppe der Freien Offiziere. Wegen seiner Beteiligung an einem Attentat auf den proenglischen Politiker Amin Osman verbrachte er drei Jahre im Kairoer Zentralgefängnis. Nach seiner Entlassung holte ihn Nasser mit seiner Frau Jihan nach Kairo. Auf einem Zerstörer überwachte er am 26. Juli 1952 die Abreise König Faruks an Bord der königlichen Yacht »Mahroussa« ins Exil. Unter Nassers Regierung wurde

Sadat Präsident des machtlosen Parlaments. Die beiden starken Männer hinter Nasser blieben der pro-westliche Sakria Mohieddin und der pro-russische Ali Sabri. Nach dem plötzlichen Herztod des »Rais« wählten die Generäle den farb- und machtlosen Sadat zum Nachfolger. Zum Erstaunen vieler Beobachter konnte Sadat jedoch schon bald den politischen Einfluß Mohieddins und Sabris ausschalten. Reuben Hecht sagte später einmal: »Sadat hat während seiner Laufbahn seinen Standpunkt wahrscheinlich ein dutzendmal geändert! Er war ein Verehrer von Hitler (Sadat hatte noch im September 1953 einen ›Offenen Brief an Hitler‹ veröffentlicht, in dem er ihm vorwarf, an zu vielen Fronten gekämpft und zu sehr dem kurzsichtigen von Ribbentrop vertraut zu haben) er war ein Unterstützer von Rommel, er war ein ägyptischer Verbündeter, er war ein amerikanischer Freund, er war ein Todfeind Israels, der erklärt hat, Israel ins Meer zu werfen, und er war ein Friedensengel.«

Anwar el Sadat überraschte Freund und Feind. Er erkannte, daß Nassers panarabischer Sozialismus Ägypten bis an den Rand des Ruins getrieben hatte. Er zitierte des öfteren ein arabisches Sprichwort, das sagt: »Es ist besser, ein wohlhabender Ägypter zu sein als ein hungriger Araber.« Die Wende Sadats vom arabischen Radikalismus zu westlich-demokratischen Auffassungen wird wohl am deutlichsten illustriert durch ein Ereignis, das sich Anfang 1973 abspielte. Die Israelis hatten damals ein vom Kurs abgekommenes libysches Verkehrsflugzeug über der Sinaiwüste abgeschossen. Ghaddafi war rasend und forderte Rache. Als schließlich der Vergnügungsdampfer »Queen Elizabeth II« mit zahlreichen amerikanischen Juden an Bord zu den Unabhängigkeitsfeiern nach Israel unterwegs war, glaubte Ghaddafi, daß der Zeitpunkt der Vergeltung gekommen sei. Er gab dem Kommandanten eines in Tripolis stationierten ägyptischen U-Boots den Befehl, das Schiff zu torpedieren. Der Kapitän setzte sich jedoch mit seiner Marine-Basis in Alexandria in Verbindung und erhielt von dem wütenden Präsidenten Sadat persönlich den Befehl, sofort auszulaufen und nach Ägypten zurückzukehren. Mohammed Heikal, der das Ereignis in seinem »Kairo-Dossier« wiedergab, meinte, daß hier die Auseinandersetzung zwischen den beiden Politikern begonnen habe.

Sadat warf nicht nur 1972 die Russen aus dem Land, sondern auch Nassers Hegemonialträume über Bord. Er startete den Yom-Kippur-Krieg, der erneut eine militärische Niederlage, aber ein psychologischer Sieg für Ägypten wurde. Das Ergebnis dieses Krieges kann nicht mit europäischen Maßstäben gemessen werden. Für den Staatsmann des Nahen Ostens war das Image, das er bei seinem eigenen Volk erzielte, von größter Bedeutung. Für die Ägypter war Sadat der bisher einzige Führer, der die ägyptische Armee zum ersten Mal in der Geschichte zum Sieg über die Israelis führte. 1948, 1956 und 1967 hatten die Araber vernichtende Niederlagen hinnehmen müssen. Jetzt hatten sie die Israelis zurückgeschlagen, israelische Panzer und Flugzeuge vernichtet und israelische Kriegsgefangene durch die Straßen Kairos marschieren lassen. Sadat erschien den Ägyptern als der erste siegreiche Feldherr seit den Tagen eines Mehmet Ali und eines Ibrahim Pascha, die zu Beginn des 19. Jahrhunderts die Türken geschlagen hatten.

Sadat hatte vollkommen andere Ziele als sein Vorgänger. Nasser war ein arabischer Nationalist, der von einem großen arabischen Reich träumte. Zu diesem Zweck brauchte er Israel nicht zu vernichten, sondern es nur auf einen jüdischen Staat am Ufer des Mittelmeers zu reduzieren. Er wollte die Negevwüste besitzen, die Landverbindung zwischen den Arabern in Afrika und den Arabern in Asien. Bereits 1958 hatte eine Gruppe israelischer Professoren dieses Problem erkannt und vorgeschlagen, die Anerkennung des Staates Israel durch Nasser zu erkaufen, in dem man ihm die Negevwüste südlich des toten Meeres abtrat. Sadat dagegen war nicht an einer wirklichen Verbindung mit den unruhigen Arabern in Asien interessiert. Er war ein ägyptischer Patriot, der ägyptisches Gebiet zurückforderte: den Suezkanal und die Sinai-Wüste mit den Ölfeldern. Der damals von Henry Kissinger vorgelegte Friedensplan, der vorsah, daß Israel die eroberten Gebiete zurückgeben müsse, um dafür eine Sicherheitsgarantie zu erhalten, schien den Palästinensern zu gefallen, die von einem arabisch-jüdischen Staat träumten. Aber er paßte vor allem den Russen, die den Suezkanal wiedereröffnen wollten, und er gefiel dem ägyptischen Patrioten Sadat ganz besonders.

Es war dieser Gedanke und das Gefühl, der Sieger des Yom-Kippur-Krieges zu sein, die Sadat veranlaßten, wenige Jahre später nach Jerusalem zu reisen, um sich mit dem israelischen Gegner an einen Tisch zu setzen. Dann zeigte er noch einmal persönlich Mut, Menschlichkeit und Friedenswillen, als er 1980 dem verfolgten, von seinen amerikanischen Freunden verlassenen Ex-Kaiser Persiens Gastfreundschaft anbot. Der Schweizer Journalist

Alphons Matt äußerte sich damals in der »Schweizerischen Handelszeitung« zur Person Sadats: »... Er hat stets und vorbehaltlos das Wohl seines Volkes im Auge gehabt: So war er denn eben Rommels Freund geworden aus der Illusion heraus, auf diesem Weg die britische Herrschaft abschütteln zu können, so hatte er sich kurze Zeit den Sowjets ausgeliefert, weil der Westen nicht rechtzeitig seinen politischen Wünschen Rechnung getragen hat, so wurde er ein Todfeind Israels, das Landstreifen seiner Heimat besetzt hielt, und so wurde er schließlich ein Friedensengel, als er erkannte, daß dies der einzig richtige Weg sei im Interesse seines Volkes«.
Dennoch war Sadat nach seiner Israelreise im November 1977 »ein Toter auf Urlaub«. Die Auseinandersetzung mit den arabischen Fanatikern hatte sein ganzes Leben geprägt. Er unterschätzte bis zur letzten Minute den Einfluß dieses gefährlichen Gegners. Bereits um die Jahrhundertwende hatte der große Mahdi-Aufstand im Sudan die Macht der politisch-religiösen Sektierer in der arabisch-islamischen Welt deutlich gemacht. Damals hetzte der Derwisch Mohammed Achmed, der sich als von Gott gesandter Nachfolger des Propheten ausgab, die Bevölkerung des oberen und mittleren Nil zum Aufstand. Der englische General Gordon leistete erbitterten Widerstand und wurde schließlich von den Fanatikern in Kartum durch Schwert- und Lanzenhiebe getötet und später noch enthauptet. Die Rebellion konnte erst 1898 (praktisch 16 Jahre später) durch britische Truppen unter dem Befehl Lord Kitcheners niedergeschlagen werden. Kitchener ging mit unerhörter Grausamkeit gegen die Anhänger des Mahdi vor. Wenige Jahre später übernahm er den Befehl der englischen Truppen in Transvaal, um den Burenkrieg in Südafrika zu beenden.
Auch die Mörder Anwar el Sadats, die den Päsidenten am 6. Oktober 1981 während der Feier zum achten Jahrestag des Yom-Kippur-Krieges erschossen, gehörten zu einer Gruppe von Fanatikern, die sich als Nachkommen des Propheten und als Verfechter der reinen islamischen Religion betrachtete. Es waren Fundamentalisten, die sich »Al Taqfir wal Hijra« nannten, was so viel wie »Sühne und Fluch« bedeutet. Dabei handelte es sich um eine radikale Abteilung der Moslem-Bruderschaft. Die Mitglieder hatten sich verpflichtet, den westlichen Einflüssen abzuschwören, ihnen Einhalt zu gebieten und für die Sünden Ägyptens und Sadats zu büßen. Sie lebten in der Überzeugung, daß das Blut der Ketzer, die sich nicht bekehrten, fließen müsse. Bereits einige Jahre vorher hatten

diese Extremisten einen ägyptischen Minister mit einem Schuß durch das linke Auge getötet, was eine rituelle Form der Hinrichtung darstellte. Die Mörder des Ministers wurden später verhaftet und gehängt, aber die Exekution wirkte keineswegs als abschrekkendes Beispiel.

Als Staatspräsident Anwar el Sadat am 6. Oktober 1981, aus fünf tiefen Wunden blutend, in das Maadi-Militärhospital eingeliefert wurde, konnte ein Team von elf Ärzten trotz intensiver Bemühungen das Opfer nicht mehr retten. Die Extremisten hatten jedoch den Auftrag, nicht nur den »Rais« zu ermorden. Tatsächlich standen mehrere Persönlichkeiten, darunter die politische, militärische und religiöse Elite des Landes sowie Mitglieder der Opposition, auf der Todesliste. Es war das Ziel der Attentäter, die gesamte Führung des Landes »physisch zu liquidieren«. Das Vorbild war der iranische Revolutionsführer Ayatollah Khomeini, der »auch niemand ausgespart« habe. Der ägyptischen Zeitschrift »al Mossawar« zufolge hatte die für den Mord verantwortliche Gruppe geplant, die Kairoer Fernsehstation zu besetzen und eine islamische Republik nach dem Modell des Iran auszurufen. Sadats Vorgehen gegen die Opposition kurz vor seinem Tod habe die Attentäter zu sofortigem Handeln veranlaßt.

Zwei Tage nach dem Mord brach in Assiut, 400 km südlich von Kairo, der Sturm los. Es kam zu einem blutigen Feuergefecht zwischen Polizei und Extremisten. Es gab 50 Tote. Viele Beobachter glaubten, daß nun der Mahdi-Aufstand des Sudan sich wiederholen würde. »Die Moslembrüder sind in der Lage, die Macht im Staat zu übernehmen, wenn sie es wollen«, meinten Kenner der Situation. Trotzdem war schon bald die Ruhe wiederhergestellt. Nur aus dem libyschen Exil meldete sich plötzlich ein Mann zu Wort, der zunächst als der Sieger des Yom-Kippur-Krieges bezeichnet wurde, aber auch als der indirekte Mörder des ägyptischen Präsidenten. Saad Eddin el-Schazli war zwischen 1971 und 1973 ägyptischer Generalstabsschef gewesen. Im Yom-Kippur-Krieg war es ihm gelungen, die ägyptischen Truppen über den Suezkanal zu führen und die als uneinnehmbar geltende israelische Bar-Lev-Linie im Sinai zu erstürmen. Im späteren Verlauf des Krieges wurde er jedoch wegen Feigheit vor dem Feind von Sadat seines Postens enthoben. Der Präsident, der den Stabschef nie sonderlich ernst genommen hatte, sah mit eigenen Augen, wie dieser Offizier zusammenbrach, als er die Bedeutung des israelischen Gegenschlags und die Einkesselung der 3. ägyptischen Armee erkannte. In der Nacht zum 19. Oktober 1973 klagte Schazli: »Der Krieg ist vorbei.« Die Israelis hatten im Gegenzug nördlich des Großen Bittersees den Suezkanal überschritten und die Ägypter eingekesselt und abgeschnitten. Der frühere Fallschirmjäger, der für den Verlauf der Kämpfe verantwortlich war, hatte an diesem Tag die Panzerschlacht am Mitla-Paß verloren. Der Krieg war entschieden. Sadat enthob Schazli seines Postens und schickte ihn als Botschafter nach London und später nach Lissabon. Seitdem prägte persönlicher Haß das Verhältnis zwischen diesen beiden Männern. In Portugal bezeichnete Schazli Sadat als einen Diktator und griff dessen Friedenspolitik scharf an. Danach ging er nach Libyen ins Exil. Er galt als prosowjetischer Nasserist und war dem fanatischen Ghaddafi von Herzen willkommen. Aus Tripolis rief er die ägyptische Armee auf, nunmehr die Regierung zu stürzen. Ghaddafi selbst schwieg zunächst zu dem Mord in Kairo, und niemand vermag bisher genau zu sagen, ob der einstige Bewunderer Sadats mitverantwortlich war. Der frühere Außenminister der USA, Henry Kissinger, sagte in einem Interview mit der amerikanischen Fernsehgesellschaft ABC: »Ich glaube nicht, daß man jemals wird zeigen können, daß es einen in Tripolis erlassenen Befehl gab, der am 6. Oktober ausgeführt wurde. Gleichwohl meine ich, es steht außer Frage, daß es eine radikale Welle im Nahen Osten gibt, gespeist von sowjetischen Geheimdienstlern, deren materielle Basis sich in Libyen befindet. Wenn Libyen vor zwei Jahren, letztes Jahr oder in diesem Jahr erledigt worden wäre, dann würde Sadat wahrscheinlich heute noch leben ...«

Sadat hatte versucht, die Selbständigkeit Ägyptens in der Region zu stärken. Das wirksamste Mittel sah er in einem zunehmenden Wirtschaftswachstum. Kompromißlos förderte er Investitionen und den Privatverbrauch. Zwischen 1960 und 1979 vervielfachte sich das Bruttosozialprodukt. Eine weitgehende Liberalisierung setzte ein, bei der der Mittelstand und die Armee die Stütze Sadats bildeten. Die Bourgeoisie profitierte dabei von der freien Wirtschaft, die ein starkes Wachstum zu verzeichnen hatte. Aber der schnelle Strukturwandel wurde von einer hohen Inflation von mehr als 30% begleitet.

Mit Sadats Ermordung waren die Probleme längst nicht beseitigt.

Als Hosni Mubarak am 13. Oktober 1981, eine Woche nach dem Tode des »Rais«, von zwölf Millionen Stimmberechtigten als neuer Präsident im Amt bestätigt wurde, sagte eine vom Fernsehen interviewte Araberin: »Sadat hat uns den Frieden gegeben und damit unseren Männern und Söhnen das Leben geschenkt. Mubarak muß uns jetzt Arbeit und Brot geben.« Aber fast fünf Jahre nach seinem Amtsantritt mußte der Präsident zugeben, daß die gigantischen sozialen Probleme seines mehr als 48-Millionen-Volkes noch längst nicht gelöst werden konnten. Die Preise würden stabil bleiben, versprach Mubarak dem Volk. Aber staatliche Subventionen, die den wirtschaftlichen Fortschritt bremsen, blieben fast unberührt. Sie verschlingen immer noch rund 2,4 Milliarden $ oder 15% des Budgets. Hinzu kommen 2,5 Milliarden $ für die Stützung der Energiepreise. Es steht zwar fest, daß das Subventionssystem Millionen Menschen vor dem Hunger bewahren konnte. Andererseits verrotteten jährlich große Mengen Brot oder wurden verfüttert, weil das Brot billiger war, als das Getreide zur Herstellung desselben. Um die Armen zu beruhigen, wurden die Steuern ab einer bestimmten Einkommenstufe erhöht. Das brachte immerhin etwa 600 Millionen $ mehr in die Kasse, mit denen man einen Teil des Budgetsdefizit von etwa 7 Milliarden $ decken konnte.

Die krassen sozialen Gegensätze in Ägypten bilden einen gefährlichen politischen Zündstoff. Die Stadt Kairo, die auf mehr als zehn Millionen Einwohner angewachsen ist, platzt aus den Nähten und ist Nährboden für Frustration und Unzufriedenheit, für politischen Extremismus und islamischen Utopismus. Aber inzwischen hat Mubarak ein härteres Regime als sein Vorgänger etabliert. Die Polizei hat außerordentliche Vollmachten. Illegaler Waffenbesitz wird äußerst streng bestraft. In der Armee gab es zahlreiche Umbesetzungen. Trotz der bestehenden Unzufriedenheit wegen der Unfähigkeit der Regierung, die drückenden sozialen Fragen zu lösen, ist Mubaraks Position unangefochten. Ägyptens Staatschef weiß, daß die Moslem-Bruderschaft mit ihren Geheimbünden ihm genau so wie vordem Sadat nach dem Leben trachtete. Auch im Ausland sind seine Gegner in der PLO, in Syrien und in Ghaddafis Lager nicht weniger geworden. Mubarak sieht, daß die Opposition tief gespalten ist und seine Regierung aus unterschiedlichen Gründen kritisiert, jedoch auch keine Lösung zur Hand hat. Alle Kritiker sind sich darin einig, daß Mubarak einfach »der rechte Mann am rechten Fleck in der richtigen Situation« ist und außerdem keine Rivalen hat. Und dafür sorgten, zumindest in der ersten Zeit nach Sadat, Verteidigungsminister und Stabschef Abu Ghazala und der Außenminister und frühere Chef des Staatssicherheitsdienstes, Kamal Hassan Ali. »Al haqq ya'lu«, die Wahrheit siegt, sagt ein arabisches Sprichwort. Aber gerade in der arabischen Welt haben Politiker und Nationen unterschiedliche Vorstellungen davon. Vieles bleibt unsicher und problematisch. Auch im Reiche des Hosni Mubarak, der zwar fest im Sattel sitzt, aber verzweifelt nach Mitteln sucht, um seinem Volk zu helfen.

Schwarzafrikas moderne Tragödie

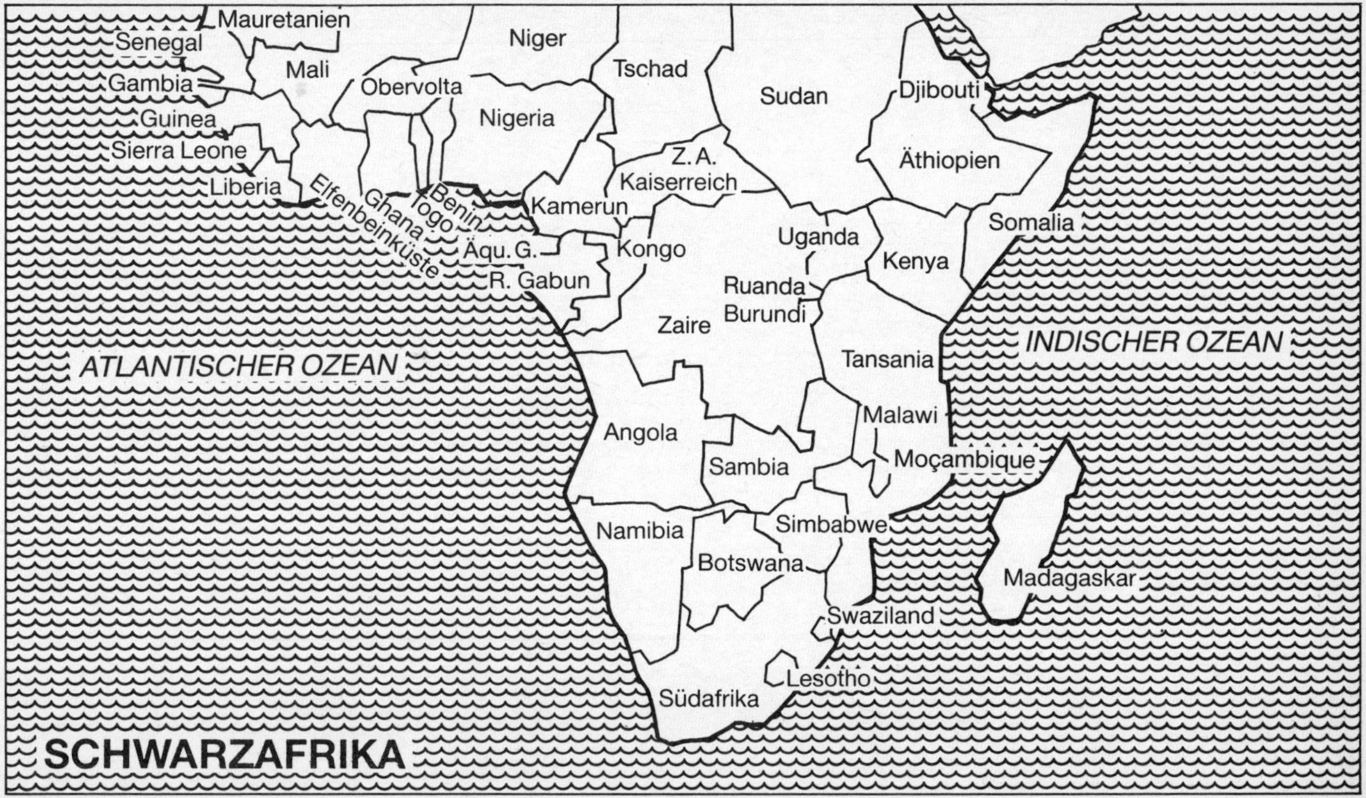
Mauretanien
Senegal
Gambia
Guinea
Sierra Leone
Liberia
Mali
Niger
Obervolta
Nigeria
Elfenbeinküste
Ghana
Togo
Benin
Kamerun
Äqu. G.
R. Gabun
Tschad
Z.A.
Kaiserreich
Kongo
Sudan
Djibouti
Äthiopien
Somalia
Uganda
Kenya
Ruanda
Burundi
Zaire
Tansania
INDISCHER OZEAN
ATLANTISCHER OZEAN
Angola
Malawi
Sambia
Moçambique
Namibia
Simbabwe
Botswana
Madagaskar
Swaziland
Lesotho
Südafrika
SCHWARZAFRIKA

Edem Kodjo, Generalsekretär der Organisation für Afrikanische Einheit von 1973 bis 1976, sagte im vorigen Jahr: »Es gibt keinen Staat in Afrika, der unabhängig ist und den man wirklich einen Staat nennen kann. Afrika zeigt der Welt in seinen Organisationen politischer Macht ein tragisches Bild der Despotie. Charakterisiert durch Autokratie, außergewöhnlicher Macht in den Händen einer einzigen Person, ohne fundamentale Rechte und Freiheiten, wird des öfteren behauptet, daß ein solcher Staat aus der afrikanischen Tradition entstanden ist. Aber ein wirklicher Staat benutzt seine Unabhängigkeit zur Verteidigung der Interessen seiner Bürger.«

»Einen Staat zu bilden und aufrechtzuerhalten«, so schrieb mir kürzlich ein Kenner der Materie, mit dem ich über das Problem korrespondierte, »setzt ein einigermaßen homogenes staatstragendes Substrat voraus: eine einheitliche Bevölkerung mit relativ gleicher Denk- und Fühlweise, einer gewissen Höhe der Kultur und vielleicht auch gemeinsamer Geschichte. Beim Abzug der Kolonialmächte aus Nordafrika waren diese Voraussetzungen in den arabischen Staaten bis zu einem gewissen Grad gegeben: Gemeinsame Religion, alte Kulturen, gemeinsame Geschichte und Sprache. Bei den schwarzafrikanischen Staaten sieht das im allgemeinen anders aus. Die einzige Einheit, die, wie sich später immer wieder herausstellte, offenbar staatstragend sein könnte, ist der Stamm. Die Grenzen der ehemaligen Herrschaftsgebiete der Kolonisten waren aber sehr willkürlich gezogen; teils zerrissen sie Stämme, teils preßten sie feindliche Stämme in einen Staatsverband zusammen. Aus diesem Umstand erklären sich zahlreiche Konflikte in Schwarzafrika. Hinzu kommt, daß es den meisten Stämmen an einer kulturellen Tradition der Art fehlt, die einen modernen Staat mit moderner Verwaltung und Wirtschaft tragen könnte.«

Mit dem Ende der Kolonialzeit entstanden rund fünfzig administrative Einheiten mit einigen wenigen europäischen Amtssprachen, die plötzlich zweitausend Stämmen mit neunhundert Sprachen einen Staat, eine Nation bieten sollten. In dem Vakuum, das nach dem Abzug oder der Vertreibung der Kolonialmächte entstanden war, ergaben sich tastende Versuche, zu irgendeiner Form des staatlichen Lebens zu kommen, das der Eigenart und den besonderen Voraussetzungen der jeweiligen Völker und Formen entsprach. Dennoch brachen immer wieder bürgerkriegsähnliche Stammesfehden aus, so wie man sie zur Zeit im Sudan erlebt. Am Krieg gegen Biafra nahmen die Haussas und Yorubas kräftigen Anteil; er begann damit, daß sie in der Stadt Kano unzähligen (man sagt Tausenden) Ibos die Hälse durchschnitten. Die Watussi und die Hutu der kleinen Bergstaaten Ruanda und Burundi entfesselten Anfang der sechziger Jahre einen Rassenkrieg gegeneinander. Die Watussi sind Hamiten, die Hutu Bantus. General Mobuto konnte in Zaire nur mit Intrigen, Verrat, Hinrichtungen und dem Terrorregime seiner Armee der Stammesprobleme Herr werden und die unterschiedlichen ethnischen Einheiten der Savannenvölker im Süden (bei denen es mindestens acht große Gruppen mit zahlreichen Sippen und Clans gibt), der Bewohner der Äquatorialwälder, der sogenannten Flußleute der Ngombe, der in den Regenwäldern östlich von Kisangani wohnenden vier Völkergruppen der Bira-, Bali- und Lombi-Gruppen, der Pygmäen und der nicht Bantu sprechenden Völker, in den Griff bekommen. Es wird sicher einmal als Verdienst Mobutos anerkannt werden, daß es ihm gelungen ist, dieses unglaubliche Völkergemisch in einen Staatsverband zu zwingen und zusammenzuhalten. In Zimbabwe werden tagtäglich Menschen ermordet, nur weil sie der Minderheit der Ndebele angehören. Die erbitterte Feindschaft zwischen dem Langi- und dem Acholistamm ist seit Jahrzehnten eine der Hauptursachen für die schweren Auseinandersetzungen in Uganda. Blutige Hinweise auf Stammesrivalitäten gibt es auch immer wieder aus Südafrika.

Bei der Analyse der Hintergründe muß man drei Zeitabschnitte in der modernen Unabhängigkeitsentwicklung in Afrika berücksichtigen. Betrachtet man die Zusammensetzung der Eliten Schwarzafrikas der ersten Stunde, so handelte es sich da um Führer mit europäischem Bildungsniveau und europäischen Staatsvorstellungen. Zu ihnen gehörten u. a. Lamine-Gueye, der sozialistische Bürgermeister von Dakar, Danquah, der erste Führer des »United Gold Coast Congress«, Léopold Sédar Senghor im Senegal, Nicolas Grunitsky in Togo. Sie waren schon vor der großen Welle des Nationalismus da, aber sie versuchten jetzt, von ihm zu profitieren, ohne ihn wirklich zu verstehen. Die Männer kamen zum großen Teil aus dem bürgerlichen Lager und waren bald heftigen Angriffen der zweiten Generation ausgesetzt, die sich anschickte, die Führung zu übernehmen. Diese waren bereits mit dem Sozialismus, den sie teilweise falsch verstanden, und den Gewerkschaften liiert, wie Kwame Nkrumah in Ghana, Sekou Touré in Guinea, Sylvanus Olympio in Togo, Sjibo Bakary in Nigeria. Ihre Forderungen waren radikaler und weitgehender als die der »Männer von Gestern«. Zum Teil waren sie noch nicht dreißig Jahre alt, aber bereits extremistisch in ihren Auffassungen und marxistisch geschult. Aber auch sie sahen fast ausnahmslos den eigenen Stamm als die eigentliche Machtbasis, die sie durch materielle Zuwendungen zu erhalten und auszubauen suchten. In vielerlei Hinsicht spielten sich die Szenen in allen afrikanischen Ländern ähnlich ab. Nach der »Befreiung« übernahmen meistens die rücksichtslosen Herrscher wie Kwame Nkrumah, Sekou Touré, Idi Amin, Jean Bedel Bokassa, Macias Nguema, die Macht. Lauter Namen, die nicht gerade die besten Erinnerungen wachrufen. Es stellte sich jedoch heraus, daß ihre Ideale nicht mit der Realität in Einklang zu bringen waren. Bildung und Erziehung schienen vielfach nur Tünche. Ein falsch verstandener Sozialismus, Stammesinteressen, eigene Belange und die Sucht nach persönlichem Prestige machten ihre Stellungen und Positionen oft unhaltbar. Viele von ihnen hatten geglaubt, daß sie nur die Fahne ändern müßten, um die Stelle der Kolonialmacht einnehmen zu können. Sie errichteten blutige Diktaturen, ohne die Gefühle, Bedürfnisse und Wünsche der Bevölkerung zu berücksichtigen. Sie massakrierten hunderte Schulkinder, wie »Kaiser« Bokassa, oder beendeten eine Kabinettssitzung mit der Erschießung eines Ministers, der anderer Meinung war, wie dies Mengistu Haile Mariam demonstrierte. Die Liste der afrikanischen Staatsmänner, die sich »geirrt« haben, ist inzwischen sehr lang geworden.

Eine dritte Generation von miteinander rivalisierenden Offizieren, Cliquen, Parteien und rücksichtslosen Emporkömmlingen wie Sergeant Doe und Leutnant Rawlings drängte dann an die Macht. Das unheilvolle Machtstreben der schwarzen Offiziere veranlaßte verschiedene afrikanische Staatsmänner, sich mehr um die eigene Sicherheit zu kümmern. In zahlreichen Staaten Afrikas sind heute französische, britische, kubanische und russische Truppen und Leibwachen stationiert, um die Politiker vor der eigenen Armee, der eigenen Bevölkerung und dem Rivalen zu schützen. Der Niedergang ging trotzdem weiter, von staatlichem Leben ist heute kaum noch zu sprechen.

Afrikas größtes Hindernis auf dem Weg in die Unabhängigkeit war zunächst der Kolonialismus. Ein Vierteljahrhundert nach Erreichung der Selbständigkeit war eine neue Generation von Politikern, Aufsteigern und Abenteurern, meistens aus der Armee, herangewachsen, die sich kaum noch an die Zeit der weißen Herrschaft erinnerte. Aber sie hatten genaue Einzelheiten über die korrupten, unfähigen Führer ihrer Länder gesammelt und wußten, wie man die Macht übernehmen konnte. Sie sind zum Teil vitale, ungebildete Menschen, die an nichts gebunden sind als an ihre persönlichen oder Stammesinteressen oder auch an den alten Animismus. Zu ihnen gehören heute, wie gesagt, Hauptmann Thomas Sankara von Burkina Faso oder Leutnant Jerry Rawlings in Ghana und auch Feldwebel Samuel Doe in Liberia, die verächtlich über die »alten Männer« wie Houphouet-Boigny und Kenneth Kaunda lachen und die glauben, daß sie nun einen neuen Weg für den Kontinent beschreiten werden. »Sie verstehen die jungen Afrikaner nicht mehr. Sie sprechen nicht für Afrika«, sagte Sankara in einem Interview über die alten Präsidenten.

Dabei beruht die politische Stabilität z. B. der Elfenbeinküste gerade auf der Autorität des 80 Jahre alten Präsidenten. Houphouet-Boigny und der steigende Lebensstandard der Einwohner sind Garantien für Stabilität in einer wieder verstärkt krisenanfälligen Region. Im Wirtschaftsleben haben Japaner und Franzosen den größten Einfluß, und Abidjan ist heute die »weißeste Stadt« Schwarzafrikas. Amerikanische und europäische Banken geben im Geschäftsleben den Ton an. Die Kehrseite der Medaille läßt sich jedoch daran erkennen, daß der relative Wohlstand in den Städten auf die Landbevölkerung wie ein Magnet wirkt. Fast 28% der Einwohner der Elfenbeinküste leben bereits in den Städten. Diese Zahl erhöht sich jedes Jahr um 7%. Abidjan hatte 1960 nur 178 000 Einwohner. 1980 wohnten dort schon mehr als zwei Millionen Menschen. Die Arbeitslosigkeit steigt, die sozialen Probleme wachsen. Die Frage bleibt, ob in diesem Kontinent überhaupt irgendwo Ordnungselemente zu finden wären, aus denen sich ein afrikanischer Staat, eine Nation aufbauen ließe. Die jetzt heranwachsende Generation wurde geprägt von den Sünden und Fehlern des ersten Vierteljahrhunderts afrikanischer Unabhängigkeit. Sie haben miterlebt, wie Millionen Menschen dieses Kontinents im Namen der

Freiheit und der Unabhängigkeit gestorben sind. Sie haben gesehen, wie Zehntausende für dieses sogenannte »Uhuru« verhungerten, massakriert und erschlagen wurden oder in Massengräbern verschwanden. Sie sind – wie der nigerianische Journalist Peter Enahoro kürzlich feststellte – eine »kaputte« Generation, die nichts anderes gekannt hat als Hinrichtungen, zynische Staatsstreiche, politische Showprozesse, Gewalt, Kalaschnikows und Raketenwerfer, Guerilla- und Bürgerkriege. Diese jungen Menschen werden die Geschicke Afrikas in den nächsten 25 Jahren bestimmen. Wie sich das Schicksal Schwarzafrikas entwickelt, steht in den Sternen. Aber der Gedanke an die vergangenen 25 Jahre stimmt nicht optimistischer.

Der Tokolosh ist nicht tot

Magie in Afrika

Die Errichtung eines modernen Staatswesens ist abhängig von einem gewissen Grad an Bildung und vor allem rationaler Denkweise in der Bevölkerung. Offenbar haben aber die Jahrzehnte der Herrschaft der Kolonialmächte diese Voraussetzung in Schwarzafrika nicht in genügender Weise geschaffen. Überall zeigt sich jetzt, wie sehr unter der dünnen Decke europäischer Zivilisation und Bildung in Schwarzafrika doch noch alte Denkstrukturen und religiöse und soziale Vorstellungen weiterbestehen. Vom Stammesdenken war bereits die Rede. Das folgende Kapitel berichtet einige Einzelheiten über den Zauberglauben und die Einstellung zur Frau. Ende 1985 wurde der Menschenrechtskommission der Vereinten Nationen eine erschütternde Dokumentation über die weibliche Beschneidung in Afrika vorgelegt, die so grausame Vorgänge schildert, daß man sie kaum veröffentlichen kann. Von den mehr als fünfzig Staatsmännern des Kontinents haben sich bisher drei – Thomas Sankara von Burkina Faso, Daniel Arap Moi von Kenia und Abdou Diouf vom Senegal – gegen diese Verstümmelung der Frau ausgesprochen. Beide Phänomene, Magie und Beschneidung der Frau, charakterisieren vielleicht am deutlichsten, wie es im Innern vieler Menschen Schwarzafrikas trotz Christentum und moderner Technik noch aussieht. Dadurch sind weitere Faktoren gegeben, aus denen erklärlich ist, weshalb es überaus schwierig ist, in Schwarzafrika moderne Staatswesen mit rationaler Verwaltung und einer rationalen Wirtschaftsordnung aufzubauen.

Als ich das Zimmer unserer schwarzen Hausangestellten zum ersten Mal betrat, stellte ich verwundert fest, daß unter den vier Bettpfosten je eine leere Blechbüchse von etwa 30 cm Höhe stand. Auf meine erstaunte Frage wurde mir erklärt, man wolle damit verhindern, daß der Tokolosh oder Utokoloshe, ein mythischer Geist, der in der Nähe von Flüssen lebt und der von Zauberdoktoren für bestimmte Zwecke gebraucht wird, in das Bett kriechen kann. Kurz danach erzählte mir ein Bekannter, daß er am Heiligen Abend rund dreihundert Kilometer habe fahren müssen, um einen Zauberer zu holen, der den bösen Geist aus dem Zimmer seines Gärtners vertreiben mußte.

In Zaire berichtete der deutsche Pater Alois Schön (svd), daß eines Tages der beste schwarze Schweinezüchter der Mission vor seiner Tür stand und auf dem Gepäckträger seines Fahrrads ein totes Schwein transportierte. Pater Schön hatte den Dorfbewohnern beigebracht, neue Methoden der Schweinezucht anzuwenden und auch anderswo gesunde Ferkel, eine Sau und einen Eber für die Zucht zu kaufen. Nach drei Monaten hatte sich bei den meisten Familien wenig geändert. Im Gegenteil. Die Tiere waren, da sie ihr Futter selbst suchen mußten, abgemagert und schlecht gepflegt. Nur Tawaba (so hieß der Züchter) hatte im Gegensatz zur traditionellen Schweinezucht seine Tiere auf Anraten des Paters im selbstgebauten Stall mit Maniok und Mais ernährt. Sie wurden also zusehends dicker.

Dann erschien der Zauberdoktor und sagte: »Schaffe die ausländischen Schweine ab! Ich sehe in ihren Bäuchen Ahnengeister, die unserem Dorf schaden könnten.« Von diesem Augenblick an wuchs die Feindseligkeit im Dorf. Eines Tages fand Tawaba die Sau vergiftet im Stall. In seiner Wut und Panik nahm er die Axt und schlug auch den Eber tot. Deprimiert stellte Pater Schön fest: »Drei Monate Arbeit waren vergeblich gewesen. Das Schweinezuchtprogramm konnten wir abschreiben. Die übrigen 28 Schweine, die mit großem Kostenaufwand angeschafft worden waren, wanderten in den Kochtopf. Der Wahrsager und Zauberer ist nämlich ein gefürchteter Mann, und niemand will sich mit ihm anlegen. Der Vorfall machte mir auch deutlich, wie das magische Weltbild der Afrikaner die wirtschaftliche Entwicklung hemmt.«

In Bulawayo besuchte der weiße Zahnarzt Dr. Frank Bertrand kurz nach der Machtübernahme durch Robert Mugabe wiederholt eine schwarze Wahrsagerin, die das königliche Grab des berühmten Häuptlings Mziliekaze pflegte. Im Gespräch mit den »Geistern« erfuhr sie, daß die Ahnen die Trennung des Matabelelandes von Zimbabwe wünschten und den Zahnarzt zum ersten weißen König auserwählt hätten. Dr. Bertrand landete wegen Hochverrat und Vorbereitung eines Staatsstreichs gegen die Regierung Robert Mugabe vor Gericht und wurde verurteilt.

Im August 1981 wurden im Königreich Swaziland, das rund

600 000 Einwohner hat, acht Menschen wegen ritueller oder sogenannter Muti-Morde aufgehängt. Die Hingerichteten hatten Teile menschlicher Körper für ihre schwarze Magie benutzt. Unter den Opfern befand sich auch eine Enkeltochter des Königs Sobhuza I., die zweieinhalbjährige Nonhlanhla Thuli Mabaso. Einer der Mörder war ein angesehener Geschäftsmann in der Hauptstadt Mbabane. Er und seine energische Frau hatten den Vater des Mädchens gezwungen, das Kind für den Ritualmord zur Verfügung zu stellen. Als »Kronzeuge der Anklage« wurde er nicht verurteilt. In Johannesburg fand man in der Wohnung des 27jährigen Zauberdoktors Nelfas Shabalala den enthaupteten Körper eines neunjährigen Jungen. Den Kopf und eine abgeschlagene Hand hatte der Zauberer in einem Schrank versteckt, um sie später mit anderen Zaubermitteln zu einem Heiltrunk zu mischen. Vor einigen Jahren verschwand in der Nähe von Durban eine junge deutsche Frau. Ihr Körper wurde später in einem Wald wiedergefunden. Das Herz fehlte. Die Polizei nahm an, daß sie im Auftrag eines Zauberdoktors ermordet worden war. Menschenherzen sind besonders wichtig für die Herstellung von Zauber- und Heilmitteln.
In der Provinzhauptstadt Mutare in Zimbabwe (früher Umtali) forderten hunderte schwarze Frauen von der Polizei die Herausgabe eines Ritualmörders. Sie wollten ihn selbst lebend aufessen, ehe er weitere Morde begehen konnte. Die Polizei hatte ermittelt, daß er den Tod eines 12jährigen Mädchens und verschiedener anderer Opfer auf dem Gewissen hatte. Die inneren Organe waren herausgeschnitten worden. Der Mörder hatte sie an Fetischhändler, Zauberer und Hexer verkauft. Die Zimbabwesche Staatszeitung »The Herald« stellte lakonisch fest, daß sich der Handel mit menschlichen Körperteilen zu einem blühenden Geschäft entwikkelt habe und hohe Preise geboten würden, vor allem wenn die Organe von Kindern stammen. In dem Land, das einst als Rhodesien mit zu den modernsten und zivilisiertesten in Afrika gehörte, erleben afrikanische Rituale und Kulte eine grausame Wiederkehr. Nach der Übernahme der Macht von den Weißen folgte eine Explosion an totgeglaubten Stammesriten, Hexenkulten und Ritualdelikten. Die »Nangas«, eine Organisation der Medizinmänner, Gesundbeter, Zauberer und Heiler, wurden vor allem durch den Innenminister Dr. Herbert Ushewokunze gefördert, der als fanatischer Weißenhasser gilt. Die »Zunft« hatte innerhalb weniger Jahre nach der Unabhängigkeit mehr als 20 000 Mitglieder.

Juju (in den früheren englischen Besitzungen in Afrika), Uchawi (in Ostafrika), Grisgris (in den frankophonen Kolonien des Kontinents), Muti (im südlichen Afrika) und in gewisser Beziehung auch Wodu – manchmal Voodoo oder Voudou geschrieben – sind Namen für eine »alternative« afrikanische Religion und Medizin, die auch im heutigen modernen Afrika immer noch irrlichtert und eine Rolle spielt. Der aus Tansania stammende Wissenschaftler Cosmas Haule beschäftigte sich intensiv mit dem Problem der afrikanischen Zauberer und Zauberkunst und gab einmal folgende Erklärung: »Auch ungebildete Afrikaner wissen, daß die Sonne im Osten aufgeht, daß sie Hitze und Licht spendet. Sie wissen, daß der Biß einer Giftschlange tödlich ist. Das alles sind natürliche Dinge. Aber den Menschen fällt es schwer zu verstehen, daß andere mit außerordentlichen Fähigkeiten oder ungewöhnlicher Intelligenz gesegnet sind; daß Kinder plötzlich sterben, Gesunde verunglücken, Frauen steril oder Männer impotent werden. Afrikaner sehen hinter diesen guten und schlechten Phänomenen eine Macht – die Zauberkraft.«
Zauberkräfte können allen Dingen innewohnen: Affenschädeln und Hühnerkrallen, wie sie auf dem Jujumarkt von Ibadan feilgehalten werden und wie man sie auch in Mutiläden in der Stadt Johannesburg kaufen kann. Auch leben sie in Bäumen, Tieren und bestimmten Menschen. Sie können nützen oder schaden. Rätselhaft wie der schwarze Kontinent selbst ist auch die Tätigkeit der Zauberdoktoren. Man nennt sie Nangas, Muti- oder Medizinmänner, Juju-Anhänger, Wahrsager oder Bokono, Huno (beim Wodu-Kult), Kräuterdoktor oder Adzeto (ein böser Zauberer, der in Westafrika im geheimen tätig ist). Die Stämme im südlichen Afrika sprechen von »Sangomas«. Im Rahmen der Ahnen-Verehrung sind die Zauberer die Priester, Propheten, Psychiater, Pflanzenkenner, Wahrsager, aber auch Historiker des Stammes. »Haben Sie die Kraft, zu prophezeien und die Zukunft vorauszusagen?« fragte ich einmal einen der berühmtesten Zauberdoktoren in Südafrika, Credo Vuzumazulu Mutwa, der verschiedene Bücher über dieses Thema geschrieben hat. »Es ist reine Telepathie und Meditation«, sagte er. »Heute versucht die zivilisierte Welt festzustellen, was Telepathie und Meditation wirklich sind. Die Sangomas benutzen dieses Wissen bereits seit Jahrhunderten. Es ist so alt wie Afrika. Die Sangomas haben ein bestimmtes Ritual und bestimmte Symbole. Blut spielt dabei eine sehr wichtige Rolle. Es wird in vielen Fällen durch

die rote Ockerfarbe dargestellt, die man als Gabe in alten Gräbern gefunden hat. Auch in den christlichen Kirchen spielt Blut als Symbol des Lebens eine wichtige Rolle. In der katholischen Kirche wird sogar Wein in Blut verwandelt...«

In vielen Teilen Afrikas bestimmen vermittelnde Geister das Leben der Menschen, sind Fetische das Zeichen ihrer Gegenwart, spielen Zauberkräfte und mystische Ereignisse eine bedeutende Rolle. Die Kultur der Bevölkerung an der westafrikanischen Küste von Nigeria bis Ghana ist zutiefst von der Verehrung dieses Wodu beeinflußt. Nazareno Contran, ein Combonimissionar in Togos Hauptstadt Lomé, befaßte sich ausführlich damit. Nach vorsichtigen Schätzungen glauben zwischen 20 und 40 Millionen Menschen in Westafrika und in Mittel- und Südamerika an Wodu und andere afro-amerikanische Kulte. Die ursprüngliche Heimat dieser traditionellen afrikanischen Religion ist eigentlich das frühere Dahomé, heute Benin. Um 1620 errichteten hier Franzosen, Portugiesen und Engländer erste Stützpunkte für den Sklavenhandel. Es gibt keine genauen Zahlen, aber mindestens 20 Millionen Schwarze wurden nach Amerika und vor allem in die Karibik verschleppt. Mit den Sklaven wurden Begriffe und Überzeugungen der westafrikanischen Stammesreligionen aus dem alten Königreich Dahomé nach Amerika gebracht. Vor allem die religiösen Auffassungen der Yoruba und der Sklaven, die aus der Ortschaft Arada in Dahomé kamen, sowie die Shangokulte beeinflußten in großem Maße den Wodu-Kult, der erst in diesem Jahrhundert wieder nach Afrika zurückkehrte.

Dahomé, das bereits im 15. Jahrhundert diplomatische Beziehungen mit Portugal aufnahm, war ein mächtiges Reich im Westafrika des 19. Jahrhunderts, ehe es von den Franzosen zerschlagen wurde. Traurige Berühmtheit erlangte übrigens in diesem Königreich ein Brasilianer mit dem Namen Francisco Felix de Souza, der um etwa 1812 nach Dahomé segelte, sich in der Hafenstadt Ouidah niederließ und glaubte, durch den Sklavenhandel sein Vermögen machen zu können. Er wurde Berater des Königs Guezo und kehrte nie mehr nach Brasilien zurück. Die Legende will jedoch, daß er die Entwicklung des Wodu maßgebend beeinflußte und daß sich heute unter den zahlreichen Fetischpriestern in Cotonou, der Hauptstadt des jetzt in Benin umgetauften Dahomé, zahlreiche Nachkommen des Brasilianers befinden. Diese Mulatten verehren nach wie vor den brasilianischen Stammvater der de Souzas. Dem Trend der Zeit und den Auffassungen der neuen marxistischen Machthaber folgend haben sie unter dem Brimborium ihrer Zauberinsignien auch Bilder Lenins aufgestellt. Obwohl Wodu in der Volksrepublik Benin im Namen der marxistischen Revolution verboten wurde, glauben immer noch etwa zwei Drittel der Bevölkerung daran. Auch in Togo, Ghana und anderen westafrikanischen Ländern zählt der Wodu-Kult viele Anhänger.

Keine andere Kultform der Dritten Welt bleibt so unergründlich und geheimnisvoll. »Das Wort bezeichnet die Gesamtheit aller rätselhaften Kräfte, die den Menschen umgeben«, so erklärt der katholische Missionar Contran in Lomé. »Das reicht von den Pokken bis zum Meerwasser, vom Blitz bis zur Schlange, vom Wald bis zum Stein. Das alles sind Offenbarungen, durch die eine Menge Geister in der Welt wirken, zum Guten und zum Bösen für den Menschen. Es sind Hunderte. Sie bilden die Welt, die der Mensch kontrollieren, sich unterwerfen und günstig stimmen möchte.« Kenner sprechen davon, daß mehr als vierhundert Geister verehrt wurden, die das Leben des Menschen beeinflussen können. Den echten Kultdiener des Wodu nennt man Huno. Als Wahrer des Geheimnisses des Kultes und Mittler zwischen ihm und den Gläubigen ist er für die Initiationsriten verantwortlich. Er bringt Opfer dar und richtet Gebete an den Wodu. Er gibt Ratschläge, heilt, segnet und leitet die Zeremonien. Er wird wegen seiner Macht gefürchtet. Man erwartet jedoch von ihm, daß er seine Stellung nicht mißbraucht, sich nicht bereichert oder die Zahl seiner Frauen vermehrt. Wenn er die Gutgläubigkeit ausnutzt, wird er in aller Öffentlichkeit getadelt.

Der österreichische Journalist Gert Chesi, der vor einigen Jahren das faszinierende Werk »Voodoo-Afrikas geheime Macht« veröffentlichte, sagte mir einmal in seiner mit afrikanischen Masken und Kultgegenständen ausgestatteten Wohnung in Schwaz in Tirol: »Geister, Dämonen und Genies werden zum Werkzeug, durch sie erlangt der Schamane – und als solcher ist auch der Wodu-Priester zu bezeichnen – seine Macht. Sie sind in Afrika und in der Karibik überall dort anzutreffen, wo die Menschen noch an das geheimnisvolle Wirken von Geistern und Dämonen glauben. Die Aufgabe dieser Wodupriester ist es, die Verbindung mit dem Göttlichen und den Geistern herzustellen. Schamanen sind in gewisser Beziehung Beschwörer, Tänzer, Medizinmänner, Wahrsager. Sie gehören zu den Menschen, die wir in anderen Kulturkreisen als Propheten, Seelsorger und Priester bezeichnen.«

Neben dem Huno gibt es im Wodu-Kult noch einen zweiten Wahrsager, den Bokono. Er ist vor allem ein Kräuterdoktor. Er legt das Schicksal der Menschen aus, die aus Sorge um eine Krankheit, wegen eines Unfalls, eines Schicksalschlages oder einer wichtigen Entscheidung zu ihm kommen. Er liest die Antwort aus Muscheln, die er wirft. Alle diese Priester besitzen – genauso wie der böse Zauberer Adzeto, der Angst und Rachsucht ausnutzt und den Menschen Amulette und Talismane verkauft – genaue Kenntnisse über Gifte, Drogen und Heilmittel gegen Unfruchtbarkeit, Potenzstörungen und seelische Krankheiten. Sie verkaufen Fetische, verkünden das Orakel, sind Wahrsager und Regenmacher.

Aufgrund von Berichten der ersten weißen Seefahrer, Sklavenhändler und Missionare zeigten die Europäer zunächst nur Unverständnis und Ekel für diesen Kult. Unglaubliche Geschichten über Kannibalismus, Leichenschändung, Ritualmorde und Menschenopfer wurden verbreitet und erhöhten die Abneigung. Obwohl nachweislich auch viele Missionare bestrebt waren, mehr über diese traditionelle Religion in Erfahrung zu bringen, blieb eine »neurotisch wirkende Abneigung« bestehen. Erst in unserer Zeit versuchten Wissenschaftler den Kult zu erforschen und wecken christliche Missionare ein gewisses Verständnis für den Wodu. Vor allem die katholische Kirche bemüht sich neuerdings um eine Annäherung und nennt heute den Kult eine Religion wie jede andere, »die auf die Grundfragen des Lebens antworten und dem Menschen helfen will, einen Halt in seinem Leben zu finden. Wodu hat seine Liturgie, seine faszinierenden Feste und Riten, eine Initiation mit dem Ziel, die Anhänger für das ganze Leben zu prägen. »So sagte Pater Contran. Im Rahmen der »Wiederentdekkung traditioneller Werte« und der Propaganda für die »Authentizität Afrikas« wollte die katholische Kirche jedenfalls nicht abseits stehen. Bereits vor Jahren feierte Erzbischof Dosseh von Lomé gemeinsam mit Woduanhängern im heiligen Wald von Bè eine Heilige Messe. Die Hohen Priester des Wodu antworteten danach mit einem togolesischen Sprichwort: »Wenn der Trommelschlag sich ändert, ändert sich auch der Tanz.«

Eine faszinierende Persönlichkeit unter den Zauberdoktoren im südlichen Afrika dürfte wohl Credo Vuzwamazulu Mutu sein. Er gehört zum Stamm der Zulu und gilt als Autorität in seinem Wissen über afrikanische Religionen und Zauberdoktoren. Er ist Poet, Philosoph und Autor, und seine Bücher »Indaba my children«, »Africa is my witness« und »People my people« wurden nicht nur in Südafrika Bestseller. Eine amerikanische Filmgesellschaft bot ihm enorme Summen für ein Drehbuch über Zauberei in Afrika. Er lehnte das Angebot ab. Bei den Unruhen in Soweto im Jahre 1976 wurde sein Haus von Unruhestiftern angezündet. Aber er ließ sich durch radikale Drohungen nicht beeinflussen und bemühte sich immer wieder um eine Verständigung zwischen Weiß und Schwarz. Credo Mutwa sagte mir einmal, daß es für den schwarzen Menschen keinen Tod gibt und damit eigentlich auch kein Jenseits. »Der Tod ist nicht das Ende des Lebens«, so beteuerte er, »sondern die Befreiung des Geistes vom Körper. Mit dem Tod fängt für uns eine neue Phase des Lebens an. Wie ein Atemzug oder wie ein Schatten übernimmt der Geist seine frühere Persönlichkeit und erreicht den Status eines Allwissenden, Allmächtigen und überall anwesenden übernatürlichen Wesens. Obwohl also unsichtbar und unhörbar, wird der Geist zu einem wachen Führer und Förderer. Der Körper des Verstorbenen soll so rasch wie möglich begraben werden. Es ist Brauch, mit dem Körper alle persönlichen Besitzungen des Geistes zu beerdigen, nicht weil der Geist diese Gegenstände im Jenseits braucht, wie manche annahmen, sondern weil sie in die Hände eines Zauberers fallen könnten, der sie für böse Ziele verwenden würde, die den Hinterbliebenen schaden. Der Geist reist nicht sofort zu den Aufenthaltsorten anderer Vorväter, sondern hält sich eine Zeitlang in der Nähe der ehemaligen Wohnung auf. Dann kommt der Zeitpunkt, daß die Hinterbliebenen eine Kuh schlachten, um den Geist ›nach Hause zu schicken‹. Es folgen Gebete und rituelle Zeremonien. Das Opfertier wird gebraten und gegessen, bis auf das Fell, die Knochen, die Hörner, die Hufe und die Därme. Der älteste und angesehenste Mann des Stammes muß einen Teil des Magens roh essen. Die Geister können den Hinterbliebenen in vielen Formen erscheinen: in Träumen oder durch das Medium eines Sehers, durch einen Wahrsager oder durch Personen im Trancezustand. Nicht alle Geister haben ›an der anderen Seite‹ die gleichen Rechte. Der Geist eines Häuptlings oder Königs steht höher in der Rangordnung als der eines einfachen Stammesangehörigen. Männliche Geister sind bedeutender als weibliche, ältere einflußreicher als jüngere. Der Stammesangehörige der südafrikanischen Völker fühlt sich also selten allein, wie weit er auch von zu

Hause entfernt sein mag. Die unsichtbare Anwesenheit eines seiner Vorväter ist ihm sicher. Er teilt mit ihm alle seine tieferen Gedanken, und wenn er wirklich gläubig ist, fürchtet er auch den Tod nicht, denn Menschen können in Wirklichkeit nichts fürchten, was es einfach nicht gibt.«

Sowohl Frauen wie Männer können bei vielen Stämmen Afrikas Vermittler zu den Geistern, »Sangomas«, werden. Sie arbeiten mit den Geistern zusammen, um die Verbindung mit der Welt der Ahnen aufrechtzuerhalten. Die Bantu- und Ngunivölker im südlichen Afrika glauben zwar an ein höheres Wesen, sind aber der Meinung, daß der Mensch nicht das Recht hat, mit ihnen in Verbindung zu treten. Dazu sind die Sangomas da. Nur sie können mit den Ahnen reden, ihre Wünsche erfahren, ihnen Opfer bringen. Lebensmittel, Tabak und auch ... Blut. Hin und wieder opfert man Tiere. Manchmal auch Menschen, wie beispielweise in Lesotho – damals noch Britisch Betschuanaland – kurz nach Ende des Zweiten Weltkriegs. Es kam dort zu einer Reihe grausamer Ritualmorde. Fleisch von lebenden Menschen wurde benutzt, um die Nachfolge eines Häuptlings günstig zu beeinflussen. Die britischen Kolonialbehörden griffen hart durch und erhängten mehrere Häuptlinge.

Sangomas werden sehr sorgfältig ausgebildet. Sie lernen bestimmte Gesänge, Tänze und Trommeln. Sie müssen die Wirkung gewisser Kräuter und Drogen kennen und wissen, wann sie etwa ein Brechmittel benutzen sollen, um den Körper von innen her zu reinigen. Bei der Einweihungszeremonie eines jungen Sangoma, der bis dahin »Twasa« (Schüler) heißt, verstecken die Dorfbewohner anschließend ein Tier, das der Lehrling finden muß. Es wird danach geschlachtet. Der neue Zauberdoktor muß dann die Blase leertrinken. Sie wird aufgeblasen und in seinem Haar befestigt. Alle trinken vom Blut des Opfertieres, während Sangomas und Schüler das Fleisch essen. Es gibt insgesamt zwölf verschiedene Stadien der Sangoma-Ausbildung. Die erste Stufe wird Umlozi genannt, die höchste Balozi. Nicht alle Zauberdoktoren erreichen die letzte Stufe.

In allen problematischen Situationen des menschlichen Lebens geht ein Schwarzer zum Sangoma. Er wird den Zauberer begrüßen mit den Worten : »Ich möchte wissen«, und dann warten, daß dieser ihm sagt, warum er gekommen ist, was ihm fehlt, wie er die Probleme lösen, die Krankheit heilen kann. Ein weißer Arzt in Botswana, der nicht sehr erfolgreich war, ließ seinen Assistenten die Patienten vorher befragen. Der Assistent schrieb dann die mögliche Krankheit auf einen Zettel und gab sie dem Patienten, der meistens nicht lesen und schreiben konnte, mit in die Praxis. Der weiße Arzt schaute den Kranken überhaupt nicht an und las nur den Zettel. Dann sagte er ihm, was ihm fehlte und gab dem Schwarzen die entsprechende Medizin. Der Arzt wurde ein berühmter Sangoma.

Heute dringen Ärzte, Forscher und Wissenschaftler immer mehr in die von Medizinmännern beherrschten Gebiete ein. Erst vor einigen Jahren entschlossen sich französische Apotheker zu einem intensiven Studium der afrikanischen Zauber- und Heilkunst. Sie besuchten verschiedene Sangomas in Natal und Transvaal. Die nigerianische Organisation der Naturheilkundigen entschied bereits 1977, eine Schule und ein Hospital für traditionelle Medizin einzurichten. Die Weltgesundheitsorganisation begrüßte diesen Schritt und erklärte, daß die traditionelle Heilkunde eine Antwort auf Afrikas Mangel an Ärzten sein könnte. Seit der Unabhängigkeitswelle der sechziger Jahre ist die Zahl der Analphabeten in Afrika enorm zurückgegangen. In allen Teilen des Kontinents zerbröckelt das Stammessystem. Aber die Fetisch- und Juju-Männer, die Zauberer und Hexer scheinen immer zahlreicher zu werden. Denn die Umwälzungen im Leben der Afrikaner, die Urbanisierung, die Industrialisierung und vor allem die moderne Technik schaffen Probleme, für die es im Stammesleben keine Vorbilder und keine Lösunsvorschläge gibt. Der englische Ethnologe Max Marwick meinte dann auch, daß die im Kulturwandel auftretenden Spannungen oft mit Hexerei erklärt werden. Früher beeinflußten die Zauberkräfte und die Geister nur die Hütte, das Vieh, das Wetter und die Ernte. Heute treiben sie der Auffassung vieler Afrikaner zufolge auch in den modernen Lebensberichten ihre Unwesen. Fortschrittliche Firmen in Südafrika nutzen diese Erkenntnisse bereits für ihre eigenen Belange. So stellte in Tembisa bei Pretoria eine Möbelfabrik einen weiblichen Sangoma ein, der den Kunden Zaubermittel gab, damit sie ihre Raten pünktlich zahlten. In Soweto, der schwarzen Satellitenstadt von Johannesburg, gibt es heute mehr als 5000 Zauberdoktoren, die sogar von weißen Frauen aufgesucht werden. Sowohl die rhodesische Armee wie auch die Rebellen Robert Mugabes benutzten während des Guerillakrieges Sangomas, die die Dorfbewohner beeinflussen mußten.

Innerhalb der geheimnisvollen Welt der afrikanischen Zauberer hat nach wie vor eine afrikanische Tradition große Bedeutung, die in der westlichen Welt als eine Verstümmelung der Frau betrachtet wird: die Klitorisbeschneidung oder Klitorektomie. Sie wird auch heute noch in mindestens zwanzig afrikanischen Ländern als rituelle Operation praktiziert. Meistens werden die jungen Mädchen, die dafür in Frage kommen, in geheimen Ritualen auf ihre Rolle als Frau in der afrikanischen Gemeinschaft vorbereitet. Dieses kulturelle Phänomen konnte bisher nicht durch emotionelle Angriffe von Frauenrechtlerinnen beseitigt werden. Es wurde im Gegenteil deutlich, wie stark noch immer der magische Einfluß der Zauberdoktoren im afrikanischen Stammesdenken verwurzelt ist.

Als vor einiger Zeit während einer solchen Beschneidungszeremonie der Blitz in eine Hütte in dem Flecken Ga-Mohlala in Osttransvaal einschlug und 13 Mädchen tötete, forderten die Dorfbewohner, die Zauberer selbst und sogar der Häuptling das Eingreifen von »Witchdoctors«, um die »Anstifter« des Blitzschlags durch »Riechen« ausfindig zu machen. Einige der vermeintlichen »Urheber« des Blitzschlags wurden zum Teil später verbrannt.

Die weibliche Beschneidung in der Dritten Welt ist ein äußerst schwieriges Problem, das regelmäßig auf Frauenkonferenzen und Kongressen der Weltgesundheitsorganisation zur Sprache kommt, bisher jedoch nicht ausgerottet werden konnte. Die Klitorektomie wird als rituelle Operation gewöhnlich vor der sexuellen Reife eines Mädchens durchgeführt. Sie zerstört fast immer die sexuelle Empfindungsfähigkeit der Frau, so daß sie niemals ein erotischer Partner sein kann, sondern lediglich zum Objekt erniedrigt wird. Von diesem verstümmelnden und mit großen medizinischen und psychischen Komplikationen belasteten Eingriff sind allein in Afrika über zwanzig Millionen Frauen betroffen. Bei der Klitorektomie, die heute nach genau festgelegten Zeremonien durchgeführt wird, werden die äußeren weiblichen Genitalien teilweise oder völlig entfernt. Das Ausmaß des Eingriffs hängt dabei von den jeweiligen Traditionen ab. In vielen arabischen und afrikanischen Ländern werden die Mädchen einfach von einem weiblichen Familienmitglied festgehalten, während dann eine ältere Frau mit einer scharfen Klinge oder einem Rasiermesser die Spitze der Klitoris wegschneidet. Bei andern Stämmen Afrikas werden auch die angrenzenden Teile der kleinen Schamlippen entfernt. Manchmal geschieht das mit Hilfe der Fingernägel oder einer Glasscherbe. In vielen Fällen gibt es Komplikationen, Blutvergiftungen und Wundstarrkrampf. Nicht selten verbluten die so behandelten Mädchen. Im Sudan wird eine besonders radikale Methode angewendet. Dort werden nicht nur die äußeren, sondern auch die inneren Schamlippen weggeschnitten, wonach die entsprechenden Stellen wieder unter sehr schmerzhaften Umständen genäht werden müssen. Manchmal werden auch – bis auf eine kleine Öffnung für das Menstrationsblut – die äußeren Schamlippen zugenäht. Sie werden erst kurz vor der Heirat wieder geöffnet. Bei den Somalis werden die Schamlippen so eingeschnitten, daß sie, zusammengeheftet, beinahe vollkommen zusammenwachsen. Für das Zusammenheften werden Dornen verwendet, die man erst wieder entfernt, wenn die Wunde verheilt ist. Später muß die Somalifrau noch zwei weitere Operationen über sich ergehen lassen. Nach der Heirat wird ein Teil der Vagina wieder geöffnet, um den ehelichen Beischlaf zu ermöglichen. Dann wird die Scheide geöffnet, um die Geburt einzuleiten, und danach wieder geschlossen. Die gesundheitlichen Schäden und Störungen sind bei dieser »Infibulation« genannten »pharaonischen Beschneidung« außerordentlich schwerwiegend. In vielen Fällen bilden sich Zysten und Abzesse, die wiederum zur Sterilität führen können.

Bei anderen Stämmen Afrikas ist dagegen der voreheliche Geschlechtsverkehr von großer Bedeutung. Die Mädchen werden ermutigt, sexuelle Beziehungen zum anderen Geschlecht anzuknüpfen. Vielfach versucht man, die Vagina zu vergrößern, um ein leichteres Eindringen zu ermöglichen. In Botswana ist es üblich, daß die Mädchen mit Hilfe der Finger die Scheide immer mehr ausdehnen. In Sambia führt eine ältere Frau ihre Hand in die Scheide der Mädchen, ballt sie dann zur Faust und zieht sie wieder heraus. Dadurch soll später eine Geburt erleichtert werden. Bei verschiedenen Stämmen in Tansania mißt man der Sexualität größere Bedeutung bei. Die Mädchen werden dazu erzogen, bereits vor der Geschlechtsreife sexuelle Beziehungen zu haben. Jungfräulichkeit wird als lächerlich angesehen. In Tansania gibt es auch vielfach noch die Kinderehe. Das Mädchen zieht in die Hütte des zukünftigen Mannes, um sich so an ihn zu gewöhnen.

Nur wenige Europäer kennen bis in alle Einzelheiten die großen Schmerzen und grausamen Rituale. Auch die Einheimischen reden kaum darüber, und es gibt nur wenige afrikanische Frauen, die heute die Klitorektomie und die damit verbundenen kulturellen

Phänomene grundsätzlich ablehnen. Die ägyptische Ärztin Nawal el Saadawi, die selbst als Mädchen beschnitten wurde und inzwischen den Kampf gegen die Klitorisbeschneidung aufnahm, meinte, daß es sich hier sowohl um ein politisches wie auch wirtschaftliches Problem handelt. Sie suchte die Erklärung in der Beherrschung der Frauen durch den Mann. Sie veröffentlichte inzwischen verschiedene Bücher zu dem Thema und behauptete, daß 97,5% aller weniger gebildeten Familien in Ägypten ihre Töchter beschneiden lassen. In besseren Kreisen sind es immer noch 66,2%. Frau el Saadawi meint: »Armut führt zur Unwissenheit, und Unwissenheit wieder zur Armut. Das ist das Problem der afrikanischen Frau.«

Bislang hatte die Kritik an den Beschneidungsriten in Afrika keinerlei Auswirkung. Auch in den Städten blieb der soziale Druck, Mädchen beschneiden zu lassen. Viele afrikanische Frauen zweifeln nicht am ideellen und moralischen Wert der Klitorektomie. In Guinea erklärten Mädchen ohne Zögern, daß sie nicht das Gefühl hätten, verstümmelt zu sein. In andern Ländern sagten Frauen, daß sie auch ohne Klitoris zum Orgasmus fähig seien und daß die Initiationsriten eine soziale Funktion haben. Frau Saadawi meinte dazu: »Viele Frauen würden gar nicht verstehen, warum man diesen Brauch abschafft. Erst die politische und wirtschaftliche Befreiung wird Afrikas Frauen auch die sexuelle Befreiung geben.«

Die meisten afrikanischen Regierungen reagieren inzwischen auf Zauberglauben, Beschneidung und Initiationsrituale sehr unterschiedlich und zwiespältig. Sie bekämpfen einerseits das alte Brauchtum als antiquiert und überholt, dulden es jedoch andererseits wieder, da es zutiefst in der Gesellschaft verwurzelt ist. Malis Präsident Modibo Keita hatte in seinem Präsidentenwagen und in seinem Palast zahlreiche Fetische (grisgris genannt) versteckt. Es waren kleine Beutel mit Knochen und Puder. Kwame Nkrumah, der als einer der fortschrittlichsten Politiker Afrikas galt, bezahlte für einen Wahrsager mehr als 100000 Mark. Beide Staatschefs wurden trotzdem gestürzt. Ein Medizinmann hatte einige Wochen vorher den Sturz Dr. Kofia Busias vorausgesagt, der 1969 die Macht in Ghana übernahm. Er wurde prompt verhaftet. Kenias Präsident Yomo Kenyatta, der von seinen Landsleuten »Brennender Speer« genannt wurde und während des Mau-Mau-Aufstandes zahlreiche blutige Zauberrituale anwenden ließ, befahl den bedeutendsten Medizinmann Tsume Washe zu verhaften. Seine Tätigkeit war – laut Kenyatta – »mit dem neuen Kenia in keiner Weise vereinbar.« Während des Unabhängigkeitskampfes hatten die Kikuju sich zu gespenstischen Eideszeremonien zusammengerottet, heilige Eide abgelegt und viele Schwarze bestialisch massakriert.

In der kenianischen Provinz Kisii am Victoria-See konnten 1981 zwei Düsseldorfer Medizinhistoriker (Rolf Meschig und Jürgen Kiwit) einem Medizinmann zusehen, wie er den Schädel eines neun Jahre alten Jungen ohne Narkose oder örtliche Betäubung öffnete. Sie durften sogar die Trepanation filmen. Der Junge war von einem Steinwurf getroffen worden und litt an chronischen Kopfschmerzen. Nach dem Eingriff konnte der Neunjährige, von Angehörigen gestützt, in seine Hütte zurückkehren. Die Ursache der Kopfschmerzen konnte auch der Zauberer nicht finden. Dennoch stellten die beiden deutschen Ärzte fest, daß elf Menschen in der Nähe lebten, denen zwischen 1928 und 1979 mit dieser primitiven Methode der Schädel geöffnet worden war. Der Medizinmann schabte dabei mit einem einfachen Schabmesser die Schädelknochen Schicht für Schicht ab. Daß es dabei nicht zu größeren Komplikationen gekommen ist, führen die Düsseldorfer Wissenschaftler auf die Anwendung der schonenden Schabetechnik und auf aseptisch wirkende Kräuter zurück.

In Südafrika galt der Zauberdoktor Khotso Sethuntsa in Lusikisiki in der Transkei jahrelang als Wunderheiler, der es durch seine »Zauberkraft« zu unermeßlichem Reichtum gebracht hatte. Als er starb, hinterließ er 23 Witwen, mehr als 200 Kinder, zahlreiche Autos und Juwelen und einen häßlichen blauweiß gestrichenen Palast, in dem er auch begraben wurde. Sein Sarg war genauestens dem Sarg des ermordeten Präsidenten Kennedy nachgebildet worden. Tausende weinten und tanzten zum Begräbnis, das seinem Testament zufolge ein »swinging festival« werden sollte. Sechs Ochsen wurden für die Trauergäste geschlachtet. Heute ist in dem kleinen Städtchen in der gleichen Gegend eine Gesundbeterin tätig, zu der wöchentlich bis zu 20000 Menschen pilgern. Von ihr wird behauptet, daß sie sogar Blinde sehend und Taube hörend macht.

Eine eigenartige Rolle spielt die Regenkönigin vom Stamme der Lovedu in der schwarzen Gesellschaft Südafrikas. Die Geschichte dieser Regenzauberinnen im nördlichen Transvaal begann in der

ersten Hälfte des 19. Jahrhunderts, als die Regenkönigin Modjadji I. um 1800 ihr Amt antrat und 1860 als eine sagenumwobene, heilige und dämonische Frau starb. Das südliche Afrika wurde von verheerenden Kriegen und Massakern heimgesucht. Die grausamen Könige der Zulu und der Ndbele, Shaka und Mziliekaze überfielen Dörfer und Stämme, töteten die Männer und entführten die Frauen. Nur die Königin der Lovedu, Modjadji, verstand es durch den Gebrauch ihrer Zauberkräfte, ihrem Land den Frieden zu erhalten. Bis heute regieren die Regenköniginnen in einem der perfektesten Matriarchate dieser Welt. Erst vor wenigen Jahren wurde die jüngste Königin Modjadji V. mit Regenmacher-Medizinen und Zauber-Ritualen in ihr Amt eingeführt. Nach der Feier war sie sogar bereit, sich mit Journalisten über intime und private Probleme einer Regenkönigin zu unterhalten. Sie betonte jedoch ausdrücklich, daß ihre Tätigkeit mit dem Hokuspokus der Medizinmänner und Wahrsager nichts zu tun habe. Aber sie wollte auch keine Einzelheiten der streng gehüteten Geheimwissenschaft, der Kunst des Regenmachens, erzählen. Die Reporter schenkten ihr jedenfalls einen farbigen Regenschirm.
Heute gibt es viele weiße Kenner des Kontinents, die glauben, daß die Regenmacherinnen, Sangomas, Zauberdoktoren und Jujumänner Afrikas gewaltige Geheimnisse hüten, von denen wir Europäer so gut wie gar nichts wissen. Aufgeschlossene afrikanische Politiker wehren sich gegen diese Auffassungen, weil die Zauberer unter Umständen auch eine Gefahr bedeuten können. In Sambia agierte die United National Independence Party des Staatspräsidenten Dr. Kenneth Kaunda gegen geheimnisvolle Massenvereidigungen und Versammlungen der Zauberdoktoren; offenbar weil sie fürchtete, daß es sich um Verschwörer gegen die Regierung handeln könnte. Auch der Ministerpräsident des südafrikanischen Homelands Lebowa, Dr. Cedric Phatudi, sagte in einer Presseerklärung im Hinblick auf Hexenverbrennungen und andere Vorfälle der Zauberei, daß nur das Analphabetentum der Bevölkerung schuld sei an solchen Ereignissen. »Dieser Aberglaube kann nur mit einer vernünftigen Schulausbildung bekämpft werden«, meinte er. Trotzdem konnte auch Chefminister Dr. Phatudi sich nicht den Einflüssen der alten Traditionen entziehen. Kurz vorher hatte er noch an der Einführung der neuen Regenkönigin Modjadji V. teilgenommen und ihr als Zeichen der Autorität ein Leopardenfell umgehängt. Dabei sprach er die Worte: »Wir beten, daß du den Regen erzeugen

mögest.« Die Universität am Witwatersrand in Johannesburg organisierte inzwischen Seminare und Ausstellungen über Geschichte, Herkunft, Können und Wissen der Zauberdoktoren. Auch schwarze Medizinmänner selbst hielten Vorträge und nahmen an den Diskussionen teil. Zahlreiche weiße Ärzte waren unter den Zuhörern.

Vom »Te Deum« zum Chaos

Zaire (Kongo)

Der belgische König Leopold II. hat den »Freistaat Kongo« – den der amerikanische Abenteurer und Journalist Henry Morton Stanley für ihn innerhalb von fünf Jahren unter fragwürdigen Umständen erwarb – nie gesehen. Der Amerikaner war im November 1874 in Bagamojo am Indischen Ozean mit 365 Begleitern, darunter drei Engländern, aufgebrochen, um den dunklen Kontinent zu durchqueren und die Quellen des Nil und des Kongo zu suchen. Hundertsieben Männer, darunter die weißen Teilnehmer, vier Frauen und ein Kind bezahlten das Unternehmen mit dem Leben. Unter unsäglichen Strapazen erreichte Stanley im August 1877 die Kongomündung. Der raffinierte Geschäftsmann Leopold erkannte den Wagemut und die Erfahrungen Stanleys und heuerte den merkwürdigen amerikanischen Abenteurer 1879 an.

Fünf Jahre später hatte der Forscher Stanley für »seinen König« mit gerissener Schläue mit verschiedenen Häuptlingen am Kongofluß Verträge abgeschlossen, Niederlassungen errichtet und in dieser Zeitspanne ein Imperium aufgebaut, das 2345409 qkm groß war. Bereits vorher hatte Leopold gegen die Auffassungen und den Willen der belgischen Bourgeoisie die »Internationale Kongo-Gesellschaft« gegründet, die die wirtschaftliche Ausbeutung des Kongo-Beckens übernehmen sollte. Scheinheilig sprach er von der »Aufgabe zum Wohl der ganzen Menschheit. »Die Kongo-Konferenz, die zwischen dem 15. November 1884 und dem 26. Februar 1885 in Berlin unter der Leitung Bismarcks tagte, konnte die vollendete Tatsache nur noch bestätigen. Die Begegnung der wichtigsten Kolonialmächte in der Hauptstadt des Deutschen Reiches war der Auftakt für die Verteilung Afrikas und gleichzeitig der Beginn der eigentlichen Kolonialzeit.

Der große Gewinner war König Leopold II. von Belgien. Er gab Anweisungen, in dem zentralafrikanischen Gebiet, welches von zweihundert Stämmen bewohnt war, ein erbarmungsloses Zwangsarbeiterregime einzuführen, das die kolonialen Gepflogenheiten der Epoche weit übertraf. Es gab zum ersten Mal empörte internationale Proteste gegen die Kolonialpolitik eines europäischen Landes. In einer zeitgenössischen Karikatur wurde König Leopold II. als eine giftige Schlange dargestellt, die versucht, einen Kongoneger zu erdrücken.

Jedenfalls war damit der legendäre Kongo vom Augenblick seiner Entdeckung und Ausbeutung an in den Schlagzeilen der Presse. Sowohl die in den Regenwäldern mit Giftpfeilen jagenden Pygmäen wie die angeblich unermeßlichen Kupfer- und Diamantenfunde in der damaligen Provinz Katanga (heute Shaba) und auch die Horrorgeschichten über Massaker von Söldnern, über Vergewaltigungen der »Force Publique«, Rettungsaktionen der belgischen Fallschirmjäger und seltsame Sitten der Kannibalenstämme erregten und befriedigten die Phantasie der Europäer im Hinblick auf den »Dunklen Kontinent«.

Aber auch die Klischeevorstellungen der jetzt erwachenden »Dritten Welt« wurden durch die Ereignisse im ehemaligen belgischen Kongo erfüllt. Sein Denkmal ist zwar nie fertiggestellt worden, doch gilt der auf rätselhafte Weise ermordete Patrice Lumumba als Nationalheld des gesamten Afrika und als eines der ersten Opfer des sogenannten Neo-Kolonialismus. Jedenfalls fürchtet der

»Citoyen-Président-Fondateur« des »Mouvement Populaire de la Révolution«, General Mobuto Sese Seko Kuku Ngbendu Waza Bangu, den Geist dieses unheimlichen Patrioten Lumumba immer noch. Die Erwähnung seines Namens in Kinshasa ist fast gleichbedeutend mit Hochverrat, obwohl dieser erste Ministerpräsident des Kongo nichts anderes wollte, als belgisches Blut für die Unabhängigkeit seines Landes zu vergießen.

Damals – vor 25 Jahren – floß das Polar-Bier in Strömen. Aus dem fernen Brüssel – wo Lumumba noch für eine enge Zusammenarbeit zwischen Belgien und dem neuen Staat plädiert hatte – war der junge König Baudouin herbeigeeilt. Über den Dächern der nach amerikanischem Vorbild gebauten Hauptstadt Leopoldville mit breiten, weitgeschwungenen Autostraßen, mit modernen blumenübersäten Wohnhäusern, mit Supermärkten und glatt und selbstbewußt aufragenden Wolkenkratzern sowie dreckigen Elendsvierteln der Einheimischen, schwang das Glockengeläut der katholischen Kirchen. Im ganzen Land wurden feierliche Hochämter zelebriert. Auch in der Missionsstation Mondombe am Tshuapafluß, dem späteren Arbeitsbereich des Herz-Jesu-Missionars Martin Bormann, der in der Einsamkeit des Urwalds für die Verbrechen seines Vaters büßen wollte und dann den unbeschreiblichen Terror der »Simbas« über sich ergehen lassen mußte, wurde an diesem 30. Juni 1960 gebetet. In allen Städten, Dörfern und Missionsstationen wurde die Unabhängigkeit gefeiert.

Der Terror Afrikas hatte sich schon einige Monate vorher in der gleichen Hauptstadt entladen. Am Sonntag, dem 4. Januar 1960, hatte die Polizei abends eine Versammlung der ABAKO (Association des Originaires du Bas Congo) aufgelöst. Sie wurde vom späteren Staatspräsidenten Joseph Kasavubu geleitet, der einmal König der Bakongo werden wollte (durch seinen Tod wurde dem Kontinent ein weiterer Kaiser Bokassa erspart). Es kam zu Schlägereien. Die wütende Menge steckte ein Polizeiauto in Brand. Belgische Fallschirmjäger griffen ein. Am Montag brannten Missionsstationen, Schulen und Fahrzeuge. Häuser und Läden von Griechen und Portugiesen wurden ein Opfer der Flammen. Sie wurden angesteckt, nur weil sie Weißen gehörten. Am Abend des 6. Januar war die Ordnung wiederhergestellt. Die traurige Bilanz lautete: 42 Schwarze waren tot, 208 verwundet. Außerdem wurden 49 Europäer verwundet und 300 Schwarze, darunter Kasavubu, verhaftet. Die Randalierer und Aufrührer setzten 14 Schulen, 40 Geschäfte,

11 Sozialbüros, 11 Missionsstationen, 3 Polizeiposten, 17 öffentliche Gebäude, 14 Tankstellen und 6 europäische Wohnhäuser in Brand. Der damalige belgische Kolonialminister van Hemelrijck erklärte später im Parlament: »Belgien hat zu lange gewartet, ehe es sich Klarheit über die Situation im Kongo verschaffte. Und dabei wird ganz Afrika schon seit Jahren von den stürmischen Wogen einer vernichtenden Brandung heimgesucht.«
In der Tat hatte Belgien lange gezögert und die Zeichen der Zeit nicht erkannt. Die belgische Verwaltung hatte sich darauf eingerichtet, daß der Kongo 1980, frühestens 1970 unabhängig werde. Man wollte mit einer breiten Massenerziehung beginnen und dann eine Schicht von Akademikern heranbilden. Das ausgezeichnete Gesundheitswesen, die Administration sollten allmählich in die Hände von afrikanischen Ärzten und Beamten übergehen. Wenige Monate später jagte der verheerende Sturm des afrikanischen Nationalismus über die Kolonie hinweg. Zum ersten Mal besuchten die jungen und ungestümen Männer des Kongo, die nun die Freiheit witterten, Accra, Prag und Ost-Berlin, wo man ein offenes Ohr für ihre Forderungen hatte und ihnen genaue Ratschläge für die Verwirklichung geben konnte. Die Pan-Afrikanische Konferenz, die der »Erlöser« Afrikas, Kwama Nkrumah, einberufen hatte, die Begegnung mit Sekou Touré, der damals verächtlich das Angebot Charles de Gaulles abgewiesen hatte, Unabhängigkeit im Rahmen einer französischen »Communauté« zu erlangen, wirkten wie Offenbarungen. Die jungen Männer, die noch vor wenigen Monaten Journalisten, Buchhalter, Brauereivertreter, Lehrer und Missionsschüler gewesen waren, wollten nun an die Macht. Die Vorgänge an der anderen Seite des Kongo, in Brazzaville, wo Frankreichs Präsident Charles de Gaulle erklärt hatte: »Wer immer die Unabhängigkeit wünscht, kann sie sofort ergreifen!« inspirierte zu neuen Haßtiraden gegen die weißen Kolonialisten. Die Hitzköpfe und Fanatiker witterten ihre große Chance. Sie wollten die Macht, die Freiheit, die Unabhängigkeit – l'Indépendance.
Die Unabhängigkeitsfeiern begannen mit einer maßlosen Beleidigung des anwesenden belgischen Königs. Mit verzerrtem, schmalem Gesicht, den Rücken leicht gebeugt, stand der neue Ministerpräsident Patrice Lumumba vor dem Monarchen und kritisierte die belgische Kolonialherrschaft. »Wer kann die Hinrichtungen und Erschießungen vergessen, denen so manche unserer Brüder zum Opfer fielen?« fragte er bösartig. Nur in letzter Minute konnte die

sofortige Abreise König Baudouins verhindert werden. Noch in der gleichen Woche begann das Chaos. Jeder Minister erhielt einen Ford-Fairlane mit Chauffeur. Der Preis war damals 7000 $ pro Stück. Am 1. Juli kam es bereits zu den ersten Zusammenstößen zwischen Angehörigen der Lulua und Baluba. Wenige Tage danach meuterte die Force Publique, die 23 000 Mann starke Armee des Kongo. Die schwarzen Soldaten griffen ihre weißen Offiziere an, vergewaltigten weiße und schwarze Frauen, plünderten und töteten schließlich einige Belgier. Die Vereinten Nationen beschlossen die Entsendung von Truppen, und Patrice Lumumba drohte mit sowjetischer Intervention. Die Anarchie begann. In den ersten Tagen des Chaos flohen 15 000 Belgier nach Brazzaville, 2000 nach Rhodesien, 3500 nach Angola, 2000 nach Ruanda-Burundi. Am Ufer des Kongoflusses sammelten sich Tausende von Flüchtlingen, die ein Vermögen boten, um ans andere Ufer zu gelangen.
Moise Tshombé, damals noch ein wohlhabender Geschäftsmann vom Stamm der Lunda in Katanga, war aus Leopoldville nach Elisabethville geflüchtet. Nach verhältnismäßig wenigen Zusammenstößen und dem Eingreifen belgischer Truppen war die reiche Kupfer-, Kobalt-, Zinn- und Uranprovinz wieder eine Oase des Wohlstandes und des Friedens in dem unruhigen Kongo. Katanga, das bedeutete damals vierzig Prozent aller Exporte des Belgischen Kongo und ein Drittel seines Steueraufkommens. Katanga, das bedeutete auch Jadotville, die elektrolytisch arbeitende Kupferhütte mit einem Gewinn von rund 400 Millionen Mark pro Jahr. Katanga, das hieß auch Kibushi, die Zeche, die mehr einbrachte als alle Stahl- und Eisenwerke rings um Lüttich herum. Katanga war die Union Minière und war auch die historische Shinkolobwe-Mine, die das Uran für die Atombomben auf Hiroshima und Nagasaki lieferte.
Hier proklamierte Moise Tshombé am 11. Juli 1960 die Trennung vom Kongo und Katanga zur unabhängigen Republik. Inzwischen waren die ersten UNO-Truppen aus Ghana und Tunesien in Leopoldville gelandet. Die Vereinten Nationen bereiteten sich vor, Katanga wieder unter die Befehlsgewalt der kongolesischen Zentralregierung zu bringen. Geleitet von belgischen und französischen Offizieren baute Tshombé seine eigene Armee auf, die aus Söldnern aus England, Frankreich, Südafrika, Rhodesien und Deutschland bestand und als die beste Truppe im damaligen Afrika galt. Auch General Mobuto, der sich damals noch Joseph Desirée

nannte und Feldwebel war, witterte seine Chance. Am 14. September übernahm er in einem unblutigen Handstreich die Macht. Im Dezember ließ er seinen Rivalen Lumumba verhaften und bei Nacht und Nebel nach Elisabethville fliegen, wo Moise Tshombé regierte. Wenige Monate später war der Fanatiker Lumumba tot. Die wirklichen Umstände seines Todes wurden nie geklärt.

Fast ein Jahr später griffen indische (darunter Gurkha- und Sikh-Einheiten), schwedische, irische, äthiopische und dänische UNO-Truppen Katanga an. Damit begann ein Unternehmen, das die fragwürdige Rolle der Vereinten Nationen deutlich machte und die Weltorganisation fast an den Rand des Bankrott brachte. 20000 Soldaten wurden im Kongo eingesetzt. Die Aktion kostete die UNO in einem Jahr rund 28 Millionen $. Generalsekretär Dag Hammarskjoeld bezahlte seine Bemühungen um eine friedliche Lösung mit dem Leben. Die Ursache des Absturzes seiner Maschine wurde nie geklärt. Bis heute halten sich die Gerüchte, wonach sowohl Rußlands KGB wie Amerikas CIA eine Bombe an Bord seiner Sondermaschine installiert haben sollen. 1980 erklärten schwedische UN-Soldaten in einer Fernsehsendung in Stockholm, daß sie bei ihrem Einsatz in der Nähe von Elisabethville ein Flüchtlingslager der Baluba angegriffen und dabei mehrere Flüchtlinge blindlings erschossen hätten. Schwedische Zeitungen erinnerten daraufhin an das amerikanische Massaker in dem vietnamesischen Dorf My Lai und sprachen von einem zweiten My Lai am Kongo. Der Fall wurde jedoch nie weiter verfolgt.

Am 1. August 1961 wurde Cyrille Adoula, damals 40 Jahre alt, neuer Ministerpräsident des Kongo. Er besuchte in jener Zeit auch die Bundesrepublik und versuchte immer wieder den Eindruck zu erwecken, daß sein Land nun endlich die Wirren der Lumumbazeit überstanden habe. Aber inzwischen hatten sich in der Provinz Kwilu einige Leute gefunden, die die Worte Adoulas Lügen straften. Antoine Gizenga, einst Vizepremier in Lumumbas Kabinett und als Liebling Moskaus bekannt, hatte kurze Zeit in Stanleyville eine Gegenregierung gebildet, die nicht nur von den damaligen »progressiven« Staaten Afrikas, sondern auch von der Sowjetunion und Rotchina anerkannt wurde. Das Regime Gizenga war nur von kurzer Dauer. Er selbst ging anschließend nach Moskau ins Exil und tauchte erst wieder in Zürich und Brüssel auf, als die Katanga-Gendarmen 1977, zum ersten Mal aus Angola her kommend, Shaba angriffen.

Aber das Morden nahm kein Ende. In einem letzten Akt der Verzweiflung ernannte Staatspräsident Kasavubu den ehemaligen Katanga-Premier Tshombé zum neuen Ministerpräsidenten des Kongo. Fast ein Jahr, nachdem er von der UNO aus Katanga verjagt worden war, kehrte er triumphierend nach Leopoldville zurück. Am 7. September 1964 machten Freunde und Kampfgefährten Lumumbas einen neuen Versuch und gründeten in Stanleyville die Volksrepublik des Kongo. Die Leitung übernahmen die ehemaligen Lumumba-Minister Christopher Gbenye und Pierre Mulele. Sie erklärten: »Hier ist kein Platz mehr für Weiße. Wir werden die Amerikaner schonen, weil sie evangelisch und Amerikaner sind. Aber wir werden die Belgier enthaupten, weil sie katholisch und Belgier sind.« Die »Streitkräfte« der Volksrepublik bestanden aus einem wilden Haufen von etwa 2000 Mann, bewaffnet mit Speeren, Pfeil und Bogen und alten Gewehren.

Nicht nur Weiße wurden die Opfer. Zwar jagten die Banden des Pierre Mulele vor allem weiße Missionare und Missionsschwestern, aber auch die einheimische Bevölkerung in der Nähe der Missionsstationen wurde niedergemetzelt. Priester und Nonnen wurden mit Giftpfeilen ermordet oder vor ihren brennenden Niederlassungen enthauptet. UNO-Hubschrauber waren fast ununterbrochen in der Luft, um Menschen vor den Aufständischen zu retten. In letzter Minute holten sie sechs Priester, vier Brüder und fünf Novizen aus der neuerbauten Trappistenabtei bei Kikwit. Mehr als 1500 Weiße wurden in Stanleyville von den Rebellen, die sich selbst »Simbas« (Löwen) nannten, zusammengetrieben. In Zusammenarbeit mit dem Oberbefehlshaber der Armee, General Mobuto, stellte Tshombé eine Söldnerarmee auf, die unter dem Kommando des »Mad« Mike Hoare stand. Mit Wissen der Vereinten Nationen, der USA und der Tshombé-Regierung landeten schließlich am 24. November 1964 belgische Fallschirmjäger in der Hauptstadt der »Volksrepublik« und befreiten alle Weißen, darunter zahlreiche deutsche Nonnen und Missionare. Am Nachmittag erreichten auch die Söldner und Einheiten der Kongo-Armee die Außenbezirke der Stadt. 2000 Simbas fielen. 600 wurden von den Söldnern und Mobutos Soldaten »hingerichtet«. Noch in letzter Minute hatten die »Volksrepublikaner« in Stanleyville sechzig Europäer ermordet. Einigen von ihnen hatte man die Hände auf dem Rücken zusammengeschnürt und sie dann in den Fluß geworfen. Darunter waren Frauen und Kinder. Der Kongofluß wimmelte an dieser

südlichen Sudan.

ene aus dem Urwaldhospital Dr. Schweitzers in
mbarene.

Ein Sangoma, mit Kopfschmuck, beginnt in einem Zuludorf seine Arbeit.

Die Präsidenten des Senegal, Léopold Sédar Senghor, Togos, Eyadema, und der Elfenbeinküste, Houphouet-Boigny.

Gatean Duval, stellvertr. Ministerpräsident der Insel Mauritius.

Feldmarschall Idi Amin im Gespräch mit OAU-Generalsekretär Peter Onu in Kampala.

Moise Tshombé als neuer Ministerpräsident des Kongo beim Einzug in Bukavu.

Balubafrauen tanzen in den Straßen Leopoldvilles am Tag der Unabhängigkeit des Kongo.

Herz-Jesu-Missionar Pater Innerebner segnet seine Missionsgemeinde während des Aufstandes im Kongo.

Verbranntes Dorf nach Stammeskämpfen in der Provinz Kasai (Kongo-Zaire).

Der erste Ministerpräsident des Kongo, Patrice Lumumba, nach seiner Gefangennahme. ▷

Moise Tshombé nach seiner Entführung im Gefängnis von Algier.

Stelle von Krokodilen. Insgesamt bezahlten etwa 8600 Kongolesen und 500 Europäer die kommunistische Rebellion mit dem Leben.
In der Zentralregierung Tshombés traten die alten Gegensätze wieder zu Tage. General Mobuto und Staatspräsident Kasavubu nutzten die Chance, um Tshombé auszuschalten. Erneut übernahm der General in einem unblutigen Staatsstreich die Macht. Kasavubu wurde unter Hausarrest gestellt und Mobuto ernannte sich diesmal selbst zum Präsidenten. Im Laufe der kommenden Monate vereinigte er immer mehr Macht in seinen Händen, übernahm die Polizei, setzte den Ministerpräsidenten General Léonard Mulamba, einen alten Kampfgefährten ab, und entmachtete schließlich das Parlament. Moise Tshombé war kurz vorher ins Exil nach Madrid abgereist.
Chaos, Korruption, Stammesgegensätze, politisches Machtstreben, Rebellionen und Aufstände hatten den Kongo nun endgültig an den Rand des Ruins gebracht. Mobuto versprach, alle Probleme zu lösen. In einem makabren Schauspiel organisierte der General jetzt den Prozeß und die Hinrichtung bekannter Politiker und Gegner. Am 30. Mai 1966 erlebten 200 000 Menschen in den Parkanlagen des Militär-Camps Kokolo außerhalb Leopoldvilles die Verurteilung vier ehemaliger Minister der Regierungen Lumumba, Adoula und Tshombé. Der 2. Juni wurde zum Staatsfeiertag proklamiert. 300 000 Zuschauer strömten zusammen, lachten und scherzten und beschimpften die Todeskandidaten, die stumm zu den aufgerichteten Galgen schritten. Am Fuße derselben standen vier weiße offene Särge bereit.
Von Zeit zu Zeit wiederholte General Mobuto, der nun wie ein Monarch den Kongo regierte, diese widerlichen »Veranstaltungen«, die den Abscheu der Welt erregten. Wegen eines Putschversuches wurden im Juni 1975 einundsechzig hohe Offiziere der Kongo-Armee – darunter sechs Brigadegeneräle, zwölf Obersten und achtzehn Majore – vor Gericht gestellt. Die meisten von ihnen wurden hingerichtet. Auch nach dem ersten Angriff der Katanga-Gendarmen auf die Provinz Shaba 1977 ließ er acht hohe Armeeoffiziere und fünf Zivilisten in dem Ortsteil Binza erschießen. Sie wurden beschuldigt, zusammen mit der in Brüssel etablierten Exilgruppe MARC (Mouvement d'Action pour la Resurrection du Congo) den Sturz Mobutos vorbereitet zu haben. Verschiedene Massaker im Lande, ausgeführt von Sondereinheiten der Armee, sorgten für Ruhe und Ordnung unter den Stämmen. Die bestens organisierte

Geheimpolizei CND (Centre National de Documentation) und die schlagkräftige Leibwache des Präsidenten, die mit elfenbeingeschmückten Waffen ausgerüstet ist, haben den Kongo bis heute fest im Griff. In seinem Palast in den Hügeln des Mont N'Galiema mit Blick auf das heutige Kinshasa kann Mobuto ruhig schlafen.
Ende des Jahres 1966 griff Mobuto nach den Kupferminen der »Union Minière« in Katanga. Die mächtige Gesellschaft wurde »kongolisiert« und verlor dadurch drei Milliarden Mark. Außerdem begann die »Kongolisierung« des Staates, der nun in Zaire umgetauft wurde. Die Provinz Katanga hieß fortan Shaba. Aus den Städtenamen Leopoldville, Stanleyville, Coquilhatville und Luluabourg wurden Kinshasa, Kisangani, Mbandaka und Kananga. Mobuto selbst, der auf den Namen Joseph Desirée katholisch getauft war, nannte sich ab sofort Mobuto Sese Seko Kuku Ngbendu wa-za-Bangu (Mobuto, der allmächtige Krieger, der wegen seiner Ausdauer und seines unbeugsamen Willens zum Sieg von Eroberung zu Eroberung schreitet). Zur Verstaatlichung schrieb damals die »Süddeutsche Zeitung«: »Generalfeldwebel und Staatspräsident Joseph Desirée Mobuto hat die Kuh, die bisher schon auf seiner Weide graste und ihm die Milch lieferte, nun auch in den eigenen Stall gestellt.«
Dann aber ging Anfang Juli 1967 eine Nachricht um die Welt, die Mobuto erneut um seine Existenz fürchten ließ. Moise Tshombé war auf dem Flug nach Madrid mit einer gecharterten Privatmaschine nach Algerien entführt worden. Ein Feilschen um seinen Kopf begann. Die Motive der Kidnapper wurden niemals genau bekannt. Angeblich soll Mobuto versucht haben, mit Hilfe des amerikanischen CIA seinen Gegenspieler zu beseitigen. Man sprach von Bestechungsgeldern in Höhe von mehreren Millionen Dollar. Hinter den Kulissen begann ein Tauziehen um die Befreiung des immer noch gefürchteten Katanga-Präsidenten. Geheimnisvolle Kreise in der westlichen Finanzwelt, die wußten, daß ich der einzige Weiße war, der Tshombé im Gefängnis in Algier gesehen und gesprochen hatte, suchten Kontakt mit mir und boten ernorme Summen für Informationen, die eine Befreiungsaktion ermöglichen würden. Das erste Treffen mit den geheimnisvollen Gesprächspartnern wurde von Tshombés deutscher Freundin Marianne Thal (die in München lebte) arrangiert und fand in Regensburg statt. Ein Betrag von 4,5 Millionen $ stand nachweislich zunächst zur Verfügung. Aber alle Geldangebote, Gespräche und Vorbereitungen

waren vergebens. Genau zwei Jahre nach seiner Entführung starb der intelligenteste und rassisch undogmatischste aller kongolesischen Politiker einsam und fast erblindet in einem Militärgefängnis in Algier. Die algerische Regierung nannte Herzversagen als Todesursache. Die damals 44jährige Witwe Ruth holte den Toten ab und ließ ihn in Brüssel begraben.

Jahre sind vergangen. Aus den Feinden von einst sind Freunde und Bundesgenossen von heute geworden. Tausende Katanga-Gendarmen kämpften während des Guerillakrieges unter portugiesischer Flagge in Angola gegen die aus dem Kongo einsickernden Rebellen Holden Robertos. Als Portugal Angola 1975 in die Unabhängigkeit entließ, fürchteten die Männer aus Katanga die Rache der FNLA und Opfer eines schäbigen Spiels zu werden. Sie schlugen sich auf die Seite der siegreichen marxistischen MPLA, die ihnen außerdem noch Sicherheit, Vergeltung an Mobuto und die Heimkehr in ein unabhängiges Katanga versprach. Tshombés Todfeinde, die MPLA Agostinho Netos, die kommunistischen Rebellen von Stanleyville und Albertville, Antoine Gizenga und Gaston Soumialot sowie Tansanias Julius Nyerere, fanden sich plötzlich im gleichen Lager wieder wie Sohn Jean Tshombé, der von Brüssel aus Rache für seinen Vater forderte.

Die erste Katanga- oder Shaba-Invasion der »Termiten« aus Angola kam im März 1977. In strömendem Regen und sumpfigen Gelände hatten etwa 2000 Katanga-Gendarmen Mobutos gutausgerüstete, aber miserabel ausgebildete Armee zum Rückzug gezwungen, die Stadt Mutshatsha erobert und befanden sich nun rund 100 km vom Kupfer- und Kobaltgürtel der Provinz entfernt. Die Rebellen waren von Kubanern ausgebildet worden und standen unter dem Kommando des Generals Nathaniel Mbumba. Mit Hilfe der USA, Frankreichs und Belgiens konnte Mobuto jedoch das Rad noch einmal in letzter Minute herumreißen. Die eigentlichen Sieger waren 1500 marokkanische Soldaten einer Elite-Einheit, die auf Bitten Mobutos eingeflogen wurden und praktisch die Invasoren über die Grenze nach Angola zurückdrängten. Der General und Staatspräsident von Zaire, der sich nun »le guide« (Führer) nennen ließ, benutzte den »Sieg« zu einem neuen Spektakel. Wie ein römischer Kaiser zeigte er sich im »Stadion des 20. Mai« in Kinshasa, während der Auslandspresse zur gleichen Zeit die ersten schwerverwundeten Gefangenen vorgeführt wurden und die rasende Menge »mort, mort!« schrie.

Aber die Drahtzieher hinter dem Angriff hatten erkannt, daß jeder erfolgreiche Vorstoß gegen die reiche Shaba-Provinz das Todesurteil für Mobuto sein würde. Es mutet fast wie eine Ironie des Schicksals an: Dem gemeinsamen Einsatz der Vereinten Nationen unter Dag Hammarskjoeld und der amerikanischen Diplomatie unter dem Einfluß John F. Kennedys war es Anfang der sechziger Jahre gelungen, den pro-westlichen Tshombé zu Fall zu bringen, obwohl er (u. a. in einem Gespräch, das ich damals mit ihm führte), der Meinung war, daß ein einheitlicher Kongo nicht zu regieren sei. Er plädierte für eine Föderation, weil das Land zu groß (halb so groß wie Europa) und der Haß zwischen den Stämmen in Urwald und Savanne enorm sei. Jahrelang hatte Mobuto den Riesenstaat zusammenhalten können. Jetzt versuchten Katanga-Gendarmen, unterstützt von Kubanern, Ostdeutschen und Russen, erneut die Shaba-Provinz aus dem Staatsgebilde herauszubrechen. Amerikas UNO-Botschafter in New York, Andrew Young, produzierte eine seiner unglaublichen diplomatischen Fehlleistungen und sprach davon, daß die Anwesenheit kubanischer Truppen in Angola ein stabilisierender Faktor sei.

Etwa ein Jahr später (im Mai 1978) kam der Angriff mit Hubschraubern und MIG-Jagdbombern. Im Handstreich wurden die wichtigsten Städte Kolwezi und Mutshatsha genommen. Die sowjetischen, kubanischen und ostdeutschen Planer waren diesmal klüger ans Werk gegangen. Entscheidend war dabei die Tatsache, daß der damalige sowjetische Botschafter in Lusaka, Vasili G. Solodownikow, den ewig schwankenden Präsidenten Kenneth Kaunda davon überzeugen konnte, gemeinsame Sache mit den Marxisten zu machen. Franz Josef Strauß sagte einmal von Sambias Präsidenten Kaunda, daß er heute »God save the Queen« singt und morgen die »Internationale«. Er hatte ihn richtig eingeschätzt. Kaunda verpflichtete sich jedenfalls, die UNITA-Guerillas des Dr. Jonas Savimbi nicht mehr zu unterstützen und damit Angola zu entlasten. Außerdem erlaubte er den Katanga-Gendarmen, über das Hoheitsgebiet Sambias nach Shaba einzudringen.

Kenner der Verhältnisse zeigten damals schon erhebliche Zweifel an der Sage der Katanga-Gendarmen. Sie betonten, daß aus den ehemaligen Soldaten der Armee Tshombés längst eine radikale linke Truppe unzufriedener Lundus geworden sei. Auch junge Angolaner und Kubaner gehörten dazu. Sie waren Teil der Bewegung FNLC (Nationale Befreiungsfront des Kongo), die von der

MPLA akzeptiert und gefördert und von Militärexperten der DDR ausgebildet wurden. Zu den Ausbildern gehörten auch kubanische Instrukteure. Schriftstücke in spanischer Sprache wurden bei dem Angriff gefunden. Außerdem wußten die Sowjetunion, die DDR und Polen bereits vorher von der geplanten Invasion. Wie anders ist es zu erklären, daß ausgerechnet diese Länder kurz vorher große Mengen Kobalt auf dem freien Markt in London ankauften? Offensichtlich wollten sie einer kommenden Kobalt-Knappheit vorbeugen. Zaire förderte damals 70 % der Weltproduktion.

Diesmal zeigte der Westen keinerlei Zurückhaltung mehr. Bereits am 18. Mai 1978 starteten 1700 belgische Fallschirmjäger des 3. Bataillons in Brüssel-Melsbroek für den Flug nach Zaire. Am 19. Mai wurde der Flugplatz von Kolwezi vom 311. zairischen Fallschirmjägerbataillon (einer von den Franzosen gedrillten Eliteeinheit) wieder zurückerobert. Am gleichen Tag landeten 700 Mann des 2. Fallschirmjägerregiments der französischen Fremdenlegion und begannen mit der Evakuierung der 2500 Europäer. Die Militärs wurden mit 18 in Europa stationierten US-Transportflugzeugen vom Typ C-141 und einer Galaxy als logistischer Unterstützung nach Afrika geflogen. Fremdenlegionäre durchkämmten die Stadt. Im Gästehaus der Gesellschaft »Gécamines« fanden sie zwölf Tote, alle weiß. Im Krankenhaus »Collège Jean XXIII« wurden über 40 Patienten in ihren Betten erstochen, berichtete »Spiegel«-Redakteur Erich Wiedemann. »Einigen Toten fehlen die Ohren, anderen die Köpfe. Der holländische Techniker Louis van der Meer erinnerte sich an einen siebenjährigen Jungen, der ihm verstört erzählte: ›Mein Bruder kann nicht schlafen. Er hat keinen Kopf mehr.‹« So heißt es in der »Spiegel«-Reportage Wiedemanns. Ein Frankfurter Maschinenbauingenieur mußte sterben, weil er sich geweigert hatte, den Besatzern seinen Mercedes auszuliefern. Bereits am 5. Juni war die eigentliche Aktion der europäischen Soldaten beendet. Eine interafrikanische Streitmacht, bestehend aus 1511 Marokkkanern, 500 Senegalesen, 300 Zentralafrikanern, 159 Togolesen, 60 Ägyptern, 44 Soldaten aus Gabun und 110 Soldaten von der Elfenbeinküste, löste die Fallschirmjäger ab.

Wenige Tage später trat in Brüssel eine »Zaire-Konferenz« zusammen, an der Experten aus zehn westlichen Ländern sowie des Internationalen Währungsfonds (IWF), der Weltbank und der EG-Kommission teilnahmen, um über eine wirtschaftliche Sanierung des Landes zu beraten. Neue IWF-Kredite wurden an politische und wirtschaftliche Auflagen geknüpft. Vor allem sollte sich Mobuto mit der Opposition aussöhnen und sich an demokratische Spielregeln halten. In wirtschaftlicher Hinsicht gehörte dazu die Ernennung eines Direktors und sechs weiterer Mitarbeiter der Zairischen Zentralbank sowie die Einsetzung eines zairischen Generalinspekteurs für das Finanzministerium durch den IWF. Der ernannte deutsche Bankier Blumenthal war entsetzt über die Korruption in Regierungskreisen bis hin zum Präsidenten. Auch der Einfluß der Belgier schien ihm nach wie vor ungeheuerlich. Blumenthal stellte u. a. fest, daß vom Ertrag der Kaffee-Ernte in Höhe von 500 Millionen $ nur 120 Millionen $ in den Tresoren der Staatsbank gelandet waren. Bisher hatte niemand über die Milliardenbeträge geredet, die General Mobuto in Schlössern, Hotels, Zeitungsverlagen und Wohnhäusern in Europa investiert hatte. In Kinshasa und in der Nähe der Hauptstadt ließ der »große Führer« zahlreiche Prestigebauten errichten, darunter eine »Cité der afrikanischen Einheit«, eine mehrere Quadratkilometer große Farm mit einem Teehaus in chinesischem Stil, ein Parteizentrum mit großem Versammlungssaal und zahlreichen Bungalows für ausländische Gäste.

Von einer wirklichen Befriedung des Landes konnte nach wie vor keine Rede sein. Ein wirtschaftliches Stabilisierungsprogramm vergrößerte die Armut der städtischen Bevölkerung. In Zaire herrscht bis heute eine latente Unzufriedenheit. 1979 kam es zu Demonstrationen von Jugendlichen in Kinshasa. Die Armee eröffnete das Feuer. Die Zahl der Toten wurde niemals genannt. Belgien schickte erneut Fallschirmjäger, diesmal um die 25 000 Belgier zu schützen, die in Zaire arbeiten und deren Rückkehr nur die Arbeitslosigkeit im eigenen Land vergrößern würde. An der wirtschaftlichen Lage des Landes, die nicht viel schlimmer ist als in den meisten afrikanischen Staaten, änderte sich wenig. Die europäische Wirtschaftshilfe wurde – wie überall in Afrika – leichtsinnig und unkontrolliert verschwendet.

Banditentum und wirtschaftliche Kriminalität konnten bis zum heutigen Tag nicht ausgerottet werden. Auch der Waffen- und Diamantenschmuggel, vor allem in der nur schwer kontrollierbaren Provinz Orientale (Grenze mit dem Sudan und Uganda), blühen wie eh und je. Söldnerbanditen aus Uganda und Angola sorgen in dieser Gegend immer wieder für eine unsichere Situation. Falsche Prognosen und Wunschdenken, sowohl in den sozialistischen

Nachbarstaaten, in denen die Sowjets und Kubaner eine Rolle spielen, wie auch in gewissen Kreisen Westeuropas, sagten verschiedentlich den Sturz Mobutos voraus. Westliche Interessen trugen jedoch mit dazu bei, daß der General, der als Feldwebel der Force Publique und als kleiner unbedeutender Journalist seine erstaunliche Karriere begonnen hatte, fest im Sattel sitzt. Wie immer man über den Präsidenten Zaires denkt, man muß zugeben, daß er persönlichen Mut, Energie und Fähigkeiten besitzt, um bis zum heutigen Tag dieses Riesenreich zu regieren. Hinzu kommt, daß eine Anlehnung an den Westen sich immer für ihn auszahlte. Umgekehrt aber muß der Westen sich den Vorwurf gefallen lassen, sich in Afrika die falschen Freunde auszusuchen. Nguza Karl I Bond, der frühere Außenminister Zaires, der von Mobuto zum Tode verurteilt, auf Druck des Westens begnadigt und dann zum Premierminister ernannt wurde, flüchtete schießlich nach Belgien. Von Brüssel forderte er das zairische Volk auf, das Regime Mobuto zu stürzen. »Zaire liegt mehr denn je in Agonie«, erklärte er nach seiner Flucht. »Die Hilfe des Westens ist wie Sauerstoff, der den Todeskampf verlängert, aber das eigentliche Übel bleibt unberührt.«

Auch der nach Belgien geflüchtete Sozialdemokrat Ali Kalonga warnte: »Das Lumpenproletariat von Kinshasa begreift langsam, daß der ›Große Führer‹ durch und durch korrupt ist und sein Land den korrupten ›Afrikaniseuren‹, den schwarzen Clans mit tiefen Verästelungen in allen Ämtern, Betrieben und staatlichen Institutionen, nicht mehr gewachsen ist.«

Noch hat Mobuto die Macht fest in der Hand. Die von ihm eingesetzten »Volkskommissare« werden gut bezahlt und haben kein Interesse an Kritik und Opposition. Die Bürger – mit »Citoyen« oder »Citoyenne« angeredet – haben keinen Einfluß und wollen nur überleben. Dennoch ist die Ruhe am ehemaligen Kongo vielen Beobachtern unheimlich. Im Nachbarstaat Angola wartet inzwischen Antoine Gizenga, der unscheinbare Intellektuelle aus Kitwit, der gelernt hat, die Sphinx zu spielen, auf den Beginn eines neuen Aufstandes. Er und Moskau haben Zeit. Eine neue Explosion könnte jedoch viel schlimmer werden als das 1960 begonnene Chaos. Ein belgischer Kritiker formuliert es so: »Anstelle von 250 belgischen Familien regieren jetzt 50 Verwandte Mobutos das Land. Das Erwachen wird schrecklich sein...«

»Der Tanganyika-See ist voller Krokodile«

Ruanda – Burundi

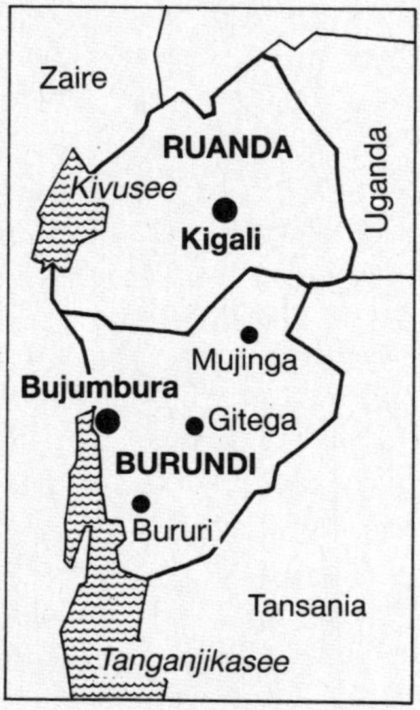

Würde man die beiden ungleichen Staaten Ruanda und Burundi nach den Schlagzeilen beurteilen, die sie im Laufe ihrer Existenz in der internationalen Presse verursacht haben, käme der eine recht und schlecht, der andere aber »vielleicht etwas besser« dabei weg. Nur wenige Male machte Ruanda Schlagzeilen in der Weltpresse. Gewiß, auch dort gab es Stammesfehden, Putschversuche und Massaker; sie weckten allenfalls kurzfristiges Interesse. Aber die Tatsache, daß sich in Burundi zwei Stämme (abgebrühte westliche Afrika-Reporter sprachen ironischerweise – fast wie beim Fußballspiel – immer nur von den Langen und den Kurzen) fast gegenseitig ausrotteten, stand nur kurzfristig im Mittelpunkt der modernen Berichterstattung über den schwarzen Kontinent. Die Sensationshascher interessierten sich kaum für den Tod von mehr als 250 000 Menschen, einen Völkermord, der auch in der Geschichte des modernen Afrikas fast ohnegleichen ist. »Wenn ein solches Massaker

im weißen Südafrika stattfinden würde, gäbe es einen internationalen Aufruhr«, sagte mir ein schwarzer Diplomat sarkastisch während der Gipfelkonferenz der Organisation für Afrikanische Einheit in Addis Abeba im Sommer 1975. »Aber jetzt ist es ja nur Schwarz-Afrika, also was soll's?«
Das mit viel Pomp und unter Mitwirkung nationalsozialistischer Prominenz herausgegebene »Buch der deutschen Kolonien« (Wilhelm Goldmann Verlag Leipzig 1937) hatte für das ehemalige deutsche Besitztum nur wenige Zeilen übrig. Es wurde lediglich von einer Berglandschaft in »Deutsch-Ost-Afrika«, jetzt »belgisches Mandatsgebiet« gesprochen. Die Belgier dagegen zeigten bereits im Ersten Weltkrieg ein großes Interesse an dem Stammesgebiet Ruanda-Burundi. Der Wunsch nach Eroberung der beiden westlichen Provinzen Deutsch-Ostafrikas – Ruandu und Urundi (erst später wurde Burundi daraus) – war für den belgischen Oberbefehlshaber der 11 000 Mann starken Truppe im Kongo, General Tombeur, die Antriebsfeder, sich auf eine gemeinsame englisch-belgische Offensive einzulassen, die im Mai 1916 begann. Brüssel machte kein Hehl daraus, das ganze östliche Ufer des Tanganyika-Sees und des Viktoria-Sees unter seine Kontrolle bringen zu wollen und eventuell als Verhandlungsobjekt bei zukünftigen Friedensgesprächen zu benutzen.
Die Offensive der Alliierten im europäischen Frühjahr und Sommer 1916 gegen die Truppen Lettow-Vorbecks und dessen General Kurt Wahle verlief äußerst träge. Nur der Vormarsch der belgischen Truppen unter einem gewissen Oberst Molitor verlief schneller als erwartet, so daß sie bereits am 17. September 1916 die Stadt Tabora, eine wichtige Eisenbahnstation, eroberten. Bösartige Zungen führten den Sieg der Belgier zurück auf das einmalige Image, welches die belgischen Askaris bei den Stämmen Ostafrikas besaßen. Es steht fest, daß damals praktisch alle Eingeboreneneinheiten der europäischen Kolonialmächte Kannibalen in ihren Reihen hatten. Die meisten Menschenfresser gehörten jedoch Stämmen aus dem Belgischen Kongo an. Die Stammesangehörigen in Ostafrika flüchteten daher kampflos, wenn sie wußten, daß die belgische Armee marschierte. In makabren Geschichten wurde sogar behauptet, daß die Belgier an Verpflegung und Sold sparten, weil sie den Kolonialsoldaten die Träger zur Verfügung stellten, wenn die mitgeschleppten Lebensmittelvorräte zu Ende gingen.
1921 kam für Belgien die Belohnung. Ruanda und Urundi, die im

ehemaligen Deutsch-Ostafrika als Residenzen galten, wurden vom Völkerbund dem Königreich Belgien zugesprochen. Seitdem war man in der Rue du Trône No 5 in Brüssel, dem Sitz des Kolonialministeriums, kaum an deutschen Besuchern und noch weniger an deutschen Journalisten interessiert. Als die belgische Kolonie mit dem damaligen Kongo zusammen 1956 das hundertjährige Bestehen des Besitztums König Leopold II. und das 75jährige Jubiläum der »Armee Congolaise« feierte, wurde mein Visumantrag mit recht fadenscheinigen Ausreden abgelehnt.

Dennoch konnte das Kolonialministerium in Brüssel wenige Jahre später nicht mehr verhindern – und war auch wohl kaum noch daran interessiert –, daß die Reporter aus aller Welt in den Kongo zogen und im Sog der kolonialen Befreiungswelle Anfang 1960 über Missionare und Massaker, Kongo-Armee und UNO-Truppen, Söldner, Gauner und Generäle berichteten. Die ethnischen Konflikte zwischen den Hutus und den Tutsis, die vor allem in Burundi zu grausamen Stammesfehden führten, machten Schlagzeilen. Auch die Selbstmordaktion der unter Führung des Belgiers Jean Schramme stehenden Söldnertruppe gegen Bukavu, der Ferienresidenz der belgischen Haute volée am malerischen Südende des Kivu-Sees, zog noch einmal die Weltpresse an. Dabei stand das Schicksal dieser später in der Hauptstadt Ruandas, Kigali, internierten Landsknechte jedoch weitaus mehr im Vordergrund als die Leiden der einheimischen Bevölkerung. Als man die letzten Söldner mit Hilfe des Roten Kreuzes nach Europa abtransportiert hatte, war es mit der professionellen Neugier vorbei. Ruanda war nicht mehr interessant genug. Ausschreitungen gegen die Tutsis in den Jahren 1972 und 1973 wurden als »das Problem der Langen« abgetan, und der unblutige Staatsstreich des damaligen Generals und heutigen Präsidenten Ruandas, Juvenal Habyarimana, im Juli 1973 war nur noch eine unbedeutende Meldung im Tagesgeschehen. Zumindest um den Staat Ruanda im Herzen Afrikas wurde es auffallend still.

Das rund 26000 Quadratkilometer große Ruanda, das einstmals von belgischen Touristen die Schweiz Afrikas genannt wurde, ist etwas kleiner als Belgien (30154 km^2) und ist Teil des sogenannten Zwischenseengebiets. Dieser Raum liegt zwischen dem Viktoria-See im Osten, der Seenkette des zentralafrikanischen Grabens (Mobuto-Sese-Seko-See, früher Albert-See, Idi-Amin-See, früher Edward-See, Kivu-See und Tanganyika-See) im Westen, der Steilstufe von Unjamwezi im Süden und dem Viktoria-Nil im Norden. Er umfaßt den Westen des Staates Uganda, die Länder Ruanda und Burundi sowie die Nordwestecke von Tansania. Die ersten bekannten Einwohner waren die Twa, ein Pygmäenvolk, das als Wildbeuter lebte oder als Töpfer und Musikanten auftrat. Die Twa (etwa 1 % der Bevölkerung) werden auch heute noch vielfach gemieden. Nach und nach drangen in den gleichen Raum die zur Gruppe der Hutu gehörenden Bantuvölker ein, Ackerbauern, die kein Vieh besaßen, die Wälder rodeten und die das Land bebauten. Ihnen wiederum folgten im 15. und 16. Jahrhundert äthiopische Viehzüchter, die sich durch extreme Körpergröße, schlanken Wuchs und große Intelligenz auszeichneten. Sie sprachen vom Land der tausend Hügel, waren der ansässigen Bevölkerung zahlenmäßig zwar weitaus unterlegen, konnten jedoch die herrschenden Schichten allmählich absorbieren, durch Einheirat unterwandern oder geschickt abdrängen. Dieses Hirtenvolk der Watussi errichtete ein Feudalsystem, in dem die Hutu-Ackerbauern unterjocht und ausgebeutet wurden. Ein rätselhaftes Königreich, geführt von einem sakralen Herrscher, entstand, und bis zum 19. Jahrhundert verfügte Ruanda über eine große Macht, eine schlagkräftige Armee und war bei allen Nachbarn gefürchtet. Der Verwaltungsapparat war straff organisiert.

Ruanda und Urundi galten als Sultanate und fielen 1890 durch den sogenannten Helgoland-Vertrag an Deutschland. Erst 1896 errichteten die Deutschen ihre erste Militärstation in Usumbura (heute Bujumura/Hauptstadt Burundis). 1899 wurde Ruanda Teil der deutschen Kolonie Ostafrika. Als die Deutschen die Verwaltung übernahmen, ohne jedoch die bestehenden ausbeutenden Sozialstrukturen anzutasten, wurden sie äußerst freundlich empfangen. Das Nachbarland Urundi schloß 1903 unter dem König MWami Kissabo ebenfalls einen Schutzvertrag mit den Deutschen ab und wurde Protektorat. Obwohl es in anderen Teilen der Kolonie zu zahlreichen Aufständen kam, die von der deutschen Schutztruppe blutig niedergeschlagen wurden, blieb es in Ruanda ruhig. Forschungsexpeditionen und militärische Kolonnen machten den deutschen Herrschaftsanspruch auch im Innern der deutschen Kolonie geltend. Unter Graf Gustav Adolf von Götzen, der später Gouverneur Deutsch-Ostafrikas wurde, entdeckten Expeditionen den Kivu-See und die Vulkane der Ruwenzoriberge.

Dennoch waren die deutschen Kolonien zum größten Teil Prestigeobjekte und Zuschußunternehmen. Otto von Bismarck, der gegen seinen Willen in die Kolonialpolitik gedrängt wurde, erklärte noch 1881: »Solange ich Kanzler bin, werden wir keine Kolonialpolitik betreiben.« Er hatte die Situation richtig erkannt. Von der Gründung bis 1914 erhielten die deutschen Kolonien in Afrika 451,5 Millionen Mark an Reichszuschüssen, Ostafrika allein 122 Millionen Mark. Als eines der wenigen Verdienste aus der deutschen Zeit gilt die Förderung des Schulsystems in Ostafrika. Dabei spielte die Tatsache, daß die lingua franca, das Suaheli, besonders gefördert wurde und damit die spätere nationale Integration wesentlich erleichterte, eine große Rolle. Davon profitierte auch Ruanda. Obwohl heute Französisch und Kinjaruanda offizielle Amtssprachen sind, ist das Suaheli oder Kisuaheli die bedeutendste Umgangssprache im Lande selbst sowie auch im benachbarten Burundi.

Gerade in unserer Zeit, in der der Kolonialismus und vor allem die deutsche koloniale Vergangenheit als verdammenswürdige Periode des Imperialismus dargestellt werden, sollte man doch auch einmal einige positive Leistungen erwähnen. Immerhin zählte man 1911 in allen deutschen Kolonien Afrikas 1836 Elementarschulen mit 113356 Kindern, 58 daran anschließende »gehobene Schulen« für die Ausbildung von Hilfskräften mit 3244 Schülern sowie 37 »Lehranstalten für praktische Arbeit« mit 837 Schülern. Bereits 1906 gab es in Deutsch-Ostafrika verschiedene Zeitungen in der Landessprache, die auch in Ruanda und Burundi verbreitet wurden. Eine davon veröffentlichte am 15. 11. 1906 eine »Verordnung, die allen Menschen Freude macht«, und zwar im Auftrag des Kaiserlichen Bezirksamtmannes. Darin hieß es »... daß die Menschen nunmehr wieder die Erlaubnis haben, immer die ganze Nacht hindurch spazierenzugehen. Aber es ist verboten, zu lärmen und Unannehmlichkeiten zu machen. Die Leute sollen nur ruhig ihrer Wege gehen.«

Der Erste Weltkrieg brachte das Ende der deutschen Kolonialherrschaft. Das Mandatssystem, wodurch Ruandu und Burundi Belgien zugesprochen wurden, war auf Vorschlag des südafrikanischen Generals Jan Smuts eingeführt worden und stützte sich – ironischerweise – auf ein Blaubuch über deutsche Kolonialverbrechen, das von der damaligen südafrikanischen Union zusammengestellt worden war. Pretoria zog das Blaubuch 1926 als »Machwerk der Kriegspropaganda« zurück. Hitler und Goebbels benutzten diesen

Tatbestand später geschickt als Beweis für »die Lüge von der deutschen Kolonialschuld«.
Unter belgischer Herrschaft blieb das ausbeutende Sozialsystem in Ruanda bestehen. 1944 mußte der Vizegouverneur Ruanda-Urundi, Jungers, zugeben, daß in seinem Bezirk 36 000 Menschen verhungert waren. Das Land gehörte dem MWami, dem Tutsikönig. Die bestehende Feudalordnung verhinderte auch, daß Weiße sich in Ruanda ansiedeln konnten. Die Unterrichtung von Untergebenen und Angestellten war verboten. Nur der Religionsunterricht und das Studium an katholischen Seminaren waren erlaubt. Dadurch sind heute 50 Prozent der Bevölkerung Christen, und zwar zum größten Teil römisch-katholisch. Bei der politischen Entwicklung spielte der katholische Erzbischof Mgr. André Perraudin eine wichtige Rolle. Unter seinem Einfluß wurde die Emanzipation der unterdrückten und rückständigen Hutus systematisch vorangetrieben. Fast alle Politiker Ruandas, darunter auch der erste Staatspräsident Grégoire Kayibanda, wurden an katholischen Missionsschulen ausgebildet.
Die nach dem Zweiten Weltkrieg beginnende politische Aktivität im Lande hatte – im Gegensatz zur Mehrheit der afrikanischen Staaten – nicht die Beseitigung der weißen Herrschaft, sondern die der Tutsi-Oligarchie zum Ziel. Kurz vor der Unabhängigkeit wurde sogar noch eine Partei gegründet, die sich »Nyandabera« (Die Weißen lieben) nannte und sich für die Zusammenarbeit aller Rassen einsetzte. 1957 gründete Kayibanda das »Mouvement Social Muhutu«. Andere Parteien folgten. Ihnen gegenüber stand eine monarchistische und extremistische Tutsi-Partei, die die Macht der Minderheit erhalten wollte und nicht vor Gewalt und Mord zurückschreckte. Sie hieß »Union Nationale Rwandaise« (UNAR). Der Konflikt zwischen den beiden wichtigsten Stämmen des Landes spitzte sich immer mehr zu und erreichte mit dem Tod des belgienfreundlichen Königs Mtara III. im Juli 1959 einen Höhepunkt. Beeinflußt durch Tutsi-Extremisten wurde sein unerfahrener Nachfolger und jüngerer Bruder, Kigeri V., die treibende Kraft zur Beseitigung der Hutu-Elite. Es kam zum Aufstand der Hutus, bei dem sich die Twa-Pygmäen auf die Seite der unterdrückten Bauern schlug. Schätzungen zufolge flohen 140 000 Tutsis in das benachbarte Burundi. Es gab Tausende von Toten. Der Aufstand wurde Ende 1959, Anfang 1960 von belgischen Truppen niedergeschlagen. Der MWami Kigeri flüchtete und versuchte, den kommu-

nistischen Block für die Sache der Tutsis zu interessieren. Die Kolonialmacht Belgien akzeptierte eine Hutu-Regierung und später sogar die Abschaffung der Monarchie. Unter Kontrolle der Vereinten Nationen fand ein Referendum statt. Eine gewaltige Mehrheit der Bevölkerung entschied sich für die Abschaffung der Monarchie. Am 1. September 1962 erhielt Ruanda seine Unabhängigkeit. Grégoire Kayibanda wurde der erste Präsident der neuen Republik.

Kayibandas Ziele waren zunächst die Befreiung von der Kolonialherrschaft und die Vernichtung des Tutsi-Feudalsystems. Die Führung übernahm dabei die zur Einheitspartei gewordene »PARMEHUTU« (Parti du Mouvement de l'Emancipation Hutu). Ihr gelang zwar die politische Befreiung der Bevölkerung (1978 waren es 4,5 Millionen Einwohner), aber die wirtschaftliche Befreiung war einfach undurchführbar, da Ruanda durch seine geographische Lage, durch den Mangel an Rohstoffen und durch seine Infrastruktur isoliert ist. Auch die Versöhnung mit den Tutsis gelang nicht, da diese die Rache des zahlenmäßig überlegenen Stammes der Hutus fürchteten. Ihr Verhalten wurde immer wieder durch die regierenden Tutsis im Nachbarland Burundi beeinflußt und führte bereits in den sechziger Jahren zu blutigen Auseinandersetzungen. Zahlreiche Tutsis flüchteten nach Süden und sannen dort auf Rache.

Am 5. Juli 1973 übernahm General Juvenal Habyarimana durch einen unblutigen Putsch die Macht. Er gehört zu den gemäßigten Hutus und will den ethnischen Konflikt mit friedlichen Mitteln lösen. Mit der Gründung einer neuen Einheitspartei am 5. Juli 1975, die sich »Nationale Revolutionäre Bewegung für die Entwicklung« (MRND = Mouvement Révolutionaire National pour le Développement) nennt, stiegen die Erwartungen der Bevölkerung. Rezession und Krisen der Weltwirtschaft beeinflußten jedoch weiterhin die Situation im Lande. Die Inflation vergrößerte die Kluft zwischen der Staatsbourgeoisie und der Masse. Anstelle der ethnischen Gegensätze trat plötzlich der Klassenkampf.

Am 4. Mai 1980 wollte der Chef der Sicherheitspolizei, Major Théonaste Lizinde, den Präsidenten stürzen und die Macht an sich reißen. Lizinde galt als fanatischer Gegner der Tutsi-Minderheit und als Befürworter einer Form der Apartheid, die zu einer radikalen Trennung der Stämme führen sollte. Gegenüber einem deutschen Entwicklungshelfer äußerte sich der Geheimdienstchef einmal, daß viele Hutu-Minister, der überwiegende Teil der Regierung, mit den bekannt schönen Töchtern der Tutsi-Familien verheiratet seien. Er betrachtete dies als Gefahr für die Hutu-Vorherrschaft. Der Haß gegen die intelligente Minderheit, die in vielen Ministerien und Behörden zwischen 15 % und 22 % der Führungskräfte stellt, bleibt ein bedeutender innenpolitischer Faktor und Krisenherd. Aber auch von außen her drohten wiederholt Gefahren. Umringt von den recht unruhigen »großen Brüdern« Uganda, Tansania und Zaire hatte Ruanda jede Mühe, es ihnen allen recht zu machen und keinen zu verärgern. Getrieben von seinen ehrgeizigen Ambitionen wollte Tansanias Staatschef Julius Nyerere den kleinen Nachbarn gefügiger machen. Als Präsident Habyarimana 1977 einen Staatsbesuch in Tansania machte, drohte Feldmarschall Idi Amin damit, die Flüchtlinge aus Ruanda zu bewaffnen, um die Regierung in Kigali zu bekämpfen. Der Krieg zwischen Tansania und Uganda, der zum Sturz Amins führte, unterbrach auf Monate hinaus die lebensnotwendige Verbindung mit dem Hafen Mombasa in Kenia. Ein großer Teil der unersetzlichen Fernlastwagen wurde in Uganda beschlagnahmt oder zerstört. Auch zwischen Ruanda und dem Nachbarn Burundi wurden viele Dinge bisher nicht geklärt. Dem UNO-Hochkommissar für Flüchtlinge zufolge gibt es in beiden Ländern Heimatlose aus dem anderen Staat, die gegebenenfalls als Unruhestifter eingesetzt werden können.

Wirtschaftlich gesehen gilt Ruanda als eines der ärmsten Länder der Welt. Das Pro-Kopf-Einkommen betrug 1974 80 US-Dollar. Demgegenüber steht, daß die Wachstumsrate bei 3,9 Prozent liegt und das in einem Land ohne Bodenreserven und mit der dichtesten Besiedelung von 162,8 Einwohner pro km^2 in Afrika. Das Wort Familienplanung ist einfach tabu. Nicht einmal zwischen Mann und Frau diskutiert man über solche Probleme. Es ist Brauchtum, die Kinder nicht zu zählen. Es bringt Unglück, die Zahl zu nennen. Etwa 80 Prozent der Bevölkerung sind ohne Schulbildung. Früher verdingten sich viele Männer als Gastarbeiter nach Gabun, Zaire und Tansania. Die meisten wurden durch die weltweite Rezession arbeitslos. Immer wieder erlebte das Land Trockenzeiten und Dürreperioden sowie bisher mindestens vierzehn Hungersnöte. Eine der wichtigsten Einnahmequellen ist der Export von Kaffee, der 1983 bis 25 000 Tonnen lag. Außerdem werden – auch durch den Einsatz deutscher Entwicklungshelfer – jährlich etwa 6000 Tonnen Tee ausgeführt. Ferner exportiert Ruanda etwa 2000 Tonnen Zinnerz. Die Belgier bilden nach wie vor die stärkste ausländische

Kolonie in der Hauptstadt Kigali und leisten fast fünf Mal soviel an Entwicklungshilfe und Investitionen wie andere europäische Staaten. Belgier kontrollieren die Armee des Landes, während Franzosen die Gendarmerie ausbilden.

Präsident Juvenal Habyarimana konnte bis heute nicht die wichtigsten Probleme Ruandas lösen. Er verlor dennoch nicht die Nerven. Etwas Phantasie, enorm viel ausländische Hilfe und ein bißchen Glück halfen ihm bisher. Für Afrika ist das eigentlich schon sehr viel.

Auch Jean-Baptiste Bagaza, der Staatschef des Nachbarstaaten Burundi, hat in den rund neun Jahren seiner Regierungszeit einiges erreicht. Obwohl er selbst – nach einer Ausbildung an Militärschulen in Brüssel und Arlon und dem erfolgreichen Abschluß an der belgischen Militärakademie – Generalstabschef der 6000 Mann starken Armee seines Landes wurde, wehrt er sich gegen die Behauptung, daß sein Regime von Militärs beherrscht wird. Er betont ausdrücklich, daß von den 21 Mitgliedern seines Kabinetts nur vier Offiziere sind. Jedenfalls versucht er seit dem unblutigen Militärputsch gegen den Obersten Michel Micombero im November 1976, mit einem gewissen Erfolg die Militärs zu entmachten. Außerdem schuf er Fron- und Kopfsteuer ab, bewerkstelligte eine Aufhebung der Feudalstrukturen und eine Bodenreform. Sein wichtigstes Anliegen aber war ihm die Annäherung der beiden Bevölkerungsgruppen der Tutsis und der Hutus.

Genau wie im Nachbarland herrschte in Burundi eine Tutsi-Monarchie. Der Haß zwischen der regierenden Elite (etwa 14 Prozent) und der unterworfenen Hutu-Bevölkerung (85 %) existierte schon lange vor dem Beginn der deutschen und belgischen Kolonialzeit. Obwohl die Tutsis seit ihrer Einwanderung die Macht in Händen hielten, gab es immer wieder Auseinandersetzungen innerhalb der verschiedenen königlichen Familien über die Thronnachfolge, die zu blutigen Kämpfen zwischen den rivalisierenden Clans der MWami (Könige) führten. Diese Kontroversen führten dazu, daß kurz vor der Unabhängigkeit verschiedene Parteien versuchten, die Macht an sich zu reißen. Schließlich erzielte die 1958 gegründete UPRONA (Union pour le Progrès National), die den gefürchteten MWami Mwambutsa IV. unterstützte, die Mehrheit und bildete die erste Regierung. Ein Sohn des MWami, Prinz Louis Rwagasore, wurde der erste Präsident. Aber bereits wenige Wochen später ermordete ihn ein gedungener griechischer Verkäufer, der im Auftrag der politischen Gegner des Königs handelte. Der Monarch selbst floh in den benachbarten Kongo und sollte eigentlich nicht mehr offiziell in sein Land zurückkehren. Der Mörder des Prinzen wurde hingerichtet, während die Regierungspartei darüber hinaus zahlreiche Opponenten liquidierte oder umbringen ließ. Die Auseinandersetzungen, die im Grunde genommen nichts anderes waren als Stammes- und Clanfehden, führten seit der Unabhängigkeit am 1. Juli 1960 bis zum Jahre 1966 zu sieben verschiedenen Tutsi-Regierungen, die alle praktisch gegen den Willen des Parlaments, das eine Hutu-Mehrheit besaß, an die Macht kamen. Auch der zweite und dritte Regierungschef wurden ermordet. Ein Coup d'État im September 1965 konnte durch den vom König beauftragten Staatssekretär, Hauptmann Michel Micombero, der zu diesem Zeitpunkt bereits Oberbefehlshaber der Armee war, mit aller Härte niedergeschlagen werden.

Der König lebte zu diesem Zeitpunkt fast nur noch in Genf, wo er in einem der elegantesten Viertel wohnte, in einer schneeweißen Phantasie-Uniform in den exklusiven Hotels zum Dinner erschien oder die Wintersportorte besuchte. Alle Versuche, ihn zur Rückkehr nach Burundi zu bewegen, schlugen fehl. Schließlich forderte man seinen 19jährigen Sohn, der in der Schweiz erzogen worden war, auf, unter dem Titel MWami Ntare V. neuer Monarch des Landes zu werden. Der junge König war in seinem Land besser bekannt als Prinz Charles, aber er wählte den Namen des ersten Fürsten, der im 16. Jahrhundert regierte und von dem erzählt wurde, daß er einen Löwen mit einem einzigen Axthieb erschlagen habe. König Mwambutsa IV. warnte wiederholt in Telefongesprächen aus Madrid, Brüssel und Genf seinen Sohn und beschwor ihn, seine Pläne zu ändern. Aber vergebens. Er bildete eine neue Regierung und machte Michel Micombero zum Ministerpräsidenten. Bereits ein Jahr später – während König Ntare V. sich auf einem Staatsbesuch in Kinshasa befand – übernahm Hauptmann Micombero die Macht, proklamierte Burundi zur Republik und sich selbst zum Präsidenten. Ein 12 Mann starkes Nationales Revolutions-Komitee beförderte den Hauptmann zum Obersten. Die Besitztümer des alten und des jungen Königs wurden nationalisiert. Dann umgab sich Micombero mit Mitgliedern und Freunden seines Stammes sowie jungen im Ausland ausgebildeten Tutsis und schickte das Parlament nach Hause.

Die Weichen für eine der blutigsten Tragödien Afrikas wurden in der Hauptstadt Bujumbura gestellt. Die Hutus lechzten danach, die Geschicke des Landes selbst in die Hand nehmen zu können. Die Tutsis fühlte sich als die Herren. Sie betrachteten sich als die Nachkommen der Wächter in König Salomons Goldminen. In Kigali, der Hauptstadt des Nachbarlandes, hatten sie nicht nur bewiesen, daß sie durch ihre Intelligenz überlegen waren. Auch die Schönheit ihrer Frauen brachte ihnen dort Vorteile. Viele Hutus begehrten Tutsi-Mädchen als Ehefrauen. Sie sind hochgewachsen, mit feinen Gesichtszügen und schlanken Händen. In vielen Fällen zogen die angetrauten Frauen auch ihren Familienclan mit und versorgten ihn mit Ämtern. Sowohl in Ruanda wie auch in Burundi fürchtete die Minderheit der Tutsis einen Rachefeldzug der einfachen Hutu-Bauern. Auch wußten viele Flüchtlinge aus dem benachbarten Ruanda, daß der Haß zwischen den »Langen« und den »Kurzen« einfach abgrundtief war, eine Tatsache an der sich bis heute nichts geändert hat. Bei Massakern gegen die Tutsis, die durch ihren hohen Körperwuchs und ihre Schönheit besonders auffielen, hatten die »Kurzen« ihren Opfern einfach die Beine abgeschlagen.

Anfang 1972 mehrten sich die Nachrichten aus dem Süden Burundis, wonach die Hutus einen Aufstand planten. In der Tat glaubte die unterdrückte Mehrheit des Landes – ermutigt durch die Machtübernahme des gleichen Stammes im benachbarten Ruanda und durch ehemalige Rebellen der Mulele-Regierung in Zaire – eine Rebellion wagen zu können. Es scheint auch, daß die Aufständischen zunächst große Teile des Landes unter ihre Kontrolle brachten und vermutlich etwa zweitausend Tutsis töteten. Es ist jedoch möglich, daß diese Argumente hinterher erfunden wurden, um das danach folgende blutige Massaker zu rechtfertigen. Jedenfalls gelang es den Rebellen nicht, die Hauptstadt Bujumbura zu besetzen und Flugplatz und Rundfunksender zu erobern. In Afrika kann aber ein Staatsstreich nur dann erfolgreich sein, wenn diese Voraussetzungen erfüllt werden.

Die schlechtorganisierte und unbedeutende Rebellion wurde schon bald von Regierungstruppen und Polizei niedergeschlagen. Zu diesem Zeitpunkt hatte jedoch die Jugendorganisation der regierenden Partei unter dem Einfluß von Drogen und Alkohol angefangen, Hutu-Stammesangehörige wie Kaninchen zu jagen. Anscheinend erkannten Präsident Michel Micombero und seine Regierung die »einzigartige Chance einer Endlösung«. An erster Stelle kam der damalige Außenminister Artemon Simbananiye auf die krankhafte Idee, soviel Hutus zu töten, bis das Verhältnis 50:50 erreicht sei. »Der Tanganyika-See ist voller Krokodile«, sagte er damals. »Wir brauchen uns keine Sorgen über die Opfer zu machen.« Damit wurde das Signal zu einer der grausamsten »ethnischen Schlachtungen in der Geschichte des modernen Afrika« gegeben, wie Historiker es später formulierten. Es ging hier nicht mehr um die Niederschlagung eines Aufstandes, sondern um die systematische Ausrottung eines Volkes.

Die ersten Befehle in den ersten Monaten 1972 lauteten, die Hutu-Soldaten in der Armee Burundis zu massakrieren. Die Tutsis griffen bei Nacht an und töteten 450 Mann in ihren Unterkünften. Dann hieß es, alle Hutus zu töten, die eine höhere Schulbildung hatten. Alle Ärzte, Lehrer, Angestellte, Studenten und Geschäftsleute wurden systematisch ermordet, ihre Leichen in die Seen oder in die mit Krokodilen verseuchten Flüsse geworfen. Ein belgischer Beobachter erklärte nachher: »Sie töteten jeden Hutu, der eine Krawatte trug.« Es gab Losungen, wonach jeder Brillenträger erschlagen werden und jedes Haus mit einem Wellblechdach angezündet werden mußte. Tutsi-Soldaten marschierten von Schule zu Schule mit den Listen der Hutu-Kinder. Sie wurden aus den Klassen herausgeholt und auf den Schulplätzen hingerichtet. Als den Soldaten schließlich die Munition ausging, benutzten sie ihre Bajonette oder Pangas, schnitten den Opfern die Kehlen durch oder töteten sie mit den Gewehrkolben. Zum Erstaunen westlicher Beobachter leisteten die Hutus, denen man wenige Wochen vorher noch einen blutigen Aufstand angelastet hatte, keinerlei Widerstand. Etwa 80 000 flohen in das nahegelegene Ruanda, aber die große Mehrzahl akzeptierte ihr Schicksal und ließ sich einfach erschlagen. Jeremy Greenland, ein amerikanischer Lehrer in Burundi, war später einer der wichtigsten Zeugen und sagte u. a. aus, daß Handgranaten in Gefängniszellen hineingeworfen wurden, um die Gefangenen zum Schweigen zu bringen, und daß allein in Bujumbura die rasende und tobende Soldateska 4000 Menschen mit Knüppeln und Gewehrkolben erschlagen hatte.

Die ersten Nachrichten erreichten die Außenwelt über Missionsstationen der Weißen Väter, nahe der Grenze in Tansania gelegen. In den Niederlassungen Muhinda, Mulera und Kasumo trafen die ersten Flüchtlinge ein, die dem dortigen Missionar Ramon Vicens die schlimmsten Gerüchte bestätigten. In Burundi war ein Völkermord im Gange, wie ihn Afrika bisher nicht gekannt hatte. Sie erzählten dem Pater, daß die »Jeunesse Revolutionnaire« der UPRONA-Partei, mit Speeren und Messern bewaffnet, von einem Dorf zum andern zog und jeden Hutu tötete, den man erwischen konnte. »Frauen und Mädchen wurden die Bäuche aufgeschlitzt und die Brüste abgeschnitten«, schrieb Pater Vicens. »Schwangeren Frauen wurde das Baby aus dem Körper herausgerissen. Selbst Krüppel und Kranke wurden nicht verschont.« Ein anderer Flüchtling erzählte den Missionaren, daß Tutsi-Soldaten eine Gruppe einfacher Bauern in eine Grashütte getrieben und diese dann in Brand gesteckt hätten. Vermutlich wurden mehr als 250 000 Menschen getötet. Die Zahl der Flüchtlinge, die eine Unterkunft in den benachbarten Staaten Zaire, Ruanda und Tansania suchte, ist nie genau bekannt geworden, obwohl man von einigen Hunderttausend spricht.

Würde man die bestehenden Angaben auf andere Länder übertragen, dann hätte ein ähnliches Massaker z. B. in der Bundesrepublik fast zwei Millionen Tote gefordert.

Es gab keinerlei Proteste, obwohl es nach einer kurzen Periode der Beruhigung zu neuen Blutorgien kam. Im Juni 1973 setzte die Flüchtlingswelle wieder ein. Eine Frau erreichte ein Missionshospital mit abgehackten Händen und wehklagte, daß die Soldaten alle Einwohner ihres Dorfes getötet hätten. Tutsi-Truppen waren damit beschäftigt, eine cordon sanitaire an der Grenze nach Tansania aufzubauen, um weitere Fluchtbewegungen zu verhindern. Dennoch erreichten zahlreiche erschöpfte Hutus die Flüchtlingslager, die der Orden der Weißen Väter in der Gegend von Kigoma eingerichtet hatte. Der portugiesische Missionar Justo Lacunza schilderte damals die Ereignisse folgendermaßen: »... Der Leidensweg vieler Tausender Hutus begann. Tag und Nacht flohen sie, von Panik getrieben, über die Grenzen nach Tansania. Kagunga, ein Fischerdorf 55 km nördlich von Kigoma und eine der Filialen unserer Pfarrei, war für die gestrandeten Menschen zu klein ... Nach der ersten Flüchtlingswelle trat eine uns allen unheimlich erscheinende Ruhe ein. In der Tat waren es jene Tage, an denen die Vergeltungsorgie der Tutsi oft nur Zeit zum Ausweichen in ein nahegelegenes Versteck ließ. Der Anblick Tausender in Stücke gehackter Menschen wirkte zunächst wie ein lähmender Schock. Da jedoch die Vergewaltigungen, das Brandschatzen und Morden anhielten und immer mehr Hutus zur Exekution abtransportiert wurden, begann erneut ein Exodus, dessen Ausmaß nur schwer zu schätzen war. Im Regierungskrankenhaus von Kigoma fanden die am ärgsten zugerichteten Opfer des Tutsi-Terrors erste Hilfe. Sie hatten Schuß- und Schnittwunden, ihre Arme und Beine waren gebrochen und andere Gliedmaßen als Folge der Mißhandlungen gefährlich angeschwollen. Die Gedemütigten waren plötzlich heimatlos geworden... Sie reagierten oft mit Anfällen der Verzweiflung...«

Die Welt schwieg. Die Organisation für Afrikanische Einheit sprach die Hoffnung aus, daß Präsident Micombero die Situation in den Griff bekommen möge. Die Vereinten Nationen schickten ein Team von fünf Mann des »UN-Children's Fund«, das gezwungen wurde, mit den weißgestrichenen Landrovern der Friedensorganisation die Leichenberge zum nächsten Massengrab zu transportieren. Weder die Amerikaner, die Kaffee aus Burundi kauften und tranken, noch die Engländer unternahmen irgendwelche Schritte. Nur Julius Nyerere, der oft kritisierte Führer Tansanias, erhob seine Stimme, protestierte und gab den Flüchtlingen in seinem Land Unterkunft, ärztliche Hilfe und Verpflegung. Der Rest der Welt ging schon bald wieder zur Tagesordnung über. Das Problem der Tutsis und Hutus war nicht mehr aktuell. Eine Friedhofsruhe legte sich über Burundi.

Im November 1976 meldete die »Stimme der Revolution in Burundi«, daß eine Gruppe von Offizieren unter dem Kommando des Oberstleutnant Jean-Baptiste Bagaza die Macht übernommen habe. Präsident Michel Micombero, der zum Alkoholiker geworden war, wurde abgesetzt. Bagaza war damals 30 Jahre alt. Er war an einer belgischen Kadettenschule und Militärschule ausgebildet worden und hatte bereits vorher als Chef der Armee Moskau besucht. Sein Putsch wurde als der Versuch eines rivalisierenden Tutsi-Clans verstanden, die Regierungsmacht in die Hände zu bekommen. Er gehört zur Sippe der Banyaruguru, während Micombero ein Hima war. Mißtrauen und Intrigen beherrschten auch nach dem Machtwechsel die Szene. Nach wie vor durchsuchen Angehörige der Sicherheitspolizei die Hotelzimmer der wenigen ausländischen Besucher. Bewaffnete Patrouillen sind an allen wichtigen Punkten der fast ländlich anmutenden Hauptstadt zu finden und Präsident Bagaza fährt immer noch durch die Stadt in Begleitung einer schwerbewaffneten Militäreskorte, während einer der wenigen Alouette-Hubschrauber der Luftwaffe die

Kolonne begleitet und die Maschinengewehre demonstrativ nach unten richtet. Obwohl die Regierung erklärt, daß die ethnischen Probleme gelöst sind, die Flüchtlinge der siebziger Jahre ohne Probleme wieder zurückkehren können und Hutu-Minister dem Kabinett angehören, hat das frühere deutsche Protektorat in Ostafrika das Trauma der damaligen Ereignisse auch heute noch nicht überwunden. Da man neue Aufstände befürchtet, die von der katholischen Kirche unter den Hutus stimuliert oder ermutigt werden könnten, mußten zahlreiche Missionare das Land verlassen. Auf Anordnung des Innenministers waren religiöse Veranstaltungen nur am Wochenende erlaubt. Kruzifixe wurden aus öffentlichen Gebäuden verbannt, Kirchenglocken durften nur noch am Sonntag läuten. Im Mai 1982 gab es Gerüchte über einen neuen Putsch, der von Teilen der Armee und der Tutsi-Elite vorbereitet worden sei, der jedoch in letzter Minute scheiterte. Im September 1983 reiste Bagaza in die Bundesrepublik auf der Suche nach Investitionen, die die Exportbasis Burundis verbreitern sollten. Der Journalist Robert von Lucius beschrieb ihn damals als einen Präsidenten »mit einer verhaltenen Dynamik, einer disziplinierten Spannkraft«, der »freundlich und leicht spöttisch, auf Distanz bedacht sei«.

Dennoch war der Besuch des Präsidenten anscheinend wenig erfolgreich. Auch seine Politik der »Mentalitätsänderung«, die neue Grausamkeiten gegenüber den Hutus verhindern soll, wirkte nicht sehr glaubwürdig. Kurz danach verstärkte Jean-Baptiste Bagaza seine Beziehungen zu Libyen. Bereits 1973 hatte Oberst Ghaddafi seinem »Freund« Micombero vier Flugzeuge voller Waffen geschickt. Die Sowjetunion und China geben technische und finanzielle Hilfe beim Aufbau der Armee, die aus zwei Infanterie-Bataillonen, einer Fallschirmjäger-, einer Kommando- und einer Panzerwagen-Kompanie besteht. Alle Militärs sind Tutsis. Beim letzten Parteitag der UPRONA waren Delegationen aus Algerien, Kuba, der DDR, Rotchina und Rumänien eingeladen. Nordkoreas Delegation stand unter Führung des Vizepräsidenten Pak Song Chol. Der Westen war nicht vertreten. Die UPRONA ist die einzige zugelassene politische Partei des Landes und den Parteien des Ostblocks mit einem Zentralkomitee (48 Mitglieder) und einem Politbüro (8 aus dem ZK gewählte Mitglieder) nachempfunden.

Abenteuer des Erbarmens

Nigeria

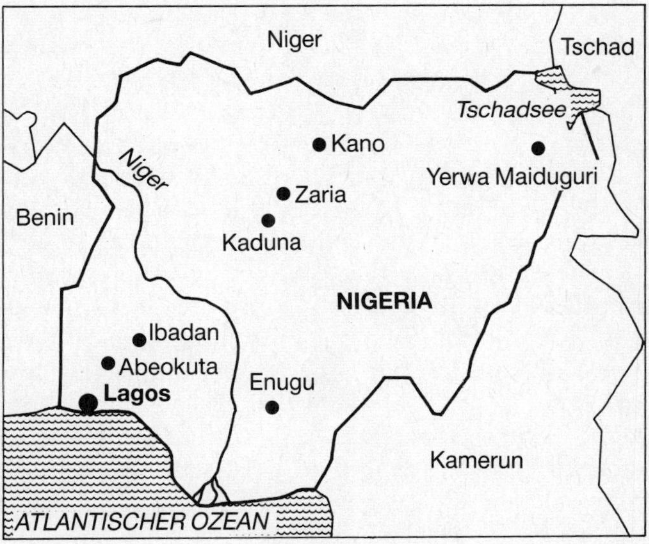

Die Kinder hatten die Augen starr und weit geöffnet und sahen trotzdem nicht mehr, was sich rundherum abspielte. Vollkommen apathisch lagen sie in ihren kleinen Betten. Sie wimmerten nur noch wie junge Hunde. Ihre Füße und Bäuche waren aufgedunsen wie herumliegende Kadaver in der afrikanischen Sonne. Die Haut schälte sich ab und hing in Fetzen herunter. Die Arme und Beine hatten eine makabre Ähnlichkeit mit knotigen Bambusstäben. Die schwarzen Kraushaare hatten sich rotblond gefärbt, so als ob man ein Bleichmittel oder arabisches Henna benutzt hätte.
Doktor Herman Middelkoop, holländischer Arzt, auf der indonesischen Insel Timor geboren und damals 39 Jahre alt, beugte sich über eines der 450 Betten im Queen-Elizabeth-Hospital in Umuahia und zeigte mir die Symptome des Todeskampfes. Er drückte

den Daumen in das aufgeschwollene Fleisch eine Füßchens. Die Vertiefung blieb. Die gefürchtete »Kwashiorkor«-Krankheit (Mangel an Protein – tierisches Eiweiß) hatte zum nächsten Opfer gegriffen. Während er sich aufrichtete, sah ich Tränen in seinen Augen. Zum ersten Mal in meinem Leben begriff ich die ohnmächtige Wut eines Arztes, der mit der furchtbaren Gewißheit konfrontiert wird, nicht mehr helfen zu können und zu sehen, wie ein Volk sinnlos und nutzlos stirbt. Denn das war zu diesem Zeitpunkt die grausame Wirklichkeit der Republik Biafra: 14 Millionen Ibos, Ibibios, Ijaws und Ogojas – davon rund vier Millionen Flüchtlinge – waren zum Sterben verdammt in einem Staat, den die Welt nicht zur Kenntnis nahm und von dem der Generalsekretär der Vereinten Nationen, U Thant, einfach kaltschnäuzig sagte, daß es sich hier um ein internes Problem Nigerias handele. Der damalige Außenminister der Bundesrepublik, Willy Brandt, weigerte sich, den Namen Biafra auszusprechen. Der englische Premierminister Wilson sprach ohne irgendwelche Anteilnahme von »Horror-Bildern«, als er Fotos der sterbenden Kinder sah, obwohl er wissen mußte, daß dieses Volk mit Hilfe britischer Kanonen und Panzer, russischer Düsenjäger, ägyptischer Piloten, tschechischer Maschinenpistolen, holländischer, belgischer und deutscher Handfeuerwaffen und einer bestialisch mordenden nigerianischen Soldateska zusammengeschossen und ausgehungert wurde. »Das ist die Wirklichkeit«, sagte Dr. Middelkoop zu mir und zeigte noch einmal auf die sterbenden Kinder. »Sie sind alle schon tot, aber sie wissen es nur noch nicht. In einer Stunde ist für viele von ihnen das Leiden zu Ende ...«
Dabei könnte die Beschreibung meiner abenteuerlichen Reise nach Biafra der Phantasie eines Groschenromanschreibers oder eines Regisseurs südamerikanischer Spionagefilme entsprungen sein. Die Super-Constellation, die mich in dieses Land brachte, hatte bessere Tage gekannt. Die blauen Balken, die an beiden Seiten quer über den Rumpf liefen, erinnerten nur noch vage an die schönen Touristenreisen nach Mallorca, Ibiza und den Kanarischen Inseln, die die »Südflug« mit ihr unternommen hatte. Ansonsten aber hatte dieses Unternehmen, in dem ich zunächst eine passive Rolle spielte, nichts mehr gemeinsam mit der Welt deutscher Touristen. An Bord der Chartermaschine, die dem Amerikaner Henk Wharton gehörte, pro Flug 25000 US-Dollar einbrachte und von internationalen Abenteurern der Pilotenbranche geflogen wurde, befanden sich ein irischer Missionar, Father Donan, acht Journalisten, zwei Söldner,

von denen der eine mir aus dem Kongo als Alec Guy bekannt war, und einige Schwarze, die in ihre Heimat Biafra zurückkehrten. Außerdem waren rund 10 Tonnen Waffen (Ramschware aus dem Zweiten Weltkrieg), Lebensmittel und Medikamente geladen, die Father Donan für seine hungernde Mission zusammengebettelt hatte.

Die Maschine flog ohne Hoheits- und Erkennungszeichen im anonymen Dunkel der Nacht und bewältigte die mehr als siebentausend Kilometer lange Strecke mit einer einzigen Zwischenlandung in der Hauptstadt der damaligen portugiesischen Kolonie, Guinea-Bissau, Bissau. Im Schutz tiefhängender Wolkendecken – die Regenzeit hatte inzwischen eingesetzt – und der einbrechenden Dunkelheit über Westafrika setzte die Super-Constellation dann am folgenden Tag zum Anflug auf das Festland an. Wenn die Wolkendecke aufriß, konnte man tief unten das Mündungsfeuer der nigerianischen Luftabwehr erkennen. Sie schoß willkürlich und wütend auf jedes Flugzeug, das diesen Luftraum überflog.

Die Motoren heulten auf. Die Maschine stieg zitternd und mit letzter Kraft höher. Niemand redete mehr ein Wort. Schon wenige Minuten später schien die Gefahr überwunden. Vor uns leuchteten in deutscher Sprache die Signale »Nicht rauchen« und »Bitte anschnallen« auf. Wir durchstießen die Wolkendecke und wurden Zeugen eines faszinierenden Schauspiels. Wie von einer unsichtbaren Zauberhand geführt flammten plötzlich auf einer nicht erkennbaren Piste im Urwald über einen Kilometer hinweg und vollkommen unerwartet die flackernden Petroleumlichter auf. Hinterher erfuhren wir, daß sie auf ein Kommando gleichzeitig angezündet und sofort nach der Landung der Maschine wieder gelöscht wurden. Regen klatschte gegen die Fenster. Ein Scheinwerfer leuchtete auf und markierte in der stockdunklen Nacht den Beginn der Landebahn. Wir hielten verkrampft und mit Angst in den Gliedern den Atem an. Hart und schwankend setzte die Super-Constellation auf und rollte aus. Links und rechts flackerten die Lichter. Zunächst vage, undeutliche Gestalten, mit Gewehren und Maschinenpistolen bewaffnet, lösten sich aus dem Dunkel des Dschungels, dessen Konturen nur undeutlich zu erkennen waren. Eine aus Brettern roh zusammengezimmerte Rolltreppe wurde herangeschoben. Es regnete in Strömen. Irische Missionare in weißen Soutanen, verwegene, bis an die Zähne bewaffnete Gestalten murmelten ein undeutliches Willkommen, nahmen hilfsbereit unser

Gepäck und meine Kameratasche in Empfang und brachten uns zu einer Baracke am Rand des Flugplatzes, der hier praktisch auf einer ehemaligen Teerstraße aus dem Boden gestampft worden war. Ein Deutscher namens Freddy, der auffällig in einer an die vergangenen Zeiten der deutschen Luftwaffe erinnernden Uniform mit gelben Kragenspiegeln und silbernen Schwingen herumstolzierte, soll damals beim Bau eine maßgebende Rolle gespielt haben. Der Flugplatz war praktisch über zweieinhalb Jahre hinweg die einzige Verbindung Biafras mit der Außenwelt. Die improvisierte Flugpiste von Uli-Ihiala, auf der fast dreißig Monate lang die Stockfischbomber der Kirchen landeten, war die Lebensader eines Volkes geworden, das sich im wahrsten Sinne des Wortes im Todeskampf befand.

Schon einen Tag später konfrontierte mich Doktor Middelkoop in Umuahia mit der harten Realität dieses Todeskampfes. Middelkoop, den ich nach dem Ende des Krieges aus den Augen verloren habe, war Arzt und Europäer und kein Propagandist dieses Staates. Seine Zahlen waren nüchtern und sachlich. Der Mangel an Protein und Kohlehydraten hatte innerhalb weniger Monate in Biafra so zugenommen, daß pro Monat etwa 10 Prozent der Bevölkerung starben. Betroffen waren vor allem die Kinder bis zu zehn Jahren, schwangere und stillende Mütter und Menschen über vierzig Jahre. Im Dschungel, in verschiedenen Lagern und in den manchmal schwer zugänglichen Dörfern, befanden sich etwa vier Millionen Flüchtlinge. Als ich im Januar 1969 meine ersten Reportagen über Biafra veröffentlichte, waren bereits vier Prozent aller zwei bis vierjährigen Kinder verhungert. Die Zahl wurde zum ersten Mal in einer Verlautbarung des interkonfessionellen Hilfswerks »Joint Church Aid« anläßlich des 1000. Hilfsfluges von der damals noch portugiesischen Insel Sao Tomé nach Biafra veröffentlicht. Ein makabres Jubiläum. »Angesichts der von Tag zu Tag sich verschlechternden Lage«, so hieß es in der Erklärung weiter, »wird die Hilfe für Biafra in der bisher gegebenen Menge nur wie ein Tropfen in einem Ozean sein. In Kürze werden die Kohlehydrat-Reserven voraussichtlich erschöpft sein. Das bedeutet, daß die Flüchtlingslager eine zehnfach größere Hilfe brauchen.« Dr. Middelkoop sagte mir, daß es notwendig sei, pro Tag 3000 Tonnen Nahrungsmittel nach Biafra zu senden, um eine weitere Hungerkatastrophe zu vermeiden. Jeder Flug von Sao Tomé zum Uli-Airstrip kostete etwa 15 000 DM, was später auf 18 000 bis 20 000 DM stieg.

Die westliche Welt schickte im Rahmen der Hilfsaktionen rund 200 Tonnen Lebensmittel pro Tag. Der Ostblock nahm das Leiden der Menschen in Biafra überhaupt nicht zur Kenntnis.
In der »Joint Church Aid« arbeiteten damals zusammen: Die »Caritas Internationalis«, der »Deutsche Caritasverband«, das »Deutsche Diakonische Hilfswerk«, die amerikanischen Hilfswerke »Catholic Relief Services« und »Church World Services« sowie die skandinavische »Nord Church Aid« mit den Organisationen »Folkekirkens Nodhjelp« (Dänemark), »Kirchkens Nodhjelp« (Norwegen), »Lutherhajalpen (Schweden), »Kyrkans u-Landsjalp« (Finnland).
Die Ernte des Jahre 1968 wurde teilweise bereits auf den Feldern durch die Luftangriffe ägyptischer und tschechischer Piloten, die Lagos angeheuert hatte, vernichtet. Durch die Kampfhandlungen gingen die fruchtbarsten Provinzen verloren. Die Einfuhr von Nahrungsmitteln war, abgesehen von den wenigen Luftransporten, die Biafra bei Nacht und Nebel erreichten, vollständig unterbrochen. Ein Huhn kostete zu meiner Zeit auf dem Markt dreißig bis fünfzig Mark, ein Stück Fleisch einer Ziege oder eines Hasen – etwa so groß wie eine Faust – kostete fünfzehn bis zwanzig Mark. Für eine Packung Zigaretten zahlte man 15 bis 20 Mark, eine Tasse Salz – in Afrika besonders lebenswichtig – 15 Mark, eine Schachtel Streichhölzer 2 bis 3 Mark. In den Dörfern sammelten die Menschen Schnecken, Ratten, Schlangen, soweit sie überhaupt noch vorhanden waren.
»Ein Kind in meinem Krankenhaus braucht pro Woche rund 200 Gramm Protein«, sagte Dr. Middelkoop. »Um die Hungersnot aufzuhalten, müßten also ab sofort mindestens zweitausend Tonnen Protein pro Woche eingeflogen werden. In jedem Fall also kommt die Hilfe für Hunderttausende Menschen zu spät. In wenigen Monaten werden einige Millionen Ibos eines elenden Hungertodes gestorben sein.« Den Vorschlag der Nigerianer, auf dem Landweg Lebensmittel hereinzubringen, nannte Dr. Middelkoop absurd, unrealistisch und außerdem nicht ernst gemeint. Die Nigerianer hatten selbst keine Transportmittel, die wichtigste Brücke über den Niger bei Onitscha war gesprengt worden. Außerdem fürchtete jeder Ibo sich, in das von Nigerianern besetzte Gebiet hineinzugehen. Es gab tausende Aussagen von Flüchtlingen über die von Nigerianern angerichteten Massaker. Brandschatzend und mordend, ganze Familien biafranischer Soldaten ausrottend, war die

nigerianische Soldateska in dieses Land eingezogen, getreu dem Motto: »Wir wollen ein einiges Nigeria, aber ohne Ibos.«

Dennoch ist der Lebenswille dieses Volkes und dieses Landes ungeheuerlich. Seit jeher zählen die Ibos zu den intelligentesten Völkern Afrikas, und in dem künstlichen Gebilde Nigeria, das im Oktober 1960 aus den ursprünglich von der englischen Royal-Niger-Company verwalteten Nord-West- und Ostregionen entstand, spielten die Ibos eine dominierende Rolle. Sie stellten die Beamten, die Facharbeiter, die Lokomotivführer, die Briefträger und Händler sowie einen großen Teil der Diplomaten und Offiziere in der Armee. Obwohl sie ursprünglich am Unterlauf des Niger, im Nigerdelta und bis zur Grenze nach Kamerun lebten, verbreiteten sie sich schon bald über große Teile der von den Engländern geschaffenen Föderation Nigeria. Etwa 90 Prozent von ihnen waren Christen geworden, wodurch die Gegensätze sich zwischen ihnen und islamischen Haussa- und Fulanistämmen im Norden und den Yorubas im Westen immer mehr vertieften. Der bekannte nigerianische Publizist Peter Enahoro stellte nach einem Besuch in Nordnigeria fest: »Was ich dort sah, brachte mich völlig aus dem Gleichgewicht. Ich befand mich in einem ganz fremden, in muselmanischem Land, in einer anderen Welt.«

Schon bald nach der Unabhängigkeit stiegen die Ibos zur Elite Nigerias auf, und dank der Tüchtigkeit dieser Intelligenzschicht galt der neue Staat lange Zeit als die größte Hoffnung des erwachenden schwarzen Kontinents. Zusehends aber wuchsen auch der Neid und die Mißgunst der von mittelalterlichen Feudalfürsten regierten islamischen und kriegerischen Stämme im Norden. Peter Enahoro, der 1966 freiwillig ins Exil ging, schrieb damals: »Nigeria – das war plötzlich ein Mythos ... Und mir gingen die Augen auf ... Ende 1965 herrschte in Nigeria das Chaos. Die Politiker waren korrupt. Wahlen wurden offen gefälscht. Oppositionsführer landeten im Gefängnis, die Presse wurde unterdrückt ...« Stammesfehden zerrütteten das Land. Eine Gruppe junger Offiziere, deren Handlungen nicht durch Stammesdenken beeinflußt wurde, ergriff im Januar 1966 die Macht und übertrug sie dem General J. T. U. Aguiyi-Ironsi, der ein Ibo und Oberbefehlshaber der nigerianischen Armee war. Er erließ im Mai 1966 ein Dekret, durch das Nigeria straffer zentralisiert werden sollte. Die Ironie wollte, daß ausgerechnet der Norden dagegen revoltierte, obwohl er vorher immer eine starke Zentralmacht befürwortet hatte. Das Massaker war nicht mehr aufzuhalten. Im Norden und Westen des Landes wurden fast 30 000 Ibos bestialisch von den Haussa und Yoruba abgeschlachtet. Im Juli folgten neue Massaker. Tausende Ibo-Soldaten, Ibo-Polzisten und Ibo-Zivilisten wurden ermordet. Schließlich töteten Haussa-Offiziere General Aguiyi-Ironsi und den Militär-Gouverneur West-Nigerias, Generaloberst Fajuyi. Am 29. Juli 1966 übernahm der Sandhurst-Zögling und Sohn eines christlichen Predigers, Oberstleutnant Yakuba Gowon die Macht. Aber auch er konnte den Zusammenbruch der Föderation Nigeria nicht mehr verhindern.

Zwei Millionen Ibos flüchteten zurück in ihr Stammland. Tausende wurden auf dem Weg dorthin erneut überfallen und grausam ermordet. Die unnatürliche politische und ethnologische Struktur Nigerias hatte nun zu einer blutigen Entladung aller Spannungen geführt. Die Regierung Ironsi war legal gewesen. Ihr Sturz erfolgte durch eine Meuterei, die von Militärs aus Nordnigeria organisiert worden war. Die nigerianische Regierung unter General Gowon war dagegen von Aufständischen gewählt worden und nicht legal. Unter dem damaligen Militär-Gouverneur, Oberstleutnant Odumegwu Ojukwu, Oxford-Absolvent und Sohn eines von der britischen Krone geadelten Millionärs, trennte sich das Heimatland der Ibos von Nigeria. Als Bürger der Republik Biafra wollten die Ibos – die bis dahin am energischsten für die Einheit Nigerias eingetreten waren – fortan die Geschicke selbst in die Hand nehmen. Die Unabhängigkeitserklärung am 30. Mai 1967 bildete den Auftakt zu einem der furchtbarsten Bruderkriege unseres Jahrhunderts. Unter schwarz-rot-grüner Fahne mit aufgehender Sonne kämpfte der neue Staat 920 Tage gegen eine überwältigende Übermacht.

Lagos mußte befürchten, seine reichste Provinz zu verlieren. Das unabhängige Biafra stand mit seinen Ölquellen, die zu den reichsten der Welt gehören, an siebter Stelle der Erdölproduzenten der Welt. Mehr als siebenhundert Millionen Mark wurden für die Suche nach diesen Quellen von der British Petroleum und der Shell in diesen Gebieten investiert. Der Hafen Port Harcourt entwickelte sich innerhalb weniger Jahre zum großen Verwaltungszentrum der nigerianischen Ölindustrie und zu einem der modernsten Häfen Afrikas. Aber nicht ungestraft konnten die Ibos – so scheint es heute – die Hand nach dem nigerianischen (sprich britischen) Öl ausstrecken. Während die Yorubas damit drohten, daß sie ebenfalls

die Föderation Nigeria verlassen würden, wurden sich die politischen und wirtschaftlichen Kräfte in Lagos und London klar darüber, daß der Ausbruch der Ibos zu einer Balkanisierung des Schwarzen Erdteils führen könnte.
Und so sollte nicht sein, was nicht sein durfte. Die britische Regierung unter Führung des Sozialisten Wilson verstärkte die Waffenlieferungen an die Zentralregierung. Rußland schickte Iljuschinbomber und MIG-Düsenjäger. Ägypten, das damals durch Gamal Abdel Nasser das heute von Libyen übernommene Sendungsbewußtsein der arabischen Welt verkörperte und daran interessiert war, einen islamischen Keil in das schwarze Afrika zu treiben, lieferte die in der UdSSR ausgebildeten Piloten. Was wie ein Bürgerkrieg begann, entwickelte sich zum rücksichtslos geplanten Völkermord.
Die Weltpresse, anfänglich an diesen Vorgängen desinteressiert (»eine rein afrikanische Angelegenheit«) berichtete von einer »abtrünnigen Ostprovinz«. Solche Ausdrücke wie »abgefallen« und »abtrünnig«, die in vielen Artikeln im Zusammenhang mit Biafra immer wiederkehrten, waren falsch und irreführend. Man hatte sie von Radio Lagos und BBC London übernommen – eine unglückliche Nachahmung. Ein anderes entscheidendes Problem in diesem Krieg war die Haltung der Großmächte. Oberstleutnant Ojukwu sagte mir während eines Interviews: »Dieser Bürgerkrieg geht erst dann zu Ende, wenn England es will.« Nigeria wurde in der Tat erst durch die Waffenlieferungen und die einseitige Propaganda Londons kriegsfähig erhalten. Die Sowjetunion zeigte wie immer ihre stereotype Haltung, nämlich die Ausnutzung jeder politischen Lage zum eigenen Vorteil, und sei es nur die Bildung eines künftigen Stützpunktes in diesem Teil Afrikas. Die USA hielten sich sorgfältig aus der Affäre heraus mit der Begründung, es handle sich um ein afrikanisches Problem in einer britischen Einflußsphäre. Auch viele andere Staaten zeigten sich neutral. Aber jede Neutralität findet ihre Grenzen, wenn es um die Verletzung von Menschenrechten geht. Die Weltöffentlichkeit schwieg, obwohl viele Staaten Sitz und Stimme in der UNO hatten. Spätestens am Krisenherd Biafra hat die Weltfriedensorganisation sich endgültig disqualifiziert. Bereits vorher gab es Zweifel, als sie am Kongo Verwirrung stiftete und im Mittleren Osten durch den überstürzten Abzug aus Scharm-el-Scheich den Ausbruch neuer Kämpfe geradezu beschleunigte. Sie wurden in Nigeria bestätigt. Fast alle Mitglieds-

staaten der UNO waren bereit, einen Völkermord hinzunehmen, indem man für Biafra Mitleid und Barmherzigkeit zeigte, ohne diesem Land Gerechtigkeit widerfahren zu lassen. Mitleid ohne Gerechtigkeit ist Pharisäertum und Heuchelei. Großbritannien gab dafür ein fast klassisches Beispiel: Während es weiterhin die Armee Nigerias mit den modernsten Waffen versorgte, spendete es für die Sterbenden in Biafra £ 250 000. Biafras einziger verläßlicher Verbündeter war ironischerweise Afrikas letzte Kolonialmacht: Portugal, das sich zu jener Zeit rüstete, um seine letzten Besitzungen, die 23mal größer waren als das Mutterland, gegen den Ansturm der Guerillaorganisationen MPLA und Frelimo zu verteidigen. Nur wenige afrikanische Staaten, darunter das sozialistische Tansania und die kapitalistische Elfenbeinküste, bekannten sich zu dem neuen Staat. Überhaupt führte dieser bisher blutigste Krieg des afrikanischen Kontinents zu den unheiligsten Allianzen dieses Jahrhunderts. Der Nationalist Nasser und der Sozialist Wilson standen mit den Sowjets auf der einen Seite, während der Apartheidstaat Südafrika, der Papst in Rom und Mao Tse-tung die »Abtrünnigen« unterstützten.

Am 7. Juni 1967 marschierte General Gowons Armee gegen die Rebellen. Er selbst erklärte, daß über Biafra eine totale Blockade verhängt werden sollte und daß diese Polizeiaktion nicht länger als 48 Stunden dauern werde. Fast zweieinhalb Jahre leisteten die Ibos Widerstand. Der Krieg wurde mit afrikanischer Grausamkeit, aber auch mit den modernsten Waffen geführt. »Wir wundern uns, Mr. Wilson«, so schrieb eine Gruppe englischer Staatsbürger, die seit mehr als 10 Jahren in Biafra lebte, in einem offenen Brief an den englischen Ministerpräsidenten, »wie Sie nachts zu Bett gehen und ruhig und friedlich schlafen können, während Sie wissen, daß Sie und Ihre Regierung einem Manne die Waffen liefern, der verbrecherisch ist und der niemals auch nur eines seiner Versprechen halten wird, die er Ihnen in Sachen Öl aus Biafra gemacht hat... Wir verzichten ab heute auf die englische Staatsbürgerschaft und haben gebeten, uns ab jetzt Bürger Biafras nennen zu dürfen...«

Auch Oberstleutnant Odumegwu Ojukwu – damals 34 Jahre alt – war fest davon überzeugt, daß Englands Business-Denken und der Einfluß des Großkapitals und der multinationalen Konzerne die Schuld für das Massensterben in Biafra trugen. Bei einem Gespräch in Owerri sagte er mir: »Begreift die Welt endlich, daß hier die Kriterien eines Völkermordes angelegt werden müssen? Reichen dreißigtausend Tote, die im Mai 1966 massakriert wurden, dazu aus? Oder genügt die Abschlachtung von 50000 Ibos vom September bis zum Oktober 1966? Ist die Flucht von Millionen Biafranern in ihr Heimatland ein Kriterium? Was bedeutet das Schicksal von 100000 Ibos, die während der Kämpfe von Juni 1967 bis heute bestialisch ermordet, durch Strafexpeditionen, Artilleriefeuer und Luftangriffe getötet wurden? Und was ist mit den mehr als vier Millionen Flüchtlingen, die jetzt dem sicheren Hungertod preisgegeben sind! Wann wird die Welt endlich erkennen, daß hier ein Volk, eine Rasse ausradiert werden soll?« Oberstleutnant Ojukwu sagte es mit einer Bitterkeit, die fast schmerzlich war.

In den Büschen und Wäldern Biafras aber vollzog sich inzwischen weiter das Schicksal dieser Ibos. Pater Francis, ein irischer Missionar des Maristenordens, zeigte mir seine Missionsstation im Busch. Er selbst sah fast wie ein lebendiger Leichnam aus. Seit Tagen war er nicht mehr in der Lage, auch nur einen Bissen herunterzuschlucken. »Jahrelang habe ich als Ire versucht zu vergessen, was die Engländer meinem Volk angetan haben«, sagte er mir, während er an die Hungersnot im Irland des vorigen Jahrhunderts erinnerte, die vier Millionen Menschen dahinraffte. »Heute steht diese tragische, von den Engländern verursachte Hungersnot mir wieder vor Augen. Damals wie heute sind es die Engländer, die helfen könnten und stattdessen die Waffen liefern. Die schmutzige Arbeit machen die Haussas und die Fulanis. Und hinterher die Geier...«

Am frühen Morgen war Pater Francis, der mit einem schottischen, einem amerikanischen und fünfzig Ibo-Patres zusammenlebte, mit einem Lkw in den Busch gefahren. In den weit auseinanderliegenden Dörfern lasen sie die Kinder auf, die halbverhungert, bis auf die Knochen abgemagert vor den Hütten saßen und wimmerten und warteten. Wenn man die kleinen Skelette aufrichtete, konnten sie nicht mehr auf eigenen Beinen stehen. Sie fielen einfach um. Einigen war das Skrotum aufgerissen. Die Hoden blickten blutig heraus. Die Patres wählten nur die Kinder, bei denen noch eine geringe Hoffnung vorhanden war, verluden sie auf den Lkw und fuhren zur Missionsstation. Sie hatten Platz für dreihundert Kinder. Drei bis fünf davon starben täglich. Sie wurden in Kokosmatten gerollt und in Massengräbern begraben, die man bereits am Morgen ausgehoben hatte. An diesem Tag mußte Pater Francis 40 »leichtere Fälle« im Busch zurücklassen. Als er am nächsten Tag wiederkam, waren 16 Kinder in der Nacht verhungert.

Ich stand dabei, während die Patres an den sterbenden Kindern die Taufe »in articulo mortis« – im Angesicht des Todes – vollzogen. Die Mutter flüsterte den Namen, den das Kind in dieser Stunde erhalten sollte. Antonius, Samuel, Joseph. Der afrikanische Pater hauchte sie nur an und machte das Kreuzzeichen über ihre Skelette. Die katholischen Priester schienen inzwischen abgestumpft und hart geworden. Der Tod verlor sein Grauen und wurde alltäglicher Gefährte. Dennoch leisteten sie Übermenschliches. Pater Francis selbst flog wiederholt im Schutz der Nacht mit den Blockadebrechern hinüber zur portugiesischen Insel Sao Tomé, wo Milchpulver aus Holland, Aurora-Grieß aus München und Sardinen und Stockfisch aus Portugal und Angola auf den Abtransport warteten. Zehn Tonnen faßte die Maschine. Ein Tropfen nur für die Hunderttausende, die irgendwo im Busch starben. Aber dennoch sagte Pater Francis: »Gott segne dieses von der Welt verschriene faschistische Portugal! Ohne dieses Portugal, ohne dieses Sao Tomé, wären wir alle schon längst verloren. Sie halten uns am Leben...«

Aber was bedeuteten diese wenigen Flüge für dieses erbarmungswürdige Volk! Der 29jährige holländische Arzt Dr. Chris Eijkman machte mir später mit Tränen in den Augen die Rechnung: Bei etwa neun Millionen Erwachsenen und vier Millionen Kindern braucht man – vorausgesetzt, daß der menschliche Körper pro Kilogramm Gewicht ein bis zwei Gramm Protein pro Tag erhält – etwa 4000 Tonnen Protein pro Woche. Das wären vierhundert Flüge von je zehn Tonnen pro Woche oder sechzig Flüge pro Tag und zweieinhalb Flüge pro Stunde.

Dr. Eijkman ließ seinen Tränen freien Lauf. »Ich kann nicht mehr«, sagte er und schämte sich seiner Tränen nicht. »Ich kann nicht mehr. Ik ben er kapot van. Ik ben er kapot van. Denn das ist nicht der Sinn meines Berufes. Ich kann die Menschen nicht mehr betrügen.«

Wie ein Kaleidoskop, aber nicht in den bunten schillernden Farben, die Kinderherzen so erfreuen können, sondern in der widerlich grauen Farbe der toten Ratten, die verspeist wurden, der auf der Dächern hockenden, lauernden Aasgeier, setzte sich das letzte Bild dieses Staates zusammen. An den Dschungelfronten wurde weitergekämpft. Vor 150 Jahren blieben die Reiterheere des Moslem-Eroberers Schehu Usman Dianfodio am Rande des Urwalds stehen, von der pferdemordenden Tsetsefliege gestoppt. Die englischen Saladin- und Ferretpanzer der Nachfahren Dianfodios aber, der Haussa- und Fulani-Soldaten, hatten keinen Gegner mehr, der sie zurückhalten konnte. Die letzte Rettung blieben die Söldner. Schon bald sammelten sich die Haudegen aus dem Kongokrieg und andern Kriegsschauplätzen Afrikas in Biafra, und das 4. Kommando entwickelte sich zur Eliteeinheit. Auch der 38jährige Rolf Steiner, der später noch einmal im Sudan von sich reden machen sollte und dort zum Tode verurteilt, aber begnadigt wurde, war mit von der Partie. Er war am Goetheplatz in München groß geworden, hatte es in Frankreich zum Diplom-Ingenieur gebracht und diente später zwölf Jahre in der Fremdenlegion. Zuletzt hatte er den Rang eines Hauptmanns. Steiner kam im Dezember des Jahres 1967 mit der französischen Söldnergruppe des Obersten Faulques und des Majors Picot. Die Franzosen verließen schon bald wieder wegen tiefgehender Differenzen Biafra. Steiner blieb. Er bekam praktisch nie einen Pfennig Sold. »Aber ich kann diese Leute nicht im Stich lassen«, sagte er. Dann baute er – wenige Kilometer hinter der Urwald-Front – Kontaktminen, mit denen nigerianische Panzerspähwagen in die Luft gesprengt wurden, und einen Hubschrauber, der mit einem VW-Motor ausgerüstet wurde. Damit wollte er die Fronten aufklären.

Steiner und seiner Kommando-Einheit gelang während des Krieges einer der wichtigsten militärischen Erfolge. Er vernichtete einen Ferret-Panzer, mehrere Saladin-Panzer und erbeutete hundert Kühe. Mit einer Bazooka tötete er aus dem Hinterhalt fünf weiße nigerianische Söldner bzw. technische Berater der nigerianischen Armee, die gerade den Aufbau einer Brücke diskutierten. »Ihre Nationalität konnten wir nicht feststellen«, sagte Steiner. »Sie hatten keinerlei Papiere bei sich. Sie trugen nur weiße Hemden. Vielleicht kamen sie aus dem Ostblock...«

Moralische Schützenhilfe erhielt er durch den schwedischen Neffen des ehemaligen deutschen Reichsmarschalls Hermann Göring, den Grafen Carl Gustaf von Rosen, der mit 59 Jahren noch Bomberpilot in aufgetakelten Sportmaschinen wurde. Der verrückte Graf von Malmö – wie er in Schweden genannt wurde – war Chefpilot der Chartergesellschaft »Transair«. Er hatte in den zwanziger Jahren als Kunstflieger auf Rummelplätzen angefangen. Als 1935 die Italiener den Krieg in Abessinien begannen, war von Rosen der erste, der mit einer schwedischen Rotkreuzmaschine nach Addis Abeba flog. Im finnisch-russischen Krieg flog er Bombenangriffe gegen sowjetische Stellungen und Panzer. Nach Kriegsende holte ihn Äthiopiens Kaiser Haile Selassie nach Addis Abeba, wo er für den Negus die neue Luftwaffe aufbaute. Aus Dankbarkeit schenkte ihm der Kaiser die schönste Kaffeeplantage des Landes. Aber trotzdem hielt es den tollen Rosen nicht lange dort. Während der Unabhängigkeitskrise im Kongo flog Rosen mit den schwedischen UNO-Truppen ins Land. Als Chefpilot der »Transair« wurde er schließlich friedlicher. Nach Ausbruch des Biafrakrieges flog er für die Caritas Lebensmittel dorthin. Dabei erlebte er einen nigerianischen Luftangriff auf das »Queen Elizabeth Hospital« in Umuahia. Er zog schreiende, blutende und tote Kinder und Frauen aus den rauchenden Trümmern.

»Damit war mein Entschluß gefaßt«, sagte Graf Carl Gustaf von Rosen mir später in seiner Wohnung in Malmö, Kungsgatan Nr. 10, wo ich ihn nach dem Biafrakrieg besuchte. Er nahm Urlaub, flog mit sechs Landsleuten fünf Sportflugzeuge vom Typ MFI-9B nach Biafra und baute sie dort mit 7,6 Zentimeter-Raketen in gefährliche Wespen um. Wie ein Blitz aus heiterem Himmel zerschlug Graf von Rosen mit seinen fünf Sportflugzeugen einen Teil der stärksten Luftmacht Afrikas, die von Engländern, Russen und Ägyptern in Nigeria aufgebaut worden war. Er zerschoß auf dem Flugplatz von Enugu elf nigerianische Flugzeuge. Seit Monaten hatte die Regierung in Lagos behauptet, daß der Krieg längst zu Ende sei. Jetzt frohlockte der fliegende Graf: »Wir haben sie eines Besseren belehrt.«

Aber auch die selbstlosen Einsätze von Männern wie Graf von Rosen oder Rolf Steiner oder Pater Francis konnten das nutzlose Sterben, das sinnlose Morden nicht beenden. Noch einmal versuchte Oberstleutnant Ojukwu sein Land aus der tödlichen Umklammerung zu befreien. In einem letzten Gespräch bot er an, sich mit Oberstleutnant Gowon zu treffen, um über einen Frieden für Biafra zu diskutieren. Sein Angebot wurde überhaupt nicht beachtet. Die Kapitulation war nicht mehr aufzuhalten.

Am 11. Januar 1970 landete gegen 22 Uhr ein in Rhodesien beheimateter Waffentransporter auf dem Hilfsflugplatz Uli. Die Maschine sollte 200 biafranische Kinder nach Libreville bringen. Plötzlich fielen Schüsse. Daraufhin startete der Pilot die Maschine und flog leer zurück. Gegen Mitternacht erschien Staatschef Ojukwu mit zahlreichen Familienangehörigen und ging an Bord einer Super-Constellation, die Sao Tomé zum Ziel hatte. Am 12. Januar erklärte General Effiong über Radio Biafra die Kapitulation der Ibo-Republik. Noch einmal versuchten Flugzeuge der Vereinigten Kirchenhilfe, Uli anzufliegen. Aber es gab keinen Funkkontakt mehr. Über Uli herrschte Funkstille. Regenböen peitschten über die Landebahn, als Truppen der nigerianischen Zentralregierung am späten Montagabend den letzten biafranischen Widerstand zerschlugen. Am gleichen Abend meldeten die Agenturen Associated Press und Deutsche Presseagentur: »Der Widerstand Biafras gegen seine gewaltsame Rückführung in den nigerianischen Bundesstaat ist zusammengebrochen.« (Die Meldung wurde aus dem »Münchner Merkur« vom Montag, den 12. Januar 1970 zitiert.)

Fast zwei Millionen Menschen bezahlten die »Rückführung« mit dem Leben. Sachwerte zwischen zwölf und sechzehn Milliarden Mark gingen verloren. Internationale Hilfsorganisationen hatten 7350 Flugzeugladungen mit 81300 Tonnen Lebensmitteln und Medikamenten in den Buschkessel geschickt. 27 Piloten hatten bei Rettungsflügen ihr Leben verloren. 16 Flugzeuge waren – zum Teil unter schwerem nigerianischen Flakfeuer – zu Bruch gegangen.

Das Ende von Biafra wurde – wie ein bekannter deutscher Journalist es einmal formulierte – im Westen mit einem feigen Seufzer der Erleichterung zur Kenntnis genommen.

Nur ein Dutzend Jahre konnte sich allerdings die Zentralregierung halten. Dann machten im Dezember 1983 die Militärs der »größten Demokratie Afrikas« ein Ende. Der kaum bekannte General Mohammed Buhari übernahm die Macht. Das neue Militärregime sorgte für einen grotesken Zwischenfall, als man ausgerechnet mit Hilfe der israelischen Agenten Alexander Barak, Felix Abitbol und Lev-Arie Shapiro versuchte, den nach London entkommenen Transportminister Dr. Umaru Dikko in einer Kiste nach Nigeria zurückzubringen. Dikko wurde in Lagos beschuldigt, ein Agent des israelischen Geheimdienstes Mossad zu sein und mehr als eine Milliarde $ auf ein Privatkonto transferiert zu haben. Der gesuchte Ex-Minister war ein enger Mitarbeiter des abgesetzten Präsidenten Shehu Shagari. Scotland Yard verhinderte in letzter Minute auf dem Flugplatz Stansted in England den Abtransport der Kiste, die an das Außenministerium in Lagos als Diplomatengepäck adressiert war. Dikko wurde in der Kiste von einem Mann bewacht, der Betäubungsmittel zur Verfügung hatte, um das Opfer zu beruhigen.

Ende Juli 1985 rechneten die Militärs in Nigeria untereinander ab. Der Generalstabschef der Armee, General Ibrahim Babangida, stürzte mit Erfolg General Buhari. Die Vorwürfe blieben die gleichen: Machtmißbrauch, Unfähigkeit, die nationalen Probleme zu lösen und die stark angeschlagene Wirtschaft zu sanieren. Der neue Staatschef, ein Moslem aus dem Norden, kannte sich in der Technik des Staatsstreiches bestens aus: Der 43jährige Babangida spielte bereits eine Schlüsselrolle im Militärputsch von 1983 und gehörte seitdem an der Seite Buharis dem Obersten Militärrat an. Dem neuen Machthaber in Lagos wird zugetraut, daß er die wirtschaftliche Misere, in die Nigeria nach dem Ende des Ölbooms geraten ist, flexibler und mit mehr Effizienz zu überwinden versteht als Buhari.

Die »Weißen Riesen« kommen

Afrikas Söldner

Immer wieder lieferten die Söldner, »Les Affreux«, die Weißen Riesen Afrikas, den Zeitungen in aller Welt Schlagzeilen. Jedem Journalisten, der sich mit der Leidensgeschichte des Kongo, Biafras oder des Sudans beschäftigte, waren ihre Namen geläufig. Nachdem die UNO-Truppen 1961 Katanga überwältigt hatten, setzte sich einer der bekanntesten von ihnen, der französische Fremdenlegionärscolonel Trinquier, selbst ein Denkmal durch den Bildband »Unser Krieg in Katanga«. Als die Simbas und Mulelisten – die Rebellen von Stanleyville – von den Söldnern geschlagen worden waren und ihr Krieg um die Volksrepublik mit einem Blutbad endete, schrieb der Deutsche Siegfried Müller, der mit dem EK I auf der Brust und dem Namen Kongo-Müller traurige Berühmtheit im Kongo erlangte, das Buch »Die neuen Söldner«. Kongo-Müller, der als Leiter einer Wach- und Schließgesellschaft in Boksburg bei Johannesburg friedlich starb, fiel in München raffinierten ostdeutschen Propagandisten in die Hände. Ein Team der DEFA spendierte ihm in einem gemieteten Studio so viel Pernod (sein Lieblingsgetränk), bis er betrunken war. In diesem Zustand filmte man dann ein Interview mit ihm, das unter dem Titel »Der lachende Mann/Bekenntnisse eines Mörders« durch die Welt ging und in dem man der Bundesrepublik die Schuld an den Greueln im Kongo gab und sie gleichzeitig der Komplizenschaft am Schicksal Vietnams bezichtigte. Dann existierte da ein Sadist wie der Belgier Leutnant Charles Mazy, der die Schädel von ihm erschossener Rebellen sammelte, nachdem sie von Ameisen abgefressen und von ihm selbst »saubergekocht« worden waren. Er war ein Landsknecht von der übelsten Sorte. Gerüchten zufolge soll er Weihnachten 1966 auf Befehl Mobutos hingerichtet worden sein. Andere Behauptungen verbürgen, daß er eine Bar in der Brüsseler Innenstadt besaß, die sich »La Renaissance« nannte und Treffpunkt der Söldner und Legionäre war. Jedenfalls werde ich die von ihm durchgeführten »Befreiungsaktionen« der Missionsstationen der Herz-Jesu-Missionare am Tshuapafluß so leicht nicht vergessen, da mein Kollege Peter Leukefeld und ich sie fast mit dem Leben bezahlt hätten.

Als General Charles de Gaulle die letzten Einheiten der französischen Fremdenlegion aus Algerien nach Korsika und Dschibuti verlegen ließ, schien das zeitlose Handwerk der Söldner für immer auszusterben. Aber der 1960 unabhängig gewordene und von inneren Wirren zerrissene Kongo bot den Haudegen unseres Jahrhunderts eine neue Tätigkeit. Der damalige Katanga-Präsident Moise Tshombé holte viele von ihnen – Ex-Legionäre, Fallschirmjäger, Farmer, deutsche Landser, verkrachte Existenzen und Abenteurer – zurück nach Afrika. Sie leisteten keine Fahneneide, sondern unterschrieben Kontrakte. Sie hatten kein Vaterland, sondern nur eine Einheit, eine Kompanie, ein Kommando. Sie wurden angeworben unter dem Motto »Lerne fremde Menschen kennen – und bring sie um«. Sie schossen auf jeden, den man ihnen als Feind bezeichnete. Zahlte man gut, dann schossen sie auch gut. Manche erhielten 5000,– DM im Monat, manche einige tausend Dollar. Zahlte man nicht, dann streikten sie, dann plünderten sie in den eroberten Dörfern die Post, die Bank und die weißen Farmen und Villen. Indische, äthiopische, nigerianische und irische UNO-Truppen wurden gegen die »Katanga-Armee«, wie man die Söldnertruppe nannte, eingesetzt. Katanga fiel und Moise Tshombé ging nach Madrid ins Exil.

Doch die Unruhen im Kongo hörten nicht auf. Der zunächst verfemte Tshombé kehrte als Ministerpräsident nach Leopoldville zurück, und der Schreibstubenfeldwebel Joseph Desirée Mobuto wurde Oberbefehlshaber der Armee. Im Osten der Provinzen Stanleyville und Kivu brach ein neuer Aufstand los. Durch Rauschgift aufgeputschte Simba-Krieger und Mulele-Banden verbreiteten Tod und Schrecken und eroberten drei Viertel des Kongo. Erneut erhielten die »schrecklichen weißen Riesen« eine Chance. In Brüssel, Johannesburg, London und Frankfurt tauchten die Werber Tshombés auf, versprachen Lebensversicherungen von 20 000 $ und Gehälter zwischen 450 $ und 1400 $ im Monat (1964). Unter dem Kommando des britischen Majors Mike Hoare setzten die Söldner aus Europa und Südafrika die Landsknechtstraditionen im Kongo fort. Sie zeichneten sich vor allem durch erbarmungslose Härte aus. Härte nicht nur gegen den Feind, sondern auch gegen unbeliebte Kameraden und die begleitenden Katanga-Gendarmen. So ließ man bei Boende den Kongo-Müller in einen Hinterhalt der

Rebellen fahren, aus dem er mit nur knapper Not entkommen konnte, weil diese ihn loswerden wollten. Da ich in Müllers Jeep fuhr, gab man mir den Rat umzusteigen. »Die Katanga-Gendarmen«, so erzählte ein Söldner später, »hatten vor uns mehr Manschetten als vor den Haufen Mobutos.« Warum eigentlich? »Wir haben nicht lange gefackelt. Wenn die nicht spurten, haben wir sie rücksichtslos aufgehängt. Von diesem Augenblick an liefen die andern wie geschmiert.« Rücksichtslos wurden die Dörfer niedergebrannt. Aber die Söldner befreiten auch portugiesische und belgische Zivilisten, deutsche Missionare und Schwestern aus den Klauen der Simbas und jagten die Rebellen bis zur Grenze Ruandas.

Die Söldner schienen unbezwingbar. In den Augen der Schwarzen waren sie wirklich wie ein Geschlecht weißer Riesen. Dabei lag ihre einzige Stärke darin, daß sie rasanter fahren und schneller schießen konnten als die teilweise mit Speeren und Pfeil und Bogen bewaffneten Einheimischen, die zudem von moderner Guerillakriegsführung keine Ahnung hatten. Hätte es sich bei den Gegnern um Algerier oder Vietcong gehandelt, das Schicksal der »Schrecklichen« hätte sicher einen anderen Verlauf genommen. Dennoch kam das Ende unerwartet. Mike Hoare, Kongo-Müller, Jean Schramme und andere Söldner fielen nach dem Sturz Tshombés in Ungnade und mußten ihre Haut retten. Dem neuen Staatschef Mobuto trauten sie ohnehin nicht. Ihnen war bekannt, daß Mobuto eine Gruppe ehemaliger Katanga-Gendarmen rücksichtslos hatte niedermetzeln lassen, als sie seinen Versprechungen glaubten und nach einer Rebellion die Waffen niederlegten. Außerdem standen viele immer noch in Kontakt mit dem ehemaligen Ministerpräsidenten Tshombé in Madrid. Sie waren der Meinung, er würde eines Tages nach Kinshasa zurückkehren. Auf diesen Tag bereiteten sie sich vor. Bob Denard und Jean Schramme waren enge Vertraute des Exilpolitikers. Geheimagenten, Kuriere und Abenteurer hielten die Verbindung mit Madrid aufrecht.

Im Juli 1967 wurde dann Moise Tshombé gekidnappt und nach Algerien entführt. Es mag sein, daß die Algerier die Hand im Spiel hatten. Es ist jedoch auch möglich, daß Mobuto seinen gefährlichsten Gegner mit Hilfe des CIA ausschalten oder daß ganz einfach einer seiner Mitarbeiter eine hohe Summe erpressen wollte. Aber es kursierten damals auch Gerüchte, wonach Tshombé bereits wieder auf dem Weg zum Kongo war. Jedenfalls schlugen die Söldner

unter Schramme und Denard noch einmal los. Der Franzose Denard stand noch in Diensten Mobutos, aber als dieser den Befehl gab, Schrammes Kommando zu entwaffnen, revoltierten alle weißen Riesen und wandten sich gegen den bisherigen schwarzen Auftraggeber. Entscheidend war dabei nicht nur die Sympathie für Tshombé, sondern auch die Tatsache, daß Mobuto schon seit Monaten keinen Sold mehr gezahlt hatte. Zunächst kam es zu Kämpfen um Stanleyville (durch Mobuto umgetauft in Kisangani), wo die Söldner den Flugplatz eroberten und sich gegen eine kongolesische Übermacht zur Wehr setzen mußten. Dabei wurde Denard schwer verwundet. Mit einer gekaperten und zerschossenen DC-3 der Air-Congo flog man ihn und zwanzig verwundete Söldner zum Flugplatz Kariba im damaligen Südrhodesien. Noch in der gleichen Nacht wurde er in einem Hospital in Salisbury operiert. Bob Denard hatte einen Kopfschuß erhalten und war längere Zeit rechtsseitig gelähmt. Jean Schramme, der belgische Söldner, der aus Flandern kam, zum wohlhabenden Farmer aufgestiegen war und dann durch Lumumba-Soldaten seine Plantage und seine Familienangehörigen verlor, hatte mehr Glück. Er konnte die Stadt Bukavu erobern, die Tresore der Staatsbank sprengen und seine Söldnertruppe reichlich besolden. In dem ehemaligen Ferienort reicher belgischer Siedler schlugen die Landsknechte ihr Hauptquartier auf.
Im Hotel »Royal Residence« wohnte Schramme mit seinem Mitstreiter Léonard Monga, der vordem Generalstabschef bei Tshombé gewesen war. Schramme muß sich hier entschlossen haben, mit seiner Soldateska afrikanische Politik zu machen und Mobuto endgültig zu stürzen. In einem damals in der Zeitung »Die Welt« veröffentlichten Interview sagte der Söldnerführer: »Es ist Mobuto klargeworden, daß er die Söldner nicht aus dem Lande treiben kann, und daher ist er zu verhandeln bereit... Ich möchte, daß meine Aktion zum Sturz der Regierung in Kinshasa führt, einer Regierung, die ihre Unfähigkeit, das Land zu regieren und die Sicherheit aller zu garantieren, bewiesen hat. Mobuto und seine Minister bereichern sich, während das Volk des Kongo im Elend lebt. Die kongolesische Armee plündert, schändet und tötet, wo auch immer sie eingreift. Dies muß für immer aufhören...« Oberst Monga forderte in einer Proklamation den Staatschef in Kinshasa auf, sein Amt niederzulegen. Aller Wahrscheinlichkeit nach waren an dieser tödlichen Farce zwei Reporter der Illustrierten »stern«

nicht ganz unschuldig. Jedenfalls berichtete der Kress-Report später: »Randolph Braumann und sein Kollege Marc Ribeaud fungierten als Geburtshelfer bei der sogenannten Gegenregierung im Kongo. Insbesondere waren sie den Katanga-Rebellen mit Rat und Tat bei der Abfassung einer ›Proklamation‹ behilflich, die auf einem Briefbogen des Brüsseler Hilton-Hotels niedergeschrieben wurde.«

Das Ereignis veranlaßte die satirische Zeitschrift »Pardon« zur Veröffentlichung einer Persiflage unter dem Titel »Warum nicht Henri?« Hans Traxler schrieb darin: »Neulich hat der ›stern‹, der schon so manches zuwege brachte, sogar eine Regierung gegründet. Mitten in Afrika, wo es am schwärzesten und am heißesten ist, im Kongo. Und das kam so: Randolph Braumann, ein Reporter der Hamburger Illustrierten, sitzt in der Bar des Hotels ›Royal Residence‹ in Bukavu. Es ist der 10. August, soeben haben die Tshombé-Freunde, weiße Landsknechte des belgischen Hauptmanns Schramme, die kongolesische Provinzhauptstadt erobert. Auf eigene Regie sozusagen, denn vom rechtmäßigen Regierungschef Mobuto sind sie längst entlassen. Reporter Braumann ist nach Bukavu marschiert, denn ›ich habe wirklich gedacht, ich könnte hier bei euch erfahren, was im Kongo eigentlich gespielt wird‹.«

Voller Ironie schildert »Pardon« dann, was sich in der Bar in Bukavu abgespielt haben könnte, wobei der »stern«-Reporter als Erzähler auftritt: »Monga stierte ziemlich ratlos in sein Pernod-Glas: ›Wir erobern im Kongo Gebiete, die größer sind als Belgien, aber niemand in der Welt nimmt uns ernst.‹ ›Mon Capitaine‹, sagte ich so halb zum Spaß. ›Ihr müßt eine Gegenregierung bilden. Dann spricht die ganze Welt von euch.‹ Monga guckte mich erstaunt an, und genau in diesem Augenblick kam unser französischer Fotograf Paul Ribeaud, 38, in die Bar. Es war der Augenblick, in dem der Hauptmann Léonard Monga, verheiratet mit einer Französin, in die afrikanische Geschichte eintrat. Er wußte es nur noch nicht. Ribeaud, der Monga von früheren Kongo-Reisen her kannte, umarmte seinen alten Freund und rief begeistert: ›Du mußt der neue Regierungschef werden!‹ Gesagt, getan. Auf der Reiseschreibmaschine des ›stern‹-Fotografen wird eine Proklamation aufgesetzt, die mit folgenden Sätzen beginnt: ›Mobuto ist ein Verräter. Er hat den Kongo, früher eines der reichsten Gebiete der Erde, zum elendsten Land Afrikas gemacht. Er soll von einem Volksgerichtshof abgeurteilt werden ...« Das satirische Monatsblatt stellte dann

fest: »So also hat der ›stern‹ im afrikanischen Busch eine Regierung gegründet, just fünfzig Jahre nachdem Deutschland dort die letzte Kolonie verloren hat ... Hut ab vor Nannen und seinen Mannen ...!«
»Beim ›stern‹ fürchtete man um das Leben der Reporter. (... und das jetzt, wo Braumann da herumkrebst ...)«, schrieb ein Redakteur als Randbemerkung auf die Meldung im »Kress-Report«.
Die Wirklichkeit sah jedenfalls anders aus. Mobuto sammelte 20 000 Mann und ließ Bukavu einschließen. Ein verheerendes Artilleriebombardement leitete dann das Ende ein, noch ehe Verhandlungen – denen auch Mobuto zugestimmt hatte – über den Rücktransport der Söldner durch das Rote Kreuz nach Europa zum Abschluß gekommen waren. Den Landsknechten ging die Munition aus. Sie flohen mit ihren treuergebenen Katanga-Gendarmen und deren Familien über die nahe Grenze nach Ruanda, wo sie in Shangugu interniert wurden. Ihre Waffen und Besitzungen mußten sie zurücklassen.
Noch einmal glaubte Bob Denard, der inzwischen aus einem rhodesischen Hospital entlassen worden war, das Blatt wenden zu können. Vermutlich mit Wissen der portugiesischen Behörden hatte er an der Grenze Angolas eine neue kleine Streitmacht gesammelt. Er schlug los, um seine Kumpels in Bukavu entlasten zu können, nicht wissend, daß diese bereits nach Ruanda entkommen waren. Ein Elitebataillon der kongolesischen Nationalarmee – vermutlich durch amerikanische CIA-Spezialisten angeführt – sowie von den Israelis ausgebildete Fallschirmjäger versuchten, die zusammengeschrumpfte Kampfgruppe Denard einzukesseln. Das Unternehmen des französischen Haudegens endete in einem blutigen Drama. Mit 110 Söldnern, mit total unzulänglicher Ausrüstung und ohne Funkgerät marschierte Denard in ein Abenteuer, das fünf seiner Männer und einige Zivilisten das Leben kostete. Die Kampfgruppe mußte schließlich nach Angola zurückfliehen und dort die Waffen niederlegen. Mobuto triumphierte. Seine bisherigen Versprechungen fegte er vom Tisch, und er forderte stattdessen die Auslieferung aller Söldner. Sie sollten in einem makabren Schauprozeß in Kinshasa verurteilt und hingerichtet werden. In der umbenannten Hauptstadt Zaires trat ein Sonderausschuuß der Organisation für Afrikanische Einheit zusammen. Er arbeitete schließlich eine Entscheidung aus, die den Söldnern wenige Tage später vom OAU-Generalsekretär Diallo Telli in ihrem Lager in Shangugu in Ruanda vorgelesen wurde. Sie mußten sich verpflichten, Afrika nie

wieder zu betreten oder in diesem Kontinent zu kämpfen. Der »Eid von Shangugu« rettete Schramme und seinen 120 Kampfgenossen das Leben. Er wünschte nach Belgien zurückzukehren, aber erst dann, wenn für die Katanga-Gendarmen und für drei von ihm adoptierte kongolesische Kinder gesorgt sei. Am 23. April 1968 brachten zwei holländische DC-6 Maschinen die Söldner nach Europa zurück. Schramme selbst verschwand für einige Zeit von der politischen Bühne. Erst Ende 1985 tauchte noch einmal sein Name in den Zeitungen auf, weil er vor einem belgischen Gericht in Mons des Mordes an einem belgischen Ingenieur angeklagt wurde. Es war die Aufnahme eines alten Verfahrens. Schramme soll heute im Mato Grosso in Brasilien eine Farm besitzen. Er kann nicht ausgeliefert werden, da er mit einer Brasilianerin verheiratet ist. Sein Freund Léonard Monga kam nicht so glimpflich davon. Er akzeptierte Mobutos Amnestie-Angebot und kehrte mit dem größten Teil der Katanga-Gendarmen nach Zaire zurück. Im April 1969 wurde in Kinshasa bekanntgemacht, daß Monga und sechs weitere Offiziere im Militärlager Kokolo erschossen worden waren.

Afrikas Kriege, in denen Söldner eine auschlaggebende Rolle spielten, wurden seltener. Es schien, als ob die Glanzzeit des käuflichen Soldatentums vorbei war. Nur noch einmal erlebten die Condottieri des 20. Jahrhunderts einen Höhepunkt. Das war, als der Münchner Landsknecht Rolf Steiner jahrelang die sudanesischen Streitkräfte in Atem hielt und die »Hunde des Krieges«, wie der englische Schriftsteller Frederick Forsyth sie in seinem Bestseller nannte, den Biafra-Krieg vermutlich um mehr als die Hälfte verlängerten. Steiner kämpfte an beiden Krisenherden, aber erst sein Einsatz für die Anya-Nya-Rebellen im südlichen Sudan und der danach folgende Prozeß in Khartum brachten ihn in die Schlagzeilen. »Das ist einer der größten Siege Afrikas«, triumphierte der Generalsekretär der Organisation für Afrikanische Einheit, Diallo Telli. Der Diplomat aus Guinea jubelte damals über die Auslieferung des deutschen Söldners Rolf Steiner an den Sudan, ohne jedoch ein Wort zu verlieren über den etwa eine Woche vorher auf Befehl Sekou Tourés erfolgten Mord an dem Deutschen Hermann Seibold in Conakry. Auch über den Leidensweg des Aacheners Adolf Marx, der gefoltert, mißhandelt und unter menschenunwürdigen Umständen in Tellis Heimatland festgehalten wurde, redete der Generalsekretär nicht.

Steiner wurde von einem Kriegsgericht in Khartum zum Tode

verurteilt, vom Staatspräsidenten Numeiri zu zwanzig Jahren begnadigt und dann drei Jahre später auf Druck der Bundesregierung freigelassen. Er schrieb ein unbedeutendes Buch über seine Erlebnisse, klagte erfolglos gegen die sudanesische Regierung wegen Freiheitsberaubung und verschwand schließlich endgültig von der Söldnerszene. Während des Prozesses in Khartum stellte sich heraus, daß Steiner keineswegs das Ungeheuer und der Feind Afrikas war, als den man ihn darstellen wollte. »Neues Deutschland« bezeichnete den bleichen, kahlgeschorenen Mann mit dem eingefallenen Gesicht als »Symbol des Neonazigeistes in der BRD« und Radio Sudan nannte ihn »Die Inkarnation alles Bösen«. Steiner weigerte sich, mit den Söldnern verglichen zu werden, die er den »Abschaum der Menschheit« nannte. Er verteidigte sich selbst und sprach deutsch. »Wenn ein Mann für seine Überzeugung kämpft, kann man ihn nicht als gedungenen Soldaten bezeichnen.« Steiner sagte, er habe sich den Rebellen im Süden des Sudan angeschlossen, weil er der Überzeugung sei, die Schwarzen würden dort von den mohammedanischen, arabisch sprechenden Sudanesen des Nordens unterdrückt. »Mit Stolz und Freude gebe ich mein Leben für das afrikanische Volk, das im Südsudan leidet, um ihm zu helfen, der Freiheit, die sie suchen, einen Schritt näherzukommen.«
Während des Prozesses schien es, als ob Steiner den Höhepunkt eines seltsamen und romantischen Lebens erreicht hatte. Er wurde 1933 geboren, besuchte auf Wunsch seiner Mutter ein Priesterseminar und ging dann anschließend zur Fremdenlegion. Als Legionär verteidigte er in Indochina und Algerien die letzten Positionen des französischen Kolonialismus. Dann kämpfte er in Biafra für General Ojukwu, ehe er Ende 1968 nach Differenzen mit Biafras Armee-Führung ausgewiesen wurde. In Deutschland machte ihn Pater Dr. Franz Gypkens von der Förderungsgesellschaft Afrika e. V. (FGA), die heute ihren Sitz in Lippstadt hat, auf den Kampf der Südsudanesen aufmerksam. Die Rebellen hatten seit 15 Jahren um die Unabhängigkeit gekämpft. Steiner schloß sich, nachdem er vergeblich versucht hatte, in der Bundesrepublik Unterstützung für die Aufständischen zu finden, den Guerillas an und wurde sogar deren Kommandant. Die wirkliche Rolle Steiners bleibt rätselhaft. Gegensätze und Richtungskämpfe zwischen den rivalisierenden Befreiungsorganisationen und den Rebellenführern Emilio Tafeng und Joseph Lagu zwangen den Abenteurer zur Kapitulation. Am 17. Oktober 1970 überschritt der Münchner die Grenze nach

Uganda, wo er von Soldaten Idi Amins verhaftet und nach Kampala gebracht wurde. Milton Obote, der selbst danach gestürzt und von Idi Amin verjagt wurde, ließ den Haudegen an seine Todfeinde ausliefern. Steiner kam mit dem Leben davon.

Der marxistischen MPLA in Angola sollte es gelingen, den Mythos der unschlagbaren Söldner endgültig zu zerstören. Nach der mit Hilfe der Kubaner erfolgten Eroberung von Luanda stellte man acht Söldner vor ein Kriegsgericht, ließ sie zum Tode verurteilen und ungeachtet aller Proteste und Gnadengesuche erschießen. Unter den Hingerichteten befanden sich junge Männer, die sich auf eine Anzeige in der Söldnerzeitschrift »Soldiers of Fortune« beworben hatten. Auch im damaligen Rhodesien ging die abenteuerliche Zeit der Söldner zu Ende. Die »Selous Scouts« und die »Special Air Service« waren ein verwegener Haufen, aber bereits eine gedrillte Einheit der rhodesischen Armee.

Die Landsknechte fühlten sich dort nicht mehr zu Hause. Die Jagd auf Schwarze wurde plötzlich zu gefährlich.

Weiße sind inzwischen weniger daran interessiert, sich auf fragwürdige Unternehmen einzulassen, die außerdem immer schlechter entlohnt werden. Stattdessen gehen jetzt verschiedene Armeen Afrikas dazu über, die Talente der wenigen noch existierenden Naturvölker für militärische Zwecke einzusetzen. So haben die Südafrikaner im »Cap Omega« im Caprivizipfel eine Niederlassung für die letzten Buschmänner mit ihren Familien errichtet, aus denen sie die Fährtensucher und Buschkrieger rekrutieren. Das Buschmann-Bataillon 201 ist eine gefürchtete Einheit, und SWAPO-Guerillas wissen, daß sie keine Chance haben gegen die kleinen unscheinbaren gelbhäutigen »Männer der Steinzeit«. Grausame Einzelheiten erzählt man auch über ein anderes südafrikanisches Bataillon mit der Nummer 32 und dem Büffelkopf als Wappenschild. (Das Wappen der Buschmänner ist eine schwarzweiße Krähe.) Das Bataillon 32 operierte bisher ebenfalls gegen die SWAPO-Terroristen aus dem Norden und wurde aus portugiesischen, amerikanischen, rhodesischen Freiwilligen und schwarzen Flüchtlingen aus Angola zusammengestellt. Die Kommandosprache ist portugiesisch. Die 1200 Mann dieser Einheit wurden wiederholt der Massaker, der Folter und der Plünderung gegenüber der Zivilbevölkerung beschuldigt.

Legionäre des 2. Fallschirmjägerbataillons der französischen Fremdenlegion machten während ihres Einsatzes 1978 in der Shaba-

Provinz in Zaire eine unglaubliche Erfahrung. Trotz aller Sicherheitsmaßnahmen tauchten plötzlich im Operationsraum des Colonel Erulin ein halbes Dutzend Pygmäen mit Bogen und lautlosen Giftpfeilen in den Köchern auf. Sie hatten unbemerkt alle Wachtposten und Sicherheitsringe unterlaufen. Die Pygmäen, die den militärischen Auftrag hatten, den Gegner über hunderte Kilometer hinweg aufzuspüren und dann reguläre Truppen über Funk herbeizurufen, konnten dem französischen Colonel deutlich machen, daß er in die falsche Richtung marschierte. Die Pygmäen stellen bereits einen Offizier, der die französische Militär-Akademie mit Erfolg besuchte.

Die Rache der Feldwebel

Uganda – Tansania – Ghana – Äquatorial-Guinea – Liberia

Uganda

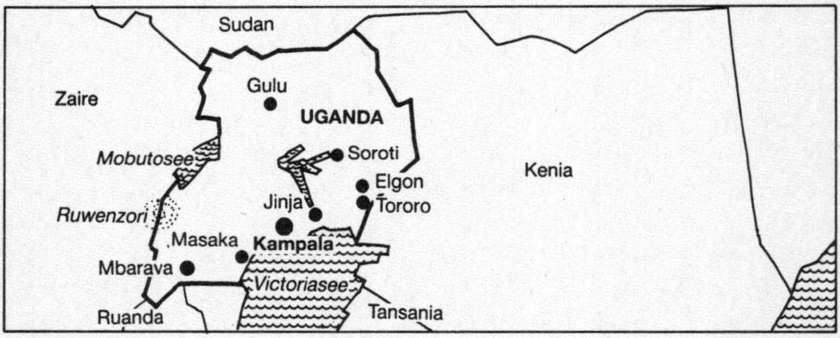

Den Namen Idi Amin hörte ich zum ersten Mal in der Bar des Imperial-Hotels in Kampala. Ich kam aus Leopoldville und war über Nairobi auf dem Weg nach Dar-es-Salaam, wo 1964 die Insel Sansibar nach einem blutigen Massaker an der arabischen Bevölkerung dem neugeschaffenen sozialistischen Kunstgebilde Tansania einverleibt worden war. Nach dem unvergeßlichen Flug über den Victoria-See war ich gezwungen, eine Nacht in Uganda zu verbringen. Zu jener Zeit galt das Land immer noch als eine lyrische Inspiration für englische Poeten. Bereits Winston Churchill hatte Uganda während seines Besuches im Jahre 1907 als »Die Perle Afrikas« und als »Ein Märchenland« beschrieben. Dort entsteht, aus dem Victoria-See kommend, der Weiße Nil, der dann bei den eindrucksvollen majestätischen Murchinson-(jetzt Kabalega) Fällen den langen Weg zum Mittelmeer beginnt. Im Südwesten findet man die Ruwenzori-Berge, die auch Mondberge genannt werden, während die saftiggrünen Ebenen von den Herden tausender Gnus, Zebras und Elefanten bevölkert sind. »Elyseum was never more heavenly or tranquil«, schrieb ein amerikanischer Journalist.

Statt des Lake-Victoria-Hotel in Entebbe aufzusuchen, zog ich es vor, für 10 Shilling mit dem Bus nach Kampala zu fahren und im Imperial Hotel zu übernachten. Während des Abendessens spielte eine Band, und meine Nachbarn am Nebentisch (es handelte sich anscheinend um weiße Offiziere in Zivil) diskutierten empört über eine Meuterei in den Baracken der »King's African Rifles«, dieser hart gedrillten Eliteeinheit der Engländer, die bereits im Ersten Weltkrieg als einzige Truppe des britischen Empire Lettow-Vorbecks Askaris in Ostafrika paroli bieten konnte. Aus diesen disziplinierten Bataillonen und Regimentern entwickelten sich nach der Unabhängigkeit die modernen Armeen Tansanias, Sambias, Malawis, Kenias und Ugandas. Im Hauptquartier in der aufstrebenden Industriestadt Jinja hatten die einheimischen Militärs die Ablösung der letzten britischen Offiziere gefordert, den Innenminister Felix Onana eingesperrt und die Begleiter verprügelt. Während des Gesprächs am Nebentisch wurde immer wieder der Name eines Obersten Idi Amin genannt. Gemäß alter Kolonialtradition hatten die Engländer ein Regiment aus Staffordshire zur Beruhigung der Lage geschickt. Aber es war kein Schuß gefallen. Meine Tischnachbarn empörten sich vor allem darüber, daß man die Aufrührer nicht vor ein Kriegsgericht gestellt hatte. Stattdessen war der Oberst Idi Amin nach der Meuterei zum Major befördert worden.

Wenige Wochen später – diesmal in der Region Tshuapa in der Provinz Equateur – fiel der Name Idi Amin Dada Dumee zum zweiten Mal. Mein leider zu früh verstorbener Kollege Peter Leukefeld und ich hatten damals den Auftrag, über die Aktionen der Söldner gegen die marxistischen Rebellen im Ostkongo zu berichten. Als wir nach einem abenteuerlichen Flug und einer Notlandung in Coquilhatville – Aufständische hatten die Tragflächen der DC 3 der »Air Congo« durch Maschinengewehrfeuer durchlöchert – in Boende am Tshuapafluß landeten, filmte dort gerade Gualteriero Jacopetti mit seinem Team. Die Söldner und Katangasoldaten hatten kurz vorher einige »Simbas« gefangengenommen. Sie wurden gnadenlos erschossen. Jacopettis Kameras nahmen das grausame, aber unvermeidliche Ereignis auf. Der Film »Afrika addio« gilt auch heute noch als einer der umstrittensten und geschäftlich erfolgreichsten Streifen der damaligen Zeit. In Berlin und anderen deutschen Städten demonstrierten deutsche und farbige Studenten gegen diese faszinierende, meisterhafte Reportage über das Afrika am Ende der Kolonialzeit.

In der teilweise zerstörten Missionsstation der Herz-Jesu-Missionare in Boende erzählte Jacopetti mir, daß Uganda nun den roten Kameraden Gaston Soumialot und Christopher Gbenye (Gründer der Volksrepublik im Ostkongo) Einheiten der »First Uganda Rifles« zur Verfügung stellen würde, um gegen die Zentralregierung in Leopoldville zu kämpfen. Kampala habe bereits den Obersten Idi Amin Dada Dumee nach Stanleyville geschickt, wo Einzelheiten besprochen werden sollten. Major Mike Hoare (Mad Mike genannt und Kommandant des Söldnerkommandos), der sich an dem Gespräch beteiligte, wußte noch zu erzählen, daß der Oberst seine militärische Laufbahn beim 4. (Uganda)-Bataillon der »King's African Rifles« begonnen hatte und zwischen 1953 und 1957 gegen die Mau-Mau-Bewegung in Kenia eingesetzt worden war. Damals soll er mit der Panga schwarzen Gefangenen einfach den Penis abgeschlagen haben, wenn sie nicht reden wollten. Schwarze Landsleute fanden das keineswegs krankhaft, denn die bestialische Verstümmelung, die Folterung und das Massaker von Gefangenen haben eine lange Tradition im schwarzen Kontinent.
Der inzwischen in der Tat zum Major beförderte Idi Amin hatte bis zu jenem Zeitpunkt bereits eine erstaunliche Laufbahn hinter sich. Er wurde 1925 in dem Ort Koboko in der Dreiländerecke zwischen Uganda, dem Sudan und dem Kongo geboren. Seine Angehörigen waren arme Bauern, die zu den Kakwa zählen, einem nilo-hamitischen Stamm, in dem Mord nur durch Blutrache gesühnt werden kann, Regenmacher und Zauberer trotz der Moslemreligion ihre düsteren Geschäfte treiben. Ein ungeschriebenes Ritual fordert, daß der Mörder die Leber seines Opfers ißt. Der Geist des Toten kann dann nicht mehr den Mörder heimsuchen. Er wird dadurch vom Mord gereinigt. Der später ins Ausland geflüchtete Arzt des Diktators, John Kibukamusoke, und andere Zeugen haben wiederholt bestätigt, daß auch Amin die Leber seiner Opfer gegessen hat. Obwohl er in seiner Regierungszeit niemals Mekka besuchte, legte er sich von Beginn an den Titel Al Hadj zu, der den Moslempilger auszeichnet. Als Kind mußte Idi die Ziegen hüten. Er hat nur vier Schulklassen besucht. Nachdem er britischer Kolonialsoldat geworden war, stand für ihn fest, daß er nur in der Armee Karriere machen wollte. Während des Zweiten Weltkrieges kämpfte er mit der 11. Ostafrika-Division der britischen Kolonialarmee in der Hölle von Burma. Er galt als ein vorbildlicher Soldat, war ein erstklassiger Rugbyspieler und neun Jahre lang Ugandas Meister

im Schwergewichtsboxen. 1949 wurde er Korporal, 1957 Feldwebel. Mit der Unabhängigkeit im Jahre 1962 war Idi Amin der erste schwarze Offizier. Man hatte ihn zum Hauptmann befördert. In diesen entscheidenden Jahren in der Armee wurde sein Charakter geprägt, entstand seine Haßliebe zu England und seine Begeisterung für Orden und Ehrenzeichen, für militärischen Pomp und für die Macht, die durch die Armee symbolisiert wurde.

Noch ehe Idi Amin 1966 zur Fallschirmjägerausbildung nach Israel flog, wurde am 5. Februar im Parlament in Kampala der Antrag gestellt, sein Bankkonto zu überprüfen. Daudi Ocheng, der Sprecher des Buganda-Königs Kabaka Mutesa II., hatte bereits vorher jedem, der interessiert war, Fotokopien von Amins Kontoauszügen gezeigt. Auch in Leopoldville wußte man sich zu erzählen, daß der Verteidigungsminister der »Volksrepublik Kongo«, Gaston Soumialot, mit Hilfe Idi Amins Diamanten und Elfenbein im Werte von mehr als 35 Millionen $ nach Uganda geschmuggelt hatte. Der eingefleischte Marxist behauptete später, daß Major Amin für seine Dienste zwei Millionen $ in bar kassiert hatte. Amin machte bei der Untersuchung seines Vermögens und illegaler Goldzuwendungen durch einige Minister geltend, daß er große Summen von den kongolesischen Rebellen erhalten habe, um nichtmilitärische Nachschubgüter für diese anzuschaffen, und daß er im Auftrag der Regierung von Uganda 1964 in den Kongo gegangen sei. Er sollte dort als Kontaktmann fungieren und die Streitkräfte der Revolution ausbilden. Einige Minister bestätigten, daß die Beziehungen zwischen dem Obersten und dem Oberbefehlshaber der Streitkräfte, General Shaban Opolot, sehr schlecht waren. Eine Kommission sprach Idi Amin von allen zuvor gegen ihn erhobenen Beschuldigungen frei.

Idi Amin nahm fürchterliche Rache. Zunächst setzte der neue Major alles daran, die Macht des Staatspräsidenten von Uganda, des Königs von Baganda, Kabaka Mutesa II., zu brechen. Ministerpräsident Dr. Apollo Milton Obote, der ein Lango ist und an dem berühmten Makerere College studiert hatte, gab Idi Amin freie Hand, wobei jedoch fairerweise gesagt werden muß, daß König Freddie – wie er in Londoner Nachtbars hieß – kein ernsthafter Gegner war. Obwohl die Dynastie der Kabakas der Bagandas auf eine uralte Tradition zurückzuführen ist, war Idi Amin keineswegs beeindruckt. Sicherlich war ihm bekannt, daß die Baganda-Könige ihre Macht nur durch Grausamkeit und Rücksichtslosigkeit gefe-

stigt hatten. Sie ließen den Gefangenen Arme und Beine brechen, Hände abschneiden und Augen ausreißen. Einer dieser Könige benutzte einen Diener als Zielscheibe, als ihm der englische Afrikaforscher Speke ein Gewehr schenkte. Noch in den achtziger Jahren des vorigen Jahrhunderts wurden auf Befehl des Kabaka Mwanga einige hundert Christen massakriert. 22 von ihnen wurden 1964 von der Kirche in Rom heiliggesprochen. Idi Amin brachte leichte Artillerie in Stellung und ließ den Königspalast auf dem Mengo-Hill, einem der sieben Hügel der Hauptstadt, unter Feuer nehmen. Mehrere hundert Menschen starben. Auch der Mann, der zum ersten Mal Fotokopien von Amins Bankrechnung vorgezeigt hatte, befand sich unter den Toten. Der Kabaka flüchtete zunächst nach Burundi, später nach London. Dort starb »König Freddie« einige Jahre später an Alkoholvergiftung.
Apollo Milton Obote wurde neuer Staatspräsident, aber Idi Amin war zur prominentesten militärischen Persönlichkeit des Landes geworden. 1967 übernahm er als Brigadegeneral den Oberbefehl über alle Streitkräfte, 1968 wurde er zum Generalmajor befördert. Das Verhältnis zwischen Staats- und Armeechef verschlechterte sich immer mehr, vor allem als Obote versuchte, Amins Machtstellung in der Armee, die er zu Recht als Bedrohung empfand, zu untergraben. Der kaltgestellte Idi Amin konspirierte mit unzufriedenen Freunden beim Militär und der Polizei. Stunden vor Obotes Rückkehr von einer Commonwealth-Konferenz in Singapur schlug der Ex-Boxer zu. Er stürzte Obote und wurde am 5. Februar 1971 als neuer Staats- und Regierungschef vereidigt. Gleichzeitig drohte er damit, das Flugzeug Obotes abschießen zu lassen, falls dieser versuchen sollte zurückzukehren. Obote ging ins Exil nach Tansania. Dann begann Idi Amins Schreckensregiment. Wie viele Menschen dem Terror in Uganda in den ersten zwei Jahren zum Opfer fielen, ist ungewiß. Er mußte zunächst seine Macht konsolidieren. Blutige Säuberungen in der Armee und unter den Stämmen der Acholi und Lango folgten. Dezimiert wurden vor allem die Christen. Hohe Offiziere wurden mit ihren eigenen Geschlechtsteilen erstickt. »Im Uganda von heute«, schrieb Kenias »East African Standard«, »geht was um wie Robespierre und sein Wohlfahrtsausschuß.« General Amin errichtete eine »Herrschaft des Terrors«, wie die Internationale Juristenkommission in verschiedenen in Genf veröffentlichten Dokumentationen feststellte. Angaben, wieviel Menschen seit dem Januar 1971 willkürlich ermordet worden sind,

schwankten in den siebziger Jahren zwischen 30000 und 300000. Nach der Vertreibung Idi Amins schätzte man die Zahl der Opfer auf mehr als 500000. Mit Sicherheit kann gesagt werden, daß Zehntausende, aber wahrscheinlicher noch Hunderttausende während des Terrorregimes Idi Amin zum Opfer gefallen sind.
Hinter den nüchternen Berichtszahlen internationaler Kommissionen verbergen sich kaum zu schildernde Greueltaten. Anfang März 1971 wurde der Pfarrer Clement Kigundu, Herausgeber einer katholischen Zeitschrift, in seinem Auto mit Benzin übergossen und lebendig verbrannt. Im gleichen Monat verschwand Oberstleutnant Michel Ondogo, zuletzt Außenminister Ugandas. Seine verstümmelte Leiche fand man später am Ufer des Nils. Die Leber fehlte. Idi Amin, der als Moslem vier Ehefrauen hatte, verstieß zwei von ihnen (Kay und Nora). Kays entsetzlich zugerichtete Leiche fand man später im Kofferraum eines Autos. Arme und Beine fehlten. Eines der ersten Opfer war Brigade-General Mohammed Hussein. Idi Amin ließ den abgeschlagenen Kopf in seinem Befehlsstand zur Schau stellen. Auch die amerikanischen Journalisten Nicholas Stroh und Robert Siedle mußten ihr Leben lassen. Sie hatten etwas über Massaker in einer Kaserne erfahren, und als sie sich an Ort und Stelle informieren wollten, wurden sie von Idis Leuten zerstückelt und verbrannt. Der geflüchtete Leibarzt des Diktators, Dr. John Kibukamusoke, sagte aus, daß sich auf Amins Befehl, die Gefangenen in einer Reihe aufstellen mußten. Sie wurden gezwungen, sich gegenseitig mit einem Vorschlaghammer die Schädel einzuschlagen. Der letzte überlebende Gefangene wurde dann erschossen.
Bereits im Februar 1972 hielt sich Amin zu einem fünftägigen offiziellen Besuch in der Bundesrepublik auf. Er wurde von Bundeskanzler Willy Brandt und Bundespräsident Heinemann empfangen. Auch der Papst empfing den modernen Nero in einer Privataudienz. Nachdem Amin zunächst eine pro-israelische Politik betrieben hatte, erregte er Aufsehen, als er nach einem kurzen Aufenthalt in Tripolis Mitte Februar 1972 ins pro-arabische Lager überwechselte und in einer gemeinsamen Erklärung mit Ghaddafi der »zionistischen und kapitalistischen Expansion« den Kampf ansagte. Alle israelischen Entwicklungsexperten, Techniker, Kaufleute und militärische Berater mußten das Land verlassen. Im gleichen Jahr ordnete der Diktator die Ausweisung sämtlicher in Uganda lebender Asiaten mit britischem Paß an. Die Vertreibung

der 50 000 Inder soll er nur deswegen angeordnet haben, weil sich ein weibliches Mitglied einer vornehmen indischen Familie seinem Liebeswerben versagte. Die Maßnahme stieß auf weltweite Empörung. Die Asiaten, die durchweg der dünnen Ober- und Mittelschicht des Landes angehörten, hatten wichtige Stellungen in der Wirtschaft inne, so daß ihr Exodus Uganda an den Rand des ökonomischen Ruins brachte.

1975 feierte der Mann, der sich inzwischen zum Feldmarschall ernannt hatte, den vierten Jahrestag der Machtübernahme. Im August bekundeten zwanzig Staatsoberhäupter und neunzehn Ministerpräsidenten ihr Einvernehmen als sie den Massenmörder zum Sprecher Afrikas wählten. Algeriens Houari Boumedienne, Libyens Staatschef Ghaddafi, Ägyptens Anwar el Sadat, PLO-Chef Yassir Arafat mit Pistole im Halfter und Patronen im Gürtel und obendrein Kurt Waldheim, Österreichs Beitrag zum Frieden in der Welt, waren nach Kampala gekommen, um der Gipfel-Konferenz der OAU beizuwohnen. Drei Boeing 727 brachten Getränke und Lebensmittel. Mehr als tausend Autos wurden importiert und 260 weißglänzende Motorräder für die Polizeieskorten eingeflogen. Das offizielle Afrika jubelte dem Mann zu, der für diesen Kontinent Schlächter und Volksheld zugleich war. Er wurde zum Symbol der Massen. Als er sich von Weißen in einer Sänfte tragen ließ und von der »Bürde des weißen Mannes« sprach, zeigte er den ehemaligen Kolonialherren, was sie wert sind. Er verkörperte das Wunschdenken Afrikas, die Rache des schwarzen Mannes an den Weißen. Der Jubel der Staatsmänner und Politiker wollte kein Ende nehmen, als er erklärte, er habe sich nun zum »Conqueror of the British Empire« ernannt. Bonns Botschafter in Uganda, der mehr als umstrittene Richard Ellerkmann, sagte mir einmal in seinem Haus in Kampala: »Täuschen Sie sich nicht. Idi Amin ist nicht verrückt. Er ist sagenhaft schlau. Er ist vollkommen bei Verstand, ungeheuer gerissen, raffiniert, aber er kann auch launenhaft, charmant, sentimental, radikal, hart und rachsüchtig sein.« Idi Amins Urteil über andere Staatsmänner war undiplomatisch, aber manchmal äußerst treffsicher. Einem holländischen Journalisten gegenüber äußerte er sich: »Kaunda, ein Freiheitskämpfer? Darf ich Ihnen einmal deutlich erklären, was ich von ihm denke? Kaunda is the greatest two faced double-dealer of our continent.«

Ein Jahr später fügten die Israelis dem Feldmarschall in Kampala die schwerste Niederlage zu. Während die Politiker Afrikas sich hinter Stacheldrahtsperren im schwerbewachten Trou-aux-Biches Hotel in Mauritius zum neuen Gipfeltreffen der OAU versammelten und Pläne schmiedeten, wie man Krieg gegen Südafrika und Israel führen könne, hatten israelische Kommando-Einheiten 100 Geiseln einer Air-France-Maschine befreit, die einige Tage vorher von vier Palästinensern nach Uganda entführt worden war. Bei dem Unternehmen Entebbe, das von israelischen Strategen »Operation Thunderbolt« genannt wurde, flogen die Befreier mit drei Transportmaschinen vom Typ Hercules C 130 und einer Boeing 707 rund 2500 Meilen von Tel Aviv nach Entebbe, befreiten die gekidnappten Passagiere, zerstörten sieben MIG-21- und vier MIG-16-Düsenjäger (ein Viertel der Luftwaffe Ugandas) und töteten die 4 Terroristen und mindestens 20 Soldaten. Die Maschinen wurden in Nairobi aufgetankt. In Port Louis, der Hauptstadt von Mauritius, verurteilte die OAU die »schändliche Tat der Aggression gegen Uganda«. Die 73jährige Passagierin Dora Bloch, die sich zur Zeit des Kommandounternehmens in einem Krankenhaus in Kampala befand, wurde auf Befehl Idi Amins umgebracht. Man fand die verstümmelte Leiche später in einem Wald in der Nähe der Hauptstadt.

Im Oktober 1978 schien das Maß endgültig voll zu sein. Nach verschiedenen Grenzzwischenfällen zwischen Uganda und Tansania entschloß sich Staatspräsident Julius Nyerere, »die Truppen Idi Amins zu verjagen«. Den etwa dreitausend ugandischen Soldaten nördlich des Kageraflußes standen zehntausend Tansanier gegenüber. Beide Länder verfügten jedoch nicht über die Mittel, den Strom während der Regenzeit zu überqueren. Als die gewaltigen Regenfälle endlich aufhörten, eröffnete Tansania Anfang 1979 die Offensive mit einer fast 25 000 Mann starken Armee und einigen tausend Freiwilligen der Guerillaeinheiten Milton Obotes. Es wurde ein Raub- und Plünderzug ohne Ende. Die tansanischen Offiziere und Soldaten verfrachteten alles, was ihnen in die Hände fiel, in ihre Heimat: Möbel, Fahrräder, Radios, Kühlschränke, Lebensmittel. Von mehreren Seiten wurde berichtet, daß sie nicht vor Diebstahl, Raub und Plünderung zurückschreckten. Kolonnenweise wären requirierte ugandische Last- und Personenwagen nach Tansania gebracht worden, beladen mit »Beutegut«. »Die Tansanier«, so hieß es in einem Bericht der staatlichen sudanesischen Nachrichtenagentur, »vergewaltigten Moslemfrauen und machten sie dann nieder. Jeder männliche Bewohner des nördlichen Uganda, der beschnitten ist, wurde sofort getötet.«

Tansania

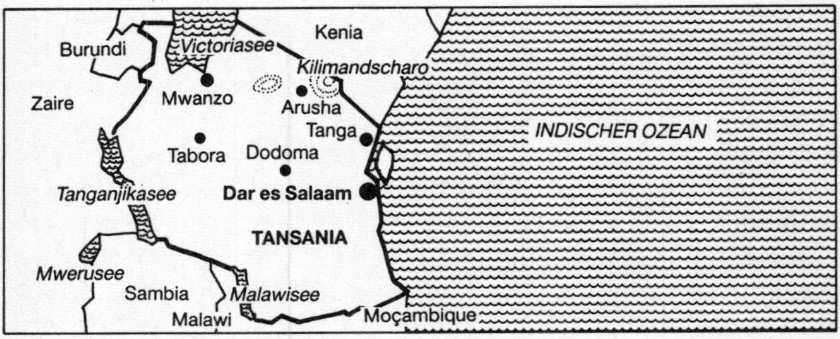

Bis zum Einmarsch in Kampala kostete der Krieg Tansania, das zu den 28 ärmsten Ländern der Welt gehört, täglich eine Million Dollar. Zahlreiche Verbrauchsgüter wurden mit einer Kriegssteuer belegt, um die militärische Aktion überhaupt finanzieren zu können. Um weitere Waffen kaufen zu können, mußte Dar-es-Salaam die Devisenreserven angreifen, die vor Beginn des Krieges noch 250 Millionen $ betragen hatten, dann aber auf 25 Millionen $ zusammengeschrumpft waren. Der Ostblock verlangte Bargeld für die notwendigen Waffenkäufe.

In vielen afrikanischen Hauptstädten machte man sich inzwischen Gedanken über die wirklichen Hintergründe des Engagements des Sozialisten Nyerere in Uganda. Gerade Nyerere galt jahrelang als einer der aggressivsten Verteidiger der Unverletzlichkeit afrikanischen Territoriums. Seit der Gründung der Organisation für Afrikanische Einheit bestehen die Spielregeln, daß man sich in die inneren Angelegenheiten anderer afrikanischer Staaten nicht einmischt. Die einzige Ausnahme machte man bisher in bezug auf Südafrika. Mit dem Einmarsch tansanischer Truppen in Uganda und dem Sieg über Idi Amin veränderte sich die Situation im Hinblick auf die Unantastbarkeit der Grenzen. Schon 1961 hatte jedoch der gerissene Nyerere vorgeschlagen, aus den drei Ländern Kenia, Tansania und Uganda eine politische Gemeinschaft zu machen. Milton Obote und Yomo Kenyatta lehnten die Idee ab.

Nyerere mußte seine Pläne auf Eis legen. Aber bereits 1964 konnte er die Insel Sansibar nach einem blutigen Putsch seinem Staat einverleiben. Dann folgten weitere Versuche, den Einfluß seiner sozialistischen Republik zu vergrößern. Er unterstützte sowohl Samora Machels Frelimo-Guerillas in ihrem Kampf gegen die Portugiesen in Moçambique wie auch die ZAPU des Robert Mugabe im damaligen Rhodesien. Heute noch stehen tansanische Militäreinheiten in Moçambique, angeblich um wichtige Häfen und Ölpipelines gegen Anti-Frelimo-Guerillas zu sichern, aber tatsächlich, um Tansanias Einfluß bis zur südafrikanischen Grenze zu vergrößern. Tansanische Soldaten waren am Umsturz in der Seychellen-Republik beteiligt und verhinderten einen Putsch südafrikanischer Söldner unter dem Kongo-Obersten Mike Hoare. Jahrelang schützte Nyerere auch das Regime des Ali Soilih auf den Komoren, der 1975 durch einen Staatsstreich an die Macht gekommen war und 1978 mit Hilfe von Söldnern durch den rechtmäßigen Präsidenten Abdallah wieder abgelöst wurde. In Tansanias Gefängnissen werden heute noch Hunderte von politischen Häftlingen festgehalten. Viele von ihnen sind Dissidenten aus der marxistischen »Südwestafrikanischen Volksorganistion« (SWAPO) oder ehemalige Anhänger Idi Amins.

Julius Nyerere inthronisierte Yusufu Kironde Lule als neuen Präsidenten in Kampala. Aber mit der Einsetzung dieses Mannes tarnte er seine wirklichen politischen Absichten. Der frühere Rektor der Makerere-Universität sollte den Weg für den sozialistischen Freund Apollo Milton Obote vorbereiten. Lule schlug Alarm und beschuldigte den Mwalimu des Ujamaa-Sozialismus in Tansania des doppelten Spiels. In einer Erklärung sprach der feinsinnige Gelehrte von »Geheimplänen« Nyereres, die zu einer neuen Kolonisierung Ugandas führen würden. Er verwies dabei auf die bereits erfolgte Integration der Kommunikationssysteme zwischen den beiden Staaten und die Versuche, aus Uganda einen sozialistischen Staat unter der Führung Obotes machen zu wollen. Professor Lule konnte jedoch die Entwicklung nicht mehr aufhalten. Über gute Verbindungen und Freunde in Bonn und Pretoria bemühte er sich, Südafrika für die Probleme in Ostafrika zu interessieren. Er war sogar bereit, für eine Guerilla-Armee Waffen und finanzielle Unterstützung zu akzeptieren. Die Südafrikaner zeigten ihm jedoch die kalte Schulter.

Das Durcheinander nahm kein Ende. Auch Godfrey Binaisa, Nachfolger Professor Lules, löckte wider den tansanischen Stachel und versuchte, Uganda aus der tödlichen Umklammerung der Besatzungsarmee des sozialistischen Befreiers zu befreien. Anhänger Obotes, darunter Generalstabschef Oyite Ojok, Arbeitsminister Paulo Muwanga und Armeeoberbefehlshaber Tito Okello, widersetzten sich erwartungsgemäß den Plänen Binaisas. Schließlich übernahm eine Militärkommission die Macht. Sie sorgte dafür, daß Apollo Milton Obote zum zweiten Mal die Regierungsgeschäfte in Uganda übernehmen konnte. Ojok starb im Dezember 1983 durch einen rätselhaften Hubschrauberabsturz. Die Soldatenwillkür in Uganda wurde schlimmer als unter Amin. Die Soldateska stand unter dem Befehl des Verteidigungsministers Paulo Muwanga. Obote war nicht mehr Herr der Lage, als die beiden Okellos einen erfolgreichen neuen Putsch organisierten und damit die wichtigste Rolle in diesem gequälten Land übernahmen. Der Putschisten-General Basilio Olara Okello, vorher ein einfacher Hauptmann, forderte mit revoltierenden Acholi-Soldaten den Rücktritt des Oberbefehlshabers der Armee, Opon Acak. In Kampala wurden die Bars und halbleeren Geschäfte geplündert, Autos angezündet und Passanten verprügelt oder verhaftet. Mit von der Partie ist auch wieder Paulo Muwanga, der als Regierungschef fungiert. Muwanga bringt die für diese Machtposition in Uganda nötige Expertise mit: Die erste Etappe seines Aufstiegs absolvierte er noch unter Milton Obote. Nach dessen Absetzung durch Idi Amin ernannte man ihn zum Botschafter in Paris, bis er sich mit dem Diktator zerstritt. Nach Idi Amins Sturz 1979 behauptete sich Muwanga erneut auf dem politischen Parkett. Obote ernannte ihn nach den Wahlen von 1980 zum Verteidigungsminister und Vizepräsidenten. »Man hat einige Zweifel, ob Uganda nun zur Ruhe kommen wird, hat doch Muwanga in den letzten fünfzehn Jahren stets die Hand im Spiel gehabt, wenn es um Putsch, Terror und Plünderungen ging«, schrieb die angesehene Schweizer Wirtschaftszeitung »Finanz und Wirtschaft« in Zürich. Auch unter Obote war es Muwanga, der mit der Armee das Land drangsalierte. Schwarzafrika ist bis jetzt den Beweis schuldig geblieben, daß die Herrschaft der Schwarzen für die Schwarzen besser ist als das frühere Regime der Kolonialmächte. Wenn die Republik Südafrika zu einem blühenden Staatswesen werden konnte, so ist dies vor allem dem Einfluß der Weißen zu verdanken. Was würde aus Südafrika werden, wenn die Schwarzen das Ruder übernähmen?

Zustände wie in Uganda? Wäre der Masse der Schwarzen in Südafrika damit geholfen?
Ugandas Schicksal ist der letzte Beweis für Nyereres gescheiterte Politik in Ostafrika. Im Oktober 1985 trat der große Lehrer der Ujamaa in den Hintergrund. Seine Ideen vom afrikanischen Sozialismus waren gescheitert. Übrig blieben die Trümmer einer umstrukturierten Gesellschaft, die sich in einer ZDF-Fernsehsendung manifestierte durch Bilder von schrottreifen Traktoren, eines mit Bonns Hilfe gebauten verrotteten Gewächshauses und Bauern, die Reisähren mit einer scharfen Muschel abschneiden mußten, weil es keine Sicheln gab (die außerdem nicht bezahlt werden könnten). Die Sendung hieß »Abschied vom Kilimandscharo« und war von dem linken Journalisten Dieter Grossherr hergestellt worden. Aber Mwalimu Julius Nyerere, der die Schuld am Versagen des Kontinents immer beim Neokolonialismus, beim Imperialismus und bei der monopolkapitalistischen Verschwörung gegen Afrika suchte, benahm sich herablassend, selbstgerecht und überheblich, obwohl Tansania in den 25 Jahren seiner Regierung eines der ärmsten Länder der Erde blieb und er zwei Drittel seiner Staatsausgaben aus Entwicklungshilfe-Mitteln dekken mußte. Zusätzlich wurde das Land beherrscht von einem korrupten und aufgeblähten Staatssozialismus, es gab Verhaftungen ohne Prozesse, polizeiliche Willkür, Machtpolitik und verschiedene vertuschte Putschversuche. Nyereres Nachfolger, der 60jährige Präsident der Insel Sansibar, Ali Hassin Mwinyi, sagte bei seinem Amtsantritt: »Ich bin mir bewußt, daß Mwalimu Nyerere da ist. Er ist ein Geschenk Gottes...« Amin-Nachfolger Yusufu Kironde Lule, der die letzte Entwicklung nicht mehr erlebte, meinte dagegen kurz vor seinem Tod: »Nyerere ist ein schlauer Mann. Es ist nur verwunderlich, daß der Westen ihn noch nicht durchschaut hat.«

Ghana

Als im Mai 1981 der damalige Präsident Ghanas, Dr. Hilla Limann, London besuchte, fragte ihn ein Journalist nach den wichtigsten Höhepunkten seiner Amtszeit. Ohne Zögern antwortete der Politiker: »Ich habe überlebt!« Unwillkürlich wird Limann an das Schicksal seiner Vorgänger gedacht haben, die noch wenige Jahre vorher die Geschicke des Landes leiteten. Auch

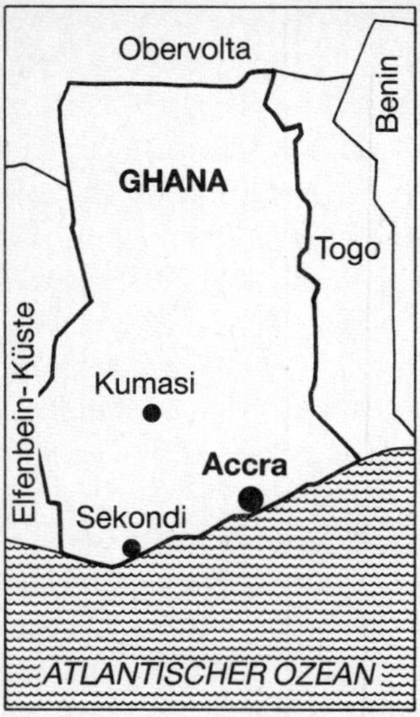

wird er sich in Gedanken möglicherweise mit dem Mann beschäftigt haben, der seine politische Laufbahn entscheidend beeinflußte: dem Fliegerleutnant Jerry Rawlings. Im Mai 1979 lenkte dieser Offizier der Luftwaffe das Interesse der Öffentlichkeit auf sich, als er versuchte, die Macht in Ghana an sich zu reißen, und die Generäle als korrupte Despoten bezeichnete.

Die Zeit schien reif. Zwei Generäle hatten sich seit 1972 zum Ziel gesetzt, der Mißwirtschaft und der Korruption Herr zu werden. Der erste von ihnen war Generalmajor Ignatius Kutu Acheampong, der die zivile Regierung des Professors Kofia Abrefa Busia stürzte, noch ehe diese dem erschöpften Ghana ihren Stempel aufdrücken konnte. Busia galt als Widersacher des entmachteten Kwame Nkrumah und als Lehrmeister der afrikanischen Demokratie. Er unterrichtete im Exil in Leiden und Den Haag und galt als Wanderprediger in Sachen Demokratie. Als Kwame Nkrumah 1966 im Exil bleiben mußte, weil die Militärs ihn abgesetzt hatten, kehrte Busia aus der selbstgewählten Verbannung zurück. Im Sommer 1969 kam es zu freien Wahlen. Busias Fortschrittspartei gewann, und der scheue Professor wurde der erste Regierungschef Afrikas, der eine Herrschaft der Militärs durch demokratische Wahlen ablöste.

Busia mußte scheitern. Er scheiterte an erster Stelle daran, daß er Ghanas Wirtschaftsprobleme nicht lösen konnte. Er war als Philosoph unter den Regierenden Afrikas nicht in der Lage, den Schuldenberg abzutragen, den Kwame Nkrumahs ehrgeizige und fehlerhafte Wirtschaftspolitik geschaffen hatte. Ghana mußte jährlich rund 70 Millionen an Zinsen und Tilgung für die Kredite aus der Zeit Nkrumahs zurückbezahlen. Busia sah sich gezwungen, unpopuläre Sparmaßnahmen zu ergreifen, die wiederum zu steigender Arbeitslosigkeit führten. Aber während er selbst wiederholt Disziplin und Bescheidenheit von den 8,5 Millionen Einwohnern forderte, lebten seine Minister und die Funktionäre der Fortschrittspartei im Luxus. Als Ministerpräsident wollte er in der Praxis beweisen, was er vorher seit Jahrzehnten gelehrt hatte: daß Afrikas politische Zukunft nicht zwangsläufig in korrupten Einparteienregierungen und unfähigen Militärregimes liegt. Allerdings mußte er schon bald die Erfahrung machen, daß in diesem Kontinent alles Europäische nicht realisierbar ist. Die Demokratie westlicher Spielart wirkt in den traditionellen afrikanischen Stammesgesellschaften wie etwas Künstliches; sie war auch in Ghana nicht von langer Dauer. Professor Busia konnte die Gegensätze zwischen 60 verschiedenen Stämmen mit mehr als 50 Sprachen und Dialekten nicht auf einen Nenner bringen. Schließlich beging er den Fehler, sich einen Verwaltungsapparat aufzubauen, der von seinem eigenen Stamm, den Ashanti, beherrscht wurde. Außerdem spielte er – im Widerspruch zu seinen eigenen Auffassungen – die Stammesgegensätze geschickt zum eigenen Vorteil aus. Auch war er nicht in der Lage, die Kluft zwischen arm und reich, die Gegensätze zwischen Tradition und Moderne zu überbrücken.

In der Kolonialzeit war dieses Stammeskonglomerat von dem Militär- und Verwaltungsapparat Großbritanniens zusammengehalten worden. Die britisch geschulten Offiziere und Generäle der Armee in Ghana hatten daher geglaubt, die Probleme militärisch lösen zu müssen. Am 13. Januar 1972, während Busia sich wegen eines Augenleidens in London befand, übernahm der ehrgeizige Generalmajor Acheampong die Macht. Böse Zungen behaupteten, daß der »methodistische Puritaner Busia« (wie ihn der Londoner »Observer« einmal nannte) ein Konto im Ausland hatte einrichten können. Die schwarze Zeitung »The Post« in Südafrika, deren Chefredakteur damals Percy Qoboza war, behauptete, daß sich darauf mehr als 1,5 Millionen Mark befanden.

Auf Befehl des neuen Machthabers Acheampong wurde die Verfassung aufgehoben und sämtliche politischen Parteien und Organisationen verboten. Es gab keine Pressefreiheit mehr, stattdessen aber staatlich organisierte Schlägertrupps von Jugendlichen, die jeden Regimekritiker bedrohten. Sechs Jahre dauerte die Militärdiktatur, die von Versuchen gekennzeichnet war, es allen recht zu machen. Dann hatte die Wirtschaftskrise einen neuen Tiefstand erreicht. Mit Ost und West wurden zum Teil vollkommen unsinnige Handelsverträge abgeschlossen. Über Jahre hinweg deckte der Generalmajor siebzig Prozent seines Staatshaushaltes durch

»Kredite der Zentralbank«, das heißt, daß Cedi-Banknoten einfach nach Bedarf gedruckt wurden. Bei den militärischen Machthabern und im Offizierskorps war die Korruption besonders verbreitet. Es kam zu Studentenunruhen, die 1977 zur Schließung von drei Universitäten führten. In einem aus Ghana herausgeschmuggelten Dokument der Gewerkschaften, der verbotenen politischen Parteien und anderer Organisationen, das die Londoner »Times« am 7. Februar 1977 veröffentlichte, wurde der Rücktritt des Regimes Acheampong gefordert. Am 5. Juli 1978 erzwangen die Generalskollegen auf Druck jüngerer Offiziere die Absetzung des Generalmajors. Kurz danach stieß man ihn unehrenhaft aus der Armee aus, degradierte ihn und beschlagnahmte seine sämtlichen Besitzungen.

Acheampongs Nachfolger wurde Generalleutnant Frederick Akuffo. Die Kakaopreise (in der Kakao-Erzeugung steht Ghana in der Welt an erster Stelle) fielen, die Mineralexporte gingen zurück, die erhofften Deviseneinnahmen blieben aus. Ghana, das ein Agrarland ist, mußte immer mehr Nahrungsmittel im Ausland kaufen. Die Lebenshaltungskosten stiegen auf das Doppelte und Dreifache, nach inoffiziellen Schätzungen sogar auf über 150%. Die Inflationsrate betrug mehr als 100%. Der neue Machthaber sah sich gezwungen, die Währung des Landes, den Cedi, um 54% abzuwerten. Die Wirtschaft lag im Sterben, die Freiheiten wurden immer mehr eingeschränkt, die Unterdrückung nahm zu. Verschiedene Gewerkschaften, darunter die Arbeiterorganisationen der staatlichen Elektrizitäts- und Wasserwerke und Angestellte vieler Privatfirmen, traten im November 1978 in den Streik. Der Jubel über den neuen Staatschef war verflogen. Die einflußreichen und politisch engagierten Marktfrauen, die fotogenen Mammies von Accra, erschienen nur noch widerwillig auf dem Markt und drohten damit, keine Lebensmittel, kein Gemüse und keine Früchte mehr zu verkaufen. Generalleutnant Akuffo sah sich gezwungen, den Ausnahmezustand zu erklären.

Der unbekannte Fliegerleutnant Rawlings witterte seine Chance. Seine Bemühungen, am 15. Mai 1979 zusammen mit einigen Kameraden aus der Armee und der Luftwaffe die Regierung Akuffo zu stürzen, scheiterten aber. Der Putschversuch schlug fehl. Möglicherweise war er auch als Tarnmanöver für den wirklichen Staatsstreich gedacht. Jerry Rawlings wurde gefangengenommen und vor ein Kriegsgericht gestellt. Vor dem Militärtribunal erklärte

der damals 32 Jahre alte Düsenjägerpilot: »Es ist notwendig, Blut zu vergießen, um Ghana zu säubern.« Seine Verteidigungsrede machte den jungen Offizier, Sohn einer ghanaischen Mutter und eines schottischen Vaters, besonders populär und war Anlaß zu einem Massaker, dem dann wenige Wochen später praktisch eine ganze Generation von Generälen und Offizieren zum Opfer fiel.
Am 4. Juni 1979 (noch während sich Rawlings in Arrest befand), schlugen die Verschwörer erneut zu. Diesmal stand die Aktion unter Leitung von Major Boakye-Djan, der die »Ghana Broadcasting Station«, das Flagstaff-Haus, in dem der Staatschef residierte, und die alte dänische Festung Christiansborg, die einmal Symbol des Sklavenhandels, dann in der Kolonialzeit Sitz des britischen Gouverneurs und anschließend Zentrum der Regierungsmacht war, besetzen ließ. Major Boakye-Djan wurde später Sprecher des »Revolutionsrats der bewaffneten Streitkräfte«, des obersten Staats- und Regierungsorgans, das wenige Tage nach dem Staatsstreich durch Leutnant Rawlings ernannt wurde. Dem Rat gehörten insgesamt 10 Militärs an. Sechs waren Unteroffiziere und einer einfacher Soldat.
Jerry Rawlings wurde befreit. Er hatte der »verrotteten Gesellschaft Ghanas ein Blutbad versprochen, um das Land von der Korruption zu befreien«. Er hielt sein Wort. Bereits während des Staatsstreichs gab es, verschiedenen Versionen zufolge, »zwischen fünfzig und hundert Tote«. Auch der Vorsitzende des Militärgerichts, vor dem sich Rawlings noch kurz vorher zu verantworten hatte, und dessen Ehefrau mußten ihr Leben lassen. Bereits eine Woche nach dem Putsch wurde zwölf Kilometer vor der Hauptstadt ein Schießplatz der Armee zur Hinrichtungsstätte hergerichtet. An die Mitglieder des abgesetzten »obersten Militärrates« erging die Aufforderung, sich im Hauptquartier der Armee oder der Luftwaffe zu melden oder »die Konsequenzen zu tragen«. Außerdem drohte der Fliegerleutnant den levantinischen Händlern in Ghana mit einer harten Abrechnung, da sie eine große Schuld an Wucher und Korruption trügen. Er beabsichtigte, einen großen Teil der einflußreichen und geschäftstüchtigen Libanesen auszuweisen und ihre Häuser in die Luft zu sprengen. Die Vereinigungen der libanesischen und indischen Geschäftsleute schickten daraufhin sofort eine Ergebenheits- und Treue-Erklärung an den ehemaligen Düsenjägerpiloten. Kurz nach der Machtergreifung hatte Rawlings bereits die drei ehemaligen Staatschefs, Generalleutnant Frederick

Akuffo, Generalleutnant Akwasi Afrifa und General Ignatius Acheampong, verhaften lassen. Unter dem »Verdacht, Wirtschaftsverbrechen begangen zu haben«, stand Acheampong schon wenige Tage später vor einem »Revolutionären Volksgericht«. Er wurde zum Tode verurteilt und noch am gleichen Tag erschossen.

»Tötet sie alle!« schrie der hysterische Mob, als auch andere Offiziere vor ihren Richtern erscheinen mußten. Der Fliegerleutnant erfüllte den Willen des Volkes. Mit verbundenen Augen wurden die ehemaligen Staatschefs Akuffo (42) und Afrifa (43), Acheampongs Oberbefehlshaber der Armee, General Robert Kotei, Luftmarschall G. Y. Bokyeformer, der Oberbefehlshaber der Marine, Admiral Joy Amedume und Außenminister Oberst Joe Felte zur Hinrichtungsstätte in der Nähe des atlantischen Ozeans geführt. General Afrifa, der in Sandhurst ausgebildet und mit den UNO-Truppen 1961 im Kongo eingesetzt worden war, war nicht sofort tot. Er redete noch – wie Augenzeugen berichteten – einige Minuten lang, bis er den Gnadenschuß erhielt.

Der Düsenjägerpilot und leidenschaftliche Polospieler hielt auch in anderer Beziehung sein Wort. Schwarzmarkthändler wurden ausgepeitscht, rückständige Steuern, überfällige Vorschüsse, Mieten, Gebühren und enorme Geldstrafen erpreßt oder mit Gewalt eingetrieben, Dutzende von Offizieren wegen Bereicherung im Amt zu langjährigen Freiheitsstrafen verurteilt. Aber es kam auch zu freien Wahlen und schließlich zur Übergabe der Macht an ein neugewähltes Parlament mit dem neuen Präsidenten Dr. Hilla Limann. Fidel Castro, der Rawlings mit allen Ehren empfing, gab ihm den Rat, niemals freiwillig die Macht abzugeben. »Man wird dich eines Tages dafür an die Kandare nehmen, mein Sohn«, soll der marxistische Revolutionär in Havanna zu ihm gesagt haben.

Dr. Hilla Limann, der für den Geheimdienst Ghanas im Ausland gearbeitet hatte und als Karrierediplomat bezeichnet wird, setzte schon bald Castros Prophezeiung in die Tat um. Der Mann, der bis dahin nie besonders hervorgetreten und erst im Januar 1979 Präsident der Nationalen Volkspartei (PNP) geworden war, brachte es fertig, Rawlings zu isolieren und ihn schließlich zu entmachten. Der Fliegerleutnant wollte schon aufgeben, da lud Ghaddafi ihn nach Libyen ein. Zusammen mit seiner Frau Nana besuchte er drei Mal den Revolutionär in Tripolis. Dann flossen Ghaddafis Petrol-Dollars nach Accra. Entlassene Offiziere wurden in Libyen für einen neuen Putsch ausgebildet. Präsident Limann brach schließlich die diplomatischen Beziehungen mit dem Ölstaat ab und ließ Rawlings verhaften. Das Verhör führte zu keinem Ergebnis, und der Fliegerleutnant mußte wieder freigelassen werden. Aber der Mechanismus der neuen Verschwörung war bereits in Gang gesetzt worden. Alles verlief wie geplant. Am Nachmittag des 31. Dezember 1981 gab Leutant Rawlings über den Rundfunksender bekannt: »Wir haben die politische Herrschaft erneut übernommen und sie dem Volk zurückgegeben.« Nach offiziellen Informationen starben 14 Menschen bei dem Staatsstreich. Ein Schreiner, der für die Armee arbeitete, versicherte, daß man ihn beauftragt hatte, 54 Särge zu zimmern.

Äquatorial-Guinea

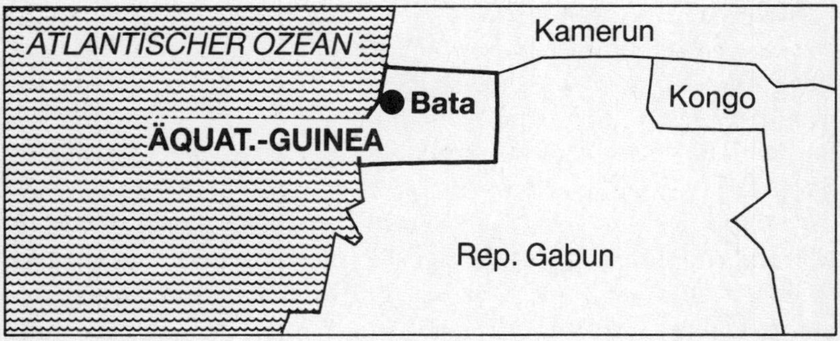

Die Szenerie wechselt. Elf verschlossene und schwerbewachte Särge standen zwei Wochen lang auf dem Flughafen von Malabo, dem früheren Santa Isabel. Erst als der Verwesungsgeruch durch die hölzernen Deckel drang und nicht mehr auszuhalten war, erlaubte der Staatschef von Äquatorial-Guinea der Sowjetunion den Abtransport der Leichen. Bei den Toten handelte es sich um russische Luftwaffenangehörige, die mit einer TU-154 auf dem Flug von Angola nach Moskau vom Kurs abgekommen und gegen den höchsten Berg der Insel Fernando Poo geprallt waren. Staatspräsident Francisco Macias Nguema, dessen Namen die Insel damals erhalten hatte, forderte von Moskau fünf Millionen $ Schadenersatz, weil die Sowjets den Pico de Santa Isabel beschädigt hatten. Die Sowjetunion schwieg, weil sie sich nicht der Lächerlichkeit preisgeben wollte. Nur einige französische Diplomaten

erfuhren durch Zufall von diesem makabren Handel, obwohl diese Diktatur so perfekt gegen die Außenwelt abgeschirmt war – und heute wieder ist –, als »läge sie auf einem fremden Stern« (so schrieb das französische Nachrichtenmagazin »Jeune Afrique«).
In der Tat war Äquatorial-Guinea, bestehend aus der Insel Macias Nguema Byogo (früher Fernando Poo), einigen kleineren Inseln und der ehemaligen spanischen Enklave Rio Muni auf dem afrikanischen Festland, bis zum August 1979 durch eine Mauer des Schweigens und des Terrors umgeben. Der bekannte nigerianische Journalist Peter Enahoro bemühte sich jahrelang verzweifelt um Informationen über das »Dachau Afrikas«. Er stellte später fest: »Journalisten dürfen nicht einreisen und nicht ausreisen. Berichte, die uns erreichen, werden durch »Buschtrommeln« übermittelt. Sie existieren fast nur in den Köpfen der Flüchtlinge, die, trotz der enormen Risiken und Gefahren, immer wieder versuchen, das Land zu verlassen. »Eine zuverlässige Dokumentation veröffentlichte der schwedische Anthropologe und Flüchtlingsexperte Dr. Robert af Klinteberg, der durch Bestechung das Land besuchen konnte und an verschiedenen Orten arbeitete.
Vor der Küste Kameruns liegend, gilt vor allem die Hauptinsel mit der Kapitale Malabo als eine mit Malta vergleichbare »Festung« im Golf von Guinea. Nur ungerne entließ Spaniens General Franco 1968 die 28 051 km^2 große Kolonie, die einmal die Perle Westafrikas genannt wurde, in die Unabhängigkeit. Damals zählte das Gebiet fast 400 000 Einwohner. 10 000 Spanier hatten sich auf der Insel Fernando Poo und in der Enklave Rio Muni eine neue Existenz aufgebaut. In Fernando Poo lebten zum Zeitpunkt der Unabhängigkeit etwa 15 000 Angehörige des Stammes der Bubis und einige tausend Fernandinos, Nachkommen befreiter Sklaven und Einwanderer aus Sierra Leone, Nigeria, Ghana und Kamerun. Bereits wenige Tage nach der Machtübernahme durch Macias Nguema begann der Ostblock damit, die strategisch wichtige Position des Landes im Golf von Guinea und vor der Küste der mineralreichen Republik Gabun für eigene Interessen auszunutzen. Die Sowjetunion, die DDR, China und Nordkorea schickten die Berater, Kuba 500 Soldaten. Francisco Macias Nguema Byogo proklamierte sich zum Präsidenten auf Lebenszeit und konnte im Lande selbst schalten und walten, wie er wollte. Nur selten drangen die Schreckensnachrichten über die Machenschaften dieses »Scheusals« nach draußen. Hin und wieder veröffentlichten Organisationen wie das

Internationale Rote Kreuz, Amnesty International und die Anti-Sklaverei-Gesellschaft in London Zahlen und Tatsachen. Die Welt kümmerte sich kaum darum. Auch die Organisation für Afrikanische Einheit und die Vereinten Nationen wollten nicht an diesen dritten »Vampir Afrikas« erinnert werden, nachdem die beiden andern, Bokassa und Amin, bereits genug Aufsehen erregt hatten. Von den drei afrikanischen Diktatoren war Macias Nguema sicher der unbekannteste. Aber der Geisteskranke von Malabo, den der Weltkirchenrat einen »modernen Caligula« nannte, übertraf die beiden anderen an Grausamkeit und Größenwahn.

»Großmeister«, »Beschützer«, und »Einzigartiges Wunder« ließ er sich nennen. Dann proklamierte er sein Land zum ersten atheistischen Staat und sich selbst zum obersten General der bewaffneten Streitkräfte. Bei der Machtübernahme waren 90% der Einwohner Äquatorial-Guineas Katholiken. Als ein Reporter der BBC während der OAU-Konferenz in Kampala Macias Nguema nach den christlichen Kirchen fragte, bezeichnete der Diktator diese als einen Hort von »imperialistischen Agenten«. Zwei römisch-katholische Bischöfe mußten das Land verlassen. Der katholische Bischof in Malaba, Mgr. Ildefonso Obama, saß drei Jahre im Gefängnis. Der Vikar der Bata-Diözese, Alberto Maria Ndongo, starb in seiner Zelle eines gewaltsamen Todes. Die letzten spanischen Priester verwies man 1978 des Landes. Sie erklärten, daß alle Kirchen in Äquatorial-Guinea geschlossen worden waren.

Die Einheitspartei und rote Jugendbrigaden sowie 2000 Mann Miliz sorgten für die Beseitigung jeder Opposition. Tausende verschwanden in den Gefängnissen. Auch ohne »Sonderbehandlung« war dort die Überlebenschance gleich Null. Von den Ministern, die 1968 zur ersten Regierung des Landes gehörten, lebte 1976 keiner mehr. Zwei Drittel aller Mitglieder des Parlaments waren den Säuberungen zum Opfer gefallen. Der Erziehungsminister Buenaventura Ochaga und andere Minister wurden im Gefängnis von Bata mit Eisenstäben erschlagen. Außenminister Dr. Atanasio Ndango warf man auf Anordnung des Präsidenten aus dem Fenster vom dritten Stockwerk auf die Straße. Zahlreiche Ärzte wurden ermordet, weil »das Land auch vor der Kolonialzeit ohne Ärzte ausgekommen ist«. Als das Regime Anfang August 1979 beseitigt wurde, hatte der Diktator fast die ganze Elite des Landes ausgerottet. Er stand auf dem Standpunkt, daß die »Intellektuellen das größte Problem Afrikas sind«. Wer nicht hingerichtet wurde, ging an Unterernährung oder Krankheiten zugrunde. Unter dem Regime Nguemas flohen 60 000 Menschen nach Gabun, 10 000 nach Nigeria, 15 000 nach Kamerun und etwa 10 000 nach Spanien. Selbst der Polizeichef in Malabo, Ciriaco Nbomino, der als der »gefürchtetste Mann Äquatorial-Guineas« galt, verließ das Land. Die Frau des Diktators, Monica de Macias, setzte sich nach Spanien ab, nicht ohne auf der Flucht die Konten ihres Mannes in Korea und der Schweiz erleichtert zu haben. Sie war begleitet von einem Neffen ihres Mannes, dem damaligen Gouverneur der Zentralbank Äquatorial-Guineas. Der Hamburger Kaufmann Friedrich Wilhelm Pleuger machte eine ganz besondere Erfahrung mit dem Präsidenten. In der Annahme, daß der Deutsche ihn betrogen habe, nahm Macias dessen Frau Irmgard einfach als Geisel fest. Pleuger mußte eine Million Mark an Erpressungsgeldern zahlen.

Francisco Macias Nguema gehörte der Esangui-Sippe an, einem der 50 verschiedenen Clans des Fang-Stammes, der wiederum der bedeutendste Stamm in Rio Muni ist. Die Fang sind ein aggressives Volk, das die meisten Nachbarn unterdrückte. Es ist auch heute noch eine typische Männergesellschaft, in der männliche Sitten und Gebräuche den Ton angeben. Kräftig und robust gebaut, wurden sie vielleicht auch darum in besonderem Maße von Sklavenhändlern gejagt. In vielen Teilen Westafrikas sind sie immer noch gesucht und billige Arbeitskräfte. Macias Nguema nutzte die Stammesgegensätze zwischen den Fang und den Bubis (einem Bantustamm, der hauptsächlich die Insel Fernando Poo bevölkert) zu seinem eigenen Vorteil aus. Er besetzte praktisch alle wichtigen Verwaltungsposten mit Angehörigen und Familienmitgliedern seines Clans, der überwiegend in dem Dorf Mongomo am Rio Muni beheimatet ist. Die Verbundenheit mit dem Stamm und dem Clan sollte ihm später zum Verhängnis werden.

Mit der UdSSR hatte Macias Nguema einen Vertrag abgeschlossen, demzufolge die Russen auf der Insel eine Station für ihre Tiefseefischerei einrichten konnten. Über Jahre hinweg gingen sowjetische Hochseefischerflotten im Hafen von Malabo vor Anker. Die Kakao-Ernte, eines der wichtigsten Ausfuhrprodukte, wurde hauptsächlich in die DDR exportiert. Die Sowjets, Kuba und China etablierten sehr großzügige Botschaften in der Hauptstadt. Außerdem hatten die Russen die Absicht, in der wunderschönen »Bahia de San Carlos«, einem herrlichen Strand an der Westküste der Insel, eine U-Boot-Basis einzurichten. Die Kubaner bildeten die Miliz aus, die hin und wieder eingesetzt wurde, um ganze Dörfer auszurotten, wie etwa 1977 Mba und Ekoteke.

Ein Neffe flüchtete, wie schon gesagt, mit der Frau des Diktators, ein anderer machte am 3. August 1979 dem Terrorregime seines Onkels ein Ende. Zu den Verschwörern gehörten außerdem zwei Vettern und weitere Mitglieder des Esangui-Clans. Bereits im März 1979 trafen sie die ersten Vorbereitungen. Anscheinend waren wohl familiäre Auseinandersetzungen die Ursache der Revolte. Der Diktator hatte den Befehl gegeben, daß einer seiner Neffen, Teodoro Obiang Nguema, der bis dahin Adjutant des Präsidenten und Militärgouverneur in Malabo gewesen war, in einen entfernten Winkel von Rio Muni versetzt werden sollte, um dort auf der Farm des Onkels zu arbeiten. Teodoro weigerte sich. Als dann schließlich im Juni Macias Nguema fünf Offiziere, darunter den Bruder Teodoros, erschießen ließ, weil sie ihren Sold gefordert hatten, war das Maß voll. Frankreich und Spanien, die noch diplomatische Beziehungen mit Guinea unterhielten, bekundeten ein gewisses Interesse und versprachen Unterstützung. Marokko stellte 180 in Gabun stationierte Soldaten zur Verfügung. Sie wurden später die Leibwache des neuen Präsidenten und ersetzten die Kubaner.

Zunächst hieß es, der Präsident sei in den dichten Urwäldern Gabuns verschwunden. Dann aber stand er im September 1979 vor Gericht. Während der Verhandlung durfte jedoch die Zeit vor 1976 nicht erwähnt werden, weil der neue Staatschef Teodoro Nguema bis dahin für die beiden Gefängnisse in Malabo und Bata (der Hauptstadt von Rio Muni), wo die schlimmsten Folterungen stattgefunden hatten, verantwortlich gewesen war. »Das Monstrum von Malabo«, wie manche Zeitungen den abgesetzten Tyrannen Macias nannten, wurde zum Tode verurteilt und hingerichtet. Die Mauer des Schweigens und des Terrors öffnete sich aber nur für einen kurzen Moment. Einige Journalisten wurden zugelassen und konnten über die Verbrechen des Vorgängers berichten. Dann senkte sich der Vorhang erneut. Die Zahl der russischen Berater in den Streitkräften erhöhte sich wieder, als der in Moskau ausgebildete Oberstleutnant der Armee Fructuoso Mba Onana zum Generalinspekteur des Heeres ernannt wurde. Auch der sowjetische Einfluß in der Regierung nahm wieder zu. Spanische Zeitungen, die über sowjetische Machenschaften in Afrika berichteten, wurden verboten. Hinzu kommt, daß die Gegner des neuen Präsidenten immer noch prosowjetisch eingestellt sind. Die nach wie vor als korrupt geltende Staatsverwaltung wurde nicht ausgewechselt. Viele dieser Beamten kommen – wie der neue Präsident Teodoro Obiang Nguema – aus dem Dorf Mongomo. Sie waren zum größten Teil Mitarbeiter des hingerichteten Diktators.

Liberia

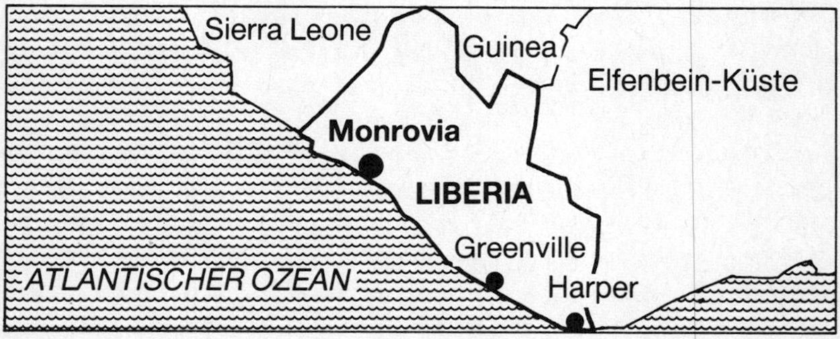

Im November 1980 schrieb mir eine gute Bekannte aus Monrovia, der Hauptstadt Liberias: ... »Zunächst einmal geht es uns hier nach wie vor sehr gut, es ist in jeder Hinsicht ein Paradies ... Weggehen, das wäre schlimm. Wo würden wir in Deutschland landen ... das triste Wetter ... kein Golfplatz ... Aber hier war wirklich einiges los ... am Wochenende großes Golfturnier ... Ich habe kürzlich bei den Ladies den Ersten gemacht ... Am Donnerstag haben die Damen immer so ein kleines Turnier, anschließend ist Kaffee- und Kuchenklatsch ... Seit dem Umsturz hat sich für das Land und seine Bürger nichts geändert, geschweige verbessert. Und was hatte man alles versprochen. Der Reispreis würde um 50% gesenkt werden. Nichts ist geschehen, im Gegenteil. Man hat die Steuern um 6% angehoben. Trotzdem lohnt es sich, für die Europäer, hier zu sein ... Aber für die Liberianer hat sich die Regierung ab Januar 1981 wieder etwas ausgedacht. Jeder Liberianer bis zu einem Monatsverdienst von 750.– $ muß dem Staat ein Monatsgehalt als Darlehen zur Verfügung stellen ... Liberianer mit einem Einkommen über 750.– $ müssen zwei Monatsgehälter zur Verfügung stellen. Liberia ist bankrott, aber die jetzige Regierung schiebt natürlich alles auf den Tolbert-Clan ...«

Sieben Monate vorher hatte ein 28jähriger Stabsfeldwebel das

»Treiben« dieses Tolbert-Clans beendet. Schwere Regen- und Gewitterwolken hingen an diesem unheilvollen Freitag über Monrovia, als der unbekannte Master-Sergeant sich entschloß, der amerikanisch beeinflußten Demokratie in Afrika ein Ende zu machen. Es regnete fast ununterbrochen, und es schien, als ob der strömende Regen das Blut der Opfer wegwaschen wollte. Und an diesem Tag sollte viel Blut fließen. Von nun an sollte in diesem Land der »Freien Sklaven« wieder das Gesetz des Dschungels herrschen. Ein Stabsfeldwebel und einige Unteroffiziere hatten in ihren Armeebaracken so entschieden. In den frühen Morgenstunden des 12. April 1980 kam der entscheidende Augenblick. Samuel Kanaan Doe stürmte mit etwa 20 Soldaten die am Meer liegende Residenz des Präsidenten William Tolbert. Er wurde in seinem Schlafzimmer überrascht. Drei Schüsse löschten das Leben des ehemaligen Baptistenmissionars, der Politiker geworden war, aus. Auch der Kommandeur der Nationalgarde, Charles Rayley, der anwesend war, wurde erschossen. In den folgenden Stunden starben eine Reihe weiterer Politiker unter dem Kugelhagel der marodierenden und plündernden Unteroffiziere und Soldaten. Stabsfeldwebel Doe genierte sich später nicht, die 1000-Dollar-Armbanduhr – Marke Omega –, die er dem toten Präsidenten vom Handgelenk abgestreift hatte, zu tragen.
Im Ostblock jubelte man darüber, daß nun zum ersten Mal die unterdrückten und armen Schichten der Bevölkerung die Macht übernommen hatten. In einem Kommentar aus Ostberlin hieß es: »Wieder einmal bei einem Militärcoup in Afrika ging die Initiative von den mittleren Militärrängen aus. Was sich bei der äthiopischen Revolution schon angedeutet und in Ghana im letzten Jahr fortgesetzt hatte, wiederholte sich jetzt in Liberia. Nach den Politikern zum Zeitpunkt der Unabhängigkeit, Generälen und Obristen seit Mitte der 60er Jahre, betritt nun eine neue soziale Gruppe die politische Arena ... Bauern, Arbeiter, kleine Angestellte und Intellektuelle sind zur Unterstützung des in ihren Augen parasitären und wirkungslosen Staatsapparates nicht mehr bereit ...«
Wenige Wochen später zankten sich die Revolutionäre bereits um andere Probleme. Brigadier Thomas Quiwongpa, der seine Laufbahn als Putschist ebenfalls als Feldwebel begonnen hatte, ließ den Mastersergeanten Samuel Doe nie aus den Augen. Bei einer Fahrt durch die Slumviertel Monrovias nahm er einen begleitenden Journalisten zur Seite, deutete auf das Staatsoberhaupt Liberias und

sagte: »Das muß einmal deutlich gesagt werden. Er hat Tolbert nicht getötet. Ich habe drei Kugeln in ihn hineingepumpt…« Fünf Jahre später – im November 1985 – versuchte der inzwischen im Exil lebende, zum General avancierte Quiwongpa eine Wiederholung des Coups von 1980 gegen seinen ehemaligen »Master«. Der Putsch wurde blutig niedergeschlagen. Ein Mitglied der Leibwache Does erschoß den Mitverschwörer, den früheren Oberbefehlshaber der 4000 Mann starken Armee und Freund, Thomas Quiwongpa.
Diplomaten in Monrovia beschreiben den Mastersergeanten als kalt, humorlos und nicht besonders intelligent. Viele sehen ihn als ein altklug gewordenes Kind, das sich freut, eine Uniform tragen zu können. Ein Beobachter nannte ihn einen halbgebildeten »Killer«, der sich den Weg an die Spitze eines Staates freigeschossen hatte, dessen Funktion er jedoch nie begriff. Bewaffnet mit einem Funksprechgerät und einer Maschinenpistole hatte er eine »Dynastie« beendet, die fast 133 Jahre lang dem von Negersklaven gegründeten Staat Liberia ihren Stempel aufgedrückt hatte. 1816 hatte die »American Colonialisation Society« von den Häuptlingen an der damaligen »Pfefferküste« mit sechs Musketen, einem Faß Schießpulver, zwei Fässern Tabak, einem Faß Rum, Kattun, Schuhen, Seife und sechzehn gußeisernen Kochtöpfen ein Stück Land eingehandelt. Sie stellte dieses Gebiet wiederum den rückkehrwilligen freigelassenen amerikanischen Negersklaven zur Verfügung, die sich seit 1821 die Losung »Zurück nach Afrika« zu eigen machten. Die Einwanderer übernahmen Amerikas rot-weiß-blaues Sternenbanner, den Dollar als Währung, gaben sich eine Verfassung, die der amerikanischen ähnlich ist und benannten die Hauptstadt nach dem US-Präsidenten James Monroe. 1847 proklamierten sie die Unabhängigkeit und wurden damit neben Äthiopien das zweite afrikanische Land, das von Schwarzen regiert wurde. Die Hansestädte Bremen, Hamburg und Lübeck erkannten den neuen Staat an der Westküste Afrikas bereits 1855 an. Amerika wartete 15 Jahre, ehe es einen Botschafter entsandte. Liberia und Äthiopien wurde immer vorgehalten, nach wie vor Kolonien zu sein, die von Eroberern und Zugewanderten beherrscht würden. Jedenfalls hatte die heute etwa 50 000 Menschen zählende Oberschicht in Liberia nichts Eiligeres zu tun, als ihrerseits die eingeborenen schwarzen Ureinwohner zu unterjochen.
Bei meinem Besuch in Liberia beeindruckte mich die Tatsache, wie Amerikas »Way of Life« in ganz besonderem Maße die Entwicklung

in diesem Land beeinflußt hatte. Städte mit den Namen Buchanan, Harper und Careysburg tragen den typischen Charakter des amerikanischen Südens. Hamburger, Pastries, Hot Dogs und Pizzas werden in Uncle-Sam-Drugstores angeboten. Ganz besonders an Sonntagen bestimmen immer noch puritanische Auffassungen das Leben, und religiöse Musik war bis zur Revolution die einzige Unterhaltung in den Rundfunksendungen an Feiertagen. Die aristokratische Schicht Liberias hatte von jenseits des Atlantiks die Religion der weißen Herren mitgebracht. Präsident William Tubman war Sohn eines Pfarrers und Prediger der Baptistenkirche, und William Tolbert, der 1971 die Nachfolge antrat, war Vorsitzender des Baptistischen Weltbundes. Auch sein Vater hatte den Beruf eines Predigers gehabt. Von der Kanzel verkündeten die »schwarzen Yankees« Politik und damit die Festigung ihrer Herrschaft. Mehr als hundert Jahre lang regierte die »True Whig Party« das Land. Die einzige Opposition wurde 1955 verboten. Der Rechtsanwalt Baccus Matthews sorgte kurz vor dem Putsch für eine Sensation, als er eine neue Oppositionspartei, die Progressive Volkspartei, gründete. Tolbert ließ einige tausend Mitglieder und den Führer der Partei verhaften, mußte jedoch bald darauf seinen Befehl wieder rückgängig machen. Nach der Revolution ernannte Sergeant Doe Matthews zum Außenminister. Der junge Politiker sagte von sich selbst: »Ich bin kein Marxist, aber ein pragmatischer Sozialist.«

Die schwarzen Aristokraten – die man an Namen wie Matthews, Andrews, Wallace, Tubman, Warner und Sawyer erkennen kann – suchten keinen Kontakt mit den Einheimischen, die überwiegend Naturreligionen anhängen und zum Teil Moslems sind. Die fremden Herrscher blieben Fremde. Die rund 1,5 Millionen Ureinwohner hatten darum wenig zu bestellen. Dafür sorgte allein schon das Zweiklassenwahlrecht. Die Kasteneinteilung in »Besitzende« und »Habenichtse« setzte sich bis in die Reihen der Streitkräfte fort. Den Nachfahren der Einwanderer waren die Offiziersposten vorbehalten, die Einheimischen schafften bestenfalls den Aufstieg zum Unteroffizier und Feldwebel. Master-Sergeant Samuel Kanaan Doe war einer von ihnen. Er rächte sich auf furchtbare Weise. Seine Mitverschwörer hatten nur einen Wunsch: sie forderten eine Solderhöhung. Nach dem Putsch erfüllte Doe sofort ihre Ansprüche. Anstatt 60 $ erhielten sie nun 150 $.

Wenige Tage vor dem Putsch hatte Präsident Tolbert die ersten vorsichtigen Reformen verkündet. So wurde u. a. den ärmeren Schichten ein leichterer Zugang zu den Hochschulen versprochen. Manche Ameriko-Liberianer hatten jedoch schon vorher die Zeichen der Zeit erkannt und afrikanische Namen angenommen. Dennoch blieben die engen Bande mit dem amerikanischen Großkapital weiter bestehen. Die USA waren noch immer das Mutterland, die amerikanischen Multis die beherrschenden Unternehmen. Die Firestone-Gummi-Company aus Ohio entwickelte Liberia zum größten Gummiproduzenten in Afrika. Die Gummibarone besitzen auch heute noch mehr als 36 000 Hektar an Plantagen und beschäftigen über 12 000 Mann. Weitere einflußreiche Konzerne entstanden inzwischen durch die Beteiligung amerikanischen, deutschen und schwedischen Kapitals. Liberias Eisenerzvorkommen gehören zu den größten der Welt.

Der Hauptfeldwebel, der aus dem Hinterland stammt – das in einem englischen Roman als das »Herz der Finsternis« beschrieben wird (Heart of Darkness) –, hatte weder Verständnis noch Begriff für Kapitalismus, Marxismus oder afrikanischen Sozialismus. Ihn interessierte nur die blutige Abrechnung mit der herrschenden Klasse. 39 Menschen kamen ums Leben, als Samuel Doe mit einer Handvoll Aufrüher den Präsidentenpalast stürmte. Die Leichen wurden im Beisein von Journalisten und Fotoreportern auf einen Lastwagen der Armee geworfen, zu einem ausgebaggerten Loch gefahren und dort unter dem Beifall von Soldaten und Neugierigen verscharrt.

Neun Tage nach dem Putsch ließ der neuernannte Brigadekommandeur Harrison Penue praktisch die gesamte ehemalige Regierungsmannschaft zusammentreiben, zum Tode verurteilen und wenig später, an einem langen Seil aneinandergefesselt, im offenen Lastwagen durch die Stadt fahren. Die hysterische Menge bewarf sie mit Steinen und Abfällen. Dreizehn führende Mitglieder der Regierung Tolbert wurden dann an Telefonmasten gebunden und vor einer johlenden Menschenmenge erschossen. Unter ihnen befand sich auch der frühere Außenminister Cecil Dennis, der mit dem deutschen Außenminister Hans-Dietrich Genscher befreundet war. Genscher bemühte sich intensiv, den liberianischen Politiker zu retten. Seine Interventionen waren umsonst.

Der deutsche Außenminister und sein liberianischer Kollege hatten sich 1975 bei einem Besuch in der riesigen Bong-Mine in der Nähe von Monrovia kennengelernt. In diesem Gemeinschaftsprojekt der

Firmen Thyssen, Hoesch und Krupp waren damals einige tausend Deutsche beschäftigt. Die Eisenerzlagerstätte war erst 1953 entdeckt worden und förderte sieben Jahre später nach einer Investition von mehr als einer Milliarde Mark 14 Millionen Tonnen Roherz. Als Gast Genschers besuchte Cecil Dennis danach verschiedentlich die Bundesrepublik. Auch der ermordete Präsident Tolbert unterhielt ein gutes Verhältnis zu den Deutschen. Sein Vater hatte im ersten Weltkrieg das liberianische Vermögen des deutschen Handelshauses Jansen sichergestellt und es später seinen rechtmäßigen Besitzern zurückgegeben.

Möglicherweise wurde Außenminister Dennis auch seine Rolle im Dialog mit Südafrika zum Verhängnis. Der Liberianer hatte einige Jahre vor seiner Ermordung Gespräche mit dem Apartheidsstaat Südafrika geführt und einen Besuch des Ministerpräsidenten John Balthazar Vorster in Monrovia befürwortet. Nach der zunächst geheimgehaltenen Unterredung zwischen Tolbert und Vorster bereiste Dennis eine Reihe afrikanischer Staaten, um die Absichten Liberias deutlich zu machen. Es galt damals vor allem, Sekou Touré in Guinea und Houari Boumedienne in Algerien von den Absichten seines Landes zu überzeugen. Gerade diese Staaten hatten den Dialog mit Pretoria stark kritisiert.

Der nach dem Coup eingesetzte »Volkserlösungsrat«, der nun die Regierungsgeschäfte übernommen hatte, ließ sich also weder durch Genschers Bitte um Gnade noch durch andere sentimentale Erinnerungen beirren. Tolberts ältester Bruder Frank, Justizminister Joseph Chesson, Außenminister Cecil Dennis, Landwirtschaftsminister Cyril Bright, Finanzminister James Phillips, der Oberste Richter, James Pierre, und andere Politiker mußten sterben. Am Strand von Monrovia hatten, wie gesagt, die Putschisten neun Telefonmasten aufgetellt. Dort banden sie die Verurteilten fest – neun für die erste Runde, die restlichen vier danach. Sie mußten 20 Minuten stehen, ehe das Exekutionskommando bereit war. Dann schossen die Soldaten drei Minuten lang, bis keiner mehr lebte. Der amerikanische Fotoreporter Larry Price vom »Star Telegram« aus Fort Worth in Texas erhielt ein Jahr später den Pulitzer-Preis für die besten aktuellen Pressefotos.

Bereits im Juli 1980 kam die erste Einladung für den Vorsitzenden des »Volkserlösungsrates« und das Oberhaupt der westafrikanischen Republik, aus Moskau. Der sowjetische Staats- und Parteichef Leonid Breschnew gab sich die Ehre. Damit war der Hauptfeldwebel plötzlich salonfähig. Am 12. April 1983 wurde der Jahrestag der »Machtübernahme« im Beisein des Präsidenten Numeiri (Sudan) und Viera (Guinea-Bissau) gefeiert. Ein deutscher Diplomat sagte mir: »Passen Sie auf. Washington wird sich mit Doe arrangieren. Wer redet denn heute noch von Olympio (1963 in Togo ermordet) und Tombalbaye (1976 im Tschad ermordet)...?« US-Präsident Jimmy Carter schickte kurz darauf 47 Millionen $ und 200 Armeelastwagen. 1983 folgte eine Militär- und Wirtschaftshilfe in Höhe von 74,5 Millionen $.

Brennpunkt Indischer Ozean

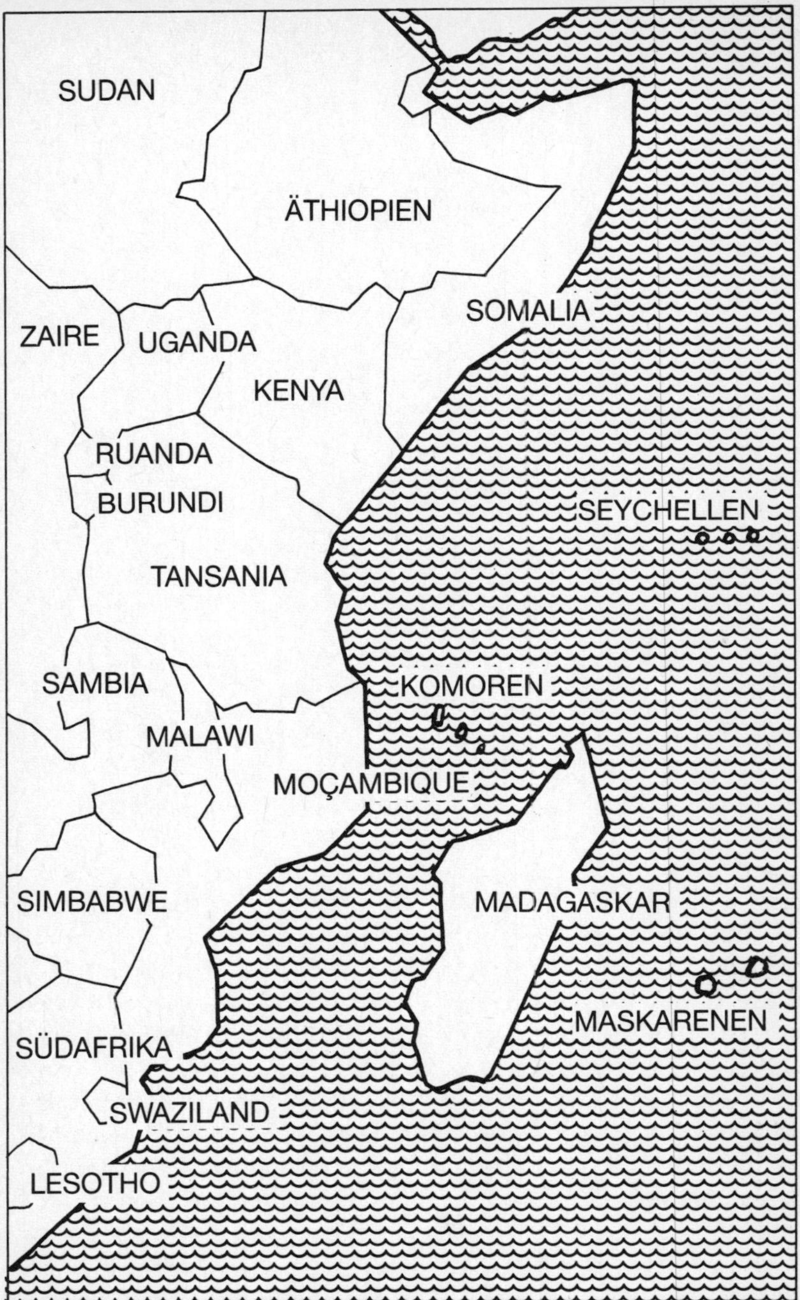
SUDAN
ÄTHIOPIEN
SOMALIA
ZAIRE
UGANDA
KENYA
RUANDA
BURUNDI
SEYCHELLEN
TANSANIA
SAMBIA
KOMOREN
MALAWI
MOÇAMBIQUE
SIMBABWE
MADAGASKAR
MASKARENEN
SÜDAFRIKA
SWAZILAND
LESOTHO
INDISCHER OZEAN

Vom Kaiserreich zum Sozialismus

Äthiopien

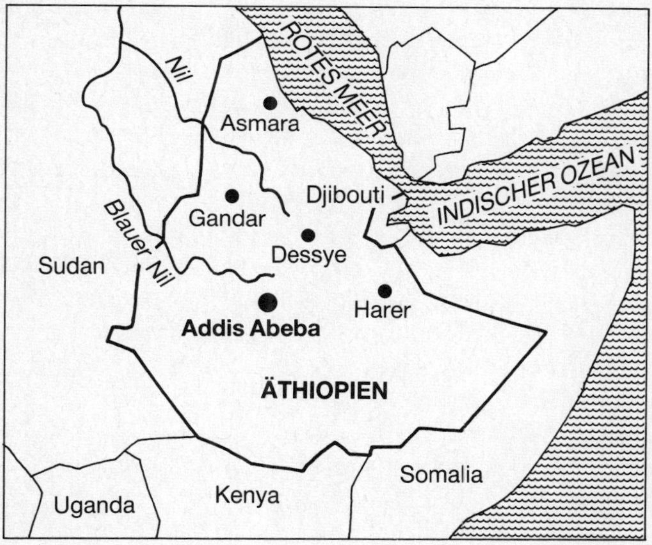

Über die Jahrhunderte galt Äthiopien als Drehscheibe für die strategische Beherrschung des Indischen Ozeans, Ostafrikas und des Mittleren Ostens. Wer auf dem »Dach Afrikas« regiert, kann das Rote Meer kontrollieren, in den Persischen Golf vorstoßen und die Luft- und Seeverbindungen zwischen Europa und Mittel- und Ostafrika überwachen, sowie die Schiffahrtsstraße um das Kap der Guten Hoffnung sperren. Aufgrund seiner Geschichte, seiner geographischen Lage und des Weitblicks der elitären Führerschicht Äthiopiens nahm das Land immer schon eine dominierende Stellung in dieser Region ein. Sie wurde erst bedroht, als im 19. Jahrhundert die Kolonialmächte in diesen Raum eindrangen und Mussolini später die Vormachtstellung des alten Kaiserreichs zerschlug. Aber selbst die faschistische Herrschaft von 1936 bis 1941 konnte die bedeutende Position Äthiopiens nie ernsthaft unterminieren oder gefährden. Das Reich Haile Selassies wurde

keine Kolonie und setzte seine Tradition da fort, wo sie durch die italienischen Eroberer unterbrochen worden war.
Die Herrscher Äthiopiens, das halb so groß ist wie Westeuropa, versuchten vor allem in diesem Jahrhundert, die Stellung des Landes zu festigen und die Einheit der Tigreaner, Amharen und Oromos zu konsolidieren. Gleichzeitig wurde die Kontrolle über die auswärtigen Regionen, die durch Menelik und seinen Nachfolger Haile Selassie erobert worden waren, verstärkt. Hierunter fallen das Oromo-Gebiet im Osten, das von Somali-Nomaden besiedelt wird, und die Moslem-Provinz Eritrea, die 1962 durch den Kaiser annektiert wurde, nachdem beide Länder bereits 1952 durch die Vereinten Nationen zu einer Föderation mit Äthiopien zusammengefügt worden waren. Seitdem eskalierte der Sezessionskrieg.
Kaiser Haile Selassie wollte ein Reformer werden, aber er regierte sein Reich mit feudaler Macht und diktatorischen Maßnahmen. Insgesamt 600 Millionen $ zahlte Washington bis zum Jahre 1974 an Äthiopien. 20 000 Soldaten des Kaisers wurden von einer mehrere hundert Mann starken US-Truppe geschult. Während aber ihm ergebene Politiker und Ratgeber Millionenbeträge auf Schweizer Konten verschwinden ließen, lebte die Bevölkerung in Armut und Elend. Hunderttausende Bauern und ihre Familien verhungerten, ehe der Kaiser die Katastrophe fast widerwillig zur Kenntnis nahm. Aber da war die Monarchie schon nicht mehr zu retten. Ein marxistisches Regime, das seitdem selbst im Machtwahn wütet und dessen Führungsoffiziere sich gegenseitig umbringen, übernahm 1974 die Macht. Das Kaiserreich mit seiner eindrucksvollen koptisch-christlichen und islamischen Kultur wurde zum Schauplatz nicht endender Auseinandersetzungen, bei denen strategische Interessen der Sowjetunion eine Hauptrolle spielen.
Meine erste und zugleich letzte Begegnung mit Kaiser Haile Selassie fand in der marokkanischen Hauptstadt Rabat statt. Er nahm damals an der 9. OAU-Gipfelkonferenz teil, die sich, wie so oft in der jungen Geschichte dieser »Quasselbude« mit Südafrika beschäftigte, das Massenmassaker an den Hutus in Burundi, den Bürgerkrieg im Tschad und im südlichen Sudan jedoch nicht zur Kenntnis nahm. Es war 1972, das Jahr in dem der »Löwe von Juda« seinen achtzigsten Geburtstag feierte. Obwohl er in jener Zeit oft krank war, sah man ihm die Jahre nicht an, als er im dezent gestreiften dunklen Anzug an der marokkanischen Ehrenwache

vorbeischritt und sich lebhaft gestikulierend an den Diskussionen mit Mauretaniens Staatschef Mokthar Ould Daddah und Marokkos König Hassan II. beteiligte. Sein Gesicht hatte die Züge einer dieser faszinierenden koptischen Heiligendarstellungen.

In einer der königlichen Villen in der Umgebung Rabats, deren paradiesischer Garten nach Jasmin und Clematis duftete, deren Mauern von Bougainvilleas überwuchert und deren Dach von Dattelpalmen beschattet wurde, erhielt ich mein widerwillig gewährtes Interview. Ein schwarzer Diener servierte aus einer Schnabelkanne Thé a là menthe, diesen schwer gesüßten siedendheißen chinesischen Tee, der über frischgepflückte Pfefferminzblätter geschüttet wird. Der Kaiser gab mir fünfzehn Minuten, in denen er sich auf eine Darstellung seiner Auffassung in Sachen Dschibuti beschränkte. Die OAU hatte gerade eine Resolution an Frankreichs Adresse akzeptiert, dem französischen Hafen am Roten Meer, dem Land der Afars und Issas, ein »Klima der Freiheit und der Demokratie« und der Bevölkerung ohne Zögern das Recht auf Selbstbestimmung zu geben. Dennoch sollte es noch fünf Jahre dauern, bis dieser französische Flottenstützpunkt, auf den auch der »Löwe von Juda« ein Auge geworfen hatte, unabhängig wurde.

Über die Probleme seines Reiches, in dem nach wie vor die Rückständigkeit von zweitausend Jahren konserviert war, wurde nicht gesprochen. Er wollte nicht diskutieren über seine progressive Außenpolitik und die Tatsache, daß in seinem Reich hunderttausende Menschen nicht genug Brot hatten. Er hatte nicht die Absicht, darüber zu reden, daß der Kommunist Tito zu seinen Freunden gehörte, während aber in Äthiopien noch Gesetze wie in einem mittelalterlichen Feudalstaat herrschten. Er duldete nicht, wie mir Kollegen hinterher versicherten, daran erinnert zu werden, daß die Bauern in Äthiopien (die so oft von Hungerkatastrophen heimgesucht wurden) immer noch mit dem hölzernen Steinzeit-Hakenpflug das Land bestellten und mit primitiven Sicheln das Getreide schnitten, das sie »Tef« nennen und aus dem die grauen, zähen, säuerlichen Brotfladen gebacken werden. Er akzeptierte einfach keine Kritik, denn er galt ja als »Auserwählter Gottes«, und ein äthiopisches Sprichwort sagt: »Du kannst den König nicht anklagen.« Aber wahrscheinlich wußte er auch nichts von den Studenten, die gegen sein archaisches Regime rebellierten, von den tausend alttestamentarischen Bettelfiguren auf dem Merkato, dem großen Markt von Addis Abeba, von den hungernden Kindern, deren dunkelbraune erbärmliche Triefaugen durch Fliegenschwärme kaum noch erkennbar waren, die Verzweifelten, den Verhungernden, den Krüppeln mit ihren verstümmelten Händen und Beinstümpfen. In Marokkos Traum- und Märchenwelt, zwischen maurischen Fayencen und unter maghrebinischen Ornamenten, ließ sich schwer darüber reden.

Von Rabat aus reiste der Kaiser dann zu Privataudienzen nach Paris, wo er von Georges Pompidou, Pierre Messmer (Minister für die Überseegebiete), Michel Debré (Verteidigung), Giscard d'Estaing (Wirtschaft) und Maurice Schuman (Außenpolitik) empfangen wurde. Auch hier beschränkte sich der Kaiser auf Gespräche über die Außenpolitik, vor allem über die Ergebnisse der OAU-Konferenz, die ja zu seinen besonderen Anliegen gehörte, nachdem er sich in den sechziger Jahren zum Vater der afrikanischen Einheitsidee aufgeworfen hatte. Als der Kaiser ein Jahr später Deutschland besuchte und auf die Hungerkatastrophe in seinem Land angesprochen wurde, zeigte er sich gelassen und undurchdringlich höflich. Es schien, als ob er die Zeichen der Zeit nicht erkannte. Auch lebte er in der Vorstellung, der Nachfahre eines zweitausend Jahre alten Fürstengeschlechts zu sein, das der Legende nach aus einer romantischen Begegnung zwischen König Salomon und der Königin von Saba entstanden war.

Wenige Monate später war der »König der Könige« bereits nicht mehr salonfähig. Anfang Januar 1974 kam es zu einer Meuterei von junge Offizieren der Kaiserlichen Brigade. In der Hafenstadt Asmara entstanden Unruhen unter den Soldaten. Bundesaußenminister Dr. Walter Scheel hatte Bedenken und wollte sich nicht engagieren. Unter dem Stichwort »Terminschwierigkeiten« wurde eine für den 15. März 1974 angesetzte Konferenz der deutschen Botschafter in Afrika, die in Addis Abeba stattfinden sollte, abgesagt. Auch die Außenminister der afrikanischen Staaten, die Mitglieder der Organisation für Afrikanische Einheit sind, blieben zu Hause. Der neue Ministerpräsident des Kaiserreiches, Lij Endalakatchew Makonnen, ließ mitteilen, daß man nicht mehr für ihre Sicherheit garantieren könne. In Wirklichkeit war jedoch im Reiche des Löwen von Juda ein »schleichender Staatsstreich« im Gange und Kaiser Haile Selassie bereits der Gefangene seiner eigenen Armee.

Damit war zum ersten Mal das eingetreten, was der Kaiser immer geahnt und befürchtet hatte. Die Soldaten und Offiziere hatten eine Verschwörung geplant, die nicht nur das System in Frage stellte, sondern ihn persönlich auch den Thron kosten würde. Mit einzelnen Widersachern war Haile Selassie bisher immer fertig geworden, und zahlreiche Krisen hatte der schlaue Fuchs von Addis Abeba im Laufe seines Lebens überstanden. Seit dem 2. November 1930 regierte er als »Negus Negesti« (König der Könige) in Äthiopien. (Der Name Haile Selassie heißt übersetzt »Macht der Dreifaltigkeit«.) Er wurde als Fürst (Ras) Tafari am 23. Juli 1892 in der Provinz Harrar geboren. Sein Vater, Ras Makonnen, hatte 1896 die Italiener bei Adua vernichtend geschlagen. Der junge Ras Tafari wurde als Neffe des Kaisers Menelik II. zum Thronfolger bestimmt. Am Hof in Addis Abeba kämpfte er sich mit List, Intrigen und Mut nach oben. Als Regent und später als Kaiser gab sich der absolute Monarch zunächst als Reformer. Bereits 1923 wurde Äthiopien Mitglied des Völkerbundes. Haile Selassie verbot die Sklaverei. Sein Ziel war das traditionelle Herrenvolk der Amharen (eine dünne christlich-koptische Oberschicht) mit den Galla im Süden, den Tigrenern und anderen Minderheiten zu einer neuen Nation zu vereinen. Er wollte Äthiopien ins 20. Jahrhundert führen. Er überlebte die faschistische Diktatur Mussolinis, der ihn 1936 aus seinem Land vertrieb. Mit den siegreichen südafrikanischen Truppen, die die Italiener verjagten, zog er bereits 1941 wieder in Addis Abeba ein. Er entwarf Reformen, die jedoch vielfach im Ansatz steckenblieben. 1952 wurde das frühere italienische Eritrea dem Kaiserreich einverleibt. Schon wenige Jahre danach begann dort der Aufstand gegen Addis Abeba, der bis zum heutigen Tag andauert und an dem – indirekt zumindest – die »Macht der Dreifaltigkeit« zerbrechen sollte.

Schon 1929, 1950 und vor allem 1960 war es zu Revolten gegen Haile Selassie gekommen. Sie hatten verschiedene Ursachen, aber sie kamen nicht aus heiterem Himmel. Freunde, die bereits vor 26 Jahren in Addis Abeba lebten, berichteten mir damals, daß in der Nähe des Menelikplatzes die Leichen der Rädelsführer eines geplanten Aufstandes der Kaisergarde an den Galgen baumelten. Es waren u. a. der Kommandeur der Leibgarde, der Chef des Staatssicherheitsdienstes und der General der Polizei, also lauter Vertrauensleute des Kaisers. Der Versuch, Haile Selassie zu stürzen, endete mit einem furchtbaren Blutbad, bei dem fast die ganze Regierung von den Putschisten ermordet wurde. Der Kronprinz Asfa Wossen, der danach in die Schweiz ging, spielte dabei eine sehr zweifelhafte Rolle, die nie geklärt wurde. Der Kaiser selbst überstand bis zum Jahre 1974 alle Studentenkrawalle und Revolten der Armee. Auch vor dem Volk fühlte er sich sicher. Bauern und Handwerker, einfache Leute waren für ihn auf die Straße gegangen, als die Kaisergarde unter mysteriösen Umständen gegen ihn putschen wollte. Sie zogen »mit grimmiger Entschlossenheit aus, um den Verleumdern und Rebellen gegen den Kaiser die Köpfe einzuschlagen.« Haile Selassie belohnte sie mit Kupfermünzen.

Kabinettswechsel, vage Reformversprechen nutzten dann aber dem greisen Monarchen nichts mehr. Anfang Juli 1974 übernahm ein Komitee der Streitkräfte, das sich DERG nannte, die Macht. Mit Panzern und Armeeinheiten wurden wichtige strategische Punkte der Hauptstadt besetzt. Die rund 800 000 Einwohner nahmen die Ereignisse kaum zur Kenntnis. Nur eine Reihe von Funktionären und Aristokraten, Gouverneure, Barone, Steuereinzieher und Generäle, die das Land beherrscht und die Massen unterdrückt hatten, zitterten um ihr Leben. Gerüchten zufolge standen ihre Namen auf einer geheimen Fahndungsliste der Armee. Soldaten bewachten Banken und Flugplatz, um zu verhindern, daß die Gesuchten ihre Konten abheben und das Land verlassen würden. Generalleutnant Aman Michael Andom übernahm den Vorsitz des Komitees der Streitkräfte.

Vollkommen unerwartet schlug die Armee zu. Am 12. September des gleichen Jahres wurde der Kaiser einfach abgesetzt. Einem Kuriosum der äthiopischen Zeitrechnung zufolge, die aus einer Mischung des Gregorianischen und des Julianischen Kalenders besteht, ist dieser Tag der Beginn des neuen Jahres. Im Kaiserreich war dieses Neujahrsfest immer eine große Sache. Hofstaat und Kirchenfürsten verliehen ihm äußerlichen Pomp und Gepränge. Seit 1974 ist es zusätzlich der Tag der Revolution. Die Radikalen erklärten den Negus an diesem Tag zum »Volksfeind«. Haile Selassie wurde im Menelik-Palast interniert, sein Vermögen beschlagnahmt, seine engsten Mitarbeiter verhaftet. Ohne Ankündigung, ohne Warnung ließ das Komitee der Streitkräfte dann im November 62 Aristokraten hinrichten. Die meisten Opfer waren wohlhabende, gebildete, weitgereiste Bürger des Landes, praktisch die Elite und Führungskräfte Äthiopiens. Zu den Hingerichteten gehörten zwölf Generäle, zwei ehemalige Ministerpräsidenten, zwei Provinzgouverneue sowie zahlreiche Fürsten. Ein Reporter

berichtete aus Addis Abeba: »Die Liste der Namen liest sich wie ein ›Who is who‹ Äthiopiens.« Einen Tag nach der Exekution starben auch der Vorsitzende des Militärkomitees, der international angesehene General Andom, und zahlreiche Offiziere unter den Kugeln ihrer Kameraden. Der aus Eritrea stammende Andom, der als gemäßigt galt und sehr populär war, hätte eventuell jene integrierende Persönlichkeit werden können, die Haile Selassie einstmals war, ehe er zur Untätigkeit verdammt wurde.
Bis zu seiner Entmachtung schien der alte Kaiser nicht mehr zu begreifen, was in seiner Nähe und in seinem Land vor sich ging. Pünktlich jeden Morgen um neun Uhr saß er an seinem Arbeitsplatz. Aber er war inzwischen zahnlos geworden wie die alten zahmen Löwen, die vor Jahren die Parkanlagen seines Palastes bevölkerten. Haile Selassie war von allen Menschen verlassen. Nur noch wenige Diener hielten ihm die Treue, darunter auch eine Deutsche, die später erzählte, daß die innere Welt des Kaisers von Äthiopien, des Gefangenen der rachsüchtigen Revolutionäre, eine »unermeßliche Einsamkeit« gewesen sein muß. Der »Reform-Kaiser« starb am 27. August 1975 im Elend. Amtliche Quellen nannten als Ursache des Todes ein Prostataleiden. Gutinformierte Kreise, die noch heute um ihr Leben fürchten, versichern jedoch glaubwürdig, daß Offiziere ihn mit einem Kissen erstickt haben. Heute noch kann es passieren, daß man in der Nähe des »Gibbi« (dem Palast, in dem der Kaiser seine letzten Tage verbrachte) angesprochen wird und irgendjemand flüsternd behauptet, daß Haile Selassie vergiftet wurde. Die Revolutionäre ließen den Leichnam irgendwo verscharren. Die Kaisergruft in der Menelikkirche wurde geschlossen.
Auf den Banknoten, Münzen und Briefmarken war das Bild der »Macht der Dreifaltigkeit« noch über Jahre hinweg zu sehen, auch dann noch, als die neuen Machthaber schon dabei waren, sich gegenseitig umzubringen. Feuerstöße aus Maschinenpistolen bestimmten den neuen Kurs des Militärregimes. Der Machtwahn feierte Triumphe. Die Revolution entwickelte sich zur Kriminalität. Staatschef General Teferi Bante wurde Anfang Februar 1977 mit sechs anderen hohen Offizieren exekutiert. Man beschuldigte sie der Komplizenschaft in einer imperialistischen Verschwörung. Dem Oberst Mengistu Haile Mariam, der bis dahin Teferi Bantes Stellvertreter und der eigentliche »starke Mann« Äthiopiens gewesen war, schien das genug, um seinen politisch gemäßigten Gegner im Militärrät zu liquidieren. Das Regime zeigte jedoch deutlich das

Symptom der Zerrissenheit, die Äthiopiens staatliche Einheit seit dem Sturz des Kaisers bedrohte. Das politische Klima wurde von Attentaten, Morden, Exekutionen, Massenverhaftungen und Terroranschlägen bestimmt. Polizei und Armee verfolgten jede Opposition gnadenlos. In Addis Abeba glaubt man, daß nach der Entmachtung Haile Selassies bis zur Ermordung des Generals Teferi Bante vierzig- bis fünfzigtausend politische Gegner durch das Regime umgebracht wurden. Manche Verdächtige wurden einfach auf der Straße oder in ihren Wohnungen erschossen.

Seitdem nahm das Morden kein Ende mehr. Es wurde mit dem wissenschaftlichen Sozialismus ideologisch verbrämt, und Moskau, Havanna und Ostberlin streckten ihre Fühler aus, um sich hilfreich zu betätigen. Bonns Botschafter Johann Christian Lankes dagegen mußte gehen, als die Bundesrepublik den gegen Äthiopien kämpfenden Somalis einen bindungsfreien 25 Millionen DM-Kredit zur Verfügung stellten. Die marxistisch-leninistisch angehauchten Offiziere in Addis Abeba sahen sich von zwei Seiten bedroht: Durch die in der Nordprovinz Eritrea um Sezession kämpfenden Freischärler würde Äthiopien im Falle einer Niederlage des einzigen Zugangs zum Meer beraubt. Durch die von Erfolg zu Erfolg eilende »Westsomalische Befreiungsfront« in Ogaden sah Addis Abeba und damit Moskau die strategisch wichtige Position im Osten des schwarzen Kontinents ernsthaft gefährdet. Die Sowjetunion startete ein militärisches Interventionsprogramm, das vergleichsweise das Eingreifen der Kubaner in Angola im Herbst 1975 bei weitem in den Schatten stellte.

Über die bisher aufwendigste Luftbrücke der Nachkriegszeit brachten die Strategen der Roten Armee ein riesiges Arsenal moderner Waffen nach Ostafrika, um dem vom Zusammenbruch bedrohten Äthiopien zu helfen. Mehr als 200 Langstreckentransportflugzeuge vom Typ Antonow und Tupolew bildeten eine Luftverbindung von mehr als 6000 Kilometern, auf der sie – nach einer Zwischenlandung in Bagdad – die arabische Halbinsel umflogen, um nach Aden und von dort nach Addis Abeba zu gelangen. Zugleich wurden Tausende kubanischer Söldner herangebracht. Somalia, das den Krieg gegen Äthiopien begonnen hatte, suchte verzweifelt Hilfe gegen den nunmehr übermächtigen Gegner. Im Herbst 1977 schien es, als ob die Somali-Guerillas den äthiopischen Streitkräften eine blutige Niederlage verpassen würden. Das zu Äthiopien gehörende Ogaden-Gebiet, in dem hauptsächlich Nomaden aus dem benachbarten Somalia lebten, hatten sie »von feindlichen Truppen« säubern können. Dann aber änderte sich – dank der massiven Unterstützung des Ostblocks – die »Fortune« zugunsten der Marxisten. Während im Roten Meer mehr als zwanzig Kriegsschiffe der Roten Flotte den einzigen Nachschubhafen Assab und die Flanke Äthiopiens gegenüber den Eritrea-Rebellen deckten, begann im Süden die »internationale Offensive«. Unter dem Kommando des sowjetischen Generals Wassily Iwanowitsch Petrow traten eintausend Russen, dreitausend Kubaner, zweitausend DDR-Deutsche, Tschechen, Ungarn, Polen und Bulgaren zusammen mit arabischen Truppen aus der Volksrepublik Südjemen zum Angriff an. Kubanische und äthiopische Düsenjägerpiloten bombardierten die Städte Hargeisa und den somalischen Hafen Berbera. Groteskerweise wurden die Äthiopier zusätzlich unterstützt durch 40 israelische Techniker, die für die Wartung von Militärfahrzeugen von den Israelis zur Verfügung gestellt worden waren und außerdem zuständig waren für die elektronischen Kommunikationsausrüstungen. Obwohl Jerusalem nur ungerne darüber redete, steht fest, daß die Israelis schon über Jahre hinweg den Äthiopiern militärische Hilfe zukommen ließen. Zu ihrer Verteidigung erwähnten israelische Politiker wiederholt die legendäre Verbindung zwischen der Königin von Saba und dem König Salomon, aus deren Liaison der erste Fürst des äthiopischen Kaisergeschlechts geboren sein soll.

Noch während der Luftangriffe auf die somalische Stellungen stießen Panzerkolonnen mit sowjetischen T-54 an der Spitze nach Harar und Dire Dawa vor. Zunächst leisteten die Somalis erbitterten Widerstand. Von Russen gesteuerte Kampfhubschrauber griffen in die Kämpfe ein und bargen auch verwundete Soldaten auf dem Schlachtfeld, damit sie nicht in die Hände des Feindes fielen. Wiederholt konnten die Somalis russische, deutsche und kubanische Funksprüche abhören. Innerhalb kürzester Zeit belagerten die internationalen marxistischen Streitkräfte den Stützpunkt Jijiga. Drei Tage hielten fünf somalische Brigaden den Ort. Am vierten Tag gaben sie auf. Somalias Präsident Siad Barre sah die Niederlage kommen und befahl allen Streitkräften den Rückzug aus der Ogaden-Wüste. 24 Stunden später forderte Jimmy Carter, der einer Konfrontation mit der UdSSR aus dem Wege gehen wollte, die »Beendigung der Kämpfe«. Präsident Siad Barre beklagte sich bitter darüber, daß er von den USA im Stich gelassen worden sei, obwohl er vorher 6000 Russen aus seiner sozialistischen Republik ausgewiesen und sich eindeutig auf die Seite der USA geschlagen habe. Damals hatten die Sowjets ein doppeltes Spiel mit ihm getrieben. Während sie den Äthiopiern die Waffen lieferten, unterbreitete Fidel Castro ihm 1976 während eines Blitzbesuches im Auftrag des Kreml das Angebot, einer sowjetisch geführten Föderation beizutreten, der Somalia und Äthiopien, aber auch die Demokratische Volksrepublik Südjemen (Aden) und eventuell auch Nordjemen, Dschibuti und Eritrea angehören würden. Siad Barre reagierte auf den Vorschlag Castros mit dem Hinauswurf der sowjetischen Berater und mit einem außenpolitischen Kurswechsel.

Das Ereignis vom 17. Oktober 1977 in Mogadischu, bei dem mit Erlaubnis von Präsident Barre eine Spezialtruppe des Bundesgrenzschutzes 86 Geiseln durch einen Handstreich aus einer Lufthansa-Maschine befreien konnten, beschleunigte nur die Kehrtwendung Somalias. Die Lufthansa-Boeing »Landshut« war damals 108 Stunden unterwegs, ehe sie von der GSG-9-Truppe gestürmt werden und Staatsminister Wischnewski nach Bonn melden konnte: »Die Arbeit ist erledigt.« Seitdem betrachtet Somalia sich als zum Westen gehörend und stellte den einstigen sowjetischen Flotten- und Raketenstützpunkt Berbera den USA zur Verfügung. Auch verzichtete Mogadischu später auf einen Anschluß Dschibutis und erklärte gegenüber Kenia, es erhebe keinen Anspruch auf dessen Grenzgebiete.

Die Forderung Carters, die Kämpfe im Ogaden zu beenden, wurde vom Kreml, zumal der Krieg im Ogaden nun die gewünschte Wende zugunsten der Marxisten in Addis Abeba zeigte, zurückhaltend positiv beantwortet. Man sei bereit, neutrale Beobachter zuzulassen, wenn die Kampfhandlungen wirklich beendet seien. Die Konfrontation der beiden Supermächte blieb aus. Im Weißen Haus in Washington war man erleichtert. Die Russen dagegen hatten richtig kalkuliert. Sie waren von der Annahme ausgegangen, daß die Taten des US-Präsidenten selten so hart sein würden wie seine Worte. Präsident Barre sagte nach der Niederlage im Ogaden: »Ich sehe, daß die Amerikaner der Sowjetunion am Horn von Afrika völlige Bewegungsfreiheit zugestehen... Ich kann mir nicht erklären, warum Präsident Carter Breschnew erlaubt, in Afrika herumzutanzen. Welches Beispiel wird da allen anderen afrikanischen

Staaten gegeben, wenn sie sehen, was sich die Sowjets alles herausnehmen können?
Künftig wird es eben so sein, daß den Sowjets jeder zu gehorchen hat, einfach weil ihm kein anderes Leben, keine andere Organisation zu Hilfe kommen würde... Die Aktivitäten der Sowjetunion könnten zu einem dritten Weltkrieg führen, wenn die Sowjets nicht in ihre Schranken gewiesen werden... Ich sage: Ich sehe eine sehr schlimme Situation voraus... Ich sehe schwarze Wolken von Gefahren...«

Der Ogaden-Krieg zwischen den zerlumpten Regimentern feindlicher Stämme wurde schließlich durch einen Waffenstillstand und dem endgültigen Rückzug und Verzicht der Somalis beendet. Seitdem aber schwelt der Konflikt am Horn von Afrika weiter. Die Sowjetunion hat kein Interesse an einer Entspannung und hat inzwischen die einzigartige Chance benutzt: Durch die Auseinandersetzung zwischen zwei unterentwickelten Staaten am Horn von Afrika, die sich beide sozialistisch nennen, gewannen die Sowjets einen starken Brückenkopf an einem der strategisch und wirtschaftlich wichtigsten Gebieten der Welt. Inzwischen erhielten sie das Recht zum Ausbau einer neuen Flottenbasis in Massawa am Roten Meer. Von hier aus kann man mit Sicherheit militärische und politische Entwicklungen in Afrika besser beeinflussen. Unmittelbar bedroht sind jedenfalls der Sudan und das westlich orientierte Kenia. Zwischen Afghanistan und Äthiopien liegt heute das bedeutendste Öl-Reservoir des Westens.

Oberstleutnant Mengistu Haile Mariam bemüht sich seitdem um die Konsolidierung seiner Macht. Dazu gehört auch an erster Stelle der Kampf gegen die Religion, die ja immer noch im Leben vieler Äthiopier eine große Bedeutung hat. So gelangten Dokumente in den Westen, in denen ausdrücklich gesagt wird: »Setzt die Kirchenführer gefangen und schließt die Gotteshäuser.« In einer Parteikaderschule, die im ehemaligen Palast des Kronprinzen Asfa Wossen im oberen Teil Addis Abebas untergebracht wurde, hält die Partei jetzt dreimonatige Schulungskurse ab. Hier werden Funktionäre herangebildet, die im Kampf gegen Kirche und Christentum und für den politischen Einsatz in der Armee, bei den Frauen, den Landarbeitern und der Jugend eingesetzt werden. Die Kader der Politschule erhalten nach dem Kurs ein gutes Gehalt und zusätzliche Prämien bis zu 75 Birr (äthiopische Dollar). Außerdem werden sie mit einer Pistole und großen Vollmachten ausgerüstet.

In den in den Westen geschmuggelten Instruktionen heißt es u. a.: »Wenn Christen sich weigern, ihrem Glauben abzusagen, setzt sie gefangen. Wenn das Verbot von Kirchenbesuchen nicht wirkt, setzt die Kirchenführer gefangen. Schließt Kirchen. Als Grund nennt den Bedarf an kommunalen Versammlungs- oder Büroräumen. Verbrennt oder zerstört Altäre und andere Dinge in der Kirche, die religiöse Bedeutung haben. Übergeht Christen bei Beförderungen; übernehmt konfessionelle Verwaltungsstellen; friert Bankkonten von Kirchen ein; verbietet religiöse Versammlungen; gebt Missionaren oder kirchlichen Mitarbeitern nicht die Freiheit, im Land zu reisen. Bestreitet alle Beschuldigungen einer religiösen Verfolgung, besonders gegenüber der Weltpresse; zensiert regelmäßig die Post und die Telefongespräche aller verdächtigen Christen und Missionare.« Das 30 Punkte enthaltende Dokument wurde auszugsweise in der »Frankfurter Allgemeinen Zeitung« veröffentlicht. Es schließt mit den Worten: »Gebraucht jede Taktik, die in eurer Situation angebracht erscheint. Durch diese Taktiken wird die christliche Kirche entweder eliminiert oder unter der Kontrolle des Staates sein.« Seit dem Bekanntwerden der Ausführungsbestimmungen wurden 1000 Christen gefangengenommen; viele weitere gelten als vermißt. Der von der Regierung Mengistu Mariam insgeheim verabschiedete Plan führte dazu, daß Kirchen und christliche Schulen geschlossen oder zu Büros, Läden, Theatern und Tanzsälen umfunktioniert wurden. Die christlichen Krankenhäuser wurden verstaatlicht.

Mittlerweile scheint sich auch das Europäische Parlament mit den Problemen in Afrika und vor allem in Äthiopien intensiver zu befassen. So übte die Versammlung europäischer Parlamentarier Ende 1985 scharfe Kritik an der von der äthiopischen Regierung vorgenommenen Umsiedlungsaktion, die viel menschliches Leid, eine Erschwernis der Hilfsmaßnahmen und eine Verletzung der Menschenrechte mit sich brachte. Verurteilt wurde auch die Ausweisung der Organisation »Médecins sans frontières«, die nachgewiesen hatte, daß zahlreiche Menschen durch die Umsiedlung gestorben sind. Die Europäer forderten »eine (vorübergehende) Einstellung der Umsiedlungsaktion, damit unter internationaler Kontrolle« – so heißt es im Kommuniqué aus Straßburg – »deren Bedingungen kontrolliert und humanitäre Mindestvoraussetzungen garantiert werden können«. Das Europäische Parlament erwartet eine strenge Prüfung und warnt, »eine Aussetzung der

Gemeinschaftshilfe der EG in Aussicht zu nehmen«. Nur die Sozialistin Katharina Focke meinte, daß es nicht verantwortungsbewußt sei, mit einem Nahrungsmittelhilfeentzug zu drohen. Ein Moratorium zu verlangen, sei zwar moralisch befriedigend, aber politisch fragwürdig... Fast ist man geneigt zu glauben, daß hier die marxistischen Genossen in der äthiopischen Hauptstadt geschont werden sollen. Auch ist der Beobachter immer wieder erstaunt darüber, wie vorsichtig die Parlamentarier ihre »Anteilnahme« am Tod von einigen hunderttausend Menschen formulieren, wenn es sich um ein marxistisches Regime handelt. Südafrika, das bis vor wenigen Monaten ebenfalls Menschen umsiedelte (ohne Todesopfer), konnte mit einer solchen Rücksichtnahme nicht rechnen.
Bundesaußenminister Hans-Dietrich Genscher läßt sich unterdessen nicht in seinen Bemühungen irremachen, die Beziehungen zwischen der Bundesrepublik und Äthiopien wieder zu normalisieren (und auch CDU-Abgeordneter Hans Stercken versuchte, erneut mit Addis Abeba ins Gespräch zu kommen). Indes hält das Regime heute immer noch tausende Menschen fest, die kein anderes Verbrechen begangen haben, als daß sie einmal dem Kaiserreich dienten oder Mitglied der kaiserlichen Familie waren. Unter ihnen befinden sich mindestens sieben Prinzessinnen und drei Enkel des Kaisers. Sie hegten keine politischen Ambitionen und besaßen auch keinen politischen Einfluß. Sie vegetieren heute in Gefängniszellen, die der Volksmund »Ende der Welt« zu nennen pflegt. Sie erhalten keine ärztliche Hilfe und nur unzureichende Verpflegung. Sie leben von den Resten, die ihnen zugeschoben werden, zwischen Ratten und Ungeziefer und sind bis auf die Knochen abgemagert. Kein Mensch kümmert sich um sie. Das Regime hat geschworen, daß sie in ihren Zellen verrotten sollen. Zu ihnen gehören u. a. die 70 Jahre alte Tochter des Kaisers, Tenagne, sowie ihre vier Töchter Aida (58), Hirut (56), Seble (54) und Sophia (52). Bei den Enkeln des Kaisers handelt es sich um Prinz Wossen (36), Prinz Michael (33) und Prinz Bede (27).

Die Sache mit Helgoland

Sansibar

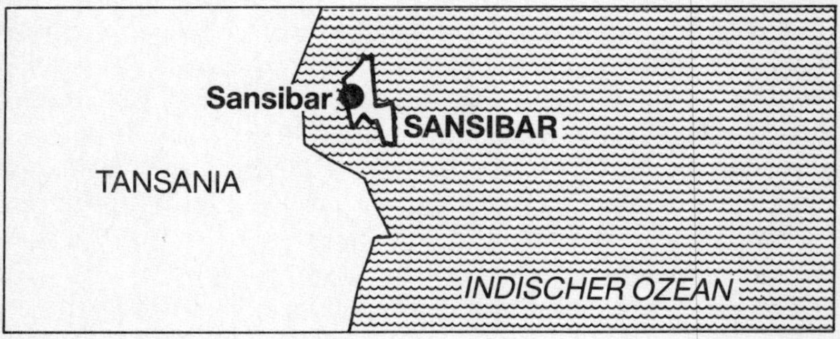

Ein als »Herrenmensch« und »Bluthund« bezeichneter deutscher Afrika-Forscher und ein englischer Deutschenhasser par excellence, der die gleichen Charakterzüge besaß, haben in den achtziger Jahren des vorigen Jahrhunderts in entscheidendem Maße die Entwicklung im östlichen Afrika beeinflußt. Verbittert über die seiner Meinung nach gescheiterte deutsche Kolonialpolitik schrieb der Historiker und Geograph Dr. Carl Peters rückblickend 1907: »Zwar ist das heutige Deutsch-Ostafrika nicht die Kolonie oder das Kolonialreich, welches mir in den achtziger Jahren vorschwebte, und dessen Grundlagen ich geschaffen habe. Indem man Uganda mit dem oberen Nil ... davon losriß, nahm man dem Gebiet handelspolitisch Licht und Luft, und indem man Sansibar aufgab, verschloß man das natürliche Ausgangstor. Was übrigblieb, war ein plumper Torso und nicht mehr das deutsche Kolonialreich im Indischen Ozean, welches wir planten, und welches lebensfähig gewesen sein würde ...«
Intrigen gegen die Pläne des Deutschen gab es nicht nur in Berlin, wo der nur widerwillig an Kolonien interessierte Reichskanzler Bismarck den Afrika-Reisenden Peters als »einen jener maßlos ehrgeizigen, persönlich furchtlosen und darüber hinaus von wenig Skrupeln geplagten Kolonialpioniere« sah, sondern auch in Lon-

don. Dort übte Sir William Mackinnon, der damals Präsident der »Imperial British East Africa Company« war, einen entscheidenen Einfluß auf den britischen Ministerpräsidenten Lord Salisbury aus. Maßgebende Freunde wie Cecil Rhodes, der von einem britisch beherrschten Afrika von Kapstadt bis Kairo träumte und der keineswegs zimperliche Afrika-Reisende Henry Stanley unterstützten die aggressiven nationalistischen und chauvinistischen Auffassungen Mackinnons, der vor allem verhindern wollte, daß die Deutschen in Uganda, dem Tanganyika-See-Gebiet und dem Kongo an Einfluß gewinnen konnten. Die anti-deutschen Gefühle und die dadurch eingefädelten diplomatischen Ränkespiele der imperialistischen Partner kannten keine Grenzen und wurden zielbewußt und rücksichtslos eingesetzt, um jede Bedrohung der englischen Kolonialpläne zu verhindern.

Carl Peters hatte einige Jahre in England gelebt. Dort war ihm »die Rückwirkung einer großen Kolonialpolitik positiv aufgegangen«. Die Erkenntnis von der handelspolitisch und volkswirtschaftlich bedeutungsvollen Wechselwirkung zwischen Mutterland und Kolonie trieb ihn zu der Entscheidung, als deutscher Patriot eine eigene deutsche Kolonialpolitik zu betreiben. Am 28. März 1884 gründete er mit dem Grafen Behr-Bandelin in Berlin die »Gesellschaft für deutsche Kolonisation«, aus der etwa ein Jahr später die »Deutsch-ostafrikanische Gesellschaft Carl Peters und Genossen« entstand. Zu diesem Zeitpunkt hatte Reichskanzler Bismarck noch wenig Interesse am Erwerb von Besitzungen in Afrika. Bismarck sah seine Aufgabe in der Gründung und Festigung des Deutschen Reiches und dessen Schutz in Europa. In Briefen an den preußischen Generalfeldmarschall Albrecht Graf Roon brachte er ausführlich seine Ansichten zur Kolonialpolitik zum Ausdruck. Er war mit Roon einer Meinung, daß Deutschlands Marine nicht stark genug sei, um Verpflichtungen in Übersee einzugehen. Auch zweifelte er an den materiellen Vorteilen und fürchtete, daß Kolonien ernsthafte finanzielle Defizite verursachen würden. In den ersten zehn Jahren des Deutschen Kaiserreiches hatte Bismarck verschiedene Möglichkeiten, Kolonien zu erwerben. 1874 bat der Sultan von Sansibar, Said Bargasch, der 1870 den Thron bestiegen hatte und sich erst in späteren Jahren auf die Seite Englands schlug, die Insel unter das Protektorat des Deutschen Reiches zu stellen. Der Kanzler lehnte ab, auch weil er glaubte, daß der Reichstag nicht einverstanden sein würde.

Dr. Carl Peters, der bereits zu Lebzeiten als eine sehr umstrittene Persönlichkeit galt und der rücksichtslos gegen Schwarze vorging, wenn sie seinen Interessen zuwiderhandelten, war anderer Meinung. Durch die Ausgabe von 5000-Mark-Aktien, deren Kapital der Finanzierung von Deutsch-Ostafrika dienen sollte, war es ihm gelungen, eine vier Mann starke Expedition auszurüsten, die im Herbst 1884 innerhalb weniger Wochen ein Gebiet in der Größe Süddeutschlands erwerben konnte. Ihm ging es nur darum, »in Ostafrika die Grundlagen für ein emporblühendes deutsches Gemeinwesen zu legen«, das deutschen Menschen Platz und Arbeit bieten sollte. Dabei wurden recht fragwürdige Methoden angewendet. Mary Evelyn Townsend beschrieb in dem 1930 in New York erschienenen Buch »The Rise and Fall of Germany's Colonial Empire« die recht zweifelhaften Verhandlungstaktiken der an der Expedition beteiligten Peters, Jühlke, Graf Pfeil und August Otto mit genauen Details. Die Sultane und Häuptlinge wurden zunächst reichlich mit billigem Ramsch wie Spiegel, Perlen und Alkohol beschenkt. In leicht angeheitertem Zustand mußten sich die Stammesfürsten dann die Klauseln des Vertrags anhören, die in deutscher Sprache vorgelesen und durch Dolmetscher übersetzt wurden. Anschließend ließ Peters die deutsche Reichskriegsflagge hissen und mehrere Gewehrsalven abfeuern. Berauscht und beeindruckt von dem Schauspiel deutscher Macht setzten die Eingeborenen dann recht schnell und ohne Widerstand ihr Zeichen auf den Vertrag und gaben damit ihre Souveränität, ihr Land, ihre sämtlichen Besitzungen, ihre Handelsrechte auf. Peters garantierte den leseunkundigen Häuptlingen lediglich eine kleine Pension und ihren Privatbesitz. Seine Organisation war – wie er es selbst einmal formulierte – eine »Kapitalistengruppe zur Annexion und später zur Verwaltung möglichst großer Kolonialländer unter deutscher Flagge«. Er besaß keine hohen Auffassungen von den Schwarzen, ließ seine Diener und seine schwarze Konkubine wegen geringfügigen Vergehen aufhängen und schrieb später, nachdem er 1897 vom Disziplinarhof in Berlin wegen Dienstvergehen und Grausamkeit gegen die Eingeborenen aus dem Staatsdienst entlassen worden war: »Nach Oettker (Dr. Karl Oettker beschäftigte sich mit Problemen Afrikas und hatte eine Schrift mit dem vielsagenden Titel ›Die Neger-Seele und die Deutschen in Afrika; ein Kampf gegen Missionen, Sittlichkeitsfanatismus und Bureaukratie vom Standpunkt moderner Psychologie‹ verfaßt) ist der Neger eine Sklavennatur sans phrase. Der ›Herr‹ ist ihm so nötig wie dem Fisch das Wasser. Er ist absolut indifferent gegen fremdes Weh, ein unverbesserlicher Gewohnheitslügner! ... All seine Bildung wird stets Dressur bleiben. Er ist keineswegs eine ›kindliche‹ Art, die wir zum ›Mann‹ erziehen können, sondern hat sich nur in einer von uns entgegengesetzten Richtung entwickelt. Ich persönlich, über Oettker hinausgehend, halte ihn, umgekehrt, für im Stadium seniler Degeneration stehend.«

Peters' großes Traumziel war die von Arabern beherrschte Insel Sansibar. Bereits im ersten Jahrhundert hatten sich Araber aus den Fürstentümern Muskat und Oman an der ostafrikanischen Küste als Händler betätigt und sich mit der einheimischen Bevölkerung gemischt. Der Handel mit dem vor allem in Asien begehrten Elfenbein war zunächst die treibende Kraft. Später kam die wachsende Nachfrage für Sklaven hinzu. Für die schwarzen Stämme bedeutete die Begegnung mit den Arabern den ersten Kontakt mit einer universellen Religion und einer Kultur, die über eine eigene Schrift und Literatur verfügte. Schon im 12. Jahrhundert bauten die Moslems befestigte Städte. Indische und persische Architekten errichteten um 1300 in Kilwa einen Palast aus Korallenstein mit vielen Gemächern, Innenhöfen, einer Moschee und einem Schwimmbad. Seit dem 17. und 18. Jahrhundert bekannte sich der größte Teil der Bewohner der Küstenstriche und der Insel Sansibar zur mohammedanischen Religion. Getrieben von der steigenden Nachfrage drangen die Händler immer tiefer in das Landesinnere vor und errichteten erste Niederlassungen am Sambesi im heutigen Moçambique. Arabische Händler betrieben ihre Geschäfte am Hofe des charakterlosen Königs Mwene Mutapa des sagenumwobenen Monomatapa-Reiches und waren vermutlich auch verantwortlich für den Bau der rätselhaften Stadt Zimbabwe, die heute als große architektonische Leistung schwarzer Völker im südlichen Afrika bezeichnet wird. 1569 erreichte der portugiesische Jesuitenmissionar Goncalo da Silveira nach schweren Strapazen und todkrank den Königshof. Er predigte den katholischen Glauben und machte trotz seines erschöpften Zustandes einen so starken Eindruck auf den König, daß dieser beschloß, sich mit seiner Lieblingsfrau, seiner Schwester und 300 Notabeln taufen zu lassen. Die Moslems am Hofe, die damals von den Portugiesen Mohren genannt wurden, gerieten in Panik und denunzierten den Jesuitenmissionar als gefährlichen Zauberer und Spion der weißen Eroberer, die vor der

Küste kreuzten. Mwene Mutapa ließ den Priester daraufhin in seinem Bett erwürgen und die Leiche in den Sambesi werfen.

Ihre große Blütezeit erlebte die Insel Sansibar unter der Herrschaft des Sayyid Said, dem Imam von Muskat und Herrscher aller arabischen Niederlassungen an der ostafrikanischen Küste. Er galt als brillanter militärischer Kopf und als ausgezeichneter Kaufmann. Mit einer in Belutschistan rekrutierten Söldnertruppe eroberte der Imam die Insel und errang gleichzeitig die Kontrolle über eine Reihe von Küstenstädten. Schon kurze Zeit später führte der Eroberer die Gewürznelkenbäume ein, die auf Sansibar und der Nachbarinsel Pemba angepflanzt wurden. Die Plantagen wurden von Sklaven aus Ostafrika betreut. Die Gewürznelke machte Sansibar zu einem bedeutenden Lieferanten der westlichen Welt und zum wichtigsten Handelsplatz in Ostafrika. Auf dem Markt, der auch heute noch eine Sehenswürdigkeit ist und vom durchdringenden Geruch von Nelken, Fischen, Früchten, Gewürzen und Abfall beherrscht wird, konnte man Gold und Elfenbein aus dem Inneren Afrikas, Ramsch aus Europa, aber auch Sklaven aus Moçambique und Uganda, vom Tanganyika-See und aus Kenia kaufen. Es gab hier Leoparden- und Löwenfelle für Pferdesättel, kunstvoll geschnitzte Holztüren, messingbeschlagene Truhen. Die Insel erreichte einen solchen Wohlstand, daß Sayyid Said sich entschloß, seinen Regierungssitz von Muskat in Oman nach Sansibar zu verlegen. Er erhielt dadurch automatisch den Titel Sultan. Der Herrscher starb 1856 während einer Fahrt zum Festland auf dem Schiff. Nach seinem Tod kam es zu Streitereien über die Nachfolge, bis der englische Generalgouverneur Indiens, Lord Canning, die Entscheidung traf und das Reich in einen afrikanischen und einen arabischen Teil aufteilte. Seit dem Beginn der siebziger Jahre des vorigen Jahrhunderts hatten fast alle wichtigen Handelshäuser Europas eine maßgebende Vertretung oder zumindestens einen Agenten in Sansibar. Die Macht lag in den Händen von Sultan Said Bargasch bin Said. Der Handel mit Gold, Elfenbein und Sklaven florierte besser denn je. In einem Geheimabkommen, von dem die Deutschen nichts wußten, hatten Engänder und Franzosen bereits 1867 die Unabhängigkeit Sansibars garantiert. Dennoch waren die Tage des enormen Reichtums bereits gezählt. Ein verheerender Taifun vernichtete einen großen Teil der Flotte und der Gewürznelken-Plantagen, und überdies wollte nun England dem Sklavenhandel ein Ende machen. Es drohte mit einer Blockade und zwang dadurch

ꞌusbildung in Biafra.

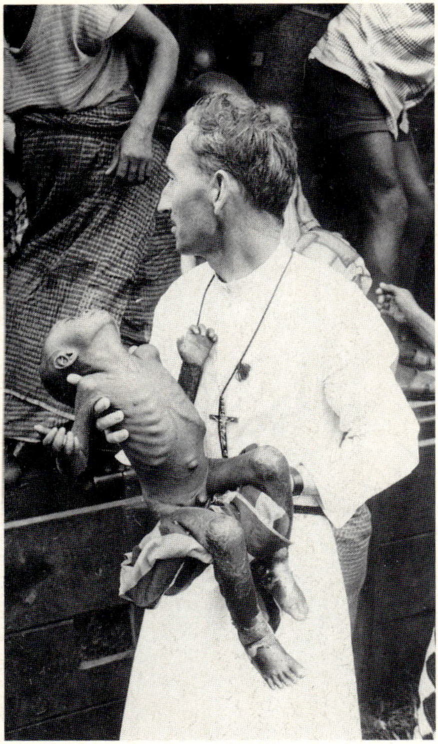

Irischer Priester mit einem verhungerten Kind in Biafra.

Hunger in Biafra.

General Ojukwu, Staatsoberhaupt Biafras.

Die ersten Söldner in der ehemaligen belgischen Militärbasis Kamina im Kongo.

Der deutsche Söldner Rolf Steiner aus München beim Bau eines Hubschraubers in Biafra.

Buschmannpatrouille in Namibia.

Frauen beim Training in Rhodesien.

Krieg in Rhodesien, wie er sich in englischen Illustrierten spiegelte.

Der von Südafrika zur Verfügung gestellte weiße Zug auf der Brücke über den Sambesi, wo Friedensgespräche zwischen Ian Smith und Joshua Nkomo stattfanden.

den Sultan, den entsprechenden Vertrag zu unterschreiben. Durch das geschickte Taktieren des englischen Generalkonsuls und Beraters des Sultans, Sir John Kirk, wurde der Einfluß deutscher Handelshäuser, Diplomaten und Militärs immer mehr zurückgedrängt. London konnte den Sultan unter Druck setzen, da der englische General Matthews die aus 600 schwarzen Soldaten bestehende Truppe des Sultans befehligte, während vor der Insel englische Kriegsschiffe lagen, die jederzeit den Palast des Herrschers beschießen konnten. Henry Morton Stanley, der von Sansibar aus verschiedene seiner Expeditionen in das Innere Afrikas organisierte, beschrieb in einem seitenlangen Brief an den Londoner Daily Telegraph, der im November 1874 veröffentlicht wurde, die Vor- und Nachteile der Stadt, die auf dem Weg war, das Alexandrien der Ostafrikaküste zu werden. »Ein Mann mit einem Kapital von 5000 Pfund könnte schon bald zwanzigtausend daraus machen«, meinte Stanley. »Aber Sansibar ist nicht die beste, die sauberste, oder die angenehmste Stadt, die ich je gesehen habe, aber sie ist andererseits auch nicht die schlimmste, die schmutzigste oder die häßlichste...«

Sansibar – ein Name, der den Glanz orientalischer Märchenwelt heraufbeschwört – bedeutete eigentlich »Negerland« und wurde ursprünglich Sandschebar geschrieben. Der Begriff kommt aus dem Arabisch-Persischen. Zu Anfang des 20. Jahrhunderts lebten ungefähr 150000 Menschen auf der Insel, von denen 80000 noch Sklaven waren. Etwa 10000 Maskataraber, die der herrschenden Klasse angehörten, und vielleicht 200 Weiße, darunter 40 Deutsche, 3 Patres, 2 Brüder der Weißen Patres und 14 Josephsschwestern, die ein Aussätzigenheim betreuten. An Schiffen waren damals im Hafen von Sansibar 140 Küstenfahrer, 10317 arabische Dhaus und 214 größere Schiffe registriert. Die Einfuhren erreichten 1905 einen Betrag von 23,076 Millionen Mark, während die Exporte 23,298 Millionen Mark betrugen. Der Handel mit Elfenbein hatte sich auf einen Anteil von 4% reduziert. Noch wenige Jahre vorher wurden in Sansibar jährlich mehr als 100 Tonnen dieses weißen Goldes verhandelt. Man schätzt die Anzahl der Elefanten, die für diese Menge im Inland geschossen werden mußten, auf etwa 4700. Um 1880 herum entsprachen die an der Ostküste Afrikas – meistens über Sansibar – eingeführten Gewehre einem Drittel aller Importe. In Europa hatte sich inzwischen das Deutsche Reich zu einer aufstrebenden Großmacht entwickelt, das sich vor allem dank der geschickten Politik Bismarcks mit England arrangieren wollte. Der Traum des deutschen Afrika-Reisenden Dr. Carl Peters, Sansibar einem deutschen Kolonialreich einzuverleiben, war also zum Scheitern verurteilt, noch ehe sich seine Ostafrika-Expeditionen in Bewegung setzten. Unter keinen Umständen war London bereit, auf die strategisch und handelspolitisch bedeutende Insel zu verzichten. Im Gegenteil. Der britische Generalkonsul Sir John Kirk stimulierte den Sultan, auch das ostafrikanische Hinterland für sich zu beanspruchen, um dadurch den Deutschen weitere Probleme zu besorgen. Ein im Februar 1885 an Peters und seiner »Gesellschaft für deutsche Kolonisation« erteilter Kaiserlicher Schutzbrief, der die Gebietserwerbungen in Ostafrika unter den Schutz des Kaisers stellte, war höchst widerwillig von Bismarck überreicht worden und auch nur, weil Peters drohte, sich sonst an den belgischen König Leopold II. zu wenden. Diesen Schutzbrief beantwortete der Sultan mit Drohungen und militärischen Aktionen auf dem Festland. Der deutsche Afrikaforscher Gerhard Rohlfs, der den Posten eines Generalkonsuls übernehmen sollte, traf an Bord eines deutschen Kriegsschiffes in Sansibar ein. Die aggressive und feindselige Haltung des Sultans, der weiterhin von Engländern und Franzosen unterstützt wurde, wuchs. Schließlich erschienen sieben »stolze deutsche Kriegsschiffe« und zwei Tender unter dem Befehl Konteradmirals Knorr vor der Küste Sansibars. Sowohl die Araber wie auch die Briten waren »zutiefst beeindruckt«. Am 1. November 1886 wurde in London ein deutsch-englischer Vertrag abgeschlossen, in dem die Interessensphären der beiden Mächte abgesteckt und die Hoheitsrechte des Sultans über Sansibar anerkannt wurden. 1888 schloß das Sultanat mit der britischen Ostafrika-Gesellschaft Schutzverträge über Teilgebiete auf dem Festland ab. Deutschland hatte bereits drei Jahre vorher einen ähnlichen Vertrag zugunsten Deutsch-Ostafrikas unterzeichnet.

Dennoch trat eine weitere Verschlechterung im Hinblick auf die Beziehungen zwischen London und Berlin ein, vor allem wegen des wachsenden Einflusses der Deutschen auf Sansibar und auch wegen des Erwerbs von Wituland durch die zwei deutschen Kaufleute Clemens und Gustav Denhardt, die vom dortigen Sultan ein Gebiet von etwa 25 Quadratmeilen gekauft hatten. Wituland liegt nördlich der kenianischen Stadt Malindi und erstreckt sich von der Mündung des Tanaflusses bis zum heutigen Somalia. Der

Sultan hatte damals bereits die Sklaverei abgeschafft und bot aus Sansibar entflohenen Sklaven seinen Schutz an. Das kam den arabischen Händlern und Kaufleuten in Sansibar sehr ungelegen. Auch die Tatsache, daß der Sultan um die Schutzherrschaft des Deutschen Reiches gebeten hatte, damit sein Volk endlich Ruhe vor den Überfällen der Sansibarikrieger habe, führte zur Verärgerung. Bismarck, der sich intensiv um die Verbesserung der Beziehungen mit England bemühte, wollte keinen weiteren Ärger mit London, obwohl zuvor Offiziere der Fregatte »Gneisenau« einen Bericht über Wituland aufgestellt hatten und berichten konnten, daß Sultan Ahmed völlig souverän und unabhängig sei. Nur zögernd übernahm das Deutsche Reich die eingegangenen Verpflichtungen. Trotzdem kam es zwischen der deutschen Witu-Gesellschaft und englischen Händlern regelmäßig zu Reibereien.

Noch vor der Entlassung des Reichskanzlers Fürst Otto von Bismarck im März 1890 hatten England und Deutschland Verhandlungen aufgenommen, um klare Verhältnisse in Ostafrika zu schaffen. Die Engländer glaubten, daß Bismarcks Nachfolger, Graf Leo von Caprivi, Befürworter einer aggressiveren Kolonialpolitik sei, und drängten daher auf den Abschluß der Gespräche. Vor allem der Antrag des neuen Kanzlers zur Bewilligung von viereinhalb Millionen Mark für die Bekämpfung des Sklavenhandels und die Verteidigung deutscher Interessen in Afrika beunruhigte London ganz besonders. Dennoch stellte Englands Ministerpräsident Lord Salisbury enorm hohe Forderungen, die überraschend fast widerstandslos von den Deutschen akzeptiert wurden. Die Trumpfkarte Helgoland, die verschiedentlich im Gespräch gewesen war, hatte gestochen. Bereits 1873 hatte Bismarck die Möglichkeit einer Rückgabe in Erwägung gezogen, jedoch kein geeignetes Tauschobjekt anbieten können. Im Auftrag des Ministers von Caprivi wurde dem deutschen Botschafter in London, Graf Hatzfeld, mitgeteilt: »Wir werden den Erwerb von Helgoland selbst gegen erhebliche koloniale Konzessionen immer noch als Gewinn ansehen.«

Bismarck wollte im Grunde genommen England aus Sansibar verdrängen, ohne einen Krieg dafür zu riskieren. Nationalistische Kreise in London hatten jedoch eine geschickte anti-deutsche Propagandakampagne lanciert, wodurch man schließlich Caprivi in die Knie zwang. Für die rote Insel in der Nordsee, die ursprünglich deutsch gewesen war, 1714 dänisch und 1814 englisch wurde, mußte das Deutsche Reich auf seine Ansprüche hinsichtlich Wituland verzichten. Deutschland verlor außerdem ein kleines Gebiet an Betschuanaland (heute Botswana) sowie alle Neuerwerbungen der Expedition von Dr. Carl Peters in Uganda, bei Mombasa. Berlin mußte sich zusätzlich verpflichten, das englische Protektorat über Sansibar, das erst einige Monate später zustande kam, anzuerkennen. Der Sultan wurde gezwungen, die Küste vom Rovuma bis zum Umba – etwa 16 km Küstenstreifen – gegen Bezahlung an Deutsch-Ostafrika und 1893 die sogenannte Benadirküste (später Italienisch-Somalia) gegen Pacht an Italien abzutreten. In der am 1. Juli 1890 unterzeichneten deutsch-englischen Vereinbarung stand auch, daß geringfügige Grenzkorrekturen in Togo und Kamerun durchgeführt werden sollten und daß Deutsch-Südwestafrika den sogenannten Caprivizipfel erhalten würde. Mit dem etwa 400 km langen Streifen erhielt zwar die deutsche Kolonie einen Zugang zum Sambesi, gleichzeitig aber wurden Angola und Betschuanaland durch eine deutsche Pufferzone getrennt.

Obwohl es bei der ganzen Auseinandersetzung im Prinzip um die Kontrolle über Sansibar ging, ist Helgoland in Wirklichkeit nie gegen diese Insel eingetauscht worden, da das Reich des Sultans nie zum Deutschen Staat gehört hat. Sansibar galt lediglich als ein Teil der deutschen Interessensphäre in Afrika. Dennoch erwies sich Dr. Carl Peters' »Wunschdenken« – vor allem nach dem Ersten Weltkrieg und in der Zeit des Nationalsozialismus – als ein Irrtum, dem man auch heute noch eher Glauben schenkt als den realen Tatsachen. In Deutschland gab es einen Sturm der Empörung über das »Tauschgeschäft«. Viele Kritiker interpretierten es als eine bittere Niederlage der deutschen Diplomatie. Auch Bismarck war keineswegs begeistert von den Zugeständnissen auf deutscher Seite. Stanley, der die Deutschen sowieso nicht leiden konnte, meinte hämisch: »England hat mit Witu einen neuen Anzug für einen Hosenknopf erhalten.«

Peters, der vor allem von August Bebel und den Sozialisten als »Bluthund« angegriffen worden war, emigrierte nach seiner Entlassung aus dem Staatsdienst nach England. Später stellte sich jedoch heraus, daß es sich bei dem »Beweismaterial« gegen den deutschen Afrikapionier um Fälschungen gehandelt hatte. 1909 gab Bebel im Reichstag zu, daß die von ihm gemachten Anschuldigungen gegen Peters unwahr gewesen seien. Peters wurde vollständig rehabilitiert. In London hatte er inzwischen eine »Dr. Carl Peters Estates & Exploration Company« zur Erforschung und Ausbeutung des Sambesigebietes gegründet. Als er von der Unterzeichnung des Vertrages mit London und von der Rückgabe Helgolands hörte, sagte er voller Bitterkeit, daß Deutschland zwei Königreiche (Uganda und Witu) gegen eine Badewanne in der Nordsee eingetauscht habe.

Fast genau 73 Jahre nach der Übernahme Sansibars als englisches Protektorat wurde die Insel endgültig unabhängig und die Macht erneut in die Hände des Sultans gelegt, und zwar in Form einer konstitutionellen Monarchie. Der 33 Jahre alte Sultan Jamsin Bin Abdullah übernahm die Geschicke seines Landes. Zur Unabhängigkeitsfeier schickte London den Flugzeugträger »Ark Royal«. Ein Regiment der berühmten Gordon Highlanders wurde aus Kenia eingeflogen, und der Herzog von Edinburgh vertrat offiziell die britische Regierung. Die an einer Lagune gelegene Hauptstadt gleichen Namens und das gegenüber liegende Negerviertel Ngambo gaben sich heiter und gelassen. Taxifahrer riefen sich und den erstaunten Besucher zu »Uhuru wa Waarabu« (Unabhängigkeitstag). Regelrechte Rudel schwatzender Frauen huschten über die Straßen. Schwärme englischer Matrosen auf Landurlaub durchstreiften die Viertel auf der Suche nach Souvenirs und billigen Abenteuern. Es schien, als ob auf Sansibar das britische Empire endgültig zu Grabe getragen würde. Und mancher Anhänger der Afro-Shirazi-Partei wußte oder spürte und flüsterte im Vertrauen dem Fremden zu: »Es wird bald Blut fließen!«

Diese Voraussage war keineswegs erstaunlich, da der politische Kampf vor der Unabhängigkeit immer leidenschaftlichere Formen angenommen hatte. Bis dahin fast unbekannte und im Hintergrund operierende Splitterparteien spielten sich durch Intrigen gegeneinander aus. Sie nannten sich ZPPP und ASP und begannen den Kampf gegen die bereits etablierten Parteien, die sich jedoch ebenfalls durch sprachliche und sozio-ökonomische Probleme und durch ihren Radikalismus deutlich voneinander abhoben. Da war zunächst die ZNP (Zanzibar National Party), die als die Partei der Araber und Hindus galt und nur die Minderheit repräsentierte. Sie war nicht an Schwarzafrika interessiert, sondern suchte vielmehr den Kontakt mit Rotchina. Die Afro-Shirazi-Partei gab sich mehr gemäßigt, suchte Verbindungen mit Julius Nyerere in Tanganyika und dessen nationalistisch orientierter TANU (Tanganyika African

National Union). Die graue Eminenz im Hintergrund war jedoch Ahmed Mohammed Abdul Rahman Babu, ein Mann, der an der Makarere-Universität in Kampala und in London studiert hatte und nach seiner Rückkehr den marxistisch-inspirierten Flügel in der ZNP führte und stark beeinflußte. Da er eine Kehrtwendung seiner Partei von den Auffassungen des Koran zum »reinen Sozialismus« nicht durchsetzen konnte, gründete er schließlich im Juli 1963 die Umma-(Massen)Partei. Sie nahm an den Wahlen nicht teil, entwickelte sich aber unter Babus Leitung zu einem mächtigen marxistischen Sammelbecken aller Unzufriedenen und Gegner der bestehenden Regierung. Anfang Januar 1964 wurde die Partei verboten. Babu setzte sich für kurze Zeit nach Tanganyika ab. In Sansibar gab es zunächst eine Koalition zwischen der ZNP und der ZPPP (Zanzibar und Pemba Peoples Party) und schließlch eine Regierung mit dem Ministerpräsidenten Mohammed Shamte von der ZPPP. Die Auseinandersetzungen um die Macht, der Weg in die Unabhängigkeit gestalteten sich immer problematischer und blutiger. Plünderungen arabischer Geschäfte, Brandstiftungen, Schlägereien und andere schwere Gewalttaten waren an der Tagesordnung. Die Präsenz Großbritanniens in Ostafrika ging dem Ende zu. Ein neues, kommunistisches Zeitalter kündigte sich an. Schon bereiste Chinas Außenminister Tschou En-lai den dunklen Kontinent. Julius Nyerere erwartete ihn Mitte Januar 1964 auf der gegenüberliegenden Seite, in Dar-es-Salaam, dem »Hafen des Friedens«. Die Unabhängigkeitsfeiern waren fast wie die unerträgliche Stille vor dem Sturm.

John Okello, ein Gelegenheitsarbeiter aus dem Dorf Anino im Lango-Distrikt in Uganda, gab in der Nacht vom 11. zum 12. Januar 1964 das Signal zu einem der grausamsten Massaker in der Geschichte des modernen Afrika. Er selbst erzählte später im Kamiti-Gefängnis in Kenia – nachdem er sich zum Feldmarschall ernannt hatte und wegen krimineller Vergehen in Nairobi zu 18 Monaten Haft verurteilt worden war – den Verlauf des von ihm angezettelten Staatsstreiches: »In dieser Samstagnacht waren die Straßen der Stadt Sansibar voller Afrikaner, die an einem Straßenfest der Afro-Shirazi-Partei teilnahmen. Unter den Tausenden befanden sich etwa 1100 Mann, die wußten, daß sie bis zum Morgengrauen entweder tot oder die neuen Herren dieses Landes sein würden: General Ramadhan Haji, ehemaliger Polizeikorporal und später Kommandeur meines ersten Bataillons, der den Auftrag hatte, das Armee-Hauptquartier zu besetzen; Mzee Mohammed, Farmer und Veteran des 2. Weltkriegs, der mit hundert Mann den Rundfunksender stürmen sollten; Abdulla Mfarinyaki, ein Schreiner aus Tanganyika, der mit 250 Mann das Ziwani-Polizei-Hauptquartier erobern mußte und andere, die zu den starken Kräften gehörten und sich in dieser Nacht in der Stadt Sansibar versammelt hatten... Auf dem Mnazi Mmoja-Ausstellungsgelände, in den Bars und Restaurants erfüllten Musik und die Stimmen von Straßenhändlern und Kindern die Luft. Die Atmosphäre entspannnte sich mehr und mehr. Selbst die Regierung, die während des Tages Straßensperren errichtet hatte, gab Anordnung, diese nach Sonnenuntergang zu entfernen... Niemand weiß, ob das geschah, weil die Araber dachten, daß die Afrikaner nach Einbruch der Dunkelheit keine Schwierigkeiten mehr machen würden oder aus irgendeinem anderen Grund. Aber trotz der Straßensperren waren die Männer, die ich wochenlang in Kokosnuß- und Gewürznelkenwäldern ausgebildet hatte, mit ihren Waffen in die Stadt eingesickert, mit Stöcken, Speeren, Bogen und Pfeilen, Hämmern, Messern und Wagenhebern...«

Wenige Minuten vor drei Uhr morgens stürmte John Okello mit etwa 30 bis 40 Mann (die restlichen zweihundert waren aus Angst davongelaufen) das Ziwani-Polizeigebäude. Die Polizei eröffnete das Feuer und tötete einige Rebellen. Dann hatten die übrigen Eindringlinge mit Äxten und Brecheisen die Waffenkammer aufgebrochen. Die erbeuteten Waffen wurden verteilt: Bren- und Stenguns, Pistolen und automatische Waffen. Als die herbeigerufene para-militärische Einheit des Sultans eingriff, wurde sie bereits mit Gewehr- und Granatfeuer empfangen. Um 5.30 Uhr morgens waren zahlreiche Soldaten des Sultans gefallen oder geflüchtet.

Feldmarschall John Okello, der später von seinen politischen Mitverschwörern um seinen Lohn betrogen und mit Schimpf und Schande davongejagt wurde, schilderte auch in genauen Einzelheiten, daß er seinen Auftrag durch Gott erhalten habe, der ihn im Traum aufgefordert hatte, verschiedene Dinge auszuführen. So mußten seine Männer eine »vollkommen schwarze Katze« und einen »vollkommen schwarzen Hund« töten. Sie sollten den Tieren die Kehle durchschneiden und das Blut in einem schwarzen erdenen Topf auffangen. Dann mußten sie die Schädel der Tiere spalten und das Gehirn mit dem Blut mischen. Das Gemisch, dem ein

Pulver beizufügen war, sollte danach dort ausgeschüttet werden, wo die Revolutionäre angreifen würden. Alle Verschwörer mußten drei Mal über die Stelle springen. John Okello führte die im Traum erhaltenen Anweisungen genau aus und ist sicher, daß er und seine Männer dadurch den Sieg errungen haben.

Laut John Okello dauerte der Putsch genau neun Stunden. Dann hatten die Revolutionäre die Macht in Händen. Um sieben Uhr früh begab sich der Sieger zum Rundfunksender und sprach folgende Worte: »Ich bin Feldmarschall John Okello! Wacht auf, ihr Imperialisten. Es gibt auf dieser Insel keine imperialistische Regierung mehr. Das ist jetzt die Regierung der Freiheitskämpfer. Wacht auf, ihr schwarzen Männer! Jeder von euch soll sich ein Gewehr und Munition besorgen und gegen die Überreste des Imperialismus auf dieser Insel kämpfen.« An diesem Tag erhielt ich im Hotel Memling im damaligen Leopoldville ein Fernschreiben aus München. Produktionschef Hans Schwarz schrieb mir: »Versuchen Sie so schnell wie möglich nach Tanganyika oder sogar nach Sansibar zu kommen...« Von Dar-es-Salaam aus konnte man nur mit einer gecharterten Maschine und eigenem Risiko die Insel erreichen. Es gab keine Landeerlaubnis, der Pilot war lediglich bereit, die Westküste zu überfliegen, ohne irgendwo zu landen. Einige englische und amerikanische Kollegen beteiligten sich an den Kosten und akzeptierten die Bedingungen. Der Flug in etwa hundert Meter Höhe dauerte mehrere Stunden. Er wurde zu einem erschütternden Erlebnis. Die Insel war – soweit das Auge reichen konnte – übersät mit Leichen, fast alle gehüllt in ihren ehemals weißen Burnus. Es schien, als ob viele auf der Flucht erschossen oder einfach niedergemetzelt worden waren. Es war ein Bild des Grauens. Späteren Informationen zufolge hatte die »Revolutionsarmee« des Feldmarschalls mindestens 12000 Araber, darunter viele Frauen und Kinder, getötet. Okello selbst spricht von 13635 Toten bis zum 14. Januar 1964. Wohl zum ersten Mal in ihrer Geschichte wurde die Insel Sansibar ihrem Namen gerecht: sie war zum Negerland, zum Land der Schwarzen geworden. Die Abkommen ehemaliger Sklaven hatten die Araber, die nur 15% der Bevölkerung bildeten, in einem unvorstellbaren Pogrom praktisch ausgerottet: Tausende Überlebende flohen in Ruderbooten, Dhaus und anderen verfügbaren Schiffen zum Festland, Hab und Gut zurücklassend. Fast alle arabischen Geschäfte wurden leergeplündert. Der Sultan konnte in letzter Minute auf seiner Yacht und mit Hilfe des britischen Residenten, Sir George Moorning, entkommen. In Mombasa erhielt er keine Einreisegenehmigung. Er reiste daraufhin weiter nach Dar-es-Salaam.

Wenige Tage später schlug die brodelnde Unzufriedenheit auf das Festland über. Schwarze Soldaten der Tanganyika Rifles unter der Führung junger schwarzer Offiziere meuterten. Demonstranten plünderten indische und arabische Geschäfte in den Straßen Dar-es-Salaams. Präsident Julius Nyerere flüchtete. Britische Marineeinheiten an Bord der »Ark Royal« mußten auf Wunsch Nyereres eingreifen und die Ordnung wiederherstellen. Auch in Uganda und Kenia gärte es plötzlich unter den afrikanischen Soldaten. Die Regierung in Kampala und Nairobi sahen sich ebenfalls gezwungen, die Hilfe der ehemaligen Kolonialmacht anzufordern. England schickte Eliteregimenter.

In Sansibar hatte man den robust gebauten, aggressiven und nicht sehr intelligenten ehemaligen Marine-Heizer Abeid Karume zum Vorsitzenden des Revolutionsrates und dann zum Präsidenten der Volksrepublik gewählt. In einer Veröffentlichung der »Zanzibar Gazette« vom 25. Januar 1964 wurde der äußerst umstrittene John Okello an 12. Stelle als Feldmarschall der neuen Regierung genannt. Rotchina war das erste Land, das das neue Revolutionsregime anerkannte und mit Waffen versorgte. Die DDR und die Sowjetunion folgten und offerierten technische und finanzielle Hilfe. Dann begann Karume, der eine völlig egalitäre Gesellschaft schaffen wollte, Verhandlungen über eine Union mit Tanganyika. Er hatte sich inzwischen den Titel eines Scheichs zugelegt. Persönlich war er kaum an einem Anschluß an Tanganyika interessiert. Aber der Druck durch den Mann im Hintergrund, Abdul Rahman Mohammed Babu, und durch die Rotchinesen wurde immer stärker. Babu hatte bisher eine äußerst rätselhafte Rolle gespielt. Während die schreienden und massakrierenden Banden der Revolution die schlecht bewaffneten Polizeistationen stürmten, befand er sich in Dar-es-Salaam. Seine Familie waren Einwanderer aus den Komoren, die einer Wodu-ähnlichen Form des Islam huldigten. Babu galt als radikaler Sozialist, der sehr stark von Peking beeinflußt wurde. Nachdem die Union im April 1964 zustande kam, veränderten sich Nyereres sozialistische Auffassungen von einem Tag auf den andern. Der Präsident Tanganyikas galt bis 1961 als einer der gemäßigten Führer Afrikas. 1965 war Tansania bereits zu einem der radikalsten und aggressivsten Staaten des Kontinents geworden. Julius Nyerere drohte: »Die Explosion wird kommen, wenn die Armen sich weigern, noch länger arm zu sein. Dann wird es schrecklich viele Tote geben.«

Im Mai 1964 reiste der Vizepräsident des neuen Staates, Rashidi Kawawa, Sohn eines Elefantenjägers, nach China. Ahmed Babu, damals noch Außenminister, begleitete ihn. Sie hatten Vorschläge für eine chinesische Beteiligung an Tansanias weißem Elefanten, dem Bau der Tansam-Eisenbahn, im Gepäck. Dieses Projekt war damals in aller Munde, wurde jedoch in westlichen Finanzkreisen als zu kostspielig abgelehnt. China erklärte sich bereit, die später auf den Namen Uhuru getaufte Eisenbahnlinie mit 30 000 chinesischen »Ameisen« und einem Kostenaufwand von mehr als 1,5 Milliarden Mark zu bauen. Im Oktober 1975 feierten Sambia und Tansania bei dem Knotenpunkt Kapiri Mposhi den Anschluß an die Eisenbahnlinie des Nachbarstaates. Daß diese »betriebsfähige Ruine« zu einem politischen und wirtschaftlichen Fiasko werden sollte, vermutete damals wohl noch niemand. Man war in festlicher Stimmung. Vizepräsident Rashidi Kawawa hielt die feierliche Rede und drohte: »TANU wird keinem einzigen Tansanier erlauben, sich dem Fortschritt in den Weg zu stellen«. Abeid Karume war tot. Abdul Rahman Mohammed Babu saß in der Todeszelle, da man ihn für schuldig hielt, den ersten Präsidenten der Volksrepublik Sansibar 1972 ermordet zu haben. Babu wurde jedoch später durch Nyerere freigelassen und ist seitdem als Journalist in Dar-es-Salaam tätig.

Die Tränen auf der Insel des Unglücks und des Leides versiegten nicht. Verschiedene Umsturzversuche konnten im Keim erstickt werden. Sozialistische Landwirtschaftsexperimente führten zur Verwahrlosung der Gewürznelkenplantagen, die einst den Wohlstand der Insel begründeten. Die Exil-Bewegung »Mendeleo Zanzibar« (Fortschritt Sansibar) ist seit Jahren von London aus aktiv und erstrebt die Wiederherstellung eines souveränen Staates, eine neue Verfassung, freie Wahlen und die Rückkehr zu einer privatwirtschaftlichen Ordnung. Sie setzt auf die Unzufriedenheit vieler Insulaner mit der jetzigen sozialistischen Politik. Der Opposition zufolge ging es mit der Insel seit 1964 deshalb bergab, weil die Deviseneinkünfte, die Sansibar als dem wichtigsten Gewürznelken-Lieferanten der Welt zuflossen, nicht der Insel zugute kamen, sondern von der Pleitewirtschaft des Festlandes aufgesogen wurden. Diplomaten meinen, das Potential der Verbitterung reiche weit über den 1964 entmachteten arabischen Bevölkerungsteil hinaus. Die Menschen in Sansibar atmeten auf, als Julius Nyerere im Oktober 1984 zurücktrat und der Präsident der Insel, Ali Hassan Mwinyi, sein Nachfolger wurde. Mwinyi stammt zwar vom Festland, besuchte aber die Volks- und Oberschule in Sansibar. Die Zukunft wird zeigen, ob er als Statthalter die Politik des Mwalimu, des Lehrers Nyereres, weiterführen wird oder als unabhängige Persönlichkeit die Nachfolge angetreten hat. Im letzteren Fall hätte die Insel mit der abgeblätterten Märchenfassade, den windschiefen Dhaus im Hafen und dem vergangenen Glanz des Orients noch eine Chance.

Inseln der Tränen

Komoren und Seychellen

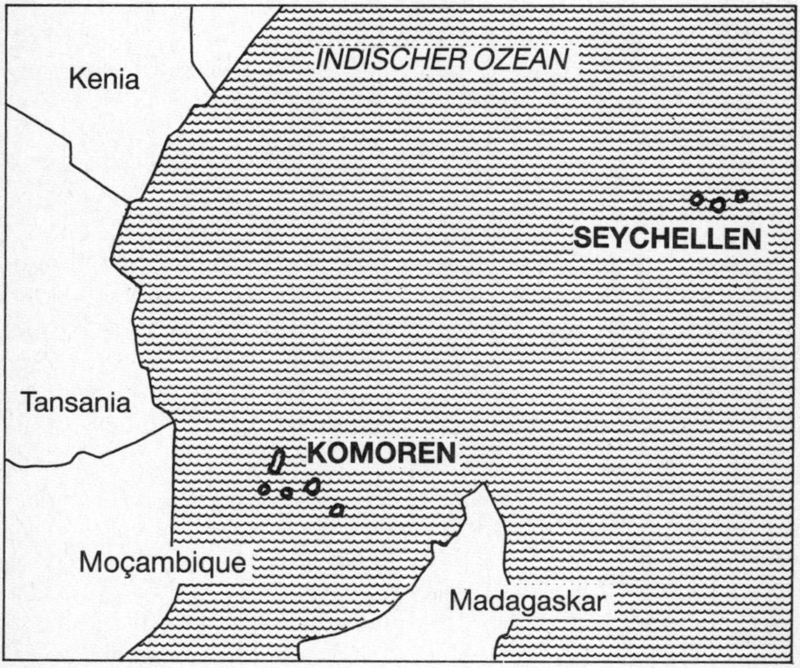

Nach den Einsätzen im Kongo, in Nigeria und im Sudan war es auffallend still geworden um die »Weißen Riesen«, die Söldner Afrikas. Journalisten sprachen bereits von den Fossilien der sechziger Jahre. Da fielen 15 Jahre später noch einmal grelle Schlaglichter auf die internationale Söldnerszene: Zwei Umsturzversuche in Inselgruppen des Indischen Ozeans wurden von weißen Söldnern durchgeführt.

Anfang März 1978 stach in Lorient an der französischen Atlantikküste ein kleiner Küstenfrachter in See, der unter liberianischer Flagge fuhr und dessen Kapitän bei den Hafenbehörden Madagaskar als Ziel angegeben hatte. Es war der Anfang eines der rätselhaftesten Freibeuterunternehmens unseres Jahrhunderts. Irgendwo zwischen den Häfen von Las Palmas und dem Kap der Guten

Hoffnung nahm der Frachter vierzig bis fünfzig Mann an Bord, Abenteurer, Idealisten, Kriminelle, aber »Fachleute« in ihrem Métier. So beherrschte der Funker beispielsweise verschiedene Sprachen. Die Zahl der Angeheuerten konnte nie genau festgestellt werden. Außerdem wurden an einem bisher unbekannten Ort Proviant, Waffen und Funkgeräte geladen. Das Kommando lag in Händen eines breit gebauten, finster blickenden Mannes, der auf Schritt und Tritt von einem deutschen Schäferhund begleitet wurde und den einige »Colonel Ap Papa« oder auch »Colonel Said Mustapha Madhjou« nannten. Der Mann hinkte und hieß in Wirklichkeit Bob Denard.

In der Abenddämmerung des 13. Mai 1978 hatte das Schiff die Komoreninsel Grande Comore erreicht und warf in der Bucht von Itsandra vor der Hauptstadt Moroni den Anker. An Bord wartete die Besatzung auf das Einbrechen der Nacht und ein Funksignal von Land her. Dort hatte sich inzwischen der Staatspräsident der Inselgruppe, Ali Soilih, mit einem französischen Kaufmann in seine Villa zurückgezogen. Man trank französischen Cognac und redete nutzloses Zeug, bis das Staatsoberhaupt endlich betrunken und eingeschlafen war. Lange nach Mitternacht erhielt Bob Denard das Signal zum Losschlagen. Seine Kampfgefährten, »Les Affreux« – die Schrecklichen – ließen drei Schlauchboote zu Wasser und ruderten an Land. Es war eine sternklare Nacht. Am Sonntag feierte die christliche Welt das Pfingstfest. Staatspräsident Soilih war ein Atheist, der seinen jugendlichen Schlägerbanden erlaubte, den Moslemfrauen der Insel die Schleier herunterzureißen, Moscheen zu schänden, und der sich zwei junge Mädchen als Maitressen hielt.

Die Verschwörer kannten sich aus in Moroni. Ihre Auftraggeber, Geschäftsleute von den Komoren und französische Interessenten, hatten das Unternehmen mit zwei Millionen$ finanziert. Die französische Regierung hatte stillschweigend die Vorbereitungen, die fast ein Jahr dauerten, geduldet. Die persönlich von Bob Denard ausgesuchten Freiwilligen hatten drei Monate lang jeden Handgriff in einem bretonischen Nest an der französischen Atlantikküste durchexerziert, die Pläne studiert. Einige kannten sich von ihren Einsätzen im ehemaligen belgischen Kongo her. Jetzt, in der entscheidenden Stunde, wußten sie genau, worauf es ankam. Drei Gruppen formierten sich. Eine suchte durch das arabisch wirkende Hafenviertel den Weg zur Rundfunkstation, die zweite marschierte zu den Militärbaracken im nördlichen Teil der Insel, während die dritte mit Bob Denard an der Spitze die Villa des Präsidenten stürmte. Es gab kaum Widerstand. Zehn Soldaten wurden getötet, die anderen versuchten, mit ihren tansanischen Militärberatern zu fliehen. Drei Stunden später war der ganze Spuk vorbei. Eine Handvoll Landsknechte hatte in kürzester Zeit die »Föderale und islamische Republik der Komoren« erobert. Es wurde im Gegensatz zu anderen Söldneraktionen in Moroni nichts gestohlen und nichts geplündert. Nur im feudalsten Hotel am Platze hatten die Haudegen alkoholische Getränke für einige hunderttausend Mark regelrecht versoffen. Sie wurden nie bezahlt. Am Pfingstsonntag konnte Bod Denard seine Vollzugsmeldung nach Paris durchtelefonieren und dem im Exil lebenden abgesetzten Präsidenten Ahmed Abdallah mitteilen: »Präsident Soilih ist verhaftet. Die Armee hat sich ergeben.« Die Menschen in der Hauptstadt Moroni tanzten in den Straßen. Der farblose und fast unbekannte Said Attoumani, ein Vertrauter des ehemaligen Präsidenten, übernahm bis zu dessen Rückkehr die Macht. Er gilt als besonders strenger Moslem. Bob Denard wurde zunächst Mitglied des neuen Politisch-Militärischen Direktorats und Oberbefehlshaber der Streitkräfte.

»Der Irre von Moroni«, wie französische Zeitungen den Staatspräsidenten Ali Soilih nannten, hatte sich im August 1975 selbst an die Macht geputscht und in der als Parodie auf die chinesische Revolution bezeichneten sozialistischen Republik die Parfuminseln zwischen Madagaskar und dem afrikanischen Kontinent an den Rand des Ruins geführt. Er entließ zunächst die 3500 Beamten des jungen Staates und ordnete an, daß sämtliche Akten, Dokumente und Urkunden der 134jährigen französischen Kolonialzeit verbrannt werden müßten. Er setzte das Wahlalter auf 14 Jahre fest und umringte sich mit Halbstarken, die eine Kinderregierung bildeten. Die Inseln, bestehend aus Grande Comore (jetzt Njazidja), Anjouan (jetzt Nzwani), Moheli (jetzt Mwali) und Mayotte, die rund 2235 km^2 groß sind und sich bereits unter Frankreichs Kontrolle in einer erbärmlichen Situation befanden, standen vor der endgültigen Katastrophe. Es gab insgesamt neun Ärzte für mehr als 330 000 Einwohner. Der einzige Zahnarzt verließ Moroni 1976. 50 Prozent aller Kinder starben, ehe sie das Alter von fünf Jahren erreicht hatten, 90 Prozent der Einwohner konnten nicht lesen und schreiben. Frankreichs Entwicklungshilfe von jährlich 3,5 Milliarden

Mark, die zwei Drittel des Staatshaushaltes der Inseln abdeckte, wurde ersatzlos gestrichen. Etwa 500 französische Techniker, Beamte und Militärs kehrten nach Europa zurück. Tansanias Julius Nyerere, den man damals schon als »schwarzen Napoleon« bezeichnete, witterte eine Chance und schickte 900 Militärberater, die jedoch später wieder zurückgezogen wurden, weil sich das »Experiment anscheinend nicht lohnte«. Der einst blühende Komoren-Tourismus versiegte schließlich fast gänzlich. Soilih reagierte immer verrückter. Er gab Befehl, alle Hunde auf den Inseln zu töten, weil er geträumt hatte, daß ein Mann mit einem Hund ihm nach dem Leben trachtete. Schließlich war er nur noch betrunken. Er rauchte Dagga (Haschisch) und nahm Beruhigungsmittel.

Fünf Parteien kämpften 1975 auf den vier großen Komoreninseln um die Macht. Drei von ihnen bildeten eine Koalition und forderten die Unabhängigkeit von Paris. Als Querköpfe erwiesen sich jedoch die Einwohner Mayottes, die bei einer Volksabstimmung plötzlich ihre Liebe zu den französischen Kolonialherren entdeckten. Obwohl 90 Prozent der rund 55 000 Einwohner der inzwischen auf den Namen Mahoré umgetauften Insel Moslems sind, gibt es in der Hauptstadt Dzaoudzi eine einflußreiche katholische Minderheit, die bisher den Anschluß an die islamische Komorenrepublik verhindern konnte. Frankreich fühlte sich deswegen veranlaßt, der Insel den Sonderstatus als »Collectivité territoriale de la Republique française« zu geben und sie wie ein französisches Départément zu verwalten. Die UNO und die Organisation für Afrikanische Einheit forderten wiederholt die Rückgabe der Insel, wo seitdem des öfteren französische Flottenverbände vor Anker gehen und auf der für alle Fälle Fremdenlegionäre stationiert sind.

Der erste Präsident der Republik, Ahmed Abdallah, proklamierte gegen den Willen Paris' im Juli 1975 die Unabhängigkeit. 28 Tage später hatte die »United National Front« ihn gestürzt. Prinz Said Mohammed Jaffar stand an der Spitze eines Exekutivrates, Ali Soilih, der eigentliche Verschwörer, war Mitglied. Böse Zungen behaupteten damals schon, daß der eigentliche Organisator des Coups Bob Denard gewesen sein soll. Der französische Haudegen hatte zumindestens seine Hand mit im Spiel gehabt, um die letzten Anhänger des Regierungschefs Abdallah zu entmachten und hinter Schloß und Riegel zu bringen. Soilih lud Denard als Ehrengast auf die Insel Grande Comore ein. Einer der 1975 beteiligten Söldner, Jean Guilsou, blieb als Militärberater der Putschisten in Moroni und bildete die Leibwache des Präsidenten aus, als Soilih 1976 Staatsoberhaupt wurde. Das Schicksal der winzigen Republik stand von Anfang an unter einem schlechten Stern. Neben den politischen Wirren und der Verärgerung Frankreichs über den einseitigen Weg in die Unabhängigkeit gab es zahlreiche Wirtschaftsprobleme. Schon in der französischen Zeit übertrafen die Ausgaben der Inseln die Einnahmen um das Siebenfache. Von dem Export der Parfum-Essenz Ylang-Ylang, die die französischen Dufthersteller in Grasse und Paris kauften, von der Ausfuhr von Jasmin und Geranien, Kakao, Sisal, Nelken und Zimt, lebten die meisten Inselbewohner, eine Mischlingsbevölkerung aus Arabern, Persern, Malayen, Madegassen und Nachkommen afrikanischer Sklaven, am Rande des Existenzminimums. 18000 Komoraner flüchteten Anfang 1977 aus Madagaskar, nachdem dort tausende Gastarbeiter der Inseln in blutigen Auseinandersetzungen getötet worden waren. Zu allem Überfluß wurde der auf Grande Comore liegende Vulkan Kartala im April des gleichen Jahres wieder aktiv. Er war siebzig Jahre lang ruhig gewesen und machte durch seine Lavaströme und seinen Aschenregen zwanzigtausend Menschen in den Dörfern an den Hängen obdachlos. Dabei gehörten die Inseln damals schon mit 122 Menschen pro km^2 zu den dichtestbevölkerten der Welt. Sie kamen 1886 unter französische Schutzherrschaft, Mayotte wurde bereits 1841 französischer Stützpunkt. Die Komoren standen seit dem 11. Jahrhundert unter arabischem Einfluß und wurden von Sultanen regiert. Die Bevölkerung ist fast ausschließlich islamisch. Auch der Name Komoren ist arabisch und bedeutet Mondinseln.

Vierzehn Tage nach dem Söldnercoup wurde der entmachtete Staatschef Soilih »auf der Flucht erschossen« und in der Nähe des Ortes N'Tsaoueni im nördlichen Teil der Insel verscharrt. Bob Denard wollte für den Rest seines Lebens in Moroni bleiben. »Ich liebe den Duft der Blumen auf dieser Insel«, sagte er. »Das war mein letzter Job.« Der Sturz des Präsidenten Abdallah hatte in Afrika kaum Aufsehen erregt. Auch die vier Versuche innerhalb von dreißig Monaten, den verrückt gewordenen rauschgiftsüchtigen Nachfolger zu stürzen, wurden kaum registriert. Erst als man erfuhr, daß die Söldner zum Sturz des Diktators Soilih beigetragen hatten, ging ein Schrei der geheuchelten Empörung durch die Versammlungssäle der UNO und der OAU. Die Komoren wurden von der Teilnahme an der Gipfelkonferenz in Khartum suspendiert, die

Delegationen der Parfuminseln wie stinkende Parias behandelt. Bob Denard hatte inzwischen ein Mädchen aus Moroni zur Frau genommen und war Staatsbürger der Komorenrepublik geworden, mußte aber trotzdem das Land verlassen.

Eine zweite Inselgruppe im Indischen Ozean war im November 1981 der Mittelpunkt eines Umsturzversuches, der diesmal von dem Colonel »Mad« Mike Hoare geführt wurde. Hoare hatte sich nach den Kongo-Unruhen nach Durban zurückgezogen und ging dort seinem Hobby nach. Nur einmal trat er vor Jahren als Berater des Söldnerfilms »The Wild Geese« in Erscheinung, bei dem Hardy Krüger, Richard Burton und Roger Moore Hauptrollen spielten. Der Film wurde in Südafrika gedreht und war gedacht als eine nachträgliche Ehrung für den gekidnappten Moise Tshombé, der 1969 in einem algerischen Gefängnis starb. Ansonsten hatte Hoare kaum Kontakt mit seinen ehemaligen Kameraden. Um so erstaunlicher war es, wie der »berühmteste Söldnerführer unseres Jahrhunderts« – wie »Playboy« ihn nannte – seinen Ruf bei diesem unsäglich stümperhaften Landeunternehmen auf den Seychellen aufs Spiel setzte.
Der Indische Ozean, der dem Wunsch der Anrainerstaaten zufolge ein Meer des Friedens werden soll, spielt bei den strategischen Überlegungen der beiden Großmächte eine bedeutende Rolle. In diesem Rahmen sind sowohl Moskau wie auch Washington sehr daran interessiert, daß die Inseln und Länder in diesem Raum, der 35mal so groß ist wie das Mittelmeer, in der entsprechenden Einflußsphäre bleiben. Immerhin sind hier 45 Staaten mit 1,5 Milliarden Menschen betroffen. 90% der Weltproduktion an Tee, Gummi und Jute kommen aus diesem Gebiet. Der Welt größte Vorkommen an Gold, Öl, Diamanten und Kobalt werden hier gefördert (Südafrika). Ein Wechsel in das andere Lager, wie er auf den Seychellen nach der Machtübernahme durch den Sozialisten Albert René stattfand, wird daher mit argwöhnischen Augen beobachtet oder möglichst verhindert bzw. rückgängig gemacht. Es gab also eine Menge Interessenten, die bereit waren, den Sturz des sozialistischen Regimes in Port Victoria zu finanzieren. Ministerpräsident René und sein Revolutionsrat hatten das Spiel 1977 eröffnet, als sich der damalige Premier James Mancham in London aufhielt. 60 Mann, mit russischen Kalaschnikows bewaffnet, über-

nahmen die Macht. Die britischen Polizeioffiziere, die noch auf der Insel Mahé stationiert waren, wurden verhaftet und innerhalb von zwei Stunden deportiert. Am Mittwoch, dem 25. November 1981, wollten sich etwa 50 Söldner unter dem Kommando des Obersten »Mad« Mike Hoare revanchieren. Mit von der Partie waren zwei Agenten des südafrikanischen Geheimdienstes. Die südafrikanische Armee hatte – wie hinterher vor Gericht im südafrikanischen Pietermaritzburg bekannt wurde – die Waffen geliefert. In Söldnerkreisen sprach man davon, daß die finanziellen Mittel vom CIA kamen. Es scheint auch, daß Kenia und einige Ölscheichtümer beteiligt waren und daß dort Waffen und Geld als Startkapital für eine neue Regierung zur Verfügung standen. Der ehemalige Söldner Georg Schröder, der in Kapstadt lebt und als CIA-Agent gilt, sagte nach dem Unternehmen, daß er bereits zwei Jahre vorher das Angebot erhalten habe, den Staatsstreich vorzubereiten. Auffallend ist, daß sich zur Zeit der Ereignisse zwei wichtige Persönlichkeiten in Südafrika befanden, die man damit in Verbindung bringen könnte, nämlich der ehemalige »Green-Beret« – Offizier aus den USA, Richard Mitchell, der heute Leiter einer sogenannten Kampfschule in Georgia ist, sowie Robin Moore, der frühere Präsident des »Crippled Eagles Club« in Salisbury und Autor der Bücher »The Green Beret«, »The French Connection« und »The Washington-Connection«.

Die 50 Söldner waren mit ihren Waffen im Gepäck nach Swaziland gefahren und hatten dort – als Sportclub getarnt – eine Maschine der »Royal Swazi Air« bestiegen. Die Zollbeamten auf dem Flugplatz Pointe Larue entdeckten jedoch eine Kalaschnikow und schlugen Alarm. Es kam zu einem Feuergefecht mit tansanischen Soldaten und Einheiten der Streitkräfte der Seychellen. Als in der Nacht eine Linienmaschine der Air India, aus dem damaligen Salisbury kommend, auf dem Flugplatz landete, gaben die Söldner auf und zwangen den Piloten, nach Durban zu fliegen. Die Boeing hatte 65 Passagiere an Bord und war auf dem Weg nach Bombay. Sechs Abenteurer mußten zurückgelassen werden. Sie standen später auf den Seychellen vor Gericht, wurden zum Tode verurteilt, aber einige Jahre später begnadigt. Ein Söldner, der Sohn eines wohlhabenden Fabrikanten in Johannesburg, kam beim Kampf um den Besitz des Flughafens ums Leben. Nachdem die südafrikanischen Behörden zunächst die geflüchteten Söldner gegen Kautionen freigelassen hatten, drohten internationale Fluggesellschaften mit der Einstellung ihrer Flüge nach Johannesburg. Daraufhin mußten Mike Hoare und seine bunte Gesellschaft ebenfalls vor dem Richter erscheinen. Die auferlegten Freiheitsstrafen haben sie inzwischen längst verbüßt.

Dammbruch am Sambesi

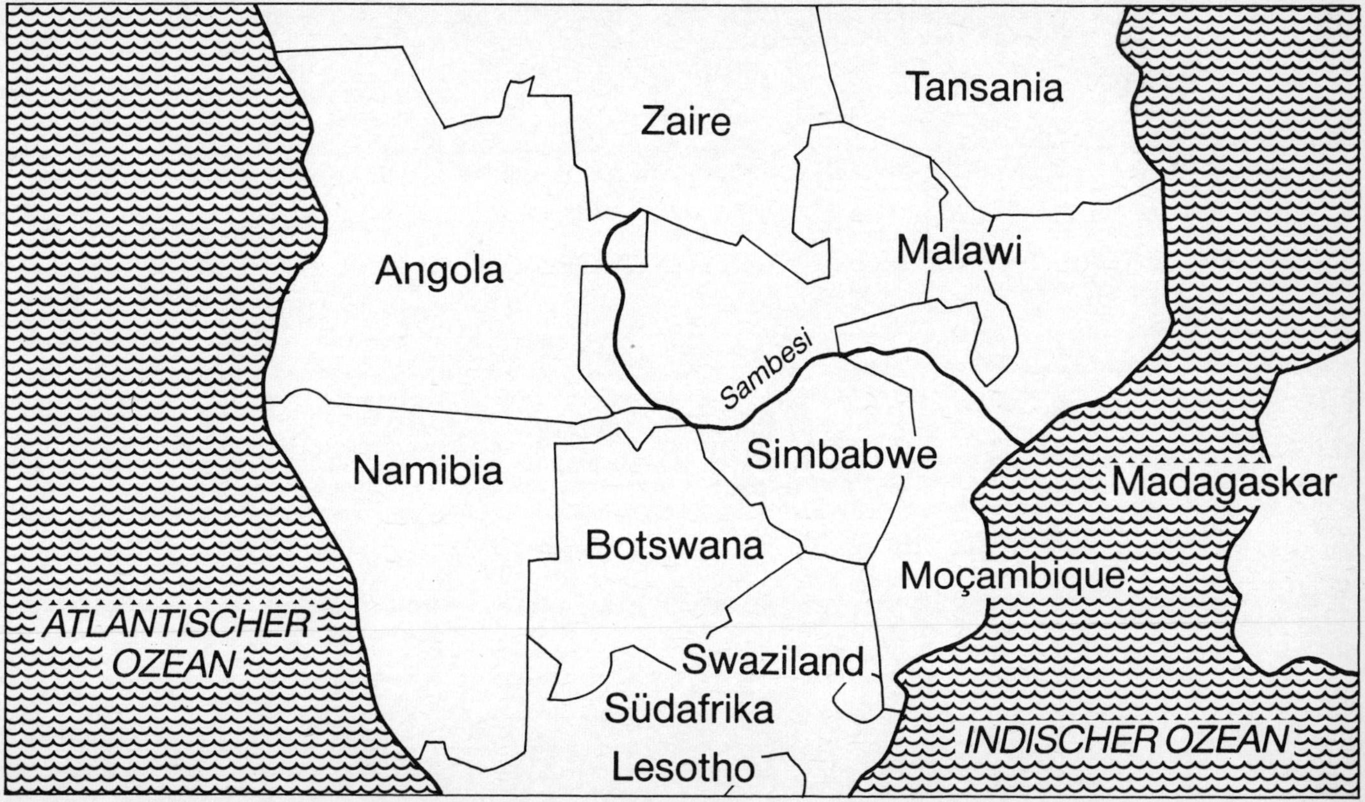
Tansania
Zaire
Malawi
Angola
Sambesi
Simbabwe
Namibia
Madagaskar
Botswana
Moçambique
ATLANTISCHER
OZEAN
Swaziland
Südafrika
INDISCHER OZEAN
Lesotho

In Portugal reagierte man zuversichtlich auf die Forderungen der Nationalisten in Afrika. Es galt als die älteste Kolonialmacht in diesem Kontinent. Mutterland und Überseegebiete bildeten in den Augen der Portugiesen eine geschichtlich gewachsene Einheit. Außerdem hatte die wirtschaftliche Bedeutung der Kolonien enorm zugenommen. Sie lieferten Öl, Eisen, Kaffee, Tee und Baumwolle und waren umgekehrt ein wichtiger Absatzmarkt portugiesischer Produkte. 1965 machte die amerikanische Cabinda-Gulf-Oil-Company Angola zum fünftgrößten Produzenten in Afrika. Lissabon war fest entschlossen, für seine Kolonien zu kämpfen. Rund 24 000 Söldaten standen in Angola und 47 000 in Moçambique bereit.
Aber 1974 erschütterte der Putsch in Lissabon die Fronten im südlichen Afrika. Der gefürchtete Dammbruch am Sambesi war Wirklichkeit geworden. Die Weißen in den letzten Bastionen Südwestafrika, Rhodesien und Südafrika erkannten, daß die Auseinandersetzung mit dem schwarzen Norden unerbittlich näher rückte. Die Nato-Staaten, darunter vor allem Großbritannien, das an einer Lösung des Rhodesienproblems größtes Interesse hatte, verhielten sich zurückhaltend neutral. Es schien, als ob das Eingreifen kubanischer Söldner und russischer Generäle jede westliche Initiative lähmte. Die Sowjetunion und Kuba konnten in Angola ihren ersten großen militärischen Sieg in Afrika erringen. Die Entwicklung, die die MPLA in Luanda an die Macht brachte, zeigte, daß Moskau gewillt und fähig war, jedem Bundesgenossen in diesem Kontinent militärisch zu helfen. Das war ein indirekter Ansporn für andere Guerillabewegungen – wie SWAPO und ANC – sich an die UdSSR um Hilfe zu wenden. Vor allem auch, weil der Westen nicht bereit war, die Sowjets an ihrer Intervention zu hindern. Das Eingreifen des Kreml konnte zudem nur erfolgen, weil Rotchina, das lange Zeit UNITA und FNLA unterstützt hatte, jetzt eine neutrale Haltung einnahm. Ermutigt durch die Machtergreifung der MPLA in Luanda konnten die übrigen Frontstaaten

sich für eine Doppelstrategie gegenüber Südafrika entscheiden. Einerseits verzichteten sie nicht auf die notwendige wirtschaftliche Zusammenarbeit mit Pretoria, andererseits aber vermieden sie auch nicht mehr die Konfrontation.
Das Schicksal Rhodesiens sollte auf dem Schlachtfeld besiegelt werden. In Brazzaville wurde die SWAPO-Führung von den Sowjets unter Druck gesetzt und schwenkte nun endgültig auf die russische Linie ein. Die letzte Phase des Kampfes um die »Befreiung Afrikas« konnte beginnen.

Der Krieg der Termiten

Moçambique

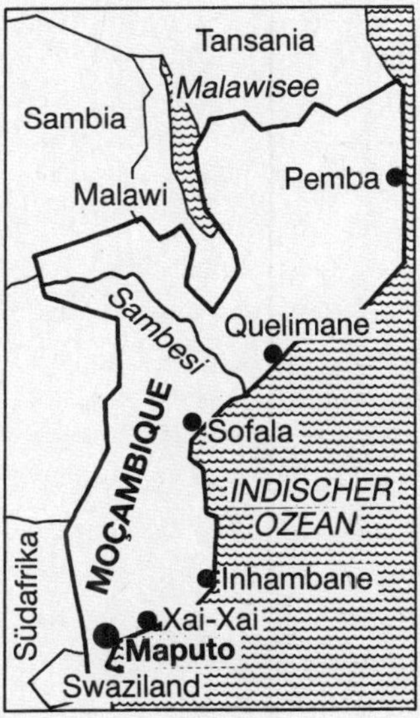

Durch die winkligen Gassen und Straßen Lissabons rasselten Panzer und Lastwagen über das Kopfsteinpflaster in ihre Ausgangsstellungen. Nervös zogen Soldaten und Offiziere, die von dem geplanten Unternehmen wußten, an ihrer Zigarette, schalteten den portugiesischen Rundfunksender ein und warteten. Genau um zwei Uhr morgens legte der Rundfunksprecher Leite de Vasconcelos (Mitglied der damals noch verbotenen kommunistischen Partei Portugals) die Schallplatte mit dem revolutionären Lied »Grandola Villa Morena« auf den Plattenteller. Die Melodie, die auf der anderen Seite des Tejoflusses in den Arbeitervierteln von Setubal entstanden war, durfte in jener Zeit nicht gesungen oder gespielt werden. Es war der 25. April 1974 und »Grandola Villa Morena« das vereinbarte Signal zum Aufbruch. Wenige Sekunden später

setzten sich die Fahrzeuge der Armee unter dem Kommando ausgesuchter revolutionärer Offiziere des »Movimento das Forcas Armadas« (MFA) in Bewegung, um der faschistischen Diktatur des verstorbenen Präsidenten Salazar, diesem Koloß auf tönernen Füßen, den Todesstoß zu geben. Die Genauigkeit, mit der die Aufständischen gleichzeitig in Portugal und in Portugiesisch-Afrika losschlugen, verriet saubere Generalstabsplanung. Major Otelo Saraiva de Caravalho war der verantwortliche Mann für den Ablauf der geplanten Operationen und zuständig für die Besetzung der Rundfunk- und Fernsehstationen und des Flugplatzes. Hauptmann Salgueiro Maia griff mit seinen Einheiten das Gebäude der Geheimpolizei PIDE und das Hauptquartier der Nationalgarde an. In der Überseeprovinz Moçambique war José Luis Cabaco, seit mehr als zehn Jahren Mitglied der Kommunistischen Partei Portugals und später weißer Informationsminister der Frelimo-Regierung, einer der wichtigsten Strategen und Verschwörer. Der rote Admiral Rosa Coutinho, portugiesischer Hochkommissar in Angola, hatte in den Überseeprovinzen ganze Arbeit geleistet und dafür gesorgt, daß »die kapitalistische Struktur zerstört und eine neue sozialistische Gesellschaft aufgebaut wird«, wie er es in Briefen an den Führer der marxistischen MPLA, Dr. Agostinho Neto, formulierte. Auch schrieb er an den ersten Präsidenten der Volksrepubik Angola: »Die Führung des Landes durch die MPLA Netos ist von vitalem Interesse, um den Lakaien des Imperialismus, die Kanaille Mobuto, zu entfernen und die Plattform Zaire zu gewinnen.«
Das Startsignal zur Revolution bedeutete nicht nur das Ende der ältesten politischen »Dynastie« in Europa. Das Eingreifen der Panzer und Verschwörer in Lissabon, Luanda und Lourenco Marques brachte auch die Fundamente des 500 Jahre alten Imperiums Portugals in Afrika zum Einsturz und trug die Unruhe des Kontinents, den Schrei nach Freiheit, den Terror, den Guerillakrieg zum ersten Mal bis an die weißen Bastionen des südlichen Afrika heran. Bereits am 30. September 1974 war Guinea-Bissau unabhängig geworden, nach einem kaum beachteten Krieg, der mit grausamer Härte geführt wurde, tausende Opfer forderte und mehr als 80 000 Menschen heimatlos machte. Der Führer der Befreiungsbewegung PAIGC (Afrikanische Partei für die Unabhängigkeit Guineas und der Kapverdischen Inseln), Amilcar Cabral, der den Kampf gegen Portugal in den sechziger Jahren begonnen hatte und als Staatsfeind Nummer eins in Lissabon galt, wurde in den Straßen von

Conakry im benachbarten Guinea Sekou Tourés ermordet. Cabral und seine Guerillas waren so erfolgreich, daß schließlich sogar General Antonio de Spinola, Portugals Oberbefehlshaber in Guinea-Bissau, eingestand, »ein militärischer Sieg Portugals käme einem Wunder gleich«. Salazars Regime mußte eine Armee von mehr als 40 000 Mann aufbieten, um ein unwegsames, von Sümpfen durchzogenes Land zu halten. Das Gebiet mit seinem ungesunden Klima ist nicht größer als Baden-Württemberg und zählt nicht mehr Einwohner als Frankfurt. Es hat keine nennenswerten Rohstoffe, ist aber dafür als strategische Position am Mittelatlantik von großer Bedeutung.

Zwölf Monate nach dem Putsch von Lissabon wurden auch die Kapverdischen Inseln, Sao Tomé, Moçambique und Angola aus dem geplanten portugiesischen Commonwealth entlassen. Bis dahin waren in den dreizehn offiziellen Kriegsjahren 7674 Soldaten Portugals in den Überseeprovinzen gefallen. Das alte Regime, an dessen Spitze damals Premier Marcelo Caetano stand, zahlte jährlich mehr als fünfzig Prozent des Staatshaushalts für diese Kriege und hatte jeden Dialog mit den Aufständischen mit dem Hinweis auf den juristischen Rechtsanspruch der fast fünfhundert Jahre bestehenden Präsenz Portugals in Afrika abgelehnt. Dabei hatte die Seefahrernation am Anfang der Entkolonialisierung mehr Trümpfe in der Hand als alle anderen Kolonialmächte. Die Kolonien wurden von Portugal praktisch nicht ausgebeutet, weil es selbst unterentwickelt war. Die weißen Einwanderer assimilierten sich vielfach an die einheimische Bevölkerung und akzeptierten und respektierten die bestehenden Stammesorganisationen und deren Sitten und Gebräuche. Von Seiten der Schwarzafrikaner gab es ursprünglich viele Sympathien für Portugal. Bei einer feindlich gesinnten Bevölkerung hätte man die Kolonien weder verwalten noch verteidigen können. Man hatte dort praktisch keine Truppen und nur wenige Polizisten stationiert. Als die ersten Unruhen in den Überseeprovinzen begannen, erbrachte Lissabon enorme Leistungen, um Versäumtes nachzuholen. Der Schulbesuch wurde zur Pflicht; in Angola und Moçambique entstanden Krankenhäuser, Schulen, Fabriken und Kraftwerke (wie etwa das Millionenprojekt Cabora Bassa), die der Bevölkerung heute zugute kommen. Aber die radikalen schwarzen Bewegungen waren nicht an einem friedlichen und vernünftigen Miteinander zwischen Schwarz und Weiß interessiert. Sie verdeutlichten ihre Alleinvertretungsansprüche mit der Kalaschnikow, durch den »Krieg der Termiten«. Sie wollten die bedingungslose Kapitulation der letzten weißen Bastionen. Das zeigte sich besonders klar bei den ersten Gesprächen 1974 zwischen dem neuen portugiesischen Außenminister Dr. Mario Soares und dem Frelimo-Führer Samora Machel in Lusaka. Sie begrüßten sich zwar mit Bruderkuß und Lobeshymnen, aber die Forderungen waren unmißverständlich: Die Marxisten forderten die ganze Macht; keine Wahlen, keine Beteiligung der Weißen oder anderer Parteien und keine demokratischen Spielregeln. Es wurde ein hastiges Politgeschäft, ein marxistisches Diktat, an der politischen Realität vorbei.

Der Staatsstreich von Lissabon stellte die bestehende Ordnung auf den Kopf. Panzer, Maschinenpistolen, Intrigen, Verschwörungen und die Scheu vor klaren Entscheidungen diktierten ein neues Kapitel in der Geschichte des südlichen Afrika. Zum ersten Mal nach den Unabhängigkeitsbestrebungen der fünfziger und sechziger Jahre wurde »the white man's territory«, Gebiete, in denen Weiße seit fünfhundert oder dreihundert Jahren ansässig waren, die wirkliche Heimat des weißen Mannes, bedroht. In Durban und Johannesburg, wo es zu ersten Sympathiekundgebungen für die Frelimo kam, mußten die Demonstranten mit scharfen, aggressiven Schäferhunden auseinandergetrieben werden. An der Londoner Börse verloren die Aktien der südafrikanischen Goldminen in zwei Tagen mehr als fünfzehn Prozent ihres Wertes. Premierminister John Balthazar Vorster sprach von der »ungeheuren Bedeutung« der Ereignisse in Portugal für sein Land. Als die weißen Siedler in Moçambique den Inhalt der zwischen Soares und Machel abgeschlossenen Vereinbarung erfuhren (Machtübernahme durch die Frelimo im September 1974 und Unabhängigkeit im Juni 1975), forderten sie eine letzte Konzession des Generals Spinola: Es muß eine freie Volksabstimmung durchgeführt werden. Man war sicher, daß die Frelimo nicht mehr als 20 Prozent der Stimmen erhalten würde. Danach wollten sich die Weißen nach dem Vorbild Rhodesiens einseitig von Portugal lossagen. Aber dieser Plan konnte sowohl von Vorster wie auch von den Putschisten in Lissabon in Zusammenarbeit mit der Frelimo in Moçambique vereitelt werden, wobei alle Parteien aus vollkommen unterschiedlichen Interessen heraus handelten. Bei Malelane, 80 km von der moçambikanischen Grenze entfernt, wurden auf Befehl des südafrikanischen Premiers und Anraten des Geheimdienstchefs General Hendrik van den

Bergh Waffenlieferungen für den Aufstand weißer Siedler und schwarzer Antikommunisten festgehalten. Südafrika verhinderte auch eine Beteiligung der in Johannesburg bereitstehenden ehemaligen Kongo-Söldner. Diese hatten dort zur Erinnerung an ihre Aktionen in der ehemaligen belgischen Kolonie den Klub der Wildgänse gegründet, der sich auch auf die Vermittlung von neuen Einsatzmöglichkeiten spezialisierte. Da außerdem die portugiesische Armee der Führung und den Befehlen aus dem Mutterland gehorchte und Gewehr bei Fuß stand und sogar den schlecht organisierten »Volksaufstand« rücksichtslos niederschlug, fehlte der Rebellion in Lourenco Marques schon nach wenigen Tagen die Durchschlagskraft. Nach offiziellen Angaben starben 82 Menschen, in Wirklichkeit forderte der Umsturzversuch der weißen Siedler mehr als 200 Tote. Die schwarzen Politiker Pastor Uria Simango, Pablo Gumane und Johanna Simiao hatten umsonst auf die Idee einer lusitanischen Völkerfamilie gesetzt, bei der auch das ferne Brasilien eine Rolle spielen sollte. Nach der Machtübernahme durch die Frelimo verschwanden sie alle in kommunistischen Konzentrationslagern. Sie sind bis heute nicht wieder aufgetaucht. In den schwarzen Vierteln der Hauptstadt kam es nach der weißen Revolte zu wüsten Exzessen, Plünderungen und Gewalttaten, zu einer Orgie von Mord und Raub. Moçambiques Metropole wurde zu einer Stadt der Angst. Aufgewiegelte Afrikaner zogen plündernd und mordend durch die Straßen. Fabriken und Büros wurden ausgeraubt. Eingeschlagene Fenster und leere Auslagen der Geschäfte im Stadtinnern zeugten vom Terror des schwarzen Mobs. Frelimo-Kommandos mußten herbeigerufen werden, um die entfesselten Landsleute in Schach zu halten. Es gab erneut zahlreiche Tote. Das schwarze Nachspiel forderte mindestens zehn Mal soviel Opfer wie der Aufstand selbst. Weitaus schlimmer war jedoch, daß die Illusion von einem harmonischen Zusammenleben zwischen Schwarz und Weiß, von einer schmerzlosen Entkolonialisierung mit den Toten zu Grabe getragen werden mußte. In Lourenco Marques begann ein Exodus, wie ihn die Welt seit der Flucht der Belgier aus dem Kongo nicht mehr gesehen hatte. Lange Wagenkolonnen mit flüchtenden Weißen bewegten sich in Richtung Rhodesien und Südafrika. Ihr Hab und Gut zum Teil in Kunststoffbeuteln, Kartons und Zeitungspapier verpackt, warteten Tausende auf die Chartermaschinen oder Flüchtlingsdampfer aus Portugal. Die portugiesische Luftfahrtgesellschaft TAP mußte eine Luftbrücke errichten und registrierte 30 000 Flugreservierungen innerhalb weniger Wochen. Im größten Krankenhaus von Lourenco Marques verlangten 30 von 34 Ärzten den Rücktransport nach Hause. Aus Angst vor der sozialistischen Realität flohen mehr als 250 000 Weiße nach Südafrika, in das damalige Rhodesien, nach Brasilien und zurück ins Mutterland. Die Bilder des weißen Elends wurden fast nirgendwo veröffentlicht. Weiße Siedler in Afrika haben kein Recht auf Mitleid und Hilfe. Sie sind einfach Rassisten. Als Moçambique rund acht Monate später im Beisein des Generalsekretärs der KP Portugals, Dr. Alvaro Cunhal, seine Unabhängigkeit feiern konnte, lebten noch weniger als 12 000 Weiße in der neuen Volksrepublik. In einer Rede in Inhambane hatte Präsident Machel die letzten Träume zerschlagen: »Die Portugiesen sind Ausländer, die ihren Vorteil darin suchten, Schwarze auszubeuten«. Die Idee General Antonio de Spinolas, die in seinem Buch »Portugal und die Zukunft« formuliert wurde und indirekt Anstoß zu der Revolte der Armee gab, war endgültig vertan. Der umgekehrte Rassismus der Panafrikanisten wie Samora Machel und Agostinho Neto ließ keinen Spielraum mehr übrig für die Verwirklichung einer europäisch-afrikanischen Völkergemeinschaft bei Gleichberechtigung beider Rassen und mit der Bindekraft der portugiesischen Sprache. Nirgendwo in Afrika vollzog sich der Übergang von der Kolonialzeit zum unabhängigen Staat schmerzlos. In wenigen Ländern des Kontinents war er jedoch so problematisch und leidvoll wie in Moçambique, das am 25. Juni 1975 die »Fesseln der Unterdrükkung« abschütteln konnte. Die Machtübernahme durch die Frelimo mit Enteignungen, Verstaatlichungen, der Einrichtung von Umerziehungs- und Konzentrationslagern und der Flucht des größten Teils der weißen Bevölkerung führte das Land an den Rand des wirtschaftlichen Ruins. Äußerlich symbolisierte sich die Abkehr vom Westen und von der freien Marktwirtschaft z. B. durch Losungen in Banken und auf Plakaten, auf denen zu lesen stand: »Abaixo o Capitalismo« (Nieder mit dem Kapitalismus). In der Praxis hieß das, daß innerhalb kürzester Zeit die Agrarproduktion auf die nackte Existenzwirtschaft zurückgeworfen wurde. Es fehlte überall an Nahrungsmitteln und Konsumgütern wie Reis, Mehl, Zucker und Seife. Die industrielle Entwicklung stagnierte, und die Unfähigkeit und Korruption der Parteifunktionäre und Beamten wuchs. Als Mißerfolg erwiesen sich die staatlichen Lebensmittel- und Kleider-Ladenketten, die sogenannten »Volks-

läden«. Um eine gerechte Verteilung knapper Waren zu gewährleisten, führten verschiedene kooperative Konsumorganisationen Rationierungskarten ein.
Auf verschiedenen Parteikongressen wurde festgelegt, daß die Frelimo-Partei als »marxistisch-leninistische Vorhut« in Afrika betrachtet werden müsse und zwei Ziele habe: die Vernichtung des Kapitalismus und die Entwicklung des Landes zum wissenschaftlichen Sozialismus. Der Widerstand der Bevölkerung wuchs. Der ehemalige Frelimo-Führer Dr. Marrupa mobilisierte die Anti-Frelimo-Front mit der Parole: »Wir wollen nach dem rechten Faschismus Salazars nicht den linken Faschismus Machels«. Frelimo-Kommandant Filippe Magaia organisierte die Widerstandsgruppe »Magaias Stimme«, und schließlich entstand die Guerillabewegung »Resistencia Nacional Mocambicana«, kurz MNR oder Renamo genannt. Sie steht unter der Führung schwarzer Soldaten und Offiziere, die früher mit 40 000 Freiwilligen für Portugal gekämpft hatten. Viele waren bei den gefürchteten schwarzen Kommando-Einheiten, den »Flechas« gewesen. Sie wurden zunächst von der »Central Intelligence Organisation« der Rhodesier rekrutiert, die die schwarzen Guerillas nicht nur gegen die marxistische Regierung in Maputo, sondern auch gegen die von Moçambique aus operierenden Partisanen Robert Mugabes einsetzen wollte. Die Werbeaktion wurde durch einen sehr starken 400-kw-Rundfunksender unterstützt, der bei Gwelo (heute Gweru) in Mittelrhodesien stationiert war und »The Voice of Free Africa« hieß, jedoch scherzhaft »Dicke Bertha« genannt wurde. Der Piratensender forderte Frelimo-Soldaten auf, sich der MNR anzuschließen. Nach dem Ende Rhodesiens und der Machtübernahme durch Robert Mugabe führten die Guerillas ihren Kampf gegen die marxistische Regierung in Maputo weiter. »Die Stimme des Freien Afrikas«, die so einflußreich war, daß zahlreiche Frelimo-Soldaten desertierten und sich der Resistencia anschlossen, verschwand für einige Zeit, tauchte dann aber als »Radio Wahrheit« und »Stimme des Widerstands« wieder auf. Sie sendete auch in Spanisch für die kubanischen Truppen in Angola und Moçambique. Die Buschkrieger nannten die Rundfunkstation »Die Stimme der Hyäne«. Der Rundfunkansager Constantino Reis, der eine Zeitlang als Nachrichtensprecher für die Aufständischen tätig war, später aus dem Operationsgebiet Gorongosa desertierte und sich in Tete den moçambikanischen Behörden stellte, behauptete, der Sender sei in Süd-

afrika stationiert und würde nach wie vor als Propagandainstrument aus Pietersburg und Phalaborwa in Osttransvaal betrieben. Reis arbeitete, nachdem ihn der später bei Pretoria von DDR-Agenten ermordete Generalsekretär der MNR, Orlando Cristina, angeheuert hatte, mit dem schwarzen Frelimo-Piloten Adriano Bomba zusammen, der mit einem MIG 19-Düsenjäger nach Südafrika desertierte und sich den Guerillas anschloß. Später stellte sich jedoch heraus, daß Bomba als Spion gekommen war. Er wurde in Gorongosa, der Basis der Guerillas, von der MNR erschossen. Aber auch die andere Seite bespielt nach wie vor das Instrument der Propaganda und des Nervenkrieges. Radio Luanda und Radio Maputo senden regelmäßig in Afrikaans. Die Sendungen des African National Congress von Lusaka und Dar-es-Salaam, in denen die schwarze Bevölkerung 1985 zum bewaffneten Aufstand aufgefordert wurde, beeinflußten die Unruhen in Südafrika wesentlich. Auch Radio Moskau sendet neuerdings ein tägliches Programm für das südliche Afrika in der Sprache der Buren, »einer vereinfachten und wohlklingenden Form des Holländischen«, wie der Schriftsteller Alan Paton einmal sagte.

Es gab bisher zahlreiche Spekulationen über die Frage, wer die MNR-Rebellen unterstützt. Mein Freund, Dr. Hans Germani, der noch wenige Monate vor seinem Tod als erster Journalist mit den Guerillas unterwegs war, sprach von einem »wilden Verzweiflungsaufstand der Bauern« und zitierte einen Offizier, der gesagt hatte: »Wenn wir allein mit der Frelimo zu tun hätten, wären wir in wenigen Monaten in Maputo und würden Machel aufhängen. Das ganze Volk steht mit uns auf. Wir kontrollieren hier ganz Zambesia, die Provinzen Tete, Manica, Sofala und Inhambane... Machel wird von den Ausländern gestützt. Es gibt Hunderte von russischen Offizieren und Unteroffizieren; die führen die Armee. Dann die Ostdeutschen: Die haben die ganze Polizei in der Hand. Im Kampf gegen uns werden Bulgaren eingesetzt und sehr viele Truppen aus Tansania. Ja, und jetzt sind Hunderte Soldaten aus Zimbabwe dazu gekommen...« In einem seiner letzten faszinierenden Berichte erklärt Hans Germani dann: »Offenkundig ist, daß Machels Frelimo, wäre sie allein, morgen weggefegt würde. Offenkundig ist, daß sie keine Regierungspartei ist, sondern einen Staat besitzt, ihn plündert und davon lebt... Wer diesem Staat Geld gibt, ob qua Europa oder Bundesrepublik Deutschland, finanziert eine Diktatorenclique und den Kauf sowjetischer Waffen zur Unterdrükkung. Was hält Machel an der Macht? Die ausländischen Besatzungstruppen und eine perverse Wiederholung der Verhältnisse, gegen die die Frelimo einst rebelliert hat. Denn selbst die Regierung von Moçambique ist nur zum unwesentlichsten Teil schwarz. Der Schlüsselminister, jener für Staatssicherheit, ist der Kommunist Jacinto Veloso (General Jacinto Soares Veloso desertierte als portugiesischer Luftwaffenoffizier bereits 1963 nach Tansania, schloß sich der Frelimo an und ist heute Leninpreisträger, wird aber selbst innerhalb der regierenden Clique Albino – die Bezeichnung für die weißen kommunistischen Überläufer – genannt). Fünf weitere Schlüsselministerien sind in den Händen weißer portugiesischer Kommunisten. Manche aus Portugal importiert...«

Dennoch schienen die Politiker in Südafrika – fast zehn Jahre nach dem Putsch in Portugal – die Zeichen der Zeit nicht zu verstehen. Trotz des am 16. März 1984 in der Nähe des Grenzortes Nkomati zwischen Moçambique und Südafrika abgeschlossenen Friedensvertrages, der dem unruhigen Subkontinent Fortschritt, Frieden und Stabilität bringen sollte, dauern die »Kriege der Termiten« weiter an. Während der ANC in der Lage war, den Terror in die schwarzen townships und Bombenattentate in die weißen Städte hineinzutragen, ging auch der Zerstörungskrieg in Moçambique weiter. Die Überlandleitungen des bekannten Kraftwerks Cabora Bassa wurden an zahlreichen Stellen gesprengt. Englische Touristen, tschechische und ostdeutsche Techniker starben im Feuer angreifender Guerillas. Der Tod schwedischer Entwicklungshelfer führte dazu, daß Schweden die gesamte Entwicklungshilfe – 600 Millionen Mark – stillegte. Die Bundesrepublik gab bis 1985 10 Millionen DM an technischer Hilfe und weitere 50 Millionen Mark für Entwicklungsprojekte. Dazu gehören die Modernisierung der Häfen von Maputo und Beira, der Bau eines Getreidesilos, eines Verschiebebahnhofs und einer Telexzentrale. In Moçambique sind heute 50 Bürger der Bundesrepublik tätig, dagegen 600 aus der Deutschen Demokratischen Republik, die vor allem im Sicherheitsbereich, im Informations- und Außenministerium arbeiten.

Außerhalb der Hauptstadt – die jetzt Maputo heißt – ist man seines Lebens nicht mehr sicher. Angehörige ausländischer Botschaften erhalten zwei Tage im Monat Urlaub, um in Johannesburg Lebensmittel einkaufen zu können. Versuche der Südafrikaner, die MNR mit der Frelimo an den Verhandlungstisch zu bringen, hatten bisher keinen Erfolg. Gefangengenommene Rebellen der MNR

bestätigen, daß die Aufständischen noch immer aus der Luft mit Waffen und Munition versorgt werden. Hartnäckige Gerüchte halten sich, wonach die Lieferungen aus der islamischen Komorenrepublik kommen. Saudi-Arabien und die Oman-Staaten sind an der Finanzierung beteiligt, da diese Länder in dieser Form Druck auf das Frelimo-Regime ausüben wollen, das bisher die Glaubensbrüder in starkem Maße unterdrückte.
Ein Wiedersehen mit Moçambique, das ich wiederholt in der Kolonialzeit und nach der Unabhängigkeit bereiste, ist erschütternd und erinnert an die Besichtigung einer belagerten Festung. Aus dem verschlampten, aber liebenswerten Paradies ist ein Land im Kriegszustand geworden, das mit dem Rücken zur Wand steht. Durch Panzerwagen gesicherte Konvois halten den Verkehr mit den wichtigsten Städten aufrecht. Dickbäuchige sowjetische Transportmaschinen vom Typ Antonow 12 versorgen die Truppen im Land und verschiedene sonst unerreichbare Provinzhauptstädte mit dem notwendigen Nachschub. Die Kampfmoral der Frelimo-Truppen ist gleich Null. Verstärkungen aus Tansania, von Weißen gedrillte Bataillone aus Simbabwe und aus Äthiopien abgezogene kubanische Söldner müssen eingesetzt werden, um die Ölpipeline nach Zimbabwe sowie die Verbindungsstraßen zwischen den Häfen Beira, Nacala und dem Hinterland bis zur Grenze nach Malawi zu sichern. Den Ermittlungen des amerikanischen CIA zufolge sind – einschließlich der Ostblockberater – mindestens 18 000 ausländische Soldaten in Moçambique stationiert. Auf dem Flugplatz Maputos, der mit Sandsäcken, Schützengräben und in Bereitschaft stehenden Panzerwagen abgesichert ist, herrscht reges Leben. Kampfhubschrauber sowjetischer Machart, Düsenjäger vom Typ MIG 17 und 21 und moçambikanische Militärs beherrschen das Bild. Der sächsische Tonfall der wenigen Weißen, die den Kontakt und das Gespräch mit dem westlichen Besucher meiden, ist unüberhörbar. Unwillkürlich denkt man an das Sprichwort vom Salz der Erde. Die indischen Händler auf dem Markt machen beim Verkauf von Makonde-Skulpturen für die Westdeutschen einen Sonderpreis, wenn man in westlicher Währung bezahlt. Auch südafrikanische Rand zählen dazu. Der militärische Aufwand, den die Volksrepublik Moçambique betreibt, ist enorm. Laut Aussagen der marxistischen Regierung waren bis Ende 1984 mehr als 4500 MNR-Guerillas gefangengenommen worden. Niemand kennt die Haftbedingungen oder den Aufenthaltsort dieser

Gefangenen. Auch humanitäre Organisationen erhalten keinen Zugang zu ihnen. Amnesty International äußerte sich sehr besorgt über politische Häftlinge, die gefoltert, schwer geschlagen oder ausgepeitscht wurden. Im März 1983 wurde die Auspeitschung für eine Vielzahl von Vergehen wieder gesetzlich zugelassen. Es können Strafen von 3 bis 90 Peitschenhieben verhängt werden. Verschiedene politische Gefangene wurden aus Tansania nach Maputo gebracht, in einem unbekannten Verhörzentrum festgehalten und später wieder nach Tansania zurückgebracht.
Außer Amnesty International protestierte niemand in der westlichen Welt. Der Westen schickte in den letzten zwei Jahren rund 800 000 Tonnen Lebensmittelhilfe. Dennoch starben einige hunderttausend Menschen. Die Kindersterblichkeit liegt immer noch bei 25 Prozent. Die Straße von der Hauptstadt zur südafrikanischen Grenze, eine Strecke von 140 km, kann man nur im Konvoi befahren oder auf eigenes Risiko benutzen. Kurz vor dem Grenzposten Ressano Garcia tauchen noch einmal junge Soldaten der Frelimo-Armee auf. Sie betteln um Schuhcreme und um ein Feuerzeug und sind schließlich mit einigen Zigaretten zufrieden. Moderne Wegelagerer Afrikas und Kontrollposten zur gleichen Zeit! Aus dem Apartheidsstaat schleppen schwarze Gastarbeiter, die aus den Goldminen nach Hause kommen und in Urlaub fahren, Nahrungsmittel, Säcke voller Mais, Kisten und Kartons gefüllt mit Brot, Seife, Zucker, Getränke. Hinter dem südafrikanischen Schlagbaum von Lebombo ist das sozialistische Paradies zu Ende und beginnt der kapitalistische Alltag. Ich atme erleichtert auf...

Brennende Steppe

Angola

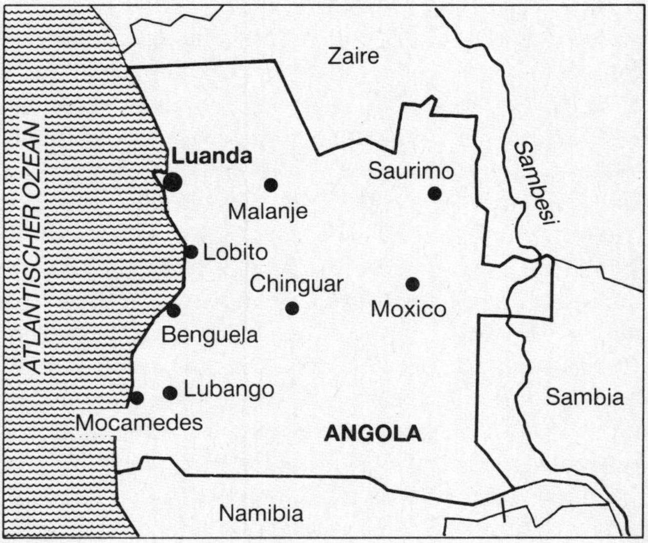

Ich blende zurück ins Jahr 1961. Angola ist noch portugiesische Kolonie. Aber an der Straße von Quimba nach Sao Salvador di Congo im Norden der portugiesischen Überseeprovinz brennen die Dörfer. Noch kurz vorher hallten die Explosionen einschlagender Mörsergranaten und das abgehackte Tack-Tack portugiesischer Maschinenpistolen und MGs zu uns herüber. Aufgeregte Neger erschienen in unserem Lager – fast noch keuchend vom schnellen Fußmarsch durch Elefantengras und Dschungelwälder – und erzählten, daß die ersten portugiesischen Patrouillen die zerstörte Brücke an der Straße nach Buela (der Grenzstation zwischen dem ehemaligen belgischen Kongo und Angola) erreicht hätten. Bald danach zeichneten die schmutziggrauen Rauchsäulen der brennenden Dörfer am Himmel den Weg der portugiesischen Vorhut. Am

Abend – als wir bereits die sichere Grenze zum Kongo überschritten hatten – leuchtete der afrikanische Himmel in der Ferne blutigrot. Die Dörfer brannten immer noch. Die Brände hatten nun auch auf das dürre, trockene Steppengras und den Dschungel übergegriffen. Am nächsten Morgen – wir hatten schon wieder das einigermaßen zivilisierte Leopoldville (heute Kinshasa) im damals immer noch gärenden Kongo erreicht – tickte der Fernschreiber im Hotel Memling die Meldung der »Agence Congolaise de Presse« auf das weiße Papierband:» Die Offensive der portugiesischen Truppen schreitet weiter vorwärts. Die ersten Einheiten erreichten heute den Grenzort Buela.«
Für vier weiße Journalisten, eine Trägerkolonne von etwa 20 Mann, aus Angehörigen des Bakongo-Stammes bestehend, und einige bewaffnete Aufständische mitsamt ihrem Führer, war damit ein Schlußstrich gesetzt worden unter ein Abenteuer, wie man es wohl heute auch in Afrika kaum noch erleben kann. Dabei schien die Sache zunächst einmal harmlos. Am 17. Juni 1961 war ich mit einem gültigen Visum nach Luanda, der Hauptstadt Angolas eingereist. Aber kurz danach wurde mir deutlich gemacht, daß Portugal keine Zuschauer in seiner Kolonie wünschte und daß die Zensur und die Geheimpolizei (PIDE = Policia International e de Defesa do Estado) perfekt funktionierten. Schon wenige Stunden nach meiner Ankunft im Hotel Continental in Luanda lud mich ein Italiener zu einem drink an der Bar ein. Mario Pirelli kannte sein Handwerk. Unter der Maske des Kollegen sammelte er für die Geheimpolizei die Einzelheiten, die genügten, um einen unerwünschten Journalisten abschieben zu können. Pirelli begleitete den Schweizer Schriftsteller Wolfgang Bretholz, er arrangierte für den damaligen Star-Reporter der »Neuen Illustrierten«, Wolfgang Weber, die entsprechenden Motive und er sorgte auch dafür, daß der A.P.-Journalist, Peter Grosse, aus Angola ausgewiesen wurde. Vermutlich gehörte auch Peter Scholl-Latour zu seinen Opfern. Der spätere Fernsehjournalist landete sogar für eine Nacht in dem berüchtigten Gefängnis Sao Paulo, von dem damals behauptet wurde, daß man es so schnell nicht wieder verlassen würde, wenn man dort einmal gelandet sei. Bereits am Abend nach der Begegnung mit Pirelli mußte ich zur Polizei, wo zunächst mein Paß beschlagnahmt wurde. Obwohl der damalige Konsul in Luanda, Dr. Bornemann, sich intensiv für mich bei der Geheimpolizei und in Lissabon einsetzte, konnte ich meinem Schicksal nicht entkom-

men. Nach 13 spannungsgeladenen Tagen mußte ich Luanda in Richtung Leopoldville verlassen, wo sich – ironischerweise – das Hauptquartier der gegen Portugal agierenden Aufständischen befand. Im Hotel Memling begrüßte mich Peter Scholl-Latour mit den Worten: »Jetzt gründen wir den Club der Ausgewiesenen aus Angola. Ich werde nicht eher zufrieden sein, als bis dieser Diktator Salazar gestürzt ist.« Es sollte noch fast 15 Jahre dauern, ehe Peter Scholl-Latours Wunsch sich verwirklichte.

Zwei Tage später hatte ich eine Unterredung mit Holden Roberto, dem Führer der UPA (Union de la Population de l'Angola), die später unter dem Begriff FNLA am Befreiungs- und Bürgerkrieg teilnahm. Kurz danach gab Holden Robertos Stab grünes Licht. Mit drei anderen Journalisten fuhr ich in einem gemieteten Taxi in Richtung Angola. Vorher hatten wir Lebensmittel für sechs Tage, Medikamente gegen Schlangenbisse, Malaria, Darmruhr und Fußwunden eingekauft. Ein schwarzer Führer, der aus Angola geflohen war, begleitete uns. Spät in der Nacht erreichten wir einen einsamen Grenzpfad, wo wir auf die Träger und einige Aufständische warteten. Lange Zeit rührte sich nichts. Aber dann tauchten in der pechschwarzen Tropennacht die dunklen Gestalten einiger Angolaner auf, die wie Schatten ihrer selbst aus dem Elefantengras hervorhuschten. Wir wurden begrüßt, das Gepäck auf Kopf und Rücken der Träger aufgeladen. Dann begann ein Fußmarsch, der sieben Tage dauern und uns bis auf weniger als hundert Kilometer an die mit portugiesischen Truppen vollgepfropfte alte Königsstadt Sao Salvador di Congo heranführen sollte.

In der ersten Nacht schliefen wir im Freien in den Trümmern des ausgebrannten Grenzdorfes Buela. Nervös, durchfroren und voller Spannung sahen wir in den frühen Morgenstunden zum ersten Mal die Folgen eines Aufstandes, der hier am 15. März 1961 mit unberechenbarer Gewalt ausgebrochen war, und die portugiesischen Kolonialherren vollkommen überrascht hatte. Von den neun portugiesischen Einwohnern des Dorfes Buela (zu denen der Zollbeamte, der Administrator des Dorfes und der Kolonialwarenhändler gehörten) entkam nur ein Mann dem grauenhaften Massaker, das die Aufständischen anrichteten. Dieser Mann war ausgerechnet der Beamte der portugiesischen Geheimpolizei (PIDE), der sich zu Fuß durch Steppe und Busch schlug. Der Administrator erreichte mit seiner Frau noch die Brücke, die zur Straße nach Quimba führt, die aber bereits zerstört worden war. Dort holte ihn das Schicksal ein.

Wild um sich schießend erlag er schließlich der Übermacht der Schwarzen. Wer die Schilderungen der Rebellen hörte, die kein Hehl aus ihrem abgrundtiefen Haß gegen die Portugiesen machten, konnte sich trotzdem kaum vorstellen, wie schrecklich das Ende dieser verzweifelten Weißen gewesen sein muß.
Bis zu jenem 15. März 1961 war die portugiesische Überseeprovinz Angola in jenem von nationalistischen Leidenschaften hochgepeitschten Afrika, in dem man nun das Joch des Kolonialismus abschütteln wollte, eine verhältnismäßig ruhige Oase geblieben. Um 1484 hatten die Seefahrer Diego Cao und Martin Behaim den Kongofluß und die angrenzende Küste entdeckt. Im Auftrag Heinrich des Seefahrers nahmen dann portugiesische Kaufleute das Land in Besitz. Es handelte sich um das Gebiet des Bakongo-Stammes, das zum Königreich Kongo mit der Hauptstadt Ambessi gehörte. Die Beschreibung in alten Chroniken lautete damals so: »Das Reich Kongo zerfiel in sechs Landschaften; Sonho an der Kongomündung, Bamba zwischen Ambrisette und Loje, Pemba zwischen beiden, und östlich vom Süden bis zum Kongoufer: Batta, Pango und Sundi«. Der Chronik zufolge wurde der König bereits 1487 durch portugiesische Missionare auf den Namen Dom Joao da Silva getauft. Der wirkliche Name des Königs wird nirgendwo erwähnt. Der Name Ambessi wurde in Sao Salvador di Congo umgeändert. »Zu Anfang des 16. Jahrhunderts«, so kann man weiter in der Geschichte nachlesen, »war die ganze Bevölkerung nominell zum Christentum bekehrt, und Sao Salvador, jetzt Hauptsitz der portugiesischen Macht, ohne aufzuhören Residenz des Königs zu sein, erfüllte sich mit Kirchen, Klöstern, öffentlichen und privaten Gebäuden der immer zahlreicher werdenden Portugiesen, so daß es ein halb europäisches Aussehen gewann. Durch einen Einfall der Dschagga zerstört, wurde es von neuem und schöner aufgebaut, zählte bald 40 000 Einwohner, war Sitz eines Bischofs, eines Jesuitenkollegs und eines Kapuzinerklosters und hatte außer einer Kathedrale zehn Kirchen und Kapellen. Als aber 1636 der König von Kongo die Landschaft Sonho für die geleistete Hilfe an Portugal abtrat, erkannte der Häuptling derselben diese Abmachung nicht an, und nach einem von dem König mit den Portugiesen gegen Sonho geführten Krieg erlangte nicht nur dieser eine völlige Unabhängigkeit, der König von Kongo sagte sich auch selber von Portugal los und zwang sämtliche Europäer, die Stadt zu verlassen, die seitdem schnell in Verfall geriet.«

Die Portugiesen wählten seit dem Jahre 1608 Luanda als Bischofssitz. Die Stadt, die mit ihrem vollen Namen Sao Paolo de Loanda heißt, wurde damit die eigentliche Hauptstadt des Landes und blieb es bis auf den heutigen Tag. Hier residierte der Generalgouverneur, der Militär- und Zivilverwaltung in einer Hand vereinigte. Sie erlangte traurige Berühmtheit durch den Sklavenhandel. Der Hafen war einer der wichtigsten Anlegeplätze der Sklavenjäger, die von hier aus ihre schwarze Fracht nach Brasilien verschifften. Luanda hat seinen portugiesischen Charakter behalten, der vor allem durch eine starke portugiesische Einwanderung geprägt wurde.

In der Kolonialzeit Portugals wohnten mehr als 60 000 Weiße und 200 000 Schwarze in der Hauptstadt. In der Theorie kannte die portugiesische Kolonialpolitik keine Rassenschranken. Das führte dazu, daß Weiße und Einheimische sich vielfach vermischten. Als der Kolonialkrieg 1975 zu Ende ging, lebten in Angola vier Millionen Schwarze, die zur großen Völkerfamilie der Bantu gehören. Der einflußreichste Stamm ist der Bakongostamm, der verwandt ist mit den Stammesbrüdern im früheren belgischen und französischen Kongo. Ihr Drang nach Unabhängigkeit war von Anfang stärker als bei den übrigen Stämmen Angolas. Der Süden dagegen ist hauptsächlich von Stämmen besiedelt, die auch heute noch zu einem großen Teil nach ihren alten Gewohnheiten unter ihren Häuptlingen leben. Dazu gehören die Stämme der Kimbundu, Ovimbundu, Dembo, Kassimba, Bangala, Himba (mit den Herero verwandt) und Barotse.

Die Anzahl der weißen Siedler betrug 250 000. Früher galt die Kolonie als Deportationsort, und in den Städten lebten manche deportierten Verbrecher (Degrados). Auch in unserem Jahrhundert gab es in Angola immer noch einen schwunghaften verkappten Sklavenhandel. Schwarze Arbeiter wurden aus dem Landesinnern herangeholt, den Händlern abgekauft und durch langjährige Kontrakte an die neuen Herren verschachert. Viele von ihnen mußten ihre Fronarbeit in Ketten verrichten, damit eine Flucht verhindert wurde. Die zivilisatorische Leistung der Portugiesen in Angola war zunächst sehr gering, während die schwarze Bevölkerung – vor allem in den Städten und durch den Mißbrauch von Alkohol – immer weiter demoralisiert wurde.

Während der belgischen Kolonialzeit arbeiteten viele Angehörige des Bakongo-Stammes im Kongo. Diese Freizügigkeit, die Begegnung mit den recht liberalen Ideen der belgischen Kolonialherren und die zunehmende politische Agitation der belgischen Kongo-Neger beeinflußten den Drang nach Unabhängigkeit enorm. Die Wurzeln des Aufstandes sind daher in dieser Entwicklung zu erkennen und zu suchen. Auch der Einfluß freiheitlich gesinnter amerikanischer und englischer Missionare im Norden Angolas, die den Gedanken an eine zukünftige Unabhängigkeit der Kolonie und die Befreiung vom portugiesischen Joch nährten, spielten eine große Rolle. Diese Missionare erhielten erst nach 1925 die Erlaubnis der Portugiesen zur Missionsarbeit. Sie nutzten die Chance jedoch recht intensiv und bildeten außerdem schon bald Eingeborene zum Hilfsdienst in den Kirchen aus, die dann später Überbleibsel ihres animistischen Glaubens mit Fragmenten der christlichen Religion mischten und daraus einen eigenen Kult entwikkelten.

Theoretisch war es der einheimischen Bevölkerung in Angola immer möglich, Portugiese zu werden. Die Kolonialbehörden hatten zu diesem Zweck das System der Assimilados entwickelt. Ein Assimilado war ein Schwarzer, der eine gewisse Bildungsstufe erreicht hatte und zumindest lesen und schreiben konnte. Er mußte jedoch außerdem über eine eigene Wohnung oder Unterkunft verfügen und ein gewisses Einkommen haben. Aber gerade diese letzte Forderung schien fast unüberwindlich, da selbst die meisten Portugiesen in ärmlichsten Zuständen lebten. Nach der Machtübernahme durch die MPLA 1975 in Angola gab es rund 50 000 Assimilados. Die meisten Schwarzen konnten den Bestimmungen nie gerecht werden. 97% der Bevölkerung waren Analphabeten. Die Unzufriedenheit unter den Einheimischen (vor allem unter den Arbeitern, die noch teilweise zwangsrekrutiert wurden) stieg dann auch in den Jahren vor dem Aufstand immer mehr.

Bereits 1959 war Dr. Agostinho Neto, der Führer der marxistischen MPLA verhaftet und erneut nach Portugal deportiert worden. Er hatte schon vorher einige Monate in portugiesischen Gefängnissen verbracht. Diesmal kam es zu größeren Demonstrationen für den populären Doktor. Die Polizei zögerte jedoch nicht und schoß. Es gab 30 Tote in Luanda. Die Unruhen erreichten ihren Höhepunkt im Januar 1961, als das von Exilportugiesen in Brasilien gekaperte Schiff »Santa Maria« zunächst Kurs auf Angola nahm. Es schien, als ob der Oppositionsführer und Gegner Salazars, General Humberto Delgado, ein Zeichen geben wollte. Die »Santa Maria«, die von einer Reihe internationaler Journalisten im Hafen von Luanda erwartet wurde, kehrte jedoch aus unerklärlichen Gründen nach Brasilien zurück. General Delgado mußte seine erbitterte Gegnerschaft gegen den Diktator Salazar mit dem Leben bezahlen. Er wurde das Opfer eines bisher ungeklärten politischen Mordes. Spielende spanische Kinder fanden am 24. April 1965 bei Badajoz in der Nähe der portugiesischen Grenze die mit Laub bedeckten verwesten Leichen des erschlagenen Exilpolitikers und seiner erdrosselten Sekretärin Arajarir Campos. Auf Grund der inzwischen gefundenen Indizien kann nicht daran gezweifelt werden, daß die portugiesische Geheimpolizei PIDE ihre Hände im Spiel hatte.

Die geringen Aussichten eines politischen und wirtschaftlichen Fortschritts im Lande und das Monopol der Weißen, selbst bei den einfachsten Berufen (nur Weiße durften beispielsweise Taxifahrer sein), trugen zu der kommenden Tragödie bei. Die portugiesische Antwort auf die damalige Kritik lautete, daß Portugal selbst zu arm war und keine Mittel hatte, um den Lebensstandard in Angola zu erhöhen. Fest stand jedoch, daß die portugiesische Regierung sich lange Zeit sträubte, ausländische Investitionen zur Entwicklungshilfe zuzulassen. Sie waren damals jedoch die einzige Möglichkeit, die wirtschaftliche Entwicklung voranzutreiben.

Bei der Beurteilung der Ursachen des Aufstandes müßte auch die Kontroverse zwischen Katholiken und Protestanten untersucht werden. Die Zahl der Rebellen im Norden Angolas wurde 1961 auf etwa 20 000 geschätzt. Sie gehörten hauptsächlich evangelischen Religionsgemeinschaften an. Es gab kaum Katholiken unter ihnen. Im Ausland wurden sie darüber hinaus von geflüchteten englischen und amerikanischen Missionaren unterstützt. So beschuldigte die baptistische Religionsgesellschaft damals die portugiesische Regierung, die planmäßige Ermordung von 50 000 Menschen durch riesige künstliche Buschfeuer vorzubereiten. In London protestierte der englische Baptistenpfarrer Walter Bailey gegen portugiesische Gewalttaten und Unterdrückungsmaßnahmen.

Der Pfarrer David Grenfell von der Baptist Missionary Society war einer der letzten weißen Missionare, der den Norden Angolas verließ. Er berichtete, daß ganz Nord-Angola entvölkert sei. Außer alten Leuten seien fast alle Menschen geflohen. Der British Council of Churches schickte eine Delegation in das Foreign Office in London, um gegen die portugiesischen Verbrechen in Angola zu protestieren.

Dem damaligen Ministerpräsidenten des früheren belgischen Kongo, Joseph Kasavubu, der der Sohn eines chinesischen Arbeiters und einer Bakongo-Schwarzen war, schwebte nach der Unabhängigkeitserklärung im Jahre 1960 zunächst eine Neugründung des Königreichs Bakongo vor. Er selbst wollte die Rolle des Königs übernehmen und alle Bakongo-Neger des französischen und belgischen Kongo und der portugiesischen Provinz Angola unter sich vereinigen. Er unterstützte also zunächst das Streben der Schwarzen nach Unabhängigkeit. Die sich auflösende Kongo-Armee der Belgier – die »Force Publique« – lieferte die ersten Waffen, die den Verschwörern in Thysville und Matadi auf dem schwarzen Markt verkauft wurden. Die Bakongo-Neger, die gesehen hatten, welch leichtes Spiel man mit den Weißen im belgischen Kongo gehabt hatte, glaubten, die Portugiesen ebenfalls beim ersten Ansturm verjagen zu können.

Der wichtigste Mann der Aufständischen wurde nach heftigen internen Machtkämpfen der damals etwa 40 Jahre alte Holden Roberto. Er war in Sao Salvador di Congo geboren, lebte aber fast ausschließlich im belgischen Kongo. Eine Zeitlang war er mit Patrice Lumumba befreundet und begleitete ihn auf verschiedenen Reisen, u. a. nach Tunesien und Ghana. In Tunis fand er die Unterstützung der algerischen Freiheitsbewegung FLN (Front Liberation Nationale), die ihm auch die Lieferung von Waffen und die Entsendung von algerischen Instrukteuren versprach. Holden Roberto, der seinen Vornamen Holden in Erinnerung an einen amerikanischen Missionar erhalten hatte, arbeitete bereits seit 1956 an der Vorbereitung eines Aufstandes. Bei seinen verschiedenen Reisen nach England und in die USA nannte er sich abwechselnd José Gilmore oder Rudi Ventura. Er sprach mit Tunesiens Staatspräsident Habib Bourgouiba und dem damaligen Präsidenten Ghanas, Kwame Nkrumah. Dieser sagte ihm die Ausbildung von Guerillakämpfern zu. Holden Roberto beherrscht die Kikongo-Sprache und konnte sich in der kurzen Regierungszeit Lumumbas dreimal in der Woche an die Bevölkerung Angolas über den Sender Leopoldville richten. Das mag mit eine Erklärung für die große Anhängerschaft Robertos sein, als er im März 1961 das Signal zum Aufstand gab.

Der Kongo unter Führung des Marxisten Patrice Lumumba hatte Holden Roberto auch gestattet, Instrukteure und Waffen über die Grenze nach Angola zu schmuggeln. Als Lumumba verhaftet und schließlich unter rätselhaften Umständen ermordet wurde, ging dieser Schmuggel zunächst weiter. Dann aber befürchteten die kongolesischen Politiker einen Einmarsch portugiesischer Truppen über die offene Südgrenze. Als schließlich der ehemalige Katanga-Präsident Moise Tshombé die Nachfolge Cyrille Adoulas als Premier des ganzen Kongo antrat, war er bereit, Holden Roberto zu opfern. Dann verschwand auch Tshombé und ging ins Exil. Ein Militärgerichtshof im heutigen Kinshasa verurteilte den Katanga-Sezessionisten zum Tode. Joseph Desiree Mobuto – der sich heute Mobuto Sese Seko nennt – übernahm die Macht. Holden Roberto heiratete eine Schwester des neuen Staats- und Ministerpräsidenten und bildete eine Regierung im Exil mit Sitz in Kinshasa. So einfach ändern sich Situationen und Zustände in Afrika.

Am 15. März 1961 um 2.00 Uhr nachts wurde der Aufstand im Norden Angolas schlagartig ausgelöst. In einem Gebiet von rund 500 Kilometer überfielen plötzlich und vollkommen unerwartet bewaffnete Banden die weißen Farmer, Beamten, Administratoren und metzelten sie gnadenlos nieder. Kein Weißer sollte seinem Schicksal entkommen. Viele Terroristen waren von einem wilden Weißen-Haß beherrscht, der ihnen von den aus dem Kongo infiltrierten Agitatoren bis zur letzten Minute eingetrichtert wurde. Den letzten Teil dieser »Ausbildung« hatten die Zauberdoktoren übernommen, die mit Fetisch und Kruzifix ihre Opfer in Verwirrung brachten, ihnen ortsübliche Rauschgifte verabreichten und sie in die Organisation preßten.

Die ersten Schüsse trafen ein Fahrzeug der Polizei in der Stadt Sao Salvador di Congo, die achtzig Kilometer von der Kongo-Grenze entfernt liegt. Zwischen fünf und sechs Uhr morgens attackierten die Rebellen dreißig bis vierzig verschiedene Dörfer und Städtchen im Norden der Provinz. In der ersten Nacht starben mehr als 300 Portugiesen, darunter viele Frauen und Kinder. Sie wurden zum Teil auf bestialische Weise umgebracht. Dann folgte ein Massaker unter der weißen Bevölkerung, das wohl als das blutigste in Afrika bezeichnet werden darf. In einer unglaublichen Orgie von Blut wurden mehr als 1000 Europäer – Männer, Frauen und Kinder – und mehr als 700 Mulatten gnadenlos niedergemetzelt. Hinzu kamen etwa 6000 Schwarze, die sich weigerten, an diesem sinnlo-

sen Morden mitzumachen. Sie wurden lebend verbrannt, abgeschlachtet oder zu Tode gefoltert.
Der Blutrausch dauerte drei Wochen lang. Tausende Bakongo-Neger schlossen sich den Rebellen an. Viele hofften auf Beute bei den Plünderungen portugiesischer Farmen und Geschäfte, andere fürchteten um ihr eigenes Leben. Die Europäer, die dem Massaker entkommen waren, verbarrikadierten sich mit einigen treu ergebenen Schwarzen in den Dörfern Nordangolas. Immer wieder griffen die Aufständischen mit dem Schrei »Lumumba« oder »UPA« oder »Mazza« an. Das letzte Wort bedeutet einfach Wasser. Medizinmänner hatten den Rebellen versichert, daß die Kugeln der Weißen zu Wasser werden, wenn man das Wort nur oft genug ausspricht. Die Simba-Rebellen im Kongo in den Jahre 1964 und 1965 glaubten ebenfalls an die magische Zauberkraft dieses Wortes. Die weißen Söldner Moise Tshombés schossen die Simbas massenweise zusammen, weil sie einfach in das MG- und Gewehrfeuer hineinrannten.
Nach dem ersten Schock der blutigen Nachrichten aus Angola mobilisierte Portugal in schneller Folge Militäreinheiten für den Einsatz in der Kolonie. Die portugiesische Armee, Mitglied der NATO, war für einen Krieg in Europa ausgebildet, aber nicht für einen Guerillakampf in einer 8000 km entfernt gelegenen sogenannten Überseeprovinz. Ausrüstung und Ausbildung waren in vielen Fällen wertlos. In Angola waren bis zum Beginn des Aufstandes nur 1500 Mann portugiesischer Truppen stationiert. Die fast 250 000 weißen Siedler zitterten um ihr Leben und schworen Rache und Vergeltung. Panikartig, aber auch unbarmherzig schlugen die Portugiesen zurück, noch ehe die Truppen aus Portugal in Luanda an Land gegangen waren. Dem wohlvorbereiteten und organisierten Blutbad der schwarzen Terroristen folgte die grausame Abrechnung der Weißen. Niemand kennt bis heute die genaue Zahl der Toten. Sie schwankt zwischen 20 000 und 46 000. Pflanzer und Offiziere erzählten die schauerlichsten Einzelheiten. In manchen Fällen wurden den Rebellen die Köpfe abgeschlagen, die man dann auf Stangen aufspießte. Zauberdoktoren hatten den Aufständischen gesagt, sie würden wieder zum Leben zurückkehren, wenn man sie im Kampf tötete. Die Portugiesen dagegen meinten, daß dieser Aberglaube nur verschwinden könnte, wenn die Schwarzen begriffen, daß sie wirklich ihren Kopf riskierten. Die Bilder gingen danach um die Welt und wurden als Beweise für die Grausamkeit der weißen Kolonialisten in zahlreichen Medien veröffentlicht.

Auch in dem Grenzdorf Buela, in dem meine erste Begegnung mit den Aufständischen stattfand, ließ die portugiesische Vergeltung nicht lange auf sich warten. Wenige Tage nach dem 15. März stießen Armeepatrouillen bis zur Grenze vor und steckten Buela in Brand. Selbst die katholische Kapelle und die Kirche der amerikanischen Baptistenmissionare wurden nicht verschont. Auch auf der Straße, die landeinwärts führt, sahen wir nur noch verlassene, ausgebrannte, zerstörte Dörfer. Schweine und Ziegen, die die Bewohner bei ihrer übereilten Flucht zum Kongo zurückgelassen hatten, wilderten in den Feldern. Sie unterstrichen nur die Öde und Verlassenheit eines Landes, über das nun der Krieg hinweggezogen war.

Sieben Tage lang marschierten wir abermals, vier weiße Journalisten und eine Trägerkolonne. Dazu einige bewaffnete Rebellen, von denen man nicht wußte, ob sie zu unserer Bewachung oder zu unserem Schutz dienten. Auch konnten wir nur ahnen, wie eine portugiesische Armeepatrouille reagieren würde beim Zusammentreffen einer bewaffneten Gruppe von Aufständischen in Begleitung von vier Weißen, die man eventuell sogar als kommunistische Berater oder Agitatoren betrachten konnte. Niemals war uns so recht wohl bei diesem langen Fußmarsch. Aber wir marschierten trotzdem abseits der Straßen und Pisten, auf einsamen Pfaden, hügelab- und -aufwärts, und immer mit der unsicheren Angst und einem unerklärlichen Mißtrauen im Nacken.

Bereits im ersten Rebellenlager, das auf einem Hügel am Rand der Grassteppe lag, weigerten sich die Träger, weiterzumarschieren. Sie fürchteten die portugiesische Vergeltung und weigerten sich, unser Gepäck noch einmal auf die Köpfe zu laden. Weder Zureden noch Drohungen halfen. Einige Rebellen mußten sich die Maschinenpistolen umhängen und auch noch unsere Habe – auf dem Kopf balancierend – stundenlang in der brennenden Sonne tragen. Wir selbst waren kaum in der Lage, den eigenen Körper über den nächsten Hügel hinwegzuschleppen. Die Füße brannten, schmerzten. Blasen bildeten sich, und bereits am zweiten Abend mußten wir Fußpuder und Salben verwenden.

Im nächsten Lager der Aufständischen sahen wir zum ersten Mal eine größere Einheit. Furchterregende Gestalten mit der breiten Machete am Gürtel, mit Vorderladern, Jagdgewehren mit der Eingravierung »Krupp Essen«, erbeuteten deutschen Karabinern und Maschinenpistolen exerzierten auf einem offenen Platz. Aus der

Schale einer getrockneten kürbisähnlichen Frucht (Kalebasse genannt) hatten einige von ihnen Helme geschnitten und die Buchstaben »JUPA« (Jeunesse de l'Union des Populations de l'Angola) mit ungelenker Schrift darauf gemalt. Die Kleiderfetzen hingen ihnen am Leib herunter. Die meisten waren barfuß und ihr ganzer Aufzug wirkte fast lächerlich, wenn man einen Augenblick lang die dahinterstehende Tragödie Angolas vergaß.

Fast zur gleichen Zeit trafen im Hafen von Luanda die ersten portugiesischen Verstärkungen ein. Die Armee begann, den Weg zu den eingeschlossenen Dörfern und Plantagen im Norden freizukämpfen. Das war keine leichte Aufgabe für die jungen unerfahrenen Rekruten. Eine einzige Kompanie portugiesischer Kommandotruppen brauchte 18 Tage, um die 500 km von Luanda bis nach Maquela do Zombo zurückzulegen. Sie mußte dabei 1997 Bäume entfernen, die die Rebellen gefällt und quer über die Dschungelpisten gelegt hatten. Außerdem mußte sie dreihundert getarnte Bodenfallen zuschaufeln. Zur gleichen Zeit schossen die Rebellen aus dem sicheren undurchdringlichen Busch und töteten mehrere Soldaten. Manchmal mußte die Kolonne auch halten, um die Leichen getöteter Europäer zu bestatten.

Drei Monate nach Beginn des Aufstandes gab es noch keine fundamentale Änderung. Starke Truppenkontingente hatten Dörfer und Städte besetzt und kämpften von diesen Basen aus. Notflugplätze wurden gebaut, um Lebensmittel, Munition und Verstärkungen heranbringen zu können. Die Rebellen verfügten inzwischen schon über modernere Waffen. Sie erhielten ihren Nachschub aus dem Kongo, wo UNO-Einheiten stationiert waren. Die Soldaten aus Ghana, Nigeria und Indien verscheuerten dort bereitwillig ihre amerikanische Ausrüstung auf dem Schwarzmarkt. Für die Portugiesen war die Unterbindung der Waffenzufuhr ein zusätzliches Problem, denn Angola hat eine 15 000 km lange Grenze mit dem Kongo, die aus Flüssen, Sümpfen, Steppen und Urwald besteht. Dennoch gelang es der portugiesischen Armee im Laufe der Jahre den Aufstand unter Kontrolle zu bringen, und als der Putsch in Lissabon 1974 das Ende der Kolonialzeit zur Folge hatte, waren in Angola – im Gegensatz zu Moçambique – die Guerillabewegungen MPLA, FNLA und UNITA praktisch zerschlagen und kaum noch aktiv.

Aber in jenen Sommertagen des Jahres 1961 konnten wir diese Entwicklung weder erkennen noch ahnen. Je weiter wir mit der kleinen Rebellengruppe marschierten, desto mehr konnten wir feststellen, wieviele blutige Opfer der Aufstand bereits gekostet hatte und wahrscheinlich noch kosten würde. Lange Kolonnen von Flüchtlingen begegneten uns. Sie waren auf dem Weg zum Kongo, wo sie dann jahrelang ein trostloses und erbärmliches Lagerleben absolvieren mußten. Irgendwann erreichten wir zum ersten Mal Dörfer, die von der portugiesischen Luftwaffe mit neuartigen Phosphor- und Brandbomben bombardiert worden waren. Viele Einwohner waren in den Busch geflohen, wo wir sie später fanden. Eine Welle unbeschreiblichen Elends, Gestanks, Gejammers schlug uns entgegen. Hier sahen wir auch die ersten Opfer von Napalmbomben. Ein alter bärtiger Mann fiel mir fast weinend um den Hals und jubelte: »Hallelujah! Hallelujah!« Das veranlaßte einen der anderen Journalisten zu der ironisch-sarkastischen Bemerkung: »Das dürfte wohl das erste Mal in der Pressegeschichte sein, daß ein Journalist mit ›Hallelujah‹ begrüßt wurde.«

Die portugiesische Luftwaffe, die damals in Angola über zehn Bombenflugzeuge, vier Transporter und sechs Düsenjäger verfügte, befand sich zwar in einem sehr schlechten Zustand, war jedoch dauernd im Einsatz. Ganze Landstriche im Norden wurden mit Napalm- und Brandbomben belegt. Mit dieser Taktik der verbrannten Erde wurden jedoch nicht nur die Dörfer, sondern auch zahlreiche Kaffeeplantagen verwüstet. Obwohl die Kaffee-Ernte fällig war und die Früchte an den Sträuchern verfaulten, befanden sich viele Farmer (darunter auch Deutsche) in Luanda. Sie warteten ab. 40% der Einnahmen Angolas stammten damals aus der Kaffee-Produktion.

Aber das waren nicht die einzigen Opfer, die der Aufstand von Portugal und den Portugiesen forderte. Schon nach wenigen Monaten kostete der Krieg in Angola täglich 20 Millionen Escudos (das waren 1961 etwa 2,8 Mio. Mark). Der portugiesische Staatshaushalt betrug damals 9 Milliarden Escudos. Davon wurden also rund 7 Milliarden Escudos für den Kolonialkrieg verwendet. Die Gold- und Devisenreserven nahmen rapide ab. Steuererhöhungen und zusätzliche Steuern für Autos, Zigaretten, Benzin und alkoholische Getränke waren die Folge. Die Arbeitslosigkeit stieg. Portugal und seine Überseeprovinz standen am Rand des wirtschaftlichen Ruins.

Unser Marsch durch Angolas Elefantensteppe, der das Bild des blutigen Aufstandes nur abrunden und intensiver verdeutlichen konnte, näherte sich in jenen Julitagen 1961 dem Ende. Durch neue ausgebrannte Dörfer, an neuen Flüchtlingskolonnen vorbei. Von wirklichen militärischen Aktionen merkten wir kaum etwas. Nur hin und wieder hörten wir Gewehrfeuer und die dumpfen Einschläge von Werfergranaten. Portugiesen! Die Aufständischen waren bereits in die Defensive gedrängt. Sie hatten kaum noch Munition. Ihr Nachschub hatte versagt. Die Elendshaufen konnte man kaum als Rebelleneinheiten bezeichnen. Die meisten liefen barfuß oder mit zerfetzten Sandalen herum. Sie trugen verschlissene, zerrissene Hemden und Hosen. Sie bettelten um Malaria- und Kopfschmerztabletten, und ihre Verpflegung war miserabel. Tagelang lebten sie von einer Handvoll Mehl der Maniokwurzel, die eigentlich ihr Hauptnahrungsmittel ist, einem gefangenen wilden Vogel und einem Stück Zuckerrohr. Zusammenstöße mit der portugiesischen Armee wurden immer mehr Zufallstreffer. Der große Verbündete der Aufständischen war die Landschaft, der Busch, die Savanne und der Urwald. Vor allem in der Savanne, bestehend aus zwei Meter hohem Elefantengras, konnten sie tagelang marschieren, ohne von portugiesischen Aufklärern entdeckt zu werden. Die Portugiesen zogen es dann auch vor, nur auf den Straßen und Pisten zu operieren und das Elefantengras abzubrennen oder mit Napalm zu bombardieren. Noch während des Rückmarsches spürten wir, daß die erste Phase des Aufstandes sich dem Ende näherte. Den Portugiesen war es gelungen, die Rebellion auf den Norden zu beschränken und einer Ausdehnung in den Süden zuvorzukommen. Aber verschiedene Nachrichten von Anti-Weißen-Verschwörungen im Süden ließen damals schon die südafrikanische Regierung aufhorchen. Sie schickte Truppenverstärkungen nach Südwestafrika (dem heutigen Namibia). Der damalige rhodesische Verteidigungsminister reiste nach Luanda, um die Bedeutung der Entwicklung zu unterstreichen. Man war sich darüber klar, daß die Revolte in Angola für Rhodesien und Südafrika eine tödliche Bedrohung werden könnte. Dennoch haben weder Pretoria noch Salisbury damals die Gefahr erkannt noch geahnt, daß einmal 35 000 Kubaner Moskaus Befehle in diesem Teil der Welt ausführen und die Geschicke des südlichen Afrika beeinflussen würden. Das grausame Ereignis schien uns damals schon nur das Vorspiel zur letzten Abrechnung zwischen Schwarz und Weiß zu sein, die dann nach 1975 in den portugiesischen Kolonien, 1980 in Rhodesien und schließlich 1985 in Südafrika ihren Höhepunkt erreichen sollte. Der Haß an beiden Seiten ließ Welten und Brücken einstürzen.

Wir – vier weiße Journalisten aus England, den USA und der Bundesrepublik – konnten nur noch registrieren, wie die Zeit drängte. Am letzten Tag unseres Fußmarsches konnten wir an den Rauchsäulen über der brennenden Savanne erkennen, wie die portugiesischen Kommandoeinheiten immer näher heranrückten. Die Dörfer brannten. Als wir die Grenze zum Kongo überschritten, glühte der Himmel blutigrot. Einen Tag später meldete der Fernschreiber im feudalen Kolonialhotel Memling in Leopoldville, daß portugiesische Verbände den Ort Buela erneut besetzt hätten. Wir waren den Truppen um eine Tageslänge entkommen. Aber noch lange hatten wir in unseren Khakihemden und Hosen den Geruch der brennenden Dörfer und Savannen in Angola.

Auch das südliche Angola wird noch stets von der Geißel eines mörderischen Buschkrieges heimgesucht. Verstummt ist das abgehackte Bellen der Zebras in der Savanne, das Brüllen der Löwen. Noch in den fünfziger Jahren konnte man von Rundu an der Grenze Südwestafrikas aus über den Okavangofluß hinweg riesige Elefantenherden beobachten. Sie wurden zu Hunderten von Wilderern und Trophäenjägern abgeschossen. Dr. Jonas Savimbi, der Führer der UNITA-Guerillas, gibt zu, daß er seinen Buschkrieg zu einem großen Teil mit dem Verkauf von Elfenbein finanziert hat. Heute klingt der traurige monotone Ruf der smaragdgrün getupften Holztauben durch das Mopane-Buschveld wie ein Requiem. Es ist das einzige verbliebene melancholische Geräusch der Natur in diesem Teil der Welt. Das Rattern von Panzerketten und das eintönige Brummen der Lastwagenmotoren dominieren und malträtieren das Ohr, und selbst in den unbeschreiblich sternenklaren afrikanischen Nächten ist das Motorengeräusch stärker als das einsame Heulen eines Schakals.
Seit den sechziger Jahren hat das Morden und Brandschatzen kein Ende genommen. Drei angolanische Guerillabewegungen, Söldner aus den Nachbarstaaten und Portugal, reguläre Truppen, Militärberater und Spezialisten aus der DDR, Kuba, der Sowjetunion und Südafrika sowie Politiker, Waffenlieferanten, Ölsucher, Diamantenhändler und multinationale Unternehmen waren die Akteure, die Falschspieler, die Sieger und Profiteure. Die Betroffenen, die Statisten, die Verlierer waren und sind bis heute die rund acht Millionen Menschen eines Landes, das zwei Mal so groß ist wie

Frankreich und mindestens so reich wie Südafrika sein könnte. Stattdessen spielen schmutzige Tricks und internationale Intrigen, in Moskau, Washington, Berlin, Havanna, Lissabon, Peking und Pretoria eingefädelt, die dominierende Rolle, denn Angola ist der Schlüssel zum mittleren und südlichen Afrika.

Der einflußreichste »Falschspieler« in der Tragödie Angolas war mit Sicherheit der portugiesische Admiral Rosa Cutinho, der zu den linken »Nelkenrevolutionären» gehörte und die Weichen für eine Machtergreifung der marxistischen MPLA (Volksbewegung für die Befreiung Angolas) stellte. Der »rote Admiral«, der seine Briefe und geheimen Anordnungen mit »revolutionären Grüßen – der Sieg ist unser« unterschrieb, wurde von den Putschisten nach Angola geschickt, um dort die Machtübernahme durch die schwarzen Guerillas einzuleiten und zu überwachen. Nach seinen eigenen Angaben kam er nur als Schiedsrichter nach Luanda. In Wirklichkeit aber zog er hinter den Kulissen die Fäden für ein mörderisches Intrigenspiel um die Macht. Drei Guerillaorganisationen waren an diesem Tauziehen beteiligt. Antonio Alvar Rosa Coutinho setzte auf die marxistische MPLA. In einem Brief an den MPLA-Chef Dr. Agostinho Neto erinnerte er an die »geheimen Vereinbarungen von Prag«, die von Kamerad Cunhal (Generalsekretär der KP Portugals) unterschrieben waren und in denen festgelegt wurde, »unter dem Banner der glorreichen KP der UdSSR den Kommunismus von Tanger bis Kapstadt und von Lissabon bis Washington auszubreiten.« In dem Brief wurde Neto außerdem aufgefordert, die Weißen in Angola mit allen Mitteln – durch »Töten, Plündern, Brandschatzen« – zu terrorisieren, um die Flucht zu provozieren und zu beschleunigen, damit die »kapitalistische Struktur« der Kolonie zerstört werde.

Vom sicheren Brazzaville aus hatte die MPLA bis zum Putsch in Portugal nur einen Propagandakrieg gegen die Kolonialmacht geführt. Sie galt als die Partei des Klassenkampfes und der schwarzen Eliten in Luanda. Die Gründer Viriato da Cruz und Mario de Andrade rekrutierten ihre Mitglieder hauptsächlich aus Kreisen der Verwaltungsbeamten, aus Facharbeitern, Studenten und Intellektuellen. Die Kader wurden an der Fritz Heckert-Hochschule in Ostberlin und später an der Lumumba-Universität in Moskau ausgebildet, und das Exekutivkomitee bestand fast ausschließlich aus Marxisten. Viriato da Cruz, der Generalsekretär, begrüßte schon 1960 begeistert die Bildung des »Solidaritätskomitees der

DDR mit den Völkern Afrikas«, und Mario de Andrade bediente sich gerne der kommunistischen Diktion, wenn er beispielsweise vom faschistischen Salazar-Regime sprach, gegenüber dem es kein Verhandeln, sondern nur Kampf bis aufs Messer gebe. Zu diesem Befreiungskampf leistete die MPLA jedoch keinen nennenswerten Beitrag. Dennoch schien es, als ob der kommunistische Block von Anfang an auf das richtige Pferd gesetzt habe. Im Kampf um die Macht hatte erstaunlicherweise der introvertierte, verschlossene Mediziner und Dichter schwermütiger Verse, Dr. Agostinho Neto, die Führung der MPLA übernommen. Zwischenzeitlich interessierten die Russen sich für Netos Konkurrenten, Daniel Chipenda, ließen ihn jedoch Ende 1973 wieder fallen. Neto wurde nach Moskau eingeladen und war erneut der Favorit der Sowjets.

Den wirklichen Guerillakrieg führten zwei Männer, die bis 1964 Schulter an Schulter gegen die Portugiesen gekämpft hatten, sich aber dann aufgrund unterschiedlicher politischer Auffassungen trennten. Im Norden Angolas organisierten, wie erwähnt, die Leute Holden Robertos und seiner UPA (Union der Völker Angolas), die sich später FNLA (Nationale Front der Befreiung Angolas) nannte, einen blutigen Aufstand, der zunächst an weißer und später an schwarzer Seite tausende Menschenleben forderte. Roberto arbeitete in einem portugiesischen Unternehmen in Leopoldville und war die treibende Kraft hinter der Erhebung und der später gebildeten Exilregierung, die jedoch nur kurze Zeit und mit der stillschweigenden Duldung Cyrille Adoulas existierte.

Jonas Savimbi wurde als Sohn eines Bahnhofsvorstehers am 3. August 1934 in Munhango an der Benguela-Eisenbahnlinie geboren. Nach einem Studium in Lissabon und Lausanne schloß er sich zunächst der FNLA Holden Robertos an. Die Intelligenzunterschiede führten zu Reibereien und schließlich zur Trennung. Savimbi kommt aus dem Stamm der Ovimbundu, die vor allem im Süden und Südosten des Landes angesiedelt sind. Mit Hilfe eines Stipendiums konnte er sein in Lissabon angefangenes Studium in der Schweiz fortsetzen und dort weiter Politik und Jura studieren. Zusammen mit elf Mitverschworenen kehrte er 1966 über Sambia nach Angola zurück, gründete die UNITA (Nationale Union für die totale Unabhängigkeit Angolas) und begann den Kampf gegen die Portugiesen. Die Bewegung wurde zum Sammelbecken unzufriedener, desertierter MPLA- und FNLA-Leute. Sie besaß zunächst geringe militärische Bedeutung und mußte sich hin und wieder mit den anderen Guerillaorganisationen auseinandersetzen. Als er und seine Partisanen 1967 die Benguela-Eisenbahnlinie, die Lebensader des Kupfergürtels in Sambia, sprengten, ließ Präsident Kaunda ihn außer Landes setzen. SWAPO-Guerillas, denen er später viel Schwierigkeiten machen sollte, schmuggelten ihn wieder nach Angola hinein. Seitdem lebt der charismatische Guerillaführer, dessen Vorbild einst Che Guevara war, schon mehr als die Hälfte seines Lebens im afrikanischen Busch, ohne bisher sein Ziel erreicht zu haben.

Mit der Liquidation des einst weltumspannenden lusitanischen Kolonialreiches witterten die drei unterschiedlichen Guerillaführer Neto, Roberto und Savimbi ihre Chance. Dabei trieben sie alle ein unfaires Spiel. Sie versuchten nicht nur ihre Ausgangsposition in den jeweiligen Stammesgebieten zu verbessern, sondern auch so weit wie möglich in der Hauptstadt Luanda Fuß zu fassen und die andere Seite auszuschalten. Dabei entpuppte sich Dr. Jonas Savimbi als ein charismatischer Redner, der in vielen Städten Angolas die Zuhörer zu fesseln verstand und in dem man bereits den kommenden Präsidenten der neuen Republik sah. Auch die FNLA versuchte, die politische Initiative an sich zu reißen und vollendete Tatsachen zu schaffen. Im März 1975 zog eine 500 Mann starke motorisierte Kolonne der Armee Holden Robertos in Luanda ein. Es kam zu ersten bewaffneten Auseinandersetzungen, während denen in der Nähe der Hauptstadt 51 junge MPLA-Soldaten von der FNLA massakriert wurden. Mit modernstem russischen Kriegsmaterial ausgerüstet, begann die MPLA daraufhin, die Hauptstadt im April 1975 von fremden Elementen zu säubern. Außerdem eroberte sie die wichtigsten Stützpunkte der UNITA in Zentralangola – Luso, Sao da Bandeira, Mocamedes und Lobito. In der Organisation für Afrikanische Einheit schlug plötzlich die Stimmung zugunsten der Marxisten um. Nur wenige Wochen vorher hatte eine Kommission der Organisation festgestellt, daß die UNITA freie Wahlen haushoch gewinnen würde. Mit portugiesischer Hilfe hatten die drei Parteien noch im Januar 1975 beschlossen, eine Übergangsregierung zu bilden. Aber der Vertrag trat nie in Kraft. Unter dem Druck der OAU trafen sich die drei Guerillaführer noch einmal vom 16. bis 21. Juni in Nakuru in Kenia, wo sie unter dem Vorsitz des Präsidenten Jomo Kenyatta erneut vereinbarten, ein gemeinsames Kabinett in Luanda zu formieren. Auch diese Abmachung wurde nie eingehalten.

Stattdessen wurde im Hafen von Luanda immer mehr sowjetisches Kriegsmaterial ausgeladen und erschienen die ersten ausländischen Truppen und Söldner auf der Bühne: DDR-Militärberater, Kubas Afrika-Korps, Zaires beste Panzerbrigade und die ersten britischen Söldner, die mit CIA-Geldern angeworben waren, während die damalige britische Labourregierung ein Auge zudrückte. China schickte der FNLA noch einmal 350 Tonnen Waffen und 125 Militärberater. Am 25. März 1975 landeten 30 russische AN-22-Transportflugzeuge in Brazzaville, der Hauptstadt der Volksrepublik Kongo. Sie hatten sowjetische Waffen an Bord, die für die MPLA bestimmt waren. Anfang April nahmen die ersten Kubaner an den Kämpfen in Luanda teil. Ein sowjetisches Frachtschiff löschte im Mai 150 Tonnen Kriegsmaterial im Hafen der angolanischen Hauptstadt. Auch Amerikas CIA ließ den Guerillias Holden Robertos bis Juni 1975 sechs Millionen $ zukommen. Nur Dr. Savimbi ging praktisch leer aus. Die wiedergewonnene Freundschaft mit Dr. Kenneth Kaunda trieb ihn nach Lusaka. Sambias Präsident – in afrikanischen Kreisen ironisch »Das Chamäleon« genannt – hatte auf dem Höhepunkt der Angolakrise die Kubaner und Sowjets mit einer »wildernden Löwin mit ihren Jungen« verglichen. Er war also der geeignete Mann, um bei dem US-Präsidenten Gerald Ford und seinem Staatssekretär Henry Kissinger vorstellig zu werden, die ihrerseits wiederum auf die Möglichkeit einer südafrikanischen Intervention hinwiesen. Pretoria stellte eine Einheit von Freiwilligen auf, die unter dem Kommando des Obersten van Heerden als »Force Zulu« nach Angola vorstieß. Die USA, Sambia, Zaire, Ghana, Nigeria, die Elfenbeinküste und Senegal sowie einige europäische Staaten erklärten sich stillschweigend mit der Invasion der Südafrikaner zugunsten der FNLA und der UNITA einverstanden.

Am 10. November 1975 nahmen vier südafrikanische 140-mm-Geschütze – gedacht als Unterstützung für den Sturmangriff auf Luanda, der von 130 portugiesischen Soldaten, 4000 Mann der FNLA und einer Panzerbrigade der Republik Zaire ausgeführt wurde – die Stellungen des Gegners unter Feuer. Am nächsten Tag sollte Dr. Agostinho Neto als Führer der MPLA die Volksrepublik Angola proklamieren. Es war fünf Minuten vor zwölf. Als die südafrikanische Artillerie schwieg und die anti-kommunistischen Kräfte versuchten, den Sperrgürtel 28 km vor Luanda zu

durchbrechen, schlug ihnen unverhofft ein vernichtender Feuerhagel entgegen.
Am Horizont tauchten Fahrzeuge mit den berüchtigten Feldraketenwerfern BM-24 und BM-14, den Urenkeln der »Katjuscha«, der »Stalinorgel«, auf. Die Werfer wurden von weißen Kubanern bedient. Die russischen Salvengeschütze, die in Massen und äußerst billig in der Sowjetunion hergestellt wurden, hatten eine verheerende Wirkung. In wilder Panik flohen die schwarzen Soldaten durch Sümpfe und tropischen Busch. Portugiesische Offiziere und Berater des CIA versuchten vergebens, die flüchtenden Truppen aufzuhalten. Die Schwarzen warfen ihre Waffen, Uniformen und Schuhe weg und rannten um ihr nacktes Leben. Die Schlacht um Luanda war verloren. Die jaulenden Raketen der »Stalinorgel« hatten das Schicksal Angolas entschieden. »Das ist eine der folgenschwersten Niederlagen des Westens«, sagte Oberst Santos e Castro, der die Kommandos der portugiesischen Kolonialmacht, die »Flechas«, aufgebaut hatte und jetzt Militärberater der FNLA war. Auch andere Beobachter waren der Meinung, daß bei der Kanonade von Quifangondo, 28 km vor Luanda, mehr als nur Angola verlorenging.
Ihr Geheul begleitete den Auftakt einer neuen Epoche im südlichen Afrika. In Luanda gingen die letzten portugiesischen Truppen an Bord der Heimatflotte. Um die Mittagszeit dieses langen, heißen 10. November 1975 erschien der letzte Hohe Kommissar Lissabons, Admiral Leonel Cardoso, im Gouverneurspalast. Vor einer kleinen Gruppe weißer Beamter verlas er die letzte Proklamation, wonach die Souveränität dem angolanischen Volk übertragen werde. Gleichzeitig lehnte er jede Verantwortung für den Bürgerkrieg ab, der seit Wochen tobte. Er hob die Faust und rief: »Viva Angola! Viva Portugal!« Niemand antwortete. Am Abend wurde auf dem aus dem 16. Jahrhundert stammenden historischen Fort San Miguel zum letzten Mal die portugiesische Flagge eingeholt. 500 Jahre portugiesischer Kolonialherrschaft gingen zu Ende. Portugiesische Seeleute hatten die europäische Zivilisation an Angolas Küste gebracht. Jetzt war es wiederum ein Seemann, der das Symbol seiner Nation nach Portugal zurückbrachte. Persönlich holte Admiral Cardoso die rotgrüne Fahne der ältesten Seefahrernation in Afrika herunter und trug sie zu einer der sieben Fregatten, die im Hafen vor Anker lagen. Dann verließ Portugals Flotte die Bucht von Luanda.

Zehn Tage vorher war die Luftbrücke mit Portugal, über die mehr als 140 000 Menschen nach Europa zurückgebracht wurden, eingestellt worden. 90 000 konnten mit normalen Flügen der portugiesischen Gesellschaft TAP das Land verlassen. 20 000 flüchteten über die Grenze in das ehemalige Deutsch-Südwestafrika, wo sie zum Teil heute noch leben. Tausende versuchten, mit Yachten und anderen Schiffen Brasilien und Südafrika zu erreichen. Andere flohen über die Grenzen Zaires und Sambias. Insgesamt 400 000 »Refugiados« kehrten nach Portugal zurück. Viele konnten es mit einer erstaunlichen Energie schaffen, im Mutterland, das die meisten nie gesehen hatten, Fuß zu fassen. In manchen Fällen überflügelten die Flüchtlinge, die vor dem Nichts standen, mit ihrer Initiative viele Ansässige. Hier zeigte sich die Ausdauer und der Fleiß der Kolonisten. Die 50 Milliarden Escudos, die für die Eingliederung ausgegeben wurden, hätten das allein nicht bewirken können. Der »rote Admiral« Antonio Alvar Rosa Coutinho, besitzt heute die Aktienmehrheit von 51 Prozent bei zwei Gesellschaften, die »Vesper« und »Coteco« heißen. Die erstere lieferte allein im Jahre 1982 Waffen und Munition im Wert von mehreren Millionen $ an die MPLA-Regierung in Angola. »Coteco« wirbt portugiesische Offiziere an, die Erfahrungen im Guerillakrieg haben. 70 von ihnen wurden bereits durch den roten Revolutionär an Angola vermittelt, wo sie inzwischen SWAPO- und MPLA-Soldaten ausbilden.

In vielen westlichen Hauptstädten kam es zu einem Sturm der Empörung wegen des Eingreifens südafrikanischer Truppen in Angola. Selbst die Staaten, die die militärischen Operationen geduldet, wenn nicht sogar befürwortet hatten, zogen es jetzt vor, sich auf die Seite der Heuchler zu schlagen. Mit Hilfe der Kubaner wurden die letzten FNLA-Truppen nach Zaire zurückgetrieben und verschiedene Städte im UNITA-Gebiet besetzt. Das MPLA-Regime wurde innerhalb kürzester Zeit vom Westen diplomatisch anerkannt. Nur die USA weigerten sich bis heute, einen Botschafter nach Luanda zu entsenden. Dabei ist es ironischerweise die »Gulf Oil Corporation«, die noch vor der Unabhängigkeit mit der Ölförderung in der Enklave Cabinda begonnen hatte, die das marxistische Regime vor dem wirtschaftlichen Zusammenbruch rettete. Heute kauft Amerika für etwa 600 Mio $ Öl aus Cabinda und Angola ist der drittgrößte Handelspartner Washingtons in Afrika. Menschenrechte und Demokratie standen nicht mehr zur Diskussion. Südafrika war – auch von den USA im Stich gelassen – der

Sündenbock. Ministerpräsident Vorster ordnete den Rückzug der südafrikanischen Armee an, der am 25. März 1976 mit einer bescheidenen Parade am Cunenefluß im Beisein des damaligen Verteidigungsministers Pieter Wilhelm Botha beendet wurde. Die »Force Zulu« und das Expeditionskorps »Foxbat« waren in ihre Ausgangsstellungen in Südwestafrika zurückgekehrt.

Für Dr. Jonas Savimbi, der plötzlich auch bei seinen schwarzen Bundesgenossen als Paria betrachtet wurde, begann ein neuer Abschnitt des langen Marsches an die Führungsspitze Angolas. Verschiedene Angebote, seine eindrucksvolle Intelligenz für eine Stelle als Professor an einer westeuropäischen Universität einzusetzen, lehnte er ab. Mit den übriggebliebenen Einheiten seiner schlecht gedrillten Guerillaarmee marschierte er wieder in den Busch. Durch seine Zusammenarbeit mit den Südafrikanern brach die Allianz mit der SWAPO auseinander. Sam Nujomas Volksorganisation schlug sich auf die Seite des Stärkeren und liierte sich mit der MPLA und den Kubanern. Der rätselhafte Tod des angolanischen Präsidenten Dr. Agostinho Neto 1979 im Operationssaal eines Moskauer Krankenhauses brachte keine innenpolitische Veränderung für das schwergeprüfte Land. Sein Nachfolger José Eduardo dos Santos fürchtet noch mehr als Neto die kapitalistische Unterstützung der USA für die UNITA und möchte so schnell wie möglich dieses »innenpolitische Problem« bereinigen. Aber zehn Jahre nach der Proklamation der marxistischen Vollksrepublik Angola beherrscht Dr. Jonas Savimbi mehr als zwei Drittel des Landes. In den ersten Jahren war es für Journalisten schwierig gewesen, die UNITA-Guerillas im Busch zu finden. Ein Flug mit nicht registrierten Flugzeugen ohne Hoheitsabzeichen von Lusaka oder Kinshasa forderte monatelange Vorbereitungen, Gespräche, Bittgesuche. In Lusaka wartete ich trotz der festen Zusage des damaligen »Außeministers« Dr. George Sangumba tagelang auf das o. k. aus dem Innern Angolas. Heute ist ein Besuch in Jamba, der aus dem Boden gestampften Hauptstadt der Savimbi-Republik, fast ein Sonntagsausflug. Inzwischen geben auch die Südafrikaner offen zu, daß sie den Guerillaführer unterstützen. Zahlreiche schwarze Politiker von Mobuto bis Senghor haben sich im Laufe der Zeit für eine Zusammenarbeit mit Pretoria eingesetzt, bzw. Hilfe aus dem Apartheidsstaat erhalten. Dr. Jonas Savimbi ist der einzige, der daraus kein Hehl macht. »Ich werde weder den Marxisten noch den Sozialisten und Liberalen die Freude machen,

Selbstmord zu verüben«, sagte er mir einmal. ZDF-Moderator Gerhard Löwenthal und ich besuchten 1984 gemeinsam das Guerillahauptquartier der UNITA. Für Löwenthal war es die erste Begegnung. »Man kann noch so zynisch und abgebrüht sein, man ist beeindruckt von diesem Mann, der ein großes Wissen über internationale politische Zusammenhänge besitzt, klare Auffassungen über die Entwicklungen im südlichen Afrika hat und sich immer wieder für den Dialog, für ein Gespräch mit Luanda einsetzt«, stellten wir beide fest. »Eines Tages werden auch die anderen afrikanischen Staaten erkennen, daß sie mit Südafrika leben müssen. Wir können nicht ewig vor diesem Problem davonlaufen«, meinte Savimbi während des Interviews. »Weder die Südafrikaner noch UNITA sind der Störenfried in diesem Teil der Welt. Die Russen und Kubaner sind der destabilisierende Faktor. Es gibt hier zwei Konflikte, der eine ist die Auseinandersetzung zwischen UNITA einerseits und der MPLA und den Kubanern andererseits. Der andere Konflikt besteht zwischen Südafrika und der SWAPO. Luanda wird verstehen müssen, daß Pretoria immer wieder angreifen wird, solange die SWAPO in Angola Unterschlupf findet. Außerdem ist Südafrika nicht zu Verhandlungen bereit, solange 30000 Kubaner hier stationiert sind. Der Westen muß begreifen, daß wir gegen die Kubaner einen Krieg des Überlebens kämpfen. Wenn Havanna einmal in Namibia sitzt, ist das Ende Südafrikas abzusehen.«

Wie sehr Savimbis Guerillas den Marxisten ein Dorn im Fleische sind, beweist die Tatsache, daß mehr Truppen denn je im Südosten Angolas konzentriert wurden, um die UNITA und die Hauptstadt Jamba – von der ein Kollege kürzlich sagte, daß sie »wie eine Bekehrung oder eine Gehirnwäsche wirkt« – endgültig zu vernichten. Noch im Juni 1985 hatten Vertreter von vier westlichen Guerillaorganisationen aus Angola, Laos, Nicaragua und Afghanistan sozusagen unter den Augen des Feindes eine Allianz gegen den sowjetischen Expansionismus gebildet. Der Tagungsort war Jamba, die Hüttenstadt mit ihren rund 12000 Einwohnern, einem Hospital mit 200 Betten, einem Konferenzzentrum, elektrischer Energie und einem Ring von Luftabwehrgeschützen und Raketen für den Fall eines Luftangriffes. In einer der Hütten befanden sich verschiedene zivile Gefangene. UNITA zwang wiederholt in Angola tätige Ausländer, in langen und erschöpfenden Fußmärschen über mehr als tausend Kilometer hinweg nach Jamba zu marschieren. Es handelt sich um Tschechen, Portugiesen und Engländer, die praktisch gekidnappt wurden. Savimbi erklärte mir dazu, daß man die Wirtschaft der MPLA treffen wolle, da diese den Marxisten die Möglichkeiten gibt, den Krieg zu finanzieren. Ausländer müßten wissen, daß sie durch ihren Einsatz einen unbarmherzigen Gegner unterstützen, der keine Gnade kennt.

Erbarmungslos war die Offensive, die Ende Dezember 1985 mit dem Einsatz russischer Kampfhubschrauber begann. Hohe sowjetische Offiziere leiteten den Angriff von fünf Brigaden der angolanischen Armee in Stärke von 5000 Mann und zwei kubanischen Regimentern mit etwa 3000 Soldaten. Außerdem waren sowjetische Soldaten und Militärberater der Volksarmee beteiligt. Die Sowjetunion brachte weitere hundert Offiziere nach Luanda, und in mehr als 500 Flügen Mannschaften und Material nach Südangola. Moskau lieferte 1983 und 1984 an die MPLA Kriegsmaterial im Werte von 2 Milliarden $. UNITA behauptet, daß Ende 1985 mindestens 1200 russische Militärberater und fast 30000 Kubaner und Soldaten aus dem Ostblock in Angola stationiert waren. Spezialisten aus der DDR verbesserten inzwischen das Luftabwehrsystem im Süden, um damit der südafrikanischen Luftüberlegenheit begegnen zu können. Bisher konnte jede Offensive der Angolaner gegen die UNITA durch den Einsatz südafrikanischer Luftverbände gestoppt werden, obwohl die Luftwaffe Pretorias durch den Waffenboykott hoffnungslos veraltet ist. Dr. Jonas Savimbi wurde inzwischen von konservativen Kreisen in den USA eingeladen, seine Anliegen und Probleme in Washington selbst zu erläutern. Er wurde von Präsident Reagan empfangen und erhielt die Zusage amerikanischer Waffenlieferungen.

In den Strudel gerissen

Simbabwe (Rhodesien)

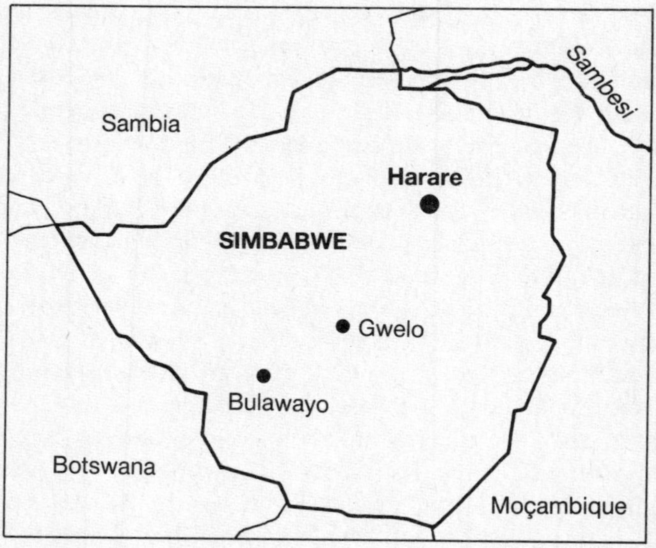

Im damaligen Salisbury registrierte man schockiert und verwirrt die Ereignisse in Lissabon und vor allem die in den benachbarten portugiesischen Kolonien. Das bereits durch englische und internationale Sanktionen (wenn auch nur halbherzig durchgeführt) bedrohte Rhodesien zeigte erste Zweifel an Premier Ian Smiths Worten, wonach die Schwarzen nicht in tausend Jahren das Land regieren würden. Die Front des Guerillakrieges, der im Mai 1966 mit dem Mord an einem Farmerehepaar begonnen hatte, wurde plötzlich um mehr als 1000 km erweitert, während man bis dahin verhältnismäßig sicher an dieser durch den Sambesi gezogenen Grenze gelebt hatte. Man konnte noch nicht von einem richtigen Krieg reden. Am 11. November 1965 hatte Ian Douglas Smith, der ehemalige Air-Force-Pilot, die einseitige Unabhängigkeit Rhodesiens proklamiert. Einen Tag lang hatte das 16köpfige Kabinett die Probleme und Folgen einer solchen Entscheidung besprochen. Für Ian Smith waren die Ratschläge des damals 57jährigen Douglas Lilford ausschlaggebend. Lilford, der allgemein »Boss« genannt und zu den »Diehards« (den Ewiggestrigen, Reaktionären) gezählt wurde, war die treibende Kraft hinter den Kulissen. Er gehörte zu einer der einflußreichsten Familien im südlichen Afrika, wurde Vizepräsident der »Rhodesian Front-Partei« und Ratgeber des Ministerpräsidenten. In seiner politischen Haltung war er weder gegenüber England noch gegenüber den schwarzen Nationalisten zu Zugeständnissen bereit. Seine Gegner nannten ihn einen rücksichtslosen Rassisten. Fest steht jedenfalls, daß er die Geschicke Rhodesiens bis zum Ende enorm beeinflußt hat. Er wurde Anfang Dezember 1985 auf seiner Farm »Lilfordia« ermordet. Sein Tod bedeutete praktisch Schlußstrich und Ende der weißen Epoche in Rhodesien. Zum Zeitpunkt der UDI-Erklärung befand sich Robert Mugabe in einem Internierungslager in Sikombela in Mittelrhodesien. Man hatte ihn Anfang 1964 wegen »subversiver Reden« zu 21 Monaten Haft verurteilt. Der Aufenthalt in verschiedenen Gefängnissen sollte zehn Jahre dauern. Auch Joshua Nkomo, damals der bedeutendste schwarze Nationalist des Landes, hielt man im Internierungslager Gonakudzingwa fest, das die Rhodesier in einer gottverlassenen Ecke an der Grenze zu Moçambique errichtet hatten. Auf Drängen Vorsters und Kaundas ließ die Regierung Smith Ende 1974 verschiedene Rebellen frei und flog sie nach Lusaka. Zu ihnen gehörten Pfarrer Ndabiningi Sithole und Robert Mugabe. Sithole wurde später zu einem der erbittertsten Gegner des ZANU-Führers. Er flüchtete in den achtziger Jahren schließlich ins Exil nach London, weil er um sein Leben fürchtete. Unter dem Druck der beiden Politiker Kaunda und Vorster kam es im August 1975 zu Gesprächen zwischen Ian Smith und Joshua Nkomo. Sie wurden mit Propagandagetöse in einem Eisenbahnwaggon der Südafrikaner und im Beisein der beiden Staatschefs auf der Brücke über den Victoriawasserfällen durchgeführt, jedoch ergebnislos abgebrochen. Die Fronten hatten sich verhärtet, und die Eskalation des Krieges war nicht mehr aufzuhalten. Sambias Präsident, der Vorster noch kurz vorher in dem Städtchen Livingstone als einen großen Mann Afrikas gefeiert hatte, prophezeite: »Es gibt keine friedliche Lösung mehr. Die Weißen werden ihre Farmen und ihre Fabriken verlieren. Das ist die Revolution.«

Unter dem Titel »Eigentlich ganz gemütlich« berichtete »Spiegel«-Redakteur Wolf Dieter Steinbauer damals über die Verschärfung des Krieges. Nachdem deutlich geworden war, daß die Regierung Smith keine Konzessionen einräumen wollte, drängten in den Guerilla- und Befreiungsorganisationen, die in den benachbarten Frontstaaten ansäßig waren, die jungen hartgesottenen Marxisten in die Führungsspitze. Die Terroristen hatten nun Absprungbasen in Sambia, Moçambique und Angola. Rhodesien, die weiße Festung, befand sich im Maul des Nußknackers. Praktisch von allen Seiten wurde der Terrorkrieg in das Land hineingetragen. Im Juni 1976 waren die rhodesischen Sicherheitskräfte in drei Abwehrschlachten verwickelt, die die Namen »Operation Hurricane«, »Operation Trasher« und »Operation Repulse« trugen. Im Norden wurden schwere Stacheldrahtversperrungen und Minenfelder angelegt und Kampfhubschrauber mit schnellen und guttrainierten Kommando-Einheiten eingesetzt, um eingesickerte Rebellen unschädlich zu machen. Auch mußten zum ersten Mal die Straßen- und Eisenbahnverbindungen mit Botswana und Südafrika, die Lebensadern des Landes, abgesichert werden, da sie von Aufständischen angegriffen wurden. Zusätzlich traf Ministerpräsident Vorster eine verheerende und folgenschwere Entscheidung. Er glaubte, die Probleme des südlichen Afrika und vor allem die seines Landes durch eine Politik des Dialogs lösen zu können, und gab den Befehl, die in Rhodesien stationierten Einheiten der südafrikanischen Polizei abzuziehen, die bis dahin Verteidigungsaufgaben an der Sambesifront übernommen hatte. Strategen bezeichnen diesen Entschluß als den größten Sieg der Frontstaaten gegenüber den weißen Bastionen. Von diesem Augenblick an war es nur noch eine Frage der Zeit, bis die Guerillabewegungen SWAPO, PAC und ANC, die beinahe kümmerlich dahinvegetierten, in der Lage waren, neue Ausgangspositionen zu beziehen und von Staaten aus zu operieren, die nach Moskau ausgerichtet sind und die die gleiche Ideologie verfolgen. »Vorster machte uns zum Opferlamm«, sagte 20 Jahre nach der Unabhängigkeitserklärung Ian Smith voller Bitterkeit. In den USA hatte man plötzlich das Ausmaß der kommunistischen Bedrohung erkannt. Staatssekretär Henry Kissinger flog in aller Eile nach Lusaka, um dort Vorschläge für eine neue Afrikapolitik zu unterbreiten. Zwei Mal verhandelte er dann mit dem südafrikanischen Premier, der wiederum Ian Smith zur Kapitulation zwingen sollte. Rückblickend erklärte Ian Smith in einem Gespräch in seiner Wohnung im heutigen Harare: »Vorster war derjenige, der uns unter Druck setzen konnte. Kissinger sagte ohne Umschweife, worauf es ankam. Er legte nur die Tatsachen auf den Tisch. Hätte ich nur mit ihm zu tun gehabt, dann hätte ich einfach sagen können ›Hau ab!‹ Es gab nur eine Person, deren Auffassungen ich akzeptieren mußte, und das war Vorster. Er glaubte damals an seine Detente-Politik und an die Rolle Südafrikas in Afrika. Er wollte das Blatt der Geschichte wenden. Er stand in Kontakt mit den schwarzen Politikern im Norden. Er hatte ihre Zusage, daß sie ihn akzeptieren würden, wenn er nur bereit wäre, Rhodesien zu opfern... Er hat uns geopfert, und dennoch für sein eigenes Land nichts erreicht.« Aber auch Kissingers Plan wurde zu den Akten gelegt. Die Gewalt, von der Dr. Bruno Bandulet einmal sagte, daß sie in Afrika ein Kennzeichen des Kulturniveaus ist, triumphierte.

Rhodesien mobilisierte das letzte Aufgebot. 14 000 reguläre Soldaten, die Hälfte von ihnen Schwarze, standen an den Grenzen. 40 000 Reservisten wurden regelmäßig zu den Waffen gerufen. Nach offiziellen Angaben wurden 1978 (um nur ein Jahr herauszugreifen) 1272 Guerillas und 1198 schwarze Zivilisten getötet. An rhodesischer Seite fielen 134 Soldaten und 86 weiße Bürger. Im Juli 1979 kostete der Krieg bereits mehr als 2,6 Millionen Mark pro Tag. Doch das Morden ging weiter. Die sowjetischen Waffenlieferungen an Robert Mugabe stiegen ab Juli 1978 von 30% auf 80%. Auf Befehl des rhodesischen Oberkommandos kam es zu schweren Vergeltungsschlägen gegen Guerilla-Basen in den Nachbarländern. Bei rhodesischen Kommando-Aktionen in Moçambique wurden in dem ZANLA-Lager (ZANLA = Befreiungsarmee Robert Mugabes) Mapai mehr als vier Tonnen russischer Waffen erbeutet. In Chimoio zerstörten die Rhodesier rund zwölf Tonnen Kriegsmaterial des Ostblocks und bei Kavalamanji sieben Tonnen. Medikamente und Konservenbüchsen stammten aus Holland und Dänemark. Im Oktober 1978 töteten Luftlandetruppen in einem Camp in der Nähe von Lusaka 1500 ZIPRA-Guerillas, Angehörige der Armee Joshua Nkomos. Angriffe auf Lager und Stellungen in Moçambique folgten. Am 26. Februar 1979 griffen vier Canberra-Bomber eine Basis der Guerillas Joshua Nkomos in Luso in Angola an. 160 Rebellen wurden getötet. Das Unternehmen wurde später als eine militärische und fliegerische Meisterleistung beschrieben. Die Bomber flogen insgesamt 2000 km und mußten sowohl die von Briten bediente Luftabwehr in Sambia wie die russischen Radar-Anlagen in Angola vermeiden. Die auf der russisch-kubanischen Militärbasis Henrique de Carvalho (320 km weiter nördlich) stationierten MIG-17-Düsenjäger kamen zu spät.

Noch ehe die Verhandlungen im Lancasterhouse in London unter dem Vorsitz Lord Carringtons das Ende des Krieges andeuteten, planten die Rhodesier eine letzte Verzweiflungstat. Es war ein Plan zur »Endlösung des Problems« und wäre vielleicht der Anfang des totalen Kriegs im südlichen Afrika gewesen. Rhodesische Bomber, Düsenjäger und Luftlandeeinheiten sollten die wirtschaftliche Infrastruktur der Nachbarstaaten Sambia und Moçambique vollkommen zerstören. Rhodesien wäre in der Lage gewesen, das Wirtschaftsgefüge der beiden Länder total zu vernichten. Obwohl es zu vereinzelten Aktionen kam, widersetzte sich Generalleutnant Peter Walls, der wichtigste Mann in der rhodesischen Militärhierarchie, der Ausführung. Er war der Meinung, daß diese Verzweiflungstat das Eingreifen der Großmächte zur Folge haben würde. Walls, der kein kriegerisches Rauhbein war, sondern politischen Instinkt und einen geschulten Verstand besaß, glaubte nicht mehr an den Sieg. Britische Geheimdienstkreise sahen ihn in der Endphase bereits als den Schiedsrichter über Krieg und Frieden. Jedenfalls flog er in letzter Minute nach Maputo und verhandelte mit Samora Machel über die Beendigung des Krieges und die Einsetzung einer neuen Regierung, die aus geplanten Wahlen hervorgehen sollte. Machel gab sein Wort, das Wahlergebnis zu respektieren, wenn die Rhodesier im Falle eines Wahlsiegs Robert Mugabes keinen Coup ausführen würden.

Vier Tage vor dem Weihnachtsfest 1979 wurde in London zwischen der schon unter Führung von Bischof Abel Muzorewa bestehenden Regierung der Nationalen Einheit einerseits und der Patriotischen Front Robert Mugabes und Joshua Nkomos andererseis ein Waffenstillstand unterschrieben. Im Februar 1980 rüstete man zum letzten Wahlkampf in Rhodesien. Mit allen Mitteln des Terrors, der politischen Intrige, der körperlichen Bedrohung und Mißhandlung wurde die Bevölkerung, die sich nichts Sehnlicheres wünschte als den Frieden im Lande, unter Druck gesetzt. Robert Mugabe war der Sieger und wurde am 18. April 1980 Premier des neuen Zimbabwe. Der Moloch Krieg hatte mehr als 30 000 Menschenleben gefordert. Es gab mehr als zehntausend Kriegsblinde, Kriegskrüppel. In vielen Gebieten waren die Ernten und der Mais auf den Feldern durch

Kriegseinwirkung zerstört worden. 20 Prozent der rund sieben Millionen Einwohner litten an Unterernährung. Fast eine Million Menschen war heimatlos. Hunderte Missionsstationen und Missionsschulen hatte man durch den Ausnahmezustand schließen müssen. Zahlreiche Kirchen und Missionshäuser waren von den Guerillas in Brand gesteckt worden. Mehrere deutsche Missionare (vor allem des Jesuitenordens) wurden umgebracht. 1977 töteten die Guerillas Mugabes drei Jesuitenpatres und vier Dominikanerinnen (darunter drei deutsche Ordensfrauen) im Nordosten Rhodesiens. Bis 1978 wurden mehr als dreißig Missionare verschiedener Konfessionen ermordet. In den Städten gab es mehr als 200 000 schwarze Arbeitslose. In den Nachbarländern warteten fast eine halbe Million Flüchtlinge auf den Rücktransport in die Heimat. Mehr als 480 000 Kinder hatten über Jahre hinweg keine Schulen mehr besucht.
Nach der Machtübernahme durch Robert Mugabe verließen von den ursprünglichen 280 000 Weißen mehr als 150 000 das junge Simbabwe. Konservative Kreise im südlichen Afrika hatten inzwischen nach dem Abschuß der Viscount-Verkehrsmaschine bei Kariba ein »Kopfgeld« von rund 250 000 DM für den Tod Joshua Nkomos ausgesetzt. Niemand interessierte sich dafür, obwohl es viele Rhodesier gab, die diesen Mann als den eigentlichen Übeltäter beschuldigten und ihn auch umsonst umgebracht hätten. Der Führer der Ndebele mußte drei Jahre später selbst vor seinem einstigen Waffengefährten fliehen. Robert Mugabe setzte seine – von Nordkoreanern gedrillte – Fünfte Brigade in Marsch, die wie ein Wirbelwind durch Matabeleland zog und von den Anhängern Nkomos dann auch »Gukurahundi« genannt wurde. »Diese ging« – wie es in einem Bericht von Amnesty International heißt – »sofort mit brutaler Repression vor. Lokalpolitiker der PF (Patriotischen Front) und ehemalige Mitglieder ihres militärischen Flügels aus der Zeit vor der Unabhängigkeit waren bevorzugte Opfer der Verfolgung; weit verbreitet waren aber auch Angaben über wahllos ausgeteilte Prügel, Bajonettstechereien und summarische Tötungen. Trotz zunehmender Proteste durch hohe Geistliche... dauerten diese Übergriffe mehrere Wochen an...« Nach Aussagen englischer Journalisten wurden Tausende Menschen ermordet. Joshua Nkomo selbst floh nach Botswana, dann nach London und kehrte erst Monate später nach Bulawayo zurück, wo er seitdem schmollend, isoliert und zurückgezogen lebt. Die schwarze Opposition war endgültig zu

»Verrätern und Söldnern der Weißen« gebrandmarkt worden. Auch das Feindbild vom »schuldigen ausbeuterischen Weißen« und vom »teuflischen Nachbarn Südafrika« beginnt zu wirken. In Harare sind die Weichen – wie vorgesehen – für die Schaffung des Ein-Parteien-Staates gestellt worden. Wie raffiniert der von Jesuiten und an der südafrikanischen Universität Fort Hare erzogene Katholik Robert Mugabe die Propagandakampagne zu seinen Gunsten lenkt, beweist ein Brief, den der Sprecher des Bischofs von Augsburg, Peter Hornung, an den deutschen Außenminister Genscher schickte. Darin steht im Zusammenhang mit einer kirchlichen Trauung zu lesen: »Auch Premier Mugabe war anwesend. Er ging nicht zur Kommunion – aber er sprach alle Gebete mit, und er machte das Kreuzzeichen. Verhält sich so ein Marxist?...« Im September 1985 reiste Robert Mugabe nach Rotchina und Nordkorea und bat die beiden marxistischen Staaten, den bedrohten Sozialismus im südlichen Afrika zu retten. Wenige Monate später führte der Staatschef Simbabwes Gespräche in Moskau, die mit Vereinbarungen über neue Waffenlieferungen der UdSSR abgeschlossen wurden. Verhält sich so ein Katholik? Könnte man fast den Sprecher des Bischofs Mgr. August Stimpfle in Augsburg fragen.

Pulverfaß Südafrika

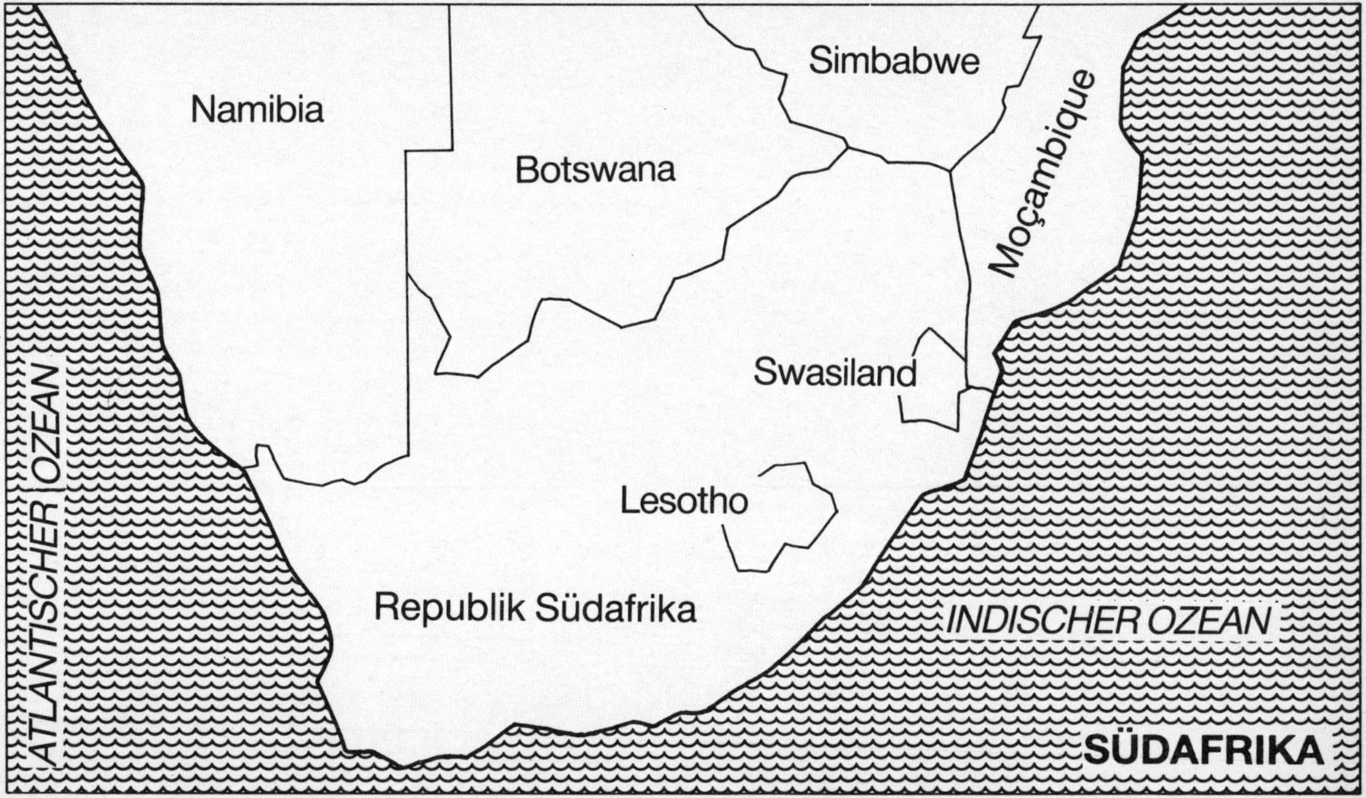

Namibia
Simbabwe
Botswana
Moçambique
Swasiland
Lesotho
Republik Südafrika
ATLANTISCHER OZEAN
INDISCHER OZEAN
SÜDAFRIKA

Afrikas nützliche Idioten

Bei der Beurteilung der Situation in Afrika zeigt sich immer wieder, wie blind der Westen der Entwicklung gegenübersteht und wie geschickt umgekehrt der Osten sich der Männer bedient, die Wladimir Iljitsch Lenin einmal als »nützliche Idioten« bezeichnete. Einer von ihnen – Pastor Dr. Allan Boesak – sieht sich selbst gerne als »Künder des Königreichs Gottes« und ist dennoch Mitbegründer der marxistisch-revolutionären »United Democratic Front« und einer der fanatischsten Hasser, den dieser Kontinent je gekannt hat. Andere sind – wie Pastor Beyers Naudé und Bischof Desmond Tutu – Vertreter einer »Befreiungstheologie«, die umstürzlerische Gewalt theologisch rechtfertigt. In ihren demagogischen rhetorischen Auftritten propagieren sie eine der schlimmsten Häresien unserer Zeit, die dem Evangelium widerspricht. Bevor ich die Situation in Namibia und Südafrika schildere, möchte ich einige Porträts der Männer zeichnen, die der Westen gerne in der Rolle von Märtyrern und Helden sieht.

Ende Oktober 1985 enthüllte der fast siebzigjährige Präsident des »African National Congress«, Oliver Tambo, eine fast vier Meter hohe Bronzestatue des seit 1963 eingekerkerten ANC-Führers Nelson Mandela vor der Royal Festival Hall in London. Tambo und Mandela haben zusammen an der Universität von Fort Hare in Zululand studiert und eröffneten bereits 1952 das erste schwarze Anwaltsbüro in Johannesburg. Neben dem in Spandau inhaftierten ehemaligen Stellvertreter Hitlers, Rudolf Hess, gilt Nelson Mandela heute wohl als der berühmteste Gefangene der Welt, vorausgesetzt natürlich, daß man die Opfer totalitärer Diktaturen – wie etwa Andrej Sacharow – nicht dazu zählt. Das City College in New York verlieh dem schwarzen Revolutionär die Ehrendoktorwürde, die Stadt Rom und das griechische antike Dorf Olympia ernannten ihn zum Ehrenbürger, die Universität von London machte ihn zum lebenslänglichen Mitglied. Straßen in Amsterdam, Paris und anderswo tragen seinen Namen. In zahlreichen Städten der Welt erhielt er internationale Preise, die nach Simon Bolivar, Jawaharlal Nehru und Bruno Kreisky benannt sind. Sogar der Parteivorstand der Sozialistischen Einheitspartei Westberlins beteiligte sich am Kampf um die Freilassung Mandelas mit einem Solidaritätsabend in den Räumen des »Clubs Charlottenburg«, Kaiser-Friedrich-Straße 76. In England komponierte man einen Song für Nelson Mandela, der eine Zeitlang an der Spitze der Hitliste stand. Während sich in der Bundesrepublik der Schlagersänger Reinhard Mey beim Vortrag seines wehmütigen Maikäferliedes entschieden dagegen wehrt, ein Monarchist zu sein (Was will denn der Lümmel mit dem Kaiser, er hat doch sonst keine monarchistischen Tendenzen), feiert der Journalist Allister Sparks in der Wochenzeitung »Die Zeit« den Sohn eines Xhosa-Häuptlings als Mann königlicher Abstammung und dessen Frau Winnie Mandela als Königin und eindrucksvolle Schönheit. Das »Darmstädter Echo« geht sogar soweit, aus dem vermeintlichen Volkshelden einen »Königssohn hinter Kerkermauern« zu machen.

Im Jahre 1962 erhielt Nelson Rolihlahla Mandela von der damals bereits verbotenen Kommunistischen Partei Südafrikas den Auftrag, in geheimer Mission verschiedene unabhängige Staaten Afrikas zu besuchen, um Gelder für einen bewaffneten Aufstand aufzutreiben. Über den Rechtsanwalt James Kantor hatte man aus dem Geheimfonds der Partei die Farm »Lilliesleaf« in dem Vorort Rivonia bei Johannesburg erworben und an das KP-Mitglied Arthur Goldreich für 100 Rand vermietet. Außerdem wurden ein weiteres Anwesen in Krugersdorp, das als Waffenarsenal diente, und ein Wochenendhaus in dem Ortsteil Mountain View in Johannesburg, in dem eine illegale Druckerei eingerichtet wurde, gekauft. Die Parteimitglieder Dennis Goldberg und Ahmed Kathadra fertigten hier zahlreiche Parteidokumente und Flugblätter an. Die Farm diente dem Zentralkomitee der KP und maßgebenden Kommunisten wie Walter Sisulu, Govan Mbeki (beide Mitglied des ZK), Nelson Mandela, Ahmed (oder Mohammed) Kathadra, Vivian Ezra und Dennis Goldberg als Unterschlupf und regelmäßiger Treffpunkt. Hier wurde die Idee geboren, eine Befreiungsarmee unter dem Namen »Umkhonto we sizwe« (Speer der Nation) aufzubauen, um mit deren Hilfe die weiße Herrschaft zu Fall zu bringen. Generalstabschef dieser Armee und »Mastermind« hinter den Sabotage- und Terroraktionen wurde der litauische Rechtsanwalt jüdischer Herkunft Joe Slovo. Er war in den dreißiger Jahren eingewandert, Mitglied der Kommunistischen Partei und Vermutungen westlicher Geheimdienste zufolge Mitglied des sowjetischen KGB. Der Journalist Brian Bunting, später Mitarbeiter der russischen Nachrichtenagentur »Tass« in London, gehörte mit zum Generalstab. Slovos wichtigste Mitarbeiterin war seine Ehefrau Ruth First, eine fanatische Kommunistin, die 1965 ein Vorwort zu einer Buchausgabe von Nelson Mandelas Reden und Beiträgen geschrieben hatte. Die äußerst aktive Revolutionärin verließ kurz vor der Verhaftung Anfang der sechziger Jahre Südafrika und arbeitete anschließend von London aus. Sie wurde 1982 durch eine Bombenexplosion in der Eduardo-Mondlane-Universität in Maputo getötet. Joe Slovo verklagte 1985 groteskerweise die südafrikanische Zeitung »The Star«, weil darin suggeriert wurde, daß der KGB oder sogar Slovo selbst an dem Attentat beteiligt waren.

Zwischen den beiden revolutionären Bewegungen African National Congress und Südafrikanische Kommunistische Partei gab es keinen wesentlichen Unterschied. Mitglieder der einen Organisation saßen im Vorstand der anderen und umgekehrt. Dieser Status hat sich bis heute nicht geändert, und von den 22 Mitgliedern des ANC-Vorstandes sind heute die Hälfte maßgebende Mitglieder der SACP (South African Communist Party). Dazu gehören Vizepräsident Yusuf Dadoo, Generalsekretär Alfred Nzo und der Chef des Generalstabs, Joe Slovo. Übrigens ist Slovo der einzige Weiße in der Führungsspitze des ANC.

Die Führer des ANC und der KP arbeiteten zunächst auf der neuerworbenen Farm und unter strengster Bewachung die Umsturz- und Revolutionspläne gemeinsam aus und faßten auch gemeinsam Beschlüsse. Unter dem Kodenamen »Operation Mayibuye« (Das Wort bedeutet »Heimkehr Afrikas«) wurden die Einzelheiten des Generalstabsplans festgelegt. Arthur Goldreich hatte sich während eines Aufenthaltes in Rot-China mit der Guerilla-Strategie Mao Tse-tungs beschäftigt und genaue Notizen über die Organisation eines Volksaufstandes gemacht, die dann später im Prozeß gegen die Verschwörer als Beweismaterial dienen sollten. Sämtliche Operationsgebiete und der Ablauf der militärischen Handlungen waren genauestens aufgezeichnet. Pläne zur Fabrikation von 48000 Landminen und 210000 Handgranaten, die Joe Slovo ausgearbeitet hatte, wurden ebenfalls als belastendes Material vorgelegt. Verschiedene Mitglieder hatten ihr Aussehen verändert. Walter Sisulu trug einen Schnurrbart und hatte eine hellere Hautfarbe, Ahmed Kathadras Haare waren rötlich gefärbt. Dennis

Goldberg verwirrte durch einen schwarzen Bart. Nelson Mandela, der seinen Aufenthaltsort vielfach änderte, erschien jedesmal in einer anderen Tarnung.

In Lobatse, einem Grenzdorf im damaligen Betschuanaland (heute Botswana), versammelten sich die militärischen Führer noch einmal zu einer geheimen Besprechung und erörterten die endgültigen Pläne. Durch gezielte Streiks sollten Chaos und Gewalt gefördert werden. Dann sollten Sabotageakte folgen, während schließlich ausgebildete Guerillas und die »Nationale Befreiungsarmee« die letzte Phase einleiten würden. Die wichtigsten Führer des ANC und der KP wurden aufgefordert, ins Ausland zu flüchten. Männer wie Nelson Mandela, Walter Sisulu und Govan Mbeki sollten untertauchen.

Während seiner geheimgehaltenen Auslandsreise 1962 traf Mandela in Algerien, das gerade unabhängig geworden war, mit dem späteren Staatsoberhaupt Houari Boumedienne zusammen. Er erhielt dort eine kurze theoretische Guerillaausbildung. Bruno Mtolo, Mitglied der Kommunistischen Partei Südafrikas, war dabei, als Mandela nach seiner Rückkehr über die Reise berichtete. Es war ihm gelungen, Geldspenden in Höhe von mehr als 40 000 £ zu erhalten. Mtolo war später einer der wichtigsten 173 Zeugen, die im sogenannten Rivonia-Prozeß gegen Mandela aussagten. Er konnte bestätigen, daß im August 1963 die ersten 200 Rekruten nach Francistown in Betschuanaland gebracht wurden. Von dort aus flog man die angehenden Guerillakämpfer nach Dar-es-Salaam und anschließend in den Ostblock, nach Algerien und Kuba zur Ausbildung. Viele dieser jungen Leute wurden mit falschen Vorstellungen angeworben und entdeckten zu spät, daß man sie als Terroristen einsetzen wollte. Bruno Mtolo erhielt von Joe Slovo und Govan Mbeki den Befehl, Sabotageaktionen in Natal auszuführen. Zahlreiche Einzelheiten in bezug auf die Reisen und Planungen sowie den Verlauf der Aktionen wurden durch die handgeschriebenen Eintragungen in Mandelas Tagebuch bestätigt, das später dem Gericht als Beweis vorliegen sollte.

Nelson Mandela wurde im Juli 1918 in der Nähe von Umtata in dem heute unabhängigen Homeland Transkei geboren. Sein Vater war ein Häuptling der Tembu und ein Verwandter des Staatspräsidenten Kaiser Matanzima, der sich inzwischen zweimal für seine Freilassung eingesetzt hat. Mandela lehnte die Intervention seines Onkels jedoch ab. Nach seinem Studium am Fort Hare University

College, das damals als die einzige schwarze Ausbildungsstätte zwischen Kairo und Kapstadt galt, zog er nach Johannesburg, um einer geplanten Stammeshochzeit zu entkommen. Seinen Lebensunterhalt verdiente er sich als Polizist bei einer Goldmine. Nachdem er als Rechtsanwalt zugelassen worden war, eröffnete er mit Oliver Tambo zusammen eine Praxis. 1958 heiratete er die Sozialfürsorgerin Nomzamo Winnie Madikizela, die der Ex-Chefredakteur der »Rand Daily Mail« in einer Art Heiligenverehrung »eine willensstarke und politisch engagierte Frau, eine Königin in einer gnadenlosen Wüste« nennt. Aber Allister Sparks vergißt dem Leser zu sagen, daß Frau Mandela eine sehr radikale Politikerin ist, die einen konstruktiven Wandel ablehnt und die bisher nichts zu einem friedlichen Interessenausgleich beigetragen hat. Weitaus sachlichere Beobachter sind jedenfalls der Meinung, daß Winnie Mandela die treibende ehrgeizige Kraft hinter den politischen Ambitionen ihres Mannes ist, zur Radikalisierung der heutigen Situation beiträgt und den berechtigten Interessen der Schwarzen einen Bärendienst erweist.

Ende der fünfziger Jahre gab es schon politische Meinungsverschiedenheiten zwischen Mandela und Robert Sobukwe, der sich später vom ANC trennte und Führer des Pan African Congress wurde. Der PAC gab 1960 den Anstoß zu den Paßverbrennungsaktionen, die dann zum Massaker von Sharpeville führten, bei dem 67 schwarze Demonstranten von der Polizei erschossen wurden. Obwohl der ANC heute das Ereignis aus rein opportunistischen Gründen für eigene propagandistische Zwecke verwendet, hat man intern dem PAC immer wieder Vorwürfe gemacht, verantwortungslos gehandelt zu haben. Man kann das in jeder ANC-Veröffentlichung nachlesen. Mehr und mehr vergrößerte die kommunistische Partei ihren Einfluß auf den ANC. Das war im Grunde genommen keine schwierige Aufgabe, da die Gründer der Organisation und die verschiedenen Führer schon in den zwanziger Jahren ihre Sympathien für die Sowjetunion entdeckt hatten. Präsident Gumede reiste mit dem Vertreter der KP, James la Guma, nach Brüssel zum Kongreß der Liga gegen den Imperialismus. Er traf sich dort mit maßgebenden Persönlichkeiten wie Jawaharlal Nehru und Madame Sun Yat-sen. Nach seiner Rückkehr erklärte er dem Vorstand des ANC: »Von allen politischen Parteien ist die kommunistische die einzige, die ehrlich und offen für die unterdrückten Völker kämpft.« Als Gumede später von der Feier des Jahrestags der Oktoberrevolution zurückkehrte, rief er begeistert aus: »Ich habe die neue Welt bereits gesehen ... Ich war im neuen Jerusalem.« Von diesem Zeitpunkt an nahm die Zusammenarbeit zwischen dem ANC und der KP immer engere Formen an.

Im Juni 1963 konnte man in Südafrika zum ersten Mal einen illegalen Rundfunksender hören, der sich »Radio Liberation« nannte. Sprecher war Walter Sisulu, ein Mitglied des ANC und des Zentralkomitees der KP. Er versprach, daß nunmehr der Zeitpunkt gekommen sei, um »Gewalt mit Gewalt« zu vergelten. Südafrikas Polizei hatte inzwischen mit Hilfe von Spitzeln, Informanten und durch eigene Beobachtungen soviel Material gesammelt, daß sie sich in der Lage befand, zuzuschlagen. Auf der Farm in Rivonia wurden sieben führende Mitglieder der KP, darunter drei Weiße, verhaftet. Hunderte Dokumente, handgeschriebene Pläne und Notizen, Waffen, ein Kurzwellensender kamen bei der Haussuchung zutage. Nelson Mandela, der sich bereits in Haft befand, wurde der Mittelpunkt eines aufsehenerregenden Prozesses und schließlich mit acht anderen Angeklagten zu lebenslänglicher Haft verurteilt.

Es kam zu weltweiten Protesten im Hinblick auf den »Rivonia-Prozeß«. Die Vereinten Nationen stimmten mit 106 zu 1 (Südafrika) gegen eine Verurteilung der Rädelsführer. Eine geschickt organisierte linksliberale Propaganda hatte sie systematisch zu Freiheitshelden aufgebaut. Dabei wurde vor allem immer wieder behauptet, Nelson Mandela sei kein Revolutionär und vor allem kein Kommunist. Dem steht gegenüber, daß der Führer des ANC in Transvaal im Prozeß aussagte: »Von den vier möglichen Formen der Gewaltanwendung – Sabotage, Partisanenkrieg, Terror und Revolution – beschlossen wir, uns der ersten zu bedienen und alle Möglichkeiten auszuschöpfen, bevor wir einen anderen Entschluß fassen.« (Aus: »Der bewaffnete Kampf der Völker Afrikas für Freiheit und Unabhängigkeit«, Militärverlag der DDR, Ostberlin 1981, S. 316). Man muß nur einmal die Liste der Mitbeteiligten durchsehen, um zu erkennen, daß die »Operation Mayibuye« eindeutig eine kommunistische Verschwörung war. Sisulu, Bernstein, Kathadra, Mhlaba, Motsoaledi, Wolpe, Goldreich, Hepple, Slovo, Nokwe, Kotane, Marx und Harmel, sie alle waren Mitglieder der KP. Verschiedene von ihnen konnten der Verhaftung durch die Flucht ins Ausland entkommen. Sie sind immer noch aktiv und bekennen sich nach wie vor zu ihrem Ziel, dem Sturz der südafrikanischen Regierung. Es ist

geradezu naiv anzunehmen, daß Nelson Mandela in dieser Gesellschaft der einzige Nicht-Kommunist war.
Außerdem hat der ANC-Führer seine Überzeugungen selbst auf 62 Seiten eines Schreibblocks niedergelegt. Unter der Überschrift »Wie ein guter Kommunist sich verhält« schrieb Mandela wörtlich: »In unserem eigenen Land werden die Kämpfe der unterdrückten Bevölkerung von der Südafrikanischen Kommunistischen Partei geleitet und von ihrer Politik inspiriert. Wir Mitglieder der Kommunistischen Partei sind die am meisten vorgerückten Revolutionäre in der modernen Geschichte und stellen die zeitgenössische Kampf- und Triebkraft in der sich verändernden Gesellschaft und in der Welt dar. Die kommunistische Bewegung sieht sich noch mächtigen Gegnern gegenüber, die völlig vernichtet und vom Erdboden ausradiert werden müssen, bevor eine kommunistische Welt verwirklicht werden kann. Ohne einen harten, bitteren und langen Kampf gegen Kapitalismus und Ausbeutung kann es keine kommunistische Welt geben. Das südafrikanische Volk, geführt von der Kommunistischen Partei, wird die kapitalistische Gesellschaft vernichten und dafür den Sozialismus errichten...« Es wirkt geradezu lächerlich, wenn der schwarze Journalist Jon Quelane später behauptet, Nelson Mandela habe dieses »politische Testament« auf Wunsch eines Freundes geschrieben, der ihn zum Kommunismus bekehren wollte.
Das entscheidende Argument in der Auseinandersetzung um Mandela dürfte jedoch »Mord« sein. Bartholomew Hlapane, Mitglied des Zentralkomitees der KP, sagte später deutlich, daß Mandela ein maßgebendes Mitglied der Partei war. Diese Aussage mußte Hlapane mit seinem Leben bezahlen. Er wurde im Dezember 1982 auf »fachmännische Art« von einem »Berufsmörder-Team« des ANC mit einem AK-47-Sturmgewehr in seiner Wohnung in der Trabantenstadt Soweto ermordet. Seine Ehefrau wurde ebenfalls erschossen; die Tochter Hlapanes ist mit einem Nackenschuß für den Rest ihres Lebens gelähmt. Der 64jährige gehörte zu den maßgebenden linken Politikern, die sich vom ANC und von der KP wegen ihres Abgleitens in terroristische Tätigkeiten distanzierten. Hlapane hatte noch einige Monate vorher vor dem Untersuchungsausschuß des amerikanischen Senats (nach dem Senator Denton benannt, der sich mit den Aktivitäten der terroristischen Untergrundbewegungen Afrikas und deren Verbindungen nach Moskau befaßt) ausgesagt.

Der keineswegs auf die Bundesrepublik beschränkte Mandela-Rummel ist ein einzigartiger Erfolg der Desinformationspolitik der Sowjetunion. Geschickt machen sich die Sowjets Desinformation und Psychopolitik, Massenmedien der westlichen Welt und deren fest garantierte Meinungs- und Pressefreiheit zunutze, aber auch eine Reihe von internationalen Organisationen, um an rasch wechselnden Schwerpunkten arbeiten zu können. Agitation, gezielte Indiskretionen, Diffamierungen, Gerüchte, Falschinformationen und andere propagandistische Mittel sowie die Hilfe »bürgerlicher« Gruppen und »nützlicher Idioten« (Sowjetjargon) werden raffiniert eingesetzt, um die Positionen des Westens zu untergraben, einzurennen oder vollkommen zu eliminieren. In den vergangenen Jahren gab die Sowjetunion jährlich mehr als 3 Milliarden $ für ihre Beeinflussungsoperationen aus. Die Agentur »Tass« erhielt 550 Millionen $, die Agentur »Nowosti« 500 Millionen $. In Radio Moskau wurden 700 Millionen $, in geheime Rundfunksender 100 Millionen $ investiert. Den nationalen Befreiungsbewegungen wurden 200 Mio $ für ihre Propaganda zur Verfügung gestellt. Für Spezialkampagnen einschließlich der Anti-NATO-Kampagne 1979 spendierte Moskau 200 Millionen $. Der sogenannte südafrikanische Informationsskandal wirkt angesichts dieser enormen Zahlen geradezu lächerlich. Aber der Propagandarummel der Sowjetunion gilt ja auch als »Pflicht, die Maßnahmen der Friedensfeinde und Feinde des sozialistischen Fortschritts, der Vertreter des ›Kalten Krieges‹ und der Aggression zu entlarven: den ideologischen Diversanten die Maske vom Gesicht zu reißen, unabhängig davon, ob es sich um gewöhnliche bourgeoise Sowjetfeinde oder neumodische Verleumder handelt – um Helfer Solschenitzyns, zionistische Rassisten oder Pekingsche Fälscher...« (Originalzitat aus einer Publikation über die Aufgabe der sowjetischen Presse). Kein Wunder, daß Nelson Mandelas Weste heute »weißer« denn je ist.
Seit der Verurteilung verstummen die Forderungen aus dem In- und Ausland nach der Freilassung Mandelas nicht. Der Druck wird zunehmend stärker. Aus diesem Grund hatte der südafrikanische Staatspräsident Pieter Wilhelm Botha am 31. Januar 1985 eine Begnadigung unter der Bedingung in Aussicht gestellt, daß der ANC-Führer sich verpflichtet, bei der Verfolgung seiner politischen Ziele auf die Planung, Anstiftung und Beteiligung von Gewaltakten zu verzichten. Mandela lehnte eine Freilassung unter diesen Voraussetzungen ab. Ein Großteil der internationalen Man-

dela-Lobby ist sich dieses Zusammenhangs nicht oder kaum bewußt. Andere verlangten nach dem Schachzug Bothas die »bedingungslose Freilassung« des Gefangenen. Der Oberst des sowjetischen Geheimdienstes KGB, Joe Slovo, definierte wiederholt die zentrale Rolle, die die Gewaltanwendung bei den Aktionen des ANC gespielt hat und noch spielt: »Unser strategisches Ziel ist die Machtergreifung, und zwar die gewaltsame Übertragung aus den Händen des faschistischen, rassistischen Minderheitenregimes in die einer demokratischen Mehrheit... Das setzt voraus und bedeutet die allseitige Niederlage des rassistisch-kolonialistischen Systems und seine Eliminierung... Unsere Taktik ist der bewaffnete Kampf, ...um die Unterdrücker aus allen Positionen der Staatsmacht zu verjagen.«

Friedensnobelpreisträger Bischof Desmond Tutu hat nie ein Hehl aus seiner Bewunderung für Nelson Mandela gemacht und nutzte in den letzten Jahren jede Gelegenheit, ihn zum künftigen Ministerpräsidenten Südafrikas aufzubauen. »Wir brauchen Mandela... Wir werden innerhalb der nächsten 6–10 Jahre einen schwarzen Ministerpräsidenten haben... Das weiße Südafrika hat dabei diese Wahl, diese Entscheidung, ob es friedlich oder nach mehr als 20000 Toten und Zerstörung entsteht. Und dieser Ministerpräsident wird fast sicher Mandela sein. Praktisch jeder Schulbus in Südafrika befördert nur weiße Kinder, sie sind die weichsten der weichen Ziele... Eine andere Möglichkeit ist es, wenn schwarze Hausangestellte ihren Arbeitgebern vergifteten Kaffee servieren... Der weißen Regierung bleibt am Ende nichts anderes übrig, als mit dem Abwurf von Atombomben über Südafrika ihre Version der Politik der verbrannten Erde durchzuführen...«
Diese und andere Schreckensvisionen verkündet der Bischof, Nobelpreisträger und Millionär, in regelmäßigen Abständen und zum Entsetzen oder zur Freude der jeweiligen Zuhörer, Gesprächspartner und Journalisten. Sein Leben, seine Haltung, seine Aussprachen reizen zum Widerspruch und führen zu heftigen Debatten zwischen Anhängern und Gegnern. »Viva Desmond Tutu!« jubelte der Chronist des weißen Untergangs in Südafrika, Allister Sparks, in der holländischen Zeitung »Nieuwe Rotterdamse Courant«. Als verärgerten, lachenden, weinenden Clown schilderte ihn eine Journalistin der ehemaligen »Rand Daily Mail«, während Hans Ulrich

Kempski in der »Süddeutschen Zeitung« die Erregung des Gottesmannes folgendermaßen beschrieb: »Seine goldberingten Finger greifen, um das feuchte Gesicht abzutupfen, wieder und wieder nach einem weißen Ziertaschentuch, das eine goldene Borte umrandet. Tutu ist erregt, aber er spricht mit fester Stimme... Der 55jährige Kirchenmann scheint allerdings zu übertreiben, scheint einen zu groben Raster zu benutzen...« Ein Leser der »Sunday Times« fragte: »Ich kann mich nicht erinnern, davon gehört zu haben, daß Bischof Desmond Tutu, Nobelpreisträger, je für die Hunderte und Tausende sterbender Äthiopier gebetet hat. Auch ist mir nicht bekannt, daß er sich je über die gequälten und gefolterten Menschen in Uganda äußerte...« Der amerikanische Wirtschaftsberater Harry Browne stellte schließlich verärgert fest: »Da ist ein Mann, den man den Vorkämpfer der schwarzen Gesellschaft in Südafrika nennt und dessen einzige Leidenschaft es ist, dafür zu sorgen, daß Hunderttausende Schwarze ihren Arbeitsplatz verlieren. Er hofft, daß die amerikanischen Firmen, die diese Schwarzen beschäftigen, ihre Tätigkeit einstellen und sich aus Südafrika zurückziehen... Es scheint mir, daß Bischof Tutu der amerikanischen liberalen Gesellschaft genau das bietet, was sie braucht. Südafrika und ›Star Wars‹ scheinen mir die ›Last Frontiers‹ der amerikanischen Liberalen zu sein...«

Nobelpreisträger Tutu hat an diesem zweideutigen Image hart arbeiten müssen. Noch Ende der siebziger Jahre zweifelte man beispielsweise beim »Rheinischen Merkur« an der wahren Berichterstattung über den Bischof. Mit Wissen und ohne Dementi Tutus war verbreitet worden, daß der Bischof verhaftet worden sei. In der Glosse »Tutu-Legende« stellte die christliche Wochenzeitung spöttisch fest, daß der »epd« (Evangelischer Pressedienst) – der die Nachricht verbreitete – aus politischen Gründen gerne Gelegenheiten nützt, und sei es durch Falschmeldungen, um so etwas wie Zeichen zu setzen. Auch der Bischof legte keinen Wert auf eine Richtigstellung. »Wahr« – so stand es im Blatt des Josef Görres zu lesen – »wo hat man das schon mal gehört, wahr ist nur, was dem Volke nutzt (oder der ›Sache‹)«. Als der streitbare Kirchenfürst dann 1981 für den Nobelpreis vorgeschlagen wurde, hatte auch der »Spiegel« in Hamburg seine Schwierigkeiten. Er schrieb am 19. Oktober: »Desmond Tutu, 50, Generalsekretär des Südafrikanischen Kirchenrates und einer der Kandidaten für den diesjährigen Friedensnobelpreis, hatte in der vergangenen Woche Pech: Zwei

Tage vor der Preisverkündung hatte Tutu vor einem Gericht in Johannesburg zugeben müssen, daß er 14000 Rand (damals 33000 Mark) aus Kirchenmitteln für sein Haus in Lesotho abgezweigt hatte. Insgesamt kann Tutus Kirchenrat Ausgaben von rund einer Million Rand, vorwiegend aus Zuwendungen europäischer Schwesterkirchen, nicht belegen. Bei der Osloer Preisvergabe ging Tutu dann auch leer aus: Das Nobel-Komitee sprach die begehrte Trophäe überraschend dem Flüchtlingskommissariat der Vereinten Nationen zu.« Die linksliberale Presse war entsetzt. Die »Rand Daily Mail« stellte fest, daß die »noblen Hoffnungen« Tutus zerschlagen wurden. Die Enthüllung des Nachrichtenmagazins, das dem Bischof bis dahin recht gewogen war, brachte auch den deutschen Außenminister in peinliche Verlegenheit. Hans-Dietrich Genscher hatte noch kurz vorher den Bischof mit demonstrativer Herzlichkeit in Bonn empfangen.

Bischof Tutu eilte, den Schaden wiedergutzumachen. Bereits im Juli 1982 erklärte er sich bereit, die »Schenkung« von 33000 Mark zurückzuzahlen. Bis zu diesem Zeitpunkt stand fest, daß der Südafrikanische Kirchenrat, dessen Generalsekretär Tutu war, allein aus der Bundesrepublik 19 Millionen Mark (52,6% des Gesamteinkommens) an Spenden erhalten hatte. Inzwischen war der Rechtsanwalt des Kirchenrates, der Inder Shun Chetty, ins Ausland geflüchtet. Gelder in Höhe von 1,7 Millionen Mark waren verschwunden. Ironisch stellte die »Cape Times« fest: »Fromme Finger haben in die Kasse gelangt.« Chetty galt als Flüchtling und erhielt einen Posten bei den Vereinten Nationen.

Daß der Anglikaner es auch ansonsten in finanziellen Dingen nicht so genau nimmt, zeigt ein vor Gericht und mit Rechtsanwälten ausgetragener Streitfall zwischen Tutu und einem deutschen Geschäftsmann. Es ging dabei um Forderungen in Höhe von einigen tausend Rand. Tutus Rechtsanwälte weigerten sich, die ausstehenden Schulden zu bezahlen. In die Enge getrieben, reagierte der Bischof schließlich mit den Worten: »Meine Schuldner können zur Hölle fahren.« Als der Deutsche später im Beisein anderer Geistlichen auf diesen unchristlichen Wunsch hinwies, wurde der noch ausstehende Betrag am nächsten Tag per Scheck beglichen.

1984 verlieh das Nobelkomitee des norwegischen Parlaments in Oslo Bischof Desmond Mpilo Tutu, geboren 1931 in Klerksdorp in der Provinz Transvaal, den Friedensnobelpreis für »seine Rolle als Führer und Einiger der Bewegung zur Lösung der Apartheids-

Probleme in Südafrika«. Die Ehrung ist mit umgerechnet 500 000 Mark dotiert. Diesmal gab es keine Proteste. Aber ein Jahr später stellten verschiedene Kritiker endlich fest, wie das norwegische Komitee ein »Ausbund an Ausgewogeheit« ist und mit welchem Zynismus die Preise verliehen werden. Schon 1973 ereilte die Ausgewogenheit zwei Ungleiche: Henry Kissinger und Le Duc Tho. Der Amerikaner glaubte, in Paris den Vietnam-Frieden besiegelt zu haben, der andere erhielt damit einen Freibrief für die Unterwerfung Südvietnams. Unglaublicher noch ist die Tatsache, daß der scharfsichtigste Kritiker des Sowjetsystems und zugleich das namhafteste Opfer, Andrej Sacharow, vor elf Jahren den Preis nicht in Empfang nehmen durfte, während 1985 der Arzt Jewgenji Tschasow diese Auszeichnung entgegennehmen konnte, obwohl er als einer der Peiniger des berühmten, nach Gorki verbannten Wissenschaftlers verantwortlich zeichnet. Auch der polnische Gewerkschaftler Lech Walesa durfte nicht nach Oslo reisen. Die Verleihung an die »Organisation Internationale Ärzte für die Verhütung des Atomkrieges« wird als »Lohn für Heuchler« bezeichnet. Der Preisträger der Organisation, Dr. Tschasow, verficht in der Sowjetunion die Praxis, Dissidenten in psychiatrische Anstalten einzusperren. Es dürfte das Verdienst des CDU-Generalsekretärs Heiner Geißler sein, auf die fragwürdigen Praktiken des Nobelpreiskomitees hingewiesen zu haben. Er nannte die Preisverleihung eine »Verhöhnung von Millionen Menschen«, da ein Mann den Preis bekäme, der »in vielfacher Weise gegen die Menschenrechte in seinem eigenen Land Stellung genommen hat«. »Wer die Menschenrechte mißachtet, ist eines Friedensnobelpreises nicht würdig.« Aber inzwischen ist es wohl so, daß das politische Regime der Sowjetunion anscheinend seine Schrecken verloren hat und salonfähig geworden ist. Bischof Desmond Tutu befindet sich also in guter Gesellschaft.

Daß Tutu mit zwei Maßstäben mißt, zeigte er durch seine Empörung wegen der Entscheidung der südafrikanischen Regierung, den ANC-Führer Nelson Mandela nur bei ausdrücklichem Verzicht auf Gewalt freizulassen. »Jetzt werden die Schwarzen verzweifeln«, sagte der Friedensnobelpreisträger in einem Interview mit der amerikanischen Fernsehshow »The McNeil News Hour«. »Botha sagt, daß gewählte Vertreter am Dialog mit ihm teilnehmen könnten und meint damit die Führer der Marionetten-Institutionen, die die Regierung dem Volk aufgezwungen hat. Es heißt den Kopf in

Der Autor im Gespräch mit Andreas Shipanga, Führer der SWAPO-D in Windhoek. △

Joshua Nkomo, Gründer der Patriotischen Front in Rhodesien und Führer der Ndebele im Matabeleland. △

Dr. Jonas Savimbi, Führer der Guerillabewegung UNITA in Angola. ▷

Samora Machel, Staatschef von Moçambique.

Aufstand in Angola: im zerstörten Grenzdorf Buela.

Südafrikanische Einheiten beim Vormarsch in Angola.

Staatspräsident Botha mit Generälen der Armee.

Kinder in Soweto. ▷

Zuluführer Gathsa Mangesuthu Buthelezi.

Schwarze Studentinnen an der Universität Witwatersrand in Johannesburg.

den Sand stecken, wenn man nicht sieht, daß Nelson Mandela, seine Mitgefangenen und Leute im Exil ohne jeden Zweifel unsere Führer sind. Mandela ist jedenfalls mein Führer. Und ich lasse mir nicht vorschreiben, wer mein Führer sein soll.« Auf die Frage des »Spiegel«-Reporters Paul M. Schumacher: »Repräsentiert die militant-revolutionäre Befreiungsbewegung African National Congress einen großen Teil, wenn nicht sogar den größten Teil der schwarzen Bevölkerung Südafrikas?« reagierte der Bischof: »O ja, und ich akzeptiere den ANC-Chef Nelson Mandela als meinen Führer...«

Tutu nannte es auch »unverzeihlich«, daß der südafrikanische Staatspräsident Botha vor einem Weltpublikum Passagen des handschriftlichen Gewaltbekenntnisses von Mandela vorgelesen hat. In einem Interview wollte die SPD-Zeitung »Vorwärts« wissen: »Gibt es einen nennenswerten kommunistischen Einfluß in der südafrikanischen Befreiungsbewegung, wie auch einige deutsche Politiker behaupten?« Tutus Antwort: »Unsinn. Damit wollen sie nur unsere gerechte Sache in Mißkredit bringen. Fast alle, die im Kampf gegen die Apartheid standen und noch stehen, sind Christen.« Die Wahrheit innerhalb der Führungsspitze sieht jedoch vollkommen anders aus und heißt ganz einfach »Personalunion«. Alle wichtigen Männer des ANC gehören auch der KP an: Moses Mabhida ist Erster Politischer Kommissar des ANC und Generalsekretär der Kommunistischen Partei Südafrikas, Reginald September Mitglied des Führungsausschusses des ANC und Mitglied der KP, Stephen Dhlamini Mitglied in den Führungsausschüssen der beiden Organisationen, Dan Thloome stellvertretender Generalsekretär und Schatzmeister im ANC und in der KP, Joe Slovo stellvertretender Erster Kommissar des ANC und Mitglied des Führungsstabes der KP, Alfred Nzo Generalsekretär des ANC und Mitglied der KP.

Zu Anfang des Jahres 1986 reiste der Nobelpreisträger in die USA, wo er seine Zuhörer warnte, daß der Regierung in Pretoria am Ende nichts anderes übrigbleiben würde, als mit dem Abwurf von Atombomben eine Version der verbrannten Erde durchzuführen. Wissenschaftler in den USA und in Südafrika bezeichneten die »Wahnideen« des Bischofs als »vollkommen absurd«. Professoren der Nuklearwissenschaften an der Witwatersrand-Universität in Johannesburg meinten ironisch, daß man bisher keine »Apartheids-Atombombe« erfunden habe, die einen Unterschied zwischen weißen und schwarzen Wohnvierteln mache. Sollte ein verrückter Politiker den Abwurf einer kleinen taktischen Nuklearwaffe auf ein schwarzes Gebiet anordnen, dann würden die umliegenden weißen Gebiete ebenfalls in Mitleidenschaft gezogen. Wenn z. B. Soweto das Ziel wäre, würde auch Johannesburg radioaktiv verseucht werden. Trotzdem scheint der anglikanische Bischof und Nobelpreisträger seinen eigenen Wahnvorstellungen zu erliegen. Während zehntausende schwarze Schulkinder in den townships die Schulen boykottierten oder sogar anzündeten, befinden sich die vier Tutu-Kinder im Ausland in Sicherheit. Tochter Naomi besuchte ein Pensionat in Swaziland, dann mit Hilfe eines Stipendiums des »International Universities Exchange Funds« die Universität von Botswana und ging anschließend in die USA, wo sie am Berea College in Kentucky Französisch und Wirtschaft studierte. Sie ist dort mit einem Amerikaner verheiratet und will demnächst ihre Doktorarbeit schreiben. Die beiden anderen Töchter des Bischofs, Theresa und Mpho, die Jüngste, sind an der Howard-Universität in Washington D. C. eingeschrieben. Sohn Trevor erhielt ebenfalls ein Stipendium des »International Universities Exchange Funds«, studierte in Swaziland und Großbritannien und arbeitete in der Zweigniederlassung einer amerikanischen Werbefirma in Südafrika, während sein Vater »Desinvestment« predigte. Die amerikanischen Senatoren Gary Hart und Charles Mathias schlugen inzwischen vor, den Gottesmann wegen »seiner mutigen Arbeit für Frieden und Freiheit« im Kongreß in Washington lobenswert zu erwähnen. Die keineswegs regierungsfreundliche »Sunday Times« in Johannesburg nannte den Bischof einen »Protest Pop Star«.

Mittlerweile erhielt der prominente Gefangene Mandela im Pollsmoor-Gefängnis in Kapstadt Gelegenheit, seinen politischen Standpunkt deutlich zu machen und der Außenwelt mitzuteilen. Amerikanische Reporter berichteten nach einem Interview mit Mandela, daß er eine gewalttätige Revolution als unumgänglich ansehe. »Es gibt keine Alternative zum bewaffneten Kampf, es gibt keinen Raum für eine friedliche Auseinandersetzung.« Mandela deutete auch an, daß er nach einer eventuellen Freilassung augenblicklich revolutionär tätig sein werde: »Ich wäre vielleicht schon nach einigen Stunden wieder hinter Gittern.«

Inzwischen war der ANC weiterhin tätig. Vor allem Zivilisten mußten darunter leiden. »Unsere Parole lautet: Ein Tag – eine

Leiche!« verkündete der offizielle Sender der Organisation »Radio Freedom« aus Tansania. Bis zum Zeitpunkt der Sendung starben 160 Schwarze durch die Hand schwarzer Terroristen. Die Bestrafungsaktionen für schwarze »Kollaborateure« wurden immer unmenschlicher. Während einer Beerdigungsfeier in der schwarzen township Duduza, bei der auch Bischof Tutu anwesend war, schleppten einige Männer ein schwarzes Mädchen direkt vor die Fernsehkameras. Die Menge wurde zurückgedrängt, so daß die Reporter ein freies Blickfeld hatten. Dann konnte das Spiel beginnen. Das als »Polizeispitzel« bezeichnete Mädchen, dessen Unschuld sich später herausstellte, wurde vor den laufenden Fernsehkameras mit Benzin übergossen und angezündet. Immer wieder versuchte sich das brennende Opfer zu erheben, es wurde jedoch mit Fußtritten und Steinwürfen in die Flammen zurückgestoßen. Der Film wurde von zahlreichen ausländischen Fernsehsendern gezeigt. Bischof Tutu war entsetzt und drohte damit, Südafrika zu verlassen. Er sagte: »Leute, die so etwas im Fernsehen sehen, müssen den Eindruck gewinnen, daß wir noch nicht reif für die Befreiung sind.« Kein Wort des Bedauerns, des Mitleids oder des Trostes.

Die Strategie der Guerillas richtete sich bisher gegen schwarze Stadträte, wohlhabende Geschäftsleute und Polizisten, um die Infrastruktur in den townships zu zerstören. Häuser und Geschäfte wurden geplündert und in Brand gesteckt. Nach einer achttägigen Konferenz des ANC in der Nähe von Lusaka wurde beschlossen, Südafrika »unregierbar« zu machen und den Terrorkrieg nun auch in die weißen Wohngebiete hineinzutragen. Präsident Oliver Tambo erklärte, daß 1986 zum »Jahr der Volksarmee« proklamiert worden sei und daß nun jeder Patriot ein Kämpfer oder jeder Kämpfer ein Patriot sei. Künftig werde man auch »weiche Ziele« angreifen und eine neue Taktik anwenden, die Menschenleben nicht mehr schont. Von Ende November bis wenige Tage vor Weihnachten 1985 explodierten an der Grenze mit Zimbabwe sieben Landminen tschechischer Bauart. Sieben Menschen mußten sterben. Die Explosion einer Haftmine in Amanzimtoti bei Durban forderte fünf Todesopfer. Während der Beerdigung ermordeter Mitglieder der »United Demokrated Front« in Craddock wurden zum erstenmal sowjetische Fahnen gehißt. Sie wehten im Hintergrund bei den Ansprachen von Dr. Beyers Naudé, dem jetzigen Generalsekretär des Südafrikanischen Kirchenrates, und vom

Pfarrer Alan Boesak, dem Präsidenten des Reformierten Weltbundes. Die »Vereinigte Demokratische Front« (UDF) spielte bei den bisherigen gewalttätigen Ausschreitungen in Südafrika eine Schlüsselrolle. Es bestehen kaum Zweifel an der Tatsache, daß die UDF ein verlängerter Arm des ANC und der KP ist. Auch hier liefert die »Personalunion« einen deutlichen Hinweis. Die Präsidenten der UDF kommen aus dem ANC. Die Kommunisten Nelson Mandela, Dennis Goldberg, Govan Mbeki und Walter Sisulu wurden Schutzherren der neuen Frontorganisation. Yunus Seedat, der Bruder des ANC-Vertreters Toni Seedat in Bonn, leitet das UDF-Büro in Natal. Sowohl der ANC wie auch die südafrikanische KP gratulierten in ihren Zeitschriften »Sechaba« (gedruckt, redigiert und herausgegeben in der DDR) und »African Communist« zur Gründung der UDF. Anläßlich des Todes des Kreml-Chefs Andropow forderte die Bewegung ihre Anhänger an der Johannesburger Universität zu einer Gedenkminute auf.
Auch von außen her wurde der Guerillakrieg gegen Südafrika intensiviert. Von August 1984 bis Juni 1985 führte ein Sabotage-Team des ANC vom Staatsgebiet Botswanas aus 36 terroristische Einsätze gegen Einwohner und Einrichtungen auf dem Gebiet der Republik durch. Dabei wurden sechs Menschen getötet und eine Kraftwerksanlage schwer beschädigt. Nach wiederholten Warnungen an die Regierung in Gaborone griffen südafrikanische Kommando-Einheiten am 14. Juni 1985 ANC-Ziele in der Hauptstadt des Nachbarlandes an. Mindestens fünf bis zwölf Menschen wurden getötet. Kurz vor Weihnachten 1985 griffen »unbekannte« Kommandos ANC-Unterkünfte in Lesothos Hauptstadt Maseru an. Wiederum gab es Tote und einen internationalen Sturm der Empörung. Pretoria ließ sich jedoch nicht beirren und vertrat den Standpunkt, daß es sich hier um präventive Notwehr gehandelt habe. Es gibt eine ganze Reihe von Staatsrechtlern, die mit dieser Interpretation einverstanden sind und dies durch entsprechende Aktionen Israels, Frankreichs und der USA belegen. Südafrika verhängte außerdem eine Art Blockade gegen das kleine Königreich und erschwerte mit scharfen Kontrollmaßnahmen im Grenz- und Güterverkehr die Lebensbedingungen im Nachbarland. Brot, Milch und andere Lebensmittel, sowie Brennstoff wurden knapp und führten schließlich zum Eingreifen der para-militärischen Miliz unter General Justin Lekhanya. Ministerpräsident Leabua Jonathan wurde abgesetzt.

Pretoria meldete, daß der ANC versucht habe, nun auch von Botswana her eine neue Front zu eröffnen. Doch die Reaktion südafrikanischer Kommandos im Juni 1985 in der Hauptstadt Gaborone brachte keine Veränderung der Situation. Südafrika ist davon überzeugt, daß nach wie vor Guerillas vom Nachbarland aus operieren, während man in Botswana nur von Flüchtlingen spricht; Präsident Quett Masire, Nachfolger des gemäßigten Sir Seretse Khama, redete von einer »ernsthaften Bedrohung durch den großen Nachbarn«, als Außenminister Dr. Roelof (Pik) Botha die Regierung in Gaborone warnte. Masire sagte mir in einem Gespräch: »Es ist bedauerlich, daß Menschen aus Südafrika fliehen müssen. Wir sind nicht daran interessiert, daß sie zu uns kommen, aber wir werden sie auch nicht zurückschicken. Flüchtlinge sind eine internationale Verpflichtung und stehen in Botswana unter dem Schutz des Internationalen Roten Kreuzes. In Südafrika betrachtet man dagegen Flüchtlinge mit feindseligen Augen und sieht sie als zukünftige Guerillas. Das macht unsere Position doppelt schwer.«
Lenin nannte sie nützliche Idioten. Andere sprechen von Tölpeln und Anarchisten. Viele von ihnen sind nur unwissende Handlanger eines Terrorismus geworden, der seinen Platz in der langfristigen sowjetischen Strategie gefunden hat, um den Westen zu bezwingen. Die Ereignisse in Südafrika und in Namibia, der ehemaligen deutschen Kolonie Südwestafrika, zeigen, daß auch an diesen Krisenherden anarchistische Horden von Tag zu Tag immer blindwütiger brandschatzen, schießen und um sich schlagen. Offiziell wird auch in Moskau der Terrorismus von Rom und Athen strikt verdammt und weist die Sowjetunion jede Sympathie oder gar Beteiligung weit von sich. Favorisiert werden nur sogenannte »Nationale Befreiungsbewegungen«, die sich gegen den »US-Imperialismus in der Dritten Welt« zur Wehr setzen. Aber die sowjetische Propagandamasche macht keinen Eindruck mehr, wenn man die Fülle des Materials kennt, das westliche Geheimdienste und übergelaufene KGB-Offiziere zusammengetragen haben. Über 40 Ausbildungslager mit »Freiheitskämpfern« aus Afrika, Asien, dem Mittleren Osten und Lateinamerika bestehen in der Sowjetunion. Weitere Lager, in denen das Handwerk des Terrors gelehrt und gelernt wird, sind in den kommunistischen Satellitenstaaten und in radikalen arabischen Ländern zu finden. In besonderem Maße sind Libyen und die Tschechoslowakei beteiligt. Nordkorea bildet, israelischen Informationen zufolge, weibliche Terroristen aus. Über

die Beteiligung der Tschechoslowakei beim Training roter Fanatiker aus Italien, dem Mittelmeerraum und dem südlichen Afrika gab es vor einigen Jahren bösartige Debatten im italienischen Parlament und in der Presse. Prag protestierte aufs heftigste. Trotz der hysterischen Dementis existiert das Lager bei Doupov, 8 km von dem Kurort Karlovy Vary entfernt, noch immer. Nach wie vor werden hier unter strengster Geheimhaltung und Abgeschiedenheit Terroristen des ANC und der SWAPO ausgebildet.

Sprungbrett nach Südafrika?

Namibia

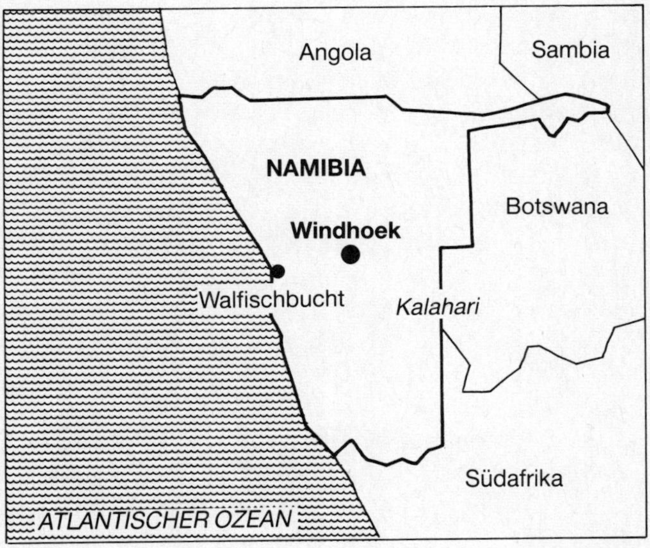

Die Deutsche Demokratische Republik entwickelt ein auffallendes Interesse, »Befreier« aus Namibia zu schulen, die dann im Namen des Selbstbestimmungsrechts der Völker die Liquidierung der letzten weißen Herrschaftsenklaven im südlichen Afrika erzwingen wollen. An der Jugendhochschule Wilhelm Pieck in Bogensee bei Berlin beispielsweise werden junge Menschen aus Namibia gedrillt, um später als politische Kommissare in den Guerilla-Einheiten der SWAPO eingesetzt zu werden. Einer von ihnen war bis zu seiner Gefangennahme Polit-Kommissar beim »Moskau«-Bataillon der PLAN (Volksbefreiungsarmee für Namibia). Er verbrachte zehn Monate in der DDR, wurde in marxistischer Philosophie, wissenschaftlichem Kommunismus, politischer Ökonomie und der Geschichte der Revolution ausgebildet. Schon 1980 sagte

Staats- und Parteichef Erich Honecker, daß die Befreiung Namibias nunmehr auf der Tagesordnung stehe. Aber bereits vorher war Sam Nujoma regelmäßiger Gast in Ostberlin. Die Hauptstadt des Arbeiter- und Bauernstaates fungierte immer schon – wie der Namibia-Experte Henning von Löwis in verschiedenen Publikationen nachgewiesen hat – als Schaltstelle zur Koordination des östlichen Engagements für die SWAPO. In Ostberlin laufen die Fäden aus Moskau, Havanna und aus dem SWAPO-Hauptquartier in Luanda zusammen. In der DDR werden mehr Kader ausgebildet als in jedem anderen Land der Welt, auch Bürgermeister und Verwaltungspersonal für den historischen Augenblick, wenn die Minderheitsherrschaft terroristischer Befreier in Windhoek, Swakopmund, Tsumeb und sonstwo etabliert werden wird. Der ständige Vertreter der SWAPO in der DDR, Tulinane Obed Emvula, erklärte, daß 1985 mehr als eintausend Namibier in Ostdeutschland geschult wurden. Die Ausarbeitung des vorhandenen Materials, der erhaltenen Geheiminformationen und der Aussagen von KGB-Überläufern läßt klar erkennen, daß die Stoßrichtung über Windhoek und Oranjemund hinausgeht. Das Ziel bleibt Kapstadt. SWAPO-Terroristen und SWAPO-Politiker sind dabei nur nützliche Handlanger.

Rücksichts- und schonungslos hat die »Volksbewegung« Sam Nujomas bisher versucht, ohne jede Legitimation als alleinige Vertreterin Namibias anerkannt zu werden und sich durch blutigen gnadenlosen Terror die Plattform für die eigentliche Eroberung zu schaffen. Unterstützt von der Kommunistischen Partei und beraten von den Kommunisten Brian Bunting, Dennis Goldberg und anderen gründete Hermann Toivo ja Toivo zusammen mit Andreas Shipanga 1957 in Kapstadt den »Ovamboland Volks-Kongreß« (OPC). Toivo hatte während des Zweiten Weltkrieges als Soldat im Eingeborenen-Militärkorps der Union von Südafrika gedient und war zuletzt Polizist der südafrikanischen Eisenbahnen. Ein Jahr nach der Gründung wurde der Name der Bewegung in OPO (Ovamboland-Volks-Organisation) geändert und dann schließlich noch einmal in SWAPO. Inzwischen hatte man den unbedarften und unbekannten Sam Nujoma, den Hans Germani »eine sichere Marionette« nennt, zum Vorstandsmitglied der SWAPO gewählt. Ein ARD-Korrespondent stellte später einmal fest, seine Intelligenz sei »nicht so eigenwillig«. Nach einem von ihm organisierten Streik der Ovamboarbeiter floh er nach Dar-es-

Salaam, wo er zunächst das Hauptquartier der SWAPO errichtete. Es entstand dadurch die groteske Situation, daß die Organisation in Namibia legal weiter existierte und nie verboten wurde, und daß es einen militärischen Flügel gab, der im Ausland als Guerilla-Organisation den bewaffneten Kampf vorbereitet und durchführt. Für beide Teile ist Sam Nujoma jedoch der maßgebende Führer, vor allem nachdem Hermann Toivo ja Toivo 1968 vor einem südafrikanischen Gericht wegen Beteiligung an Terroraktionen zu 20 Jahren Haft verurteilt und erst 1984 wieder freigelassen wurde. Toivo änderte übrigens seinen Vornamen Hermann später in Andimba. Nujoma ist kein mitreißender Redner und sein Führungsanspruch ist auch in den eigenen Reihen sehr umstritten. Seit 1965 wird der Guerilla-Flügel von schweren Konflikten, Säuberungsaktionen, Macht- und Richtungskämpfen erschüttert. Im Verlauf dieser internen Revolten wurden mindestens 2000 Mitglieder verhaftet, verschleppt und nach Tansania gebracht. Sam Nujoma verstand es, jede Opposition mit Hilfe der Polizei und der Armee in Sambia und Tansania zu ersticken. Zahlreiche Dissidenten verschwanden im Lager Dodoma oder im Keko-Gefängnis bei Dar-es-Salaam. Im Oktober 1972 wurde der Vizepräsident der Organisation, Brendan Simbwaye, bei Livingstone von unbekannten Tätern ermordet. Der unbestätigte Verdacht fiel auf Sam Nujomas »Killerkommandos«. Im April 1976 ließ er dann den einflußreichen Andreas Shipanga und mehr als 1800 SWAPO-Dissidenten durch Soldaten der Armee Dr. Kenneth Kaundas verhaften und sie in Angola und Sambia festhalten. Viele Schicksale sind bis heute ungeklärt. Auch der Tod des politischen Führers der »Volksbefreiungsarmee«, Peter Nanyemba, der bei einem Autounfall ums Leben kam, läßt manche Vermutung offen. Er galt als gefährlicher Rivale des SWAPO-Führers. Nur Shipanga konnte durch schwedische Intervention befreit werden und kehrte nach Windhoek zurück, wo er die Organisation SWAPO-D (für Demokraten) gründete. Nicht umsonst bezeichnen afrikanische Politiker Sam Nujoma als den kommenden Pol Pot Namibias.

In der erschütternden Dokumentation, die 1985 von der »Internationalen Gesellschaft für Menschenrechte« in Frankfurt veröffentlicht wurde, wird behauptet, daß die SWAPO in mehreren Lagern und Gefängnissen in Sambia und Angola eine nicht geringe Zahl namibischer Flüchtlinge gefangenhält. Die gesammelten Zeugenaussagen stammen u. a. auch von Hilda Tjongarero, der Schwester des Führers der SWAPO in Südwestafrika. Die schlimmsten Lager sollen sich bei Nyango und Mboroma in Sambia befinden, wo die Gefangenen bei unzureichender Ernährung und unter unzumutbaren hygienischen Bedingungen schwerste Arbeiten leisten müssen. Es soll dort zu zahlreichen Todesfällen gekommen sein. Entsetzlich seien auch die Zustände in dem SWAPO-Gefangenenlager Cuanza-Sul, etwa 350 km südlich von Luanda. Hier würden die Gefangenen zum Teil in Erdlöchern untergebracht. Nach Aussagen eines ehemaligen Häftlings sollen in dem Lager in Angola Flüchtlingsfrauen u. a. auch gezwungen werden, Kinder für die SWAPO zur Welt zu bringen. Der frühere SWAPO-Kämpfer Martin Amakali, der nach Windhoek zurückkehrte, bestätigte die Existenz dieser »Zuchtlager«. Er selbst habe sich fünf Monate lang in einem solchen Lager aufgehalten. Die Mütter dürfen diese Kinder nur bis zum 3. Geburtstag behalten. Dann würden sie zur weiteren Ausbildung in Kollektivlager gebracht. Instrukteure aus der DDR und aus Schweden hätten den Frauen geholfen, die Kinder großzuziehen. Der einzige Zweck des Lagers hätte darin bestanden, durch die Aufzucht von Kindern die Reihen der SWAPO-Kämpfer aufzufüllen. Ende August 1985 flog eine Sondermaschine der INTERFLUG zwei Tonnen »Solidaritätsfracht«, bestehend aus Medikamenten, Medizintechnik und Arzneimitteln sowie Spielzeug für das »Kinderdorf« der SWAPO nach Angola. In Südafrika scheint sich eine ähnliche Entwicklung anzubahnen. Die schwarze Johannesburger Zeitung »City Press« berichtete im Januar 1986, daß Jugendbanden der UDF die Mädchen aufgefordert haben, innerhalb einer gewissen Zeit schwanger zu werden, »um die im Befreiungskampf gefallenen Kameraden« zu ersetzen. Die Ideen der deutschen SS – wie »Lebensborn e. V.« – haben anscheinend doch einen gewissen Eindruck hinterlassen.

Es ist eigentlich erstaunlich, daß der umstrittene Führer einer zweideutigen Organisation mit einer fragwürdigen politischen Vergangenheit über längere Zeit hinweg ein gern gesehener Staatsgast in der Bundeshauptstadt war. Manchmal kann der Beobachter sich des Eindrucks nicht erwehren, daß Bundesaußenminister Genscher einem Traumbild nachjagt, das eines Tages sowjet-kubanische Söldner und DDR-geschulte Guerillas zerschlagen werden. Bisher hat Sam Nujoma auch in Bonn kein Hehl aus seiner Bindung an Moskau gemacht. Er hat wiederholt und deutlich unterstrichen, daß freie Wahlen nicht in Frage kommen und daß er im Falle eines

Sieges den roten Stern über Namibia aufziehen wird. Man müßte längst erkannt haben, daß die 30000 Deutschen in der früheren deutschen Kolonie die ersten Opfer von Herrn Genschers Fehlkalkulation sein werden. Stattdessen hat das Auswärtige Amt weiterhin versucht, auch in Windhoek selbst die öffentliche Meinung im Sinne der SWAPO zu beeinflussen. Während eines Namibia-Hearings der GRÜNEN im August 1985 wurde bekannt, daß die in Südwestafrika erscheinende Zeitung »Namibia – Nachrichten« aus der Schatulle des Außenministeriums finanziert und von der Interessengemeinschaft deutschsprachiger Südwester kontrolliert wird. Das Blatt setzt sich eindeutig für eine anti-südafrikanische Politik zugunsten der SWAPO-Marxisten ein. Die Interessengemeinschaft selbst pilgerte bereits zu Gesprächen mit der SWAPO nach Lusaka, wurde jedoch sehr herablassend abgefertigt. Es ist geradezu erfreulich festzustellen, daß die Namibiapolitik des Auswärtigen Amtes unter immer stärkeren Druck von Seiten der Unionsparteien gerät und daß die Tage, an denen in Bonn ein roter Teppich für den SWAPO-Chef Sam Nujoma ausgerollt wurde, anscheinend vorbei sind. Als er im August 1985 zum Namibia-Hearing der GRÜNEN an den Rhein reiste, fand sich zum ersten Mal kein namhafter Politiker, ihn zu empfangen. Es kam lediglich zu einem Gespräch zwischen dem SWAPO-Propagandisten Hidipo Hamutenya, dem früheren Namibia-Unterhändler Wilhelm Haas und dem Afrika-Beauftragten des Auswärtigen Amtes Hans-Günter Sulimma.

Trotz der Vorliebe für das Gästehaus der Bundesregierung, das internationale Parkett in europäischen Hauptstädten und den UNO-Sitz in New York hat Sam Nujoma vermutlich auch andere Aufgaben zu lösen. Abgesehen von einem mörderischen Terrorkrieg gegen die Bevölkerung in Ovamboland mußten auch schwarze Politiker, die eine friedliche Lösung anstrebten, im Auftrag der Organisation beseitigt werden. Als erster starb der Häuptling der Ndonga, des größten Ovambostammes, Filemon Elifas. Er galt als gefährlicher Gegenspieler der SWAPO. Kugeln aus einer Maschinenpistole durchlöcherten ihn und sein Auto. Er verblutete auf dem Weg ins Krankenhaus. Im Februar 1978 wurde Toivo Shiyagaya, Gesundheitsminister in Ovamboland, durch die Schüsse eines SWAPO-Mörders getötet. Nur durch Zufall entkam Pastor Cornelius Ndjoba, Ministerpräsident in Ovamboland. Einige Jahre später fuhr er jedoch mit seinem Wagen auf eine

Landmine. Wichtigstes Ziel der SWAPO-Mörderbanden blieb jedoch der Herero-Führer Clemens Kapuuo, eine starke und einflußreiche Persönlichkeit, der wahrscheinlich der erste Präsident Namibias bei freien und fairen Wahlen geworden wäre. Er lehnte Gewalt ab und suchte den Dialog mit Pretoria und mit den Weißen überhaupt. Zusammen mit dem weißen Politiker Dirk Mudge war er es, der 1974 die multirassische Verfassungskonferenz in der aus Kaisers Zeiten stammenden Turnhalle in Windhoek einberief. Obwohl das Schicksal seines Volkes sicher Anlaß dazu gegeben hätte (während des Herero-Aufstandes 1904 wurden die Rebellen vernichtend geschlagen und die Überlebenden von der Deutschen Schutztruppe in die wasserlose Omaheke-Steppe getrieben, wo viele elend verdursteten), blieb er ein Mann der Versöhnung und des friedlichen Zusammenlebens. Er war immer guter Laune und stets an einem Gespräch mit deutschen Journalisten interessiert. Noch wenige Wochen vor seinem Tod unterhielt er sich mit mir und sagte: »Es wäre alles viel einfacher und leichter, wenn ich ein Marxist wäre.« Er war 55 Jahre alt, als am Ostermontag 1978 russische Kugeln seinem Leben in der township Katatura bei Windhoek ein Ende machten.

Bei einem später durchgeführten Angriff auf einen Stützpunkt der SWAPO-Guerillas in Angola erbeuteten südafrikanische Truppen u. a. eine ganze Reihe aufschlußreicher Dokumente. Darunter befand sich auch der Brief eines gewissen Dimo Hamaambo, Kommandeur der bewaffneten Streitkräfte der Volksbefreiungsarmee von Namibia. Er schrieb aus der »Moskau-Basis« eine Glückwunschbotschaft an die regionalen Kommandeure. Darin stand zu lesen: »... Was ihr für unsere mächtige Partei, die SWAPO, die unterdrückte Mehrheit in Namibia und für die Befreiung der Menschen getan habt, ist wirklich großartig. ... Ihr habt das Wunder vollbracht, die Marionette Shiyagaya zu töten, während sie von einer Gang von Sicherheitsleuten umgeben war... Dann habt ihr das Wunder vollbracht, die prominenteste Marionette des Imperialismus in Namibia, Clemens Kapuuo, zu eliminieren, wunderbarerweise habt ihr ihn genau in der Hauptstadt Namibias erledigt... SWAPO wird gewinnen! Ein wichtiger Umstand ist die psychologische Katastrophe, die der Tod dieser Marionette im Turnhallen-Zirkus verursachen wird... Shiyagaya starb in Okahao im extremen Norden und Kapuuo einen Monat später in Windhoek, im zentralen Landesteil 800 Kilometer entfernt von Okahao. Das macht jeden Zoll zu einer Gefahrenzone für die Marionetten. Sie fallen jetzt in Panik... Von nun an wird manche Marionette kalte Schauer und Schweißausbrüche gleichzeitig bekommen, eine ausgezeichnete Voraussetzung für weitere Erfolge... Ich wünsche euch weiterhin Mut, Tapferkeit, nie erlahmendes Heldentum und den wahren Sinn für Patriotismus... SWAPO wird gewinnen! Namibia wird frei sein! Ich bin immer mit euch in der nationalen Sache...«

Trotz der zunehmenden Erkenntnis im Westen und vor allem in Bonn hinsichtlich der wahren Ziele der SWAPO vermag die Terrororganisation außenpolitisch immer noch ausgezeichnete Erfolge zu erzielen. Das gilt vor allem auf finanziellem Gebiet. So verfügten die Terroristen im Geschäftsjahr 1982/83 über einen zivilen Etat von 130 Millionen Mark. Die Gelder für die militärischen Ausgaben sind darin nicht enthalten. Wichtigster Finanzier sind seit Jahren die Vereinten Nationen, die der SWAPO beispielsweise 1979 mit mehr als 17,5 Millionen $ und 1980 bereits mit 21 Millionen $ unter die Arme griffen. Lenins »nützliche Idioten«, wie Schweden, Norwegen, Finnland und die Europäische Gemeinschaft verhalfen Sam Nujomas Leuten zu 14,2 Millionen, 3,6 Millionen, 0,95 bzw. 0,77 Millionen Mark. Die UdSSR spendete am wenigsten: 500 000 Mark, leistete aber dafür großzügige Waffenhilfe. Aus dem zweifelhaften Sonderfonds des Weltkirchenrates kamen 1985 308 000 DM, die in erster Linie für Information, Flüchtlingshilfe und humanitäre Zwecke bestimmt sind. Um die Gelder zu erlangen, scheut SWAPO auch nicht vor unwahren Informationen zurück. So kassiert sie Finanzhilfe für mehr als 100 000 Menschen, während sich in den Flüchtlingslagern in Angola weniger als 35 000 befinden sollen. Zu den Empfängern von Mitteln aus dem Sonderfonds des Weltkirchenrates zählen auch zwei Organisationen in der Bundesrepublik Deutschland, die seit Jahren eine vehemente Kampagne gegen die Afrika-Politik Bonns führen. Es handelt sich hier um die Informationsstelle Südliches Afrika (ISSA) und die Anti-Apartheidsbewegung.

Entscheidende Unterstützung erhalten die marxistischen Terroristen auch von den Kirchen. Die SWAPO veruntreut die Spenden deutscher Christen durch Gewaltanwendung, Mord, Entführung und Vergewaltigung der eigenen Menschen im eigenen Lande. Eine besonders fatale Rolle spielt dabei der namibische Kirchenrat, der von Lucas de Vries, dem Ex-Präses der Evangelisch-Lutherischen

Kirche in Namibia, als der »kirchliche Arm der SWAPO« bezeichnet wird. Die Führungsspitze besteht fast ausschließlich aus SWAPO-Unterstützern, und sie heißt alles gut, was die Guerillas unternehmen. So ist beispielsweise der Informationschef des Kirchenrates in Südwest, Daniel Tjongarero (dessen Schwester Hilda schwere Vorwürfe gegen die SWAPO erhob) gleichzeitig der Leiter der zivilen Südwestafrikanischen Volksorganisation. Der SWAPO-Delegierte Hendrik Frederik wurde zum Bischof der Evangelisch-Lutherischen Kirche in Namibia gewählt. Dekan von Windhoek und Usakos ist der langjährige SWAPO-Funktionär Zephania Kameeta, der wiederholt die Gewaltanwendung der Terroristen rechtfertigte. Pastor Lucas de Vries, ein Mischling aus dem Stamm der Rehobother Basters, sympathisierte selbst jahrelang mit der SWAPO und änderte seine Meinung angesichts der abscheulichen Verbrechen im Ovamboland. Heute gehört de Vries als Minister der Vielparteien-Regierung in Windhoek an. In einem Gespräch mit dem evangelischen Informationsdienst »Protest« sagte er kürzlich: »Führende kirchliche Amtsträger begreifen nicht mehr die spezifisch biblische Botschaft von der Versöhnung. Sie kann nur erreicht werden durch den Versöhner selbst, Jesus Christus. Das brauchen wir in unserem Land: geistliches Brot für unsere ermüdeten Menschen, die Gewalt und Blutvergießen leid sind. Die Erlösung liegt nicht in den Waffen der SWAPO. Jesus ist in der Verkündung der Kirche so klein geworden, daß wir uns fragen müssen, ob wir noch christliche Kirche sind oder nicht...«

In Windhoek gibt es jedoch einen Mann, der die Rolle und die Leistungen der Kirchen anders mißt und beurteilt. Es ist das Verdienst des ARD-Korrespondenten in Südafrika, Dr. Heinrich Büttgen, die Aufgabe dieses Mannes in einer »Weltspiegel«-Sendung erst richtig gewürdigt zu haben. Das Programm bot den richtigen Rahmen: Amnesty International klagte Uganda der gräßlichsten Foltermethoden durch Armee und Militär an; Zimbabwe wurde beschuldigt, mit Völkermordmethoden den Ein-Parteien-Staat erzwingen zu wollen; in Äthiopien drohte acht Millionen Menschen der Hungertod, obwohl die Hilfsgüter in den Lagern verdarben. Dann zeigte der nächste Film ein hübsches Haus unter tiefblauem Südwesthimmel. »Eine Villa auf dem sogenannten Luxushügel in Windhoek«, erklärte Heinrich Büttgen. Vor dem Haus verabschiedet sich ein gut gekleideter junger Mann, Anton Lubowski, 32 Jahre alt, Rechtsanwalt am namibischen Berufungs-

gericht, von seiner deutsch-namibischen Frau Gabi ... Die Stimme des Reporters erklärte: »... Der gutsituierte, begabte Jurist, ein Bilderbuch-Bure, schockte sowohl die südafrikanische Regierung und das südafrikanische Militär als auch die politisch konservative und namibische Öffentlichkeit. Der ehemalige südafrikanische Leutnant erklärte als erster Weißer seinen Eintritt in die SWAPO.«
Es folgten verschiedene Szenen vom Kampf eines kleinen Offiziers für die Befreiung seines Landes, Verhaftung, illegale Versammlungen, mit Parteifreunden, als Motorrad-Ralleyfahrer auf der Sandpiste und im Wohnzimmer einer deutschen Familie. Und Heinrich Büttgen, der Fernsehreporter im südlichen Afrika, erklärte erneut: »Inzwischen geht bei den Weißen Namibias die Angst um. Wird sich eine sozialistische SWAPO am Eigentum vergreifen? Anton Lubowski geht in die Wohnungen, um die namibischen Geschäftsleute zu beruhigen.« Vor der Kamera versicherte das prominente SWAPO-Mitglied: »Natürlich sind die Weißen sicher. Ich hätte mich nie der SWAPO angeschlossen, wenn ich nicht wüßte, daß die die Weißen akzeptieren ... Die SWAPO will auch, daß die Weißen im Lande bleiben. Wir wissen, daß wir die Weißen brauchen ...«
Durch die Fernsehkameras der ARD zur Prominenz geworden, äußert sich Rechtsanwalt Anton Lubowski seitdem regelmäßig zu politischen Themen. »Wie könnte SWAPO die Kirchen im Stich lassen, nachdem diese den gerechten Kampf so stark unterstützen? Das macht ja den Kampf von SWAPO so gerecht, daß sogar die Kirchen ihn unterstützen.« Auf die Verbrechen der Organisation angesprochen, äußerte Lubowski, er verstünde einfach nicht, wie man SWAPO vorwerfen könne, Greueltaten gegen die eigenen Leute zu verüben. Die erschütternden Augenzeugenberichte über Menschenrechtsverletzungen in SWAPO-Lagern in Angola und Sambia, die weltweit Aufsehen erregten, bezeichnete er als falsch. Sie seien im Auftrag von Südafrika geschrieben worden. (Eine Delegation der Internationalen Gesellschaft für Menschenrechte, die für den Bericht verantwortlich war, erhielt im Januar 1986 nur unter größten Schwierigkeiten und nach Intervention der deutschen Botschaft eine Einreisegenehmigung für Südafrika).
Voneinander vollkommen unabhängig tätige Institutionen machen jedoch deutlich, daß das Wunschdenken des politisierenden Rechtsanwalts keineswegs mit der Wirklichkeit übereinstimmt. So kehrten beispielsweise 1984 16555 Mitglieder der Evangelischen Kirche im Rheinland den Rücken. 1985 soll die Zahl noch höher

gewesen sein. Nach Ansicht kirchlicher Beobachter manifestiert sich in den Kirchenaustritten der Unmut vieler Bürger über die zunehmende Politisierung der Kirche. Besorgte Christen lehnen aus Glaubensgründen ab, daß Kirchensteuermittel an den Sonderfonds des Anti-Rassismus-Programms des Weltkirchenrates gezahlt werden. Aus diesem Fond werden auch die terroristischen Organisationen SWAPO und ANC mitfinanziert. Eine Umfrage des Emnid-Instituts in Bielefeld ergab, daß die Unterstützung der SWAPO durch Kirche und kirchliche Stellen bei Protestanten und Katholiken auf zunehmende Ablehnung stößt. Sogar bei Anhängern der SPD sprachen sich lediglich 22% für eine Unterstützung der Terroristen aus, während 25% dagegen waren. Bei den GRÜNEN lag das Verhältnis anders: 33% bejahten eine aktive Hilfe und 17% verneinten sie. In der Erläuterung der Untersuchung hieß es, die evangelische Kirche müsse sich fragen, ob sie gut beraten sei, die umstrittene Unterstützung der SWAPO weiter durchsetzen zu wollen. Letztlich sei dies nur möglich, »weil gut die Hälfte der Kirchenmitglieder die Frage, mit der sie von aktiven Minoritäten konfrontiert wird, nicht beurteilen kann.«
Aufschlußreich – besonders im Hinblick auf das »weiße Problem« in Südwestafrika sind folgende Sätze. Zum 19. Jahrestag der Aufnahme des bewaffneten Kampfes wurde in einem Kommuniqué der SWAPO erklärt: »Unsere Bomben werden weiterhin explodieren, unsere Maschinengewehre, Raketen, Geschosse, Pistolen usw. werden weiterhin feuern, und Namibia wird bald in einen heißen Ort für weiße, koloniale Siedler und ihre unterdrückerischen Soldaten verwandelt werden.«

Der letzte weiße Treck?

Südafrika

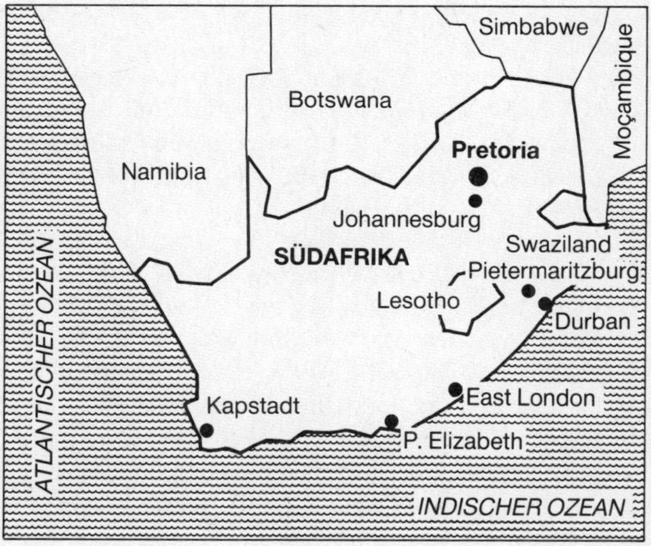

Am 9. Oktober 1975 startete auf der ›Air-Base‹ Waterkloof bei Pretoria ein C-130-Hercules-Transportflugzeug der südafrikanischen Luftwaffe in Richtung Südwestafrika. An Bord befand sich ein einziger Passagier. Weder die Besatzung noch der einsame Fluggast konnten damals ahnen, daß sie zu diesem Zeitpunkt eine bedeutende Rolle im letzten weißen Drama Afrikas spielen würden. Historiker werden vielleicht später einmal zu der Erkenntnis kommen, daß mit dem Einsatz dieses Offiziers nicht nur moderne südafrikanische Kriegsgeschichte geschrieben wurde. Das Schicksal des südlichen Afrikas stand vor der entscheidenden Wende.

Colonel Jacobus Stephanus van Heerden war ein nicht besonders großer, aber breitschultriger Mann von 38 Jahren. In seinem kastanienbraunen Bart und in seinen Haaren zeigten sich bereits die

ersten grauen Strähnen. Van Heerden war als Infanterist ausgebildet worden und hatte erst kurz vorher das Kommando der 73. Motorisierten Brigade übernommen. Seine Freunde und Vorgesetzten kannten ihn als einen guten Soldaten, der zwar kein Risiko einging, aber auch nicht davor zurückschreckte, wenn es sein mußte, selbst die Initiative zu ergreifen. Im Grenzort Rundu am Okavangofluß holte ihn Kommandant Willie Kotze ab. Eine halbe Stunde später erteilte ihm Brigadier Ben Roos die ersten Befehle. Van Heerden übernahm das Kommando über ein Buschmann-Bataillon, dessen Angehörige in Angola und im Caprivi-Streifen rekrutiert worden waren. Außerdem unterstanden seinem Befehl ein Bataillon der FNLA Holden Robertos sowie portugiesische und südafrikanische Freiwillige. Das Unternehmen wurde auf den Namen »Operation Savannah« getauft, sein bunt zusammengewürfelter Haufen hieß »Taskforce Zulu«.
Die Aufgabe dieser Kommando-Einheit war es, die Proklamation einer marxistischen MPLA- Regierung in Luanda, die für den 11. November geplant war, zu verhindern. Die Südafrikaner marschierten auf Bitten der Guerillaführer Dr. Jonas Savimbi und Holden Roberto, mit Wissen Frankreichs, mit der Zustimmung Washingtons und auf ausdrücklichen Wunsch der Präsidenten Dr. Kenneth Kaunda von Sambia, General Mobuto von Zaire, Félix Houphouet-Boigny von der Elfenbeinküste und Léopold Sédar Senghor vom Senegal. 33 Tage später hatte der Oberst eine Glanzleistung der modernen Kriegsgeschichte vollbracht und mit seiner Truppe 3159 Kilometer zurückgelegt. Zehn Tage nach seiner Ankunft in Rundu eroberte er mit seinen leichten Schützenpanzern Perreira d'Eca, am 23. Oktober griff er Joao de Almeida an, wo sich ein wichtiges Hauptquartier der MPLA befand. Bereits einen Tag später fiel Sao da Bandeira. Bis Anfang November hatte Oberst van Heerden kubanische Truppen und die MPLA aus den Hafenstädten Mocamedes, Benguela, Lobito und Novo Redondo vertrieben und war mit Säuberungsaktionen in den Städtchen Porto Amboim, Gabela und Quibala beschäftigt. Zum ersten Mal stieß die »Force Zulu« auf größere kubanische Einheiten, die mit Raketen bewaffnet waren. Die Südafrikaner hatten größere Verluste. Das kubanische Afrika-Korps verfügte schon über 3000 Mann. Außerdem kamen einige hundert Offiziere der Roten Armee und der Volksarmee hinzu. Dennoch war der Vormarsch der Südafrikaner nicht aufzuhalten. Die Zulu-Streitmacht stand inzwischen kurz vor

Luanda und hätte die Hauptstadt mit Unterstützung von einigen Mirage-Düsenjägern erobern können, um sie dann der FNLA und der UNITA zu übergeben.

Inzwischen stellte Pretoria Bedingungen, die die »geheimen Alliierten« des Apartheidsstaates nicht erfüllen wollten. So verlangte Vorster, daß die interessierten schwarzafrikanischen Staaten sich offiziell für eine Intervention Südafrikas aussprechen müßten. Außerdem forderte er den Schutz der USA gegen jede Verurteilung im Weltsicherheitsrat und schließlich die Konzentration amerikanischer Flottenverbände im Südatlantik zum Schutz gegen die Rote Flotte. Aber der amerikanische Kongreß sprach sich gegen weitere Aktionen der USA in Angola aus. Kuba und die Sowjetunion atmeten erleichtert auf und brachten Panzer in Luanda und MIG-Düsenjäger im nahen Brazzaville an Land. Das kubanische Expeditionskorps war auf 10 000 Mann verstärkt worden. Für die unbesiegten Einheiten der Südafrikaner, die nie stärker als 2000 Mann gewesen waren, kam schließlich der Befehl zum Rückzug. Bis dahin glaubte man in Schwarzafrika und im eigenen Land, daß die »Männer der Bibel und des Gewehrs« unbezwingbar waren. Sie hatten in ihrer Geschichte und im Gegensatz zur Imperialen Armee des englischen Königreichs Zulus und Matabele vernichtend geschlagen. Sie hatten sich auch im zweiten Weltkrieg tapfer mit den Italienern in Äthiopien, mit Rommels Afrika-Korps in der Cyrenaika und mit den Deutschen in Italien auseinandergesetzt. Ihre Söldnerkommandos im Kongo waren gefürchtet als »Die weißen Riesen«. Jetzt war der Nimbus der Buren, im Felde unbesiegbar zu sein, dahin. Eine äußerst geschickte Propaganda des Ostblocks und Kubas hatte sie plötzlich politisch in die Defensive gedrängt. Die Macht der Sowjetunion und ihrer Verbündeten stand vor den Toren Südafrikas. In den Häfen Angolas wurden weitere 30 000 Gewehre, 400 Granatwerfer, 3000 Maschinengewehre, 1400 Panzerfäuste, 500 Frachtwagen, 160 Schützenpanzer, 300 Luftabwehrgeschütze und große Mengen an anderem Kriegsmaterial gelöscht. Der Aufmarsch gegen Pretoria konnte beginnen. Die Sieger mußten eine eklatante Niederlage hinnehmen.

Südafrikas vielbeachtete Entspannungspolitik, der Dialog mit Schwarzafrika, brach zusammen. Die Versuche, mit den Präsidenten von Liberia, dem Senegal, der Elfenbeinküste und Sambia zu einem Tauschhandel zu kommen, waren gescheitert. Vorsters falsches Spiel, Rhodesien für die eigene Sicherheit zu opfern, schlug fehl. Der Guerillakrieg gegen die Regierung Ian Smith wurde intensiver und blutiger. In Durban, Pietermaritzburg und anderen weißen Städten demonstrierten Schwarze mit der Losung der Frelimo »La Lutta continua« (Der Kampf geht weiter). Zum ersten Mal entstand bei den schwarzen Massen in den townships das Gefühl, daß der »Riese« angeschlagen war. Wenige Monate nach dem Rückzug der südafrikanischen Armee aus Angola kam es in Soweto zu den von Agitatoren vorbereiteten Unruhen und Aufständen, die mindestens sechshundert Tote forderten. Der erste Weiße, der dabei ums Leben kam, war der jüdische Philanthrop Dr. Melville Edelstein, der sich der sozialen Betreuung schwarzer Schulkinder widmete. Sie erschlugen ihn auf grausame Weise mit Spaten und Pangas.

Das System »getrennte Entwicklung«, das ursprünglich als Apartheid in Südafrika eingeführt worden war, stand vor der ersten Krise. Der Begriff, der heute in der ganzen Welt emotionale und negative Reaktionen auslöst, wurde eigentlich von dem Holländer Hendrik Verwoerd und seinem deutschen Staatssekretär Dr. Werner Willi Max Eiselen, ins Leben gerufen. Die Afrikaner haben mit dieser Erfindung und mit vielen unverstandenen, diskriminierenden, menschenunwürdigen und unnötigen Gesetzen selbst dazu beigetragen, daß sich das Wort zu einer tödlichen Waffe gegen die eigene Republik gerichtet hat. Bereits 1917 hatte General Jan Smuts die Notwendigkeit der Apartheid für Südafrika begründet. Der Kern dieser politischen Konzeption, die später auch von Kritikern in Europa bejaht wurde, war die Urangst der Buren, eines Tages von den schwarzen Massen verschlungen zu werden. Die Weißen gingen dabei von der Erfahrungstatsache aus, daß Schwarzafrika bisher gezeigt hatte, Minderheiten gar nicht zu dulden. In Uganda, Tansania, Nigeria, Angola, Moçambique, Burundi und anderen Staaten wurden andere Stämme vielfach mit Gewalt oder nach blutigen Auseinandersetzungen von der Regierungsmacht ausgeschlossen. Als afrikanischer Stamm – was man zweifellos von den Buren behaupten kann, da sie ähnliche Eigenschaften wie schwarzafrikanische Stämme entwickelt haben – erlebten sie aus nächster Nähe die Massaker an anderen Völkern in Afrika, wie beispielsweise die blutige Verfolgung der Baluba durch die Luluas in der Provinz Kasai im Kongo oder die Ausrottung der Kuanyama im südlichen Angola, die von den Truppen der MPLA (Imbundo-Stämme) niedergemetzelt wurden. Auch kubanische Truppen beteiligten sich an diesem Völkermord entlang der Grenze mit Südwestafrika. Ein Strom von Flüchtlingen wälzte sich damals vom Oktober bis Dezember 1976 nach Süden und suchte den Schutz ausgerechnet der südafrikanischen Armee. Das Rote Kreuz nahm dieses Ereignis nie zur Kenntnis. Nur lokale Organisationen und Helfer, wie die aus Berlin stammende Jüdin Ruth Kiwi, die in zahlreichen Aktionen (auch in der Bundesrepublik) für die Opfer bettelte, kümmerten sich darum.

In Südafrika wollte man den anderen Stämmen die Chance geben, ihre Unabhängigkeit in ihren eigenen Volksgebieten zu erhalten. In einer positiven Beurteilung der Apartheid schrieb schon 1971 der Kenner südafrikanischer Verhältnisse, Randolph Braumann, in der Herder-Zeitschrift »Wort und Wahrheit«: »In gewissen historischen Situationen scheint das Überleben eines Volkes nur möglich zu sein, wenn es sich in den Gedanken des Auserwähltseins hineinsteigert.« In späteren Veröffentlichungen im »Rheinischen Merkur« und in der »Quick« vertrat Braumann den Standpunkt: »Apartheid sichert den Frieden in Südafrika. Das ›freie Spiel der Kräfte‹ würde unvermeidlich zu einem Kampf aller gegen alle führen.«

Auch andere Befürworter der getrennten Entwicklung und der Schaffung von unabhängigen Homelands argumentierten, daß die traditionellen Bindungen an das Stammesleben wichtige Ordnungs- und Orientierungsfaktoren enthalten. Es ist sicher eine anarchistische Utopie der linksradikalen Individualisten und der roten Kollektivisten, daß eine radikale Auflösung der Stämme den Fortschritt fördert. Eine totale Entwurzelung aller Afrikaner in einem uniformen Südafrika wäre der Fall. Die Vernichtung der Stammeswirtschaft und eine kritiklose Übernahme westlicher Zivilisation führen nicht logischerweise zu neuen Existenzmöglichkeiten für die schwarze Bevölkerung. Die menschenunwürdigen Slums in vielen afrikanischen Großstädten von Lagos bis Dar-es-Salaam sind nur ein Aspekt dieser negativen Entwicklung. Es gibt eine Reihe wirtschaftlicher Fakten, die unterstreichen, daß nicht nur die geplanten Homelands, sondern verschiedene unabhängige Staaten auf Pretoria angewiesen sind. Mindestens dreizehn Länder im südlichen Afrika importieren Lebensmittel aus Südafrika. Mehr als 40 afrikanische Staaten treiben Handel mit Pretoria. Offiziell waren 1985 350 000 Arbeiter aus den Nachbarländern in Südafrika registriert. Präsident Pieter Wilhelm Botha

sprach von insgesamt 1,5 Millionen Fremdarbeitern, die sich zum Teil illegal im Land aufhalten. Etwa 51% des Bruttosozialprodukts Lesothos kommen aus den Einnahmen schwarzer Mineure in den Goldminen, die bisher jährlich 280 Millionen Rand in ihre Heimat überwiesen. 12% ihres Bruttosozialprodukts verdankt die Volksrepublik Moçambique dem Apartheidsstaat.
Zehn der sechzehn Länder südlich des Äquators bsitzen keinen direkten Zugang zum Meer. Von den fünfzehn Häfen, die diese Länder versorgen, liegen sechs in Südafrika und einer in Namibia. Selbst Zaire ist für die Ein- und Ausfuhr seiner Güter auf die Verkehrswege der Burenrepublik angewiesen. Auch Zimbabwe muß 80% seines Außenhandels über die Häfen des Nachbarn abwickeln. Botswana, Moçambique, Swaziland, Zaire, Sambia und Zimbabwe könnten praktisch nicht ohne die Hilfe der »South African Railways« existieren. Sie mieten regelmäßig südafrikanische Güterwaggons und Lokomotiven, andernfalls würde ihre Wirtschaft zusammenbrechen.
Bei der Beurteilung sollte man trotzdem einen deutlichen Unterschied machen zwischen der offiziell propagierten getrennten Entwicklung und der zum Teil gesetzlich festgelegten Diskriminierung, die in vielen Fällen inzwischen abgeschafft worden ist. Die Welt hat im Grunde genommen nie Verständnis gehabt für die kalvinistisch puritanische Lehre der Apartheid, so wie sie von der Mehrzahl der Buren verstanden und bisher praktiziert wurde. Vor mehr als dreihundert Jahren kamen die Holländer an das Kap der Guten Hoffnung. In dieser Zeit schufen sie den modernsten Industriestaat in Afrika. Ihre Farmen sind so fruchtbar und gut organisiert, daß sie in regenreichen Zeiten nicht nur die Menschen im eigenen Lande, sondern auch noch einen Teil der Nachbarländer miternähren können. Die Begegnung mit den Ureinwohnern, den Hottentotten und Buschmännern und später mit den Nguni-Völkern machte diese weißen Einwanderer schließlich zu »einer von Gott auserwählten Volksbewegung«, zu einem afrikanischen Stamm an der Südspitze des Kontinents. »Niemand kann so grausam zum schwarzen Mann sein wie der Schwarze selbst«, sagte einmal ein schwarzer Politiker. Die Buren haben heute ähnliche Eigenschaften entwickelt wie die Stämme, mit denen sie in Berührung kamen. Im Mittelpunkt ihres Denkens steht vielfach der Stamm, nicht der Staat. Ihr Glaube an das Gelobte Land und ihr Gefühl des Auserwähltseins machten bis heute eine Annäherung

zwischen weißen und schwarzen Nationalisten unmöglich. Sie sind intolerant geworden, jähzornig, aufbrausend und herrisch. Auch in der Person des jetzigen Staatspräsidenten Pieter Wilhelm Botha sind viele Charakterzüge der Buren wiederzufinden.

Jan van Riebeecks »Freie Bürger« prägten zusammen mit Flamen, Deutschen und vor allem Hugenotten das Bild dieser heutigen Republik. Gerade die Holländer galten seit dem Bestehen ihres Königreiches als ein tolerantes Volk, das Verfolgte und Flüchtlinge besonders liebevoll aufnahm. Heute sind sie und die Afrikaner die erbittertsten Gegner in der politischen Auseinandersetzung über die Apartheid. Mein Freund Léon Zeches, Chefredakteur der angesehenen Zeitung »Luxemburger Wort«, machte mich in diesem Zusammenhang auf eine andere seltsame Verknüpfung von Umständen aufmerksam. aus Anlaß des 300. Jahrestages der Widerrufung des Toleranzediktes von Nantes (Révocation de L'Edit de Nantes) am 18. Oktober 1985 schrieb er: »... Doch hatte die Flucht vieler Hugenotten aus Frankreich nach der Widerrufung des Ediktes ... zur Folge, daß 1688 die 150 ersten Hugenotten mit ihren Familien am Kap eintrafen ... und hier ein ›Weißes Land‹ im ›Schwarzen Erdteil‹ aufbauten: ein Land, dessen Apartheidsystem heute stellvertretend für Intoleranz steht. Fürwahr eine makabre Assoziation, wenn man bedenkt, daß die nach Südafrika geflüchteten Weißen, selbst Opfer der Intoleranz, den Grundstein für den Apartheidsstaat legen halfen! Ironie der Geschichte auch, daß Frankreich, dessen offizieller Intoleranz die Hugenotten vor 300 Jahren zum Opfer fielen, sich heute zum strengsten Richter über die weißen Südafrikaner macht.«

Bis zum Ende des zweiten Weltkriegs genoß Südafrika den Ruf als achtenswertes Mitglied der Völkerfamilie. Pretoria konnte sich mit Stolz auf die Unterstützung berufen, die es den Alliierten im Kampf gegen das nationalsozialistische Deutschland gewährte. Südafrikanische Streitkräfte kämpften auf britischer Seite. Südafrikas Gold stützte die britische Kriegswirtschaft. Südafrika blockierte die strategisch wichtige Kap-Route und verhinderte damit großzügig geplante Operationen der deutschen Flotte im Indischen Ozean und im Nahen Osten. Feldmarschall Jan Smuts galt als engster Vertrauter Churchills und war Mitbegründer der Vereinten Nationen. In Simonstown besaßen die Briten noch bis Anfang der siebziger Jahre einen Flottenstützpunkt. Frankreich scheute nicht vor kostspieligen Waffenlieferungen zurück, und

weder die Bundesrepublik noch die Niederlande lehnten atomare Vereinbarungen mit Südafrika ab. Selbst heute klammert Paris jede Boykottklausel im Hinblick auf bestehende Nuklearverträge aus.
Vom geachteten Verbündeten im Zweiten Weltkrieg wurde dann Südafrika – vor allem nach dem Austritt aus dem Commonwealth und der Proklamation einer von London unabhängigen Republik im Jahre 1960 zum Stinktier der ganzen Welt. »Man schließt sich nicht ungestraft aus der britischen Völkerfamilie aus. Das Commonwealth wird sich eines Tages dafür rächen«, sagte mir einmal ein britischer Diplomat in Lusaka. Sagt man heute auch nur noch ein einziges gutes Wort über die Weißen, wird man sofort verdächtigt, die Apartheid-Politik zu verteidigen. Die pauschale und ignorante Verurteilung ist zu einer kurzsichtigen, verlogenen Heuchelei geworden. Die berechtigte Kritik an Pretoria wurde zu einem Propagandafeldzug gesteigert, hinter dem sich handfeste eigene Interessen verbergen. Begonnen wurde die Kampagne mit Demonstrationen vor der südafrikanischen Botschaft in Washington und dem Konsulat in New York. Auch Petra Kelly und Gerd Bastian waren dabei, und Alan Ginsberg, der alternative Dichter, las Gedichte vor, die von den unterdrückten Brüdern und Schwestern in Südafrika erzählen. Dann flog Senator Edward Kennedy nach Johannesburg und Kapstadt. Der Mann, dem man immer noch den rätselhaften Tod der Sekretärin Jo Kopechne anlastet und der zahlreiche andere Liebesaffären hatte, traf sich mit dem UDF-Präsidenten Pastor Dr. Allan Boesak, dessen sexuelle Beziehungen zu einer weißen Mitarbeiterin kurz vorher von der Zeitung »The Star« enthüllt worden waren.
Auch kann man von purer Heuchelei reden, wenn Paris mit moralischen Gründen argumentiert, um einen Waffenboykott zu begründen, gleichzeitig aber sein Kriegsmaterial in andere Krisenherde liefert. Man sagt, daß Mitterrand einfach den Kommunisten einen Gefallen erweisen wollte, indem er sich an die Spitze der Sanktionsapostel setzte. In Kanada, Australien und den USA wird neuerdings der Krugerrand boykottiert. Aber niemand regt sich über das aus dem Archipel Gulag stammende Gold auf, das die Sowjets wie achtbare und biedere Geschäftsleute und möglicherweise sogar noch mit Hilfe der südafrikanischen Anglo-American-Company an der Londoner Börse anbieten. Engagierte Christen sind empört darüber, daß die Schwarzen noch kein Wahlrecht

haben, aber verlieren kein Wort über die »Spielzeugbomben«, die chemischen Kampfstoffe und Napalmbomben, die sowjetische Streitkräfte gegen Frauen und Kinder in Afghanistan einsetzen. Ausgerechnet die Kommunisten sprechen von »Justizmord«, Justizterror« und »Märtyrern des freien Afrika«, wenn es um die Hinrichtung des Polizistenmörders Benjamin Moloise geht, wo doch im Vaterland ihrer Träume die Märtyrer der Freiheit unzählbar sind und dort jährlich – wie Sofia Kallistratova und Andrej Sacharow bestätigten – mindestens 500 bis 600 Todesurteile ausgesprochen und meistens auch vollstreckt werden, und dies nicht nur für Mord und Beihilfe zum Mord, sondern sogar für die Entwendung und Unterschlagung von staatlichem Eigentum, für Falschmünzerei und Wirtschaftsverbrechen. Höhepunkt der Kritik- und Urteilslosigkeit gegenüber Südafrika ist jedoch die Tatsache, daß sich der Bundestag zu einer Schweigeminute für den hingerichteten Polizistenmörder erhob, eine Ehrung, die den Toten an der Berliner Mauer bis heute nicht zuteil wurde. Vor Gericht war eindeutig bewiesen worden, daß sich Moloise am 7. November 1982 gegen 20 Uhr als beauftragter Killer des ANC zu dem Hause Selepes begab, mit der Absicht, ihn zu erschießen. Er brüstete sich später vor seiner Lebensgefährtin Doreen Napyane mit den Worten: »Ich habe den Hund erschossen.« Frau Napyane ging daraufhin zur Polizei. Moloise gab den Mord zu ... Der der CSU nahestehende »Schwarze Brief« nannte die »Ehrung« im Bundestag »einen unglaublichen Skandal und eine Entwertung anderer Gedenken für Verstorbene.«

Nur widerwillig bequemten sich die Buren zu Beginn der achtziger Jahre, aus dem verfilzten Durcheinander von Rassen, Klassen, Stämmen, Völkern und Interessengruppen einen Ausweg zu suchen. Die Reaktionen schwankten zwischen Verbitterung, Ärger und Optimismus, als schließlich in einem Referendum am 2. November 1983 über die Teilnahme von Indern und Mischlingen in dem bisher rein weißen Parlament entschieden wurde. Die Konservativen unter der Führung von Dr. Andries Treurnicht und die rechtsaußen stehende Partei der »Wiederhergestellten Nationalen Partei (HNP) waren nicht mit Bothas Plänen einverstanden und beschuldigten ihn, den Ausverkauf des »volk« zu betreiben und die »Schwarze Gefahr« einfach zu unterschätzen. Trotzdem haben die rechten Splitterparteien den Sinneswandel nicht verhindern können. Zahlreiche diskriminierende Bestimmungen, Maßnahmen und

Gesetze der Apartheid wurden abgeschafft. Die Aufstiegschancen schwarzer Arbeiter sind seitdem erheblich verbessert worden. Die Reservierung bestimmter Berufe für die Weißen – die »Job-Reservation« – existiert nicht mehr. Das Prinzip »gleicher Lohn für gleiche Arbeit« gilt heute als allgemeine Richtlinie. Die Mischehengesetze und das Gesetz gegen sexuelle gemischtrassige Beziehungen sind aufgehoben. Die Förderung der Bildung von Eigentum bei schwarzen Arbeitnehmern steht an erster Stelle. Dennoch sind die Kräfte der Anarchie und der Revolution nicht zufrieden.

Makaber und grausam zugleich waren die Begleitumstände, die der Erklärung des Ausnahmezustandes vom Juli 1985 durch Präsident Botha vorausgingen. Wenige Minuten vor der angekündigten Rede zeigte das Fernsehen erschütternde Aufnahmen einer jungen schwarzen Frau, die am Nachmittag während eines Begräbnisses in der schwarzen Trabantenstadt Duduza (östlich von Johannesburg) geschlagen, gesteinigt und schließlich in Brand gesteckt wurde, weil sie angeblich eine »Kollaborateurin« des Regimes gewesen sei. (Darüber wurde schon berichtet.) Das Kamera-Team eines ausländischen Fernsehsenders war vorher informiert worden, aber der Kamera-Mann versicherte, er hätte den Tod des Mädchens Maki Skosana nicht verhindern können. »Ich werde die Schreie und das Todesröcheln dieses Mädchens nie vergessen«, meinte er später. In der gleichen Fernsehsendung folgten Bilder von einer Trauerfeier in dem kaum bekannten Städtchen Craddock in der Karoo-Steppe, wo 40 000 Menschen in Anwesenheit der Pastoren Christiaan Beyers Naudé und Dr. Allan Boesak vier auf grausame Weise ermordete Führer der Vereinten Demokratischen Front zu Grabe trugen. Inmitten eines Meeres roter Sowjetfahnen mit Hammer und Sichel warnten die Geistlichen vor einer weiteren Eskalation. Die Beisetzung schwarzer Opfer der Auseinandersetzungen mit der schwarzen Polizei wurden zum Forum politischer Demonstrationen. Beyers Naudé sprach von der »Wut der Stimmlosen, der anonymen Masse«. Aber wenige Tage später äußerte sich Nobelpreisträger Bischof Desmond Tutu in ohnmächtiger Wut und in deutlicher Anspielung auf den Mord vor den Fernsehkameras: »Wenn das noch einmal geschieht, wird es schwierig für mich sein, für die Sache der Befreiung zu sprechen. Wenn die Gewalt weiter anhält, werde ich meine Koffer packen, meine Familie nehmen und dieses Land, das ich so leidenschaftlich liebe, verlassen... Ich sage euch, daß ich in schärfster Form verurteile, was in Duduza geschehen ist...«

Verschiedene Demonstranten beschimpften den Bischof wegen seiner gemäßigten Haltung. In der Tat ist die Person des anglikanischen Würdenträgers in seinem eigenen Land umstrittener denn je. Böse Zungen behaupten sogar, daß Desmond Tutu mehr Anhänger bei den Auslandsjournalisten und in den internationalen Medien hat als unter den Gläubigen seiner Diözese. Der frühere Bürgermeister von Johannesburg, Cecil Long, und andere Anglikaner drohten bereits mit dem Kirchenaustritt. Kurz nach der Wahl Tutus zum Bischof von Johannesburg mußte die anglikanische Kirche auch einen dramatischen Rückgang bei den Einnahmen registrieren, so daß einige Gemeinden kaum noch die laufenden Ausgaben aufbringen können. Eine Organisation verschiedener christlicher Kirchen, die sich »United Christian Action« nennt, verurteilte Werbung und Bekenntnis des Bischofs für den ANC und betonte, daß er nicht für die schwarze Bevölkerung, sondern für eine radikale Minderheit spricht, die aus Übersee finanziert wird und von revolutionärem Haß motiviert ist. Der ANC habe den townships Tod und Zerstörung gebracht, und das Ziel sei die Errichtung einer marxistischen Einparteien-Diktatur und die Zerstörung des Christentums in Südafrika.

»Land im Rassenkrieg«, »Südafrika brennt«, »Wut wie bei Sklavenaufständen«, »Macht das Land unregierbar«, so lauten seit Monaten die Schlagzeilen der internationalen Fernsehsender und Presseorgane. Die öffentlich-rechtlichen Fernsehanstalten der Bundesrepublik vermitteln von den Ereignissen in Südafrika ein völlig einseitiges Bild. Ein Nachrichtenmagazin, das in seiner politischen Berichterstattung von »facts« ausgehen sollte, beginnt die Titelgeschichte mit den Phantasievorstellungen aus einem antisüdafrikanischen Zukunftsroman, wonach es am »Flughafen Jan Smuts zu heftigen Kämpfen gekommen ist... In der Innenstadt Johannesburgs hörte man Geschützfeuer... Die Seehäfen wurden bombardiert und blockiert...« Panikmache übelster Art. Auf dem Höhepunkt der Krise waren mehr als 400 Journalisten aus aller Herren Länder angereist, manche von ihnen »alte Hasen« aus Vietnam und dem Libanon. Unwillkürlich drängen sich Vergleiche auf. Eine Reihe von »Propagandakriegen« wurde in den letzten vierzig Jahren gegen bestimmte Länder und Politiker gestartet, um die

Einstellung amerikanischer Hilfe zu erzwingen, die Demokratie zu beseitigen und das Nachfolgeregime in eine antiwestliche Front einzureihen. Abgesehen vielleicht von Afghanistan führt die friedliebende Sowjetunion keine Kriege. Aber zielsicher werden die geeigneten Länder »sturmreif« geschossen und aus der antikommunistischen Front herausgebrochen. Die linksliberalen Medien der westlichen Welt, Friedensbewegungen, Demonstrationen und hunderte Frontorganisationen sind dabei Mittel zum Zweck.
Seit dem Ende des Zweiten Weltkriegs wurden solche Kampagnen vor der roten Machtübernahme gegen die Regierung Tshiang Kaishek in China, gegen Batista vor der Castro-Revolution, Thieu in Vietnam, Marcos auf den Philippinen, den Schah in Persien, das Regime Somoza in Nicaragua und gegen die Regierung Ian Smith und das Regime Muzorewa geführt. Ähnliche Aktionen wurden von Zeit zu Zeit gegen die Regierungen Pinochet in Chile und Botha in Südafrika unternommen. Seit 1945 fielen 36 Länder auf diese Art und Weise der kommunistischen und anti-demokratischen Intrige zum Opfer. Mit welcher Gewissenlosigkeit dabei operiert wird, zeigen einige frappante Beispiele aus der jüngsten Geschichte. Voller Empörung registrierte die westliche Welt die Brandkatastrophe in einem Kino im südpersischen Abadan, bei dem mehr als hundert Gegner des Pahlewi-Schahs verbrannten. Es war der letzte Anstoß zum Sturz des Monarchen und zu einer der blutigsten Revolutionen der Geschichte. Zunächst wurde behauptet, daß der iranische Geheimdienst für den Brand verantwortlich sei. Dann hieß es, der amerikanische CIA habe den Anschlag organisiert. Nach dem Sieg des Ayatollah Khomeini wurde das Verbrechen zweifelsfrei aufgeklärt: Die Brandstifter waren kommunistische Gegner des Schahs, sie hatten das Feuer gelegt, um die Empörung gegen die Regierung zu schüren. Der bekannte Arabien-Spezialist Harald Vocke schrieb vor einiger Zeit, daß der libanesische Bürgerkrieg des Jahres 1958 mit der Ermordung des libanesischen Journalisten Nassib Metni begann, der als Regimekritiker bekannt war. Von Stalingrad aus sandte Diktator Nasser ein Beileidstelegramm mit den Worten: »Metni starb als ein Held.« Später stellte sich heraus, daß der damals kommunistisch orientierte Geheimdienst Ägyptens den Mord organisiert hatte. 1975 wurden in dem christlichen Beiruter Stadtteil Ain Rummanneh fast dreißig schwerbewaffnete Palästinenser ermordet. Arafats Terroristen gaben den Christen die Schuld für die Bluttat. Indizien sprechen dafür, daß

die Al Fatah selbst die Hand im Spiel hatte. Seitdem aber herrscht ein mörderischer Krieg im Libanon, der das Land bis heute nicht zur Ruhe kommen läßt.

Auch in der Entwicklung Südafrikas gibt es ähnliche Symptome. Die »Nationalen Befreiungsbewegungen« ANC, SWAPO, PAC, die Kommunistische Partei und Vereinte Demokratische Front (UDF), die ausnahmslos von Moskau finanziert, trainiert oder unterstützt werden, sind bereits systematisch tätig. Im Ausland gibt es neben dem Weltkirchenrat und der UNO mindestens 200 äußerst aktive Anti-Apartheid und Desinvestment-Gruppen. Die Medien haben sich – vor allem nachdem Journalisten und Fernsehteams in den Unruheherden nicht mehr zugelassen wurden – auf Pretoria eingeschossen. Jede Bemühung, Reformen durchzuführen, wurde mit dem Argument abgetan »zu wenig, zu spät!« Der Staat soll gezwungen werden, »bestimmte Gebiete zu befreiten Zonen zu erklären«. Der Rest des Landes muß unregierbar gemacht werden. Laut »Spiegel« reden sich die Menschen in Craddock schon mit »Genosse« an. Kleinkinder erheben die Faust zum Gruß »Amandla ngawethu« – »Die Macht dem Volke«. Die Behörden haben es aufgegeben, einen Slogan an Craddocks Fußballplatz zu entfernen, weil er am nächsten Tag wieder da wäre: »Viva Umkhonto we sizwe« – Umkhonto we sizwe, Speer der Nation, heißt die Untergrundarmee des ANC. In vielen schwarzen townships wurden Mitglieder der Stadträte und Bürgermeister mit Pangas zerhackt und in Brand gesteckt. Die gesamte Strategie des roten Bürgerkriegs stand Ende Juni 1985 noch einmal in dem Bergarbeiterstädtchen Kabwe nördlich von Lusaka zur Diskussion. 250 ANC-Delegierte nahmen daran teil. Der Kongreß fand, wie üblich, mit erheblicher finanzieller Unterstützung des Weltkirchenrates und prominenter Gruppen der katholischen und evangelischen Kirchen aus Europa statt. Im Abschlußdokument wurde erklärt, daß ANC und Kommunistische Partei solange kämpfen werden, bis die schwarz- grüngoldene Flagge über dem Unions-Gebäude in Pretoria weht. »Es lebe die Allianz zwischen ANC und SAKP« (Südafrikanische Kommunistische Partei).

Versucht man Indizien, Tatsachen und Zusammenhänge zu deuten, so wird man fast unwillkürlich an die Grundsatzerklärung des langjährigen Leiters der Komintern, Manuilsky, erinnert, der 1931 sagte: »Gewiß, heute sind wir noch nicht stark genug, um anzugreifen. Unsere Zeit wird in zwanzig oder dreißig Jahren kommen. Um zu siegen, brauchen wir ein Element der Überraschung. Die Bourgeoisie muß eingeschläfert werden. Wir werden deshalb damit beginnen, die theatralischste Friedensbewegung zu entfachen, die jemals existiert hat. Es wird elektrisierende Vorschläge und außerordentliche Zugeständnisse geben. Die kapitalistischen Länder, stupide und dekadent, werden mit Vergnügen an ihrer eigenen Zerstörung arbeiten. Sie werden auf den Leim der Gelegenheit zu neuer Freundschaft kriechen. Und sobald sich ihr Schutzgürtel entblößt, werden wir sie mit unserer geballten Faust zerschmettern.«

Der bisher angerichtete Schaden geht ins Unermeßliche. Von den mehr als 900 Menschen, die bis Ende 1985 durch die Unruhen ums Leben kamen, waren fast 400 schwarze Einwohner der townships, die durch die Hand der eigenen Menschen als Kollaborateure, Spione und Verräter sterben mußten. Fast vierhundert Wohnungen von schwarzen Polizisten wurden angezündet. Von den 32 Gemeinderäten in den schwarzen Wohngebieten arbeiteten Ende 1985 nur noch fünf. Über Monate hinweg boykottierten 500 000 schwarze Schulkinder den Unterricht. Hunderte Schulen wurden abgebrannt. Der Soziologieprofessor Lawrence Schlemmer der Universität Natal hat ausgerechnet, daß der bisher angerichtete Materialschaden mehr als 100 Millionen Rand beträgt. Der große finanzielle Schock kam für Südafrika, als die Chase Manhattan Bank die Fälligkeit eines kurzfristigen Kredits in Höhe von 600 Mio $ anmahnte und Pretoria nicht zahlen konnte. Die plötzliche Zahlungsunfähigkeit bei den kurzfristigen Auslandsverschuldungen betrug innerhalb kürzester Zeit mehr als 14 Milliarden $. Finanzminister Barend du Plessis stoppte die Rückzahlungen. An der Johannesburger Börse fielen die Aktien zunächst mit durchschnittlich zehn Prozent. Der Rand verlor mehr als die Hälfte seines Wertes gegenüber dem Dollar. Auf dem Höhepunkt der Krise war er nur weniger als 40 US-Cent wert. Die Inflationsrate kletterte auf fast 20%. Die Arbeitslosigkeit war auf fast drei Millionen Menschen gestiegen. Europäische und amerikanische Investoren dachten ernsthaft daran, ihr Kapital abzuziehen. Wohl zum ersten Mal in der Geschichte der Buren gibt es Menschen, die ernsthaft daran denken, das Land zu verlassen.

In Wirtschaftskreisen wird seitdem die Frage erörtert, ob Südafrika durch Desinvestment und Sanktionen in die Knie gezwungen werden kann. Es ist jedoch ein Irrtum westlicher Entwicklungshilfe-Ideologen, zu glauben, wirtschaftlicher Fortschritt hänge nur von Auslandskrediten ab. Wenn dies so wäre, müßte das sozialistische Tansania, das an Entwicklungshilfe geradezu erstickt, längst alle Wachstumsrekorde geschlagen haben. In südafrikanischen Regierungskreisen weist man mit berechtigtem Stolz darauf hin, daß zwei Sanktionsbeschlüsse der internationalen Gemeinschaft Südafrika keineswegs seines Wohlstands und seiner Macht beraubt haben. Der Lieferungsboykott für Rohöl und für Waffen führte dazu, daß das Land heute über eine ausgezeichnete petro-chemische Industrie verfügt, die den größten Bedarf an Treibstoff durch Kohleverflüssigung deckt, und daß ferner die Waffenindustrie nicht nur vielfach besseres Kriegsmaterial als das Ausland produziert, sondern darüber hinaus in bestimmte Länder exportiert. Man erinnert immer wieder daran, daß Sanktionen ein zweischneidiges Schwert sind und umgekehrt auch die Initiatoren treffen werden. Amerikanische Firmen beschäftigen in Südafrika rund 120000 Schwarze. Würden sie alle Arbeitnehmer entlassen, stiege die Arbeitslosigkeit um genau 1,6%. Der Wirtschaftsexperte Dr. Bruno Bandulet meint, daß ein Rückzug der Amerikaner genau so wenig helfen würde. Sie müßten ihre Fabriken weit unter Preis verkaufen, was zu einer billigen Südafrikanisierung führen würde, da die einheimische Wirtschaft sehr liquide ist. Harry Oppenheimer, der größte und bekannteste Wirtschaftler des Landes, Mitbegründer der oppositionellen »Progressive Partei« und konsequentester Gegner der Apartheidpolitik, sagte erst kürzlich: »Unter jenen, die für Disinvestment und andere Wirtschaftssanktionen eintreten, stehen Linksradikale an vorderster Stelle, die Rassendiskriminierung mit freiem Unternehmertum oder Kapitalismus in Verbindung setzen und beides gleichzeitig in Südafrika zum Verschwinden bringen möchten. Sie mögen gering sein an Zahl, aber sie sind einflußreich und bringen andere in ihr Schlepptau, die eigentlich für die Wirtschaftsfreiheit sind... Wenn die Verhältnisse zum Besseren geändert werden sollen, dann kann man nicht eine weiße Vorherrschaft durch eine schwarze ersetzen... »Auch Ian Smith, der ehemalige Premier Rhodesiens, der durch Sanktionen in die Knie gezwungen werden sollte, warnte den Westen: »Es ist unglaublich zu sehen, wie die führenden Länder der Freien Welt den Russen helfen, Südafrika zu übernehmen und dort eine Südatlantikbasis zu entwikkeln, die nicht nur die Kap-Seeroute beherrschen, die Nachbarstaaten unterdrücken, sondern auch die monopolistische Kontrolle der wichtigsten strategischen Mineralien übernehmen kann.« In der Tat besitzt das Land am Kap mit der UdSSR zusammen 80% aller strategischen Rohstoffe. 1983 förderte Südafrika 28% Vanadium, 40% Platin, 48% Gold, 28% Chromit, 14% Titan und 18% Zirkon der Weltrohstoff-Produktion. Es handelt sich hier um die tatsächlich realisierten Förderungen im Jahre 1983. Wenn man die weltweit bekannten Rohstoff-Vorräte einem internationalen Vergleich unterzieht, dann zeigt sich, daß die Schlüsselstellung Südafrikas für strategische Rohstoffe auch im Verhältnis zur UdSSR noch wesentlich ausgeprägter ist, als die Produktionszahlen erkennen lassen. So besitzt beispielsweise die Sowjetunion nur 1% der Chromvorkommen der Welt, Südafrika dagegen 83%. Schon vor Jahren sagte Leonid Breschnew im Gespräch mit dem Präsidenten Somalias, Siad Barre, daß der Weg zur Beherrschung der Welt über die Energiequellen im Mittleren Osten und die Rohstoffquellen in Südafrika führt.

Die immer wieder von Radikalen propagierten Sanktionen helfen da nicht weiter und würden letzten Endes den Sowjets in die Hände spielen. Das negative Kesseltreiben aus allen Richtungen der Windrose wird daher nicht die Lösung der Probleme in Südafrika bringen. Die Wirtschaft war bisher der stärkste Motor für die Verbesserung der Lebensbedingungen der Schwarzen und ihre Integration in eine rassenfreie Gesellschaft. Nicht Sanktionen und die Erwürgung der Ökonomie sollen daher das Ziel sein, sondern der zügige Ausbau und die Beteiligung zahlreicher ausländischer Investoren.

Die militärische Lage Südafrikas hat sich trotz aller Abwehrmaßnahmen Pretorias seit dem Vertrag von Nkomati im März 1984 anscheinend dramatisch verschlechtert. Die militärische Ausrüstung der Frontstaaten hat sich um 120% erhöht, die Anzahl der Hubschrauber stieg um 393%. Dem südafrikanischen Verteidigungsminister General Magnus Malan zufolge lieferte die Sowjetunion zwischen 1972 und 1983 für mehr als 10 Milliarden $ Waffen nach Angola. Der Buschkrieg gegen die SWAPO an der Grenze zwischen Angola und Südwest/Namibia hat weitaus mehr Opfer Menschen und Material gefordert als Pretoria zugibt. Experten meinen, daß der Krieg jetzt mindestens 17 Milliarden Rand jährlich kostet, das sind 558 Millionen Rand mehr, als Südafrika zugibt. Nach dem Devisenkurs im Januar 1986 ist ein Rand eine deutsche Mark wert. Auch die Verluste an Menschenleben sind wahrscheinlich weitaus höher, als die offiziellen Zahlen Pretorias vermuten lassen.

Noch ist eine Machtübernahme durch Afro-Marxisten und Kommunisten nicht vollzogen. Noch steht Südafrika nicht vor dem Kollaps, obwohl Moskau dann mit Sicherheit der lachende Dritte wäre. Noch plädieren Männer wie der Schriftsteller Alan Paton und der Zuluführer Gatsha Buthelezi für eine gewaltlose Veränderung. Der Autor des lange Zeit verbotenen Buches »Cry the beloved Country« (Tränen über Johannesburg) bezeichnete nicht nur den Ausnahmezustand als »notwendiges Übel«, sondern meinte auch, daß den Radikalen unter den schwarzen Schülern und Studenten das Handwerk gelegt werden müsse. Auch widersetzt sich der berühmte Schriftsteller jeder Form des Desinvestments. »Warum? Weil es meine feste Überzeugung ist, daß diejenigen, denen man damit helfen will, nämlich die schwarze Bevölkerung, am bittersten dafür bezahlen müssen.« »Es gibt nur ein Land, das die Probleme dieses Landes lösen kann«, meinte Paton, »und das ist Südafrika selbst.« In verschiedenen ermutigenden Gesprächen, die ich in der Zulu-Hauptstadt Ulundi und in Johannesburg mit dem Führer der Inkatha-Bewegung, Gatsha Buthelezi, führte, betonte dieser immer wieder, daß die christliche Einsicht vom christlichen Romantisieren verdrängt wird und daß man sich anscheinend im Westen ganz besonders daran begeistert, wenn Menschen zu den Waffen greifen. »Ich habe mich mit meiner ganzen Person dem gewaltfreien Befreiungskampf der Schwarzen verschrieben. Ich widersetze mich den politischen Strategien, die Südafrika unregierbar machen wollen. Nehmen Sie selbst zur Kenntnis, in welchem Ausmaß Schwarze aufgefordert werden, andere Schwarze, aber auch Weiße, umzubringen. Im Alltag geschieht das, indem Menschen zu Tode gesteinigt, mit Benzin übergossen und bei lebendigem Leibe angezündet werden, indem Menschen in ihren Häusern verbrannt oder indem sie mit Pangas oder Messern buchstäblich zu Tode gehackt werden«, sagte Buthelezi. Der Zulu-Führer betonte ausdrücklich, daß Südafrika ein Teil des Westens ist und nicht durch Sanktionen ausgestoßen werden darf. Die in Europa oft feststellbare Fixierung auf eine gewaltsame Lösung als einzig möglichem Weg in die Zukunft bezeichnete er als eine Neuauflage von geistigem Kolonialismus. Sie sei wesentlich dafür mitverantwortlich, daß sich heute in Südafrika Schwarze und Schwarze in blutigen Konflikten gegenüberstehen. »Ich widersetze mich jegli-

cher Gewaltanwendung«, so unterstrich Buthelezi seine politischen Auffassungen, »weil ich als Christ davon überzeugt bin, daß, solange nicht jeder gewaltlose Weg zur Versöhnung versucht worden ist, ein mit Waffengewalt ausgetragener Kampf niemals als gerechter Krieg bezeichnet werden darf...«
Inzwischen hat der gezielte Medieneinsatz aus Buthelezi bereits einen Handlanger der Regierung Botha, eine Marionette gemacht, die sich scheinbar verkauft, um innerhalb des Systems mitzuarbeiten. Aber der Zuluführer läßt sich nicht irremachen und geht seinen Weg. Nach der Parlamentsrede des Staatspräsidenten Botha am 31. 1. 1986 deutet er an, daß er sich möglicherweise an dem neuen gesetzgebenden Rat beteiligen werde. Diesmal hatte der Bure ihn anscheinend überzeugt. Selbstsicher, ohne Drohungen und ohne Aggressivität hatte Botha einen Weg aus der Krise, aus dem Dilemma der Apartheid vorgezeichnet. Es schien, als ob hier zum ersten Mal die Forderung verschiedener schwarzer Politiker nach einer feierlichen »Absichtserklärung« (Declaration of Intent) erfüllt wurde. Der 70jährige Staatspräsident erklärte ausdrücklich, daß die Republik Südafrika unteilbar ist, daß alle Einwohner gleiche Chancen haben werden und sie die politische Zukunft des Landes gemeinsam beeinflussen können. Aber vor allem betonte er, daß die Einbeziehung der schwarzen Bevölkerungsmehrheit in den südafrikanischen Verfassungsrahmen verhandelt werden solle. Die prohibitiven Zuzugsbestimmungen (influx control) und die verhaßten Paßgesetze, die den Schwarzen bisher Arbeitssuche und Ansiedlung wesentlich erschwert haben, sollen verschwinden. Man spürte förmlich die Erleichterung, als Buthelezi später von einem »großartigen Credo« Bothas sprach und damit an erster Stelle die Abschaffung der Paßgesetze meinte, die ihn »zum Paria im eigenen Land« gemacht hätten.
Jedoch erfordert der Prozeß, den Rassenkonflikt auf friedlichem Weg zu lösen, noch viel Geduld und auch Zeit. Die Frage bleibt: »Wie soll es weitergehen?« Der Leiter des ausgezeichneten Afrika-Instituts in Pretoria, Dr. Erich Leistner, das Institut für Internationale Beziehungen des Professors Baratt sowie viele Diplomaten, Politiker und Journalisten machen sich Gedanken darüber, entwerfen Zukunftspläne, Zukunftsmöglichkeiten, Drehbücher. Die meisten Vorstellungen sind weder realistisch noch optimistisch. Sie schildern in vielen Fällen ein düsteres Zukunftsbild mit brennenden townships und weißen Wohnvierteln, meuternden

schwarzen Polizeieinheiten, Stammeskämpfen und einem daraus resultierenden wachsenden Einfluß der Rechtsradikalen. Die Schwarzen würden aus den townships ausbrechen und die weißen Viertel überschwemmen. Die Panik und das Chaos wären vollständig. Ich selbst glaube, daß in Südafrika drei verschiedene Szenerien denkbar sind. Da ist an erster Stelle die Möglichkeit einer Machtübernahme durch die Armee, falls Staatspräsident Botha nicht in der Lage ist, der Unruhe in den schwarzen Gebieten und damit auch der bedrohenden Radikalisierung von rechts Herr zu werden. Bereits nach den Unruhen in Soweto im Jahre 1976 schickte der Generalstab ein Memorandum an Botha (der damals noch Verteidigungsminister war), in dem die Notwendigkeit und die Möglichkeit einer Machtübernahme durch die Armee unterstrichen wurden. Später setzte Botha als Premier einen Staatssicherheitsrat ein, dessen Macht so groß sein soll, daß er das Kabinett entweder nicht zu informieren braucht oder es vor vollendete Tatsachen stellt. Die Mitglieder sind zu einem großen Teil Generäle, wie etwa General Jannie Geldenhuijs, Oberbefehlshaber der Armee, sowie Verteidigungsminister General Magnus Malan und Polizeiminister Louis le Grange und dessen General Johan Coetzee. Auch der Chef des Geheimdienstes, Prof. Niel Barnard, gehört zu diesem inneren Kreis. Vor allem Verteidigungsminister Malan, einer der einflußreichsten Offiziere, wird als »Falke« und gleichzeitig erfolgreicher Politiker betrachtet, der seine Auffassungen rasch und energisch vertritt. Er gilt als der Mann, der nach wie vor für ein hartes Auftreten gegenüber ANC und SWAPO plädiert und den Nachbarstaaten jetzt erneut mit Vergeltungsschlägen drohte. Es wird vermutet, daß der Sicherheitsrat gegen den Willen des Staatspräsidenten die Proklamation des Ausnahmezustandes durchsetzen könnte. Eine Machtübernahme wäre jedoch nur wahrscheinlich, wenn eine Regierung zu sehr vom Kurs der Nationalen Partei abweichen würde. Wachsender Druck von außen könnte das Militär dazu bringen, mehr Verteidigungsbereitschaft zu zeigen. In einer Militärdiktatur hätten die schwarzen Revoluzzer kaum noch eine Chance. Stattdessen würde die Rassendiskriminierung endgültig abgebaut und ein schwarz-weißes Staatssystem in Zusammenarbeit mit gemäßigten schwarzen Führern wie Lucas Mangope und Kaiser Matanzima verwirklicht werden können. Der Versuch, die Übergabe der Macht an ein ANC/UDF-Regime zu erzwingen, würde zu blutigen Auseinandersetzungen führen, bei denen die

Generäle eventuell alle verfügbaren Kräfte und Mittel einsetzen würden...

Die zweite Möglichkeit ist nun in der Rede Bothas am 31. Januar 1986 angedeutet worden. Der Staatspräsident wird den Kurs der jetzt eingeschlagenen Reform weiter einhalten. Es ist anzunehmen, daß sogar in absehbarer Zeit schwarze gemäßigte Politiker einen Platz in der jetzigen Regierung finden werden, um zum ersten Mal in der Geschichte Afrikas »die Macht zu teilen«. Das weiße Regime müßte nicht nur die äußeren Lebensbedingungen verbessern, sondern auch Vertrauen und Bereitschaft zur Zusammenarbeit weiter fördern. Die Homelands in ihrer jetzigen Form würden verschwinden und – wie durch Botha angedeutet – durch eine gemeinsame südafrikanische Staatsbürgerschaft ersetzt werden. Der neue gesetzgebende Rat würde eine föderative und konföderative Verfassung entwerfen, in der alle Bevölkerungsgruppen auf höchster zentralstaatlicher Ebene voll integriert werden und Mitspracherecht haben. Die Reformbereitschaft der Weißen hätte jedoch da ihre Grenzen, wo die gesamte Gruppe bedroht wird. Ihnen, den Mischlingen und Indern, müßte ihr Status als Minderheit garantiert werden, auch um die wirtschaftliche Basis zu erhalten, die letzten Endes allen anderen Völkern zugute kommt. Die Weißen sind zu Reformen bereit, solange ihnen garantiert wird, daß sie nicht majorisiert werden, obwohl Außenminister Pik Botha laut einer Äußerung vor der Auslandspresse in Kapstadt es sogar für möglich hält, daß ein Schwarzer Präsident Südafrikas werden kann. In der Außenpolitik käme es zu einer Annäherung an die Staaten in Afrika, da zweifellos die internationale Stellung Pretorias entscheidend von der Haltung der afrikanischen Staaten abhängig wird. Der interne Wandlungsprozeß könnte in Kürze bessere Beziehungen zu Afrika ermöglichen. Das Verhältnis mit den Nachbarstaaten ist zur Zeit durch die Ereignisse in Lesotho, durch den Angriff auf den ANC in Botswana und durch die weitere Aktivität der Guerillas in Moçambique nicht gerade als herzlich zu bezeichnen. An Stelle von Sanktionen käme es zur Vergabe neuer Kredite der westlichen Welt. Ein wirtschaftlicher Aufschwung wäre die Folge.

Dann wäre da das dritte Drehbuch, ein »Weltuntergangsszenarium«. Vor wenigen Monaten gab es Berichte aus Havanna, wonach Fidel Castro mit Moskau und Pankow die Pläne für einen konventionellen Krieg gegen Pretoria erörtert haben soll. Kubanische und mitteldeutsche Offiziere sowie russische Generäle, die in dem 30 000 Mann starken kubanischen Söldnerheer in Angola dienen, gingen bei den damit verbundenen strategischen Überlegungen von der Voraussetzung aus, daß die Festung Südafrika von innen her durch den Aufruhr in den schwarzen Gebieten sturmreif gemacht wird und daß dann von außen her auf »Ersuchen« der SWAPO und des ANC sowie mit dem Segen und den entsprechenden Empfehlungen der UNO mit Panzereinheiten und Fallschirmjägern (von der Insel Rügen herbeigeschafft) die Bastion der Apartheid aufgebrochen werden kann. Enorme Mengen Kriegsmaterial würden über die Grenzen der marxistischen Nachbarstaaten ins Land fließen. Außerdem würden der ANC und die SWAPO die in vielen Teilen Südafrikas – zum Teil mit Hilfe von Kommunisten wie Klaas de Jonge (der übrigens sehr stark an den Holländer Van der Lubbe erinnert) angelegten Waffenverstecke öffnen und Kalaschnikows und Handgranaten an fanatische Jugend- und Mörderbanden verteilen. Der marxistisch-leninistische Flügel der sogenannten Befreiungsbewegungen könnte sich in Pretoria und Kapstadt an die Macht schießen. Südafrika müßte jede Bedingung der Vereinten Nationen akzeptieren.

Zur Zeit konzentriert sich die Sowjetunion mehr auf Europa, auf die Abrüstung und vor allem auf die Beseitigung des für sie wirtschaftlich tödlichen SDI-Systems Präsident Reagans. Aber sie hat Afrika nicht aufgegeben. Hat sie in Europa Erfolg, so wird sie um so gefährlicher an die Tore Südafrikas klopfen. Zu den wenigen Politikern, die sich darüber keine Illusionen machen, gehört an erster Stelle Franz Josef Strauß. »Moskau hat nie aufgehört, Krieg zu führen gegen die Freiheit der Westeuropäer – wenn auch mit nichtmilitärischen Mitteln«, sagte der CSU-Politiker im Hinblick auf die Entwicklung in Südafrika. »Der nichterklärte Krieg wird mit den Mitteln der Infiltration und der Desinformation, der Subversion und der Spionage geführt. Es ist ein Krieg der Stellvertreter und Terroristen. Es ist ein Krieg, der nach den lebenswichtigen Ressourcen und Lebensadern der freien Welt greift, die für die westliche Supermacht wichtig, die westeuropäische Industriegesellschaft jedoch lebensnotwendig sind... Es ist kein Zufall, daß Moskau zäh und geduldig versucht, in das nach der Dekolonialisierung in Afrika entstandene Machtvakuum hineinzustoßen und die neuen Regierungen kommunistisch zu unterwandern oder botmäßig zu machen... Darum warne ich seit lamgem vor westlicher

Blindheit, Einäugigkeit oder chemisch reiner Naivität. Das Schicksal oder die Zukunft des südlichen Afrika und Westeuropas sind unlösbar verknüpft.«
Keines der Szenarien gibt eine klare, überzeugende Antwort. Die Zeiger der Schicksalsuhr Südafrikas nähern sich der entscheidenden Stunde. Die Zeit drängt. Fest steht nur, daß die Apartheid am Ende ist. Niemand wird die Frage beantworten können, ob die Weißen in Südafrika ohne Apartheid eine Zukunft haben werden. Hat für die Buren der letzte weiße Treck in eine ungewisse Zukunft begonnen? Werden mit dem Ende der Herrschaft des weißen Mannes auf dem Schwarzen Kontinent Anarchie und Chaos siegen und ist nunmehr das Ende Afrikas in Sicht? »Die Zerstörung der weißen südafrikanischen Gesellschaft ist eines der grauenhaftesten Ereignisse seit Hitlers und Stalins Zeiten«, sagte ein holländischer Diplomat, der seit 25 Jahren in diesem Kontinent tätig ist. »Tötet Südafrika und wartet ab, wie Afrika stirbt.«

Porträt eines Kontinents

Kurzbeschreibung aller afrikanischer Staaten

Ägypten Die heutige Arabische Republik *Ägypten* mit der Hauptstadt Kairo war bis 1914 eine türkische Kolonie, wurde danach Britisches Protektorat und 1922 Königreich unter britischer Herrschaft. Der erste König war Fuad, dem sein Sohn Faruk folgte. 1952 kam es zu einem Militärputsch durch General Mohammed Naguib, der der erste Präsident Ägyptens wurde. Seine Nachfolger waren Gamal Abdel Nasser (1954–1970), Anwar el Sadat (1970–1981) und Generalleutnant M. Hosni Mubarak (1981–).

Ägypten ist 1001449 km² groß und hat 47 Mio. Einwohner. Das Land hat zwei Parteien, die National Democratic Party, die mit 389 Sitzen, und die New Wafd Party, die mit 59 Sitzen im Parlament, dem »Rat des Volkes«, vertreten sind. Die Lebenserwartung in Ägypten beträgt 57 Jahre. Die Säuglingssterblichkeit liegt bei 10,4%. Es gibt 56% Analphabeten.

Ägypten hat eine stehende Armee von rund 460000 Mann, von denen 255000 Wehrpflichtige sind. Es kam im Juni 1967 und im Oktober 1973 zu militärischen Auseinandersetzungen mit Israel. Außerdem wurden ägyptische Truppen im Irak, in Oman, im Sudan, in Somalia und Zaire eingesetzt. Es bestehen militärische Vereinbarungen und Kontakte mit den USA, Großbritannien und der Volksrepublik China. Ein 1971 abgeschlossener Freundschaftsvertrag mit der UdSSR wurde im März 1976 gekündigt. Zehntausende sowjetische Militärberater und Techniker mußten das Land verlassen. Durch ein 1981 abgeschlossenes Abkommen können die USA ägyptische Basen benutzen.

Die militärischen Ausgaben betrugen 1984/85 3,715 Milliarden $.

Das Land ist mit rund 30 Milliarden $ verschuldet (1985). Das Bruttosozialprodukt beträgt 31,880 Milliarden $. Die wichtigsten Ausfuhrgüter sind Baumwolle und Öl. Die Einnahmen durch Schiffahrtsgebühren im Suezkanal betragen durchschnittlich 1,5 Milliarden $ pro Jahr.

Äquatorial-Guinea mit der Hauptstadt Malabo (früher Santa

Isabel) besteht aus den Inseln Bioko (früher Fernando Po), die 2017 km² groß ist, und Pagalu (früher Annobon (17 km²), sowie der Enklave von Mbini (früher Rio Muni) (26017 km²). Die ehemalige spanische Kolonie hat etwa 400000 Einwohner, von denen mehr als 80% Katholiken sind. Der seit der Unabhängigkeit am 12. 10. 1968 regierende Präsident Macias Nguema wurde 1979 durch den Militärputsch des Oberstleutnant Teodoro Obiang Nguema Mbasogo gestürzt und danach hingerichtet.

Das Bruttozozialprodukt beträgt 131 Mio. $. Die Auslandsverschuldung liegt bei mehr als 98% des Bruttosozialprodukts. Das wichtigste Exportprodukt ist Kakao.

Äthiopien Die ehemalige älteste Monarchie Afrikas mit der Hauptstadt Addis Abeba nennt sich jetzt Sozialistische Republik. Der letzte Monarch, Kaiser Haile Selassie I., regierte von 1930 bis 1974. Danach folgten verschiedene Militärputschs, die mit der Hinrichtung des jeweiligen Vorgängers endeten. Zur Zeit wird das Land durch Generalleutnant Mengistu Haile Mariam regiert, der an der Spitze einer Militärjunta (DERG genannt) und eines ständigen Komitees des Ministerrats steht. Mariam ist auch Oberbefehlshaber der Streitkräfte. Im September 1984 wurde eine Äthiopische Arbeiterpartei gegründet, die marxistisch-leninistisch und radikal sozialistisch orientiert ist.

Äthiopien hat 35631000 Einwohner und ist 1223600 km² groß. Die Lebenserwartung beträgt 47 Jahre, die Kindersterblichkeit 12,2%. Der Bevölkerungszuwachs liegt zwischen 1985 und 1990 bei 2,93%. Rund 85% der Bevölkerung sind Analphabeten. Die Mehrzahl (55%) sind äthiopische Christen. Etwa 30000 Einwohner bekennen sich zur jüdischen Religion. Ein Teil von ihnen wurde 1984/1985 in einer aufsehenerregenden Aktion nach Israel gebracht.

Äthiopien unterhält eine Armee von 306000 Mann. Davon gehören 30000 zur Miliz, 2500 zur Marine und 3500 zur Luftwaffe. Es besteht Wehrpflicht. Die Armee ist seit mehr als zehn Jahren in Abwehrkämpfen mit Aufständischen in den nördlichen Provinzen (Eritrea) verwickelt und wird dabei durch 3000 Kubaner, 1400 Sowjets sowie 250 Berater der Volksarmee der DDR unterstützt. Es gibt verschiedene Freundschafts- und Militärverträge mit der UdSSR, Libyen, der DDR, Südjemen und Kuba. Die Sowjets haben Zugang zu den wichtigsten Häfen am Roten Meer und zu den Dahlak-Inseln.

Die militärischen Ausgaben betrugen 1981/82 439610000 $. Das Bruttosozialprodukt lag 1982 bei 4860 Millionen $.

Algerien Die demokratische Volksrepublik *Algerien* mit der Hauptstadt Algier war von 1830 bis 1962 eine französische Kolonie. Die Republik wurde nach dem Waffenstillstand von Evian am 3. Juli 1962 unabhängig. Das Land, das zehntgrößte der Welt, steht an zweiter Stelle in Afrika. Es hat 22,6 Millionen Einwohner, von denen sich 99% zur islamischen Religion bekennen. 1982 lebten 45% der Bevölkerung in den Städten. Die Bevölkerungsdichte beträgt 9 Personen pro qkm. Die jährliche Wachstumsrate zwischen 1985 und 1990 wird auf 4,8% geschätzt. Heute leben noch etwa 60000 Weiße in Algerien. 10000 davon sind französischer Abstammung.

Nach einer im Juni 1976 abgehaltenen Volksabstimmung erhielt Algerien eine neue Verfassung, die »Nationale Charta«. Darin ist ausdrücklich verankert, daß das Land eine demokratische Volksrepublik mit einem Einparteiensystem und dem Islam als Staatsreligion ist. Der Präsident und die Nationalversammlung mit 281 Sitzen werden durch das Volk nach allgemeinem Wahlrecht gewählt.

Das Land ist in 48 Bezirke (Wilayat) eingeteilt. Die FLN (Front Libération Nationale) wurde 1954 als Befreiungsbewegung gegründet und ist heute die einzige Partei des Landes. Das Zentralkomitee des FLN-Politbüros hat 17 Mitglieder.

Der erste Ministerpräsident Algeriens wurde Ahmed Ben Bella nach Jahren französischer Gefangenschaft. Er wurde durch Oberst Houari Boumedienne nach einem unblutigen Staatsstreich am 19. Juni 1965 gestürzt. Ein Putschversuch durch den General Tahar Zbiri im Jahre 1967 schlug fehl. Nach dem Tode Boumediennes wurde Benjedid Chadli 1979 sein Nachfolger. Chadli ist gleichzeitig Verteidigungsminister und Generalsekretär der FLN.

Algerien hat seit 1975 ein Militärabkommen mit Libyen und einen Waffenlieferungsvertrag mit der Sowjetunion. Algier ist Waffenlieferant der Polisario, die in der westlichen Sahara gegen Marokko kämpft. Die Armee des Landes ist 130000 Mann stark, davon gehören 8000 Mann zur Marine und 12000 zur Luftwaffe. Die Kosten für den Unterhalt der Streitkräfte (ohne Materialkosten) wurden für 1983 auf 877046000 $ geschätzt.

Das Bruttosozialprodukt betrug 1983 49450 Millionen $.

Angola Die Volksrepublik *Angola* mit der Hauptstadt Luanda war bis 1975 eine portugiesische Kolonie und wurde am 11. 11. 1975 nach einer blutigen Auseinandersetzung mit zwei konkurrierenden Guerillabewegung unabhängig. Seitdem herrscht Bürgerkrieg im Land. Die UNITA (Union für die totale Unabhängigkeit Angolas) unter Leitung von Dr. Jonas Savimbi versteht sich als antimarxistische Organisation und kontrolliert etwa zwei Drittel des Landes mit Guerilla-Verbänden.

In Angola leben etwa 120 Bantustämme. Das Land ist 1 246 700 km² groß und hat 8 073 000 Einwohner. 40% sind katholisch, 12% Protestanten, die übrigen Einwohner sind Anhänger von Naturreligionen. Die Bevölkerungsdichte beträgt 6 Personen pro km². Die Lebenserwartung ist 43 Jahre, die Säuglingssterblichkeit liegt bei 16,5%.

Erster Präsident der Republik wurde Dr. Agostinho Neto, der 1979 in einer russischen Klinik starb. Sein Nachfolger wurde am 21. 9. 1979 Jose Eduardo dos Santos.

Das Land wird regiert durch die einzige zugelassene Partei, die MPLA (Bewegung für die Befreiung Angolas). Es hat eine sozialistische Verfassung auf marxistischer Grundlage. An der Spitze steht ein Revolutionsrat (Volksversammlung) mit 203 Mitgliedern.

Angola hat Militär- und Freundschaftsverträge mit der Sowjetunion, Kuba und der DDR. Aufgrund eines Hilfsabkommens stehen etwa 30 000 kubanische Soldaten im Land. Außerdem sind Militärberater verschiedener anderer Ostblockstaaten in Angola tätig.

Die Verteidigungsstreitkräfte sind zur Zeit etwa 43 000 Mann stark. Davon dienen 1500 Mann in der Luftwaffe und 1500 in der Marine. Es werden etwa 15 000 Mann zur Bekämpfung der UNITA eingesetzt. Außerdem hat Angola eine para-militärische Miliz von 10 000 Mann. Die UNITA-Guerillas werden durch die USA, Südafrika und mindestens zwölf schwarzafrikanische Staaten unterstützt.

Das Bruttosozialprodukt betrug 1981 3,2 Milliarden $.

Die wichtigsten Ausfuhrgüter sind Kaffee, Erze und Diamanten sowie Rohöl aus der Enklave Cabinda, dessen Verkauf 85% der Staatseinnahmen deckt.

Benin Die Volksrepublik *Benin* hieß bis 1975 Dahomey und war von 1893 bis zum 1. 8. 1960 eine französische Kolonie. Die Hauptstadt heißt Porto Novo. Benin ist 112 622 km² groß und hat etwa 4,2 Mio Einwohner. 70% davon sind Animisten. Die Lebenserwartung beträgt 48 Jahre, die Säuglingssterblichkeit liegt bei 11,7%.

Nach der Unabhängigkeit und der Machtübernahme durch den

ersten Präsidenten Hubert Maga erlebte Benin fünf Staatsstreiche. Heute steht Brigade-General Ahmed (früher Mathieu) Kérékou, der 1933 geboren wurde und am 26. 10. 1972 durch einen Putsch an die Macht kam, als Präsident an der Spitze des Zentral-Komitees der »Parti de la Révolution Populaire du Bénin«. Er ist außerdem Chef des Exekutivrates sowie Verteidigungsminister. Der Marxismus-Leninismus sind Staatsdoktrin. 360 Volkskommissare der Revolutionären Versammlung wählen den Präsidenten.
Das Bruttosozialprodukt betrug 1983 1,11 Milliarden $.

Bophuthatswana *Bophuthatswana* mit der Hauptstadt Mmabatho wurde am 6. Dezember 1977 aus dem südafrikanischen Staatsverband in die Unabhängigkeit entlassen. Es gilt als ein von Pretoria geschaffenes Homeland und wird daher von der übrigen Welt nicht anerkannt. Das Land ist 4088 km^2 groß und hat etwa 2 Millionen Einwohner, die überwiegend christlich sind.
Präsident ist Lucas Mangope.
Das Bruttosozialprodukt betrug 1982 954 Mio $.
Die wichtigsten Ausfuhrgüter sind Platin (Die Hälfte der Weltproduktion) Vanadium und Chrom.

Botswana Die Republik *Botswana* war von 1895 bis 1966 britisches Protektorat und bekannt unter dem Namen Betschuanaland. Die Hauptstadt heißt Gaborone. Erster Präsident wurde Sir Seretse Khama, der mit einer Engländerin verheiratet war und am 13. 7. 1980 starb. Sein Nachfolger wurde der vom Parlament gewählte ehemalige Journalist Dr. Quett K. J. Masire.
Botswana ist eine unabhängige Präsidial-Republik mit einem Parlament (Kammer) und einem beratenden »House of Chiefs«. In dem letzteren sind die Häuptlinge der großen Stämme ständig vertreten. Das Land ist 600 372 km^2 groß, hat 1,1 Mio Einwohner. Es hat keine Wehrpflicht, aber allgemeines Wahlrecht. Das Bruttosozialprodukt betrug 1983 920 Mio $. Botswana unterhält eine para-militärische Polizeitruppe von etwa 2000 Mann, die neuerdings von Spezialisten der britischen Anti-Terror-Einheit SAS in der Guerillabekämpfung ausgebildet wird. Die wichtigsten Ausfuhrgüter sind Diamanten, Mangan, Kohle und Fleisch.

Burkina Faso Die volksdemokratische Republik *Burkina Faso* mit der Hauptstadt Ouagadougou hieß bis 1984 vorher Obervolta. Die 7,9 Mio. Einwohner des 274 200 km^2 großen Staates sind zu 70% Animisten, 20% Moslems und 7% Katholiken. Die Lebenserwartung liegt bei 44 Jahren, die Säuglingssterblichkeit bei 15,7%. Das zum Sahelgürtel gehörende Land befindet sich in einem katastrophalen Zustand. Die Bevölkerung lebt unter dem Existenzminimum. Burkina Faso erlebte seit der Unabhängigkeit von Frankreich im Jahre 1960 vier von Militärs ausgeführte Staatsstreiche. Das jetzige Staatsoberhaupt ist Hauptmann Thomas Sankara, der seinen Vorgänger Jean-Baptiste Ouedraogo am 4. August 1983 stürzte. Seitdem wird das Land von einer Militärregierung und von entsprechenden »Komitees zur Verteidigung der Revolution« verwaltet. Das Bruttosozialprodukt betrug 1983 121 Mio $.

Burundi *Burundi* mit der Hauptstadt Bujumbura oder Usumbura war bis zum 1. Weltkrieg Teil der deutschen Kolonie Ostafrika und wurde danach belgisches Mandatsgebiet. Am 1. Juli 1962 erhielt das Land seine Unabhängigkeit und blieb bis 1966 ein Königreich. In einer Palastrevolution wurde König Ntare V. durch den Offizier (später General) Michel Micombero gestürzt. Danach wurde das Land eine Präsidialrepublik. Seit dem Staatsstreich vom 9. November 1976 ist Oberst Jean-Baptiste Bagaza Staatsoberhaupt und Regierungschef. Er ist auch Vorsitzender des Zentralkomitees der UPRONA-Partei (Union pour le Progrès National), die einzige zugelassene Partei. Seit Oktober 1982 gibt es ein Parlament mit 65 Abgeordneten, von denen 4/5 gewählt, 1/5 durch den Präsidenten bestimmt werden. Von den 4,8 Mio Einwohnern sind etwa 4,5 Mio christlich (60% Katholiken). Das Bruttosozialprodukt betrug 1983 1,05 Milliarden $.

Ciskei mit der neugebauten Hauptstadt Bisho wurde am 4. 12. 1981 von Südafrika unabhängig. Gilt als Homeland und wird international nicht anerkannt. Das 7000 km^2 große Gebiet mit etwa 1 Mio Einwohnern galt bis 1981 als South African Xhosa Territory. Staatsoberhaupt und Regierungschef ist heute Dr. Lennox Sebe, der vorher als Lehrer tätig war. 1972 gründete er die Ciskei National Independence Party, die Einheitspartei der Ciskei, die alle Sitze im Parlament hat. Die Volksversammlung besteht aus 87 Mitgliedern, davon sind 37 Stammeshäuptlinge.

Das Bruttosozialprodukt betrug 1982 426 Mio $.

Dschibuti wurde am 27. Juni 1977 von Frankreich unabhängig. Das 21 783 km^2 große Gebiet war von 1859 bis 1967 Französisch Somaliland und danach das Französische Territorium der Afars und Issas. Von den rund 400 000 Einwohnern gehören 47% dem in Nord-Somalia lebenden Stamm der Issa an. 37% sind Afars, der Rest Europäer und Araber. 90% der Bevölkerung sind Moslems.

Staatsoberhaupt ist Hassan Gouled Aptidon, ein Issa.
Die Hauptstadt Dschibuti hat sich zu einem wichtigen Handels- und Wirtschaftszentrum entwickelt und ist bereits vergleichbar mit der früheren Position Beiruts. Sie ist nach wie vor Stützpunkt der Französischen Fremdenlegion mit rund 5000 Mann, der Hafen Basis der französischen Flotte im Indischen Ozean. Er ist auch der wichtigste Transithafen für äthiopische Ausfuhrgüter und wird jährlich von mehr als 1500 Schiffen angelaufen.
Das Bruttosozialprodukt betrug Anfang der achtziger Jahre 200 Mio $.

Elfenbeinküste Die Elfenbeinküste war von 1914 bis 1960 französische Kolonie und wurde am 7. August 1960 unabhängig. Die ursprüngliche Hauptstadt (und Atlantikhafen) war Abidjan. Präsident Félix Houphouet-Boigny wählte seit dem 21. März 1984 seinen Geburtsort Yamoussoukro zur neuen Hauptstadt. Der 1905 geborene Präsident ist ununterbrochen im Amt. Sein Land gilt als eines der stabilsten in Afrika. Es hat eine Nationalversammlung mit 147 Mitgliedern, einer Partei (Parti Démocratique de la Côte d'Ivoire).
Die Elfenbeinküste ist 322 462 km^2 groß und hat 9,4 Mio Einwohner. Die Lebenserwartung liegt bei 47 Jahren. 65% der Menschen sind Analphabeten. Die wichtigsten Exportgüter sind Kakao, Kaffee, Holz und Früchte (Bananen, Ananas, Erd- und Kokosnüsse).
Das Bruttosozialprudukt betrug Anfang der 80er Jahre 6,7 Milliarden $.
Die öffentliche Auslandsverschuldung lag 1982 bei 74,3% des Bruttosozialprodukts.
Die Elfenbeinküste hat keine nennenswerte Armee und kennt keine Dienstpflicht.

Gabun ist 267 667 km^2 groß, hat 700 000 Einwohner und ist vor allem durch seine Ölquellen vor der Atlantikküste und durch enorme tropische Regenwälder mit zahlreichen wertvollen Holzsorten bekannt.
Das Land mit der Hauptstadt Libreville war von 1860 bis 1960 französische Kolonie und wurde am 17. August 1960 unter dem Präsidenten Leon Mba Republik. Nach einer französischen Militärintervention im Februar 1967 wurde der jetzige Präsident Albert Bernard Bongo Nachfolger von Leon Mba. Bongo, der sich später aus Sympathie für Libyens Oberst Ghaddafi »Ali Hadj Omar« nannte, ist auch Verteidigungsminister. Er wurde 1979 mit 99,85% der abgegebenen Stimmen und ohne Gegenkandidat erneut

für sieben Jahre zum Staatspräsidenten gewählt. In der Nationalversammlung (89 Sitze) ist nur die Parti Démocratique Gabonaise vertreten.
In Lambarene am Ogowefluß errichtete der berühmte Arzt Dr. Albert Schweitzer sein Urwaldhospital.
Da man annimmt, daß die Ölquellen bis Ende des Jahrhunderts versiegt sein werden hat man zu Beginn der achtziger Jahre mit dem Bau einer 680 km langen Trans-Gabon-Eisenbahnlinie begonnen, die das Hinterland erschließen soll. Dort vermutet man große Vorkommen an Mangan, Uran und Eisen. Vermutlich besitzt Gabun 25 Prozent der Manganerzreserven der Welt. 90% Gabuns sind noch immer von tropischem Regenwald bedeckt.
Das Bruttosozialprodukt betrug 1983 2,950 Milliarden $.
Für die Gipfelkonferenz der Organisation für Afrikanische Einheit im Juli 1977 gab die Regierung Bongo als Gastgeber 650 Mio Dollars aus.
Sie hatte zeitweise mehr als vier Milliarden Auslandsschulden.
In Libreville ist nach wie vor eine Einheit der Französischen Fremdenlegion stationiert.
Gambia Die Republik nannte sich bis 1970 »State of the Gambia«. Die Hauptstadt Banjul hieß vorher Bathurst. Die Republik ist 11295 km^2 groß und hat 620000 Einwohner. 90% von ihnen sind sunnitische Moslems. Das Land war vor der Kolonialzeit ein Königreich und von 1817 bis 1965 britische Kolonie. Staatsoberhaupt ist Präsident Sir Dawda Jawara, der seit 1965 mehrmals wiedergewählt wurde.
Gambia nennt sich Viel-Parteien-Staat. Im Parlament sind die Progressive Volkspartei (PPP), die National Convention Party sowie fünf Unabhängige und 14 ernannte Mitglieder vertreten.
Seit dem 1. Januar 1982 existiert – zumindest auf dem Papier – eine Konföderation mit Senegal, die sich Senegambia nennt.
Gambia dürfte ein klassisches Beispiel verfehlter europäischer Kolonialpolitik sein. Der Zwergstaat zieht sich über eine Länge von 400 km an beiden Ufern des Gambiaflusses hin und ist nur als Provinz des Nachbarstaates Senegal bedingt lebensfähig.
Ghana mit der Hauptstadt Accra hieß vor der Unabhängigkeit Goldküste und war von 1873 bis 1957 ein britisches Protektorat. *Ghana* wurde bereits am 6. 3. 1957 unabhängig und am 1. 7. 1960 Republik. Der erste Ministerpräsident war Kwame Nkrumah, der 1966 durch einen Militärputsch gestürzt wurde. Das Land hatte

seitdem neun verschiedene Regierungen. Davon kamen fünf durch Militärrevolten und Palastrevolutionen an die Macht. Seit dem Staatsstreich durch Fliegerleutnant Jerry Rawlings am 31. 12. 1981 wird das Land durch einen Revolutionsrat regiert.

Ghana ist 238 537 km^2 groß und hat 13 755 000 Einwohner. 40% davon sind Christen, 16% Moslems. Die Lebenserwartung beträgt 55 Jahre, die Säuglingssterblichkeit liegt bei 8,6%. 73% der Bevölkerung sind noch Analphabeten.

Die Republik kennt keine allgemeine Wehrpflicht, unterhält aber eine Armee von 12 600 Mann. Davon dienen 1200 bei der Marine, die über 18 Schiffe verschiedenster Art verfügt, und 1400 Mann bei der Luftwaffe, die 10 Kampfflugzeuge besitzt. Die militärischen Ausgaben betrugen 1980 158 Mio $.

Das Bruttosozialprodukt betrug 3,980 Milliarden $. Die Inflationsrate lag zwischen 1970–1982 bei 39,5%.

Guinea mit der Hauptstadt Conakry war bis 1984 Demokratische Volksrepublik und dann Revolutionäre Volksrepublik. In der Berbersprache bedeutet das Wort guiné »Land der Schwarzen«. Das Land war von 1898 bis 1958 französische Kolonie und weigerte sich anschließend unter der Führung Sekou Tourés, weiterhin Mitglied der Französischen Communauté zu bleiben. Es erhielt am 2. 10. 1958 seine Unabhängigkeit.

Guinea ist 245 857 km^2 groß und hat 5 734 000 Einwohner. Davon sind 65% Moslems und 30% Animisten.

Die Lebenserwartung beträgt 38 Jahre. Die Säuglingssterblichkeit liegt bei 19%. 80% der Bevölkerung sind Analphabeten. Das Land gehört zu den ärmsten Afrikas und hatte 1982 eine Auslandsverschuldung von 76,8%, bei einem Bruttosozialprodukt von 1740 Mio $.

Wirtschaftlich stützt sich Guinea auf enorme Bauxitvorkommen, die auf mehr als drei Mio Tonnen geschätzt wurden. Außerdem besitzt das Land große Diamantenvorkommen. Dennoch stand Guinea wiederholt vor dem Staatsbankrott. Die rücksichtslose Diktatur des Präsidenten Sekou Touré führte zur Flucht von mehr als zwei Millionen Menschen aus Guinea. Er starb im März 1984. Sein Nachfolger Oberst Lansana Conté kam durch einen Militärputsch gegen das Interims-Regime des Präsidenten Lansana Beavogui am 3. April 1984 an die Macht.

Seit Dezember 1984 ist Conté Ministerpräsident und Staatsoberhaupt.

Guinea – Bissau war eine der ärmsten portugiesischen Kolonien in Afrika und wurde 1974 unabhängig. Seitdem hat dort ein radikal-sozialistisches Regime die Macht übernommen. Ein scharfer marxistisch-leninistischer Kurs bestimmt die Politik des Landes, das hauptsächlich von der Ausfuhr von Erd- und Kokosnüssen lebt. Die Partei, die sich »Partido Africano da Independencia da Guiné e Cabo Verde« nennt, erstrebt nach wie vor die Wiedervereinigung mit der Inselrepublik Kap Verde.

Guinea-Bissau mit der Hauptstadt Bissau ist 36125 km² groß und hat 900000 Einwohner.

Das Bruttosozialprodukt beträgt 150 Mio $.

Kamerun war von 1884 bis 1919 Deutsches Protektorat. Es wurde danach bis 1945 aufgeteilt in ein französisches und englisches Mandatsgebiet und anschließend als »Trust Territory« bis zur Unabhängigkeit am 1. 1. 1960 der Verwaltung der UNO unterstellt. Die beiden Gebiete wurden schließlich als Föderale und schließlich als Vereinigte Republik zusammengefügt. Kameruns Hauptstadt heißt Yaounde. Das Land ist 475442 km² groß und hat 9,5 Mio Einwohner. Davon sind 81% Analphabeten.

Der erste Präsident des Landes war Ahmadou Ahidjo, der sich 1982 zurückzog.

Sein Nachfolger ist der ehemalige Rechtsanwalt Paul Biya. Kamerun hat nur eine Partei, die sich »Rassemblement Démocratique du Peuple« nennt.

Das Bruttosozialprodukt betrug 7,640 Milliarden $.

Kap Verde ist eine Republik, die am 5. 7. 1975 von Portugal unabhängig wurde. Zu der 4033 km² großen Inselgruppe gehören zehn größere und fünf kleinere Inseln. Die Hauptstadt Praia liegt auf der Insel Sao Tiago, die 992 km² umfaßt.

Staatsoberhaupt ist Aristides Maria Pereira, Regierungschef General Pedro Verona Rodrigues Pires.

Die Republik hat eine Einheitspartei und eine Nationalversammlung mit 56 Sitzen.

Das Bruttosozialprodukt beträgt 110 Mio $.

Die öffentliche Auslandsverschuldung liegt bei 50%.

Kenia mit der Hauptstadt Nairobi ist 582646 km² groß und hat 20210000 Einwohner. Der Bevölkerungszuwachs beträgt 4,12%, die Lebenserwartung liegt bei 57 Jahren, die Säuglingssterblichkeit bei 7,7%. 53% der Bevölkerung sind Analphabeten.

Kenia war von 1895 bis 1963 britische Kolonie. Es wurde unter

Yomo Kenyatta, »Speer der Nation« genannt, eine präsidiale Republik und nach 1982 ein Ein-Parteien-Staat. Bei den Wahlen im September 1983 erhielt die »Kenya African National Union« alle 158 Sitze im Parlament. 12 Abgeordnete werden zusätzlich ernannt.
Nachfolger des 1978 verstorbenen Yomo Kenyatta wurde der ehemalige Lehrer Daniel arap Moi, der vorher Vizepräsident war.
Die Streitkräfte sind 13 650 Mann stark. Die Luftwaffe wurde 1982 nach einem mißlungenen Staatsstreich entbunden. Die militärischen Kosten wurden 1982/83 auf fast 240 Mio $ geschätzt.
Kenia hat militärische Kontakte mit Großbritannien und den USA, einen Freudschaftsvertrag mit Äthiopien und eine Vereinbarung mit Somalia zur Bekämpfung der Grenzzwischenfälle. Die USA können in beschränktem Maße Häfen und Luftstützpunkte für militärische Operationen benutzen.
Das Bruttosozialprodukt betrug 1982 6,450 Milliarden $, die öffentliche Auslandsverschuldung lag bei 39,2%.
Die wichtigsten Ausfuhrgüter sind Kaffee, Tee und Erdölprodukte.
Die Islamische Bundesrepublik der Komoren mit der Hauptstadt Moroni besteht aus vier Hauptinseln, nämlich Njazidja oder Grande Comore (1148 km^2), Nzwani oder Anjouan (424 km^2), Mwali oder Mohéli (290 km^2) und Mahoré oder Mayotte (374 km^2). Die ersten drei Inseln haben sich am 6. 7. 1975 als von Frankreich unabhänig erklärt, während Mahoré sich weigerte, daran beteiligt zu sein. Diese Insel blieb also unter französischer Kontrolle und wird als »Collectiveté territoriale« verwaltet.
Die Inseln haben 414 000 Einwohner.
Staatsoberhaupt ist Ahmed Abdallah Abderrahman, der 1975 gestürzt worden war, aber am 14. Mai 1978 mit Hilfe von Söldnern die Macht zurückeroberte.
Die Ausfuhrgüter der Inseln sind Parfumessenzen, Vanille, Sisal und Gewürze.
Das Bruttosozialprodukt betrug 1982 120 Mio $.
Wichtigster Handelspartner ist Frankreich.
Die Volksrepublik Kongo ist 342 000 km^2 groß und hat 1,8 Mio Einwohner. Die Hauptstadt Brazzaville ist nach einem französischen Offizier und Entdeckungsreisenden benannt. Das Land war von 1880 bis 1960 französische Kolonie. Der erste Präsident war Abbé Fulbert Youlou, gefolgt von Antoine Massemba-Debat. Sein Nachfolger – Major Marien Ngouabi – kam 1968 durch einen

Staatsstreich an die Macht, wurde dann jedoch am 18.3. 1977 ermordet. Nach internen Machtkämpfen übernahm Oberst Denis Sassou-Nguesso 1979 die Führung des Landes. Er steht an der Spitze eines »Comité Militaire«.
Die einzige zugelassene Partei ist die »Parti Congolais du Travail«, die linkssozialistisch orientiert ist.
Die Lebenserwartung im Kongo beträgt 60 Jahre, die Säuglingssterblichkeit liegt bei 6,8%. 84% der Einwohner sind Analphabeten.
Das Bruttosozialprodukt beträgt 2,1 Milliarden $.
Die wichtigsten Ausfuhrgüter sind Rohöl und Holz.
Lesotho ist ein Königreich mit 1,519 Mio Einwohnern, das von Südafrika umringt ist. Es hieß bis zur Unabhänigigkeit am 4. 10. 1966 Basutoland. Staatsoberhaupt ist König Moshweshe II. (auch Moshoeshoe geshrieben). Das Land ist 30 355 km² groß. 75% der Einwohner sind Christen, 39% davon Katholiken. Etwa 200 000 Einwohner sind ständig als Gastarbeiter in Südafrika tätig. Lesotho ist wirtschaftlich gesehen vollkommen von Südafrika abhängig.
Regierungschef war bis Januar 1986 Leabua Jonathan, der diktatorial regierte. Im Januar 1970 wurden auf seinen Befehl hin die Wahlen, die für ihn ungünstig verliefen, für ungültig erklärt, die Konstitution suspendiert und das Parlament aufgelöst. Die für Juli 1985 versprochenen Wahlen fanden nicht statt. Die Hauptstadt Maseru wurde zusehends zum Stützpunkt von Guerillakämpfern des in Südafrika verbotenen African National Congress, die von hier aus Terroraktionen starteten. Südafrikanische Kommando-Einheiten griffen daraufhin ANC-Basen in Lesotho an und töteten mehrere Guerillas. Der Einfluß der Sowjetunion, die in Maseru eine Botschaft errichtete, nahm enorm zu. Die Südafrikaner verhängten eine kurzfristige Blockade gegen das Land und unterstützten einen Staatsstreich der para-militärischen Streitkräfte unter Führung des Generals Justin Lekhanyia, der nun seit Januar 1986 das Königreich regiert.
Das Bruttosozialprodukt Lesothos beträgt 670 Mio $.
Liberia mit der Hauptstadt Monrovia wurde von befreiten Negersklaven gegründet und am 26. 7. 1847 unabhängig. Der letzte Präsident dieser ersten freien Negerrepublik in Afrika war William R. Tolbert, der am 12. 4. 1980 durch einen Staatsstreich gestürzt und vermutlich durch den Putschisten Sergeant Samuel Kanaan Doe ermordet wurde.

Liberia ist 111369 km^2 groß und hat 2,35 Mio Einwohner. Die Säuglingssterblichkeit liegt bei 9,1%. 70% der Bevölkerung sind Animisten, 75% Analphabeten.
Nach dem Staatsstreich des Feldwebel Doe wurde das Parlament aufgelöst und das Land durch einen »Volkserlösungsrat« verwaltet. Seit Juli 1984 besteht wiederum eine Volksversammlung von 58 Mitgliedern, die von Präsident Doe eingesetzt wurden.
Die wichtigsten Exportgüter sind Eisenerz (55%) und Kautschuk (14%). Das Bruttosozialprodukt betrug 990 Mio $. Die öffentliche Auslandsverschuldung lag bei 68,1% des BSP.
Libyen nennt sich heute eine Sozialistische Libysch-Arabische Volksdschamahirija. Die jetzige Hauptstadt ist El Beida, der Regierungssitz abwechselnd in Bengasi und Tripolis. 1,6 Mio Einwohner, 1,76 Mio km^2.
Libyen war bis 1914 eine türkische Kolonie, wurde dann bis 1942 italienisch und stand bis 1951 unter britischer und französischer Kontrolle. Bis zum Staatsstreich durch eine Offiziersclique unter Führung des Obersten Ghaddafi am 1. 9. 1969 war Libyen Königreich.
Auf der Grundlage des Korans wurde 1977 eine neue Verfassung eingeführt. Seitdem ist ein Generalvolkskongreß die gesetzgebende und exekutive Gewalt. Auf Grund des Prinzips der »direkten Volksherrschaft« ist »Bruder« Muammar al Ghaddafi nunmehr »Führer der Revolution«. Vorsitzender eines Generalvolkskomitees (Kabinett) wurde Muhammed al-Saruk Rajab. Diesem Volkskomitee steht wiederum ein Generalsekretariat von fünf Offizieren vor.
Gegen Oberst Ghaddafi wurden wiederholt Attentatsversuche unternommen. Nach dem Scheitern einer dieser Pläne durch die Armee wurden mindestens 75 Offiziere hingerichtet.
Libyens Armee umfasst 73000 Mann, davon gehören 8500 zur Luftwaffe und 6500 zur Marine. Außerdem gibt es para-militärische Einheiten in Stärke von 10000 Mann und eine 40000 Mann zählende Volksmiliz. Die Luftwaffe besitzt mindestens 535 Kampfflugzeuge modernster Bauart. Etwa 7000 libysche Soldaten sind im Tschad stationiert, 800 im Libanon. Die militärischen Ausgaben Libyens betrugen 1982 mehr als 700 Mio $.
Libyen hat Militärabkommen mit der UdSSR, Syrien und Algerien sowie Freundschaftsverträge mit Bulgarien, Rumänien und Nordkorea. Es ist Waffenlieferant für die Polisario-Guerillas in der Westlichen Sahara.
Das Bruttosozialprodukt betrug 1983 etwa 25,1 Milliarden $.

Wichtigstes Ausfuhrprodukt ist Rohöl (98%). Die bedeutendsten Handelspartner sind Italien, die Bundesrepublik, Großbritannien, Japan und die USA.

Madagaskar wurde 1896 französische Kolonie, 1960 unabhängig und nach der Verfassung von 1975 eine »Demokratische Republik auf der Basis der Charta der Sozialistischen Revolution von Madagaskar«. Der erste Präsident war Philibert Tsiranana, der 1972 gestürzt wurde. Heute steht Oberstleutnant Didier Ratsiraka an der Spitze des »Obersten Revolutionsrates«, der das Land regiert.

Die 1976 gegründete »Front National pour la Défense de la Révolution Socialiste« ist die einzige Partei des Landes und radikal marxistisch-leninistisch orientiert.

Die Insel im Indischen Ozean ist 587 041 km^2 groß und hat 10 037 000 Einwohner. Sie ist von großer strategischer Bedeutung.

Die Hauptstadt Madagaskars heißt Antananarivo oder Tananarive.

47% der Einwohner sind Katholiken, 47% Protestanten, 50% Analphabeten. Die Säuglingssterblichkeit liegt bei 11,6%.

Madagaskar produziert 80% des Weltbedarfs an Vanille und führt außerdem Kaffee, Gewürznelken, Zucker, Sisal und Tabak aus.

Das Bruttosozialprodukt betrug 1982 2960 Mio $.

Die öffentliche Auslandsverschuldung lag 1982 bei 56,8% des BSP.

Malawi wird durch den Präsidenten auf Lebenszeit Dr. Hastings Kamuzu Banda regiert. Der 1906 geborene Politiker war vorher praktischer Arzt in London und wurde 1963 Premierminister von Nyassaland, das seit 1953 zur Föderation mit Rhodesien gehörte. Malawi wurde am 6. 7. 1964 unabhängig.

Seit den siebziger Jahren gehört Malawi durch seine diplomatischen und Handelsbeziehungen mit Südafrika zu den wenigen stabilen und wohlhabenden Ländern des Kontinents. Malawi unterhält eine Botschaft in Pretoria.

Das Land ist 118 484 km^2 groß und hat 7 290 000 Einwohner. Die Zuwachsrate beträgt 3,39%. Die Lebenserwartung liegt bei 44 Jahren, die Säuglingssterblichkeit bei 13,7%. Etwa 900 000 Einwohner sind Katholiken, 500 000 Protestanten, der überwiegende Teil sind je zur Hälfte etwa Animisten und Moslems.

Die ursprüngliche Hauptstadt hieß Blantyre nach dem Geburtsort des Entdeckungsreisenden Livingstone. Mit südafrikanischem,

deutschem und englischem Kapital wurde in den siebziger Jahren die neue Hauptstadt Lilongwe gebaut.
Das Bruttosozialprodukt betrug 1,4 Milliarden $. Die Auslandsverschuldung lag bei 48,8% des BSP.
Mali mit der Hauptstadt Bamako wurde am 20. 6. 1960 als Föderation von Mali unabhängig.
90% der Bevölkerung, die etwa 7 994 000 beträgt, sind noch Analphabeten. Die Zuwachsrate beträgt 3,01%, die Säuglingssterblichkeit liegt bei 13,2%. 75% der Einwohner sind Moslems.
Staatsoberhaupt und Regierungschef ist seit 1968 General Moussa Traoré, der durch einen Militärputsch an die Macht kam, aber dann 1979 und 1985 wiedergewählt wurde.
Die wichtigsten Exportprodukte sind Baumwolle, Erdnüsse und Vieh. Wichtigster Handelspartner ist Frankreich.
Das Bruttosozialprodukt betrug 1982 1,1 Milliarden $. Die Auslandsverschuldung lag bei 79,4%.
Marokko mit der Hauptstadt Rabat, ist eine »konstitutionelle demokratische und soziale Monarchie«. Staatsoberhaupt ist seit 1961 König Hassan II, der den Regierungschef bestimmen und entlassen kann.
Das Parlament besteht aus 264 Mitgliedern, die zu zwei Drittel aus den neun existierenden politischen Parteien und zu einem Drittel aus drei Gewerkschaften gewählt werden. Bei den letzten Parlamentswahlen im September 1984 gingen drei neugebildete Rechtsparteien, die sich für freie Marktwirtschaft und die Unterstützung des Königs ausgesprochen hatten, als Sieger hervor.
Marokko war von 1912 bis 1956 französisches und spanisches Protektorat. Nach der Unabhängigkeit am 2. 3. 56 übernahm König Mohammed V. als Sultan unter französischer Herrschaft die Regierung, die 1961 an seinen 1929 geborenen Sohn Hassan überging.
Das Königreich unterhält eine Streitmacht von 144 000 Mann. davon gehören 13 000 Mann zur Luftwaffe und 6000 zur Marine. Marokko besitzt 106 Kampfflugzeuge und 26 Kriegsschiffe verschiedenster Bauart. Die para-militärischen Streitkräfte betragen 30 000 Mann. Marokkanische Einheiten kämpften während der Shaba-Invasion 1978 in Zaire und einige hundert Mann sind in Äquatorial-Guinea stationiert. Außerdem ist die marokkanische Armee nach wie vor in der Westsahara im Einsatz. Die Militärausgaben betrugen 1983 mehr als 1,09 Milliarden $.

Das Bruttosozialprodukt betrug 1983 15,6 Milliarden $. Die Auslandsverschuldung lag 1984 bei 13 Milliarden $.
Die wichtigsten Ausfuhrgüter sind Phosphate, Blei, Mangan und Zitrusfrüchte.
Mauretanien mit der Hauptstadt Nouakchott ist eine Islamische Republik. Das Land hat 1,8 Mio Einwohner und ist 1031000 km^2 groß. 99% der Bevölkerung sind Moslems, 83% Analphabeten. Die Säuglingssterblichkeit liegt bei 13,2%. Mauretanien wurde am 28. 11. 1960 unter Führung von Moktar Ould Daddah unabhängig. Es war seit 1910 eine französische Kolonie.
Ould Daddah wurde 1978 durch einen Militärputsch gestürzt. Danach gab es vier Staatsstreiche, die von Offizieren geleitet wurden. Der letzte Putsch fand in Abwesenheit des Präsidenten statt, der in Bujumbura an einem afrikanisch-französischen Treffen teilnahm. Seit diesem Putsch vom 12. 12. 1984 regiert Oberstleutnant Ahmed Ould Taya. Seitdem werden die Regierungsgeschäfte von einem Militärischen Volkserlösungsrat geführt. Der neue Juntachef erklärte ausdrücklich, daß Mauretanien die von der Polisario-Guerilla-Organisation ausgerufene Arabische Demokratische Sahara-Republik anerkennt. Damit war die Einheitsfront mit Marokko endgültig zerbrochen.
Wichtigstes Ausfuhrprodukt ist Eisenerz. Mauretanien ist seit 1967 nach Liberia der größte afrikanische Produzent. Durch die Eisenerzexporte finanziert Mauretanien mehr als 33% des Jahresbudgets. Monatlich werden rund eine Million Tonnen Eisenerz gefördert und über eine 675 km lange Eisenbahnlinie zum Atlantik transportiert.
Das Bruttosozialprodukt betrug 1982 720 Mio $. Die öffentliche Auslandsverschuldung hatte sich im gleichen Jahr auf 146,5% des BSP erhöht. Die militärischen Ausgaben beliefen sich auf 12,6%.
Mauritius Die 2040 km^2 große Insel im Indischen Ozean mit der Hauptstadt Port Louis ist ein begehrenswertes Objekt der Militärstrategen der beiden Großmächte. Die 1041000 Einwohner (50% Hindus, 26% Katholiken, 3% Protestanten, 16% Moslems und 0,6% Buddhisten) plädieren mit einer Bevölkerungsdichte von 509 Personen pro km^2 ausnahmslos dafür, daß der Ozean ein Meer des Friedens bleibt und nicht zum Aufmarschgebiet der großen Flotten wird.
Die Insel erhielt ihren Namen durch den niederländischen Statthalter Maurits van Nassau. Sie wechselte wiederholt den Besitzer

und wurde 1968 innerhalb der britischen Commonwealth unabhängig. Es ist nach wie vor eine konstitutionelle Monarchie, deren Staatsoberhaupt die britische Königin ist und die durch einen einheimischen Generalgouverneur vertreten wird. Dieser Posten wurde bis 1985 von Sir Seewoosagur Rangoolam wahrgenommen.
Regierungschef ist Anerood Jugnauth, der ursprünglich der marxistischen »Militant Mouvement Mauritien« angehörte, dann aber die »Militante Sozialistische Bewegung« gründete, um den Sozialisten Paul Bérenger auszubooten. Durch diesen Schachzug war es möglich, eine Koalitionsregierung zu bilden, die aus der südafrikafreundlichen Sozialdemokratischen Partei und der MSM, besteht. Stellvertreter wurde der umstrittene Politiker Gaetan Duval.
Die Hauptausfuhrgüter sind Zucker, Tee und Textilien.
Das Bruttosozialprodukt betrug 1,2 Milliarden $.
Die Volksrepublik Moçambique ist 801590 km^2 groß und hat etwa 15 Mio. Einwohner. Der Bevölkerungszuwachs beträgt 5%. Die Säuglingssterblichkeit liegt bei 10,5%. Das Land wurde am 25. 6. 1975 unabhängig und ist seitdem eine sozialistische Volksrepublik. Die Hauptstadt Lourenco Marques wurde in Maputo umgetauft.
Es gibt nur eine Partei, die »Frente de Libertacao de Moçambique« (Frelimo), die in den sechziger Jahren den Aufstand gegen die Kolonialmacht Portugal entfesselte. Die Partei hat heute alle 210 Sitze in der Volksversammlung inne. Staats- und Regierungschef ist Präsident und Marschall Samora Machel, der 1933 geboren wurde und gelernter Krankenpfleger ist.
Die Volksrepublik hat einen Beistands- und Freundschaftspakt mit der UdSSR sowie Freundschaftsverträge mit Kuba, der DDR, Bulgarien, Rumänien, Ungarn, Jugoslawien und Rotchina. Der am 19. März 1984 mit Südafrika abgeschlossene »Friedensvertrag« von Nkomati (benannt nach dem Grenzort in Osttransvaal) hat die darin behandelten Probleme für keinen der beiden Vertragspartner lösen können. Die Renamo-Guerillas operieren nach wie vor in Moçambique und kontrollieren große Teile des Landes. Der ANC operiert von anderen Nachbarstaaten aus und hat bereits zahlreiche Waffenlager und Operationsbasen in Südafrika selbst.
Die Streitkräfte Moçambiques sind 15650 Mann stark. Davon gehören 1000 Mann zur Luftwaffe und 650 zur Marine, die hauptsächlich nur Patrouillenboote besitzt. Nach Schätzungen sind 6000 Frelimo-Soldaten zur Zeit im Einsatz gegen die Renamo-Rebellen.

Sie kämpfen gemeinsam mit Einheiten aus Zimbabwe und Tansania. Die Militärausgaben des vollkommen verarmten Landes wurden 1982 auf 196,7 Millionen $ geschätzt.
Das Bruttosozialprodukt betrug 1980 2,8 Milliarden $. Es stand 1973 – zur Zeit der portugiesischen Herrschaft also – bei 3,1 Milliarden $.
Namibia ist die ehemalige deutsche Kolonie Südwestafrika, die nach dem Ersten Weltkrieg Mandatsgebiet des Völkerbundes wurde. Das 823 144 km² große Gebiet steht seitdem immer noch indirekt unter südafrikanischer Verwaltung. In der Hauptstadt Windhoek wurde im Juni 1985 durch den südafrikanischen Staatspräsidenten Pieter Wilhelm Botha eine Übergangsregierung eingesetzt, deren Mitglieder die sechs aktiven politischen Parteien vertreten. Die SWAPO, die in Namibia als Partei existiert, lehnte eine Beteiligung ab. Die Übergangsregierung wird vom Ausland nicht anerkannt, weil sie den Bemühungen um die Verwirklichung des Unabhängigkeitsplanes der Vereinigten Nationen im Wege steht. Es wird auch behauptet, daß sie keine Mehrheit unter den rund 1,1 Millionen Einwohnern des Landes besitzt. Vor allem die größte ethnische Gruppe im Land, die Ovambos, die 49,7% der Bevölkerung vertreten, sympathisiert mit der Guerilla-Organisation SWAPO. Bereits vorher war der 1979 unternommene Versuch, eine Interimsregierung zu berufen, die aus der sogenannten Turnhalle-Konferenz und international nicht anerkannten Wahlen hervorgegangen war, gescheitert. Sie wurde 1983 aufgelöst.
Heute leben in Namibia 516 000 Ovambos, 77 600 Hereros, 39 500 Ost-Caprivier und 6800 Tswanas. Außerdem gibt es dort 76 800 Damaras, 98 000 Kavangos, 49 700 Namas, 25 800 »Rehoboth Basters« (Nachkommen von Buren mit Hottentottenfrauen), 26 000 Buschmänner 35 000 Mischlinge und 7000 Himbas, die alle nicht zur Völkerfamilie der Bantus gehören und hottentottischsprachig sind. Die 71 600 Weißen sind zu etwa 30% deutscher Herkunft. Noch 1978 lebten mehr als 113 000 Weiße in der ehemaligen deutschen Kolonie.
Niger ist 1 267 000 km² groß und hat 6 192 000 Einwohner. Die Hauptstadt heißt Niamey. 90% der Bevölkerung sind Analphabeten. Die Säuglingssterblichkeit liegt bei 13,2%.
Niger wurde 1906 eine französische Kolonie und am 3. 8. 1960 unabhängig. Der erste Präsident war Hamani Diori, der 1974

durch einen Staatsstreich des Brigade-Generals Seyni Kountché gestürzt wurde. Parlament und Parteien wurden danach aufgelöst. 85% der Bevölkerung sind Moslems.
Das Bruttosozialprodukt betrug 1983 1,4 Milliarden $, die Auslandsverschuldung 40,2% des BSP.
Die wichtigsten Ausfuhrgüter sind Uranerze, Erdnüsse, Vieh.
Nigeria ist eine föderative Republik. Die Hauptstadt ist Lagos, deren Einwohnerzahl von 364 000 im Jahre 1960 auf mehr als 4,5 Millionen im Jahre 1980 stieg.
Das Land war von 1861 bis 1960 britische Kolonie, wurde am 1. 10 1960 unabhängig und am 1. 10. 1963 Republik. Nigeria ist 923 768 km^2 groß und hat 98 Millionen Einwohner. Davon sind 47% Moslems und 34% Christen.
Nach dem blutigen Bürgerkrieg um Biafra Ende der sechziger Jahre wurde Nigeria in 19 Bundesstaaten aufgeteilt, die alle ein eigenes Parlament haben. Insgesamt erlebte das Land fünf Militärputschs, bei denen die Regierungschefs ermordet wurden. Die seit dem Silvesterputsch 1983/1984 herrschende Militärregierung, die am 27. 8. 1985 wiederum durch einen neuen Staatsstreich des Generalmajors Ibrahim Babangida abgelöst wurde, hatte im Mai 1985 fast eine Million in Nigeria lebende Ausländer aus den Nachbarländern ausgewiesen. Grund dafür war die sich weiter verschlechternde Wirtschaftslage. Bereits im Januar 1983 hatte die damalige nigerianische Regierung zwei Millionen Menschen, hauptsächlich aus dem benachbarten Ghana, des Landes verwiesen. Das Regime des Generalmajors Muhammed Buhari wurde im August 1985 durch die Militärjunta um Generalmajor Babangida abgelöst. Die neue Regierung konnte bisher die Wirtschaftskrise des Landes nicht lösen.
Die Streitkräfte sind 133 000 Mann stark. 9000 Mann gehören zur Luftwaffe, 4000 zur Marine. Die militärischen Ausgaben betrugen 1984 1,2 Milliarden Dollar.
Das Bruttosozialprodukt Nigerias stand 1983 bei 71 Milliarden $.
Ruanda gehörte von 1885 bis 1919 zum deutschen Protektorat Ruanda-Urundi innerhalb der deutschen Kolonie Ostafrika. Es war bis 1945 belgisches Mandatsgebiet, wurde am 1. 7. 1962 unabhängig und am 29. 11. 1966 Republik. Die Hauptstadt ist Kigali.
Ruanda ist 26 338 km^2 groß und hat 5,6 Millionen Einwohner. Der Bevölkerungszuwachs liegt bei 3,35%. Mehr als 50% der Einwohner sind Katholiken. Das Land erhielt im Dezember 1978 eine neue

Verfassung und anstelle eines Parlaments einen »Conseil National de Développement«. Die Nationale Revolutionsbewegung für die Entwicklung ist offizielle Partei des Landes. Präsident Juvenal Habyarimana kam 1973 durch einen Militärputsch an die Macht. Mit dem Bundesland Rheinland-Pfalz hat Ruanda seit einigen Jahren eine Partnerschaft angeknüpft.
Das Bruttosozialprodukt betrug 1983 1,5 Milliarden $. Die wichtigsten Ausfuhrgüter sind Kaffee, Tee und Baumwolle.
Sambia mit der Hauptstadt Lusaka wurde am 24. 10. 1964 unabhängig. Es gehörte vorher zum britischen Protektorat Nordrhodesien und war von 1953 bis 1963 Mitglied der Föderation von Rhodesien und Nyassaland.
Das 752 614 km^2 große Land hat 6 819 000 Einwohner. Die Wachstumsrate liegt bei 3,39%, die Säuglingssterblichkeit bei 10,5%.
Sambia ist eine Präsidiale Republik mit einem Parlament und einem »House of Chiefs«, in dem u. a. 27 traditionelle Führer der Stämme vertreten sind. Staatsoberhaupt ist Dr. Kenneth David Kaunda. Durch eine Verfassungsänderung im Jahre 1973 wurde das Land ein Einparteienstaat. Einzige Partei ist die United National Independence Party, die bei den Wahlen 1983 alle 135 Sitze im Parlament eroberte. Dr. Kaunda ist Präsident der UNIP.
Die Streitkräfte des Landes umfassen 14 300 Mann. Die Luftwaffe zählt 1800 Mann und 44 Kampfflugzeuge. Sambia kauft seit 1980 Waffenmaterial in der UdSSR. Die militärischen Ausgaben betrugen 1981 bereits 325 877 000 $.
Das BSP betrug 3,63 Milliarden $ im Jahre 1983. Die öffentliche Auslandsverschuldung lag bei 66,3%.
Sao Tomé und Principe ist eine Inselrepublik mit 107 000 Einwohnern und einer Größe von insgesamt 964 km^2. Die beiden Inseln gehörten zum portugiesischen Kolonialreich und wurden am 12. 7. 1975 unabhängig. Seitdem regiert in der Hauptstadt Sao Tomé Dr. Manuel Pinto da Costa als Staatsoberhaupt, Premier-, Außen-, Planungs-, Verteidigungs- und Landwirtschaftsminister. Es gibt nur eine Einheitspartei, deren Generalsekretär ebenfalls Dr. da Costa ist. Die Republik hat eine Verfassung nach sozialistischem Vorbild. Das Bruttosozialprodukt betrug 1983 30 Millionen $.
Senegal war eine französische Kolonie, wurde im Juni 1960 innerhalb der Mali-Föderation unabhängig und trat aus dieser Föderation bereits zwei Monate später wieder aus. Mali hieß damals Französischer Sudan und wurde am 22. September 1960

eine unabhängige Republik. Senegal ist 196 192 km^2 groß und hat 6,5 Mio Einwohner, die sich hauptsächlich durch die Herstellung und Ausfuhr von Erdnüssen, Erdnußöl, Häuten, Fellen und Erdölprodukten ernähren.
Die Hauptstadt des Senegal ist Dakar, deren Einwohnerzahl von 235 000 im Jahre 1957 auf 800 000 bis 1976 anwuchs. Die Stadt ist Hafen- und Universitätsstadt und nach wie vor französische Militärbasis.
Erster Präsident des Landes war Léopold Sédar Senghor, der am 31. 12. 1980 freiwillig sein Amt niederlegte. Er gilt als bedeutender Dichter des heutigen Afrikas und erhielt vor einigen Jahren in Frankfurt den Friedenspreis des Deutschen Buchhandels. Nachfolger wurde der 1935 geborene Abdaou Diouf.
Mehr als 80% der Bevölkerung sind sunnitische Moslems. Das Land hat drei Parteien, die zuletzt im Februar 1983 an den Wahlen für den neuen Präsidenten teilnahmen.
Die wirtschaftliche Situation des Landes entwickelte sich in den letzten Jahren durch die internationale Rezession, durch niedrige Rohstoffpreise und Mißernten sehr negativ. Das Pro-Kopf-Einkommen hat sich seit 1960 nicht geändert. Das Land hat ein hohes Haushaltsdefizit, eine schlechte Leistungsbilanz und eine hohe Arbeitslosigkeit. Die Auslandsschuld betrug 1985 mehr als 1,2 Milliarden $. Ein aufgeblähter Staatsapparat verschlingt mehr als 60% der Ausgaben an Gehälter. Die aufgrund der demokratischen Entwicklung großzügig gewährte finanzielle Hilfe wurde vielfach falsch angewendet. Anfang 1985 leitete Präsident Diouf die ersten Reformen ein und legte im Zusammenhang damit einen 5-Jahres-Plan vor. Westliche Organisationen und Länder sagten für 1986/87 Entwicklungshilfe in Höhe von mehr als 1 Milliarde $ zu.
Seychellen sind eine Inselrepublik im Indischen Ozean und bestehen aus dem Seychellen-Archipel mit den umliegenden Inseln Amirante, Aldabra, Assumption, Astove, Cosmoledo, Desroches, Farquhar, Providence und anderen. Insgesamt handelt es sich um etwa 90 zum Teil unbewohnte Inseln. Die Hauptstadt ist Victoria, die auf der 148 km^2 großen Hauptinsel Mahé liegt. Die Republik ist mit 444 km^2 das kleinste Land Afrikas. Sie hat 70 000 Einwohner. 91% der Bevölkerung sind katholisch.
Die Inseln, die in einem Meeresgebiet von rund 10 360 000 km^2 liegen, wurden am 29. 6. 1976 von Großbritannien unabhängig. Der erste Präsident Sir James Mancham wurde 1977 durch den Soziali-

sten Albert René gestürzt. 1981 versuchte ein Söldnerkommando aus Südafrika, einen Staatsstreich zu inszenieren, der jedoch schon nach wenigen Stunden niedergeschlagen werden konnte.
Das Bruttosozialprodukt der Inseln betrug 1983 160 Mio Dollar. Die Haupteinnahmen stammen aus dem Tourismus.

Sierra Leone heißt »Löwengebirge« und entstand ursprünglich durch die Ansiedlung von befreiten Negersklaven im Gebiet der heutigen Hauptstadt Freetown. Die Nachkommen dieser unerwünschten Eindringlinge bilden heute eine verhaßte Minderheit in der Republik. Sierra Leone ist 71 740 km^2 groß und hat etwa 3,9 Millionen Einwohner. Die Säuglingssterblichkeit liegt bei 19%, die Lebenserwartung bei 38 Jahren. 85% der Bevölkerung sind noch Analphabeten. Außenhandelsdefizite und eine hohe öffentliche Verschuldung kennzeichnen die wirtschaftliche Situation. Der pragmatische Staatspräsident Dr. Siaka Probyn Stevens hat sich dem Sozialismus verschrieben und kein Verständnis für wirtschaftliche Probleme.
Sierra Leone war von 1808 bis 1961 eine britische Kolonie, wurde am 27. April 1961 unabhängig und am 19. April 1971 eine Republik. Es gab verschiedene Staatsstreiche, aus denen Siaka Stevens als Sieger hervorging. Er übergab sein Amt im Oktober 1985 an seinen Nachfolger Generalmajor Joseph Momoh.
Das Bruttosozialprodukt betrug 1983 1,23 Milliarden $.

Simbabwe ist seit dem 18. April 1980 der neue Name für das ehemalige Rhodesien. Rhodesien wiederum war eine britische Kolonie, von 1953–1963 Mitglied der Föderation Rhodesien und Nyassaland, und erklärte sich 1965 einseitig unabhängig. Vor dem Wahlsieg des Guerillaführers Robert Mugabe war Bischof Abel Muzorewa kurzfristig bis Ende 1979 Ministerpräsident. Simbabwe wurde dann eine parlamentarische Demokratie, ist jedoch seit 1984 auf dem Weg zum marxistischen Einparteienstaat. Innenpolitische blutige Auseinandersetzungen gab es zwischen der regierenden ZANU-Partei und der oppositionellen ZAPU-Partei, der vorwiegend Mitglieder aus dem kleineren Volk der Ndebele angehören. Nach wie vor kommte es in der Hochburg des ZAPU-Führers Joshua Nkomo in Matabeleland zu Terroraktionen. Auch der Einsatz der 5. Brigade, die grausam gegen die Bevölkerung vorging, konnte die bürgerkriegsähnliche Situation bisher nicht beenden.
Simbabwe ist 390 759 km^2 groß und hat 8,4 Mio Einwohner. Der Name der Hauptstadt Salisbury wurde in Harare geändert. Die von

280000 auf weniger als 100000 zusammengeschrumpfte weiße Bevölkerung spielt immer noch eine bedeutende Rolle in der Wirtschaft des Landes. So erzeugen rund 4500 weiße Farmer, die etwa ein Drittel der Landbaufläche besitzen, 80% der Agrarprodukte. Die Weißen haben bis 1990 zwanzig Sitze im Parlament. Die konservative Partei des ehemaligen Ministerpräsidenten Ian Smith verfügt über 15 Sitze.

Staatsoberhaupt ist Präsident Canaan Banana, Ministerpräsident Robert Mugabe, der Führer der ZANU-Partei.

Die totale Stärke der Streitkräfte Simbabwes beträgt 41300 Mann. Die Luftwaffe ist 1300 Mann stark. 1983/1984 gab das Land 458585000 $ für militärische Zwecke aus.

Somalia ist eine Demokratische Republik, an deren Spitze General Mohammed Siad Barre steht, der durch einen Staatsstreich am 21. Oktober 1969 an die Macht kam und seinen Vorgänger Präsident Ali Shermarke hinrichten ließ.

Somalia ist 637657 km^2 groß und hat 5588000 Einwohner, von denen 99% sunnitische Moslems sind. Die Hauptstadt ist Mogadischu. Das Land war von 1899 bis 1941 eine italienische Kolonie, das bis 1950 unter britischer und anschließend bis 1960 unter italienischer Kontrolle im Auftrag der UNO verwaltet wurde. Aus dem italienischen Somaliland und dem britischen Berbera entstand dann im Juli die unabhängige Republik. Das frühere französische Somalia (heute Dschibuti) wurde dem neuen Staat nicht hinzugefügt.

Der Bevölkerungszuwachs liegt bei 2,8%. Die Säuglingssterblichkeit beträgt 18,4%, die Lebenserwartung 39 Jahre.

General Siad Barre bildete aus der Republik einen sozialistischen Einparteienstaat, der enge Kontakte mit der Sowjetunion suchte. Diese Beziehungen wurden jedoch 1977 nach enormen Hilfsversprechen des Westens, auch der Bundesrepublik, abgebrochen. Seitdem erhält Somalia Waffenhilfe von Saudi-Arabien, dem Iran und den USA. Die Streitkräfte sind 62550 Mann stark. Die Luftwaffe zählt 2000 Mann und 64 Kampfflugzeuge.

Das Bruttosozialprodukt betrug 1983 1,14 Milliarden $. Die öffentliche Auslandsverschuldung lag bei 78,4% des BSP.

Südafrika mit Pretoria als Hauptstadt und Kapstadt als Sitz des Parlaments ist 1124000 km^2 groß und hat ohne die fünf unabhängigen Homelands 23439000 Einwohner. Andere Zahlen sprechen von 26,1 und 27,9 Mio Einwohnern. Die Säuglingssterblichkeit liegt bei 5,5%. In Südafrika wohnen fast 5 Mio Weiße, 3 Mio Mischlinge,

1 Mio Asiaten und 19 Mio Schwarze aus etwa neun verschiedenen Stämmen. Die größte Bevölkerungsgruppe sind die Zulus mit fast 6 Mio Menschen.

Die Entwicklung in Südafrika wurde entscheidend beeinflußt durch die Machtübernahme der Nationalen Partei im Jahre 1948 und die damit verbundene Apartheidspolitik. Das heutige Gebiet der Republik Südafrika galt vor mehr als dreihundert Jahren als Niemandsland. Es war nur von kleinen Gruppen und Clans der Hottentotten und Buschmänner besiedelt, während von Norden her Bantustämme in das Gebiet der heutigen Provinz Natal und der Transkei vordrangen. Die Holländer landeten 1652 am heutigen Kap der Guten Hoffnung, um dort eine Versorgungsstation für ihre Ostindiensegler zu errichten. Sie hatten nicht die Absicht, sich ständig niederzulassen. Bereits 1688 kamen die ersten Hugenotten als Siedler nach Südafrika. Inzwischen waren die Xhosa, an der Küste entlang, bis zum heutigen Fischfluß vorgestoßen. Es kam zu ersten Auseinandersetzungen mit weißen Treckburen. 1795 besetzten die Engländer Kapstadt, zogen sich aber 1803 nach dem Frieden von Amiens wieder zurück. 1805 übernahmen die Engländer zum zweiten Mal die Regierung. Die Buren widersetzten sich immer stärker dem britischen Druck und entschlossen sich zum Bruch mit der englischen Kolonialverwaltung. Der Große Treck nach Norden begann. Die Abschaffung der Sklaverei durch die Regierung in London trug sehr stark zu dem Entschluß der Buren bei. Es kam zu blutigen Zusammenstößen zwischen den Voortrekkern einerseits und Zulus und Ndebele andererseits. London erklärte Natal, Griqualand und Basutoland zu britischen Verwaltungsgebieten. Die Buren ließen sich jedoch nicht unterkriegen und gründeten 1852 die Südafrikanische Republik in Transvaal und zwei Jahre später die Republik Oranjefreistaat. Nachdem in der Gegend von Kimberley Diamanten und 1886 die Goldfelder am Witwatersrand erschlossen wurden, suchte London jeden Anlaß zum Krieg gegen die Burenrepubliken. Diese Auseinandersetzung begann 1899 und endete mit der Niederlage der Buren und dem Frieden von Vereeniging im Jahre 1902. Aber schon wenige Jahre später bemühte sich England um eine friedliche Entwicklung mit den dickköpfigen Nachkommen der Holländer, Flamen und Deutschen. Am 31. Mai 1910 kam die Union von Südafrika zustande. In beiden Weltkriegen kämpfte die Union an der Seite des ehemaligen Gegners gegen die Deutschen. 1926 wurde Südafrika ein britisches

Dominion, die letzten Etappe vor der Unabhängigkeit. 1948 wird Feldmarschall Jan Smuts im Wahlkampf gegen die Nationalisten vernichtend geschlagen. Dr. D. F. Malan, einer der Konstrukteure der Apartheid, wird neuer Premierminister. In einem Referendum entscheiden sich 1960 die weißen Südafrikaner für die Proklamation der Republik. Ein Jahr später tritt Südafrika aus dem Commonwealth aus. Weitere Apartheidsgesetze führen zur Diskriminierung der schwarzen Bevölkerung und schließlich zum ersten Massaker 1960 bei Sharpeville, bei dem die Polizei 67 Schwarze erschießt. Während des Rivonia-Prozesses 1963 wird deutlich, daß der inzwischen verbotene African National Congress und die Kommunistische Partei den gewaltsamen Umsturz planten. Nelson Mandela und andere Verschwörer werden zu lebenslänglicher Haft verurteilt. Dann folgt Juni 1967 der Aufstand von Soweto, der diesmal mehr als 600 schwarze Todesopfer fordert.
1984/1985 wurde die Situation durch blutige Zusammenstöße zwischen schwarzen radikalen Organisationen sowie durch eine anhaltende Wirtschaftsrezession gekennzeichnet. Ungelöst blieb auch der Konflikt in Namibia. Die internationale Kritik wegen der Politik der Rassentrennung nimmt weltweit zu. Die Regierung Botha begann mit der Abschaffung der »kleinen Apartheid« und kündigte weitgehende Reformen an. Nach einem Referendum und Wahlen unter der Mischlings- und asiatischen Bevölkerung tritt 1985 zum ersten Mal ein Parlament zusammen, das aus drei verschiedenen Kammern besteht, die von Weißen, Mischlingen und Asiaten gewählt werden konnten. Staatspräsident Pieter Wilhelm Botha, der Staatsoberhaupt, Oberbefehlshaber und Chef der Exekutive zugleich ist, kündigte am 31. Januar 1986 weitgehende Reformpläne im Hinblick auf die schwarze Bevölkerung an. Er versprach den Abbau der noch verbliebenen Apartheidsgesetze (Zuzugskontrolle, Paßgesetze), eine gemeinsame südafrikanische Staatsbürgerschaft, gleiche Gesetze für alle und gewisse Garantien für Minderheiten. Ein konstitutioneller Rat, der im Laufe des Jahres 1986 unter Beteiligung schwarzer Führer zusammengestellt werden soll, wird eine neue Verfassung ausarbeiten. Die konstitutionelle Entwicklung der autonomen Staaten wird bis zur Gewährung der Unabhängigkeit innerhalb einer geplanten Föderation weitergeführt. Vier südafrikanische Homelands erhielten bisher die vollkommene Unabhängigkeit von Pretoria, nämlich Transkei, Bophuthatswana, Venda und Ciskei. Ende 1986 soll KwaNdebele

folgen. Interne Autonomie haben Lebowa, in dem Nord-Sothos und Ndebeles wohnen, Gazankulu, das Siedlungsgebiet der Shangaan, Kwazulu, die Heimat der Zulus, Quaqwa, das Homeland der Süd-Sothos, und Kangwane, die Heimat der Swazis in Osttransvaal.

Südafrikas Streitkräfte verfügen über 83 400 Mann. Davon sind 53 000 dienstpflichtig. Im Ernstfall wäre das Land in der Lage, 404 500 Mann zu mobilisieren. 10 000 Soldaten dienen in der Luftwaffe, 6 000 in der Marine. Außerdem hat Südafrika 35 500 Mann Polizei und 20 000 Mann Polizeireserve. Auch stehen 90 000 Mann der para-militärischen Kommandos zur Verfügung. Die militärischen Ausgaben werden auf 2,7 Milliarden $ geschätzt.

Südafrikas Exporte betrugen 38,6% an Gold, 10% an Diamanten sowie Uran, Kupfer, Mangan, Chrom, Kohle und Platin.

Das Bruttosozialprodukt lag 1983 bei 76,8 Milliarden $. Zehn Jahre vorher betrug es 25,2 Milliarden $.

Die demokratische Republik Sudan ist 2 505 813 km² groß und hat eine Bevölkerung von 21 211 000. Der Islam ist Staatsreligion. Im Süden des Landes leben etwa 5% Katholiken. Seit dem Putsch vom 6. April 1985 wird das Land durch einen Militärrat von vier Offizieren regiert, an dessen Spitze General Abdulrahman Suwar al-Dhahab steht. Die Putschisten entmachteten den seit 1969 regierenden Staatschef Gaafar al Numeiri, der sich zu diesem Zeitpunkt in den USA befand. Dem unblutigen Staatsstreich war eine drastische Verschlechterung der Wirtschaftslage vorausgegangen. Im Süden entwickelte sich ein neuer Bürgerkrieg der sudanesischen Volksbefreiungsarmee. Die soziale und wirtschaftliche Lage war katastrophal. Die Auslandsschulden betrugen 1985 neun Milliarden $. Eine Inflationsrate von 30 bis 50% führte zu chronischem Rohstoff- und Energiemangel. Als Folge der Trockenperioden im Sudan, das zu den zwanzig ärmsten Ländern der Welt gerechnet wird, waren 1985 3 Millionen Sudanesen vom Hungertod bedroht. 1,5 Millionen Menschen aus den Nachbarländern Äthiopien, Tschad, Uganda und Zaire haben zudem im Sudan Zuflucht gesucht, wo sie unter den erbärmlichsten Umständen leben.

Der Sudan wurde am 1. 1. 1956 unabhängig, nachdem er vorher durch ein englisch-ägyptisches Kondominium verwaltet worden war. Am 25. Mai 1969 kam Numeiri an die Macht.

Die Steitkräfte sind 58 000 Mann stark. Die geschätzten Ausgaben für militärische Zwecke betrugen 1983 mehr als 230 Mio $. Das Bruttosozialprodukt lag im gleichen Jahr bei 8,4 Milliarden Dollar.

Swaziland ist ein Königreich mit 750 000 Einwohnern und einer Oberfläche von 17 365 km^2. Die Hauptstadt ist Mbabane.
Staatsoberhaupt ist der 1971 geborene König Makhosemvlo, der als Nachfolger des 1982 verstorbenen Königs Sobhuza II gilt. Bis zur Volljährigkeit wird die Regentschaft durch eine der hundert Frauen des Königs wahrgenommen. Swaziland war von 1902 bis 1968 ein britisches Protektorat. 1973 ließ der alte König die Parteien verbieten und das Parlament entbinden. Das Bruttosozialprodukt betrug 1983 610 Millionen $.
Tansania umfaßt das Hauptland Tanganyika und die Mafia-Insel (942 446 km^2) sowie die Inseln Sansibar (1657 km^2) und Pemba (984 km^2).
Tanganyika mit der Hauptstadt Dar-es-Salaam war von 1885 bis 1919 die deutsche Kolonie Ostafrika. Der Völkerbund stellte das Land unter britisches Protektorat. Es wurde am 9. 12. 1961 unabhängig.
Die Inseln Sansibar und Pemba waren von 1890 bis 1963 britisches Protektorat. Nach einem blutigen Aufstand im Januar 1964 schlossen sich die Inseln dem unabhängigen Tanganyika an, um am 26. 4. 1964 die unabhängige Republik Tansania zu bilden.
Staatsoberhaupt und Regierungschef war bis Oktober 1985 Julius K. Nyerere. Er trat freiwillig zurück. Zu seinem Nachfolger wurde der Präsident der Teilrepublik Sansibar, Ali Hassan Mwinyi, gewählt.
Das Land hat 21 057 000 Einwohner. Der Bevölkerungszuwachs beträgt 3,25%. Die Säuglingssterblichkeit liegt bei 9,8%.
Präsident Julius Nyerere, der auch Mwalimu (Lehrer) genannt wurde, versuchte auf Kosten der Bevölkerung einen eigenständigen utopische Sozialismus zu verwirklichen, der das Land in schwere wirtschaftliche Krisen führte. Die Auslandsschulden betrugen 1984 mehr als drei Milliarden $. Das Bruttosozialprodukt lag 1983 bei 4,8 Milliarden $.
Die ständigen Streitkräfte betragen 40 350 Mann. Die Militärausgaben wurden 1982/83 auf 307 314 000 $ geschätzt. Truppen Tansanias sind zur Zeit in Moçambique und auf den Seychellen im Einsatz.
Togo mit der Hauptstadt Lomé war von 1884 bis 1919 eine deutsche Kolonie. Es wurde dann bis 1945 britisches und französisches Mandatsgebiet, anschließend UN-Trust-Territory. Nach einem Referendum verband sich Britisch Togo am 6. März 1957 mit

Ghana, während der französische Teil am 27. April 1960 unabhängig wurde. Der erste Präsident war Sylvanus Olympio, der am 13. Januar 1963 bei einem Militärputsch ermordet wurde. Sein Nachfolger wurde Nicolas Grunitsky, der auf den Tag genau vier Jahre später, am 13. 1. 1967, durch General Gnassingbe Eyadéma gestürzt wurde.
Togo ist 56785 km^2 groß und hat eine Bevölkerung von 3061000. Der Bevölkerungszuwachs liegt bei 3,11%. Die Säuglingssterblichkeit beträgt 12,2%. 25% der Bevölkerung sind Christen, hauptsächlich katholich. 50% sind Animisten.
Die wichtigsten Exportgüter sind Kakao und Kaffee sowie Phosphate.
Das Bruttosozialprodukt betrug 1983 790 Mio $. Die Auslandsverschuldung lag bei 104,5%.
Transkei ist ein südafrikanisches Homeland, das am 26. Oktober 1976 von Pretoria unabhängig wurde. Das nur vom Stamm der Xhosa bewohnte Heimatland ist 42000 km^2 groß und hat 3,2 Millionen Einwohner.
Die Hauptstadt ist Umtata.
Die Republik hat ein Parlament mit 150 Mitgliedern, von denen 75 gewählt, die andern jedoch ernannte Häuptlinge der Stämme und Clans sind.
An der Spitze des Staates standen die Brüder Kaiser (als Präsident) und George Matanzima (als Premierminister). Seit dem 19. 2. 1986 hat die Transkei einen neuen Staatspräsidenten, der ein Häuptling des Pondostammes ist und Nyangilizwe Ndamase heißt. Es gibt eine Oppositionspartei mit einem Sitz im Parlament, die jedoch keinen Einfluß und keinen Spielraum hat.
Das keineswegs arme Land ist dabei, eine eigene Industrie zu entwickeln und kann ein bescheidenes Wirtschaftswachstum verzeichnen.
Das Bruttosozialprodukt betrug 1982 1,4 Milliarden $.
Tschad ist 1259200 km^2 groß und hat 4,9 Mio Einwohner. Die Hauptstadt ist N'Djamena (früher Fort Lamy). 85% der Bevölkerung sind Analphabeten. Die Säuglingssterblichkeit liegt bei 16,1%
Tschad war von 1900 bis 1960 eine französische Kolonie. Der erste Präsident N'Garta Tombalbaye wurde während eines Militärputsches getötet. Seitdem wird das Land von einem Bürgerkrieg heimgesucht. Die Auseinandersetzungen werden durch Libyen immer wieder unterstützt oder sogar ermutigt. Kandidat der Libyer ist

Goukouni Oueddei, der den Norden mit rund 100 000 Einwohnern besetzt hält. Sein Gegenspieler ist Hissein Habré, der im Oktober 1982 nach der Eroberung der Hauptstadt als Präsident vereidigt wurde. Habré wird von Frankreich unterstützt.
Das Bruttosozialprodukt betrug 1982 360 Mio $.
Tunesien ist 163 610 km² groß und hat 7 156 000 Einwohner. 96% der Bevölkerung sind sunnitische Moslems. Der Islam ist Staatsreligion.
Die Hauptstadt Tunis zählte 1975 900 000 Einwohner.
Tunesien wurde am 20. 3. 1956 unabhängig, nachdem es seit 1881 ein französisches Protektorat gewesen war.
Staatspräsident auf Lebenszeit ist Habib Ben Bourguiba, der 1902 geboren wurde. Er war vorher Journalist und Gründer der Neo-Destour-Partei.
Tunesiens Armee ist 30 000 Mann, die Luftwaffe 2 500 und die Marine 2 600 Mann stark. Die Militärausgaben betrugen 454 307 000 $ im Jahre 1984.
Das Bruttosozialprodukt betrug 1983 8,8 Milliarden $.
Uganda war bis 1963 ein Königreich und wurde dann eine Präsidiale Republik. Das Land ist 241 139 km² groß und hat 15 478 000 Einwohner. Die Zuwachsrate beträgt 3,31%. Die Säuglingssterblichkeit liegt bei 12%.
Die Hauptstadt ist Kampala.
Dr. Milton Obote kam 1966 durch einen Putsch an die Macht. Er wurde am 25. 1. 71 durch den Obersten Idi Amin gestürzt. Nachdem 1979 das blutige Regime des Feldmarschalls Amin durch die Invasion tansanischer Truppen beseitigt worden war, wurden innerhalb kürzester Zeit verschiedene Politiker neue Präsidenten Ugandas. Milton Obote übernahm erneut die Macht im Dezember 1980. Er errichtete ein unmenschliches und korruptes Regime und wurde von Amnesty International schwerer Menschenrechtsverletzungen beschuldigt. Obote hatte bereits während seiner ersten Amtszeit die demokratischen Strukturen beseitigt und seine Herrschaft durch grausame Methoden zu sichern versucht. Er wurde durch einen Militärputsch im Juli 1985 durch General Tito Okello verjagt und flüchtete nach Kenia. Dennoch wurde das Land weiterhin von einer marodierenden Soldateska und einer Guerillaarmee heimgesucht. Erst im Januar 1986 kam es nach der Machtübernahme durch den Rebellenführer Yoweri Maseveni zu einer gewissen Beruhigung der Lage.

Das Bruttosozialprodukt betrug 1983 3,09 Milliaren $. Die Inflationsrate lag zwischen 1970 und 1982 bei duchschnittlich 47,4%.

Venda ist 7410 km^2 groß und hat 435 000 Einwohner.

Die Hauptstadt ist Thohoyandou.

Venda gehörte bis zum 13. 9. 1979 zum südafrikanischen Staatsgebiet. Das Homeland hat eine Nationalversammlung mit 42 gewählten, 3 vom Staatschef ernannten und 42 Stammeshäuptlingen.

Der 1925 geborene Patrick Ramaano Mphephu ist Staatsoberhaupt und wurde 1983 zum Präsidenten auf Lebenszeit gewählt.

Das Bruttosozialprodukt betrug 1983 201 Millionen $.

West-Sahara ist der Name der 305 240 km^2 großen Demokratischen Arabischen Republik, die 1976 von der Guerilla-Organisation Polisario proklamiert worden war. Nach dem Rückzug der Spanier beanspruchten zunächst Mauretanien und Marokko das Gebiet der West-Sahara. Nachdem Mauretanien 1979 auf seinen Teil verzichtete, beanspruchte Rabat das ganze Gebiet. Die Polisario-Regierung, die noch im Exil in Algerien lebt, wurde im November 1984 von der Organisation für Afrikanische Einheit anerkannt. Aus Protest zog sich Marokko aus der OAU zurück.

Man schätzt, daß 180 000 Menschen in der neuen Republik leben.

Die Hauptstadt ist El Aaiun.

Staatsoberhaupt ist Mohammed Abdel Azziz. Regierungschef wurde Mahfoud ali Beida.

Zaire hieß bis 1971 Demokratische Republik Kongo. Die ehemalige belgische Kolonie ist mit 2 344 885 km^2 das drittgrößte Land Afrikas. Es hat 32,6 Mio Einwohner. Die ehemalige Hauptstadt Leopoldville wurde in Kinshasa umgetauft.

Zaire erlebte in seiner nachkolonialen Geschichte sechs verschiedene Regierungen. Der jetzige Staatspräsident Mobuto Sese Seko übernahm am 24. 11. 1965 zum zweiten Mal durch einen Militärputsch die Macht. Oppositionsparteien sind seitdem nicht mehr zugelassen. General Mobuto regiert das Land durch einen Exekutivrat und durch Minister, die Staatskommissare genannt werden.

Die Streitkräfte Zaires sind 26 000 Mann stark. Fallschirmjäger aus Zaire wurden während einer interafrikanischen Intervention im Tschad eingesetzt.

Obwohl Zaire zu den reichsten Ländern Afrika gehört, betrug die Auslandsverschuldung 1982 78,4% des BSP. Das Bruttosozialprodukt lag 1983 bei 5,05 Milliarden $.

Die Zentralafrikanische Republik mit der Hauptstadt Bangui hat 2593000 Einwohner und ist 622984 km^2 groß. 67% der Bevölkerung sind Analphabeten. Die französische Kolonie hieß vorher Oubangi-Chari und wurde am 13. 8. 1960 unabhängig.
Der am 31. 12. 1965 durch einen Staatsstreich an die Macht gekommene Sergeant Jean-Bedel Bokassa ernannte sich selbst zunächst zum Präsidenten auf Lebenszeit und Feldmarschall und schließlich zum Kaiser. Er wurde mit Hilfe Frankreichs 1979 gestürzt. Der Putschist David Dacko mußte am 1. 9. 1981 gehen. Sein Nachfolger wurde General André Kolingba.
Das Bruttosozialprodukt betrug 1983 690 Mio $.

Zum Kontinent Afrika gehören außerdem die abhängigen Inseln:
Chagos-Archipel im Indischen Ozean ist britisches Territorium. Nachdem einige Inseln 1976 den Seychellen angegliedert wurden, besteht das »British Indian Territory« nur noch aus dem Chagos-Archipel. Die wichtigste Insel ist der Atoll Diego Garcia, der von Mauritius beansprucht wird. Die USA errichteten hier mit enormen Aufwand einen Militärstützpunkt. Die Bevölkerung – etwa 1000 Personen – wurde nach Mauritius evakuiert.
Kanarische Inseln (Spanien) die aus der Provinz Las Palmas mit 13 Inseln und der Provinz Santa Cruz mit 4 Inseln bestehen. Alle Inseln zusammen sind 7273 km^2 groß. Auf Gran Canaria liegt die Hauptstadt Las Palmas, auf der Insel Teneriffa die Hauptstadt Santa Cruz. Beide Provinzen haben etwa 1,5 Mio Einwohner.
Madeira gehört zur Republik Portugal. Die Inselgruppe ist 796 km^2 groß und hat etwa 263000 Einwohner. Die Hauptstadt ist Funchal. Die Insel besitzt seit 1976 eine begrenzte innere Autonomie.
Mayotte oder Mahoré mit der Hauptstadt Dzaoudzi ist 376 km^2 groß und hat 53000 Einwohner. Die gemischte Bevölkerung hatte sich für ein Verbleiben innerhalb des französischen Staatsverbandes ausgesprochen und erhielt 1976 den Sonderstatus »Collectivité territoriale de la Republique Française«. Die Islamische Republik der Komoren erhebt dennoch Anspruch auf die Insel. Frankreich ist geneigt, diesen Forderungen zuzustimmen.
Die Insel Réunion ist ein französisches Übersee-Departement. Die Hauptstadt heißt St. Denis. Die Insel ist 2512 km^2 groß und hat 563000 Einwohner.
Sankt Helena mit der Hauptstadt Jamestown ist von England

abhängig. Die Insel ist 121,7 km^2 groß und hat 5500 Einwohner. Der englische Gouverneur ist auch für die Inseln Ascension und der Inselgruppe Tristan da Cunha zuständig.

Ausgewählte Bibliographie

Africa Insight. Africa Institute, Vol 15 No. 3, Pretoria 1985
Albertini, Rudolf von. Europäische Kolonialherrschaft 1880–1940. Atlantis Verlag, Zürich 1976
Allen, Geoffrey. Behind the wars that rage through Africa. Rand Daily Mail, Johannesburg 3. 9. 1983
amnesty international. »Wer der Folter erlag…« Fischer Taschenbuchverlag FFM 1985
dito. Jahresbericht Fischer Taschenbuchverlag 1985
Aydelotte, William Osgood. Bismarck and British Colonial Policy. Negro Universities Press. Westport / Connecticut 1937
Babatope, Ebenezer. Coups / Africa and the Barack Revolts. Fourth Dimension Publishers, Enugu/Nigeria 1981
Balandier, George / Maquet, Jacques. Dictionary of black Civilisation. Leon Amiel Publisher, New York 1974
Bandulet, Bruno. Schnee für Afrika – Entwicklungshilfe: Vergeudete Milliarden. Herbig Verlag, München 1978
Becker, Klaus / Hecker, Jürgen. 1884–1984: Vom Schutzgebiet bis Namibia. Interessengemeinschaft Deutschsprachiger Südwester, Windhoek 1985
Böll, Winfried. Sind alle Komplizen einer raffinierten Vernichtungsmaschine? Von den Schwierigkeiten der Entwicklungshilfe, dargestellt am Beispiel einer Fahnenflüchtigen. FAZ 9. 7. 1985
Brandt, Willy. North – South: A Programme for Survival. Pan Books, London 1980
Braumann, Randolph. Wenn sie verlieren, müssen sie hängen. stern Nr. 33/1969
dito. Apartheid? Wort und Wahrheit, Herder Verlag, Freiburg, März/April 1971
Breyer, Karl. Moskaus Faust in Afrika. Seewald Verlag, Stuttgart 1979
dito. Südafrikas Sonderweg. Arndt Verlag, Kiel 1984
Bundesministerium für Wirtschaftliche Zusammenarbeit. Entwicklungspolitik / Materialien 69. Welternährung, Bonn Dezember 1981
Cornevin, R. et M. Histoire de l'Afrique des origines à nos jours. Edition Payot, Paris 1964
Chrétien, Jean-Pierre. Le Burundi: An XV de l'Indépendance. Beilage in Le Monde 29. 6. 1977
Davidson, Basil. Let Freedom come – Africa in modern History. The Atlantic Monthly Press 1978
Decraene, Philippe. Le Burundi: An XV de l'Indépendance. Beilage in Le Monde 29. 6. 1977
dito. Le putsch de Guinée Equatoriale. La Revue Française d'Etudes Politiques Africaines

Der Mahdiaufstand in Augenzeugenberichten. Deutscher Taschenbuchverlag München 1981
Ditfurth, Hoimar, von. Selbstbetrug bei den Brotspenden für die Dritte Welt. Der Spiegel, 13. 8. 1984
Dubois, Shirley Graham. Gamal Abdel Nasser – Son of the Nile. The Third Press, New York 1972
Friedrich-Ebert-Stiftung. Unfähig zum Überleben? – Reaktionen auf den Brandt-Report. Ullstein-Sachbuch, FFM 1983
Germani, Hans. Die Söldner von Bukavi. Christ und Welt 29. 9. 1967
dito. Rettet Südwest. Herbig Verlag, München 1982
dito. Afrikas Guerilla-Kriege sparen den Ost-West-Konflikt nicht aus. Die Welt 5. 3. 1983
Goedvolk, J. Keesings landenvademecum / Feiten en cijfers van 160 landen. Boekenuitgeverij Keesing, Amsterdam/Antwerpen 1977
Graudenz, Karlheinz. Die deutschen Kolonien. Südwest Verlag, München 1982
Grünthal, Werner. Das Netz der roten Spinne. SKS-Schriftenreihe, Bonn 3/84
Hall, Aichard & Peymann, Hugh. The great Uhuru Railway. Victor Golancz Ltd., London 1976
Heikal, Mohammed. The Cairo Documents. Cairo 1972
Heynowski, Walter / Scheumann, Gerhard. Der lachende Mann – Bekenntnisse eines Mörders. Verlag der Nation, Berlin 1966
Höpker, Wolfgang. Vom Häuptling zum Staatschef. Rhein. Merkur 28. 11. 1980
Iliffe, John. Tanganyika under German Rule 1905–1912. East African Publishing House, Nairobi 1973
Information concp. Libération des Colonies Portugaises. Algier, Juni 1970
Italiaander, Rolf. Land der Kontraste – Orient und Akzident in Marokko. Wilhelm Goldmann Verlag, München
Kapuściński, Ryszard. König der Könige – Eine Parabel der Macht. Kiepenheuer & Witsch, Köln 1984
Ki-Zerbo, Josef. Die Geschichte Schwarz-Afrikas. Hammer Verlag, Wuppertal 1979
Krabbe, Günter. Nichteinmischung in Afrika gibt es nicht. FAZ 7. 6. 1978
dito. In Ghana ist der Jubel längst verflogen. FAZ 11. 11. 1978
dito. Ghana bleibt vorerst Militärdiktatur. FAZ 11. 6. 1979
dito. Ein Kubaner kostet 1200 Dollar Miete. FAZ 6. 5. 1981
dito. Hoffnung – in Ghana ein Fremdwort. FAZ 3. 3. 1982
dito. Die »Jahrhundertkatastrophe« gibt es nicht. FAZ 24. 5. 1984
Kress Report. Nr. 30, 15. 8. 1967
Kuehnelt-Leddihn, Erik, von. Tatsachen über den Kolonialismus. Rhein. Merkur 15. 8. 1975
Kunert, Dirk. Der weltrevolutionäre Prozeß und die südliche Hemisphäre. Criticon, München Sept./Okt. 1983
Kyemba, Henry. Oeganda / Staat van bloed en terreur. Het Wereldvenster, Baarn/Holland 1977
Langellier, Jean-Pierre. Le Burundi, An XV de l'Indépendance. Beilage in Le Monde 29. 6. 1977
Leggewie, Claus. »Kofferträger« – Das Algerien-Projekt der Linken im Adenauer-Deutschland. Rotbuch-Verlag, Berlin 1985

Leibel, Jochen. Francoise Claustre ist frei. SAD 1. 2. 1977
Liminski, Jürgen. Ghaddafis gefährliche Spiele. Integral, Wien Nr. 3/1982
Löwis of Menar, Henning, von. Namibia im Ost-West-Konflikt. Verlag Wissenschaft und Politik, Köln 1983
Maat, Peter, van der. Ghana is geen land om in te wonen. Utrechts Nieuwsblad 12. 2. 1983
Mandela, Nelson. No easy walk to Freedom. With a new Forword by Ruth First. Heinemann, London 1965
Mandela, Winny. Ein Stück meiner Seele ging mit ihm. Rowohlt-Taschenbuchverlag Reinbek bei Hamburg 1984
Mary, Geo T. Im schwarzen Erdteil. Erdmann, Tübingen 1978
Matzke, Otto. Gunnar Myrdals Bekehrung. Rhein. Merkur 7. 11. 1980
Miller, Charles. Battle for the Bundu – The First World War in East Africa. Mac Donald and Janes, London 1974
Mockler, Anthony. The new Mercenairies. Sidgwick & Jackson, London 1985
Moorcraft, Paul L. / McLanghlin, Peter. Chimurenga! The War in Rhodesia 1965–1980. Sygma Collins, Marshalltown/RSA 1982
Moorhouse, Geoffrey. The Missionaries. Eyre Methuean, London 1973
Müller, Siegfried. Les nouveaux mercenaires. Editions France-Empire, Paris 1965
Müller-Werthmann, Gerhard. Markt der offenen Herzen – Spenden, ein kritischer Ratgeber. Hoffmann und Campe, Hamburg 1985
Nasser, Gamal Abdel. Philosophie der Revolution – Cairo 1958. Die arabische Revolution – Nasser über seine Politik. Herausgegeben und kommentiert von Fritz René Alleman. Ullstein-Taschenbücher-Verlag, FFM 1958
Ndovi, Victor. World Spotlight Burundi. Rand Daily Mail/Johannesburg, 3. 7. 1980
Neudeck, Rupert. Afrika – Kontinent ohne Hoffnung? Bastei-Lübbe, Gustav Lübbe-Verlag, Bergisch-Gladbach 1985
Neue Zürcher Zeitung. Grausame Umsiedlungspraktiken in Äthiopien. 21./22. 12. 1985
New Press Agency. Hassan II., The King as Chairman. Paris 15. 6. 1972
Okello, John. Revolution in Zanzibar. East African Publishing House, Nairobi 1967
d'Oliveira, John. Africa ... A Continent on the Path to self-destruction. Sunday Star Review/Johannesburg 1. 12. 1985
Oliver, Roland & Athmore, Anthony. Africa since 1800. Cambridge University Press 1972
Parker, Aida. What Macias the Mad gave his country. The Citizen/Johannesburg, 14. 9. 1979
Peters, Karl. Zur Weltpolitik. Verlag Karl Sigismund, Berlin 1912, Königl.-Sächs. Hofbuchhändler
Plat, Wolfgang. Attentate – Eine Sozialgeschichte des politischen Mordes. ECON Verlag, Düsseldorf 1982
Ressing, Gerd. Der Westen muß weiter zahlen. Rhein. Merkur 23. 9. 1977
dito. Keine Chance für Polisario. Rhein. Merkur 19. 6. 1981
Roche, P., de la. Warum die Entwicklungshilfe nur wenig bei der Entwicklung hilft. Die Welt 5. 8. 1980

Rodney, Walter. Afrika – Die Geschichte einer Unterentwicklung. Verlag Klaus Wagenbach, Berlin 1980

Rösner, Dieter. In der Bong Mining wird harte Pionierarbeit geleistet. FAZ 11. 12. 1976

S. A. Institute of International Affairs. The coup d'état in Liberia. April 1980

Sadat, Anwar el-. In Search of Identity – An autobiography. Collins, London 1978

Sampson, Anthony. The Arms Bazaar. Hodder and Stoughton, London

Schleucher, Kurt. Frühe Wege zum Herzen Afrikas. Turris Verlag, Darmstadt 1969

Schrade, Hans. Aachener Journalist bangt um sein Leben. Neue Ruhr Zeitung Februar 1960

Sitbon, Guy. L'Ecole des complots. Le Nouvel Observateur 30. 12. 1972

Steltzer, Hans Georg. Die Deutschen und ihr Kolonialreich. Societäts-Verlag 1984

stern. Afrika brennt – Jeder vierte Staat in Afrika führt Krieg. Nr. 28/1977

Stockwell, John. In Search of Enemies – A CIA-Story. Andre Deutsch Ltd., London 1978

Strelocke, Hans. Ägypten und Sinai. Du Mont Kunst-Reiseführer, Du Mont Buchverlag, Köln 1976

The Citizen. 16 wars, 42 coups in three Decades. Johannesburg 9. 11. 1978

The Star's Africa News Service. Burundi Terror send 10 000 more to Exile. Johannesburg 11. 6. 1973

Thompson, Sir, Robert. War in Peace. Orbis Publishing, London 1981

Time. Biafra's Agony. 28. 8. 1968

dito. A Continent gone wrong. 16. 1. 1984

Todenhöfer, J. G. Wachstum für alle. Seewald Verlag, Stuttgart 1976

Traxler, Hans. Warum eigentlich nicht, Henri? Ein politisches Zukunftsbild, entworfen nach dem Lesen der »stern«-Reportage ›Die Söldner und ihr Paradies‹. Pardon Nr. 38/1967

Tronje, Rüdiger H. SWAPO, die Geißel Südwestafrikas. Kurt Vowinckel Verlag, Berg am See

Vrij Nederland. Missie geslaagd. Amsterdam 1978

Wall, Patrick. The southern Oceans and the Security of the free World. Stacey International 1977

Wirsing, Giselher. Für Nasser geht es um Leben und Tod – Bilanz einer Reise – Das Forum der Welt – Die Welt 4. 4. 1959

Wiss-Verdier, A. Sakhiet, l'Algerie et la République Fédérale. Documents / Revue des questions allemandes. Köln April 1958

Wood, J. R. T. The Welensky Papers. Graham Publishing Durban/RSA 1983

Personenregister